SOCIOLOGY

exploring the architecture of everyday life, 11e

David Newman

[美]戴维·纽曼 著　黄腾 译

欢迎光临社会学

（第11版）

上

著作权合同登记号　图字：01-2016-2156

图书在版编目（CIP）数据

欢迎光临社会学：第 11 版 /（美）戴维·纽曼（David Newman）著；黄腾译．
—北京：北京大学出版社，2017.1

（培文通识大讲堂）

ISBN 978-7-301-27855-0

Ⅰ.①欢… Ⅱ.①戴… ②黄… Ⅲ.①社会学 Ⅳ.①C91

中国版本图书馆 CIP 数据核字（2016）第 309763 号

Sociology: exploring the architecture of everyday life,11e,by David Newman.
Copyright © 2017 by SAGE Publications, Inc.
All rights reserved. No part of this book may be reproduced or utilized in any form or by any means, electronic or mechanical, including photocopying, recording, or by any information storage and retrieval system, without permission in writing from the publisher.
Published by arrangement with the original publisher, SAGE Publications, Inc.
本书中文简体翻译版由SAGE Publications, Inc. 授权给北京大学出版社发行。
This edition is authorized for sale and distribution only in the People's Republic of China exclusively (excluding Taiwan, Hong Kong S.A.R. and Macau S. A. R.).
本书仅限于中华人民共和国境内（不包括中国香港、澳门特别行政区和中国台湾地区）销售发行。

书　　　名	欢迎光临社会学（第 11 版） Huanying Guanglin Shehuixue
著作责任者	［美］戴维·纽曼（David Newman）著　黄腾 译
责任编辑	徐文宁　于海冰
标准书号	ISBN 978-7-301-27855-0
出版发行	北京大学出版社
地　　　址	北京市海淀区成府路 205 号　100871
网　　　址	http://www.pup.cn　新浪微博：@ 北京大学出版社 @ 培文图书
电子信箱	pkupw@qq.com
电　　　话	邮购部 62752015　发行部 62750672　编辑部 62750112
印　刷　者	三河市国新印装有限公司
经　销　者	新华书店
	660 毫米 ×960 毫米　16 开本　52.5 印张　750 千字 2017 年 4 月第 1 版　2021 年 12 月第 2 次印刷
定　　　价	128.00 元（上下册）

未经许可，不得以任何方式复制或抄袭本书之部分或全部内容。
版权所有，侵权必究
举报电话：010-62752024　电子信箱：fd@pup.pku.edu.cn
图书如有印装质量问题，请与出版部联系，电话：010-62756370

简明目录

前言　viii

第一部分　个体与社会　001
　第一章　如何用一双慧眼去看熟悉的世界　003
　第二章　如何从社会学视角去进行观察和思考　033

第二部分　自我和社会是如何建构而成的？　077
　第三章　现实是如何建构而成的：知识的社会建构　079
　第四章　社会秩序是如何建构而成的：文化与历史　135
　第五章　自我认同和社会认同是如何建构而成的：社会化　184
　第六章　如何强化我们的（社会）认同：自我的展演　233
　第七章　社会关系是如何建构而成的：亲密关系与家庭　282
　第八章　差异是如何建构而成的：社会偏常　339

第三部分　社会结构、社会制度与日常生活　397
　第九章　社会的结构是什么：组织、社会制度与全球化　399
　第十章　社会阶层化是如何建构而成的：社会阶级与不平等　447
　第十一章　不平等是如何建构而成的：种族与民族　512
　第十二章　不平等是如何建构而成的：性与性别　582
　第十三章　人口统计动力学是什么：人口发展趋势　639
　第十四章　变革是如何建构而成的：重构社会　678

参考文献　721

上册目录

前　言 / viii

第一部分　个体与社会 / 001

第一章　如何用一双慧眼去看熟悉的世界 / 003
　　社会学与你我他 / 009
　　微观与宏观之间的联系：睡眠社会学 / 011
　　社会学的洞察力 / 016
　　社会学的想象力 / 018
　　社会学家剪影：涂尔干（Émile Durkheim）：
　　　　关于自杀的社会学解释 / 023
　　小结 / 029
　　像社会学家一样思考：我出生的时候…… / 030
　　本章要点 / 031

第二章　如何从社会学视角去进行观察和思考 / 033
　　个体是如何建构社会的 / 036
　　社会影响：在我们的日常生活中，他人对我们的影响 / 040
　　社会学家剪影：斯坦利·米尔格莱姆（Stanley Milgram）：
　　　　普通人与残忍之举 / 044
　　社会层面的影响：社会结构对我们日常生活的影响 / 047
　　社会学家剪影：玛丽昂·内斯特勒（Marion Nestle）：
　　　　食品经济与食品政治 / 059
　　微观与宏观之间的联系：家庭隐私与儿童福利 / 064

考察社会秩序的三种不同视角 / 068

小结 / 074

像社会学家一样思考：第一次喝醉的感觉 / 074

本章要点 / 076

第二部分　自我和社会是如何建构而成的？ / 077

第三章　现实是如何建构而成的：知识的社会建构 / 079

如何理解现实的社会建构？ / 082

打下地基：现实的根基 / 085

微观与宏观之间的联系：战争的语言 / 091

社会学家剪影：休·梅罕（Hugh Mehan）与休斯顿·伍德
（Houston Wood）：永远没错的神谕 / 097

制造隔阂：冲突、权力与社会制度 / 099

理解社会学研究的贡献 / 109

微观与宏观之间的联系：世界上最不可思议的人 / 125

社会学家剪影：劳德·汉弗莱斯（Laud Humphreys）：
对茶室（公厕）里男男性行为惊世骇俗的
社会学研究 / 130

小结 / 132

像社会学家一样思考：新闻如何成为新闻 / 132

本章要点 / 134

第四章　社会秩序是如何建构而成的：文化与历史 / 135

文化的不同维度 / 139

微观与宏观之间的联系：椅子 / 141

社会学家剪影：苏珊·布鲁姆（Susan Blum）：
抄袭与大学亚文化 / 147

文化期待与社会秩序 / 151

微观与宏观之间的联系：这会儿能听到吗？ / 154

微观与宏观之间的联系：我有一种感觉 / 160

社会学家剪影：阿比吉特·班纳吉（Abhijit V. Banerjee）
与埃斯特·迪弗洛（Esther Duflo）：穷人的
经济生活 / 165

文化差异与日常生活经历 / 169

小结 / 180

像社会学家一样思考：何不反其道而行之 / 181

本章要点 / 182

第五章　自我认同和社会认同是如何建构而成的：社会化 / 184

基因、社会结构与人类（自我）的建构 / 186

社会化：我们是如何变成我们现在这样的 / 190

社会学家剪影：斯宾塞·卡希尔（Spencer Cahill）：
殡仪师职业的再社会化 / 200

社会化与阶层化：在不平等中长大 / 203

微观与宏观之间的联系：女孩玩具与男孩玩具 / 213

社会制度与社会化 / 217

小结 / 230

像社会学家一样思考：穿衣玩耍男女有别 / 231

本章要点 / 232

第六章　如何强化我们的（社会）认同：自我的展演 / 233

我们是如何形成对他人的印象的？ / 235

我们是如何管理对他人的印象的 / 248

社会学家剪影：彼得·乌比尔（Peter Ubel）：
医护人员在电梯间的谈话 / 251

社会学家剪影：伊莱贾·安德森（Elijah Anderson）：
都市街头生存技能 / 262

那些管理不当的印象 / 269

小结 / 279

像社会学家一样思考：人生难免会有尴尬 / 280

本章要点 / 281

第七章　社会关系是如何建构而成的：亲密关系与家庭 / 282
　　与他人共处 / 284
　　微观与宏观之间的联系：那就是（脸书）
　　　　友谊的真面目 / 286
　　社会多样性与亲密关系选择 / 289
　　家庭生活 / 296
　　家庭与社会结构 / 306
　　微观与宏观之间的联系：同性婚姻风波 / 308
　　微观与宏观之间的联系：双薪家庭（双职工家庭）/ 313
　　社会学家剪影：玛丽·帕蒂洛-麦考伊
　　　　（Mary Pattillo-Mccoy）：中产阶级黑人家庭的
　　　　特权和危险 / 318
　　家庭面临的挑战 / 320
　　小结 / 335
　　像社会学家一样思考：幸福的家庭总相似 / 336
　　本章要点 / 337

第八章　差异是如何建构而成的：社会偏常 / 339
　　何谓偏常？ / 343
　　微观与宏观之间的联系：性侵犯与神职人员 / 355
　　如何理解偏常行为？ / 358
　　社会学家剪影：南希·赫尔曼（Nancy Herman）：
　　　　变回"疯狂"之前的我？ / 366
　　权力、偏常与社会控制是如何连接到一起的？ / 368
　　微观与宏观之间的联系：药物的个人特质 / 389
　　小结 / 393
　　像社会学家一样思考：人都有偏常的时候 / 394
　　本章要点 / 396

前　言

今天是 1994 年秋季学期的第一天，我刚刚最终校订完本书的第一版，它将会在来年 1 月出版。我这时的内心要多兴奋有多兴奋，就像我刚刚写完一本可以代代流传的不朽之作。我当时的那种兴奋劲儿，甚至把我的两个儿子都吓了一跳（尽管不像我们一起去看职业曲棍球比赛时我突然从座上跃起一把抓住疾飞而来的圆球时那般让他们吃惊）。我走进教室，这学期我开了一门"当代社会"的课，心里热切地期望能给第一次接触社会学课程的学生，传授一些关于社会学的东西。

那天在对那门新课的介绍及评述中，我提到我刚刚写完一本社会学方面的书。学生们的眼睛里透出几分惊慌，神情里既有些好奇，又有些敬畏，可以说是一种奇妙的组合，不过当我告诉他们我不会要求他们这个学期去读这本书后，他们的神情恢复了正常。我告诉他们，写这样一本入门书，为我准备开这门课起到了很大的帮助作用，我很期待能在书中将自己这么多年来学到的一些知识传授给他们。

第二天下课后，一个看上去非常聪明、浑身洋溢着青春气息的 18 岁学生走上前来。接下来我们两个人之间进行的谈话，在我心中深深地留下了一个令人惭愧的印象，甚至是在 20 年后回想起来，还是那么让我记忆犹新。

　　学生：嗨……纽老师，昨晚我给家里打电话，告诉他们我在大学第一天过得怎样。我觉得他们比我还要紧张。你知道，做父母的总是会那样。

我：是的，我明白你的意思。你知道，我自己就是一位父亲。

学生：是这样。我告诉他们我选了什么课、教课的老师怎样和别的一些事情。我对他们讲了你这门课，我觉得这门课相当酷。我还告诉他们你写了一本书。我认为这一点会打动他们，让他们觉得他们掏的钱没有白花，我可以在这里学到好多东西。

我：谢谢。

学生：他们问我那本书写了些什么［他不好意思地笑了］，我告诉他们我真的不知道，但我会问清楚的。所以我找你就是想知道你那本书写的是什么。

我：嗯，很高兴你来问我这个问题。怎么说呢，这是一本社会学入门教科书，通过引入一些我们日常生活中的经验和现象，来帮助我们理解一些重要的社会学理论和观点。我的想法是——

学生：［他的眼睛在听我讲述时原本略显呆滞与无聊，突然来了精神］等等，你说这是本教科书？

我：怎么了？确实是本教科书。你看，我写这本书的目的就是想全面、有用地向读者介绍社会学视角。我想要表达——

学生：［这会儿显得相当尴尬］哦……纽老师，真抱歉，是我误会了。我还以为你写了一本真正的书。

真正的书（***real* book**）。真正的书。真正的书。这几个字，就像响个不停的教堂钟声，在我的脑海里不住回响。起初我想将其视作不经世事的童言，不去想它。可我还是忍不住会去想，而且越想越不对劲：我开始看清楚一句无心之语反映出的问题。教科书算不上真正的书，这种看法在现实生活中可以说是再常见不过。

几年前，我听到一则广播广告，呼吁听众为当地红十字会捐书。广播员请求听众捐出他们手上任何未使用的或不需要的书，只要它们不是教科书就行。没错，他就是那么说的。一本撕裂的《戴帽子的猫》(*The Cat in the Hat*) 的复印本要吗？很好，他们要。一本油迹斑斑的1976年款福特平托车（1976 Ford Pintos，该款车造型怪异，设计错误，后方一受碰撞就会起火燃烧，《时代》杂志将其评为人类史上 50 种最差车型之一）的使用手册要吗？当然要了，而且很高兴能拥有它。教科书要吗？不要！白送都不要！

遗憾的是，类似这样的看法并非空穴来风。教科书始终游离于文学世界边缘，介于受人敬重的具有原创性或开拓性的学术专著与丑角浪漫小说之间。人们历来对它的看法一点都不让人兴奋：又厚，又重，又贵，学期一结束就会被毫不可惜地 5 元一本卖给"收旧书的"。

从最早的第 1 版一直到现在的第 11 版，我的目标始终都是：写出一本读起来像真正的书的教科书。在前十版中，我试着同时既能把握住社会学这门学科的本质及洞见，又能引起读者的兴趣。从这些年来看过和用过这本书的书评人和师生的回应来看，我想我一直做得相当成功。虽然没有好莱坞电影工作室表示有兴趣把这本书拍成电影（！），但是人们确实看上去比较喜欢本书轻松的文字叙事风格，欣赏本书用一致的主题将全书章节联系到一起的做法。许多用过本书的教师都评论说：这本书可以帮助学生真正理解社会学视角中那些独特而有用的部分。既然这样，就请好好读一读吧！

第 11 版的特色

对我的两个儿子来说，他们认为我不断修订旧版出新版，足以表明我的能力不足：我没有办法一次就把事情讲清楚。我的小儿子还在念中学时，有一次放学回家他曾问我："为什么你总是一个劲地写同一本书？我们英语老师让我重写一篇《杀死一只知更鸟》的报告，因为我答错了一些问题。你是不是也是这样，爸爸？是不是你书里出了太多错，你的出版商才一再让你写同一本书？"我告诉他事情不是他想的这样，而且他要是不停地问这个问题的话，我就会让他把整本书从头到尾读上一遍。在这种情况下，他不再提出先前的问题，但我明显可以感觉到，时至今日，他都不相信我的书里有什么有用的东西。

　　抛开我的小儿子的担忧不谈，社会学教科书确实经常需要定期修改。没有一本书能在从不改动、始终保持特定风格和内容的情况下具有持久存在的价值。我始终都在提醒自己，睁大眼睛，竖起耳朵，不断地找寻一些新的例子或是当前的热门话题，将其纳入本书。我的办公室里堆满了成箱的书籍、剪报、复印的期刊文章、便条纸，以及餐巾纸碎片，那上面有我吃早饭时听到或看到一些有趣事情时的零散想法。我一直记得在早上3：00给自己发上一封邮件，以免忘记在酣眠与清醒之间的朦胧状态下闪现脑海的好点子。

　　这些年我学到了一件事，那就是：修订一本书时，比起删减旧内容，添加新材料总是要更容易些。但是，只是简单地东添一点西加一点，只会让书本变得更加厚而不当。所以我会尽最大可能简化本书，让其变得更加条理清晰。在一些恰切的地方，我已用新材料替换了过时的材料，更新了所有的统计信息，压缩或更改了部分章节，并移动了部分内容的先后次序。

　　下面是我在第 11 版中作出的一些具体变化，为的是让新版变得更有特色。

更新事例和统计信息

　　就像在前十版中一样，我在每一章都穿插了许多逸闻趣事、个人观察和对当代事件的描述，作为我想阐明的社会学要点的例证。书中不少例子都是来自当今的头条新闻，另有一些例子则来自我自己生活中遇到的真实事件（它们同样有可能在你的生活中发生）。

　　写一本介绍社会学学科的入门书，不可能不提及并阐释那些改变许多人生命的事件，如战争、自然灾害、校园枪击事件、政治大变局、法庭裁决、经济崩溃、唐纳德·特朗普的最新越轨之举，类似这样的事件我们每天都能听到。所以在本书中，我会针对一些广为人知的当代事件和趋势，既包括大型的，也包括小型的，努力提供一些精彩而深刻的社会学洞见。在这一过程中，我打算以一种我希望你会熟悉并能在你日后生活中熟练掌握的方式，带领你在我们的日常生活经验中，看出社会学的普遍性和适用性（进而在你心中产生共鸣）。

就像你通读本书后将会看到的，在没有将更大的社会和历史现象考虑在内的情况下，想要看清楚弄明白在我们的日常生活中发生在我们身上的事情，是不可能的。许多方面近来的发展已经并将持续对社会学思考和人们的日常生活产生巨大的影响：当前全球经济衰退的影响仍挥之不去，警察与手无寸铁的有色族群成员之间爆发的一连串致命冲突，同性婚姻的合法化，通信技术引人注目的增长，尤其是社交网站的快速发展。当经济衰落（或好转），从大亨到失业福利金领取者，每个人都会在其日常事务中感受到某些变化。我在撰写本书第 11 版时，遇到了一个相当大的挑战，就是如何及时跟上关于失业、招聘趋势、房屋止赎（home foreclosures，房屋没收拍卖）、消费模式等方面的最新信息。同样，每一个新出现的与种族或民族相关的暴力事件，无论是出自执法者之手，还是出自仇恨团体①，或是出自独自行动的袭击者之手，都会改变我们这个国家种族关系的发展轨迹。重大政治事件（像最高法院的裁决）也会改变我们对日常生活中最根深蒂固的部分所知道的和我们视为再正常不过的事情的看法，比如谁能嫁给谁。若不承认在线社交网络在塑造我们的学习方式、与他人的关系、直至定义我们自身方面扮演着强有力的角色，我们又如何能够从社会学视角去分析日常生活？因此，你将会在本书中看到，我提到了这些及其他许多发展，用来说明私人生活与宏大历史事

---

① 仇恨团体（hate group），一种针对某些人士的种族、民族、肤色、国籍、宗教、文化、语言、腔调、阶级、职业、外貌、性别、性取向、性别认同及性别气质等而怨恨、敌视或诉诸暴力的有组织集团。美国有两个监察仇恨团体的主要组织：反诽谤联盟，南方贫困法律中心。除此之外，这些仇恨团体都被联邦调查局追踪。此外，美国还有宗教性质的仇恨团体，它们大都有极端的基督新教背景，包括3K党、天军、威斯特布路浸信会等。——引自维基百科

件之间的联系。

我还想提醒你留意这样一个事实：贯串全书诸多社会学理论和概念的扩展例子，关注的是健康、疾病和医疗。我这样做有两个原因。第一，无论我们是谁，也无论我们来自哪里，我们所有人都必须不时地应对健康问题。我们自己的身心健康，可能是我们的生活中最具个人性和与我们自身最直接息息相关的事情。与此同时，每当我们寻医问药，无论是在医务室、当地药店或医院，或是试图弄明白如何为其付费，我们都会进入一个巨大的医疗保健体系，这一体系有时会让人觉得极其官僚和没有人情味。随着医疗费用持续上涨，我们的医疗体系也出现了许多改变——既有理论建议上的也有实际付诸实施的——这些改变将会主导经济预测，占据报纸头条，影响到未来几年采取什么样的立法行动。第二，现在参加医学院入学考试的学生，必须选修一门社会学课程。所以这些与医疗卫生相关的例子，将会为这样的学生提供与他们的需求直接相关的应用和例证，希望有助于他们将来成为更好的医生。

我也试着尽可能地提供最新的统计信息。我更新了所有的图注，并在此过程中将其中一些统计表变为更具可读性的图表，以便使得读者朋友能对这些趋势和关系更加一目了然。

我在前十版中提供了许多有深度的研究，这些研究或者是关注社会学研究中的某一专门领域，或者是关注一些议题，这些议题有助于阐明个体的日常生活体验与其所处社会结构之间的微妙联系。这些扩展讨论将社会制度与个人经历联系到了一起，并在社会学家采用什么方法去收集信息进而得出结论"我们的世界是如何运转"上提供了一些洞见。

关于"社会的建筑"（architecture of society）的一点说明

我在本书副标题中采用了"建筑"这一意象，意在揭示本书的核心主题之一：社会是人类建构的。社会不是"外在于"某个地方，等着我们去对其进行观察和考察。它存在于我们日常生活中的每一个细节里。

无论何时我们遵守它的规则或是打破它的规则，进入它赋予我们的角色或是隐去它赋予我们的角色、努力改变某些事情或是继续维持现状，我们都是在往我们的社会（这座建筑）的结构框架上添加另一根钉子或另一块木板。简而言之，就像我们身边的建筑一样，离开人们的行动，社会也就无法存在。

不过，与此同时，我们创立的这一结构，看上去却又像是独立于我们而存在。我们通常都不会花太多时间去思考我们生活、工作和游戏其中的建筑。我们认为它们是成品，而不是仍在创造过程中的半成品。只有当其中某些地方出了问题，如水管跑水或墙皮脱落，我们才会意识到，是人们创造了这些结构，必须解决问题的也是人们。当建筑物失去效用或是对居住其中的居民来说产生威胁，人们就必须对其进行修葺翻新，或者在必要的情况下，将其拆掉重建。

同样，社会是如此巨大并已存在如此之久，看上去就像它有自己独自的根基，高居于在其中辛勤劳作的个体之上。但在这里，当有什么地方出现不对劲的情况，比如广泛存在的歧视、环境恶化、大多数人陷入贫困、看不起病、犯罪率飙升，人们同样必须做点什么。

所以，人类生活中最让人着迷的悖论就是：我们建构了社会，但却又集体"忘记"是我们建构的它，并安然地生活在其庞大而有影响力的结构中。但是，我们并非注定就要被困死在社会（的诸多结构）中，因为人类是其自身社会现实的建筑师。在整本书中，我将会仔细考察个体在规划、维持、修复社会中所起到的积极作用。

最后一点想法

在我迄今 30 载的执教（讲授社会学）生涯中，我一直面临的最大挑战之一就是：如何才能尽可能地让我的学生看到他们的个体成长经历与书中所讲内容有关联，充分看清个体与社会之间的联系。社会学的真正价值在于，它有独特的能力，可以揭示我们生活中最私密的部分，如我们的性格、经历、行为和思想，与我们置身其中的文化、群体、组织和社会制度之间的双向联结。本书采用"日常生活"方法，使用了来自实际生活中的例子和个人观察，作为一种工具，用来帮助读者朋友理解个体与社会之间的关系。

我的目的是让熟悉的事物变得不熟悉，进而帮助你批判思考你自己生活中那些司空见惯、毫不起眼的事物。只有当你退后一步，检视你的个人经历中被视为理所当然的层面，你才会看到，这里面有一个内在的、有时无法识别的组织，而这些组织系统实际上是可以预测的。与此同时，你也会发现：社会的结构要大于个体的经历和心理的总和。

我坚信，这趟知识旅行会引你深思，并会让你愉悦其中。读一本教科书并不一定就是无聊的，或者更糟，是痛苦的，就像拉人去看牙医一样。我相信，作为老师，我的责任之一就是，要为我的学生提供一个既具挑战性但又舒适的课堂学习氛围。我也会试着在本书中做到这一点。你的老师选择了这本书，不是因为它能使他或她的教学工作变得更容易，而是因为他或她想要你明白，社会学如何可以帮助我们去理解，哪怕是我们日常生活中微不足道的私人经历，也与我们常挂嘴边的"社会"这一事物有莫大关系。我希望你能逐渐明了这一重要信息，我也希望你喜欢阅读这本书，就像我喜欢写作它一样。

祝你能在阅读本书的过程中找到属于自己的乐趣！

戴维·纽曼
德堡大学社会学系和人类学系
E-mail：dnewman@depauw.edu

第一部分
个体与社会

不知你可否曾在生命中的某一刻想过：你的私人生活，与你周围的社会世界之间，有着什么样的关系？在第一部分中，我想要让你了解贯串并统领本书的主题：我们作为独立个体的日常生活体验，会影响我们生活其中的更大的社会，同时也会受到后者的影响。第一章和第二章主要讨论社会学视角对人类生活的主要看法，以及它不同于带有更多个体主义理解色彩的心理学和生物学的地方。你将会看到社会到底是由什么组成，并可窥见社会学家如何去理解个体与社会之间的双向关系。

在阅读本书的过程中，请你记好一个比喻，这个比喻将会在整本书中得到应用，以帮助阐释社会的本性；这个比喻就是：建筑。对目光敏锐的人来说，就像建筑一样，社会也有其设计（建构），只要我们能够练就一双慧眼，完全可以识破其内在构造。它们两者都是通过将各种各样的材料，按照复杂的程序，混合到一起，建构而成的。它们两者都是通过其自身结构，来影响和塑造其内部各种各样的活动。与此同时，它们两者也都会发生改变。有时，它们会随着人们继续按部就班地过日子，隐秘而缓慢地发生改变；在其他时候，它们则会有意重新装饰，或是改变结构进行重塑。当你往下阅读本书时，看看你能否发现社会与建筑之间更多的相像之处。

第一章
如何用一双慧眼去看熟悉的世界

- 社会学与你我他
- 社会学的洞察力
- 社会学的想象力

小安2014年大学毕业。他一直都是一个模范学生。课余时间，他还会抽空去指导当地小学的孩子们阅读，积极参与校学生会的各项活动。他和老师们的关系一直相处得非常不错，他的学习成绩一直都是优秀，大学四年他都名列"院长名单"①，最后以全美优等生联谊会成员（Phi Beta Kappa）的身份从学校毕业。小安在大学里主修计算机科学，辅修经济学；自认为他的未来一眼就可以看到头：他将会去一家顶级软件公司或一家股票经纪公司上班，顺着晋升阶梯一步一步往上走，到他30岁时，他的收入就可以达到六位数。

但当小安进入劳动就业市场开始找工作时，事情却并没有完全按照他的期望进行。尽管他有许多证书可以证明自己的能力，但却就是没有一家公司愿意给他提供一份全职工作。他只能靠打零工、到处给人编程、晚上去Gap服装公司（美国最大的服装公司之一）打工，赚取生活费。虽然他的大多数同学找工作也都不顺，但是小安却开始对自己的能力产生了怀疑："是不是我缺少老板想要的技能？是不是我努力得还不够？我到底是哪儿出了错？"他的朋友和家人都尽可能地给他打气鼓劲，不过也有一些人则私下怀疑小安是不是并不像他们过去想象的那么聪明。

* * *

小迈和小路在同一所大学念书，现在都念大三。从大一起，他们就在一起谈恋爱。人人都说，他俩的关系好得没话说。事实上，小迈已经想到毕业后他会与小路结婚生子，就此过上幸福美满的生活。但是突然有一天，小路作出了一件让人大为震惊的事。她给小迈发短信说，她认真考虑过他俩的事，认为他们的关系再这样处下去也不会有什么结果，可能他们还是当断则断，各自去找各自的那一半比较好。

小迈惊呆了。"我到底做了什么会让你这样想？"他问她。"我认为咱俩关系够好的了。是不是我说了什么不该说的话？做了什么不该做的

---

① 院长名单（Dean's List），学术荣誉的一种象征，在绝大部分美国大学都是指学生在该学期修了12个学分以上，并取得GPA3.5以上；另有"校长名单"，要求GPA在4.0以上，很难达到。——译注

事?你可以告诉我,我都可以改。"

小路说:"不用了,你什么都没做错,只不过是咱俩不合适该分手了。"她告诉他,她在他身上已经找不到过去那种强烈的心跳感觉。

尽管小迈在脸书上让他的朋友们说服他走出失恋阴影调整他的感情状态,但他心底还是感到难过和沮丧。他的朋友们都尽可能地试着安慰他。"跟她在一起对你并不好,"他们说,"我们一直认为她这人有点轻浮。她可能在任何人身上都不会用情太深。你们分手不是你的错,完全错在她那边;振作起来好好干,让她以后后悔去吧。"

* * *

在上面这两个故事中,细心的人应该会注意到:在遇到让人不快的事情时,人们很容易将其归因于个人性格特点和涉身其中的个体。小安责怪自己没能在自己的对口专业中找到一份工作,其他人则暗中怀疑他的智商和干劲。小迈想知道自己到底做错了什么会让他们持续三年的恋情以分手告终,他的朋友们则怀疑小路的心理稳定性(psychological stability)。其实,人们会有这样的想法再常见不过。我们身上往往都有一种明显的倾向:依赖**个人主义的解释**(**individualistic explanations**),将人们生活中的成败归因于他们的个人素质。

为什么像小安这样一个,在我们看来有着高智商、受过良好训练、有才华的大学毕业生,却无法在自己的专业领域找到一份长期稳定的工作呢?当然,很可能是因为他自己身上有一些缺点使他未能如愿,比如缺少上进心、懒惰、生活态度消极、邋里邋遢,等等。或者也有可能是因为他缺乏面谈能力,无法顺利通过工作面试。

但像这样只关注个人的"不足",我们会有一种风险,那就是忽略了范围更广泛的社会因素可能影响到了小安的就业前景。例如,大学生就业形势,像上述小安的情况,是更广泛的经济趋势的一部分,这一经济趋势始于2008年的全球金融危机,并且直到今天仍在压制就业市场。就在我写本章内容的时候,5.3%的美国成人(约830万人)正式失业。顺便说一下,官方失业率统计的人数仅包括过去一个月一直在主动寻求就业的人。因此，这里面既不包括 650 万兼职者，即使他们很想从事全职工作；也不包括 190 万"准待业人口"，他们在过去一年内（而不是过去一个月内）曾找过工作，现在则没有主动去找；还不包括 65.3 万所谓"失去信心"的劳工，他们对找到工作失去了希望，放弃寻找（Bureau of Labor Statistics，2015b）。由此你也看到，很多人都跟小安同病相怜。

可是，按说小安受过很好的大学教育，这应对他找工作有很大帮助，难道不是吗？然而，事实证明，大学学历已经不再像过去那样，是获得稳定就业的保证。就在经济衰退之前四年，企业雇用的大学生年均递增 13%（引自 Hunsinger，2009）。事实上，21 世纪前十年中期的就业形势是如此之好，以至于报纸上还给大学生们支招，如何在找工作时"精挑细选"，找到既合心意又有油水的工作（Knight，2006）。直到 2008 年 5 月，经济学家们仍然预计，当年应届毕业生的就业形势非常乐观（K. Murphy，2008）。

可是在经济衰退出现后，所有这一切都迅速发生了改变。2007 年时，大学毕业生中失业或未充分就业（也就是说，从事一些不需要大学文凭的工作）的人数比例为 15%；到了 2014 年，这一数字增加到了 25% 以上（Shierholz，Davis & Kimball，2014）。事实上，长期失业者中，每六个里面就有一个是大学生，而在 1979 年时，则是每十个里面不到一个是大学毕业生（Mishel，Bernstein & Allegretto，2007；Mitchell，2013）。

虽然应届毕业生的就业情况要比其他没有大学学历的年轻人好上不少（Pew Charitable Trusts，2013），但是他们的未来前景却是不温不火。根据大学生就业研究所（Collegiate Employment Research Institute，2014）发布的研究报告，只有 25% 的雇主明确表态计划招聘 2014—2015 学年的大学毕业生，42% 的雇主所愿招聘的应届毕业生都少于上一年。因此，看到在几年前进行的一项调查中有 82% 的年轻人都认为：现在找工作要难过他们父辈那一代，也就不足为奇了（Pew Research Center，2012c）。

收入情况又是如何呢？与没有学位的人相比，大学毕业生每小时平均多赚 98%（引自 Leonhardt，2014）。甚至是在像洗碗、理发和收银这样不需要学位的行业，有学位的人也会得到更高的薪水（引自 Leonhardt, 2011）。然而，大学毕业生的平均起薪近年来却是停滞不前。例如，自 2000 年以来，年轻大学毕业生的工资下降了 7.7%，而且预计未来 10–15 年这一下降趋势还会持续下去（Shierholz, Davis, & Kimball, 2014）。比收入情况更糟的事情是，那些贷款支付大学教育费用的学生，毕业后平均要偿还 2.84 万美元的债务（The Project on Student Debt, 2014）。

如此一来你也就明白了，小安的就业能力和他过上好生活的机会，取决于他开始找工作时宏观经济情况的程度，至少与取决于他的个人素质的程度一样多。他要是早上五年毕业，当时的失业率徘徊在 10% 左右，他的就业前景将会更糟。反之，他要是晚毕业几年，那时的就业机会将会有所增多，他的就业前景相应也会好上许多。

那么，小迈和小路分手的事情又该如何解释呢？将分手归因于他们两个人中的任何一个人或是两个人都有问题所致，看上去再合理不过。我们往往认为，恋爱关系（更不用说婚姻关系）的最终结果是合二为一还是分道扬镳，完全要看置身其中的两个人的性格或行为合不合得来。

但要是你发现，小路一直偷偷喜欢小李，而小李最近则与相恋多年的女友小朱分手了，小路发现自己现在可以公开去追求小李了，你对她与小迈分手又会怎么想？不管你喜欢与否，恋爱/婚姻关系并不完全是两个人之间的私事；它们总是会受到那些超出我们控制的力量的影响。它们发生在一个更大的网络中：朋友圈，熟人，伙伴，同事，同窗学友，以及那些具有吸引力但却还未认识的人，或者是至少有可能成为男女朋友的人。在脸书上，人们经常发布最新的恋爱关系进展变化，从而即时宣告他们的可得性（可以与别人恋爱）。

当人们相信他们没有更好的选择，他们就会倾向于维持现状，与现在的伴侣继续过下去，即使他们对现在的伴侣并不是很满意。当人们认为他们可以与他人建立更好的关系（即有更好的选择），他们就可能会变得较少愿与现有伴侣待在一起。事实上，在考虑与某人结束关系或者是找不到自己喜欢的人的情况下，人们对美好关系的特点（如平等以待、和睦相处、情投意合）的认知，不太可能是明确无误的（Felmlee, Sprecher & Bassin, 1990）。研究结果表明，当潜在的替代关系（可以选择的机会）增多时，一段关系结束的风险就会增加（South & Lloyd, 1995）。

此外，小路的分手决定，也可能间接受到大量潜在可得伴侣的影响，而这则是近二十年来人口出生率变化的结果。今天，在25–34岁的美国人中，若将单身、离婚或丧偶的女性人数设为100，则有同样情况的男性人数为126（K. Parker, Wang & Rohal, 2014）。对一个异性恋单身女性来说，比如小路，由于男性大学生人数过剩，从而增加了她最终找到一个比小迈条件更好的人选的可能性。不过，50年前，每100个单身女性有180个单身男性可以相匹配，那时的女性有更好的选择机会。可供选择的合适伴侣的数量，在地理位置的分布上也有很大不同。例如，小迈要是生活在缅因州的奥本（Auburn），他的前景将会大为改善，因为那里每81个未婚男性有100个未婚女性可以相匹配；反过来，要是他生活在俄亥俄州的曼斯菲尔德（Mansfield），他的前景将会黯淡无光，因为那里215个未婚男性只有100个未婚女性可以相匹配（Pew Research Social and Demographic Trends, 2014）。总之，小迈的人际价值（interpersonal value），进而言之则是他与小路恋爱关系的稳定性，可能不止受到他做的任何事情的影响，还可能受到人口因素力量的影响，而他对后者的控制不说没有也是微乎其微。

让我们跳出小路和小迈两个人的恋爱关系网络来看这一观念。例如，人们第一眼看上去所认为的受欢迎（或不受欢迎）的特点和特性，其实反映出的是他们生活其中的更大的文化的价值观。时尚和品位一直都在不断变化，使得像发型、外表、服饰这样特定的特性，像吸烟、喝酒、分享感情这样的行为，或是像受教育程度、职业、政治面貌等这样的生活选择，既可能增加也可能减少对异性的吸引力。广泛的经济力量可以更进一步地影响情爱关系的选择。在中国，由于未婚的年轻男性要比女性多出约4100万（Tsai, 2012），单身女性在选择恋爱对象时尤其挑剔，常常要求追求者拥有稳定的工作和自己的房子，然后才会考虑一起约会（Jacobs, 2011）。

这两个故事的寓意其实很简单：想要理解我们个人生活中的经历，我们就必须跳出只从个人素质方面去作出解释的惯常做法，去研究更广泛的社会特性和趋势。外在的特性超出我们的直觉理解和控制，比起我们的"内在"素质，经常会对我们的日常生活产生更多影响。在没有考虑到当前及过去经济趋势的情况下，它们会影响到工作的数量和找工作的人的数量，我们无法解释个人的就业能力。在没有考虑到更大的人际关系网络和人们置身其中的文化的情况下，我们也无法解释为什么有些人与人之间的亲密关系最终走向幸福圆满，有些人与人之间的亲密关系最终却是一刀两断。出于同样原因，在没有考虑到影响人们的社会力量的情况下，我们也无法解释人们平日里的思想和行动。

社会学与你我他

这其中包含的正是**社会学**（sociology，一门系统研究人类社会的学问）的基本主题（这一主题将会贯串全书）：日常社会生活，如我们的思想、行为、情感、决策、互动等，是社会力量与个人性格特点之间复杂的相互作用的产物。要想解释人们为什么会是他们所是的样子、为什么会相信他们所相信的，或是为什么会做他们所做的事，我们必须理解他们生活其中的人际关系网络、历史环境、文化背景、技术环境、组织环境和全球环境。不论是想了解个人还是社会，我们都必须同时理解这两者（C. W. Mills, 1959）。

当然，想要看到个体与社会力量之间的关系并不总是那么容易。美国这样的社会，建立在对坚定的、自助自立的个体的想象之上。不足为奇的是，它也是一个从个人主义视角去理解人类行为这一做法占主导地位的社会，这种视角仅仅关注从个体的性格、心理、甚至是生物化学角度去分析解释个体遇到的各种问题和过程。因此，我们大多数人都只是简单地将我们选择做什么、说什么、感觉些什么、想些什么，理所当然地视为是私人的现象。日常生活看上去就像是一系列自由的个人选择。毕竟，是我们自己在选择主修什么课程、外出穿什么衣服、吃什么、什么时候吃、谁会是我们的另一半，等等。

但是，我们在这些决定上所作出的选择，到底有多大的自由？回头想想，一直以来，你的行动其实一直都在受到社会环境的摆布，或者至少也会受到其影响，而对这些社会环境，你是无能为力的。你有没有觉得，由于你的年龄或性别或种族，某些机会对你关上了大门？你能否合法开车、喝酒或投票等，则是由社会普遍认可的年龄的界定决定的。当你变老时，你可能会被迫退休，尽管你有很好的技能，并且也有继续工作的愿望。性别同样会深刻地影响你的选择。一些职业，如银行高管和工程师，仍然基本上由男性垄断，而另一些职业，如注册护士和幼儿园老师，则几乎全都是女性。同样，你的宗教信仰的教义也可能会限制你的行为选择。对一个虔诚的天主教徒来说，婚前性行为甚至离婚都是不可想象的。斋月期间的每一天，从日出到日落，恪守教规的穆斯林必须禁戒食物和饮料。一个正统派犹太人永远不会在同一顿饭上同时喝牛奶和吃肉。甚至就连普遍存在的身体需要，都可能会受到我们所处社会环境的影响。

微观与宏观之间的联系：
睡眠社会学

每个人都要睡眠。事实上，在我们生命中的某些特定时刻，比如当我们期末熬夜复习迎考时，当我们生病时，当我们为人父母时，睡眠可能会成为我们最主要的关注对象。现代生活的主要小病（不适症状）之一就是睡眠不足。根据一项调查显示，近三分之二的美国人抱怨说，他们没有得到足够的睡眠。仅在美国就有超过 2000 个睡眠诊所（sleep clinics），治疗人们的睡眠问题。"疲劳管理"（fatigue management）现在是一个欣欣向荣的治疗领域（引自 Kolbert，2013）。

显然，不同的人有着不同的睡眠体验。我相信，你肯定知道有些人会说他们每晚睡眠少于 10 个小时就会影响第二天正常生活，而有些人则说他们一天只需睡上 4 个小时就可以确保第二天精力充沛，一点都不瞌睡。

但是，睡眠偏好（睡多/睡少）并不仅仅是一个个人适应问题。例如，与成人相比，孩子们通常需要更多的睡眠，尤其是在他们出生后第一年内最初的那些月份。不过，即使在这里，个人需要也可以覆盖更广泛的社会问题。养儿育女的主要任务之一就是，训练孩子让他们的睡眠模式适应父母的作息规律。"我的宝宝昨晚睡了一整夜！！"是所有新为人父母者都想大声喊出的充满欢乐的惊叹。但要等到这一天（让孩子做到这一点）并不容易。什么样的父母会没有过这样的经验：让一个蹒跚学步的孩子晚上好好睡觉，就像是在打一场艰难的战斗？但是，父母-子女之间在睡眠上发生的冲突从未完全消失。不信你可以试试，在某个上学的日子，一大早去叫醒一个脾气不好的十多岁孩子。顺便说一句，"慵懒的青少年"这一问题变得如此糟糕，以至于全美儿科协会（American Academy of Pediatrics，2014）最近发布了一项政策声明，建议初中和高中推迟每天上午开课的时间，这样可以确保青少年晚上拥有充足的睡眠。

根据社会学家西蒙·威廉斯（Simon Williams）的研究，睡眠是"透视社会世界的一个窗口"（Williams 2011, p.27）。我们怎样睡、何时睡、在哪儿睡、睡多长时间、与谁一起睡，永远都是社会、文化、历史因素的产物。所有的社会都必须以某种方式组织（安排）其成员的睡眠。我们不妨考虑一下何为适当的睡眠时间和地点。在晚上？在自己家里？当然可以。美国成年人大约晚上11点左右上床睡觉，醒来则在早晨7点左右——一位人类学家称这为"统一睡眠"（Wolf-Meyer, 2012）。反之，"白天睡觉""间歇睡觉""半夜醒来起床"则被认为是错误的，甚至是不正常的，可能应该接受某种治疗干预（Kolbert, 2013, p.25）。

有时，能够连着不睡可以成为一种自负或骄傲的荣誉徽章。"机会稍纵就逝""我要死了再睡"。但这显然会走得太远。"嗜睡……越来越被视为一种新的酒醉形式：一种有罪的状态，因为我们昏昏欲睡时驾车与酒驾一样危险。"（S. Williams, 2011, p.27-28）事实上，据美国交通部估计，在美国的公路上，"疲劳驾驶"每年造成4万人受伤，1500多人死亡（引自Kolbert, 2013）。

"每晚保持八小时睡眠时间"这一理想，并不总是人们的生活特点。直到19世纪中期，人们在一天中断断续续睡觉仍很常见。他们可能在下午晚些时候或者晚上早些时候已经上床歇息，睡上几个小时，醒来再干上几个小时活，然后上床"睡第二觉"。在一些社会中，白天睡觉是文化中常见的一部分。在一些地中海国家和亚洲国家，睡午觉已被人们视为一种可以接受的、甚至是有益身体的做法。

尽管如此，这样一种模式并不适合（今天同样不适合）情况千差万别的全球世界，这个世界建立在就业和利润的基础之上。多年来，已被视为理所应当的工作日朝九晚五和工作日周一到周五，对我们如何划分和定义时间产生了显著影响。我们大多数人都很容易区分工作日和非工作日（假期和周末）、工作时间和休息时间。很明显，在合适的时间睡眠被认为是适当的。

然而，工作（觉醒）与家（睡眠）之间的边界并不总是很清晰。某些职业涉及操作重型机械，像长途卡车司机、火车上的列车长、飞机上的飞行员，疲劳的员工会带来明显的安全隐患。因此，他们有强制停机时间的政策和工作时间的限制。但是，随着生活节奏加快，甚至是在办公室、非体力劳动的职业，也在面临由于缺乏睡眠而导致的工人疲劳问题。据估计，疲劳带来的更高的压力和生产力损失，让美国经济付出每年数千亿美元的成本（Baxter & Kroll-Smith, 2005）。一项调查显示，三分之一的受访者表示，他们在上个月的工作中睡着过（National Sleep Foundation, 2008）。

一些社会学家认为，近来工作场所发生的变化，如灵活的时间安排、远程办公、居家工作，开始模糊了历史悠久的公共场所与私人空间、工作与家庭之间的界限，导致"睡眠"概念也随之发生了变化。特别是，他们引用人们日益接受工作场所小睡，作为人们对待睡眠和清醒的态度已经发生改变的证据："随着一种禁忌行为被那些知道他们正在违反公司规定的人所采纳，工作场所小睡（尽管这一现象在不同的工作场所出现的频率并不相同）正在美国的工作文化中被视为一种可以容忍（如果说没有成为规定）的行为。"（Baxter & Kroll-Smith, 2005, p.34）越来越多的公司得出结论："恢复性午睡"（restorative naps，睡个午觉让人神清气爽，体力也恢复了）是解决过度嗜睡问题一种相对便宜的解决办法。许多公司现在都为自己的员工提供休息室（或静室），那里有着舒适的沙发、柔和的灯光，禁用平板电脑和智能手机。

我不认为我们将会达成这样一个共识：所有美国员工都有机会在工作间隙小憩。我们也不用担心我们的社会很快就会形成一种"午睡文化"。不过，我希望你现在可以看出："恰当的睡眠地方、空间［和］时间表……本身就是很深刻的社会、文化、历史和政治问题——很容易引起争论和变化。"（S. Williams, 2011, p.31）即使在像睡眠这样再自然不过的事情上，社会也在与个体相互作用，形塑体验。

然后是个人风格问题：你会选择什么样的发型、服装、音乐，等等。事实上，大规模的营销策略，可以创造出一种对特殊产品或形象的需求。要是没有经过严格管理和巧妙包装的宣传计划来吸引青少年和青春期前少年，伊基·阿塞莉亚（Iggy Azalea）、凯蒂·佩里（Katie Perry）、妮琪·米娜（Nicki Minaj）这些流行乐歌手是否还会如此受欢迎呢？很是值得怀疑。你的品位，进而则是你作为一个消费者的选择，往往会受到距离你非常遥远的企业董事会决定的影响。

国内和国际经济趋势也会影响你的日常生活。你可能会失去你的工作，或者就像小安一样，要面对严峻的就业市场，而这则是由于日益增加的全球竞争或严重的经济衰退所带来的经济波动的结果。或者，由于某些科学技术的快速发展，你的大学学历现在可能会让你获得某个高薪职位，但在从现在起十年内，它却有可能甚至没法让你获得一个入门级的低薪职位。在一项民意调查中，辍学的年轻人中，有75%出于金钱问题需要全职工作，而这也正是为什么他们很难回到学校的主要原因（Lewin, 2009）。如果你大学顺利毕业拿到了你的学位，但却没能在离开学校之前就找到一份好工作，你可能就不得不回到父母家——成为美国当今25–34岁间4100万这种人中的一员（ProQuest Statistical Abstract, 2015）———一待就是很多年，而这并不是由于你无法面对应该与你心爱的父母分开生活的观念，而是由于你无法赚到足够的钱来养活自己。

政府和政治自然也会影响我们的个人生活。地方、地区、国家乃至国际层面作出的一项政治决定，可能会导致你的生活所依赖的政府机构裁撤关门，使你已经习惯的常用商品和服务变得价钱更高或数量更少，或者会减少你的税后收入所得。政府制定的产假政策或医疗保险制度，可能会影响到你是否要孩子、什么时候要，或者是接受你一直在推迟的选择性手术（elective surgery）的决定。如果你是男同性恋、女同性恋、双性恋或变性人，联邦和州政府能够决定单位是否可以仅仅因为你的性取向就解雇你。在美国，最高法院作出的决定，会增加或限制你在诸多事情上的选择能力，比如控制自己的生育，起诉雇主歧视，随意支配你的财产，在公共场合秘密携带武器，合法结婚，有资格享有补贴医疗保险，或是让你生活中的细节成为你的个人私事。

人们的个人生活也会受到遥远国度里所发生事件的影响：

- 2005年，卡特里娜飓风造成数千人死亡，成千上万人无家可归和失业，河流受到污染，沿岸产业如旅游业和钢铁、木材、石油生产受到重创。其他地区立马就感知到了由此带来的经济影响，例如，石油价格飙升。飓风也对美国的出口和国内及国际旅游业产生了严重影响。

- 2008年，美国股票市场暴跌，立马引发欧洲、南美洲和亚洲市场随之暴跌。随后的经济衰退推高了全球几乎所有工业化国家的失业率。直到今天，一些国家，如希腊和葡萄牙，仍然处在破产的边缘。

- 2011年，一场大地震引发的致命性海啸，使得许多制造汽车零部件的日本企业陷入瘫痪，导致美国汽车产量下降。同年，像利比亚、埃及、叙利亚和也门这样的阿拉伯国家发生的暴力抗议，引发对减少石油进口的担忧，使得美国汽油价格每加仑提价4美元。

- 2014年秋天，一些西非国家爆发了致命的埃博拉病毒，吸引了全世界的注意。就在撰写本文之际，几内亚、利比里亚和塞拉利昂已经出现2万多病例，约8000人死亡。美国则出现了4例并有1例死亡（Centers for Disease Control, 2015a）。但是，即使在美国感染这种疾病的风险非常低，仍有五分之一的美国人担心自己会染上这种病毒（Gallup, 2014）。埃博拉病毒在西非一宣告爆发后，国土安全部就第一时间宣布实施对这些国家的旅行限制，并提高了对从那些国家到美乘客的筛查。人们的焦虑随之升高。当媒体报道称一名乘客在站台上呕吐不止，达拉斯火车站便迅速被关闭。墨西哥阻止了一艘游船进港停靠，因为船上一名乘客在德州医院工作，而在那里则有一名埃博拉患者死亡。学校被关闭，因为它的一名员工与一名埃博拉患者同机。专家担心，整个国际商业旅游业可能会遭受巨大的经济损失（Sharkey, 2014）。

- 2015年1月，三名蒙面枪手在法国讽刺漫画杂志《查理周刊》（*Charlie Hebdo*）办公室发动攻击，造成12人死亡、11人受伤，美国各城市立即提高了受欢迎的公共场所的警备安全。事实上，外国发生的恐怖袭击,经常会导致本国采取旅行限制和增加安全保护措施。

这些只是更大的世界会影响个人生活事件的一些方式。你还能想到别的一些例子吗?

社会学的洞察力

社会学家并不否认个体可以作出选择,也不否认他们必须承担其选择的个体责任。但是,他们很快便指出,我们不可能在没有考察过生活在我们身边的人、事和社会特征的情况下,完全理解我们生活中发生的事情,哪怕是我们生活中那些相当私密的个人的事情。通过展示社会过程如何塑造我们、个体行动又如何反过来影响这些过程,社会学对那些被认为是理所当然的个体事件和影响我们日常生活的大范围的文化及全球进程,提供了独特的见解。

其他学科也研究人类生活。生物学家研究我们的身体是如何工作的。神经学家研究我们的大脑内部发生的事情。心理学家研究我们心灵内部发生了什么,促成人类行为。这些学科的重点几乎都是主要关注**个体内在的(within)**结构和过程。相比之下,社会学家研究的则是个体与个体、群体或社会**之间(among)**发生了什么。社会力量如何影响人与人之间互动的方式?个体如何理解他们的私人生活及其置身其中的社会世界?每天都在持续进行的社会互动又是如何创造出"社会"的?

个体遇到的问题,如爱情、性爱、贫困、衰老和偏见,在适当的社会背景下,可以得到更好的理解。例如,美国成年人往往相信,他们结婚纯粹是为了爱情(找到了属于自己的真爱),然而事实上,我们并非与生俱来就要结婚,结婚是社会向我们灌输的一种制度,家庭熏染、道德说教、宗教信仰、大众媒介和广告等数不清的压力，都在强化我们成人后要从同一社会阶层、宗教和种族中选取婚嫁对象（P. L. Berger, 1963）。社会学与其他学科不同，促使我们跳出个体解剖学和人格因素解释对人的严格限制，去理解影响和形塑我们的各种现象。例如，我们可以好好想想以下情形：

- 一个 14 岁的女孩，担心自己超重，开始有计划地控制饮食，让自己忍饥挨饿，只为让自己变得更招人喜爱。
- 一个 55 岁的股票经纪人，自被单位解雇后无法找到工作，在失去他的家庭和家人后精神崩溃，现在露宿街头。
- 一位 46 岁的女教授，在得知由于单位削减预算她的教职将会在来年被取消后，自杀身亡。
- 一位学生会主席，同时也是当地高中的优秀毕业生，每天晚上要是不喝上几杯威士忌就难以入睡。

这四个人有什么共同之处？你的第一反应可能是，他们都遇上了严重的个人问题，那些问题使得他们的生活一团糟。如果你只看到他们现在已经变成的那个人：一个厌食症患者，一个无家可归者，一个"自杀受害者"，一个"酒鬼"，你很可能会认为他们有某种人格缺陷、遗传缺陷或心理问题，使他们无法应对现代生活的需求。也许他们只是缺乏意志力来提升自己，继续努力前行。简而言之，你有一种直接倾向，更多注意到那些人身上独特的也许还有些"异常的"特点，用它们来解释他们遇上的问题。

但是，我们并不能忽视他们生活其中的**社会**（**social**）世界的重要性。无可否认，我们生活在这样一个社会：女人以瘦为美，看重个体有钱和事业有成，鼓励过量饮酒。一些人在觉得自己无法满足这些期望时就会为此受苦。当然这并不是说，面对相同的社会信息，所有人都会不可避免地成为同样问题的受害者。有些人能够走出悲惨的童年给其留下的阴影，不受其影响；有些人能够承受一败涂地的打击，东山再起；有些人能够丝毫不受自身所处文化中狭义"美"的定义的影响。但是，假如我们想要真正充分理解人类生活的本质，或者是特定的社会问题，我们就必须承认这些事情背后那些更加广泛的社会背景。

社会学的想象力

遗憾的是，我们往往看不到在我们的日常生活中发生的个人事件，与我们生活其中的更大的社会之间的联系。美国是一个非常看重高个人成就的国家，生活在这样一个国家里的人们，很难超越表象，看到隐藏在其背后的东西。在这样的社会中，一个人若是失去工作、与爱人离婚或从学校退学，往往很难想到，这些经历竟然会与巨大的文化或历史进程有着千丝万缕的联系。

有能力看到这些力量对我们的私人生活所产生的影响，就是著名社会学家赖特·米尔斯（Wright Mills 1959）所说的"**社会学的想象力**"（**sociological imagination**）。社会学的想象力使我们能够理解更大的历史图景及其在我们自己的生活中所具有的意义。米尔斯认为，无论我们认为我们的人生经验具有多么大的个体性（太过自我），其中许多经验都可看成是整个社会力量的产物。社会学的任务就是帮助我们把我们的生活看作个人传记与社会历史之间的交叉互动，进而为我们提供一种方式，来阐释我们的生活和社会环境。

打个比方，被单位解聘是一个可怕的、甚至会给一些人留下心理阴影乃至造成心理创伤的个体经验。当一个人失去一份工作时，心里难免会产生一种人生挫败感。但要是一个社区的失业率徘徊在23%——在受到近些年来经济衰退影响最严重的地方，就像加州的埃尔森特罗、亚利桑那州的尤马（Bureau of Labor Statistics, 2014 b），情况就是这样——我们就必须看到，失业并不是个体身上出了什么问题，而是一个社会问题，其根源在于整个社会的经济和政治结构。下面我们不妨来看一下，一位专栏作家是如何描述他的失业经历的：

> 五年前，我所在的单位［一家杂志社］解聘了我，那时候美国失业的人比现在要少上很多，我感觉自己就像是在一个人人都可以找到顺心工作的国度里孤独的落选者……但要是被单位解聘这件事发生在现在，如今是一个大规模裁员和破产的时代，我怀疑自己是否还会像当初那般痛苦……也许我只会耸耸肩，"失业算个什么事！"骑上自行车去外面好好放松一下，然后再去考虑下一步该怎么走。
>
> （Kirn, 2009, p.13）

面对被解聘的事实，能有如此随和（豁达）的反应，可能比较少见。然而，金的看法具有非常重要的社会学意义：如果一个社区里有许多人也都失业了，那么失业就不是一个人性格有缺陷或是个人的失败。我们不能将失业率飙升解释为就业市场上能力欠缺或不适应工作的劳动力突然增加。只要国家的经济状况使得在职员工很容易被取代，或是国家政策使得经济衰退不可避免地会发生，那么失业这个社会问题也就无法在个人层面得到解决。

离婚的情况也是一样。通常，一提到离婚，人们都会将其视为一种发生在个体身上的悲剧。但在美国，每10桩婚姻就有4桩会以离婚收场，而且现今世界各地许多国家的离婚率都在上升。因此，在考虑离婚这个问题时，我们必须考虑到不同社会里发生的更广泛的历史变迁：将家庭、法律、宗教、经济和文化视为一个相互影响的整体来进行分析。单纯关注离婚者的个人特征和行为，不可能解释清楚离婚率为什么会随着时间发生重要的变化。离婚率上升不会仅仅是夫妻变得比先前性格不合难以相处的原因所致，离婚率也不会由于越来越多的夫妻突然变得对彼此更好而下降。

米尔斯并未暗示说：由于社会学的想象力会使我们认识到：我们的生活完全超出了我们的控制，致使我们在生活面前变得脆弱。实际情况正好相反。意识到社会力量或世界历史对我们个人生活的影响，是我们付出努力改变我们所处社会环境的一个先决条件。

事实上，社会学的想象力可以使我们认识到：许多最严重的社会问题的解决方案，并不在于要改变个体的自身处境和性格特点，而是在于要改变与个体相连的社会制度和角色（C. W. Mills, 1959）。社会上一直存在的药物成瘾、无家可归、性暴力、仇恨犯罪、饮食失调、自杀和其他不幸遭遇，单靠治疗或惩罚那些有上述行为或深受其苦的人，是不会消失的。

几年前，当我正在修改本书的较早版本时，在我任教的德普大学，发生了一起悲剧性的事件。5月里一个宁静而美好的夜晚，期末考试周（final exam week）刚刚拉开大幕，一位大一学生却在自己的宿舍里开枪自杀。这一意外事件，在我们那个封闭的校园里引起了很大的反响。

就像听闻这种事情时你能想到的那样，每个人心里都在想："他为什么要那样做？"虽然我们不可能得到明确的答案，但是我们中的大多数人却都仅仅认为这是一起"典型的"自杀。他们心里很可能会认为，他这样做一定是因为伤透了心、感到绝望、孤立无助、遇上了麻烦事，要不就是不适应大学生活。一些学生说，他们听说他有几门课考试没过。也有人说，他们听说他没有进入他想加入的兄弟会（fraternity，美国大学里的一个学生社团），他这人性格孤僻，平日里总是独来独往。换句话说，**他身**上肯定有什么地方不对劲。

虽然这起意外事件很是悲惨，但它却并非特例。1950—2010年间，美国15—24岁人群的自杀率增加了一倍多（National Center for Health Statistics, 2014）。尽管1990—2000年间这一比例有所下降，但是近几年来它又开始有所增加。自杀是美国年轻人死亡的第三大原因，仅次于意外事故和杀人，占到这一年龄段死亡人数的20%（Centers for Disease Control and Prevention, 2012c）。2011年，有15.8%的美国高中生报告说，在上一年中他们认真地考虑过自杀这件事，约 7.8% 的人在上一年中实际上已经自杀过一次或多次（Centers for Disease Control and Prevention, 2012d）。

关注个人的感情，如抑郁、绝望和挫折，并没有告诉我们为什么会有这么多人在这个年龄段自杀，也不会告诉我们为什么年轻人的自杀率会在十年间增加或降低。因此，要想理解为什么我所在大学的那位学生会作出这样的选择，我们就必须跳出他个人的精神状态，去看一看可能会影响他的社会及历史因素。

显然，在当代发达社会，人们对个人成就——穿着得体考究（穿得好）、走哪儿都受欢迎（人缘好），事业成功（成功人士）——的关注，要比以往任何时候都强烈。年轻人几乎时时处处都要面对如何行事才"符合标准"的压力——怎样做才能符合自己的身份认同"标准"，进而则是怎样做才能确立其自我价值"标准"，而这些所谓的"标准"都是他人制定的（Mannon, 1997）。尽管大多数人都调整适应得很好，但也有一些人觉得自己难以适应。此外，随着对稀缺金融资源的竞争变得更为激烈，年轻人很可能会感受到很高的心理压力，并对自己的未来产生困惑。随着对成功的追求开始得越来越早，失败的代价也随之增加。这上面发生的变化，可以解释为什么年轻非裔美国人（15—24 岁）的自杀率——过去相当罕见，而且就是现在，比起其他族群仍然较少发生——会从 1960 年的每 10 万人中有 4.1 人死亡，增加到 1990 年每 10 万人中有 15.1 人死亡（参见表 1.1）。虽然现今这一比例已经下降到每 10 万人中有 11.1 人，但却仍然几乎是 50 年前的三倍（National Center for Health Statistics, 2014）。一些专家将这一现象归因于日益增加的无望感（hopelessness）和一种长期存在的文化禁忌：反对与人讨论心理问题。但也有不少专家认为，这应归因于更加广泛的社会因素，而且具有讽刺意味的是，这些社会因素是伴随着 20 世纪末期的经济增长而产生的。随着越来越多的黑人家庭进入中产阶级阶层，他们也开始感受到越来越大的要在传统上由白人占据主导地位的职业和社会环境中进行竞争的压力。

图 1.1　种族、性别与年轻人自杀率

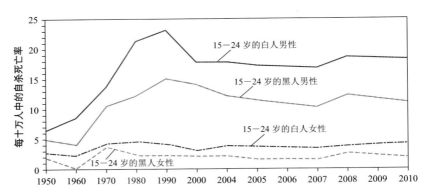

资料来源：National Center for Health Statistics, 2014, Table 39。

事实上，自杀的黑人青少年，更可能有着比一般黑人青少年更好的社会经济背景（Belluck，1998）。

在图 1.1 中，你可能会注意到：黑人年轻男性和白人年轻男性的自杀率在 2000 年代初下降了。你能想出一种社会学方面的原因来解释这种趋势吗？当今年轻人面临的压力是不是要比 10 年或 20 年前低？

其他社会中自杀率的波动，可以由不同类型的社会变迁作出解释。例如，日本是世界上自杀率最高的国家之一（每 10 万人中有 24.4 人自杀；Nippon.com，2014），约是美国的两倍。1990 年代末和 2000 年代初，随着公司应对严重的经济衰退，日本的失业率和破产率创下了历史最高纪录。据日本警察厅称，有四分之一以上的自杀都是由于经济问题引发的，比如入不敷出、难以找到工作、公司经营难以为继（引自 Curtin，2004）。事实上，自杀变成如此大的一个问题，以至于东日本旅客铁道株式会社（East Japan Railway Company）决定在火车站台上安装蓝光灯，寄希望于蓝光灯能起到舒缓人们情绪的效果，从而减少跳轨自杀的人数（"Japan Railway"，2009）。尽管 60 多岁的老年人自杀人数最多，但是小学生、中学生和大学生的自杀率也在大幅增加。自杀现在已经是日本年轻人中死亡的主要原因（Nippon.com，2014）。

中国日益增加的自杀率，也与其经济快速发展引发的社会变迁压力有密切联系，尤其是在农村妇女中间，她们最有可能被迫自杀（E. Rosenthal，2002）。爱尔兰的自杀增长率一度是世界上最高的，平均每四个自杀者中就有一个是 15—24 岁的年轻人（Clarity, 1999）。那里的专家认为，事情之所以会走到这一步，很大程度上是因为严禁自杀的宗教力量在世俗社会中能起的作用日渐衰微，以及男女性别角色上发生的转变，使得许多年轻男性找不到自己在［爱尔兰］社会中所处的位置。

> **社会学家剪影**
>
> ## 涂尔干（Émile Durkheim）：关于自杀的社会学解释
>
> 社会学家感兴趣于将自杀现象与特定的社会进程联系到一起，这一点并不新鲜。在一部社会研究的经典之作中，著名社会学家涂尔干（Durkheim, 1897/1951）认为，自杀更有可能发生在特定的社会环境和特定的社区。他是第一个将自杀视为社会变迁的表征而非有心理缺陷的学者。
>
> 如何才能确定自杀率是否受到社会结构的影响？涂尔干决定测试一下自己的理论，他对比研究了关于不同群体的现有官方统计数据和历史记录，这种研究策略有时被称为**比较法**（**comparative method**）。许多社会学家继续使用这一方法，通过分析美国人口统计局（U.S. Bureau of the Census）、美国联邦调查局（Federal Bureau of Investigation）和美国卫生统计中心（National Center for Health Statistics）等政府机构编制的统计数据，来比较和勾勒出不同群体的自杀率。
>
> 在大约七年时间内，涂尔干仔细研究了关于欧洲不同社会群体（不同地区的国家、特定的宗教或种族群体，等等）自杀率可用的数据，想要从中找出重要的社会模式。他推断，如果自杀是一种纯粹的个人绝望行为，我们也就不会看到不同年份或不同社会的自杀率会出现任何明显的变化。也就是说，绝望的、情绪不稳定的、不幸福的个体的分布，应该是在不同的时间和文化

中大致相等。然而，如果某些群体或社会的自杀率一直高于其他群体或社会，那就一定是个人性格之外的某些力量在起作用。

整理好相关数据后，涂尔干得出了自己的结论：实际上有几种不同类型的自杀。他发现，有时人们看到没有方法来改善他们受压迫的处境，就会选择自行了断。他们认为：比起永远无法改变的生活，自杀是一种更好的选择。想想那些终身监禁的囚犯或奴隶，他们宁可走向死亡，只为摆脱痛苦的限制和缺乏自由。涂尔干称这种类型的自杀为**宿命性自杀（fatalistic suicide）**。

其他自杀形式，如他所谓的**失范性自杀（anomic suicide）**，发生在人们的生活受到重大社会事件，如经济萧条、战争和饥荒的影响突然崩溃之时。他认为，在这些时候，人们习惯上用来安排自己生活的某些状况发生了急剧改变，让人们陷入一种无望感和绝望之中，因为他们意识到：他们无法再回到他们先前所习惯的那种生活。五位研究人员在考察了过去 80 年里自杀的趋势后发现：经济衰退期间，整体自杀率趋于上升；经济扩张期间，整体自杀率趋于下降（F. Luo, Florence, Quispe-Agnoli, Ouyang & Crosby, 2011）。许多专家都认为，35－64 岁之间美国人的自杀率增加了 28%，都是近些年来的经济衰退所致（Centers for Disease Control and Prevention, 2013）。同样，目前困扰欧洲的金融危机，也使得受灾最严重的国家，如希腊、爱尔兰和意大利的自杀率出现飙升。这一问题变得如此明显，以至于欧洲报纸开始称其为"经济危机导致的自杀"（Povoledo & Carvajal, 2012）。

反过来，涂尔干认为，生活在贫困国家的人们，在某种意义上，对自杀会出现"免疫"。他说："贫困可以防止自杀，因为它本身就是一种抑制。"（Durkheim, 1897/1951, p.254）事实上，确有证据表明：生活在贫困国家的人们，得上抑郁的风险，明显要比生活在发达国家的人们低上很多（引自 Weil, 2011）。不过，涂尔干不可能预测到的是，通讯技术在现代生活中所发挥的作用：瞬间它就可以让人们置身于半个地球之外别人的生活方式中。在涂尔干生活的那个年代，生活在偏远农村地区的穷人，对富人生活方式的了解，即便不是一无所知，也是所知甚少；至于亲眼所见，更是免提。所以他们也就没有办法拿自己的贫寒生活去跟他人的富裕生活进行比较。而在今天，就连世界上一些极为偏远的地区都用上了电脑，从而可以让那里的人们即时看到（并即时对比）比较富裕的人们享有的那种舒适和特权。在这种新情况下，你是否还会认为"贫困可以保护人们免去自杀"？

涂尔干还发现：在他研究过的所有国家中，往往是丧偶者、单身者、离婚者的自杀率高于已婚者，没有孩子者的自杀率高于有孩子者，新教徒的自杀率高于天主教徒。这是否意味着：未婚者、没有孩子者和新教徒要比其他人更不开心、更沮丧或者有更多的心理失调？涂尔干并不这么认为。相反，他认为，是这些群体中人们社会生活的一些本质东西，增加了他所谓的**利己性自杀**（**egoistic suicide**）的可能性。

涂尔干认为，当群体、家庭或社区纽带（ties）较弱或不被重视，人们就会感到被孤立，就会觉得孤独。他指出，例如，天主教强调通过社区来进行救赎，用其精心制作的教义和仪式将其成员与教堂联系在一起；相比之下，新教则强调个体救赎和责任。他相信，这种宗教个人主义（religious individualism），可以解释他观察到的天主教徒和新教徒自杀率上的差异。自我依赖和独立，可以美化个体在上帝眼中的形象，但若个体陷入困境痛苦难言，就会成为弱点。

涂尔干担心，现代社会生活倾向于推崇个人主义，从而有给个体带来疏离的危险。一个世纪之后，当代社会学家已经找到了支持涂尔干洞见的证据（例如：Bellah, Madsen, Sullivan, Swidler & Tipton, 1985; Riesman, 1950）。在当今美国社会，很多人都不了解也不想去了解他们的邻居。陌生人常会受到怀疑。在对经济机会的追求中，我们已经变得更愿意四处搬迁，有时则是搬到远离家人和现有的朋友及同事们的地方，而这些人经常可以在必要的时候给我们提供支持。

我们所处社区的结构也阻碍了与他人之间纽带的形成，因而，自杀的可能性在同一时间有所增加，也就不足为奇。今日美国，人口稀少的州，自杀率最高，如阿拉斯加州、新墨西哥州、蒙大拿州、爱达荷州和怀俄明州（Centers for Disease Control and Prevention, 2014b）。表1.1和图1.2中呈现了这一模式。这些州的新居民往往占更大比例，他们没有融入现有社区，成为其中一员。人们往往变得比较孤立，遇到问题很少向人寻求帮助或安慰，因此要比生活在人口更稠密的州的人们更容易自杀。值得注意的是，人口稀少的农村地区，与其他地区相比，拥有枪支的比例也较高。美国乡村地区超过70%的自杀使用的都是枪械（Butterfield，2005）。

表1.1 美国所有50个州的人口密度与自杀率（每10万人中的自杀人数）

州	每10万人中的自杀率	每平方英里上的人口
美国	12.9	89.5
阿拉巴马	15.0	95.4
阿拉斯加	23.0	1.3
亚利桑那	17.6	58.3
阿肯色	16.4	56.9
加利福尼亚	10.2	246.1
科罗拉多	20.3	50.8
康涅狄格	8.6	742.6
特拉华	13.6	475.1
哥伦比亚特区	5.7	10588.1
佛罗里达	15.5	364.4
佐治亚	11.8	173.7
夏威夷	13.6	218.6
爱达荷	18.6	19.5
伊利诺伊	10.0	232.0
印第安纳	14.4	183.4
艾奥瓦	12.5	55.3
堪萨斯	17.4	35.4
肯塔基	16.5	111.3
路易斯安那	12.3	107.1
缅因	15.7	43.1
马里兰	9.9	610.8
马萨诸塞	9.1	858.0
密歇根	12.8	175.0
明尼苏达	12.2	68.1
密西西比	13.7	63.7

密苏里	15.2	87.9
蒙大拿	23.2	7.0
内布拉斯加	12.5	24.3
内华达	19.1	25.4
新罕布夏	15.3	147.8
新泽西	7.7	1210.1
新墨西哥	21.2	17.2
纽约	8.7	417.0
北卡罗来纳	13.2	202.6
北达科他	15.0	10.5
俄亥俄	13.4	283.2
俄克拉荷马	17.6	56.1
俄勒冈	18.6	40.9
宾夕法尼亚	12.9	285.5
罗德岛	10.0	1017.1
南卡罗来纳	14.2	158.8
南达科他	16.9	11.1
田纳西	15.1	157.5
德克萨斯	11.7	101.2
犹他	19.3	35.3
佛蒙特	13.9	68.0
弗吉尼亚	13.0	209.2
华盛顿	15.0	104.9
西弗吉尼亚	17.6	77.1
威斯康辛	12.6	106.0
怀俄明	29.7	6.0

资料来源：U.S. Bureau of the Census, 2011b, Tables 13 and 121。

然而，涂尔干也认为，当个体与群体的纽带关系变得太强而不是太弱，更可能出现另一种类型的自杀——他称其为利他性自杀（*altruistic suicide*）。他认为，在某些社会中，个体性完全被个体的群体身份所掩盖，个体完全是在为群体而活，个性只是社区的集体认同（collective identity）的反映。在某些情况下，对特定政治事业的承诺，可以强大到足以让一些人去结束自己的

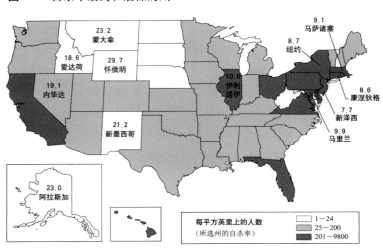

图 1.2　自杀率最高和最低的州

资料来源：ProQuest Statistical Abstract, 2015, Table 133; Centers for Disease Control and Prevention, 2014b, Table LCWK9。

生命。在印度，出于政治动机而自杀的人数，在 2006—2008 年间翻了一番。例如，为了支持在印度南部建立一个独立国家特兰伽纳（Telangana），有 200 人为了这一事业而自杀（Polgreen, 2010）。精神上的忠诚也会导致利他性自杀。一些宗教团体要求其成员拒绝与外面的人和群体发生联系，完全依靠他们的新社区的价值观和习俗而生活。当个中成员觉得他们无法再为群体作出贡献、维持他们在群体中的价值，他们就会舍弃自己的生命，以示对群体规范的忠诚。

因人际关系纽带过于紧密而走向自杀的一个可怕的例子，发生在 1989 年：四个年轻的韩国姐妹，年龄在 6—13 岁之间，服用老鼠药自杀。三个岁数大点的姐姐幸存下来，最小的妹妹则未能抢救过来。针对这一看上去显得有些愚蠢的行为，她们中的大姐所说的话，却给我们提供了一个惊人的社会洞见：她们家里很穷，全靠父亲每月 2300 元工资养活全家。那个女孩告诉当局说：她们姐妹四个自愿达成了自杀协定，希望这样做可以减轻父母的经济负担,留下足够的钱,供她们 3 岁大的弟弟上学。在韩国的传统文化里,家庭中向来都是重男轻女。这四姐妹想要自杀,不是因为她们感到抑郁或无法应对生活,而是因为她们觉得自己有义务牺牲自己的个人幸福,好让家里的男性继承人(弟弟)日后有机会飞黄腾达,光宗耀祖("Korean Girls",1989)。

就像这些年轻女孩的自杀约定与她们置身其中的社会系统有着紧密的联系一样,我所在大学那名自杀的大一学生的情况也是如此。他的选择和生活环境,也与他所处的特定社会的价值观和条件有关。无疑,他自身有严重的情绪问题,但这些问题可能一直都是他所处的社会环境的一小部分。假如他生活在一个没有给年轻人身上施加那么多压力,或是没有过于宣扬个人成就的社会中,他可能就不会选择自杀。这就是社会学的想象力可以帮助我们去理解和看到的东西。

小 结

在 21 世纪,理解我们在文化语境、历史语境和全球化语境中所处的位置,变得比以往任何时候都重要。我们生活其中的这个世界正在不断缩小。通讯技术将我们与生活在地球上其他地方的人们紧紧地联系到了一起。不断提升的生态意识,则让我们看到了日益恶化的环境,对个体、群体、社区、国家、地球乃至人类产生了多么深远的影响。与一国内部发生的重大事件,如政治革命、恐怖袭击、自然灾害、经济危机、校园枪击事件、文化剧变等相关联的变化,经常会迅速波及世界各地。此类事件的地方性后果和全球性后果,往往会延续很多年。

当我们观察人们的生活如何被这种现象所改变时,比如当他们跌入贫困阶层或是升入富裕阶层,等待救济或是得到先前没能得到的职业,或者是找到他们的民族认同感、个人安全感,或者是自我价值发生改变,我们就可以开始理解大规模社会变革对普通人日常生活产生的影响。

然而，我们必须记住的是：个体并非只是社会力量手中一颗无足轻重的棋子。他们会同时影响社会并受到社会的影响。我们生活在这样一个世界里：我们的日常生活主要是（社会）结构或**宏观层面（macrolevel）**社会及历史进程的产物。社会是一个客观的事实，既会压制我们，也会创造我们（Peter Berger，1963）。与此同时，我们也在不断地创建、维护、肯定和改变社会。因此，社会也是个体层面人际互动的一部分，社会学家称其为**微观层面（microlevel）**的日常现象（Randall Collins，1981）。但是，尽管我们创造了社会，我们却集体"遗忘"了我们曾这样做过，我们相信它独立于我们而存在，并生活在其影响下。全书每章都有的专栏"微观与宏观之间的联系"，将会帮助你看到这一宏观层面的社会力量与许多我们作为个体所拥有的微观层面的经历之间的相互关系。

下一章我们将会更加详细地深入论述这一主题。然后在第二部分，我将会解释社会和我们的社会生活是如何被建构而成的、又是如何被建构得井然有序的。我主要关注个体与共同构成我们社会的他人、群体、组织、制度和文化之间的相互作用。第三部分则侧重讨论社会的结构，特别是各种形式的社会不平等。

像社会学家一样思考：我出生的时候……

社会学的想象力是贯串本书的主题。它并不是一个很难理解的抽象概念，这既是因为在现实生活中，有许多我们无法掌控的外在事物都会影响我们的日常生活，其影响方式多数时候都不是浮在明面上，我们一眼就能看破的；也是因为我们的个人传记都与社会历史息息相关。然而，这样说到底是什么意思呢？究竟要怎样做，你才能看到更大的社会和历史事件，对你的生活产生的影响呢？一种方法是，找出你出生时都发生了哪些事件。你可以去趟图书馆,找出一份你出生当天的报纸和一本大众杂志。若是你能找到你出生的城市里发行的一份报纸,将会特别有用。看看那一天都发生了一些什么重大新闻事件?当时人们主要关心的社会和政治问题是什么?当时的经济状况如何?流行什么样的服装、音乐、电影,等等?问问你的父母或其他长辈,看看他们对这些事件与情势有何反应。

你认为你的父母和其他长辈的那些反应,会如何影响你的父母抚养你的方式和你们家庭的价值观?如果说当年的这些历史情境对今天的你仍在持久产生影响,它们是什么?此外,你可能会想要查找报纸、杂志和电脑,来确定你念高中时占据主导地位的政治、生态、经济、全球和文化趋势。从青春期进入成年早期,在大多数人的成长经历中都是一个重要的发展阶段。通常是第一次,我们周围的人,包括父母和其他成人,开始认真聆听和对待我们的想法。这也可以说是我们人生经历中对自我意识的感知最敏感的一段时间。你可以试着想象一下,这些占主导地位的社会现象,将会如何持续影响到你大学毕业后的生活。你也可以想象一下,要是这些社会条件(现象)与现在迥然有异,比如说截然不同的政治氛围、经济形势更好或更差、生活方式更包容或更封闭,等等,你的生活将会有多么大的不同。

本章要点

- 社会学的主题是:我们在日常生活中的所思所行,是巨大的社会力量与个人特性之间复杂互动的产物。只有同时了解了这两个方面,我们才能真正理解个人与社会之间的关系。
- 所谓"社会学的想象力",就是能够看到社会力量对我们的私人生活产生的影响;它是一种意识,能够察觉我们的生活处在个人人生经历与社会历史的交汇点上。

- 社会学家研究的不是个体自身发生了什么事情,而是人与人之间到底发生了什么;这里所说的"人"是广义上的,个体、群体、组织,乃至整个社会,全都包括在内。社会学逼着我们跳出从个体人格的视角去解释事物的套套,只为更好地去理解影响我们的种种现象。

第二章
如何从社会学视角去进行观察和思考

- 个体是如何建构社会的
- 社会影响：在我们的日常生活中，他人对我们的影响
- 社会层面的影响：社会结构对我们日常生活的影响
- 考察社会秩序的三种不同视角

十多年前（1994年4月），在非洲中部的一个小国家卢旺达，爆发了一起种族暴力事件。胡图族和图西族是这个国家两个最大的种族，其中胡图族又占据了人口的大多数，由于历史原因和政治原因，胡图族在政府的支持下，制订了一个系统的计划，打算消灭图西族人。没过多久，胡图族人残暴地折磨和肢解图西族男性、女性和孩子们的恐怖景象，便开始出现在世界各地的电视屏幕上。等到这场暴力事件结束时，有近100万图西族人被害，其中有半数人都是在这两个月内惨遭屠杀。当然，我们很可能会认为，这样恐怖的行径，一定是出自那些穷凶极恶、疯狂变态的暴徒们之手，那些人通过实施令人发指的残酷暴行，获取病态的心理满足。或者我们也可能会这样认为，只有那些出离愤怒的士兵、训练有素的杀手，他们有能力将敌人全部歼灭，才会作出这种极端行为。

实际上，应该为这些暴行承担主要责任的另有其人，他们出现在一个最不可能出现的地方，就是那些普普通通、在先前生活中安分守法的卢旺达公民。许多种族屠杀的参与者，都不像你想象的那般凶神恶煞、人面兽心。例如，下面是一个女人对她丈夫的描述，她的丈夫要对许多图西族人的死负责：

> 他经常回家。他从不携带武器，就连他的砍刀都不会拿。我知道他是一个领导者。我也知道胡图族人想要杀光图西族人。和我在一起的时候，他表现得非常好。他让我们拥有我们需要的一切……他对我们的孩子充满柔情……在我眼里，他是我能嫁的最好的男人。
>
> （引自 Rwandan Stories, 2011, p.1）

尼拉马苏胡科（Pauline Nyiramasuhuko），先前是一名社会工作者和卢旺达家庭和妇女事务部部长，她对一个村庄的图西族人许下承诺，他们可以安全地待在当地的体育场。当他们到达那里后，武装民兵早已准备好要杀死他们。她指示一群士兵活活烧死70名妇女和女孩，并下令道："在杀死她们之前，你们要先强暴她们。"（引自 Zimbardo, 2007, p.13）2011 年，联合国刑事法庭确认，由于尼拉马苏胡科用自己的政治地位来帮助绑架并杀死无数图西族男人、女人和孩子，她被判处终身监禁（Simons，2011）。

一些最可怕的袭击发生在教堂和布道所（Lacey，2006）。两位本笃会修女和一位卢旺达大学物理学教授，因为他们在大屠杀中的所作所为而受到审判。两位修女被指控给军队透露消息说图西族难民在教堂中避难，并在士兵屠杀他们时袖手旁观。一位修女涉嫌给"敢死队"提供了数桶汽油，结果被后者用来放火烧毁了一座建筑物，那里面躲藏着500名图西族人。那位物理学教授则被指控给杀手们提供了一份学校里图西族雇工和图西族学生名单，并亲手杀死至少 7 名图西族人（Simons，2001）。一位天主教神父被判 15 年监禁，因为当 2000 名图西族难民跑进教堂寻求避难时，他却下令让推土机推倒教堂，致使那些难民无一幸存。事实上，一些人认为，卢旺达的教堂从一开始就参与到了种族灭绝的行动中（T. Longman，2009；Rittner，2004）。

民权组织"非洲人权"的报告中提供的证据表明：医护人员也都积极参与了种族屠杀（M. C. Harris，1996）。这份报告详细地说明了医生如何与民兵一道追捕图西族人，把医院变成屠宰场。有的医生帮助士兵，把生病和受伤的难民拖下床，进行杀害。有的医生则利用他们的权威地位优势，设置路障，分发弹药，罗列关于图西族同事、病人和邻居的名单，交给士兵去追杀。很多医生并没有参与实际屠杀，但却拒绝给那些受伤的图西族人进行治疗，并拒绝给那些在医院寻求庇护的难民提供食物和水。事实上，卢旺达总统和卫生部长都是医生出身，最终他们都被宣布为战犯，受到法律的严惩。

*　　*　　*

普普通通、神智健全的人——教师、社会工作者、致力于弘扬慈善与仁爱的牧师和修女们、接受训练以救死扶伤为使命的医生们——几乎是在一夜之间全都变成了冷血杀手。究竟为何会发生类似这样的事情呢？这个问题的答案就在于：社会学认为，个体行为在很大程度上是由社会力量和情境权变（situational contingencies，突发事件）形塑而成。大规模的种族仇恨和战争这一情势，完全有能力将一个此前从未有过暴力行为、受过良好教育的"好"人，变成一名残忍的刽子手。不幸的是，这种力量也在20世纪和21世纪众多臭名昭著的人类暴行的事例中发挥作用，如二战期间纳粹大屠杀，再如距离现在更近一些的在柬埔寨、伊拉克、波斯尼亚、缅甸、科索沃、刚果民主共和国、苏丹达尔富尔地区，以及卢旺达发生的大规模种族屠杀。

但是，社会环境也并非只会为暴行创造机会，它们也能激励普通民众奋起而为，作出惊人的英勇之举。2004年出品的电影《卢旺达饭店》（*Hotel Rwanda*），就讲述了一个关于保罗·卢斯赛伯吉纳（Paul Rusesabagina）的真实故事：卢斯赛伯吉纳在卢旺达首都基加利开了一家饭店，他冒着生命危险，挽救了1000多名图西族难民。卢斯赛伯吉纳是一个中产阶级胡图族人，他的妻子是图西族人，他是四个孩子的父亲。作为商人，他希望自己的饭店生意兴隆，并热爱生活中美好的事物。但当大屠杀开始后，他利用他的计谋、国际关系、甚至是游泳池的水（饭店水源被切断），让难民得以幸存下来。

本章我将研究个体建构社会的过程，以及人们的生活与他们生活其中的社会环境是怎样联系到一起的。个体与社会之间的关系非常强大——每一个都会持续不断地影响另一个。

个体是如何建构社会的

到目前为止，我对"社会"（society）一词的使用都不太严谨。就其正式用法来说，社会学家将"社会"定义为：生活在同一个地理区域的一群人，他们共享同一种文化，有着同一种身份认同，其成员受到同一种政治权威的支配。社会可能由同一种族的后裔组成，或是由数以百计说着不同语言的族群组成。有的社会已是高度工业化社会，社会结构比较复杂；有的社会却仍是初级农业社会，社会结构相对比较简单。有的社会宗教色彩浓厚，那里的人们对宗教十分虔诚；有的社会却是世俗社会，那里的人们对宗教毫不在意。

社会学创始人、19世纪法国哲学家奥古斯特·孔德（Auguste Comte）认为，所有社会，无论其具体形式如何，都同时包含两种力量：一种力量是"稳定"（stability），他称之为"社会静力学"（social statics），另一种力量是"变迁"（change），他称之为"社会动力学"（social dynamics）。然而，有时人们使用"社会"这个词，仅仅是指一个"静态"实体——一种自然的、永久性的、历史的结构。他们经常谈论社会"规划"或"塑造"我们的生活，将它描述成一套相对不变的组织、制度、系统和文化模式，一代又一代的人都是在社会中出生和被社会化（socialized）。

结果就是，学习社会学的学生经常相信：社会不仅会强有力地影响到个体（当然，社会确实能做到这一点），而且它还是某种"外在"的东西，完全独立于个体而存在，与我们相分离（这一点并非如此）。人们很容易认为，社会仅仅是"自上而下"促成人类行动的启动器，它是一个巨大的实体，有条不紊地形塑着所有个体的生活，就像一个巨大的木偶师，操纵着一群牵线木偶。这一描述并不完全准确。社会确实可以通过某些可以识别的结构特征和历史环境，对其成员施加影响。第一章中讨论的"社会学的想象力"概念，就暗示了结构性力量超出了我们的直接控制，影响着我们的个人生活。

但是，这种观点只是社会学这枚硬币的一面。社会学的想象力也鼓励我们去看到：每个人都可以在形成一个社会和影响社会历史的进程中起到积极作用。当我们置身于我们的社会环境中时，我们也可以用改变社会环境对我们的冲击乃至是社会环境的本质的方式作出回应（House，1981）。就像一位社会学家所写：

> 没有一个社会（社会结构）在其历史的开端就是庞大无比的，

无论它现在看上去有多么庞大。它的每一个主要特征,总是在某些历史时刻,由人一个个创造出来的。……既然所有的社会体制都是人们创造出来的,那么,人们同样也可以改变它们。

(Peter Berger, 1963, p.128)

因而,要想充分了解社会,我们就必须看到:它是一种经由人与人之间彼此互动所建构而成的东西。在建构社会的过程中,交流沟通起到了重要的作用。如果我们无法与他人互相沟通、对社会的期望达成一致看法,我们也就无法生活在一起。通过日常生活中一天又一天的沟通,我们建构、确认、体验并改变着我们的社会的实体。通过按照预期的态度对他人的言行作出回应,通过将社会的抽象事物说得就像是真有其事一样,我们也帮助塑造了社会(Shibutani, 1961)。

我们不妨想象有这样一个场景:2015 年,两个人(姑且称其为 A 和 B)在一家公园的长椅上进行交谈,他们谈到了 ISIS 带来的威胁。ISIS 是一个极端恐怖组织,以其制造了多起民众大屠杀、播放西方人质被斩首的录像而出名,该组织控制了伊拉克北部和西部大片区域。据联合国人权事务高级专员办事处(Office of the United Nations High Commissioner for Human Rights, OHCHR, 2014)估计,单在 2014 年前八个月内,该极端组织就造成了超过 3 万人死亡,另有 200 万人流离失所。A 认为,美国应该动用它的所有军事力量,包括海陆空三军,进行干预:在该组织变得更强大之前将其一举摧毁,然后接管整个中东地区。B 则认为,美国应该远离该极端组织,他担心我们可能会卷入另一场代价高昂的军事行动,在那里,我们没有明确的盟友,没有取胜的机会,没有明确的退出战略。辩论逐渐变得白热化起来:A 认为,我们有道德义务去援助被屠杀的人们;而且,如果我们不挺身而出参与其中,我们就会被视为软弱可欺,从而有使自己的公民在国内外遭到攻击的风险。B 则认为,我们国内还有更紧要的问题要处理,所以他支持采取"有限参与"策略:情报共享、经济制裁和培训当地武装力量,让他们为自己而战。这两个人就美国应该在这场国际人道主义危机中扮演什么样的角色，显然没有达成一致看法。然而，仅仅是坐在一起讨论 ISIS 的威胁，就已表明他们都承认存在这样一件事。在谈论这些问题的过程中，人们便赋予了抽象的社会理想和价值以形态和实质（Hewitt, 1988）。

甚至就连像我们自身社会的历史这样看似不可改变的事物，个体也可以对其进行塑造和修改，赋予其不同的面貌。通常我们都会认为，历史是很久以前发生的众多社会事件的汇集，那些事件都是已经固定的、不能改变的；只有在那些科幻小说，或是像《回到未来》（*Back to the Future*）那样的老电影中，才能"回到过去"并改变过去。没有人会质疑，《独立宣言》是在 1776 年签署通过；约翰·肯尼迪遇刺身亡是在 1963 年 11 月 22 日；劫机者撞毁五角大楼和世贸中心是在 2011 年 9 月 11 日；两兄弟在波士顿马拉松赛上引爆炸弹，3 人遇难，264 人受伤，是在 2013 年 4 月 15 日；一架载有 283 名乘客和 15 名机组人员的马来西亚航班客机在飞过乌克兰领空时被击落，是在 2014 年 7 月 17 日；或者再如，美国最高法院宣告同性婚姻合法化，是在 2015 年 6 月 26 日。

虽然我们无法改变这些历史事件本身，但是我们确实可以改变其意义和关联性。不妨考虑一下 1992 年发生的一件事情：当年举行了一场哥伦布登陆美洲大陆 500 周年庆祝活动。多少年来，美国的小学生都会在他们的课本中学到：1492 年哥伦布"发现"新大陆，代表西方文明向前迈出了胜利的一步。为了表示敬意，我们甚至还专门为此制订了一个假日：每年 10 月的第二个星期一，是法定的"哥伦布发现美洲纪念日"。然而，随着对昔日历史的了解日益增多，人们承认当时的欧洲人对印第安人进行了迫害，这也迫使许多人重新去思考哥伦布航行的历史意义。事实上，一些历史学家现在认为，这段旅程，以及随后的旅程，是历史上最不负责任和带有极端偏见的例证之一。所以，你看，历史最好是被视为一项正在进行中的工作。

当我们用这种方式去看待社会，我们就会明白：我们每个人都可以在维持或改变社会的过程中起到或大或小的作用。有时，一个普通人的行动，也能带动更大群体的人们，进而改变社会的某些方面。

我们不妨来看一下发生在一个巴基斯坦女孩身上的故事，这个女孩叫马拉拉·尤萨夫扎伊（Malala Yousafzai）。2009 年，11 岁的马拉拉开始为 BBC 写博客，详细描述她在塔利班的生活，当时塔利班组织正在试图控制巴基斯坦的斯瓦特山谷地区，而马拉拉就生活在那里。她在博客中写到了年轻女孩接受教育的重要性、塔利班试图禁止的东西。随着她的博客在国际上获得更多关注，她也变得更加有名，开始接受新闻报纸和电视采访。但是，她的关注度不断升高，对塔利班组织来说则意味着她正在成为一个更大的威胁。因此，2012 年 10 月，一名枪手冲进马拉拉乘坐的校车，径直走到她面前，开枪击中了她的脸。马拉拉一连昏迷了数天，后来被飞机运往英国一家医院接受治疗。在从枪击中幸存下来后，她开始加倍努力地为世界各地的女童教育进行呼吁。马拉拉被暗杀一事得到全世界媒体的关注，引发强烈的国际同情。联合国以她的名义起草了一份请愿书，呼吁巴基斯坦和其他国家终止在教育上对女孩子的歧视。从那时起，她已在联合国进行了发言，会见了世界各国领导人，如伊丽莎白女王和奥巴马总统，并在 2014 年以 17 岁的年龄获得诺贝尔和平奖。虽然自从遭到暗杀后她一直没能回到祖国，但是她的工作和毅力已经引发了一场全球运动，以确保所有女孩都能获得受教育机会。马拉拉基金已为肯尼亚、约旦、塞拉利昂、尼日利亚和巴基斯坦等国的当地教育项目筹集到 350 万美元，用来确保当地女孩可以获得至少 12 年教育的权利（Malala Fund, 2015）。

社会影响：在我们的日常生活中，他人对我们的影响

我们是与他人一起生活在同一个世界里（**We live in a world with other people.**）。我知道，这句话肯定不会是你所读过的最深刻的语句，

所以你尽可以将其视为一句枯燥无味的话。但事实上，它是理解社会学研究人类行为的关键所在。我们每天的生活，都是由与他人之间短暂的邂逅、或长或短的对话、亲密的互动、意外的冲突所组合而成。在我们小的时候，我们会与我们的父母、兄弟姐妹、叔叔阿姨、爷爷奶奶生活在一起。很快，我们就会与家庭外的其他人结下友谊。随着时间推移，我们的生活也会变得充满了与他人的联系：同学、老师、同事、老板、精神领袖、治疗师，他们既不是我们的家人，也不是我们的朋友，但却会对我们的生活产生重大影响。当然，此外在生活中，我们每天也都会遇上完全陌生的人：咖啡店里给我们送来咖啡的服务员，飞机上坐在我们身旁的旅行者，当打印机打印不出我们想要的文件时或者是我们的iPad死机了，给予我们帮助的技术支持专家。

如果你仔细思考过上述情况，你要想真正理解一个人独处的意义，你就要先明白与他人相处的感觉。就像我将会在第五、六两章讨论的，我们的个体身份认同——我们会怎样想象自己、我们会成为什么样的一类人、我们在公共场合是什么样的形象——大都是来自我们与他人之间的接触。

社会学家告诉我们，我们在日常生活中遇到的那些人，对我们的生活有着很大的**社会影响**（**social influence**）。无论我们是否意识到自己受到他人的影响，他人总是会影响到我们的所思所想、喜欢的东西和不喜欢的东西。我们可以考虑一下：为什么某些歌曲会非常流行、某些书籍会非常畅销、某些电影会非常卖座？我们通常认为，它们之所以会大受欢迎，是很多人都作出自己独立的决定"他们喜欢什么"的结果。但是研究表明，流行（深受欢迎）是社会影响的结果（Salganik, Dodds & Watts, 2006）。如果一样事物碰巧比其他事物更受欢迎，比如一首歌曲在iTunes上被下载很多次，那么随着更多的人被吸引进来，它也就会变得更受欢迎。就像一位社会学家所说："人们往往喜欢别人喜欢的东西。"（D. J. Watts, 2007, p.22）同样道理，艺术的创造并不仅仅是一个孤独的艺术家将其心里所想的图像描绘出来，它是一项事业，其中许多人——

供应商、经销商、批评家、消费者及创作者——都在群体决定一件作品是"艺术"的过程中发挥了自己的作用。从这个意义上来讲,就连个体的创造性,也不能在抛开其社会和文化背景的情况下得到真正的理解(Becker, 2008)。

说得更直白些,我们经常会在采取行动之前,考虑到他人的感受和想法。也许你已决定要与某个人约会,但在你扪心自问"我妈会喜欢这个人吗?"之后,你会重新考虑这个问题。那些影响我们的人,既可能是当下出现在我们面前的人,也可能是停留在我们记忆中的人。他们可能是真实存在的,也可能是想象出来的;可能是我们喜爱的人,也可能是我们鄙视的人。他们对我们产生的影响,既可能是刻意而为,也可能是无心插柳。

想象一下:要是你从来都不与人接触(假定你在这种情况下一直活到了今天!),你的生活将会是什么样子?你不会知道什么是爱恨情愁,也不会知道什么是羡慕、嫉妒、同情或感激。你不会知道你是有吸引力还是没有吸引力、是聪明还是愚笨、是风趣无边还是无聊透顶。你也会缺乏一些重要的基本信息。你不会知道今夕是何年、一磅有多重、比利时在哪里、或如何阅读。甚且,你可能连语言都没有,更不知语言为何物;由于我们都是用语言来思考、想象、预测、制订计划、异想天开、追忆过去,你将会缺乏这些能力。简而言之,你将会缺乏那些能够让你成为一个可以充分发挥自身作用的健全人的重要经验。

与他人接触对一个人的社会发展至关重要。但是,社会生活并不仅仅是经常与他人不期而遇。我们的行为和我们对所处环境中人与事的反应,是我们给其上面附加意义的结果。一看到Mokolodi(我养的一条又高又大的拉布拉多犬)向它飞跑过去,一只小松鼠就会本能地立马跑得远远的。然而,人身上却没有这样一种自动反应。我们都是从过去的经验中得知:有些动物很容易亲近,有些动物则难以靠近。所以我们就可能会想:"我知道这是一条什么狗吗?它对人是友好的还是不怀好意?它是想要亲热地舔我的脸还是想狠狠咬我一口?"并据此作出反应。简而言之，我们在作出具体反应之前，通常都会先对环境中发生的事件作出一番解释。

他人在场，可能也会激发你的表现动机——例如，当你遇上高手时，你也会状态奇佳，很可能会打出一场你这辈子能够打出的最好的比赛。但在其他时候，他人在场则可能会约束你，抑制你的正常发挥，例如，你在参加学校演出时忘了台词，因为你看见你的前男友在观众席上瞪视着你。他人在场，对于表达某些情感或发挥身体功能，也是必不可少的。我们都曾有过这种体验：看见别人打哈欠，自己忍不住也会打起哈欠。但是，不知道你有没有注意到这样一种现象：在演讲或考试中常会有人咳嗽，一旦有一个人咳嗽，就会有人跟着咳嗽？研究表明：咳嗽趋向于在听到它的人中引发咳嗽（引自 Provine, 2012）。思考一下这个事实：你是无法把自己逗笑的。被人逗笑是社会互动的产物。事实上，根据一项对笑声的研究，比起一人独处，有人在场时，人们会多笑 30 次（Provine, 2000）。

我们的个人满足感和慷慨大方之举同样与他人相连。最近一项研究发现，仅仅是听说一个人很幸福，不论他/她是我们的亲戚、朋友或熟人，就能显著增加你自己幸福的机会（Fowler & Christakis, 2008）。在网络世界同样可以看到这种影响。推特用户更愿关注与自己有着类似情绪的其他推特用户。也就是说，快乐的用户倾向于转发或回复其他快乐的用户（Bollen, Gonçalves, Ruan & Mao, 2012）。研究还表明，女性家庭成员（妻子、姐妹、女儿、母亲）在场，可以使男性变得更加慷慨、更有同情心、更善解人意。微软的创始人比尔·盖茨一直认为，是他的妻子（一位天主教徒，相信慈善事业与灵魂有关）和母亲给他提供了灵感，促使他创立了他的慈善基金会，并已捐出数百亿美元。

他人（对我们）的影响，远不止情绪、行为和表演。就连我们的身体健康也会受到我们周围人的影响。根据日本研究人员的研究，与自己的丈夫及公公婆婆同住的女性，要比只与自己丈夫同住的女性，心脏病发作的风险高出三倍（引自 Rabin, 2008）。

再来看一下人们吃东西的方式。我们大多数人都会认为：当我们肚子饿了我们就会去找些吃的，等到吃饱了我们就会停下来。但是，我们的饮食倾向同样会反映出我们身边的社会线索。例如，当我们与别人一起吃东西时，我们会调整我们的速度，与他人保持同步。当我们在群体中吃东西时，比起我们自己单独吃东西，我们也倾向于吃的时间更长，从而吃得也更多。一位研究人员发现，平均而言，在有人在场的情况下，人们会比独自一个人时多吃35%的食物。当与三个人一起吃饭时，这一数字会上升到75%（DeCastro，1994，2000）。这或许可以解释：为什么一个人有一个肥胖的亲密朋友时，他/她自己肥胖的可能性会明显增大（Christakis & Fowler，2007）。就像一位研究人员所说："体重可能会遗传，但它也可以传染。"（Wansink，2006，p.99）

当然，他人有时也会故意影响我们的行为。我相信，你一定在生活中遇到过这样的处境：人们都想说服你去做一些违背你意愿或利益的事情。也许有人会鼓励你去偷糖棒，有人会鼓励你逃社会学这门课，或者是鼓励你无视路边的限速提醒开飞车。有时，这样的社会影响是非常有害的。

社会学家剪影

斯坦利·米尔格莱姆（Stanley Milgram）：普通人与残忍之举

如果让一个来自外星球的人去学习人类文明史，它很可能会得出这样一个结论：我们人类是一种极为残酷、堕落而邪恶的生物。从种族屠杀到野蛮的私刑，从战争罪行到校园欺凌，人类总是展现出对人类同伴有着凶猛攻击的倾向。

然而，奇怪的是，参与这种行为的人，常有一种否认自身责任的倾向，往往会辩称他们是受到别人影响才这么做的，最常见的说辞就是："我朋友（别人）让我那么做的"，要不就是"我只是在服从上级命令"。由此也就在我们面前出现了一个非常让人不安的问题：一个普通的、体面的人，是否会在他人的压力下，作出极端残忍的行为？或者，也可以反过来问：是否只有生性残忍之人才会作出残忍之举？

在一项如今已经成为经典的社会研究中，社会心理学家米尔格莱姆（Milgram, 1974）回答了这些问题。他想知道：在服从权威命令的情况下，人们会往前走多远？他设置了一个实验情境，在这一情境中，被试听从权威人物的命令，摁下开关，发送450伏特的电流，电击一个无辜的受害者。

被试被告知，他们参加的是一项关于记忆与学习关系的研究。在指定的实验进行的那一天，所有被试来到实验室，先被介绍给一个表情严肃的实验者（米尔格莱姆本人），后者身穿一件白色外套。接着他们又被介绍给另一个人，但他们不知道的是，这个人实际上是实验者的"同谋"。

每个被试都被告知，在这项关于惩罚对学习效果影响的试验中，他或她将扮演"老师"的角色，另一个人扮演"学生"的角色。老师被带进一个单独的房间，那里摆着一台看上去似乎象征着不祥预兆的机器，研究者称其为"电击发生器"。学生坐在另一个房间，老师看不见学生，研究者告诉老师，学生身上绑有一根电线，一头连接到电击发生器。

在实验过程中，老师会把一组单词配对：如blue-sky、nice-day、wild-duck，念给学生听。读完整组单词配对，老师会读第一组的第一个词（例如，blue）和四个备选方案：如sky、ink、box、lamp。学生必须从中选出正确的一项。一旦学生答错，老师就要听从同在一屋实验者的指令，摁下开关，给学生进行一次电击。电击从最低的15伏开始，每答错一次就会多增加一倍电力，最高可到450伏特。

就像命令的那样，所有被试都为学生的错误回答而电击了他们。（记住：学生是实验者的同谋，实际上并没有被电击。）随着实验的进行和电击变得更强，老师可以听到学生的哭声。大部分老师都因相信他们给学生造成了严重伤害而变得明显烦躁不安，想停下来。然而，实验者却命令他们继续往下进行——很多被试都照做了。尽管可以听到受害者的痛苦反应，但却仍有65%的被试顺从了实验者的要求，将电击推升到了最高450伏特。

米尔格莱姆用了各种不同的被试来重复这项研究,他甚至还在不同的国家,包括德国和澳大利亚,做了这一实验。在每次试验中,都有约三分之二的被试,愿意在实验者的命令下将电击推到极限。米尔格莱姆并非只是想要表明人们多数时候都会听从权威的命令。他更希望向我们表明的是:趋势的力量有多么强大(Blass,2004)。就像我们在本章开头的卢旺达大屠杀中看到的,在"合适的"情境下,日常生活中的好人也会被迫作出一些可怕的事情,而换作别的情形下他们可能连想都不会去想,更不用说去做了。

米尔格莱姆的研究引发了很多问题:为什么人们会服从不合理的权威?他人又会如何看待那些做这些事的人?研究者研究了工作场所里发生的一种破坏型服从(destructive obedience):工厂往河里倾倒有毒垃圾、生产有问题的汽车,结果发现:比起那些被认为是故意这样做的人,公众更容易原谅那些由于负责任而去遵从公司政策或上司命令的人(V. L. Hamilton & Sanders,1995)。

米尔格莱姆的研究引起了巨大的争议。四十多年来,社会科学家们一直在对这项研究的核心部分进行反复试验、讨论、辩论(Burger,2009)。它已进入流行文化,被改编成小说、戏剧、电影和歌曲(Blass,2004)。在最初的实验之后,其他研究人员发现,在小群体中,人们有时会集体反抗他们认为是不公正的权威(Gamson,Fireman & Rytina,1982)。然而,不管怎么说,米尔格莱姆的发现都是令人不安的。它很容易让人得出结论:我们每天在报纸上看到的那些不人道行为,如士兵强暴平民或杀害手无寸铁的非战斗人员,是一些人格有缺陷或本性邪恶之人所为,那些人是一些"坏苹果"。因而,所有的社会需要做的就是,从我们中将这些精神病患辨认出来,加以逮捕和隔离。但是,如果米尔格莱姆的看法是正确的,即若是处在"适当的"情境中,我们中的大多数人都可能会变成邪恶之徒,那么,唯一可以保证我们不去为恶的事情,就是我们的好运气和我们的社会环境。

想一想:明知这是个实验,为何那些被试还会迅速进入状态,扮演起不同角色,作出残忍之举?难道我们都是"坏苹果"?我是我,可是谁了解我?我们自己都不了解自己,心海无边,不同环境下随意一点波澜就会改变我们,而我们往往根本意识不到这一改变。

社会层面的影响：社会结构对我们日常生活的影响

社会生活所包含的内容，要远多于个体之间相互影响彼此的生活。社会不仅仅是组成它的个体部分的总和，它也是一种将这些（个体）部分串联到一起，彼此相关，组合起来的方式（Coulson & Riddell, 1980）。地位、角色、群体、组织和制度，是社会的基石。文化则是将这些基石砌合到一起的砂浆。虽然社会是动态的和不断演化的，但它仍然有一个持续存在的宏观层面的基本结构。

地位与角色

任何社会都有的一个重要元素，就是许多不同**地位（statuses）**的集合；"地位"的意思，就是指个体在社会中所占据的位置。我们中的大多数人，一听到"地位"这个词，就会倾向于将它与等级或名望联系到一起。然而，我们这里所讨论的"地位"，指的则是社会界定的一个人能够占有的任何位置：厨师、女儿、人类学家、丈夫、电脑迷、电工、脸书朋友、商店窃贼，等等。事实上，有些地位可能极有名望，如总统。但是其他地位就不那么有名望，如加油工。一些地位在获得前先要接受大量培训，如医生；也有一些地位，比如成为一个冰淇淋爱好者，只需付出很少努力，或者什么都不需要付出，就可获得。

我们都会在同一时间拥有多重地位。就拿我来说吧，我是一位大学教授，但我同时也是一个儿子、叔叔、父亲、哥哥、丈夫、朋友、寿司爱好者、狗主人、偶尔的扑克玩家、后背不适的老运动员、房主和作者。我在任一既定时刻的行为，很大程度上都会受到在那一时刻最重要地位的限制。当我进行半程马拉松训练时，我作为一位"教授"的地位，就与此没有太大关系。但是，如果我决定为了参加比赛而不在我的社会学入门课的期末考试上当监考人，我就有可能会惹事上身！

社会学家通常会将地位区分为先赋性地位和自致性地位。**先赋性地位（ascribed status）**是指我们一生下来就获得的或者是在日后的成长过程中不是我们自愿地就获得的社会位置。我们的种族、性别、民族，以及是某个人的孩子或孙子身份，都属于先赋性地位。随着年龄增长，我们进入青少年这一先赋性地位，最终则是进入老年人这一先赋性地位。这些地位都不是我们通过选择而拥有的位置。相反，**自致性地位（achieved status）**则是我们自愿去获得的社会位置，或者是通过我们自己的努力而获得的社会位置，如成为一名学生、一对配偶或一名工程师。

当然，先赋性地位与自致性地位之间的区分并不总是很明确。一些人成为大学生并不是他们个人努力的结果，而是受到他们出身家庭的影响。你对宗教的认同往往来自你的父母所信奉的宗教。不过，也有不少人会在其后来的人生经历中，决定改变他们的宗教信仰。而且就像我们将会在本书后面看到的那样，某些先赋性地位，如性别、种族、民族和年龄，还会影响我们去获得某些有利可图的自致性地位。

无论是先赋性地位还是自致性地位，在社会学中，"地位"都是一个重要概念，因为伴随它们而来的是，人们占据一定位置后就必须承担起一整套相应的权利、义务、行为和责任，这是获得那个位置后被期待或被鼓励那么去做的。这些期望所涉及的就是**角色（role）**这一概念。例如，与"教授"这一地位相连的角色期待，包括给学生上课、给学生解疑释惑、给学生公正打分、穿着要适当。任何偏离角色的行为，都可能会让人震惊不已，或是让人起疑。如果我一再穿着人字拖和无袖背心出现在课堂上，肯定会给我的"教授"形象抹黑，让人怀疑我的教学能力（更不用说怀疑我这人是不是脑子进水了）。

每个人对角色的定义都会有所不同，因为他或她所具备的技能、兴趣、互动的经验各有不同。学生们走进教室时，心里都会事先有一个大致的预期：他们的教授对所讲的主题知识渊博，可以教给他们一些不知道的东西。然而，在满足学生的这一期望上，每个教授可能都会有自己不同的方法。有的教授讲课生动活泼，栩栩如生；有的教授则是端坐讲台，不苟言笑。有的教授只在讲完正课后才许提问，有的教授则是不断鼓励学生提问。有的教授所讲的内容事先经过精心组织，有的教授则是天马行空，即兴发挥，随兴所至。

人们会基于自身角色与他人角色之间的关系，进行典型的互动模式。雇主们会被期待以特定的方式与员工进行互动；医生与病人、售货员与顾客之间的关系也是一样。在每种情况下，人们的行动都会受到与其特定地位相连的角色责任和义务的约束。例如，我们知道，恋人和配偶之间的互动，应该不同于熟人或朋友之间互动的方式。在亲子关系中，某种权利、特权和义务将双方联系到一起。父母有责任为他们的孩子提供生活基本必需品：食物、衣服、住处，等等。（对父母的）这些期待是如此强大，以至于若是不能给孩子提供这些东西，就会让父母受到未尽到对孩子应尽的职责或虐待孩子的指控。反过来，孩子也被期待应该尽力满足父母对他们的期许。因此，关系中的互动，不仅与参与其中个体的人格特质有关，而且也与他们拥有某种地位从而被要求扮演的特定角色有关。

当我们觉得很难满足角色对我们的期待时，或者是当我们同时拥有两种相互冲突的地位时，我们就会明显地感受到角色期待的力量。社会学家用**角色压力**（role strain）这个术语来指，人们缺少必要的资源来满足特定角色的需求这种情景，比如，当父母无力为孩子提供足够的食物、衣服或住处时。有时，这种压力会是致命的。例如，可能会自杀的医师是非医师者的两倍多，有近10%的四年级医学生和第一年住院医生（实习医生）有过自杀想法（引自Sinha, 2014）。为什么会这样？面对生死攸关的情况，年轻医生感受到巨大的医术自信和情感自信的压力。就像一位第一年住院医生所说："哪怕是在最黑暗和最茫然无助的时刻，我们也会把自己伪装成强大而镇静的专业人士。"（Sinha, 2014, p.A23）医学院最后一年的学生，常被期待可以同时照顾四个病人。但在毕业后的几个月内，他或她就会被要求每天都要照顾十个病人。责任的急剧增长，难免会导致角色紧张。

角色冲突（role conflict）描述了人们尝试应对两种不相容的角色时

所产生的紧张情境。当一种角色期待与另一种角色期待相互冲突时，人们会因在这两者之间无所适从而产生挫折感。例如，一位母亲（她碰巧也是一位著名社会学家）可能有一个重要的外地会议要参加（社会学家的地位），而就在这一天，她10岁的儿子将会在学校演出中扮演一头会说话的猪，要求她出席捧场（双亲的地位）。或者，一个年轻小伙子正在当地一家冰淇淋店辛勤工作（雇员的地位），这时他的一个好伙伴突然到来，并期望他能坐下来一起聊聊天或者来上一杯免费冰淇淋（朋友的地位），这时他就会感到左右为难。

角色冲突有时会引起严重的道德或法律问题。例如，在将注射死作为一种死刑手段的州，必须有一位许可麻醉师在场，以确认在注射过让人麻醉和停止心跳的药剂后，囚犯已经失去了意识。通常，人们对医生的角色期待是，确保病人恢复健康和快乐。但当医生成为（死刑）执行小组的一员，他们的角色期待就变成：利用他们的医术和判断，去让死刑变得更人性化，让犯人尽可能少受罪。一些医疗组织，包括美国医学会（American Medical Association）在内，谴责医生参与执行死刑是违背伦理、有失职业道德之举（Elias, 2006）。

群体

社会并不仅仅是由拥有地位并依照角色生活的人们所组成。有时，个体会形成有着明确定义的单位：群体。所谓**群体（group）**，就是指这样一群人：他们经常与其他人进行或多或少的互动，他们能够意识到他们属于同一个群体。你出身其中的家庭，你所在单位的同事，以及任何你加入其中的俱乐部或运动队，都是一种社会群体。

群体并不仅仅是那些为了达到某些目的而随机聚集起来的人们的集合。它们的结构定义了其成员之间的关系。当群体是大型、持久和复杂的时，群体中的每个个体都可能会占据一些指定的位置或地位，像母亲、校长、导师、足球后卫，等等。

群体成员身份也可以成为一股强大的力量，影响个体未来的行动和想法。社会学家将群体区分为**内群体（in-groups）**和**外群体（out-groups）**，所谓"内群体"就是我们属于其中并对其产生忠诚感的群体，所谓"外群体"则是我们不属于其中并会对其产生一定对立情绪的群体。例如，学校里有一个很受人欢迎的小团体，一个女孩不属于那个小团体，但却又很想成为其中一员，她就可能会调整她的许多日常活动，以便找到合适的机会加入那个小团体。

此外，就像"地位"和"角色"一样，只要你成为群体的一员，人们就会对你有一套普遍的期望。关于什么该做什么不该做，群体内都有一套惯例，群体成员的行为就会依据这一惯例得到评判。例如，一个同事总是开会迟到，或者值班时总是避开那些不好的时段，就是违反了群体对他/她的期望，就会被迫遵循群体常规。

最小的群体，自然是由两个人组成的，或者说是**两人群体（dyad**，即两个人之间的关系）。著名德国社会学家齐美尔（Georg Simmel, 1902/1950）认为，两人群体（婚姻、密友等）是我们所拥有的最有意义和情感最强烈的结合。不过，问题是，两人群体从本质上讲是不稳定的。只要有一个人决定离开，这个群体就会彻底崩溃。因此，看到各种社会都会对最重要的两人群体（如婚姻）设定各种法律、宗教和文化限制，使得建立起来关系的人们很难解除，也就毫不奇怪。

两人群体中多加一个人，就会形成齐美尔所说的**三人群体（triad）**，这将会彻底改变群体的本质。尽管三人群体可能看上去要比二人群体显得更稳定，因为退出一个人并不必然就会毁掉群体，但这也带来了其他问题。如果你家有三个孩子，而你则是其中一个，你心里就会很清楚，三人群体总是包含着结为**同盟（coalitions）**的可能——其中两个人合起来对抗第三个人。

我们也可以依照群体对我们日常生活影响的程度来对其进行划分。**初级群体（primary group）**由少数成员组成，他们相互之间有着相对较长时间的直接接触。在这样的群体中，情感依恋高，成员非常熟悉彼此的生活。家庭和好友网络都是初级群体。相比之下，**次级群体**（**secondary group**）就显得更加正式和缺少人情味。次级群体的成立，主要是为了完成特定任务，例如生产或销售商品，成员之间较少会有情感上的投入。他们的角色往往是高度结构化的。在次级群体中也有可能形成初级群体，例如好友一起共事时，但在通常情况下，次级群体（成员之间）所要求的情感投入，都要远少于初级群体。

就像社会一样，群体也远非仅仅是其所有成员的总和；群体成员中间发生的改变，并不必然就会改变它的基本结构。次级群体相对比较容易承受其成员发生变化，当群体中有人（极端情况下是所有人）离开，就会换上一批新成员进来；例如，学校里毕业班离校后，就会在下一学年被一群新升上来的学生替代。然而，初级群体中发生的改变，例如因离婚或死亡所致，就会极大地影响到其结构和身份认同，即便其自身依然存在。

虽然有着相同种族、性别、民族或宗教的人们，并不是严格意义上的社会群体，但是他们依然会像那些共享某些特征和利益的群体一样发挥作用。他们成为个体身份认同的一个重要来源。例如，某一种族或民族的成员，可以会出于政治原因考虑，形成一个明确的组织单位。由这样的群体成员身份所激发的"我们感"（**we-ness**）、"他们感"（**they-ness**），既可以是建设性的，也可以是危险的；既能在某些情况下激发他们的自豪感，将他们团结到一起，也能在某些情况下让他们在心中对群体外的某些人产生愤怒感、痛苦感和仇恨感。

组织

有着更高复杂性层面的群体就是**组织**（**organizations**）这种社会单位，它是为了特定目的而创设的地位和群体网络。国际卡车司机联盟（International Brotherhood of Teamsters）、哈佛大学、微软集团、联邦应急管理署（Federal Emergency Management Agency）、全美妇女组织

视读社会学 | 我是我（或我们）

生活在现代社会中，总是要求你在感觉自己是一独特个体，与感觉你是更大事物的一部分之间取得平衡。从你个人的角度来看，不难看出是什么让你不同于其他人。但当你退后一步去看是什么东西将你与其他人联系到一起，你就会看到一幅非常不同的景象。那一景象会随着你发现自己置身其中的社会环境不同而发生改变。在这里呈现的四幅图片中：军队、修道院、大学女生联谊会，你可以看到一些不同的结构情境，在这些情境下，个体的独特性毫不存在，一体化控制了一切。

你是否曾想过，是什么原因使得图片中那些人的外观、穿着和行为彼此极其相像？为什么在这些环境中，个性的存在空间会最小化？你是否曾在自己的生活中想过：你的群体成员身份，在什么时候会比你的个体身份认同意味着更多？相反的情形又是什么样？你有没有发现：你对你的个性的强调远远超过你对你的群体身份认同的强调？社会学家又会如何解释这两种不同的体验？

（National Organization for Women，NOW）和卫理公会教（The Methodist Church）都是组织的例子。组织既包含群体，也包含个体，这些群体和个体都有明确界定的地位和角色。

组织内部的群体，有些持续时间非常短暂，有些持续时间就会比较长久。例如，大学既包括一个一个不同的班级，这些班级始于每学年新学期开学，到每学年结束时即告解散；也包括存续时间更长的群体，如院系、学校行政部门、秘书处、总务处和校友会。

比较正式的大型组织，往往都有一个特点：**层级劳动分工**（**hierarchical division of labor**）。每个人都会在组织中占据一个位置，有着明确的职责分工，那些位置可以根据它们相对的权力和重要性而被"排名"。例如，在本田公司，流水线上的工人通常不会作出关于人事或预算方面的决策，负责营销的副总裁也不会站在流水线上去给新生产出来的汽车喷漆。总的来说，人们之所以会在组织中占据一定的位置，是因为他们掌握了相应的工作技能，可以完成手上工作对他们的要求。当一个人不再能够满足工作岗位对他的要求，他或她就可能会被人替代，同时不会对组织的正常运转产生多大影响。

就像我们将会在第九章中看到的那样，组织在我们的日常社会生活中随处可见。如果不与组织打交道，或是成为组织中的一员，我们中的大多数人都会无法获得食物、接受教育、去教堂祈祷、去医院做急救手术或是领取工资。想要成为现代社会里合格的一员，就要深入地参与到某些组织生活形式中去。

社会制度

当一系列稳定的地位、角色、群体、组织形成后，它们就提供了一块基石，可以帮助满足（人们）基本的社会需求。这些持久的社会生活模式被称为**社会制度**（**social institutions**）。社会学家通常都会认为，制度就像是建造房子的砖块，可以用来建构起社会这座"大厦"。它们是解决特定社会里产生的问题和满足特定社会里的需求的模式方法。尽管在社会"需要"什么、如何才能最好地去满足这些需求上存在不小的争议，但是，所有社会都必须有一些系统化的方法，去将日常生活中的各个方面组织到一起。

现代社会里的主要社会制度包括：家庭，教育，经济，政治，法律和宗教。还有一些社会学家将医疗、军事和大众媒介也包括进来。

家庭 所有社会都必须有一些可以更新其成员的方法，繁衍对人类社会的持续存在可谓至关重要。在家庭制度中，成人之间的性关系受到约束；人们得到关心；孩子在家庭中出生、得到保护并被社会化；新生儿得到一种身份："家族"，给予他们一种归属感。只是这些活动是如何进行的，在不同的社会中有许多不同之处。事实上，对于什么样的关系可以称得上是"家庭"，不同的社会有着不同的看法。但是，家庭制度，无论其具体形式如何，几乎在所有的社会中都仍然是社会生活的核心（J. H. Turner, 1972）。

教育 年轻人（社会上的新成员）需要过来人教导他们怎样才能成为他们所处社会的一员，如何求得生存。在小型、简单的社会中，家庭是一种主要制度，负责让新成员适于过社会生活，接受文化并融入其中。然而，随着社会变得渐趋复杂，让家庭将所有需要知道的社会运作和生存的知识都教给新成员，也变得越来越难。因此，大多数现代的、复杂的社会，都有一个精心设计的学校系统：幼儿园，小学，初中，高中，大学，研究院，这些机构不仅创造和传播知识与信息，也训练个体规划自己未来的职业生涯，让他们知晓自己在社会中所处的**"位置"**（**place**）。

经济 自从有了人类以来，人类社会就面临着如何从自然界中获取充足的食物、如何保护人们免遭环境危害的问题（J. H. Turner, 1972）。今天，现代社会已经有了系统化的方式，可以去收集资源，将其转化为货物和商品，再将它们分配给社会成员。此外，社会也提供方法，去协调和推动这个巨大进程的顺利运转。例如：银行、会计师事务所、保险公司、证券公司、运输机构和计算机网络，它们自身并不生产商品，但却可以提供服务，使收集、生产和分配商品成为可能。为了促进商品和服务的分配，经济制度采用一种共通的货币体系和一种得到人们认可的交换方式。在某些社会中，经济是由（个体）高效生产的价值和利润最大化的需求所推动；在其他社会中，则是所有人的集体福祉成为经济活动的首要目标。

政治与法律　所有社会都要应对这样一个问题：如何维持秩序、避免混乱、作出重要的社会决策？法律体系提供了明确的法律或行为规则，以及强制执行那些法规、解决争端、修订旧法、制定新法的机制（J. H. Turner, 1972）。这些活动发生在一个更大的治理体系中，该体系可以分配和确认权力、权威和领导权。在民主国家的治理过程中，公民有权决定谁来统治他们；在君主制国家，国王或王后会宣称他们生来就被赋予领导权力。在某些社会里，权力的转移是高效的、和平的；在其他一些社会，权力的转移则是暴力的。

宗教　在满足社会的家庭、教育、经济及政治需求的进程中，既有人一帆风顺，也有人困厄不断。也因此，所有社会都面临这样一个问题：如何让那些不太成功的成员，仍能感受到他们的生活是有奔头的和有意义的。宗教给个体提供了一种信仰体系，可以去理解他们自身的存在，同时也在他们有需要的时候给他们提供了一个支持网络。尽管许多社会成员强烈拒绝接受宗教，但它却仍是持续时间最久和最有影响力的社会制度之一。不过，在给一些人提供了巨大安慰的同时，宗教也成为彼此仇恨和走向不可挽回的分裂的一个来源。

医疗保健　人类生活中一个极其普遍的事实是：人们会生病和死亡。在某些社会里，人们会采用灵性干预或超自然干预的方式，去治病和应对从生到死的过渡时刻；而在其他社会里，人们则是依靠科学和现代技术。大多数现代社会都建有复杂的医疗保健体系，去推广医疗服务。医生、护士、医院、药店、药品及医疗设备制造商和病人，都在医疗保健体系里发挥着积极的作用。

军事　为了应对可能的外来攻击和保护国家利益，许多社会都会主动采取军事防御措施。然而，军队的存在，不仅仅是为了保卫社会，有时也会用来攻击其他国家，为的是获得对方的土地、资源或权力。在其他情况下，人们也会采取军事手段来进行政治变革，例如2003年，美国出动军事力量，推翻了伊拉克的萨达姆政权。

大众媒介　在范围很小、相对紧密的社会中，信息可以通过口口相传得到共享。然而，随着社会变得越来越复杂，信息的传播需要一个大规模的协调系统。现代社会的大众媒介：收音机、报纸、电视和电脑，时时都在提供关于重要社会事件的报道，从而使得个体可以在信息充足的情况下，经过慎重考量，对自己的生活作出明智的决定。但是，媒体所做的远非只是报道地方、国家和国际上发生的诸多重大事件。它们还会主动营造公众意见，引导和强化某种社会价值观。

透过上述这些非常简短的描述，你会发现：社会中的社会制度是高度相关的。比如，我们可以来看一下医学研究与经济之间的关系。近来的一系列研究已经确认，在竞争激烈的橄榄球比赛中，存在一种危险的"流行病"：头外伤。对从高中橄榄球队到职业橄榄球俱乐部里的球员来说，这种情况并不足为奇，头部被击中，相当于时速25英里的车祸造成的影响。一些研究表明，每个赛季都有多达15%的球员遭受某种类型的脑损伤（引自Lehrer，2012）。2014年，美国橄榄球大联盟（National Football League，NFL）承认，在职业生涯已经结束的球员中，脑外伤会影响到其中三分之一的成员（Belson，2014）。过去，那些被撞昏过去的球员，在受到这样的撞击之后会被迅速复苏，这样他们可以重新参加比赛。但是现在，事情已经很明显：由这些撞击引发的脑损伤，会产生持久的后果，包括长期记忆丧失、抑郁、情绪障碍、自杀倾向——这种状况被称为慢性创伤性脑病。根据美国疾病控制和预防中心的数据，在这些事例中，有80%一开始都没被当回事，等到后来发现，为时已晚（Congeni，2009）。但是，由于橄榄球与经济有着深远的联系，它是一项商业价值高达数十亿美元的产业：在大学层面，橄榄球是大多数大型高校里排名第一的创收活动,美国橄榄球大联盟则是美国最赚钱的职业联赛;因而也就毫不奇怪,在如此雄厚的经济投资(商业赞助)下,橄榄球产业在听从医学研究结果采取重要办法去降低比赛的暴力程度,进而降低球员遭受致命脑损伤的可能性上面,一直都是步履缓慢。

对生活在社会中的个体成员来说,社会制度看上去就像是自然的、永久的、不可避免的。我们中的大多数人都无法想象那种没有家庭的生活。我们大多数人也无法理解:一个社会要是没有稳定的治理系统、共通的货币、让我们孩子接受教育的学校,或者是有效的医疗保健体系,会是什么样子。因而我们很容易认为,机构独立于个体而存在。

但是,贯串本书的一个重要主题就是:在维持或改变社会制度上,我们每个人都扮演着一定的角色,也都可以发挥一定的作用;例如,公民可以通过投在野党的票,来改变国家的政治形态。尽管人们经常会觉得这些变迁的影响好像都是发生在组织层面和制度层面,但是它们最终都是经由个体进行启动、得到落实或是遭到反抗——最重要的是,它们都要由个体去体验。图 2.1 中展示了个体与社会结构的不同组成部分之间的相互关系。

图 2.1　社会结构与个体

制度(如宗教)
⬇
组织(天主教)
⬇
组织(教区)
⬇
组织(地方教会)
⬇
群体(教堂会众、祷告群体、年轻群体)
⬇
地位与角色(红衣主教、主教、牧师、辅祭、教徒)
⬇
个体

社会学家剪影

玛丽昂·内斯特勒（Marion Nestle）：
食品经济与食品政治

制度对我们日常生活的影响，有时也并非那么显而易见。例如，通常我们都会认为，营养是我们所吃食物固有的特性。它们要么有益我们的身体健康，要么就是有害我们的身体健康，对吧？我们相信，特定食物的营养价值来自科学研究发现。我们很少会去考虑，在塑造我们的口味和饮食标准上，食品公司所扮演的经济和政治角色（Pollan，2007）。

玛丽昂·内斯特勒（Marion Nestle，2002）是一位营养与食品研究教授，她想要探究，在我们关于健康和营养的想法背后，隐藏着什么样的制度支持（institutional underpinnings）。然而在收集数据时，她却面临着一个有趣的难题。食品行业中的人，没有一个愿意跟她进行可以"公开发表"的谈话。所以，她只好从政府报告、新闻报道、期刊杂志、演讲、宣传材料、会议展览和超市去收集资料。她还利用了自己先前从有着不同利益的游说团体和行业协会那里收集到的信息，比如关于盐、糖、维生素、小麦、大豆、亚麻籽、蓝莓产业的宣传资料。

尽管总的来看，全世界的饥荒情况处在一种令人担忧的水平（参见第十章），但是，美国的食物是如此丰盈，以至于我们再养活像现在这么多的人口都不成问题。许多美国人经常会去购买或准备比他们实际所需更多的食物，从而促成了"狗食袋"（doggie bags）和剩饭剩菜的流行。因此，食品行业也是竞争激烈。但就像所有主要行业一样，公司受制于它们的股东，而不是消费者。只有在能够增加销售额的情况下，营销健康又营养的食物，才会成为公司的目标。

食品营销员一直以来都是将孩子们设定为他们最有吸引力的目标。根据内斯特勒的研究，近些年来，随着孩子们可以自行决定购买物品能力的提升，食品行业对儿童食品的关注也在不断升级。据估计，6—19岁的孩子，每年购买食品的花销高达5000亿美元（引自Nestle，2002）。到了7岁左右，大多数孩子都可以自行去商店买东西，询问关于他们想要东西的信息，向其他孩子炫耀他们购买的东西。

软饮料公司尤其擅长针对年轻人这一目标群体，实施多样化营销手段。在美国儿童及成人的饮食中，软饮料已经取代牛奶，成为主要饮料（Nestle，2002）。17% 的小学、82% 的中学和 97% 的高中都有自动售货机，里面售卖的往往都是高热量的软饮料和运动饮料，以及其他"垃圾"食品（引自 Kalb，2010）。有近 75% 的学生在校园自动售货机上买过含糖饮料（Wiecha，Finkelstein, Troped, Fragala & Peterson, 2006）。一个典型的美国十几岁的男孩，每日所需卡路里摄入量的 9% 都来自软饮料；在一两岁的孩子中间，也有 20% 的人经常喝汽水（Schlosser, 2001）。

在软饮料行业里，最具争议性的营销策略之一就是"倾销权"（pouring rights）协议：协议中会写明，一家公司购得了在一个特定地区的所有学校中独家销售其产品的权利。例如，可口可乐公司支付伊利诺伊州罗克福德学区 400 万美元，另外再支付未来 10 年每年 35 万美元，换得在这些学校独家销售饮料的权利（引自 Philpott, 2012）。在财政比较困难的地区，签署倾销权合约，通常是地区年度经费的一个重要来源。有了这笔收入，这一地区的学校体系也就可以去购买急需的物品，如电脑和课本。据估计，约有 80% 的美国公立学校，都与可口可乐或百事可乐签署了这样的合约（Philpott, 2012）。事实上，并不仅仅是在学校，而几乎是在所有的年轻人运动项目上，甚至是在少棒世界联盟大赛（Little League World Series）上，可口可乐与百事可乐也都在互相竞争，投入数百万美元争得倾销权合约（Cook, 2013）。

除了合约中说好的金额，如果校方的销量超出预定销售目标，公司经常还会给予学区现金奖励。因此，出于增加地区财政收益的考虑，校方也会鼓励学生去消费更多的饮料。鉴于这样的激励，伦理价值和健康问题自然也就不在首要考虑范围之内。事实上，许多学区都用"喝软饮料已经成为一种文化"、"不管怎样学生都会去喝"这样的说辞，来为自己的行为进行辩护——既然这样，校方又为何不能从中得到一些好处？

然而，除了大量饮用软饮料会给学生身体造成长期健康影响，内斯特勒还指出，学生们也会从这件事情上学到多少带有讽刺意味的一课：学校官员有时宁可为了一些经济利益，而去牺牲营养原理和学生身体健康。倾销权合约也会对长期的学校教育基金产生严重影响。虽然它们有助于解决短期的财务需求，但是它们也可能会阻碍学校作出努力，去获取足够的联邦、州和地方公共教育经费。纳税人也可能会得出结论：如果一个地区的教育预算经费都来自这些商业合同，那么提高税收来支持公立学校发展也就没什么必要了。

2014年，美国农业部颁布了校园销售食品的营养指南。指南为许可的热量和脂肪设置了最低要求，鼓励学校给学生提供含有更多谷物、低脂的健康食品，少提供糖分较多的饮料。然而，这些规定并不适用于课外体育赛事或募捐活动，在这些场合，仍然可以出售糖果和软饮料（Nixon, 2013）。2015年，美国食品与药品监督管理局开始采取措施，从加工食物中去除人造奶油（artificial trans fat），从通用磨坊食品中去除人工色素，从早餐麦片中去除香精香料。

无论这些行动的最终结果如何，软饮料和食品公司都会继续在学区经费预算上发挥重要作用。从这个例子中我们可以看到，孩子们在校期间的食物选择，与广泛的教育需求、政治需求和经济需求都有深入的联系——往往都是较少关注营养和个体健康。

文化

所有社会中都普遍存在的一个元素就是**文化**（**culture**），它包括语言、价值观、信仰、社会规范、行为和社会中的人工产品。我们可以将它视为一个社会的"个性"。文化给我们提供了行为准则，即恰当的、可以接受的行事方法。虽然我们通常都不会过多去考虑它的存在，但它却会影响我们经历的所有事情。

如果没有文化可以让人们在一组通用规则下一起生活，人类社会就会变得一片混乱，不适合居住。但是，文化有时也会引发悲剧。2012年，福岛核事故独立调查委员会（Fukushima Nuclear Accident Independent Investigation Commission）在日本公布了关于2011年地震和海啸后发生的福田核事故的调查结果。委员会得出结论，认为这场灾难是一场原本可以避免、也应当预知和避免的严重人为灾难，并提及日本文化中的某些元素：压制异议和外部意见。委员会主席这样说道：

> 必须承认的是，尽管承认这一点会让人感到很痛苦，这是一场"日本制造"的灾难。灾难的根本原因可以在根深蒂固的日本文化传统中找到答案：本能地服从；不愿质疑权威；坚决"遵守程序"；盲目的集体观念；以及我们的……岛国心态。
>
> （引自Tabuchi, 2012, p.7）

当有人敢于质疑或违反文化时，它就会变得显而易见。那些不相信多数人都相信的、不理解多数人都理解的、不遵循多数人都遵循的规则的人，很可能会受到惩罚、被视为精神不正常，或是被社会排斥。我将在第四章更加深入地讨论文化的力量，但在这里，我们可以先来看看文化的两个重要方面：价值观和规范，这两个方面与社会结构和社会影响的运作有密切关联。

价值观（Values）　在英语中，可能没有哪个单词能比"价值观"携带的"包袱"更重。人们经常动不动就说道德价值观、传统价值观、家庭价值观、美国价值观等，但却很少会去认真考虑它们实际上意味着什么。从社会学视角来讲，价值观是一种评判标准，人们借助这一标准来决定自己渴求的目标和结果（Hewitt & Hewitt, 1986）。价值观代表着一种普遍标准，我们的生活和他人的生活都可以据此作出评判。它们证明了决定我们应该如何行为的社会规则有其存在的正当性。例如，"禁止盗窃"这一法规，就清楚地反映了人们对个人财产的价值观。

社会不同，强调的价值观自然也会有所不同。在美国社会，人们认为最重要的价值观是：成功、独立和个体成就。而在其他社会，如越南，人们则更看重群体义务和忠于家庭。

社会内部众多的价值观，有时也会发生冲突。当我们想要决定是否应该上前帮助一个看起来需要我们帮一把的陌生人时，"隐私"的价值观（别管闲事）与"慷慨"的价值观（帮助有需要的人）就会发生冲突。同样，尽管当代美国社会比较看重合作的价值观，但当有人在社会学课期末考试上进行合作，就可能被定义为作弊。当某种社会制度的核心价值观之间发生冲突时，结果就会让人们感受到广泛的法律和道德的不确定性。

规范（norms） 规范就是文化上所限定的行为准则。它们明确地指出了：什么是人们应该去做的，以及人们应该如何去追求社会价值。它们告诉了我们：在特定的角色、团体、组织和制度中，什么是正确的或必要的行为。现实生活中的规范成千上万，它们指引着我们生活中或大或小的细节，从卧室到教室到会议室。你可以看到，规范是建造社会秩序的重要基石。

有了规范，我们与他人之间的互动，也就可以得到合理的预测。美国人在向另一个人伸出手时，会期望对方抓住它，握一下手。如果他们伸出手后，对方往上面吐口水或是紧抓不放，他们就会大为震惊。相比之下，某些社会中的人们一般会将拥抱或亲吻对方脸颊作为一种问候，即使在正式的商业关系中也会这样。在这些社会中，热情地握手可能会被解释为一种侮辱。在泰国，人们互相问候时，双手胸前合十，微微低头。这种打招呼的礼节有严格规范。双手所放位置上的轻微差异，反映了另一个人的社会地位：双手所放的位置越高，被问候者的地位就越高。类似这样的规范，使得人们更容易与他人"和谐相处"（参见第四章）。

微观与宏观之间的联系：家庭隐私与儿童福利

社会上不同价值观之间发生冲突的一个例子，涉及家庭隐私文化价值观。当代美国人的生活，建立在这样一个假设之上：家庭在其隐私领域的所作所为，是或者至少应该是它们自己的私事。许多人都认为，家庭生活中的一切事务最好还是留给家庭成员自行去处理，无须劳烦邻居、政府部门、法院或其他公共机构插手。因此，在美国，家庭被赋予重要的自主权——有权作出关于家庭未来或是如何对待家庭成员的决定（参见第七章）。

看重隐私并非一直都是美国家庭的特征。在19世纪之前，人们可以自由出入别人家，告诉他们该穿什么和如何对待他们的孩子。19世纪晚期，随着家庭与工作的分离和城市的发展，出现了家庭隐私和自主权这一价值观（Parsons, 1971）。家庭中众多便利设施的发明，如抽水马桶、冰箱、电话、收音机、电视机、中央空调和电脑等，都增加了美国家庭（成员之间）的隐私和疏远程度。我们需要走出家门去进行的娱乐、购物或各种服务一直都在减少。就拿空调来说，有了它，我们就可以在闷热的夏夜，在我们自己家里，而不是坐在门廊上或是跑到当地冰淇淋店去乘凉。有了互联网、短信、脸书、推特、家庭购物有线电视网络，家庭成员足不出户就能买到所需要的东西。家庭制度已经变得越来越自给自足和确保隐私。

但是，不同阶层维持家庭隐私的能力总是不同的。与富裕家庭相比，贫困家庭的生活空间又小又挤，很难有什么隐私。一堵薄墙隔开的狭小的公寓，也很难藏得下什么秘密。社会工作者和房东的强制性检查，更是进一步降低了家庭隐私的程度。贫困家庭必须经常借助公共设施（健康门诊、自助洗衣店、公共交通等）才能完成每天的日常生活，富裕家庭则可以在家里私下完成所有这些事务。

此外，我们强调儿童福祉的价值观，有时也会与强调家庭隐私的价值观产生直接冲突。在什么情况下国家机构可以为了保护儿童福祉而出面进行干预、破坏家庭隐私？保护家庭隐私与保护儿童免受伤害，到底哪一个更符合社会利益？

父母从来没有完全的自由，可以随心所欲地去对待他们的孩子。想到为人父母者将自己的孩子打伤或打死，我们都会感到无比震惊。但是，想到国家干涉父母的养育权、用它觉得合适的方法去对待孩子，我们同样会感到震惊。在美国，父母有合法权利，直接教养他们的孩子，决定对子女进行什么样的照顾，使用体罚手段来控制孩子的行为。从社会学视角来看，伤害孩子有时不过是那种广泛实践并被接受的信念的极端结果，那种信念认为，父母有权用体罚来管教自己的孩子。

关注家长的隐私权，经常被认为与宗教自由议题有很大关系。48个州许可家长基于宗教原因拒绝让自己的孩子接受某些医学治疗，如注射疫苗、筛查铅中毒、体格检查。6个州甚至颁布法令，允许学生基于宗教上的反对理由，在校期间不去学习有关医学的情况（CHILD，2014）。

但是，目前尚不清楚的是：当父母的宗教信仰导致孩子受伤或死亡，应该对此做些什么。田纳西州牧师兼作者迈克尔·珀尔（Michael Pearl），近来因其鼓吹父母应该殴打孩子好让他们服从权威，而登上全美媒体的头条新闻。珀尔的书① 已售出67万，他在书中鼓励父母教养孩子时，采用"与阿米什人用来训练他们顽固的骡子相同的法则"（引自Eckholm，2011b，p.1）。到目前为止，已有3个孩子死在了他们的父母手上，据说他们就是参照这本书上的教导。过去30年，超过300名儿童死于他们父母的决定：因其宗教信仰，拒绝接受医疗护理（引自D. Johnson，2009）。38个州和哥伦比亚特区，允许在虐待或忽视儿童案中，宗教可以作为辩护理由。爱达荷州、艾奥瓦州和俄亥俄州，允许家长以宗教为由为其过失杀人进行辩护；西弗吉尼亚州和阿肯色州，则允许以宗教为由为谋杀作出辩护（CHILD，2014）。

然而，政府有时确实会侵犯家庭隐私，这往往发生在家庭的宗教或文化信仰导致其成员死亡或受伤之时。例如，2012年，俄勒冈州一对夫妇承认，

---

① 中译名为《优秀是这样训练出来的》，世界知识出版社，2011年。——译注

在他们 16 岁儿子的死亡上犯有过失杀人罪,他们的儿子死于急性阑尾炎破裂引起的感染。这对父母是"天堂总会长子教会"(General Assembly and the Church of the First Born)的教徒,该教会不信任现代医学,而是相信祈祷可以治病,所以当儿子浑身发热,父母不是赶紧将其送往医院就医,反而一个劲地祈祷。他们的儿子在五天后死去。同年早些时候,俄克拉荷马州一位妇女,属于同一教派,被判两年半监禁,她被指控犯了杀人罪,她 9 岁的儿子得了糖尿病并发症,她没有带其去医院,而是在家里祈祷。她的儿子也在几天后去世(Newcomb,2012)。2014 年,一对加拿大夫妇被指控过失犯罪,他们 14 个月大的儿子死于本可治好的感染。检察官说,孩子的死亡是可以预防的,由于他家实行严格的素食饮食,他的身体严重消瘦。这对夫妇也是拒不采用传统医学治疗,相信祈祷可以治病(R. White,2014)。

对青少年暴力增多的关注,已经使得一些城市和州制定法律,惩罚那些没有正确监管他们孩子的父母。在不同的州,父母赔偿责任法(parental liability laws,指未成年子女实施侵权行为,尤其是实施故意侵权行为的,其父母应支付损害赔偿金)规定,父母应为孩子的毁坏公物、盗窃、旷课、违反宵禁或非法下载负责(Sen,2007)。2005 年,俄亥俄州的一个陪审团认定,一个 17 岁男孩的父母应该支付受害人主张的损害赔偿金的 70%(700 万美元),因为他们未能有效阻止他们的儿子攻击一名年轻女孩(Coolidge,2005)。2007 年,弗吉尼亚一对夫妇因在家中举办未成年人酒会,被判入狱 27 个月,尽管既没有人受伤,也没有人酒驾(Deane,2007)。上述事例都说明,文化及政治价值观会深刻地影响到个体的日常生活。在诸如此类的情境下,家庭的隐私权和自主权,就与社会制度"保护儿童、培养新公民"的责任发生了冲突。

全球语境下的社会结构

如果不承认这样一个事实:地位、角色、群体、组织、社会制度和文化有时也会受到在世界上发挥作用的更大的社会和历史力量的影响,那么对社会结构的讨论就是不完整的。对当今社会而言，深刻影响我们的这样一股力量就是**全球化**（**globalization**）；伴随着全球化进程，世界各地人们的生活，在经济上、政治上、环境上和文化上，变得越来越紧密地交织在一起（详见第九章）。

例如，国际金融机构和外国政府经常提供资金来支持在贫困国家建造水电站。根据世界水坝委员会（World Commission on Dams，WCD）提供的数据资料，2000年，在40个国家正在建造1600座这样的大坝（Bald, 2000）。这些项目原本是为了给这些电力严重匮乏的地区提供更多电力，提升这些地区国家的实力。然而，它们的修建，却经常以一种消极（负面）的方式，改变了个体的生活、社会机构和本土文化。泰国的月亮河大坝毁坏了森林，这些森林几个世纪以来一直都是当地村民免费食物、木柴和草药的来源。水坝修好后，经常出现洪水，当地农民不仅失去了他们的农地，还失去了他们历经数个世纪发展出来的适应河水潮汐的农耕方法知识。印度的纳尔马达河大坝，使得20多万人流离失所，还引发了暴力抗议。马里的马南塔利水坝（Manantali Dam），摧毁了下游农民的生计，引发水传播疾病的蔓延（Fountain, 2005）。如果不是国际金融组织和外国公司提供资金及其政治影响力，这些大坝都不可能建成。

不说一个没有，至少也是极少有哪种文化能够完全不受外界影响，因为纵观人类历史，人类始终都在从一个地方迁徙到另一个地方，从而也促进了物品和思想的传播。今天所不同的只是这些交流互动的速度和范围。几十年前，隔夜邮递服务和长途电话的出现，提升了跨国交际的速度。交通技术上取得的进步，使国际贸易更符合成本效益，并使普通公民进行国际旅行变得更容易。今天，互联网的日益普及，使得世界各地的人们随时都可以去了解其他文化中的不同事物和其他社会中的不同想法，不管他们自己身在何处。通过社交媒体和搜索引擎，像谷歌、雅虎和微软必应（Bing），贝鲁特、巴尔的摩或北京的孩子，都可以就其想到的任何一个主题，快捷地找出海量的信息。

显然，不同社会之间要比以往任何时候都更加相互依赖；对世界各地的人们来说，这一相互依存很重要。有时，这种相互依存的影响是积极的。例如，美国或欧洲在医药上取得的突破，可以在全世界拯救生命。全球化让我们有机会了解其他国家并向它们学习。不过，在其他时候，全球化的影响力则可能会带来灾难性的后果。今天许多最紧迫的社会问题，如大范围的环境破坏、各种大大小小的战争、经济危机、病毒性传染病等，某种程度上都是全球化造成的。就对美国的影响来说，在东南亚开一家玩具厂，或者在墨西哥开一家服装厂，可能意味着在肯塔基州或加州有数百名制造业工人失业。

简而言之，认为我们自己是一个单一社会的成员、可以不受其他社会的影响，仍然抱持这种想法即便不是不可能，也是变得越来越困难。我们所有人都既是我们自己社会的成员，同时也是国际社会的公民。

考察社会秩序的三种不同视角

将社会所包含的这些元素统合到一起的东西是什么、它们又是如何结合到一起创建出社会秩序的？这是社会学家几十年来一直关心的问题。为了回答这些问题，社会学家提出了三种思考路径：结构功能论，冲突论，符号互动论（参见表2.1）。每种观点都有其优缺点。每种观点都在回答特定类型的问题上作出了自己的贡献。例如，结构功能论的用处主要是向我们揭示了：大的、宏观层面的结构，如组织和制度，是如何发展和延续的，以及为什么会如此。冲突论则主要揭示了我们自己社会和其他社会中存在的社会不平等的不同来源。符号互动论则可以帮助我们解释：个体如何建构意义，去理解他们置身其中的社会环境。有时，这些不同的视角会相辅相成；但在其他时候，它们的观点就会相互矛盾。

在本书余下的章节中，我会定期返观这三种视角，以及其他几种视角，用它们来剖析具体的社会现象、经验和事件。

表 2.1　社会学视角概览

社会学视角	核心概念	主要假设
结构功能论视角	显功能和潜功能 反功能 社会稳定性	社会制度的结构化是为了维持社会稳定和社会秩序
冲突论视角	权力 不平等 冲突 支配	社会中不同的制度强化了群体之间的不平等和冲突
符号互动论视角	象征性沟通 社会互动 主观意义	通过日常生活中的人际互动和人们对其生活世界的主观界定，社会得以结构化并持续存在

结构功能论视角

塔尔科特·帕森斯（Talcott Parsons）和尼尔·斯梅尔塞（Neil Smelser）这两位社会学理论大家，经常与**结构功能论视角**（**structural-functionalist perspective**）联系在一起，根据他俩的说法（Parsons & Smelser, 1956），社会是一个复杂的系统，由许多不同的部分组成，很像是一个活的有机体。就像心、肺、肝共同运作维持动物的存活，社会结构的所有元素也要共同运作，这样社会才能维持生存。

在保持社会稳定上，社会制度起到了关键作用。所有的社会都要有某些必要的东西才能生存。它们必须确保人们需要的商品和服务得到生产和分配；它们必须提供办法，解决个体、群体和组织之间的冲突；它们必须提供方法来确保个体能被塑造成现有文化期待的那样（成为现有文化中的一分子）。

正如我们稍早在本章中看到的，制度使得社会可以达成它们的目标，适应不断变化的环境，减少生活中的紧张压力，吸收新的个体赋予其地位和角色。例如，经济制度使得社会在面对自然资源的供应日益减少，或是在与其他社会竞争的情况下，及时作出调整。教育制度对人们进行训练，让其适应未来必须扮演的角色，好让社会持续运转下去。宗教制度则通过不断确认人们的价值观和保护个体之间的社会纽带，帮助维持社会的存在（Durkheim，1915/1954）。

社会学家罗伯特·默顿（Robert Merton，1957）区分了社会制度的**显功能（manifest function）**和潜功能（latent function）。"显功能"就是那些设计出来旨在帮助社会系统中某些部分的活动所产生的符合意图的、清楚明了的后果。例如，上大学的"显功能"就是接受高等教育并获得进入职场所必需的文凭。"潜功能"是指那些有助于系统的行动所产生的意想不到的、有时无法识别的后果。上大学的"潜功能"就是认识一些人，与一些人建立起亲密而持久的友谊。此外，大学还非正式地教给学生如何独立生活，不再依赖父母。它还给学生提供了重要的经验：如何适应庞大而复杂的科层制，如选课、填表、熟悉学校重要的规章制度，进而学会如何在一个组织中把事情"搞定"。这些潜在的课程肯定可以帮到那些毕业后进入同样庞大的、科层制的职场世界中的学生（Galles，1989）。

从结构功能论视角来看，如果社会生活的某个方面对社会的存续没有作出贡献，也就是说，如果它是**反功能（dysfunctional）**的，那它终将会消失。存在的事物之所以会存在，即使它们看上去像是具有破坏性，也是因为它们在某种程度上有助于社会的存续（Durkheim，1915/1954）。以卖淫为例。它受到如此广泛的谴责和惩罚，看上去对社会来说似乎是反功能的。但实际上，自从人类文明开端起，卖淫就已经存在了。一些结构功能论者认为，卖淫满足了人类的性需求，这些需求可能无法通过社会认可的方式（如婚姻）得到满足。嫖客可以满足其身体欲望，而无需对另一个人产生情感依恋，否则就会破坏现有的婚姻，伤害家庭制度，并最终威胁到整个社会（K. Davis，1937）。

在 20 世纪的大部分时间里，结构功能论一直在社会学领域占据主导地位，而且直到今天，它仍在某种程度上影响着社会学的思考。但是，自从其诞生以来，也一直都有人批评它安于社会现状，而没有去研究社会现状如何剥削或不利于社会中的某些群体或个体。

冲突论视角

冲突论视角（conflict perspective）通过将社会结构视为不平等的来源，在牺牲其他群体利益的基础上有利于某些群体，解决了结构功能论的缺陷。冲突论社会学家往往会用"冲突"和"斗争"这样的术语，而不是"稳定"和"接纳"这样的术语，去看待社会。他们关注的焦点，不是构成社会的所有元素如何对社会的平稳运行和持续存在作出贡献，而是这些元素如何助长了分裂和不平等。社会秩序并不是起源于社会追求和谐，而是起源于追求支配和强制。家庭、政府、宗教和其他制度，都是以牺牲他人为代价，来促进某些个体或群体的权力和优势，并将其正当化。

马克思可能是最有名的冲突论学者，他主要关注经济制度上的安排。他认为，所有的人类社会，都是围绕人类生活必需品的生产而建构起来的。控制生产方式（在农业社会中是土地，在工业社会中是工厂，在后工业社会中则是互联网和信息）的个体或群体，也就有权力去创建和维护社会制度，让其为他们的利益服务。因此，在现代社会中，经济系统、政治系统和教育系统，都会支持那些控制巨额财富者的利益（详见第十章）。

马克思认为，当资源有限或稀缺时，"有产者"与"无产者"之间就会不可避免地发生冲突，从而也就出现了一种情景：当权者必须强化对社会秩序的维持。他说，这一冲突并不是由贪婪成性、剥削压榨的人引起的，相反，它是经济体系的一个副产品，在该体系中，那些受益于不平等的人，有动机和动力去按照维护其利益的方式采取行动。

当代冲突论社会学家对冲突和不平等的不同来源深感兴趣。近十多年来，其中一种视角在社会学家中间变得非常流行，那就是**女性主义视角**（feminist perspective）。女性主义社会学家将性别视为是社会生活中冲突和不平等的最重要来源。与男性相比，在当代几乎所有的社会中，女性所能拥有的权力、影响和机会都要少上很多。在家庭领域，尤其是在工业社会的家庭中，历史上的传统观念都是：无偿做家务和照顾孩子，是女性应尽的职责；全心投入工作，在职场打拼获得金钱和权力，则是男性的职责。女性在家庭外工作时得到的低工资也被认为是正当的，因为社会上普遍认为她们干的活与她们丈夫干的活相比是次要的。但是，随着许多社会中的女性在社会生活中的教育、政治、事业、婚姻和其他领域寻求平等，她们的活动不可避免地会影响到社会制度（详见第十二章）。女性主义视角有助于我们去理解，在经历其所在社会中发生的变迁时，男性和女性在他们的日常生活中遇到的困难。

因为过多地关注斗争和利益冲突，所以冲突论视角往往低估了，或者也可说是忽视了那些不同群体和个体所共享的元素。此外，它过于突出强调不平等，也遭到一些批评，认为这一观点主观上带有一定的政治目的，而不是追求从客观角度去分析事物，扩充我们对社会的认识。

符号互动论视角

结构功能论和冲突论视角虽然在对社会本质的看法上有所不同，但它们在分析社会时，主要都是从宏观或结构层面入手，关注不同社会结构的模式及其产生的后果。与此形成鲜明对比的是，**符号互动论（symbolic interactionism）** 则是从微观层面出发，通过考察个体、两人群体和多人群体在日常生活中的互动，去阐释和理解社会及社会结构。

这些形式的互动发生在一个符号沟通的世界。符号（**symbol**）是用来代表或象征别的东西的事物（Charon, 1998）。它既可以是某种物品（像一枚订婚戒指，代表订婚），物品的特征或属性（像一个粉红色三角形，代表同性恋婚姻的权利），某个手势（像竖起拇指，代表"一切顺利"），或是一个单词（如字母 d-o-g，代表某个特定类型的家庭宠物；或者 M-o-k-o-l-o-d-i，代表我自己喜爱的一个宠物）。

符号可以在人们与他人互动的过程中得到创建、修改和使用。我们编制出它们，并对它们应该代表的意义达成一致看法。我们的日常生活全都依赖于此类一致看法。例如，我们可以试着想一想，如果我们没有在"红灯停、绿灯行"上达成一致看法，道路交通将会变得多么混乱——更不要说会有多么危险。

符号与其代表的事物之间并没有任何必然联系。相反，它们是人类随意创造的产物。"绿"的自然属性中，并没有什么东西自动决定"绿"就应代表"行"。如果可能，我们完全可以在很早以前就决定用"紫色"来代表"行"。只要我们都学会并理解这个符号，它具体代表什么并不重要。

人类的大多数行为都不是被既定情境中的客观事实，而是被人们赋予那些客观事实的符号意义所决定（Weber, 1947）。在与他人进行交流时，我们会不断地尝试解释他们真实的意思和他们到底想要做什么。温柔地拍一下肩，如果是出自你的恋人之手，是一回事；如果是出自你的母亲或你的老板之手，就会是完全不同的另一回事。

因此，社会并非一个独立存在于人类行动之外的结构。它是在个体之间每天发生的难以计数的符号互动中，"社会性地建构"（socially constructed）而成的。每次我在与人谈话中说到"美国社会"、"学校体系"、"全球经济"、"恐怖主义的威胁"或"厄普顿家族"时，我就是在强化"这些都是真实存在的东西"这一观念。通过考察我们如何及为何会与他人互动，符号互动论揭示了人们的日常经历如何帮助建构和维护了社会制度、最终则是维护了社会本身。

符号互动论视角提醒我们，对所有组成社会的结构元素来说，社会最终就是人们彼此之间的互动。但是，由于过于强调这些微观层面的体验，符号互动论也存在一个不足，那就是它忽略了更大的社会模式和结构，而正是后者为人们的日常互动创建了重要的历史、制度和文化背景。

小　结

在社会结构中，与他人一起生活会影响到我们日常生活中的诸多方面。然而，在这上面我们也必须谨慎小心，不要夸大事实。尽管社会的基本元素并不仅仅是直接就能观察到的个体特质，但是我们也必须记住，人绝非"被社会结构设定编程的机器人"（G. Swanson, 1992, p.94）。

我希望大家能从本章中（事实上也是从全书中）学到的东西就是：个体与社会之间的关系是互相关联的。你不理解他人，你也就不会被他人理解。一点不假，我们所说的"社会"这个东西，会以紧密的、重要的、有时则是完全不明显的方式影响我们的生活。而且这种影响往往超出我们的直接控制。但是，社会并非只是一个"让人望而生畏的监狱"，机械地决定着我们是谁、我们该做什么（Peter Berger, 1963）。就像社会结构影响着我们每个人，我们每个人同样可以影响社会结构。我们可以修改角色期望，改变规范，创建或破坏组织，改革社会制度，甚至可以改变世界历史的发展进程。

像社会学家一样思考：第一次喝醉的感觉

酒在许多社会中都占有一个重要的但也是有问题的位置。我们一边谴责它的罪恶，一边却又鼓励人们在休闲（饮酒为乐）、庆典（放歌纵酒）、绝望（借酒浇愁）、失望（借酒解忧）、愤怒（酗酒滋事）和担心（愁肠殢酒）时去饮用它。

呕吐、宿醉、肝损伤是身体"受到酒精影响"后产生的生理反应。当一个人血液里的酒精含量达到一定程度时，说话和走路就会出现一些问题；随着含量升高，她或他会昏倒，甚至死亡。

但是，我们在醉酒者身上看到的社会行为，是否可以简化为是身体的一种化学反应呢？对酒后行为的传统解释是，酒精里的化学成分确实会影响大脑，减弱人们的控制能力。可要事情真是这样，那么不拘什么地方的醉酒行为都应该是一样的。事实上，受到酒精影响后的社会行为，在不同的文化中有很大不同。人们在自己喝醉后的应对办法"并不取决于酒精中毒后对道德判断、良知等的影响，而是受到社会上关于酒醉后该如何行动这一教导的影响"（MacAndrew & Edgerton, 1969, p.165）。

找出几个在与你的文化不同的文化中长大的人（比如，来自不同国家，或是处于不同社会经济阶层，或是来自同一个国家不同地域的同学），问问他们酒醉后会有何举动。这些行为与你观察到的有何不同？让他们描述一下他们第一次醉酒的经历。看看在他们第一次饮酒上有什么相似之处或不同之处？

再找出一些来自不同性别、种族、民族、年龄的人，询问这同一个问题。看看在同一个社会中，人们的"醉酒体验"是否也有不同？这些不同说明了这些不同群体的规范和价值观有哪些不同？你也可以询问一些年轻的孩子，让他们描述一下喝醉酒的人们的行为是什么样子。他们对醉酒的描述中是否有什么相似之处？你认为他们对醉酒的看法是否准确？你认为他们关于醉酒的看法从何而来？

借助这些访谈资料，你就可以解释社会和社会层面的力量对人们的个体生活影响如何。你认为你的结论可以扩展到其他私人现象（如性活动或宗教经验）上吗？为什么可以？为什么不可以？

附注：大多数学校都会要求，凡是涉及人类主体的学生研究项目——哪怕只是向人提出两三个问题——都要事先报请学校或部门审查委员会批准。例如，你可能会被要求出示证据表明你的被采访人同意接受采访，你要确保不会泄露他们的身份。所以在进行这项研究之前，你要和你的老师好好谈一下，看看你必须采取什么办法，才能让你的研究得到学校委员会的批准。

本章要点

- 虽然社会的存在是一个客观事实,但是受其影响和控制的人们,也在通过日常生活中的互动,去创造、确认和改变它。
- 人类是群居生物(人是社会动物)。我们期待别人帮助我们界定和解释特定情境。别人则会影响我们的所看、所感、所思和所为。
- 社会既是由社会认可的个体组合(如关系、群体和组织)所组成,也是由人类行动的产物(如地位、角色、文化、制度和像全球化这样广泛的社会力量)所组成。
- 有三种主要社会学视角。结构功能论视角主要关注社会的各个部分如何结合到一起,相互联系,以维持社会稳定和社会秩序。冲突论视角主要强调社会的各种元素如何促进了群体之间的不平等和冲突。符号互动论则试着通过人们相互之间的互动和他们主观界定其生活世界的方式去理解社会和社会结构。

2 PART

第二部分
自我和社会是如何建构而成的？

第二部分我们将会考察个体身份认同和社会的基本架构：现实和真理是如何建构而成的；社会秩序是如何被创造出来并得到维护的；文化和历史是如何影响我们的个人经历的；社会价值观、理想和规范是如何灌输给我们的；我们又是如何获得自我意识的。这一部分也会谈及我们在他人面前展现自我的策略和战术。你将会看到，我们如何与亲密的小团体建立关系，进行互动。在这一部分临近结束的时候，我们将会关注我们如何定义"可接受的"行为、如何回应那些"打破规则"的人。

第三章
现实是如何建构而成的：
知识的社会建构

- 如何理解现实的社会建构
- 打下地基：现实的根基
- 制造隔阂：冲突、权力与社会制度
- 理解社会学研究的贡献

那一年是1897年。8岁的弗吉尼亚·奥汉隆（Virginia O'Hanlon）在听到她的朋友们说没有圣诞老人后，心里很是沮丧。她的父亲鼓励她给《纽约太阳报》（*New York Sun*）写封信，弄明白事情的真相。编辑的回复——"是的，弗吉尼亚，世界上有圣诞老人！"现已成为一个著名短语——成为美国民间传说中的一个经典片段。编辑写道："没有人看见圣诞老人，可那并不能证明就没有圣诞老人。因为这个世界上最真实的东西，是孩子的眼睛、大人的眼睛都看不见的东西。"("Is There a Santa Claus?" 1897)

* * *

多年来，药物专家一直都在关注那些想要提升注意力及其测试表现的大学生非法使用兴奋剂，主要是治疗注意缺陷多动障碍用药（ADHD药物，如苯丙胺和利他林）。但是近来，研究人员开始担心起那些"压力山大"的职业工人，后者服用这些药物，想要提高其生产效率。不幸的是，关于ADHD药物在工作场所的流行，迄今尚未有可靠的研究。尽管如此，一位神经学家认为："即便没有可以让人信服的数据，但对这种药物的滥用无疑正在增加。"（黑体为作者所加；引自Schwarz, 2015, p.1）

* * *

我们可以从这两个截然不同的例子中找出什么共同之处呢？这两个例子都反映了"真理"和"现实"具有变化无常的本性。年轻的弗吉尼亚被鼓励去相信某种现实的东西，而那种东西却是她可能和永远都无法用她的感官去感知到的。当她慢慢长大后，关于圣诞老人，她无疑会学到一种不同的真相，但是编辑则敦促她相信圣诞老人是存在的，或者至少是圣诞老人这种想法是存在的，尽管并没有客观证据可以证明它的存在。这样的建议至今仍然存在。对美国200位儿童心理学家的一项调查发现，91%的人都建议：当小孩子问起圣诞老人是否存在时，做父母的还是不说实话的好（引自Stryker, 1997）。

同样，药物研究人员敦促人们去相信一些没有得到科学验证的事物。重要的是结论让人"感觉正确"，哪怕它并未得到确凿证据的支持。

类似这样的情况有时会产生危险的后果。这里我们来看一下珍妮·麦卡锡（Jenny McCarthy）的例子，她是一位前 MTV 明星，写过几本畅销书，她在书中声称：美国大多数婴儿都会接种的麻疹、腮腺炎和风疹疫苗，让她的儿子患上了自闭症。但麦卡锡并没有提供研究证据（主要因为根本就没有），她的结论来自她的直觉（她称其为"妈妈本能"）和在网上找到的信息（她曾自豪地宣称"我是从谷歌大学得到的学位"，引自 Achenbach, 2015, p.5）。美国疾病控制和预防中心、美国医学研究所、孤独症科学基金会和美国国家科学院都认为注射疫苗与自闭症之间没有关系。然而，注射疫苗可能会伤害孩子这一争论，却是引起了许多不安的父母情感上的共鸣。因此，过去几年一些州注射这一疫苗及其他疫苗孩子的比例一直都在下降。而与此同时，可能并非巧合的是，麻疹病例则呈上升趋势。2007 年，美国确诊的麻疹病例约有 50 个。2014 年，这一数目超过 600 例（Centers for Disease Control and Prevention, 2014 c）。这些病例中的绝大多数病人都未接种疫苗。结果，2015 年，不顾个人或宗教的反对，加州成为第一个要求父母给他们的孩子接种疫苗的州。

对真理这种不确定/危险的使用，可能看上去是愚蠢的甚至是骗人的。然而，我们的日常知识就是基于接受那些看不见的、触摸不到的或是无法被证明的东西为真实存在的东西——"安然无虞的世界"（Peter Berger, 1963, p.147）。就像弗吉尼亚一样，我们学会了接受电子、臭氧层、宇宙黑洞、爱和上帝这样事物的存在，即使我们看不到它们。就像珍妮·麦卡锡一样，我们也学会了接受未经证实的结论，只要它们能支持我们的利益。

我们是如何知道我们所知道的？我们是如何学习什么是真的、什么不是真的？本章我将考察社会学家如何发现关于人类生活的真理。但是，为了提供适当的背景信息，我必须首先提供一个看待现实的本质的社会学视角。个体如何建构他们的现实？社会因素如何影响这个过程？

如何理解现实的社会建构？

我在上一章中指出，社会的元素是人类的创造物，为我们的日常生活提供了结构。它们也给我们提供了一个独特的透镜，我们借助这一透镜去感知世界。例如，面对同一幢建筑，一个建筑师、一个房产中介、一名警官和一名消防员，由于处于不同的地位，有着各自不同的职业训练，所以就会看到非常不同的事物。"一幢美丽的早期维多利亚式建筑。""一幢中等价位、需要修理的房子。""一幢小偷容易下手的房子。""一幢火灾隐患很大的房子。"马克·吐温经常提到，他小时候每天都能看到的密西西比河，在他长大成为一名河船引水员后看起来有很大不同。过去他认为这条河是一个有趣的和让人放松的地方，后来在他眼中看到的则是暗流、旋涡和其他潜在的危险。

我们所认为的那些真实的或真正的事物，始终是我们所处其中的文化和历史时期的产物。然而，我们需要进行一种社会学想象的练习，才能看到我们自己今天"知道"是真的事物，如自然法则、某些疾病的起因和治疗方法等，并非对任何地方的任何人来说都是真的，而是明天就可能被其他不同的真理所取代（Babbie, 1986）。例如，在一些文化中，鬼魂、女巫和魔鬼是日常生活现实中理所当然的一部分，而在外人看来就很容易认为是想象的（不真实的）。另一方面，西方对小小药丸功效的信念（无须鬼魂力量的干预），在那些生活在认为疾病和健康是超自然力量所致的文化中的人看来，则会觉得难以置信、难以理解。

对于什么是真实的认识也会随着时间而发生改变。1900 年代，医生会告诉哮喘病患者去当地烟草店买烟，会告诉感冒患者去吸入甲醛（Zuger, 1999）。20 世纪许多被视为理所当然的儿童发展忠告，如婴幼儿每天都要洗澡、婴幼儿一哭就将其抱起会惯坏孩子、婴幼儿需要严格的喂养时间表、婴儿入睡最安全的方法是让他们卧倒，已经受到当代儿科医生的质疑（First, 2011）。50 年前，产科医生鼓励孕妇每晚喝上一杯马提尼或红酒，好让她们的神经镇静下来。医生也认为酒精可以预防早产。因此，进入医院待产的女性通常都会人手一瓶伏特加，甚至是直接往静脉中注射酒精（Hoffman，2005）。你肯定没有再见到这一幕。近年来我们已经看到，在下述事情上医学领域改变了其看法：界定自闭症的规则（Carey，2012），补充维生素 D 和钙补充剂的必要性（Begley，2011），40岁以上女性进行常规乳房 X 光检查（Bleyer & Welch，2012），60 岁以上者可以接受的血压水平（Kolata，2013）和健康男性前列腺癌的常规血液检查（G. Harris，2011d）。

根据一位研究人员的研究，大约三分之一的主要医学研究，最终都为进一步的研究所驳倒（Ioannidis，2005）。所谓医学"真理"最终却被逆转或被揭穿的频率之高，后来使得一位专栏作家愤而言之："有时你真想告诉医学界：请你们拿定主意（不要这么变来变去）再公之于众！"（G. Collins，2011，p.A23）很有可能，100 年后的人们在回顾 21 世纪初时，同样会认为我们的一些理所当然的真理是错误的、被误导的，或者是非常可笑的。

事实、知识、真理等被社会成员发现、传播、肯定和替换的这一过程，就叫**现实的社会建构**（**social construction of reality**）（Peter Berger & Thomas Luckmann，1966）。这个概念基于一个简单的假定：知识是人类的创造物。具有讽刺意味的是，我们大多数人在生活中都是假定存在一个客观现实，该现实独立于我们而存在，我们可以通过我们的感官感觉到。俗话所说的"眼见为实"和"不上图没有说服力"，更是强化了这一假设：我们的眼睛可以告诉我们什么是真实的。我们相当确信树木、桌子和卡车并不只是存在于我们的想象中。我们认为他人与我们一样认同这一事实，因而这一事实也就可以理所当然地成为现实（Lindesmith，Strauss & Denzin，1991）。

然而，有时我们定义为真实的事物，却是与我们的感官告知我们是真实的事物一点关系没有。假设有一个 5 岁大的孩子，半夜醒来，失声尖叫，因为她梦见怪物出现在她床上。她的父母安慰她说："没有怪物。

你只不过是做了个噩梦。那都是你的想象。"第二天，孩子得了流感，想知道自己为什么病了。父母回应说：

——你感染了病毒，一个虫子。
——一个虫子？你是说就像一只蚂蚁或蜜蜂？
——不是，它是一种你看不见它但它确实存在的虫子。

当然，在适当的仪器下我们可以看到和确认病毒，但若没有这样的设备，孩子就必须接受她父母的话，即"病毒是真实的"。事实上，我们大多数人都会接受病毒存在这一科学现实，尽管并没有亲眼看到它们。孩子们学会了接受父母的权威说法，有些被"看见"的东西（噩梦中的怪兽）并不是真实的，而有些我们看不见的东西（病毒）却是真实的。

因此，现实往往是集体协议（合意）的结果，而不是自然世界中内在的事物。根据美国国家科学基金会（National Science Foundation，2014）最近发布的一份报告，相信占星术（恒星和行星的运动决定着我们的生活）的人，多于相信全球气候变化受到燃烧化石燃料影响的人。在某些情况下，理所当然的现实几乎瞬间就会发生改变。几年前，一个奇怪的报纸标题吸引了我的眼球："天文学家说，冥王星不再是行星"（Kole, 2006）。那个绕着遥远的太阳系轨道运转的小天体，是否意外崩溃或者变成一颗小行星？非也。一个著名的天文学家小组只是根据判定何为行星和非行星的最新标准，对其进行重新分类（实际上它现在的正式命名是"矮行星"）。因而，一夜之间，一个我们都认为理所当然的现实，突然就改变了。想一想，由于出现这一新的"事实"，所有的教科书都必须重写。

社会学家，尤其是那些冲突论社会学家和符号互动论社会学家，努力从因果角度出发去解释现实的社会建构。他们的见解有助于解释许多影响我们日常生活的现象。

打下地基：现实的根基

我们可以将社会视为一座由生活和工作其中的人建造而成的建筑。这一建筑的地基，即其底下的根基（现实），决定了它的基本样貌和尺寸。这些根基使得这座建筑变得稳定，并可以帮助它经历时间和风雨的考验。对建筑系的学生来说，就像对社会学系的学生来说一样，首先要理解的就是这一根基是如何被打下的。

符号互动论鼓励我们看到，人们彼此之间的互动和对情境的解释是基于他们对现实的定义，反过来人们也会从与其周围人的互动中学到这些定义。那些我们知道是真实的事物，我们会与我们文化中的其他成员共同分享。我们不妨想象一下，相信你周围的人都不相信存在的事物，将会有多么困难。精神病学家用"幻觉"、"妄想"这样的术语来描述人们看到、听到或相信而他人则没有看到、听到或相信的事物。

现实的社会建构是一个过程，人们创造出来的想法在这个过程中变得如此坚定地被接受，以至于否认它们就是否认常识。当然，现实的一些特征建立在实物证据之上，如火是热的、锋利的东西会划伤人身。但是，现实的其他特征则往往不是基于感官体验，而是基于文化和语言、自我实现预言和信念等力量之上。

文化与语言

就像我在上一章中提到的，我们生活在一个符号的世界里，主要通过**符号沟通**（**symbolic communication**），也就是语言，进行互动。语言赋予我们生活中的人们、物体、事件和（看法）信念以意义。事实上，语言反映并经常决定着我们的现实（Sapir, 1949；Whorf, 1949）。因此，语言是建构社会的一个关键工具。

在文化中，文字演变反映了有实际意义的事情。所罗门群岛上的人们在说到"椰子"时，有9个不同的单词，每一个都特指椰子成长中的一个重要阶段，但他们却只有一个词来表示每天所吃的食物（M. M. Lewis, 1948）。菲律宾哈努诺（Hanunoo）人有92个不同的水稻品种名称，这可以让他们对其作出区分，但又不会让说英语的人听出来，后者把所有这些谷物都用一个词语来表示："大米"（Thomson, 2000）。然而，一个传统的哈努诺人若是来到我们这个国家，也会很难看出我们称为轿车、越野车、混合动力车、小型货车、掀背车轿车和旅行车等不同车辆之间的区别。

语言也会反映主流文化价值观。例如，考虑一下我们用来描述空间定位的词汇。在大多数西方语言中，包括英语在内，如果你想给人指路去往你家，你会这样说："遇到停车标志后，在第一个路口左拐，然后在第二个路口右拐。你会看到你前面有一个棕色的双拼房屋。右门就是我们家。"你不会说："遇到停车标志后，向北行驶，然后在第二条街开车向东，你会看到一个棕色的双拼房屋。我们家在南边的门。"这两种指路方式可能说的是同一条路线，但是，第一种指路方式用的是**以自我为中心的方向概念**（**egocentric directions**），这依赖于我们自己的身体相对于目的地的位置。第二种指路方式，在世界上一些地区像波利尼西亚、澳大利亚北部、纳米比亚和巴厘岛很常见，用的是固定的**地理**（**geographic**）坐标，不管我们面对什么路都保持不变（Deutscher, 2010）。澳大利亚土著语言 Guugu Yimithirr 的使用者，只用地理坐标来定位他们的生活。如果他们想警告一个一起步行的同伴道路上即将发生的危险，他们会说："你的西脚北边地上有一个洞"而不是"你左脚前面有一个洞"。事实上，Guugu Yimithirr 人没有"前"、"后"、"左"、"右"这些想法，更不明白这些方位的意思。注意：这两种语言的方位表达方法，反映了关于个体重要性非常不同的文化信仰。

如果你看到一个 Guugu Yimithirr 演讲者指着他自己，你会自然而然地想象他是想将注意力吸引到自己身上。事实上，他是指一个恰好位于其背后的（地理）方位。虽然我们［说英语者］总是位于世界的中心，但却永远不会发生下面这样的事情：我们指着我们的胸部方向却意味着不是关注自己，而一个 Guugu Yimithirr 演讲者指着自己，就好像他是稀薄的空气，他的自身存在无关紧要。

(Deutscher, 2010, p.47)

除了会影响对现实的感知，语言也会强化关于世界的主流思想，抑制关于世界的冲突看法（Sapir, 1929）。例如，在像美国这样一个高度专业化的市场经济中，从语言上区分"真实"工作、"居家"工作、"志愿"工作的能力，可以看出我们对个体社会价值的态度。在小型农业社会，所有人通常都要完成那些提供基本必需品以确保他们组织紧密的社区生存的任务，工作就是工作，无论它在哪里发生，或者是否支付工资。

语言也可以具有巨大的情感冲击力。词语可以使我们快乐、难过、恶心、愤怒、狂暴、害怕或沮丧。现在全美许多大学都要求课程教学大纲包括"触发警告"（trigger warnings，即一系列人为地给文学作品或其他类型文本贴上的标签），提醒课程（及讨论它们所用的语言）涉及的主题可能包含潜在的创伤性主题，这些主题可能会让一些学生心烦意乱。

种族、民族、性或宗教上的诽谤特别具有爆炸性。例如，在高中的异性恋青少年中，骂人"同性恋"（queer、fag、dyke）是最常见的一种欺凌和压迫模式（Pascoe, 2010）。2013年，演员亚历克·鲍德温（Alec Baldwin）被记者拍到他在曼哈顿的公寓外称呼一个摄影师"cocksucking"（同性恋）。鲍德温并不是在贬低那个男人的性取向。我怀疑他甚至都不知道什么是性取向。相反，他是被狗仔队侵入他的私人生活所激怒，并且无疑是认为使用这个词语，可以最有效地表达他对这种做法的蔑视。同年，著名烹饪节目主持人宝拉丁（Paula Deen），由于使用了"黑鬼"（nigger）这个词而被美食网解雇。

重要的是要记住，语言是流动的。因此，它们可以随着时间而扩大、缩小和发生转变。例如，每年一到十二月份，报纸上就会刊登故事，列出年度流行词或短语，进入文化词汇。2013 年的年度流行词汇列表中包括如下词汇：小亲亲（*bae*）、比特币（*bitcoin*）、羊角甜甜圈（*cronut*）、无人机（*drone*）、自拍（*selfie*）、电臀（*twerk*）(Barrett, 2013)。2014 年，进入列表的单词有：表情符号（*emoji*）、抄袭贴（*copypasta*）、冰桶挑战（*ice bucket challenge*）、极涡（*polar vortex*）、打爆（*rekt*）、喝醉了（*turnt*）(Barrett, 2014)。毫无疑问，未来的版本将会包含大量没有人听说过的常用术语。

词语的情感效应也会影响我们的健康。据研究人员估计，在美国，每年有 100 万人感染一种名为"艰难梭状芽胞杆菌"（*Clostridium difficile*）的已经产生耐药性的肠道细菌，每年有 1.4 万人死于这种病菌感染（Grady, 2013；Pollan, 2013）。症状包括大量腹泻、无法控制的呕吐、高烧和明显减重。到目前为止，治疗这种病菌感染最有效的办法是一个称为"粪便移植"（fecal transplant）的过程，在这一过程中，来自健康捐赠者的粪便被注入感染梭状芽胞杆菌病人的体内（van Nood, 2013）。健康的粪便，含有成千上万"好"的细菌菌株，在给病人注射之前会先经盐水稀释、消毒、除臭，通常都是将管子插入鼻子吸入。无论是在视觉上还是嗅觉上，这种液体与其原来的形式都没有任何相似之处。可是，尽管取得巨大成功，就像一位作者所言："医学科学难得会有如此有效、便宜、没有副作用的治疗方法"（Roach, 2013, p.320—321），许多原本可以得到帮助的病人却都拒绝考虑接受这种治疗方法。尽管半个世纪前就已经做过第一例粪便移植手术，但却没有哪家美国保险公司正式承认这一治疗方法（和为其赔付）（Roach, 2013）。为什么事情会是这样呢？只因人们无法消除与"粪便移植"这一术语相连的那种厌恶感，也有人称其为"虚假的真相"（ick factor）。为了克服人们的排斥心理，研究者们已经开始试验，将其转变为患者愿意吞服的胶囊形式（Belluck, 2014）。

日常生活的广泛需求也会影响使用语言的方式。例如，随着社会变得更加发达，生活节奏加快，我们也变得更加容易失去耐性（发急）。这种现象反映在这些年来语言的压缩（以及随后的加速）上。缩略（像 *we're* 和 *isn't*）可以缩短单词。合并则是将现有的两个单词合并成一个，像"早餐和午餐"合并为"早午餐"，"文献和影片"合并成"文献影片"（纪实电影／电视剧），"网络和研讨会"合并为"网络研讨会"（Garner, 2010）。技术则进一步缩略语言。如果你做大量的即时传微博或发短信，你毫无疑问就在利用"shortspeak"——通过使用缩写、首字母缩写和表情符号来减少使用单词和句子。我们甚至不需要完全打出我们想说的单词。我相信你肯定知道，在你还没有把单词全部敲打出来之前，在线搜索引擎经常会弹出自动填充完整的条目。几年前，谷歌的工程师们发现，在键盘点击与电脑反应之间出现 400 毫秒的延迟，相当于人眨一次眼所花的时间，对有些人来说就会觉得太久，并可能导致他们实际上更少去使用搜索引擎。就像一位工程师所说："在潜意识里，人们不喜欢等待。所以每一毫秒都事关重大。"（Lohr, 2012, p.A1）

在文化中，某些职业或团体有时会发展出一种独特的语言，被称为**行话**（**jargon**），它使得该组织成员相互之间的沟通变得清楚而迅速。冲浪者、滑雪板玩家、游戏玩家都有属于他们的专业词汇（外人难以听懂），通过这些词汇，可以有效地传达给别人关于浪质、雪况或是最新版本《魔兽世界》（*World of Warcraft*）中变化的信息。青少年必须跟上不断发展的词汇，以免遭到同辈群体的冷落和排斥。与此同时，行话有时也可以创建边界，对外人隐藏含义，让外人感到迷惑（Farb, 1983）。例如，医学院大一新生要花费大量时间记忆新词汇，就像学一门外语（Hartzband & Groopman, 2011）。通过使用深奥的医学术语在病人面前讨论病例，医护人员界定了谁是谁不是他们群体中的一员，强化了（在他人眼中）他们是训练有素的专家形象，防止病人过多干涉他们的决定。通常，医疗信息必须迅速传达，这使其对外人来说变得更加难以理解。下面是一位重症监护护士向主治医生描述病人的病情，看看你是否能弄明白病人的情况：

> 病人 IL-2，低血压，B. P. 在 70/40 与 60/30 之间徘徊，偶尔过速，今早血压在 80/50 时吃了一颗大丸药，刚刚又吃了一颗大丸药，体液过多，底部锣音。
>
> (T. Brown, 2010, p.5)

医学领域里的这种沟通障碍已经成为引起人们关注的一个原因。研究表明，三分之二的病人从医院出院甚至不知道他们的诊断是什么，60%的患者误解了他们从医务室得到的信息（引自 Joshi, 2015）。因此，现在有许多书籍和网站，都在通过指导病人如何及何时向医生提出正确的问题，这样他们就可以在治疗问题上作出明智的决定，来帮助病人克服他们无能为力的处境。对他们来说，一些医学院校需要训练学生如何避免（过多使用）行话（在他们正在学习这些行话的同时）和如何倾听病人（D. Franklin, 2006）。还有一些证据表明，近年来的医患互动，已经变得更多以病人为中心和相互协作（Peck & Conner, 2011）。

有时语言也会被用来有意隐瞒。委婉语是一种无害的表达，用来代替那些可能会让人觉得具有冒犯性的说法。表面上看，人们使用这些词语是想让自己显得有礼貌和有品位，如不说"出汗"而说"大汗淋漓"，不说"卫生纸"而说"草纸"，不说"死"而说"不再和我们在一起"。尽管如此，委婉语也会塑造我们的认知和情绪。例如，一场经济危机被称为"低迷"、"暴跌"、"衰退"、"萧条"、"崩溃"还是"熔毁"，给人的感觉会有很大不同。政府当局常常使用委婉语来掩盖、扭曲或构造他们的行为，使其给人一种更积极的姿态。下面是一些委婉语的例子，紧随其后的是它们的真实意思。你还能想出别的一些委婉语的例子吗？

- 他人以前用过的——二手的
- 过季的——旧的
- 错误的消息——谎言
- 经济不宽裕——贫穷

- 魁梧；丰满——超重
- 黑夜女神——妓女
- 困觉，干那个——做爱
- 清醒分手——离婚
- 消费后的废弃物——垃圾
- 暂时赋闲在家——失业
- 取消资格，非自愿离职，裁员，不被保留，给予换工作机会，职业再定位，精简调整，炒鱿鱼——解雇

总之，单词可以帮助形构社会现实并赋予它意义。语言也给人们提供了一种文化和群体身份。如果你曾在国外生活过较长一段时间，或者曾转过学，你就会很清楚，在你理解你所处的群体或文化中所使用的语言之前，你不可能真正完全参与其中。

微观与宏观之间的联系：
战争的语言

政府对语言的使用，或者说政治语言的使用，可以说明文字如何能够决定人们在家庭内外的日常生活进程。我们都知道"战争"这个词的意思。它就是两个相反的力量发动一场又一场战斗彼此对抗，直到其中一方投降，或者是双方同意停火。与"战争"相关的词汇数量巨大，包括下面这样的单词在内：军队（troops），战斗（battle），兵团（regiments），弹药（ammunition），大炮（artillery），盟友（allies），敌人（enemies），英雄（heroes），伤亡（casualties）等。

战争期间，存在善与恶、我们与他们、胜利与失败之别。战争的语言也包含委婉语，旨在减少公众的不适，增加人们对战争的支持，如：间接伤害（collateral damage，军事战斗中的平民死亡），外科手术打击（surgical strikes，旨在摧毁一个具体目标、最大限度地减少间接伤害的攻击），友军误

伤（friendly fire，被自己人意外击中）、回撤（pullback，撤退）、宗派暴力（sectarian violence，内战）、强化审讯（enhanced interrogation，严刑拷打）等。

一旦一场冲突被定义为战争，人们的生活就会受到一组不同的规则和期望的影响。"战争"将人们围绕着他们的集体国家认同和一个共同目标而凝聚到一起，创造出一种强制性的爱国主义表达，愿意为国而战和作出牺牲（Redstone，2003）。对人们行为的解释也会发生急剧变化。例如，1990年代波黑战争期间一些冲突中发生的暴行，就被视为战争的正常后果。然而，

> 大规模的性侵，包括强暴妇女和强迫男性口交，烧毁邻居房屋，谋杀和枪杀市民（不分男女老少），是否只因发生在我们所说的"战争"中就是"正常的"呢？（Wilmer, 2002, p.60）

2001年9月11日的恐怖袭击过后，时任总统小布什非正式地向恐怖主义"宣战"，这场战争一直持续到今天仍未停止。但是，政府后来选择了"反恐战争"（War on Terror）这个词，然后是"全球反恐战争"（Global War on Terror），而不是"反恐怖主义战争"（War on Terrorism），以免激起恐怖分子的暴力行为和引发他们试图创造的恐惧。2005年，政府改变了它所采用的语言，开始测试一个新口号"全世界打击暴力极端主义的斗争"（Global Struggle Against Violent Extremism），试图向人们传递这样一种印象：这场战争既是一场意识形态的战争，也是一个军事任务（Schmitt & Shanker, 2005）。奥巴马政府继续使用同样含糊的术语，像"海外应急行动"（Overseas Contingency Operation）和"消除恐怖组织的系统努力"（Systematic Effort to Dismantle Terrorist Organizations），从而避免提及"战争"和"暴力"。

不管敌人是"恐怖"、"恐怖主义"、"恐怖组织"、"恐怖分子网络"、"伊斯兰法西斯主义"还是"暴力极端主义"，都会使得"战争"一词具有一定的战略优势：可以将那些在任何其他语境下都不会被接受的行动给合理化。就像一位专栏作家所说："在战争时期，词语也是武器。"（Safire, 2006, p.16）通过不断地使用战争的语言，政府可以扩张政府权力、限制公民自由，并可将其设计成是我们需要采取的步骤，来保护自由，把"敌人"和"作恶者"

绳之以法，好避免另一场灾难。

在战时状态下，尽管担忧国家安全是必要的、害怕（敌人发动）攻击是非常真实的，但这一系统，根据一位杰出法学教授的看法，"从定义上来说却是在进行大清除，最终会损害即便不是数以千计也是数以百计的人"（引自Liptak，2003，p.A1）。在其他背景下不会被接受的行为大都不经辩论或反对就发生了，反映了语言在塑造日常生活的社会现实中的作用。

即使没有任何外来的敌人，军事化的词汇和战术也会影响人们的感知。过去几年，我们已经目睹了全美有越来越多的警察部门诉诸军事模型来形构它们与公众之间的互动（Kraska，2007）。通过其"1033项目"，五角大楼为地方警局提供军事武器、弹药、高科技监视设备、装甲运兵车、防雷防伏击坦克，甚至是免费提供直升机。自该项目于1990年代成立以来，警局已经收到价值超过51亿美元的军事装备（Dansky，2014）。而且，当代警察培训项目经常教导特警队（SWAT）成员去像士兵一样思考和行动（American Civil Liberties Union，2014）。这种方法一个明显的例子发生在2014年。当年8月9日在密苏里州圣路易斯县弗格森，一名协警开枪打死手无寸铁的黑人男子迈克尔·布朗，示威者走上街头进行抗议，警察明显采取了军事方式予以回应。他们穿着迷彩服，开着装甲车，携带着军事攻击武器和弹药。这样的军事化鼓励官员采取"战士"心态，将他们本该保护的公民当成了敌人（American Civil Liberties Union，2014）。就像一名前海军陆战队队员所追问的："什么时候'保护和服务'变成了'我们对他们'？"（Szoldra，2014，p.1）

自我实现预言

想必你还记得，上一章中讲到，我们不会直接和自动地对事物和情境作出回应，相反，就像符号互动论视角指出的那样，我们会先用语言去定义和阐释它们，然后就会按照那些阐释采取行动。通过在我们对现实的定义的基础上采取行动，我们经常会创造出我们所相信的情境。**自我实现预言（self-fulfilling prophecy，又译自我应验预言）**是一种假设或预测，这一假设或预测就像事情已经真实发生的结果，使得预期的事情发生，进而证实了语言自身的"正确性"（Merton, 1948；Watzlawick, 1984）。每一个圣诞假期，我们都能在全美各地见证自我实现预言那让人吃惊的效果。每年一到 9 月，玩具行业就会对外发布其零售商年度调查信息，预测哪款产品将会在圣诞节大卖特卖。通常都会有一款产品被推捧为本年度最受欢迎乃至一货难求的产品。1980 年代受到追捧的玩具是椰菜娃娃（Cabbage Patch Kids, 1983 年在美国引起狂热的圆脸软身娃娃）。1990 年代早期是恐龙战队（Mighty Morphin Power Rangers）和忍者神龟（Ninja Turtles）。距离现在时间上更近的是豆宝宝（Beanie Babies）、海绵宝宝（SpongeBob SquarePants toys）、剃刀滑板车（Razor scooters）、活力板（ripsticks）、美国女孩娃娃（American Girl dolls）、玩具数码相机（toy digital cameras）、乐高玩具（Legos）、《冰雪奇缘》（*Frozen*）或《侏罗纪世界》（*Jurassic World*）里的小人像、体感游戏（Xbox Kinect）和 Wii 视频游戏（Wii video games），它们都轮流成为年度"必不可少"的玩具。到了约 11 月，我们便开始听闻对这种玩具的炒作：对它的需求多得前所未有、热销得极有可能断货。具有影响力的零售连锁商店，像玩具反斗城（Toys "R" Us）和沃尔玛，会宣布有可能限货供应，一户家庭只能购买一个。生怕看到孩子在圣诞夜一脸失望，成千上万的父母和祖父母蜂拥而入那些商店，只为不会空手而归。有些店家还会为熟识的顾客预留一些商品。结果，玩具的供应，即便一开始的数量可能并不少，但却由于这样那样的原因而大大减少，进而也就产生了预期中的缺货。单是对某一现实的信念，就会创造出真实发生的预测。

自我实现预言在成为社会制度的一部分时，其影响力格外强大。在学校中，老师可以巧妙地、无意识地鼓励其学生作出他们期望在其学生身上看到的表现。例如，如果他们相信他们的学生特别聪明，他们可能就会在其学生身上花更多时间，或是在与学生们一起做某些事情时无意间对其流露出更多的热情。结果，这些学生可能就会觉得自己比其他同学更有能力、更聪明，并在实际上也表现得更好（R. Rosenthal &

Jacobson, 1968)。

自我实现预言也经常能够影响人们的身体健康。多年来，医生们已经认识到"**安慰剂**"效应（**placebo effect**）的威力，所谓安慰剂效应是一种倾向：只因患者相信他们正在接受某种形式的治疗（实则不然），其自身病情便有了很大好转。例如，在一项研究中，42%的秃顶男性服用过安慰剂药物后，头发数量得到了维持或增加（引自 Blakeslee, 1998）。据研究人员估计，在研制新药的过程中，35%–75%的患者受益于服用安慰剂药物。1999年，一家主要制药公司停止继续研发一种新的抗抑郁药物，因为研究表明，安慰剂治疗抑郁症一样有效（Talbot, 2000）。甚至是在患者明知他们服用的是安慰剂的情况下，其效应也显著好过他们不接受任何治疗（Kaptchuk et al., 2010）。

不过，安慰剂效应也有副作用，那就是其创造出的预期，让使用者的情况变得更糟，有时这也被称为"**反安慰剂效应**"（**nocebo effect**）。人类学家记载下了许多非常神秘的科学难以解释的死亡事例，一旦宣布诅咒的法术或邪恶的法术，当事人就会离奇死去（Watzlawick, 1984）。在一项研究中，一组胃肠病学专家要求试验主体（他们中有些人患有乳糖不耐症，其他人则没有）摄入乳糖。研究人员告诉后者，他们正在检查乳糖对肠道症状的影响。事实上，所有的试验人员注射的都是糖水。然而，已知患有乳糖不耐症的人中却有44%（未患有乳糖耐受症的人中则有26%）抱怨说，他们身上出现了胃肠道症状（Enck & Häuser, 2012）。在另一项研究中，研究人员给了哮喘患者一个支气管扩张剂（一种扩大空气通道的药物，使患者呼吸起来更容易），但却告诉他们这是一个支气管收缩剂（一种缩小气道的药物，使患者呼吸起来更加困难）。其中一半试验人员在治疗结束后感到呼吸困难（引自"The Nocebo Response"，2005）。据估计，有4%–26%的人在医学试验中因为接受假药出现"药物"副作用，如头晕或恶心，而最终退出试验。换句话说，在许多情况下，当人们预计自身情况将会变得越来越糟，他们最终确实会变成那样。就像一位医生所说："言词是医生所拥有的最强大的工具，不过言词也像双刃剑一样，既可以致残，也可以治愈。"（引自 Enck & Häuser, 2012, p.4）这里我们再次看到，人类形塑现实就像现实形塑人类一样多。

信念与不可更改的命题

大卫·布莱恩（David Blaine）是一个著名的街头艺人和幻术师，他擅长将熟练的魔术技巧与一点点喜剧融合到一起。在他表演的一个惊人的特技中，他整个人似乎从地面上飘了起来，并在几秒钟内在空中飘移了一点点。假定你亲眼看到他完成这样的壮举。他看起来就像是悬浮的，但你"知道的要比这更多"。虽然你的眼睛告诉你他是飘浮在半空中，但你知道这是不可能的。我举这个例子并不是想要让你完全放弃你的信念"人们不可能飘浮在半空中"，你可能会对此提出一系列"合理"的解释："或许这是一种光学幻觉，看上去就像他是浮动的""也许有条线在拉着他"。如果承认他是浮动的这一可能性，就是在挑战一个基本事实，我们的日常生活就基于这一事实之上。这是一种信条：人们不可能漂浮起来。

这样一个无可置疑的假设就叫**不可更改的命题**（**incorrigible proposition**），它是一种不会被证明为错的信念，早已成为常识的一部分，以至于即使看到与其明显矛盾的证据，人们也会继续相信它。通过找出"合理的"解释来清除那些矛盾，我们也就强化了原有命题的正确性（Watzlawick, 1976）。在这个过程中，我们就参与建构了某个版本的现实。例如，如果你认为有这样一个不可更改的命题：女性天生就没有男性好斗，那么当你看到一个特别暴力的女人，你很可能会去关注**这个特定的**女人身上特有的特点，进而作出解释。有可能她是在对其生活中所处的糟糕处境作出反应，也可能是她到了更年期出现内分泌失调，还可能是她有神经障碍。通过得出结论她是规则的一个例外，规则也就得到了维护。

2011年，一些福音派基督徒声称，在当年的5月21日，上帝会让地球发生破坏性的地震，并将在随后五个月内摧毁我们生活的这个世界。信徒可以幸免于难，并可在"狂欢"中升入天堂。到了 5 月 22 日，世界末日的预言并未实现，世界仍然存在，那些相信预言的人提出了各种合理化解释，好让他们继续保持最初的信念。例如，一些人指出人类容易犯错误："我不知道我们错在哪儿，但我们显然没有以我们应该理解的方式去理解经文。"（引自 Hagerty, 2011, p.1）其他人认为，5 月 21 日只不过是世界末日前为期五个月倒计时的开始，真正到来的那一天是在 10 月 21 日。等到那一天世界末日也没有到来，一些人又声称：这都是信徒的祈祷起了用，上帝推迟了审判日的到来，这样也好让更多的人得救。

社会学家剪影

休·梅罕（Hugh Mehan）与休斯顿·伍德（Houston Wood）：永远没错的神谕

社会学家休·梅罕与休斯顿·伍德（Mehan & Wood, 1975）通过检验人类学家埃文思–普里查德（Evans-Pritchard, 1937）的研究，增进了我们对不可更改命题的理解。埃文思–普里查德描述了阿赞德人中实施的一套详尽的仪式，阿赞德人是位于苏丹西南部一个小型的非洲社会。在需要作出重要决定的时候，如应该在哪儿盖房子、应该嫁给谁等，阿赞德人就会前去咨询巫医或魔法师。他们遵循一系列严格的仪式去求神问卜。在降神会般的仪式中会用一种特殊方式去使用从某种树的树皮中提取的一种物质。阿赞德人相信，一个强大的精灵会在仪式上进入这些魔水。然后他们会对着这个精灵提出一个问题，它会回答"是"或"否"，在这之后这些魔水会被拿去喂鸡。如果鸡活了，他们就会将来自神灵的答案解释为"是"；如果鸡死了，答案就是"否"。

我们西方流行的信念体系告诉我们，树皮里显然含有一些有毒的化学物质。某些小鸡的身体能够受得了它，其他小鸡则受不了。但是，阿赞德人并不知道树皮的毒性，或小鸡的身体情况。事实上，他们并不相信树或小鸡会在仪式中起到一定作用。在他们看来，正是采集树液并将其喂给小鸡的仪式，将树木变成神灵的力量（这与罗马天主教圣餐中神圣的面包和酒如何变为基督的身体和血，并没有什么不同）。小鸡的生死，不是对化学物质的生理反应所致，而是神谕使然，神灵"听人所听并像国王一样判定是非"（Evans-Pritchard，1937，p.321）。

然而，要是神谕出了错怎么办？如果神谕告诉阿赞德人房子应该盖在河边，可是河水却溢出河岸冲走了房子，那该怎么办？他们怎样才能调和这些与"神谕永不会错"的信念不一致的情况呢？

对我们来说，答案再明显不过：既没有神灵，也没有魔法，有的只是毒药的强度和被喂小鸡的身体情况。因为我们是从我们西方科学的现实来看这些问题，所以我们会将那些错误的决定视为是矛盾。我们观察这个仪式来确定是否真有一个神灵，当然我们事先就相信这个世界上没有神灵。我们正在寻找我们觉得极为可疑的某些事物存在的证据。

然而，对阿赞德人来说，所谓的矛盾一点也不矛盾。他们知道神灵是存在的。这是他们的基本信念，他们的不可更改的命题。这是一种不容置疑的信念。对阿赞德人来说，所有事物都始于对这一基本假定的体验，他们有办法去解释那些与他们的真理相矛盾的地方，就像我们遇到与我们的信念相矛盾的事情时所做的一样。当神灵/神谕未能给予他们适当的建议时，他们会说"肯定是我们违反了什么禁忌"，或者"一定是巫师受到了什么干扰"，再不就是"我们的仪式举办得不够正确"。

保护不可更改的命题，对现实系统的持续存在至关重要。通过对矛盾作出解释，我们就能支持我们的基本假设，生活在一个连贯有序的世界里。

制造隔阂：冲突、权力与社会制度

我们作为个体，在日常互动中对社会进行协调、再造和赋予意义上，扮演着一个重要角色。但我们绝不是可以完全随意地创建任何版本我们想创造的社会现实。毕竟，我们生来就处在一个既存的社会中，这个社会早就形成了它的规范、价值观、角色、关系、群体、组织和制度。就像建筑物的墙壁限制了居住者移动的能力，引导他们通过某些预定的门廊楼道，社会的这些特性也会影响我们的思想和行为，从而限制我们自由建构社会世界的能力（Giddens，1984）。就像马克思（Marx，1869/1963，p.15）所写的那样："人民自己创造自己的历史，但是他们并不是随心所欲地创造，并不是在他们自己所选定的条件下创造，而是在直接碰到的、既定的、从过去继承下来的条件下创造。"

就像冲突论视角指出的，在界定现实上，某些人或某些群体要比其他人或其他群体更有影响力。在现代社会中，不同的社会经济阶级、民族和宗教团体、年龄段、政治利益群体都会相互争夺对资源的控制权，在这样的社会中，同样会有对决定或影响社会的现实概念这一权力的争夺（Gans，1971）。那些成功胜出的人就可以控制信息，设定价值观，创造迷思，操控事件，并可影响其他我们认为是理所当然的（社会）现实。因此，冲突论者认为，那些拥有更多的权力、优势、地位、财富，以及有更多渠道可以接触到高层决策者的人，就可以把他们对世界的感知，变为整个文化对世界的感知。换句话说，"谁手里拿的棍子越粗，谁就有更好的机会将其对现实的定义强加于其他人身上"（P. Berger & Luckmann，1966，p.109）。"更粗的棍子"可以按照许多方式挥舞（即可以施加多种影响）。强大的社会机构和控制它们的人们，在为其他人塑造和维持对现实的看法上发挥着重要作用。但是，如果你想培养社会学的想象力，你就不仅需要了解这些庞大力量在塑造私人生活上所起的作用，也要了解那些奋力去塑造公共现实的个体所起的作用。

现实的经济学

对现实的定义经常也会反映出潜在的经济利益。例如，就拿一个曾经的成功画家玛拉·奥姆斯特德（Marla Olmstead）的故事来说。在2000年代中期，人们把玛拉画作的风格和精神与波洛克、毕加索、莫奈这些大师级艺术家的作品相提并论，而且每幅画作都能卖出几千美元。她的作品出现在纽约一些顶级艺术画廊。一家画廊的老板认为，她的画很容易就能卖到5万美元（Marla Olmstead, 2004）。许多艺术评论家都指出，她的作品是有气韵的、美丽的和神奇的。她上过两档电视节目：《今日》（*Today*）和《60分钟》（*60 Minutes*），并出现在《纽约时报》和《时代》杂志上。玛拉获得这么多关注，并非单因其画作质量，更是因为她的身份。当她在十年前第一次闯入艺术界时，她还只有4岁——而她已经"画"了两年画。

在那么小的年纪，玛拉使用明亮的丙烯酸颜料，将其泼到36平方尺的画布上进行刮擦。有时她会连着数日画一幅画，她的父母从来都不知道她是什么时候画好一幅画的。当她觉得已经画好了时，她会给作品取一个名字，在画布下方签上她的名字，然后就会抛开这一切去做一个年轻小女孩通常比较感兴趣的事情：看电视，玩玩具娃娃，或是去游泳池游泳。

尽管一些批评人士怀疑那些画作是否真是出自她自己之手［2007年她成为一部抱有怀疑态度的纪录片《天才画童》（*My Kid Could Paint That*，又译《小小艺术家》《我的孩子也会画画》）的主人公］，然而毫无疑问，她是艺术世界的一股力量。但是，玛拉的早期作品究竟是一个具有创造力的富有远见的天才的表现，还是一个孩子用颜料涂鸦的结果？这个问题并不像看上去那么简单。它反映了一个更深层次的问题，涉及经济学在塑造社会现实被定义的方式上所起的作用。

从冲突论视角来看，关键问题是：谁在经济上得到了好处，谁在占据主导地位的社会现实中失败了。例如，就拿精神疾病来说。美国精神

视读社会学 | 何谓艺术？

在这一章，我们一直在探索人们如何共同建构现实。大多数时候，我们都会对什么是真实的、什么不是真实的达成一致意见；不过，在其他时候，我们的定义就会相互冲突。明了这一点很重要，因为我们最终如何定义事物，会在个体层面、社会层面乃至经济层面产生极其重要的后果。在这一页上，你可以看到一些玛拉·奥姆斯特德的画作，这个 4 岁小女孩在一些年前用她生动的画作给艺术世界带来了一场风暴。她的一些作品出现在高档画廊，并以数万美元的价格卖出。

对一些人来说，这些作品只不过是一个 4 岁小女孩的信手涂鸦；而对其他人来说，这些作品则是一位艺术天才的杰作。你对这些画作怎么看？应该从哪些方面或由谁来决定什么算作艺术、谁可以称为艺术家？为其画作支付数千美元的投资者和收藏家，显然与什么被定义为艺术有利害关系。但若她的画作从未引起他们的注意、也从未卖出一幅，事情又会怎样？对一些被认为是艺术的东西，它是否一定要有一些经济交换价值？你觉得那些一辈子也没卖出一件作品的成千上万名苦苦挣扎的艺术家，在看到玛拉明显没有付出多少努力便一夜成名会怎么想？与那些买下她的画作的投资家相比，他们是否会更倾向于不将她视为一个"艺术家"？

病学会（American Psychiatric Association，APA）正式界定为精神障碍和缺陷的问题数目已经达到近 400 个（Horwitz，2002）。在定义什么是一种精神障碍上，APA 不知不觉间就反映出了美国社会的经济组织。在美国，个人很少会自己掏腰包支付所有医疗费用。接受治疗的大部分资金都是来自联邦政府和州政府或私人保险公司。只有像赌博、抑郁、厌食和可卡因成瘾这样已被正式界定为疾病的问题才会由医疗保险来负责。2010年，美国退伍军人事务部（U.S. Department of Veterans Affairs）改变了"创伤后应激障碍"的定义，使得成千上万名退伍军人更容易获得补偿收益。创伤后应激障碍是一种状态，其特征是在亲身经历或是看到一些创伤性事件后出现情感麻木、易怒、幻觉等症状。过去，只有那些可以拿出书面证据证明在战斗中经历过交火、炸弹爆炸或迫击炮袭击的战士，才有资格领取补偿收益。在新的规则下，退伍军人只需证明他们在战区服务和从事与引发他们的问题相一致的工作即可。新规则也使得那些有很好的理由担心创伤性事件的军人（即使他们没有亲身经历过）得到补偿收益。据估计，未来几年，这一新规则将会使政府在这一医疗费用上花费 50 亿美元（Dao，2010b）。

2013 年，美国医学协会（American Medical Association，AMA）决定正式承认肥胖是一种疾病，这可能会刺激医疗保险申请各种各样的减肥手术、药物和行为疗法。

经济学如何影响现实的社会建构的另一个例子是，我们的社会为保护残疾人所做事情的历史。美国有超过 3740 万名成人和儿童患有某些类型的残疾（ProQuest Statistical Abstract，2015）。1990 年，《美国残疾人法》（ADA）将"残疾"定义为"身体或精神受损，实质上限制了个体一项或多项主要生命活动"（U.S. Department of Labor，2004，p.1）。依照本法规定，雇主必须雇用有着官方认定为残疾人的员工，而且不能仅仅因为他们患有残疾便解雇他们。例如，一家公司若是有坐轮椅的员工，就必须修建坡道或电梯设施，以便可以让这些员工自由进出楼内区域。具有讽刺意味的是，雇用残疾人增加的成本，很可能会变为他们的弱势，使得潜在的雇主一开始就不想雇用他们。一项研究发现，《美国残疾人法》颁布后，残疾人的就业率下降了11%（DeLeire，2000）。此外，媒体上广为流传的有着可疑障碍的员工寻求改善工作条件的故事，例如一名员工对香水过敏便要求他的雇主安装一台昂贵的空气过滤系统，这些故事会给人这样一种印象，《美国残疾人法》正在给企业造成沉重的经济负担。虽然强大的企业和产业无法在一开始就阻止这一法律通过，但是它们一直都能从其自身利益出发，创建一个有利于其自身的现实。

现实的政治学

政治制度也与对现实的社会定义有联系。在很大程度上，政治就是控制公众的认知，让人们按照政治领导人希望的那样去行事或思考问题。在重要的政治活动中，我们可以看到这种想要影响公众认知的企图。揭发隐私（诽谤），委婉的说法则是"负面竞选"（negative campaigning），就像演讲、辩论、亲吻婴儿、高唱爱国歌曲一样，已经成为美国选举过程中一个再常见不过的共同元素。

大多数政客都知道，如果你经常说一些关于对手不真实的或未经证实的事情，人们就会信以为真。事实上，虽然销售产品的公司在其广告宣传上必须满足准确性的一些标准，但是针对政治竞选广告，我们却没有联邦立法规定（宣传内容务必实事求是）。候选人有说谎的合法权利（"Bunk Busters"，2007）。具有讽刺意味的是，不断公开否认虚假的指控，反倒经常使得谣传的事实变得更加真实（就像俗话说的"越抹越黑"），并让相关的消息一直留在新闻中。2011年，奥巴马总统被迫召开新闻发布会，当众出示他的出生证明，因为一直有人宣称他不是美国公民，这一宣称最早出现在2008年的总统大选中。在一些州，超过半数共和党选民相信奥巴马不是在美国出生的（D. Jackson，2011）。随着指控变成"事实"并在选民心中固定下来，宣称的有效性也就变得无关紧要。这一问题变得如此严重，以至于出现了这样一家网站：FactCheck.org，它的存在，只为监督重要美国政客在宣传、辩论、演讲、采访和新闻稿中所说事实的准确度。

当成千上万名公民的生命受到威胁和公众舆论至关重要时，信息控制也会变得格外要紧。2001年9月至2003年3月美军入侵伊拉克期间，小布什政府极力在民众间促成一种信念：伊拉克及其独裁者萨达姆与"9·11"袭击有直接关系，藏有大规模杀伤性武器。他们的鼓吹很成功。袭击发生后不久进行的全美民意调查显示，只有3%的美国人在被问及谁应对此事负责时提及伊拉克或萨达姆。但到2003年1月，已有44%的美国人报告说，"绝大多数"或"一些"劫机者是伊拉克人。事实上，没有一个劫机者是伊拉克人（Feldmann, Marlantes & Bowers, 2003）。恐怖袭击发生两年后，在《华盛顿邮报》进行的一项民意调查中，69%的美国人表示，他们认为至少有可能萨达姆参与了这起袭击事件，尽管从来没有证据表明伊拉克与基地组织之间有联系（Milbank & Deane, 2003）。尽管如此，这些信念还是提供了必要的公众支持，从而为美国军事侵略和占领伊拉克提供了正当化的理由。2008年，公共廉政中心（Center for Public Integrity, 2008）得出结论：在"伊拉克藏有大规模杀伤性武器"或"基地组织与伊拉克之间有联系"上，美国政府已经作出了近1000起虚假的公开声明。类似这样对公众认知的塑造，明显是通过媒体来完成的。

媒介即讯息

传播介质是我们进行休闲娱乐和了解我们周围世界的主要方式（参见第五章）。但我们从媒介中接收到的信息，也反映了主流文化价值观（Gitlin, 1979）。在电视节目和其他文学作品中，塑造人物的方法、探讨的问题、解决问题的办法，都是把娱乐与经济系统和主流社会的消费口味联系到一起。

媒介也是我们获取有关地方、国家、国际事件和人物信息的主要渠道。新闻广播和报纸可以告诉我们一些我们无法直接体验的事情，让最遥远的地方发生的事件变得有意义（Molotch & Lester, 1974）。因而，我们在网络和电视上看到的、在收音机里听到的、在报纸中读到的，都会形塑和影响我们看世界和定义我们在其中生活的方式。

由于新闻是将政治现实传播给公众的一种方式，所以在维持社会秩序上，它也是一个重要的工具（Hallin, 1986；Parenti, 1986）。在许多社会中，新闻来源甚至都不曾试着去隐藏这样一个事实，即它们是这个或那个派系的喉舌。在受到压制的社会中，只有代表政府的声音才是唯一许可播放的新闻。例如，在朝鲜，新闻信息的流动显然是由政府控制。相反，生活在有着媒体独立这一文化传统的社会中的人们则会认为，新闻报道绝对都是真实的，准确而客观地反映了"那边的世界"（Molotch & Lester, 1975）。然而，就像其他一切事物一样，新闻同样是一个建构出来的现实。

每天都有数百乃至上千个具有潜在新闻价值的事件发生。然而，我们在受欢迎的晚间新闻播报，或者是在我们喜欢的网站新闻主页上所能看到的，顶多也就是其中的 10 个。这些事件之所以会被选为新闻，不是因其自身有什么重要性，而是因其可被用来服务于实用的、政治上的、经济上的目的。新闻编辑室的那条古训："越血腥越能吸引人们的眼球"（If it bleeds, it leads），证明了这样一个事实：那些有着惊人的细节（这可以迎合公众对轰动性的偏爱）的事件，最有可能被选为新闻。即便是那些（不涉及立场）最独立的新闻，也仍然是记者、编辑、网络高管和公司老板所做决定的产物，而这些人都有他们自己的兴趣、偏好和价值观（Molotch & Lester, 1974）。

出于政治利益考虑而操纵新闻事件，是文化景观中如此常见的一部分，以至于它已成为一种制度化的事物，并有一个专门术语来称呼它：**捏造**（**spin**，又译"杜撰"）。捏造一个事件，就是给它一个特别的解释，而这一解释往往都是有利于言说者的。捏造是一种宝贵的政治资源。每一位美国总统，不论他属于共和党还是民主党，都有专门的工作人员为其捏造事实，尽可能将其政策最好的一面显露出来，其手段则不外乎向公众隐瞒信息，谎报统计数据，发表不否认否认书（non-denial denial），或者是夸大特定行动和政策可以带来的进步或益处（Stolberg, 2004）。而且并非只有政客会捏造现实。博客更是一个持续不断地捏造现实的源头，因为它们将事实与博主的意见混合到了一起，其中多数都是有选择地和简略地去呈现一个明显是片面的现实。早在2009年那场有争议的医疗改革辩论中，双方的利益群体就通过在为期六个月的电视广告上支出近6000万美元，试图去影响公众舆论（Seelye, 2009）。捏造已经凭借其自身力量成为一种职业。例如，电视总统辩论一结束，双方候选人就会各有一群训练有素的支持者（"捏造专家"），出现在一个特殊区域（所谓的 spin alley，捏造区域），他们会在那里创造性地为电视观众提供一个有利于其候选人的辩论结果版本。高级助手和党内官员前去拜访各种博客、有线新闻节目和当地新闻工作室。一些研究团队则向记者发送很多关于辩论的消息，指责其他候选人的错误言论或谎言。

虽然"言论自由"和"新闻自由"是美国价值观的核心，但是媒体操纵信息不仅一直被容忍，而且在某些情况下还会得到鼓励。就拿2001年"9·11"恐怖袭击之后有关在伊拉克和阿富汗的军事行动的报道来说。在战争的初期阶段，新闻报道看上去相对开放。五角大楼允许数百名随军记者与战斗部队同行，从前方战线发回他们所写的故事。根据一项研究，在战争的前三天中，他们的报道中有61%是即时的和未加编辑的（Project for Excellence in Journalism, 2005）。通过许可记者进行这种史无前例的战地报道，五角大楼官员希望这些记者可以将美国士兵的"英雄之举和艰苦辛劳"传给全世界观众，并在这一过程中质疑伊拉克的宣传（Getlin & Wilkinson, 2003）。

但即使这样，一些媒体批评人士仍然担心，记者们会成为军队的宣传工具，尤其是考虑到他们经常与同行的士兵接触密切。五角大楼要求随军记者签署合同，规定军方拥有对他们报道故事内容的控制权（Jamail, 2007）。根据一项研究得出的结果，80%的随军报道中，都没有包括任何出自士兵之口的评论（Project for Excellence in Journalism，2005）。

对日常新闻报道而言，甚至是在那些对出版有着严格管制的社会中，官方审查通常是不必要的。由于存在经济压力要去吸引观众、保持他们的注意力，电视、网络和报纸通常都会自行审查（Bagdikian，1991）。记者会去找寻那些既容易采集又能吸引观众注意力的故事。那些缺少刺激性、内容更复杂的故事，通常都不足以成为新闻资源，要不就是在编辑过程中就会被撤下来。我们通常没有办法去得知，哪些事件没有被选中出现在当天的新闻中，或者是哪些真实的事件未能进入公众的视线。

当我们考虑到谁拥有媒体时，这种出于经济和政治动机而进行的筛选，也就变得更加明显。例如，"清晰频道"公司（Clear Channel），在美国50个州拥有约840个当地电台（在iHeart Media企业名下），每周听众超过1.1亿；"清晰频道"还在五大洲30个国家拥有超过100万个户外广告展示（Clear Channel Communications，2014）。积云媒体网络（Cumulus Media Networks，2014）有4500多个附属广播电台，每周听众有1.4亿。辛克莱广播集团（Sinclair Broadcast Group，2014）拥有并经营着或提供销售服务给79个不同市场中的162家电视台，覆盖约37.5%的美国电视用户。

在国家层面，我们同样可以看到这样的所有权的整合。1983年，50家公司控制了美国90%的媒体。今天，单是六家公司：康卡斯特（Comcast）、迪斯尼（Disney）、新闻集团（News Corp）、时代华纳（Time Warner）、维亚康姆（Viacom）和哥伦比亚广播公司（CBS），就拥有90%的所有媒体，集中控制了我们所看到的、听到的和读到的信息。换句话说，232位媒体高管，控制了2.77亿美国人所接收的信息（Lutz，2012）。

许多媒体观察家担心，企业所有（corporate-owned）的新闻媒体的集中化，会为了提升公司的经济或政治利益，而去扭曲特定的新闻报道。近年来，媒体的所有者已经拒绝刊登那些支持单一支付制医疗保险、批评美国军事干预或反对某些国际贸易协议的广告、报道或评论。敢于批评报道母公司下属分公司的电视记者和报刊杂志记者会被直接解雇，或被迫辞职，或者是重写稿件（Parenti，2006）。

随着观看和倾听变得公开化，我们很难求助于它们。为了批评错误的政府政策和找到解决社会难题的办法，我们需要可靠的信息，而这样的信息经常无法得到或很难获得。近来人气增长的播客、博客、网络电视、微电台和订阅卫星网络可能是一种迹象，表明一些公众已经厌倦了从传统新闻渠道去获得那些经过筛选过滤、带有偏见的信息。事实上，对新闻媒体的不信任变得如此严重，以致有些人转向恶搞的新闻/喜剧脱口秀节目，如《每日秀》（The Daily Show，又叫《囧司徒每日秀》）、《洋葱》（The Onion）、《上周今夜秀》（Last Week Tonight），去了解国家和世界大事。

所以说，我们在我们的私人生活中面临的挑战就是，识别那些影响到对现实的社会建构的过程，我们在"消费"新闻时也要这样做。社会学想象力的一个关键维度就是"读懂沉默"（read silences）的能力——留意大众媒体中没有提及什么。幸运的是，社会学的目的之一就是，科学地收集知识体系，帮助我们看清我们的社会到底是如何运转的。

道德提倡者[①]

单靠个体努力去控制对现实的建构是很难的。但我们也并非注定就只能是去温顺地接受那些强大的组织和机构提供给我们的现实。个体与相关的利益群体联系到一起，就有时机为建构一个不同的社会现实作出贡献。例如，他们已经创造出了对少数族裔权利的新理解，让环境恶化引起公众关注，改变了我们对待特定社会问题的态度。

虽然经济与政治力量一直都在引领和激发许多这些团体关注的内

---

① 道德提倡者（moral entrepreneurs），指那些害怕盛行的社会和文化价值受到威胁的人士，某种程度上也可将其视为道德领袖；在每起造成道德恐慌的事件中，都会有这样的人士站出来表达立场，鼓吹甚至决定社会在该事件中应当采取什么样的判别是非的标准。——译注

容,但是,某些人出于道德关怀考虑,充满热情地想要将其落实成法律。那些主张取缔色情活动、酒驾、色情歌词、堕胎和赌博等或对其进行严惩的群体,与那些支持枪支管制、提高读写能力、提高对家暴的认识和支持艾滋病研究的群体,正在积极推动改革,创建关于道德的新的公众认知。这些**道德提倡者**(**moral entrepreneurs**;Becker,1963)并不一定就是富有的或有影响力的人。相反,通过他们的倡议、接近决策者、有技巧地进行宣传和利用公共关系、成功地将反对观点予以中和,他们能够将自己的关注焦点变成公共政策(Hills,1980)。例如,2015年,一位缅因州妇女进行了一次为期60天的全美驾车旅行,呼吁人们关注老年人驾车造成的公共安全问题。她会见了立法者、志愿者组织、医生、甚至是老年人群体,与他们一起分享她儿子的故事:她的儿子被一名84岁的司机给撞死(Washuk,2015)。

有时,群体会想要说服公众:目前的犯罪现象不应该被视为这样。例如,通过强调大麻的医疗属性(缓解疼痛或恶心)和忽视与其消遣性使用相关的精神效应(过瘾),人们说服立法者让出于医用目的使用大麻合法化的努力,已经取得了一定的成功。事实上,许多人完全避免使用"大麻"这个词,而代之以听起来更有科学意味的 cannabis(Chapkis,2010)。

理解社会学研究的贡献

到现在为止,我已经描述了个体、群体、组织和各种社会制度是如何着手建构现实的。我们已经看到,这些现实有时会随着时间、地点、个人看法而发生改变。面对这种类型的波动,社会学家,以及其他学科的学者,想要通过系统的、得到控制的研究,找出一个更为"真实"的现实。社会学家进行研究时所遵循的规则给予他们信心,让他们确信他们得出的并非仅仅是个人版本的现实。他们希望可以界定出在特定时间下为某一社群所共享的现实。

在关于社会现实的本质上，超越个人的结论是至关重要的，只有这样我们才能跳出个人利益和偏见（对社会现实）的扭曲。完全依赖个人看法的危险是，我们可能会得出结论：我们所经验的是每个人都经历的。例如，著名精神分析学家弗洛伊德，用他自己的童年经历，作为他所提出的一个有争议的概念"恋母情结"（Oedipus complex，又译"俄狄浦斯情结"，一种信念，认为儿子们都会隐秘地爱上他们的母亲，嫉妒他们的父亲）的最终"证据"。1897年，他在给一位朋友的信中写道："我在我的成长经历中发现，我爱上了母亲而嫉妒父亲，现在我认为这是儿童期初期一个普遍存在的事件。"（引自 Astbury, 1996, p.73）

为了避免这种过度概化（**overgeneralizations**）的风险，社会学家试图确定大多数人相信什么，或者是多数人的行为方式如何。但在这样做的过程中，他们有时也会遇到这样一种风险，即他们所发现的只不过是重述了一遍人们已经知道的东西。事实上，你经常可以听到的一种针对社会学家的批评，就是认为"社会学不过是豪华版的常识"。尽管如此，在社会研究的细致考察下，很多我们基于自身经验认为是显而易见的事情，结果却表明它们并不像看上去那么理所当然。我们不妨来考虑一下下面这些"常识性的事实"：

- 强暴、袭击和谋杀最常发生在陌生人之间。
- 美国离婚率高，所以人们不愿意结婚。
- 与100年前的儿童相比，今天的美国儿童更有可能生活在单亲家庭。

我们大多数人可能都会认为这三种说法是正确的。考虑到你在网上或电视上所看到的信息，这三种说法可能确实有一定道理。但是，它们的准确度到底如何呢？

依据美国司法统计局（U.S. Bureau of Justice Statistics, 2011）公布

的数据，过去 30 年间，美国的凶杀案只有 14% 是陌生人所为。此外，只有 44% 的袭击由陌生人所为。其余的全都发生在熟人、朋友、同事、恋人和家庭成员之间。在 79% 的强暴和性侵案中（包括大学女性受害者），攻击者都并非陌生人：他们要么是受害人的亲密伙伴、朋友、熟人，要么就是受害者的亲戚（Sinozich & Langton, 2014）。

根据美国人口统计局提供的数据（ProQuest Statistical Abstract, 2015），55—64 岁这一年龄段的人中，有 10.3% 的男性和 8.8% 的女性从未结婚。事实上，2013 年，约有 40% 的婚姻中至少有一人已结过婚。有 4200 万美国人结过不止一次婚（Livingston, 2014）。虽然我们很想了结糟糕的婚姻，但我们还是比较看重婚姻制度本身。

在现今社会，没有与父母生活在一起的儿童的比例约为 32%（ProQuest Statistical Abstract, 2015），与 100 年前大致相同。那时候人们的寿命要比今天低得多，所以孩子们在成年前很有可能会至少失去一位双亲（Kain, 1990）。

正如你所看到的，常识性的"事实"，有时并没有得到社会研究所提供的有分量的证据的支持。

社会学研究的经验性本质

只要稍加留意就会发现，我们身边随处都有研究的影子。在我们的一生中，充斥着所谓科学研究的结果：哪种洗衣粉洗出的衣服更白、哪种护发素修复头发效果更好、狗狗最爱吃哪种狗粮、哪种无线运营商 4G 网络覆盖最大、牙医给其患者推荐了哪种牌子的口香糖。我们作出的许多重要决策，从买车到选择做外科手术，都会得到某种研究的支持。

此外，我们自己的生活有很大一部分都花在了做研究上。每次我们寻求别人的意见，衡量群体的态度，或是对观察到的事件下结论，我们就是在进行某种形式的研究。比如说，你认为：要是能与他人一起学习，你的考试成绩就会提高，于是你就成立了一个学习小组。考试结束后，你把你的分数与上次考试分数进行对比，看看是否有明显进步。如果有，你就可能会将你这次进步归因于学习小组。这就是研究的本质：你对某一**社会过程**（**social process**）产生了一个想法，你就会去测试它，看看你的想法是否正确。

尽管这种个体式的因果研究既有用，也很普遍，但它也有不少问题。我们的观察可能不正确或是有选择性，我们可能会根据数量有限的观察就作出概括，或者是会得出一些可以保护我们自身利益的结论（Babbie，1992）。也许在没有学习小组的情况下，你的考试分数同样可以得到提高，因为你比较熟悉这次考试的内容，并对题目的答案有更好的把握。

社会学研究，这是我们日常所用个人研究的一种更为复杂和结构化的形式，可以避免这些陷阱。当然，社会学研究者也是人，他们也会在观察、归纳和分析中出错。但是，他们有更大的机会避开这些错误，因为，首要的是，社会学研究是一种经验性的努力。**实证研究**（**empirical research**）基于下面这一假设之上：与人类行为有关的问题的答案，可以通过在现实世界中得到控制的、系统的观察得到确定。个体可以基于其自身对社会中所发生事情的印象得出朴素的结论。伟大的学者可以花上几年时间思考人类生活，对特定的社会现象提出一套合乎逻辑的解释。但对大多数社会学家来说，（所做）解释的力量主要还是取决于可以得到多少实证支持。

社会学研究的另一个特点：**概率**（**probabilistic**），使它能比个人调查研究更好地反映社会现实。大多数社会学家都不会作出绝对的预测，而是会倾向于宣称：特定的现象可能会在特定的情况下发生。换句话说，人类的行为是以概率的方式发生。当社会学家开始寻找（社会现象的）原因，比如说，为什么人们会持有带有偏见的信念，或者为什么一些国家的出生率高于其他国家，他们就是在寻找大多数情况下（而不是所有情况下）可以解释这些现象的因素。例如，只受过高中教育的人，与受过大学教育的人相比，更有可能歧视其他种族群体的成员。但这并不意味着每个高中辍学者都是一个偏执狂,或者每个大学毕业生都会包容那些来自不同族群的人。通过关注一些现象发生的概率,同时允许存在例外和变化,社会学家就为我们提供了一种看待现实的视角,这种视角可以同时反映事物存在的方式及其可能存在的方式。

质性研究与定量研究

我们进行个人研究时往往比较随意,与其相反,社会学家则是通过收集信息和回答问题这一审慎过程来界定现实。一些社会学家会收集描述社会生活中人物、行动或事件的非数字信息(文本、文字、短语、符号、观察)(这叫**质性研究,qualitative research**;Newman,1994)。另一些社会学家则会收集数据信息,依靠精确的统计分析(这叫**定量研究,quantitative research**)。还有一些社会学家则是综合使用这两种研究。

质性研究者经常会出去观察社会生活中的人们和事件。例如,一些质性研究者对孩子如何影响父母平衡工作和家庭需要的能力这个问题感兴趣,就会与一个家庭一起生活上一天时间,倾听、观察、提出问题。等到收集到足够的信息,他们就会对他们的观察作出解释,寻找那些在人们的日常生活中可以识别的模式。

定量社会学研究人员则会有条不紊地记录各种情境下的观察记录,他们会事先设计和选择问题,按照一致的方式对大量的人提问;他们会使用复杂的技术来确保在一项研究中被研究者的特点是类似的,他们还会用电脑进行统计,从中得出具有可信度的结论。

这两种社会学研究方法都会受到同行的详细审查,他们会指出错误和缺点。研究人员不仅有义务报告他们得出的结果,也有义务报告他们用来记录观测或收集数据和与研究相关的条件所用的方法。如此详细的解释,让其他研究人员可以复制他们的研究,也就是他们自己再做一遍研究,看看是否可以得出相同的结果。特定研究的结果可被复制的次数越多,它在社会学共同体中被接受为事实的可能也就会更大。

理论、变量与假设

不论是采用质性研究方法，还是采用定量研究方法，社会研究都是有目的的。与个人研究可能是出于直觉、心血来潮或迫切需要不同，大多数社会研究都有特定的理论作为引导。**理论**（**theory**）就是一组陈述或假设，旨在解释或预测社会生活中的某一个方面（Chafetz，1978）。理论并不像普遍认为的那样意味着猜想或推测。理想情况下，理论解释了事物是其所是的样子，而不是它们应该是的样子。

研究与理论紧密相依。没有任何潜在理论推理的研究，只是一串无意义的信息（Wright Mills，1959）；没有研究的理论则是抽象和推测。

有些理论如结构功能论、冲突论、符号互动论比较宏大，试图解释为什么会存在社会秩序，或者是整个社会是如何运作的。其他理论比较微观，试图更确切地解释特定群体中出现的某些特定行为。例如，犯罪社会学家特拉维斯·赫希（Travis Hirschi，1969）提出一种青少年犯罪理论，称为"**社会控制理论**"（**social control theory**），他认为，个体与社会的纽带比较弱或是断裂，就会发生犯罪行为。这些纽带来自个体与其他守法者的附带关系，个体不做坏事得到的奖励（承诺），个体参与非犯罪活动的时间长度（参与度），以及个体与社会传统信仰体系之间纽带关系的程度。

为了测试（检验）理论，社会学家必须将抽象的命题转化为可以检验的假设。**假设**（**hypothesis**）就是一个可被研究的、具体说明两个或两个以上**变量**（**variables**）之间关系的预测。变量是任何包含两种或两种以上价值或属性的特点、态度、行为或事件。例如，"婚姻状况"这一变量，包含以下几个类别：未婚、同居、结婚、分居、离婚、丧偶。"对死刑所持的态度"这一变量，可以按照强度不同，区分为从"强烈支持"到"强烈反对"。

为什么青少年会从事违法活动？赫希对这个问题很感兴趣。但是，这样的问题太过笼统，无法从经验上进行研究，所以他提出了一个清晰、具体、经验上可以证实的预测，或者也可说是假设，详细说明两个变量之间的关系：强"社会纽带"与低"犯罪行为"有关。

在发展他们的假设时，社会学家会区分出自变量和因变量。**自变量（independent variable）**是会影响或改变其他变量的因素。**因变量（dependent variable）**则是依赖于自变量、受到自变量影响，或是随着自变量发生变化的结果而改变的因素。如果我们相信性别会影响人们对死刑的态度，那么"性别"就是自变量，它会影响"对待死刑的态度"这一因变量。对赫希的青少年犯罪理论来说，社会纽带的强度是自变量，不同层面的犯罪行为是因变量。

测试假说的大多数研究背后都有一个假设：自变量会导致因变量发生变化，例如，弱社会纽带会引发年轻人作出不良行为。但是，仅仅因为两个变量之间看上去相关，并不必然就意味着两者之间存在因果关系。

事实上，由于第三个变量的影响，两个变量看似相关实则并不相关。社会学家称这种误导关系为"伪关系"。**伪关系（spurious relationship）**的一个典型例子就是：儿童的鞋码与阅读能力之间的明显联系。看上去，事情似乎是，随着鞋子大小的增加，阅读能力随之提高（Babbie，2007）。这是否意味着：脚的大小（自变量）引起了阅读能力（因变量）的改善？当然不是。这种错误的关系是由第三个因素引起的：年龄，年龄与鞋子尺码（大孩子的鞋码大于小孩子的）及阅读能力（大孩子比小孩子阅读能力更强）相关。因此，当研究人员试图对自变量和因变量之间的关系作出因果声明时，他们必须控制或者排除可能会产生伪关系的其他变量。你能想出一个可能会加强或削弱一个人的社会纽带和影响他或她作出违法行为倾向的第三个变量因素吗？

除了关注伪相关，定量社会研究人员，像赫希，还面临着一个问题，即构成其理论基础的许多概念都是抽象的，不易从经验上被观察到或进行测量。我们无法直接看到像"纽带"或"承诺"这样的概念。所以它们必须被转译为**指标（indicators）**，也就是可以被观察到或量化的事件、特征或行为。

赫希研究了六年级到十二年级的 1200 名男孩，在其调查研究中，他得出了一组可以作为自变量"社会纽带的强度"的指标。为了确定年轻人与守法他者之间的依附关系，赫希测量了他们对其家长、同龄人和学校老师的喜好程度。为了确定他们从守法行为（承诺）中所得奖励的程度，他要求他们评估诸如获得好成绩的重要性。为了确定他们的生活花在惯常活动上的比例（参与），他询问他们每天会在学校主导的活动上花费多少时间。最后，为了确定他们与传统信仰体系的关系，他询问他们如下问题：他们对法律和警察的尊重程度。

赫希也通过询问男孩子们是否偷过东西、是否未经主人许可就把汽车开走、是否故意弄坏他人东西、是否殴打或故意伤害别人，测量了因变量"违法活动"。此外，他还使用校方记录和警方记录，去测量那些引起权威当局注意的犯罪行为。

他所收集的经验数据支持了他的假设。那些指标显示出，与父母和同龄人关系密切、学习成绩好、参与很多校方活动、高度尊重法律的男孩子们，没有遇到麻烦。因此，赫希也就能够使用这些结果来增强他的原创理论的效力。

各种不同的研究模式

虽然重要的社会学问题的答案并不总是简单的或明确的，但是社会学家用于收集和分析数据的技术，使得他们可以就人类行为和社会生活得出明智可靠的结论。最常见的技术有：试验、田野研究、（问卷）调查和非介入性研究。

试验 试验（experiment）通常是一种在得到严密控制的实验室环境下推导出某种行为的研究方法。在其理想形式下，实验者随机将参与者分成两组，然后有意控制，往其中一组（叫试验组）的环境中引入一些变化，另一组保持不变（叫对照组）。小心地确保两个小组极为相似，除了试验者有意控制的变量。这样,在这两个小组之间观察或测量到的任何差异,就都可以归因于实验操作的结果。

由于研究人员可以直接控制所有相关的变量,试验法明显优于其他研究方法。因此,关于自变量引起因变量变化的结论,也就可以更加让人信服。不过,大多数实验室试验的人为性可能会使被试者的行为不同于他们在自然环境中的行为,也使得一些人认为,在社会学中进行这些实验室试验,实际上是不可能的(Silverman, 1982)。

为了克服这一困难,一些社会学家在实验室外创造了试验情境。亚瑟·比曼(Arthur Beaman)和他的同事们(Beaman, Klentz, Diener & Svanum, 1979)做了一个实验,想要看看自我意识是否会降低社会上不受欢迎行为(在这个例子中则是偷窃)发生的可能性。研究人员设置了一个情境:万圣节的夜晚,几个孩子被派往几户人家,他们被独自引领到客厅,吃起碗中的糖果。孩子们首先会被问到自己的名字和年龄,然后会告诉他们:"你只能吃一颗糖果。"在实验组中,一面大镜子就放在糖果碗旁边,这样孩子们就会看到自己的一举一动。对照组中则没有摆放镜子。结果,对照组中37%的孩子吃了超过一颗糖果,而试验组中则只有4%的孩子吃了超过一颗糖果。研究人员从这个实验中得出结论:自我意识(本例中源于在镜子里看到一个人的反应)能够显著降低失信行为的发生。

在实验室外进行试验研究,也可被用来影响公共政策。2010年,纽约市开始了一项为期多年的实验,测试其针对6岁大无家可归者实施的预防计划的有效性,该计划耗资2300万美元,被称为"家园基地"(Homebase)。半数被试(那些无力支付房租因而有被赶出风险的人们)被拒绝得到项目资助,研究人员想要观察他们,看看他们是否会变得无家可归。另一半被试则得到了项目的援助服务,包括租户–房东调停、紧急租借援助和职业培训(Buckley, 2010)。纽约市希望这个试验可以确定,项目的干预是否确实会在减少无家可归者的人数上产生重大影响。一些政府官员则谴责这一试验是一种不必要的残忍之举。

田野研究 在田野研究（**field research**）中，质性社会学家会观察事件真实发生时的情况，既没有选择实验组和对照组，也没有有意将任何改变引入被试者的环境中。田野研究有多种方式。在非**参与式观察**（**nonparticipant observation**）中，研究者会在不直接与人们进行互动、不让人们意识到他们正在被人观察的情况下，去观察人们。例如，社会学家琳恩·洛夫兰德（Lyn Lofland, 1973）通过前往公交车站、机场、商店、餐厅、公园，悄悄地记下她所看到的一切，研究在公共场所陌生人相互之间如何发生联系。

参与观察（**participant observation**）要求研究者与（被研究的）主体进行互动。在某些情况下，研究人员要公开明确他或她的身份。例如，为了了解人们如何平衡工作与家庭之间的关系，社会学家阿莉·霍奇柴尔德（Arlie Hochschild, 1997）对一家大公关公司（她称其为 Amerco）的员工进行了为期三年的观察。她特别感兴趣的是：为什么员工往往不会利用可用的产假政策。在 Amerco 公司，2.1 万名员工（全是女员工）中，只有 53 人为了新宝宝的到来而选择了换成兼职工作。不到 1% 的员工与人分摊工作或在家办公，尽管公司许可这样做。大部分员工都会有很多加班，每天早到晚走。既然公司支持这么做，为什么这些员工却还是如此不愿改变自己的工作生活安排，花更多时间与他们的家人在一起？通过她在 Amerco 公司的长期观察，霍奇柴尔德得出结论：工作已经成为"家庭"的一种形式，家庭也已成为"工作"的一种形式。对 Amerco 公司的许多人来说，家庭已经成为一个忙乱行动和繁忙日程的地方，而工作则已经成为一种支持的庇护所，她们可以在这里得到放松，与朋友一起分享她们的故事。所以她们喜欢在工作上花更多时间。

这种类型的质性田野研究可能非常耗时。研究人员只能进行有限的访谈，和观察数量有限的人物及事件。霍奇柴尔德收集了关于人们平衡工作-家庭之间关系的丰富信息，但她一次所能研究的只能是一家公司。把从巨大的社会里一家公司中一小群员工的经验中得出的结论，概括推导到有着各种不同工作环境下的所有员工身上，是一种有风险的行为。

在更加微妙的情境下，被研究的人不希望自己的行为公之于众，为了收集到准确的信息，研究者可能不得不隐瞒他或她的身份。例如，研究人员"卧底"研究了从"末日教派"（Festinger, Riecken & Schacter, 1956）到大学女生联谊会（Robbins, 2004）内部发生的种种事情。社会学家朱莉娅·戴维森（Julia Davidson, 2002）想要研究妓女与她们的客户之间的权力和控制关系。为了研究这一主题，她冒充一名妓女（她称其为 Desiree）的"接待员"，接听电话和监督前来找 Desiree 的"等候室"的客户。Desiree 知道戴维森是位社会学家，但是她的客户并不知道。如果这些人知道别人正在研究他们，他们就可能会改变他们的谈话和行为，去掩盖那些具有潜在破坏性的信息。

调查　当没有办法进行田野研究，或者是设置一个可以得到控制的试验情境时，社会研究人员就会使用调查方法。**调查（surveys）**要求研究者通过口头询问、电子邮件或书面调查问卷方式，对受访者提出一系列问题。问题应该足够清楚，以便它们可以被受访者按照研究人员想要它们被理解和测量的那样，去被理解和测量。此外，受访者应该诚实而仔细地回答问题。答案通常会以数字形式被记录下来，这样研究人员就可以对其进行统计分析。

我们所有人都经历过这种或那种形式的调查。每过十年，生活在美国的人就要为美国人口普查局填写调查问卷。在学期课程结束时，你要填写课程评价调查表。或者你已经接受过商场的电话采访，或者是收到过电子邮件或文本，要求你就某一商品或服务做一"简短调查"。

调查通常都会使用标准化的格式。所有受访者都会按照相同的方式被问到同样的问题，而大样本的人们也就被用作研究对象。全美家庭与住户调查（National Survey of Families and Households, NSFH），为大多数有关家庭的社会学研究，提供了一个坚实的基础。这项调查最早始于1980 年代末，它包括来自对 1.3 万名受访者的采访信息。第二次调查在1992–1994 年间进行；2001–2003 年间进行的第三次调查，包括了对原初样本中依然健在的受访者的采访。样本中包含多样化的家庭，包括单亲家庭、有继子女的家庭、同居伴侣家庭、新婚家庭。从每个受访者那里收集到了大量信息，包括童年时的**家庭安排**（**family arrangements**，家庭生活）、约会经历、离家经历、婚姻和同居经历、与亲属交往的细节、经济状况的数据，以及教育、生育和就业的历史。本书中讨论的一些研究，就是基于对这一调查中所收集数据的分析。

1983 年，两位社会学家菲利普·布鲁姆斯坦（Philip Blumstein）和佩珀·施瓦茨（Pepper Schwartz），对美国的亲密伴侣进行了一项大规模研究，他们把调查问卷寄给有着不同收入水平、年龄群体、宗教信仰、政治意识形态和教育背景的人们。他们的受访者中有些在同居，有些则已结婚。有的有孩子，有的没孩子。有些是异性恋，有些是同性恋。所有的夫妻都填写了一份 38 页的问卷调查，里面的问题涉及他们的休闲活动、情感支持、家务、财政、性关系、满意度、与孩子的关系，等等。超过 6000 对夫妇参与了这项调查。有了这些调查，布鲁姆斯坦和施瓦茨也就能对金钱、工作、性、权力、性别在伴侣生活中的重要性这些问题得出结论。

非介入性研究 至此已经讨论的所有方法，不论是质性还是定量，都需要研究者与正在被研究的人们多多少少有一定接触：告诉他们试验中需要完成的任务，观察他们（他们可能知道也可能不知道自己正在参与社会研究），或者询问他们问题。但是，闯入人们的生活可能会影响被研究的现象。这个问题被称为**反应效应**（**reactivity**），它会让人们对所收集数据的准确性产生怀疑，进而危及研究的可信度。

1920 年代末，有人聘请一位工程师和一个时间研究分析师（Roethlisberger & Dickson, 1939）前去研究伊利诺伊州霍桑一家电气公司中的工作条件和工作效率问题。他们感兴趣的是：改变工厂的某些物理条件，是否可以提高工人的工作效率和满意度。他们很快就发现，增加车间照明与工人产量更高有关系。第二天再次增加灯光亮度，进一步提高了工人的生产率。为了使他们的结论得到更多支持，他们决定调暗灯光，看看生产率是否会下降。非常令他们失望的是，车间灯光变暗，生产率却仍然有所提高。他们很快便意识到，工人们正在更多地对他们受到研究人员的关注，而非他们的工作条件发生变化，作出回应。这种现象自此就被称为"**霍桑效应**"（**Hawthorne effect**）。

为了避免产生这种影响，社会学家有时会使用另一种研究方法：非介入性研究，这种方法一点也不需要与被研究者进行接触。**非介入性研究**（**unobtrusive research**）是对人们所创造或留下的社会行为的证据的检验。这种方法又可分为以下几种类型。

分析现有数据（**analysis of existing data**，又称"二手数据"）依赖于其他研究者之前出于其他目的而收集的数据。涂尔干在检验不同群体的不同自杀率时就使用了这种技术，目的是了解自杀的根本原因（参见第一章）。如今的社会学家仍在广泛使用分析现有数据这一方法。其中最受欢迎和最方便的数据来源之一就是美国人口普查。检验大范围的全国性趋势（如婚姻、离婚、婚前生育率）的研究，通常都会使用现有的人口普查数据。

内容分析（**content analysis**）是研究被记载下来的信息，如图书、演讲、诗歌、歌词、电视广告、网站等。这种方法特别有用，因为被记载下来的文化转移会随时间发生变化。例如，三位社会学家（Bernice Pescosolido, Elizabeth Grauerholz & Melissa Milkie, 1997）分析了1937—1993年间近2000本儿童图画书，想要看看书中对非裔美国人形象的描述发生了什么样的变化。他们相信，这些描述可以告诉人们很多关于广大社会中种族关系的渐变性质的东西。研究者不仅关注这些书中黑人角色的数量，也关注他们是得到了正面刻画还是反面刻画。他们发现，除了其他方面，在种族关系具有高度不确定性和就现存社会规范发生大量抗议和冲突的那些年代，黑人几乎全部从图画书中消失了。而且，对亲密而平等的不同种族之间互动的描写和将黑人刻画为主人公，仍然非常少见。

三位心理学家（Jean Twenge, Keith Campbell & Brittany Gentile, 2012）使用 Google Books Ngram 数据库，分析了 1960—2008 年间美国图书出版的内容。你可以通过该搜索引擎，去评估一个特定的词或短语在数据库里数以百万计的电子书中出现的频率。研究人员发现，在 48 年的时间里，带有个人主义色彩的词汇和短语，像"个性化"（personalized）、"自我"（self）、"独特的"（unique）、"我先来"（I come first）、"我自己能行"（I can do it myself）变得更加普遍，而反映更多的公共取向的词汇和短语，如"社区"（community）、"集体"（collective）、"分享"（share）、"团结"（united）、"公益"（common good），则变得不那么常见。依据这些数据，他们得出一种看法，认为我们正在经历语言使用上的一种转变，它们是更大的文化风气的折射，这一文化风气一直都在增长的特点是：更加关注自我，而较少关注群体身份认同和责任感。

历史分析（**historical analysis**）则是将现有的历史文献作为一种研究信息。社会学家凯·埃里克森（Kai Erikson, 1966）感兴趣于社区如何建构可接受行为和不可接受行为的定义。在其《任性的清教徒》（*Wayward Puritans*）一书中，他研究了 17 世纪晚期马萨诸塞湾殖民地的清教徒中发生的几波"犯罪潮"。埃里克森检查了这一时期的法院案宗、日记、出生和死亡登记、信件及其他书面文件。把距今已有三百多年之久的一些信息碎片拼凑起来并不是一件容易的事，但是埃里克森能够从中得出一些结论。他发现，每当殖民地受到某种形式的威胁，如反宗教团体、被社群领导人背叛、或英王撤销其特许状，明确定罪的人数和惩罚的严重度都会显著增加。埃里克森相信，之所以会出现这些犯罪潮，是因为社区需要重申其道德界限，重申其权威。

视觉社会学（**visual sociology**）这种方法是通过照片、录像、电影来研究社会。一些视觉社会学家使用这些媒介来收集社会学数据，就像纪录片摄影师和电影制作人所做的那样，不同的是，他们创造的视觉图像是用来讲述一个社会学的故事。其他视觉社会学家则会分析现有视觉文本的意义和目的，如运动照片、电视广告、一些团体的照片档案。贯串本书的视觉文章就使用了这种方法来考察社会学关心的重要问题。

社会学研究者可以使用所有这些方法，在没有干扰和可能改变他们正在研究的个体和群体的行为的情况下，去收集信息。

社会研究的结果有几分可信？

大多数社会学家都将研究视为不仅对其个人有价值，而且对增进人类的知识和理解很重要。然而，作为这一研究的消费者，我们必须追问："这一信息的准确度如何（有几分可信）？"有时候，很难解释我们在学术研究文章中遇到的证据（参见图3.1）。而且，由于我们往往相信我们在印刷物上所读到的、电视报道上所看到的、网站上所发布的，所以我

图3.1 阅读研究文章时应问的问题

在阅读出版的社会学研究的文章时，如果能就文章内容问自己一些问题，你就可以更好地评估这项研究和研究结果的价值。

- 研究者正在研究的基本问题是什么？
- 这一研究问题是否来自某一特定社会学理论？
- 研究者是否有什么假设？这些假设与先前研究中得到过测试的假设有什么不同？
- 研究者使用了什么类型的研究？试验？调查？借用现有数据？田野研究？非介入性研究？
- 自变量和因变量是什么？作者是否揭示了他/她是如何测量变量的？
- 研究中的主体是谁？他们是如何被选取的？作者是否认为样本具有代表性？
- 研究发现了什么？讨论的数据结果有多明晰？
- 关于研究是如何进行的，是否有你想要了解的（作者没有讨论到的）其他东西？

资料来源：Adapted from Schutt, 2012, Appendix A。

们看到的大部分信息可能都不准确或有误导性。为了评估社会研究的结果，我们必须核查研究者所采用的样本、用来测量重要变量的指标，以及研究者的个人品质，比如说其价值观、利益和伦理。

样本 社会学研究者经常会对大型群体的态度、行为或特征感兴趣，如大学生、女性、Pinterest（全球最大的图片社交分享网站）用户、单亲父母等。不可能直接去采访、调查、观察或实验所有这些人。因此，研究人员必须从更大的群体中选出一些受访者组成一个小样本（**sample**）。这一亚群体的特征应该近似于整个被研究群体的特点。如果被研究的小群体实际上可以代表整个群体，样本就可以被说成**有代表性的**（**representative**）。例如，一个来自你所在大学的 100 名学生的样本，应该包括代表整个学校的有着大致相同比例的大一、大二、大三、大四学生。抽样技术已经变得高度复杂，这方面的一个例证就是，通过民意调查对选举结果进行预测的相对准确度。

在自然科学中，抽样就不存在这样的问题。特定的物理元素或化学元素被认为是相同的。一个人只需要研究装有少量液氮的试管，因为一个试管里的液氮与其他试管中的液氮是一样的。然而，说到人类身上，各种可以想象到的特性相差很大。你不可能在访谈一个人的基础上作出一个关于所有美国人的普遍结论。就这个问题而论，你不可能从观察只有一个美国人、一个男人或一个青少年组成的样本中得出关于所有人的结论。没有代表性的样本会导致人们得出错误和具有误导性的结论。

下面是一封写给美国中西部乡村地区一家小镇报纸编者的信，注意信中揭示的采样问题：

> 昨天我去一家饭店吃午饭。当我伸手去掏口袋里的香烟时，我感到有种负罪感。……我想到了官方统计数据，吸烟者占美国人口的 26%。但是，无论我往餐厅的哪个地方望去，都能看到人们在吸烟。我决定数数看有多少人。房间里有 22 人……我吃惊地发现，

> 官方数据纯属捏造……22个人中有17个人都在吸烟……这超过了那家餐厅总人数的77%。官方数据少算了51%，显然是错误的！
>
> （*Greencastle Banner Graphic*，1992）

写这封信的人假定，一个相对贫困的农村小镇上一家小饭馆里一天内经常出入的22个人，可以精确地代表整个美国人口。这样一个结论忽略了一些重要因素。政府研究显示，一个人的收入越低，成为烟民的可能性就越大。而且，从事蓝领或服务工作的人们，比起从事白领工作的人更有可能吸烟。最后，吸烟在美国中西部和南部的农村地区，要比在其他地区更为流行（U. S. Department of Health and Human Services，2006）。

微观与宏观之间的联系：
世界上最不可思议的人

当研究人员试图就人性作出更为宽泛的描述时，有偏差的样本尤其容易产生误导。例如，在美国所有的心理学研究中，从视觉认知到关于公平与合作的信念，本科生成为其中三分之二试验的被试。然而，根据近来一项对这些试验的评述报告，这些被试完全无法代表全世界的人们。他们可能与其他来自西方的（Western）、受过教育的（Educated）、工业化的（Industrialized）、富有的（Rich）和民主的（Democratic）（WEIRD，不可思议的）社会中的被试具有相似之处，但却不能代表大部分人类：

> 如果研究人员将他们的解释限制在他们取样的人们身上，从较小的人群中进行抽样尚不会有太大问题。不过，尽管他们的样本比较有限，但是行为科学家却经常感兴趣于（从有限的样本中）得出关于**人类思维**和**人类**行为的推断。……一流的科学期刊和大学教科书里经常会刊登一些研究结果，它们基于对"不可思议的"（WEIRD）本科生所做的研究，便声称可以推及"人类"或"人们"。(Henrich, Heine & Norenzayan, 2010, p.63)

> 在一个常见的关于决策过程中公平与合作的试验中,研究人员交给一个小组中的一名被试("提议者")一笔钱,告诉她或他可以把这笔钱任意分给第二名被试("回应者"),然后第二名被试要决定是接受还是拒绝。如果回应者接受提议,两个被试都会得到提议的金额;如果回应者拒绝接受,两个被试都将一无所获。在"不可思议的"本科生被试中,提议者通常会提供约 50% 的原初金额,而回应者则倾向于拒绝接受低于 30% 的金额。根据这些发现,研究人员得出结论:人类有一种高度进化的正义感,导致我们作出公平的提议和惩罚不公平的提议,哪怕是我们自己也要为此付出代价。
>
> 但是,当从非洲、亚马逊雨林、大洋洲、西伯利亚和巴布亚新几内亚等地 23 个小型社会中抽取被试进行这个试验时,提议者给出了非常少的份额,在某些情况下约为 25%,而回应者通常都没有拒绝他们。事实上,在半数这些社会中,在对方愿意分给的钱数太高的情况下,回应者往往拒绝接受(Henrich et al., 2010)。因此,利用"不可思议的被试"样本的试验,可能是测量了在一个人们习惯与金钱、市场和陌生人打交道的社会中出现的一组特定的社会规范,而不是一些普遍的人性的组成部分。

指标

你应该记得,社会学家做研究时面临着一个问题:他们感兴趣研究的变量往往很难看到。无能为力是什么样子?你如何能确定婚姻满意度?你如何识别异化或社会阶层?因此,社会学家便开始测量那些无法直接被测量的事物的指标。研究人员会测量通常被认为与一个特定变量相伴的事件和行为,希望他们正在测量的是他们感兴趣的概念的一个有效的指标。

假定你认为人们对堕胎的态度受到了他们的宗教信仰或"虔诚度"的力量的影响。你可能会假设:一个人的宗教信仰越强,也就越不可能接受堕胎的权利。为了验证这个假设,你首先必须找出你所说的"宗教"。一个人宗教信仰的力量的指标可能会是什么呢?你可以确定你研究的对象是否认为他们是一些宗教组织的成员。但是,这个指标可能不会告诉你关于你的被试对宗教有多虔诚，因为许多人都自认为是比如说天主教徒或犹太教徒，但却一点也不虔诚。同样，也有一些人认为自己很虔诚，但却不认同任何有组织的宗教。因而，这一测量将会看到群体差异，但却无法捕捉到一个人信仰的强度或其宗教兴趣的程度。

也许一个更好的指标是一些可以量化的行为，如参加正式宗教仪式（活动）的频率（Babbie，1986）。可以认为，一个人进教堂、犹太教堂或清真寺的次数越多，其宗教虔诚度就越高。但在这里我们也会遇到问题。例如，参加教会活动可能反映了家庭压力、惯习或见到他人的期望，而不是对宗教的虔诚。此外，很多非常虔诚的人士也会由于生病或残疾而无法参加宗教仪式。正如你所看到的，指标极少能够完全反映研究者想要测量的概念。

调查研究尤其容易受到不准确的指标的影响。在一个调查的问题中，一个负载意义过多的短语，或一个不熟悉的词语，都会以一种研究人员意想不到的方式，极大地影响人们的回应。例如，民意调查显示，大多数人都反对"少数民族优先"（preferences to minorities）项目。不过，民意调查也显示，大部分人都赞成"作出特别努力帮助少数民族获得成功以弥补过去受到的歧视"项目（Sussman，2010，p.5）。2009 年，在医疗改革的争论中，一些新闻机构进行了一些民意调查，以确定人们对待改变医疗系统的态度。《纽约时报》/哥伦比亚广播公司新闻民意调查发现，拟议的变革获得了压倒性的支持（66%）。然而，福克斯新闻报道的支持率则较低，为 44%。这一矛盾情况，更多地与每个（调查）机构调查问题中所用措辞的方式有关，而非与人们的态度具有流动的、摇摆的本性有关。《纽约时报》/哥伦比亚广播公司的民意调查提问的是：人们如何看待"政府管理的医疗保险保障计划——就像 65 岁以上的人们都被覆盖在内的医疗保险"。福克斯新闻所问的问题则是：人们如何看待"政府运营的医疗保险计划"（Sussman，2010，p.5）。

社会学研究中的价值观、利益和伦理　除了样本和指标，研究人员自身的素质也会影响社会研究。理想情况下，研究是客观的和没有偏差的，测量了对象是什么，而非其应是什么。然而，研究人员总是在特定的文化、政治和意识形态背景中提出他们的问题，并解释他们观察到的事物（Ballard，1987；Denzin，1989）。

我们先来考虑一下价值观和利益的影响。如果主流社会价值观确认，对孩子来说，完整的核心家庭是其最好的成长环境，那么大多数研究者就会倾向于注意到其他家庭安排的缺陷，并会忽略其他家庭安排的优点。此外，有时研究的进行是为了支持某一狭义的政治利益（如环保组织赞助的研究表明全球变暖的危害）或经济利益（如烟草公司赞助的研究会忽视吸烟与癌症之间的关系）。2011年在图森超市外停车场打死6人、打伤亚利桑那州众议员加布里埃尔·吉福兹（Gabrielle Giffords）的事件发生之后，全美步枪协会利用其政治影响，中止了政府资助的关于枪支在社会上影响的科学研究（M. Luo，2011）。2009年，一项合法的调查发现，1998—2005年间，26篇科学杂志文章建议更年期妇女使用激素替代药物Premarin和Prempro，这些文章都是出自受雇于生产Premarin的惠氏制药公司的水军之手（Singer，2009）。同年，公共健康与社会福利部进行的一项调查发现，美国食品和药物管理局几乎没有监管那些进行临床药物和医疗器械试验的医生的财务利益冲突（引自G. Harris，2009）。

但这并不仅仅是一个不道德的研究人员或资金捐助者的问题。众所周知，学术期刊不愿发表那些结果表明不支持一个变量与另一个变量之间存在假设的关系的研究。一项对1987—2004年间进行的抗抑郁药临床试验研究的复验发现，医学期刊明显偏向于刊登那些有积极结果的研究（E. H. Turner, Matthews, Linardatos, Tell & Rosenthal，2008）。这个问题已经变得如此严重，以至于由12家主要医学期刊发起成立的一个组织提出：医药公司需要在药物研究一开始就登记临床试验，以便不良结果（而非只有积极结果）也可以为公众知晓（Meier，2004）。

我们必须记住，社会学家和我们其余的人一样，也会有他们自己的偏见、预设和期望。社会学家的价值观决定了他们就某一特定社会现象所收集信息的种类。如果你正在研究刑事司法制度是否公平，你是会去研究罪犯、政客、执法人员、法官还是受害者？每个群体都可能会向你提供对该制度的不同看法。因而关于现实最准确的图景，也就需要囊括所有包含其中的亚群体的观点。

事实上，价值观会影响研究人员一开始觉得足够重要需要解决的问题（Reinharz，1992）。例如，在历史上，对家庭的研究反映了男性的利益。"劳动力"一词通常指的都是那些从事付费工作的人，而把那些做无报酬工作（如家务工作和自愿工作，这两者一直都以女性为主）的人排除在外。因此，关于劳动参与率的研究，更有可能反映了男性生活而非女性生活的重要元素。你可以看到，缺乏数据并不一定表明现象或问题就不存在。也许它只是表明还没有研究者对其进行系统研究。

能否遵守伦理规范是另一个影响社会研究可信度的个体因素。就像我之前提到的，进行研究经常代表介入人们的生活；它会扰乱他们的日常活动，因为它通常都会要求他们透露关于自己的个人信息。因此，遵守伦理规范的研究者同意，他们应该保护被试的权利，将被试可能会受到的伤害或破坏（作为研究的部分结果）最小化。遵守伦理规范的研究者同意，任何人都不应被迫参与研究，那些确实参与研究的被试应该事先被全面告知可能会遇到的风险，应该采取一切可能的预防措施来保护参与者的保密性和匿名性。社会学家几乎总是在大学审查委员会的审查下（目的是保护研究的参与者）去开展他们的研究。

然而，与此同时，研究人员也必须尽最大可能获得最准确的可能也是最有用的信息。有时，这种需求会与伦理方面的考虑发生冲突。2007年，联邦政府开始推行一个为期5年、耗资5000万美元的项目，旨在改进车祸、枪击、心脏病和其他急症住院病人的治疗方式。由于这些病人在被送到医院的时候往往都已失去了意识，研究人员被允许在没有得到他们许可的情况下对其进行医学试验，然而，单是未经对方许可这一点就违背了惯常的伦理研究协议（Stein，2007）。

如果有研究想要了解那些可能参与危险或犯罪行为，或者是不想或不能让其身份为外人所知的人们的信息，又该怎么办？社会学家帕特里夏·阿德勒（Patricia Adler, 1985）对研究毒贩和走私犯的世界很感兴趣。他们的工作的非法性质，使得他们必然要做事低调、守口如瓶、存心欺诈、彼此猜疑——明显不同于那种理想的访谈受访者个体。所以阿德勒必须先创建一种高度的友善关系和信任。虽然她从未积极参与毒品交易，但她确实成为由毒贩和走私者组成的社会世界的一部分，并参与到他们的日常活动中。只有通过研究这些罪犯在他们的自然环境中的一举一动，她才能看到整个毒品走私世界的复杂性。然而，她的研究也提出了一些与可信度和伦理有关的重要问题。她与其研究主体之间的关系如此接近，她还能客观地研究他们吗？她是否有义务向执法人员报告他们的非法活动？

社会学家剪影

劳德·汉弗莱斯[①]（Laud Humphreys）：对茶室[②]（公厕）里男男性行为惊世骇俗的社会学研究

大多数社会学家都一致认为，理解毒品世界的深度和复杂性这一需要，在价值和重要性上，超出了阿德勒的研究策略所提出的伦理问题。然而，在什

[①] 劳德·汉弗莱斯（1930–1988），突破世俗，用社会学方法去呈现我们这个世界上一直存在的一个事实。1970年出版《茶室交易：公共场所里冷冰冰的性》，之后成为社会学教授，1972–1986年间在加州培泽学院任教，1960–1980年与一位女士结婚，但最终还是成为一名同性恋者，之后一直从事争取同志权益的活动，并于1974年组建"社会学家的同性恋核心小组"（the Sociologists' Gay Caucus）。他的研究引起极大争议：(1) 研究主题出人意料，揭露了最隐秘最阴暗的一角；(2) 研究方法没有经过知情同意，隐瞒自己真实身份。也有人认为他的观察法搜集到了最有价值的一手材料。国内也有同性恋活动，只是少有报道。——译注

[②] "茶室"（tearoom），美国同志群体的俚语，既指公开进行性行为活动的地点，有时也指公厕；因在公厕里总有男性在寻找男性发生即时满足的性行为，尿的颜色与茶水一样，故此成为一个隐语。——译注

么情况下研究者可以为了收集信息而假报他们的身份，在这个问题上较少有一致意见而有更多争议。不妨考虑一下 1970 年劳德·汉弗莱斯所做的一项研究：《茶室交易》，许多社会学家认为这项研究在研究伦理上没有可以辩护的余地。汉弗莱斯很感兴趣去研究陌生人之间匿名的和随便的同性恋接触。他决定把注意力集中在"茶室"上，所谓"茶室"，就是一个像公共厕所的地方，男同性恋者会在那里寻求进行匿名的性关系。（这项研究恰好完成在艾滋病毒/艾滋病流行使得此类行为显著减少之前。）

由于这一现象具有潜在的污名化本质，所以汉弗莱斯不可能直接上前询问那些人他们在这里干什么。因而，他决定进行一种守口如瓶的参与观察。他冒充一个"看门人"，这个角色被称为"看守皇后"（watchqueen），他的任务就是，当他所研究的人们在公厕里发生性行为时，一旦看到有人闯进来，及时予以告知。通过这种方式，他可以对这些邂逅进行非常详细的观察。

汉弗莱斯也想知道这些人的普通生活是什么样子的。只要有可能，他就会记下许多参与者的车牌号码，并由一位在当地警局工作的朋友，帮着追查他们的名字和地址。

大约一年以后，他安排这些人参与到他的同事进行的一个简单的医疗调查中。然后他隐瞒了自己的身份，拜访了这些人的家庭，假说是为了医学研究而要对其进行采访。他发现，大部分人都是异性恋，都有他们自己的家庭，而且还是他们所在社区里受尊重的成员。简而言之，他们过着一种极为传统的生活。

尽管这些信息揭示了匿名同性恋行为的本质，但是一些批评人士认为，汉弗莱斯违反了研究伦理，因为他欺骗了他那些毫无戒心的研究主体，并且侵犯了他们的隐私权。一些批评人士还指出，若不是他所研究的这一群体因其尴尬行为而处于无能为力的境地，汉弗莱斯很有可能会因侵犯隐私权而被告上法庭。然而，其他人则支持汉弗莱斯，认为他不可能借助其他任何方式去研究这个主题。事实上，他的书赢得了殊荣（荣获"赖特·米尔斯奖"）。但在 40 年后，围绕这项研究所引发的伦理争议依然存在。

小　结

我在本章中描述了一些现实被建构、沟通、调整和接受的过程。现实，不管是偶然观察到的现实，还是正式研究中的现实，最终都是人类的创造物。不同的人可以创建有着不同概念的现实。

这个主题可以从个体层面提高到全球层面。每一种文化中的人们都会相信他们的现实是最重要的。谁说的对呢？我们是否真会相信与我们的现实直接发生冲突的现实同样是合理的？如果我们承认每个人都应有权利相信他或她想要相信的，我们是否认可现实具有社会建构的本质，或者仅仅是会宽容那些人不像我们这般"聪明"得会像我们一样思考？我们是否有权利告诉他人或其他文化他们所做的或所相信的是错的，只因它与我们对现实的定义相冲突？虽然这些问题让人恼火和无比复杂，但是它们却是国际关系、全球商业和日常生活的核心。

像社会学家一样思考：新闻如何成为新闻

我们认为理所当然的现实，实乃一种社会建构。当我们看到通过出版的学术研究、口口相传或媒介作为事实呈现给我们的信息时，这一点尤为明显。现实会受到负责创造、组合和传播这些信息的个体和组织的影响。

你可以选出一个当下轰动全国的头条新闻事件。它可能是一个关于总统或国会的故事，一场重大悲剧或自然灾害，一桩名人丑闻，或者是一场民众高度关注的刑事审判。在这周的课堂上，请按照以下次序分析这个故事是如何被报道的：

- 你所在的当地报纸
- 全国大报（《今日美国》《纽约时报》《华盛顿邮报》《华尔街日报》）
- 主流新闻杂志（《时代》《新闻周刊》《美国新闻与世界报道》）
- 另类杂志 [《优涅读者》（*Utne Reader*）、《琼斯夫人》（*Mother Jones*）、《当今时代》（*In These Times*）等]
- 一家地方广播电台
- 全美公共广播电台 (NPR)
- 一家地方电视台
- 一家主要电视网络（NBC、CBS、ABC、FOX、CNN）
- 在线新闻服务（如新闻链接、谷歌新闻、雅虎新闻）
- 带有喜剧色彩的深夜脱口秀节目（如 *The Daily Show*、*Last Week Tonight*、*The Late Show*、*Conan*、*Late Night*、*The Tonight Show*）

特别注意以下几点：

- 报道这个故事的时长或篇幅
- 报道如何给这个故事"定调"（是支持性的还是批判性的？纯然事实描述还是带有某些政治观点？具体、客观的语言还是有偏见的、煽动性的语言？）

总结一下你的发现。不同媒体在报道这个故事上有什么不同之处？相似之处又是什么？

解释你的发现。从这些不同之处和相似之处，可以看出关于运作这些组织的人的什么情况？以这种方式向公众呈现这个故事，维护或损害了谁的政治或经济利益？你认为哪种媒介提供了最准确、最客观的报道？为什么？

本章要点

- 现实（真理、知识等）的社会建构是一个过程，通过这个过程，现实被社会中的成员发现、传布、强化和改变。
- 语言是一种媒介，通过这一媒介，现实建构得以发生。它使我们可以进行思考、阐释和定义。语言范畴反映了与人们的生活相关和有意义的文化的方方面面。
- 并非所有人都拥有定义现实的相同能力。掌权的个体和群体有能力控制信息，定义价值观，创造迷思，操纵事件，最终则会影响他人认为是理所当然的事物。
- 社会学这门学科的目的是积累知识，为公众提供关于社会是如何运作的有用信息。这是定性和定量地通过系统的社会研究，如田野研究、调查和非介入性研究来完成的。然而，重要的是要记住，这种形式的现实也是一种社会建构，会受到资助、进行和报告社会研究的人们的影响。

第四章
社会秩序是如何建构而成的：
文化与历史

- 文化的不同维度
- 文化期待与社会秩序
- 文化差异与日常生活经历

在马达加斯加（每隔上3、5、7年）8月和9月的收获月，"翻尸节"（**famadihana**，又译"翻尸换衣仪式"）是一项标志性的活动。家庭成员接收来自他们已故亲人（**razana**）的消息，他们可能会说他们不舒服或需要新衣服。在一个复杂的仪式上，这一仪式可以一连持续数日，家庭成员会举行盛宴，唱歌和挖掘死者的坟墓。尸身被裹上寿衣，坐在餐桌旁。家族成员用手抚过裹尸布缠好的骨骸。家族成员小声告诉他们，在他们过世后发生的事情；祝酒者喝得酩酊大醉。经常可以看到这样一幕：寡妇和鳏夫抱着他们死去配偶的骨骸一起跳舞。然后，被挖出的骨骸会被上油，抹上香水，放回家族墓地里自己的"床"上（Bearak, 2010; Perlez, 2010）。

* * *

19世纪末和20世纪初，北美（年轻人之间的）约会和求婚都是通过一个仪式化的系统："召唤"（calling）来进行。虽然具体过程因地区和社会阶层不同而不同，但都涉及以下一般做法：

> 当一个女孩到了适宜谈婚论嫁的岁数，或者有了她的第一"季"（season，取决于她家的社会地位），她就有资格接受男性追求者。一开始，她的母亲或监护人会邀请年轻男性去追求她；在随后的几个季节，这位年青女子……才可以对在私人舞会、晚宴或其他"娱乐场所"被适当地引荐给她的未婚男子发出邀请……年轻男子……可以经由女孩家的朋友或亲戚而进入追求女方之列，但要事先征得女方同意……"召唤"本身是一个复杂的事件。众多规则支配着所有一切：邀请与访问之间合适的间隔时间（两个星期或更少）；是否应该提供便餐……；监护人陪护（第一次追求必须由母亲和女儿发出……）；交谈时合适的话题（男子感兴趣的事物，但绝不涉及个人隐私）；拜访结束离开时应采取何种举动（女性绝对不能把[她的追求者]送到门口，也不可在他穿外套时站着与其说话）。
>
> (B. L. Bailey, 1988, pp.15–16)

* * *

怎么可能竟会有人挖出亲人的尸骨？为什么年轻男性和年轻女性想要约个会竟要遵循这样复杂的规则？这些做法在我们大多数人眼里，似乎是奇怪的、愚蠢的或者落后的，但对涉身其中的人们来说，这些做法却是或曾是理所当然的"正确"做事方式。

你所做的一些事情，在旁观者眼里可能同样难以理解：

- 你可能不会觉得吃多汁 T 骨牛排有什么问题，但对一个来自认为牛是圣物的文化的人来说，就会对你的做法觉得恶心。
- 你可能会认为西班牙人喜欢斗牛是"荒谬的"，然而在美国，每年都会有数百万人花很多钱去观看一帮体格魁梧的大男人穿着色彩鲜艳的衬衫戴着头盔相互冲撞，竞相追逐、抛掷、传送、最后则是猛踢一个用死动物皮做成的充气物［指美式橄榄球］。
- 你可能会对世纪之交的女性感到遗憾：她们拼命将自己的身体挤进一个超紧身胸衣中，好让自己变得腰肢纤细，男人认为这种细腰女人特别有吸引力；然而，今天的许多女性（也包括一些男性在内），经常使用刺激性的化学物质来改变她们头发的颜色，花钱请人给其瘦脸，以减少鼻子的尺寸，或让下巴周围的皮肤变得紧实，或减少进食快到忍饥挨饿的地步，只为让自己看起来显得苗条。
- 大多数美国人可能都会被印度孟买帕西人的一种做法给吓坏：他们将其死去亲人的尸骨放在一些建筑物的屋顶，好让秃鹫吃掉（G. Harris, 2012），然而，同样是在这些可能会受到惊吓的美国人中，也有一些人则会花上数百美元，将亲人的骨灰变成时尚的吊坠戴在脖子上，或是塞进枪壳，隆重地射入空中。

显然，特定行为和观念的合理性，只有在了解了它们发生其中的独特的群体或社会背景的情况下，才能真正被理解。在一种情境下被视为偏常的事情，换一种情境则可能是完全正常的，甚至是必要的。想要看到时间和地点对人们认为什么是正常的有很大影响，就要具备社会学的想象力。

马达加斯加的祖先崇拜是一种存在了几个世纪的习俗，即使在基督教和西方观念传入这里后也未曾受到其影响。对遵循这一习俗的人们来说，埋葬、挖掘和二次埋葬这一仪式，比婚姻更重要。身体可能会寂灭，但是，**灵魂（fanahy）**却会继续长存。马达加斯加人认为，精神与骨骸同在，并且仍然有对尘世物品如食品和衣物的需要。这些东西都由活着的人来提供。作为交换，亡者会照顾活着的亲戚：亡者可以决定他们的健康、财富和生育能力，帮助他们与神灵进行交流。就像一个人在照料过他死去爷爷的遗体后所说："亲身感谢祖先是件好事，因为我们亏欠他们一切……我祈求他们让我身体健康，当然，如果他们能帮我积累财富，这也是一个好主意。"（引自 Bearak，2010，p. A7）简而言之，这一习俗是非常合理的和有益的：个体在尘世间的幸福和精神救赎，全都有赖于它。

同样，"召唤"这一做法是 19 世纪美国文化中不可或缺的一部分。它作为一种检验男方适配性、自身教养和出身背景的测试，维持了社会阶层结构（B. L. Bailey, 1988）。"召唤"使中上阶层得以保护自己免受当时许多人所认为的城市生活的"入侵"，将社会及地域流动造成的破坏性影响屏蔽在外，社会及地域流动在 19 世纪和 20 世纪之交时达到了前所未有的水平。它还使得父母可以控制孩子的社交关系，从而增加了保持家族血统纯洁不变的可能性。

这些现象说明，在创造社会秩序中，文化和历史发挥着重要作用。无论我们谈论的是我们自己社会中的日常仪式，还是距离我们非常遥远的社会中存在的那些仪式，正是这些规范性的模式，将我们日常生活中无数看似微不足道的行动和社会接触串联到一起，使得社会（的存在）成为可能。它们告诉了我们可以从他人那里期望些什么、别人又可以从我们这里期望些什么。在本章中，通过观察将我们的日常生活结构化的文化中被视为理所当然的方方面面，我考察了社会秩序是如何被创建和维持的。在这一过程中，我对比了我们的文化与他人的文化、过去的文化与现在的文化，在特定方面的不同。

文化的不同维度

在第二章中你已看到，文化是塑造社会结构的一个重要因素。它由共享的、理所当然的价值观、信念、事物和指引人们生活的规则组成。然而，在日常交谈中，**文化**（**culture**）一词通常都是只有在讨论"异国"事物时才会用到。我们几乎从不觉得有必要去问为什么我们会在日常生活中去做某些事情——我们仅仅是不假思索地就去那么做。只有生活在其他土地上的其他人的仪式和信念才需要解释。我们经常没有意识到的是，文化在不被注意到的时候恰恰是"做它的工作"（发挥作用）最有效的时候。只有在出现巨大的社会变迁和道德不确定性，或者是当环境迫使我们将我们的社会与另一个社会相比较（就像你在海外旅行）时，我们才会意识到，（我们的社会）也有一套明确的文化规则和价值观在影响着我们。

我们在很大程度上，都是我们生活其中的文化和历史时代的产物。从很小的时候起，我们就在以惊人的准确性，学会了成为我们文化特征的特定类型的衣食住行、工具、音乐、体育、艺术等模式，正是这些模式使得我们的文化不同于他人的文化。在没有太多有意识的努力的情况下，我们也学会了该去相信什么、看重什么、在公众场所和私下场合什么样的行为是适当的或不适当的。

物质文化与非物质文化

文化包括社会中的所有事物，那些事物由那个社会的成员随着时间的流逝所创造和共享。这些事物既可能是有形的，也可能是无形的。非**物质文化**（**nonmaterial culture**）是指社会随着时间的流逝所创造和共享的所有非物质事物：知识、信念、习俗、价值观、道德等。非物质文化还包括特定社会中共同的行为模式和适当的互动形式。这是一种"生活设计"，正是这种设计，将不同社会区别开来。就像是一本社会生活指南手册，非物质文化可以告诉我们：我们的社会是如何运转的、什么是可能的、什么是有价值的、如何进行我们的日常生活、如果有地方出了问题又该怎么办。在不了解一个社会的非物质文化的情况下，也就不可能完全理解生活在那个社会里的人们的言行举止，更不用说去理解他们的物质世界的符号意义。

  非物质文化中所隐含的价值观，经常都会支持一个既定社会的经济和政治系统。例如，在大多数西方工业化国家，个人的成功通常都会用与财务有关的术语来衡量，如一份高薪工作、大量积累的财富。事实上，在美国，整个人口的福祉，都是通过国民生产总值来加以测量——所谓国民生产总值（gross national product, GNP），就是一段特定时期内生产出来用于消费的所有商品和服务的总的美元价值。然而，在喜马拉雅山边的佛教小国不丹，评判国民福祉的标准，不是其经济产出，而是其国民幸福感。不丹政府官员甚至提出了一个指数：国民幸福总值（gross national happiness, GNH），该指数通过测量如心理健康、身体健康、环境健康、教育合格率、文化多样性和弹性、生活水平、对时间的使用、良好的治理和社区活力，可以判定一个国家的幸福层级（Gross National Happiness, 2015）。

  物质文化（material culture） 包括塑造和反映一个特定社会中成员生活的物理人工制品和物体：独特的服装和建筑、发明、食物、艺术品、音乐等。物质文化元素偶尔也会具有强大的情感价值。一些最重要的物质文化元素是科技成果，它们是社会成员用知识来适应不断变化的社会、经济、环境条件的方法。例如，塑料制品为人们提供了更便宜、更方便的（对生活必需品的）包装，并在这一过程中彻底改变了人们购物和消费的模式。

  同样，汽车在 20 世纪早期的出现，给了人们更大的机动性，去利用别处的经济机会或居住机会，从而大大改变了人们如何生活和在哪里生活。很难想象有哪个社会中会没有汽车。今天，美国平均每户人家拥有的汽车数量（2.1），几乎与每户人家的平均人数（2.55；Bureau of Transportation Statistics，2012；ProQuest Statistical Abstract，2015）持平。自从1956年州际高速公路系统得到发展，美国人每年开车的里程从6.28亿英里增加到3万多亿英里（Federal Highway Administration，2014；R. Sullivan，2006），尽管过去几年中，像高油价、新的许可（驾车）法律、发展替代性交通工具技术的改进等因素，实际上减少了年轻人开车的里程数（U.S. PIRG Education Fund，2012）。高速公路系统使得横穿全美的旅行和郊区的发展成为可能。此外，若是没有无处不在的长途卡车将所需货物运至国家的每一个角落，我们的国民经济就会崩溃。今天像在尼泊尔和中国农村这样的地方，汽车的影响尤其明显，它已开始对人们的生活产生相似的巨大影响。

物质文化上发生的改变，经常会使物质环境发生改观，在物质文化和非物质文化中创造出对更多改变的需求。例如，堆积如山的垃圾填埋场上大量无法降解的塑料制品，已经催生出垃圾回收和其他环保技术的进步。同样，对汽车的过度依赖，也已在世界各地引发了一些严重问题，如空气污染、耗竭化石燃料储备、郊区蔓延、交通堵塞。这些问题反过来则创造了对改变出游模式和安排的需要，以及对进一步物质发展的需要，如完全"绿色"的产业，包括可持续的家居产品、环保设备、混合动力汽车、替代燃料来源（更多信息详见第十四章）。

微观与宏观之间的联系：
椅子

即使我们日常生活中最简单、最理所当然的物体，也负载着巨大的文化分量。就拿我们日常生活中再常见不过的椅子来说吧。我们生活中有大部分时间都花在了坐椅子上：饭厅、客厅、教室、办公室、汽车、电影院、餐馆，等等。很可能你这会儿就坐在一张椅子上。

据说椅子可以使我们的生活变得舒适。在辛苦地工作过一天之后,全身放松,脱下鞋子,躺在老式的乐至家具(La-Z-Boy,一种舒适的摇滚式休闲椅)上,可以说是生活中的一大乐趣。但是,人们也为这种安慰付出了过高的代价。具有讽刺意味的是,下腰痛,经常由不良坐姿或设计不良的椅子引起,是仅次于感冒的缺勤主要原因(Cranz, 1998)。我们久坐不动的生活方式,已经使得很多人的身材都严重走形。

与所有物质文化一样,椅子也是人类的创造物。但是,一旦它们被创造出来,它们就开始塑造我们。你在社会学课堂上所坐椅子的类型,立即将你放在了学生的角色上。这些椅子是被整齐地摆成一排一排,还是摆成圆环状,将会决定你在课上可以期待的互动程度。小孩子们在控制他们身体上所学到的第一堂制度性的课程,通常都会涉及椅子,他们会被告知:要在椅子上"坐好,不要乱动"。对年纪尚小的孩子们来说,安静地坐在一排排坚硬的直椅上,并非一种自然状态。就像一位设计专家所说:"椅子……起源于教育的工业化要求(industrial ordering)。它是通过……缺乏想象力的管理员来得到的维持,除了强制下背坐下六个小时,那些管理员没有看到可以对身体进行安排的其他可能,或是这样做任何可能的缺点。"(引自 A. Baker, 2013, pp.A1、A3) 但它确实有助于教师维持权威,和管理孩子们可能作出的破坏性行为。

椅子经常会超出其自身功能,而被赋予重要的文化意义。例如,一个人所坐的椅子,可以界定这个人的社会地位。古时候,一个社会中只有最有权势和名望的成员才有椅子可坐;宝座是全世界范围内皇室最持久的象征之一。当教皇向世界各地的天主教徒颁布具有权威性的教令时,据说他是以 ex cathedra 来发言,其字面意思就是"从椅子上"。在一些人家,孩子们很清楚坐在"爸爸的椅子"上,或者是弄脏"爸爸的椅子"的后果。学术单位的"主席"(chair)手里掌握着很大的权力。另一端的境况则是,"电椅"是给地位最低下、行为最可鄙的平民预备的,他们犯下令人发指的罪行,使得社会宣告不适合再让他们继续活下去。

要求坐姿端正,我们认为这是全世界范围内普遍正确的坐姿,实际上只有三分之一到六分之一的人采用(Cranz, 1998)。在世界上的许多地方,人们常会坐在地板上、草席上、地毯上或平台上。一名中国男子会蹲在地上等公交车，一位日本女子会跪着吃饭，一个阿拉伯人会盘腿坐在地板上看书。

无论我们是否会使用一把椅子，或者会使用什么样的椅子，有一件事是明确的：这一习惯是在顺应文化（而非解剖学）力量时创建、修正、培养、转化的结果。我们对舒适的主观体验是社会建构的，我们的身体则对其作出相应的反应。对美国人来说，坐在椅子上会觉得很舒适，而对阿拉伯人来说，则会觉得坐在地板上要更舒适。这些不同的选择，虽是个体愉悦的主观体验，却也表明文化在这其中发挥了作用。

全球文化

虽然文化赋予每个社会独特的性格，但是，文化的"纯洁性"却是已经过时了（Griswold，1994）。跨国媒体、全球通信和运输系统、许多世纪以来的国际迁移，造成了不同文化元素在世界范围内的交换。例如，中国有一种悠久的文化传统：厌恶陌生人之间相互拥抱。就像一个人所说的："如果我们时时拥抱、拥抱不该拥抱的人，那么兴奋就会消失，拥抱也就纯属浪费时间。"（引自 Tatlow，2014，p.A6）然而，与西方的接触（通过媒体对海外生活的情感和个人体验的描述），正在使得中国人对随意的拥抱感到更舒适。事实上，担心讨厌身体接触这一传统会阻碍年轻人在国际关系中进一步发展，已经使得一些小学开始给孩子们开设"情商"课程，以便孩子们能对触碰陌生人和被陌生人触碰感到舒适（Tatlow，2014）。

但在许多社会中，人们认为，输入进来的文化元素，是对长久以来形成的传统和民族团结一种危险的侵犯。特别引人关注的是，美国文化对其他国家日益增长的影响。例如，即使在经济萧条时期，美国零售商在全球仍是一种普遍现象。每年在27个国家有超过2.45亿名客户访问近1.1万家沃尔玛店（Wal-Mart，2015）。星巴克在64个国家拥有两万多家咖啡馆（Starbucks，2014）。美国披萨，最初是从意大利那不勒斯来到我们这里，现在已经遍及全球各个角落。达美乐披萨现在全球超过 70 个国家拥有 10988 家商店（Domino's，2015）。亚马逊公司报告称，2013 年，其来自美国以外订单的净销售额达到 300 亿美元（Amazon.com，2014）。

总的来说，其他国家的人们，尤其是年轻人，崇尚美国的科技，欣然接受美国流行文化中的许多元素，如音乐、电影、电视等（Pew Global Attitudes Project，2012）。但这并不意味着其他国家就欢迎美国文化给其造成的影响。十年前，来自四大洲 20 个不同国家的文化部长举行会晤，讨论如何在一个由美国媒体主导的全球环境中，最好地保持自己的文化（Croteau & Hoynes，2000）。他们当时回应的问题，如下面几个例子所示：

- 约三分之二的法国调查受访者认为，美国对欧洲施加了太多的文化影响（Daley，2000）。法国是目前麦当劳在欧洲所开辟的最成功的市场（Sexton，2009）；因此，麦当劳快餐店也就成为许多法国人所认为的美国饮食文化卑鄙入侵的一个标志。几年前，法国牧羊人若泽·博韦（José Bové）因为率众拆毁一家正在建造的麦当劳快餐店而变成一位民族英雄。一些人称他为"法国的甘地"。博韦现为"国际农民运动"（*Via Campesina*）的发言人，该组织旨在促进"粮食主权"（food sovereignty），即国家有权决定它们自己的食物系统。
- 在奥地利，几年前，一个组织（Pro-Christkind Association）发起了一场反对圣诞老人的运动，声称它只不过是美国文化和消费习惯的一个广告符号（Landler，2002）。该群体现在有一个 anti-Santa Facebook 页面。
- 历史上，日本冲绳是世界上百岁以上老人比例最高的地方，同时也是日本各地区预期寿命最高的地区。但是，由于美国军队派驻此地，冲绳人现在的生活方式和饮食习惯都变得更像美国人。他们走路少了，吃蔬菜少了，吃汉堡却比以前多了很多。冲绳的美式快餐店，比日本其他任何城市都多。因此，冲绳人的平均体重和心脏疾病、脑出血和肺癌的发病率都在上升。在日本所有行政区的平均预期寿命排名中，冲绳人现在仅排在第 26 位（Onishi, 2004；Takayama, 2003）。

当一种文化的语言的完整性岌岌可危时，（使用该文化语言的人的）情绪就会变得尤为高涨。在现今所有的语言中，使用者不足一万人的语言约占 60%（R. G. Gordon, 2005）。在**全球文化**（**global culture**）大潮的冲击下，这些语言极易消失。实际上，据语言学家预测，到 21 世纪中叶，当今全世界约 7000 种语言，有一半都会消失（Austin, 2008）。取而代之的将是少数具有主导性的语言，这些语言在这个科技联系越来越密切的世界上被视为"语言护照"（linguistic passports），有了这一护照，才能接受高等教育，进而在日后获得经济成功（P. H. Lewis, 1998）。

当然，这些主要语言中，最重要的是英语，它影响到当今世界各地（人们）的交流沟通。日本人去看他们喜爱的球队打 beisuboru，然后在当地酒吧点瓶 bi-ru（发音 beer-oo）。在音乐会上，中国艺人手拿麦克风进行演唱。在许多说西班牙语的国家，人们在 *computadora* 上敲打电子邮件，在移动电话（*telefono móvil*）上发送信息。法国人通常会使用 *cool*、*le weekend*、*le buzzword* 这些流行词语。非洲西部的豪萨语使用者，称当地的牧师为 *faadaa*（Harbeck, 2013）。在博茨瓦纳，在当地健身中心进行锻炼的茨瓦纳语使用者，会说他们在 *go-gymming*。

人们意识到，在这样一个边界崩坏并被打破的世界，一种共同的语言是有用的。由于美国的文化影响和技术无处不在，英语成为一种共同语言，是一种可以理解的选择。例如，虽然只有不到 30% 的互联网用户的母语是英语（Internet World Stats, 2014），但是，世界上约 80% 的电子存储信息用的都是英文（Crystal, 2003）。据估计，现在将英语作为第一语言或第二语言的人数已经超过 9 亿（"How Many People", 2013）。

事实上，将英语作为第二语言的人，要比英语为第一语言的人更多（Mydans, 2007）。

随着英语作为一种世界性语言，一位作者称其为"Globish"（Chotiner, 2010），日益扩展，它已对其他国家人们的做事方式产生了深远影响。例如，瑞士政府曾在不久前下令，所有6岁以上的瑞士儿童都必须学习英语。在智利，政府想要让其全部1500万公民，在不到一代人的时间里，都能流利地使用英语（Rohter, 2004）。

但也并非每个人都乐于看到这样的发展。在加拿大说法语的魁北克地区，法律规定，美国大型零售商，如Costco、沃尔玛、玩具反斗城和百思买（Best Buy），要用法语为顾客提供服务，并在过道上用法语张贴告示（Austen, 2012）。2013年，法国议员提出一项法案，要求大学里有更多课程都用英语讲授。支持者认为，缺少对英语的使用，是法国在世界上的经济竞争力不断下滑的一个主要因素。与此同时，反对者则走上街头，举行声势浩大而强烈的抗议。一位学者称该提案是一"自杀计划"，是"美国化（Americanization）的牺牲品"；另一位学者则称之为"推动［法国］走向自我毁灭"（引自de la Baume, 2013, p.A10）之举。

在美国，许多人关心的，不是英语而是西班牙语不断渗入带来的影响。今天，超过3800万美国居民将西班牙语作为他们的第一语言；在洛杉矶，5岁以上居民有43%在家说西班牙语（ProQuest Statistical Abstract, 2015）。移民实际上正在使得向说英语的过渡变得比过去更快，父母有一方是外国人的居民中，有90%以上的人在家里时都更愿意只说英语（Kent & Lalasz, 2006）。事实上，79%母语为西班牙语孩子的英语都说得"很好"（ProQuest Statistical Abstract, 2015）。然而，许多美国民众看到街头路牌、广告牌、大选选票、ATM自动取款机使用西班牙语，都担心起英语的地位。直到几年前，亚利桑那州还派出政府监督员进入教室听课，以确保教师没有很重的西班牙口音。那些带有很重口音的老师，会被标注为违规，会被要求在他们所在学区的帮助下提高他们的英语水平（Lacey, 2011）。事实上，已有31个州宣布英语为其官方语言（U.S. English, 2015）。

亚文化

通常,社会学家和人类学家在说起文化时,都是将其视为整个社会的一个特征。但是,文化也会存在于更小、更加严格界定的单位。**亚文化**(**subculture**)包括将一个群体与更大的文化区分开来的价值观、行为和物品。可以将其视为一种文化中的文化(a culture within a culture)。特定的种族和民族群体、宗教群体、年龄群体、甚至地理区域,都可以构成亚文化。

想要看到一种共同的亚文化,你只需留意一下你的学校。你可能相当清楚,使得你所在的校园与众不同的物质和非物质亚文化。也许一些地标,像一座钟楼或一道华丽的拱廊,就是大学的象征,或者是在校园传说中占有神圣地位的一块石头、一棵树或一个喷泉。我相信你肯定知道你所在学校的吉祥物和校色(school color)。此外,当你第一次走进学校,为了顺利融入校园生活,你可能需要了解大量的非物质亚文化:如何注册选课;如何与教授联系;去哪里吃饭和学习;管理员、教师和同学对你有什么期望,等等。在我所在的大学,为了帮助大一新生适应校园生活,每个学期一开始,校报上都会列出常用的单词、词汇、短语、缩写、昵称。就像你需要学习如何成为你所在社会中的一员,你也必须学习如何成为你所在大学亚文化中的一员。

社会学家剪影

苏珊·布鲁姆(Susan Blum):
抄袭与大学亚文化

在游戏规则尚未制订之前,要求人们遵循规则是荒谬的。
——美国"剽窃"研究专家苏珊·布鲁姆

如果人们基于他们在大众媒介上看到的故事来理解美国高等教育的现状,那么,看起来我们正在经历全美范围大学教室的作弊风潮(Pérez-Peña,2012b)。甚至是在哈佛这所我们最受敬仰的大学,最近也有125名学生被指控，在一门政府学概论课的回家完成的考试中集体作弊。据一些研究表明，75%的大学生承认自己作过弊。诚信制度一直在全美范围实施（Blum，2009）。在我任教的大学，大一新生会在入学时收到一份"礼物"：人手一本《诚实做学问：从大一到教授》（*Doing Honest Work in College*；Lipson，2004）。很容易从所有这一切信息中得出结论，认为"作弊亚文化"（cheating subclture，不道德的、不诚实的、从不干好事者更感兴趣于有一个学位而非付出辛苦努力挣得一个）正在从缅因州到加州的大学校园里蓬勃发展。

人类学家苏珊·布鲁姆（圣母大学人类学教授，任教二十多年），花了三年时间去研究大学剽窃；她与一所精英私立大学的学生进行对话，来确定是否确实存在这样一种"作弊亚文化"。她所发现的——让她极为惊讶——远比"大学已经变成一个有不道德行为的学生的污水坑"这一看法复杂得多：

> 剽窃这一主题在大学里所处的位置，就像一个由其他因素编成的网上的大蜘蛛，这些因素涉及高等教育的本质……文本和作者的本质，为其学分而这样做的人的本质和动机。互联网也是故事的一部分，但不是人们通常想象的那样。道德也是问题的一部分，但不是因为大多数学生都是不道德的……。如果超过半数学生剽窃，那就明显是有文化影响在敦促他们这样做。（Blum，2009，p.3、6）

一方面，今日大学生过着一种高风险和高压力的生活。尽管布鲁姆警告大家不要得出宽泛的结论，并且承认存在不同类型的剽窃，其范围从无害的到严重的，但是她认为，大多数学生今天都生活在一个忙碌的环境中。他们花费大量的时间，试图兼顾众多学术、社会、财务和家庭的需求。压力可以是压倒性的。人们期望他们善于交际、能融入群体工作、"外向友好"、24小时开机。加之高昂的学费，许多学生，尤其是那些进入精英大学的学生，经常觉得父母在监控他们的一举一动和取得的成就，看看他们是否对得起在他们身上花费的钱。

所以很明显，一些学生会求助于"投机取巧"。但是，根据布鲁姆的研究，最终最重要的是，学生的学术期望和他们的（老）教授的学术期望相互脱节。这并不是说就有一个猖獗的"欺骗亚文化"。问题是，在同一间教室，同时让人不安地存在着两种截然不同的、不同年龄组的亚文化。教授这一代人有着明确认知的知识产权。他们将"作者出版的思想属于作者"视为理所当然。因此，在研究论文中引用这些想法时，需要作出清楚的引用标示：

> 如果剽窃涉及**不当**地使用另一个人的言词并声称它们为自己的，那么由此可以得出结论：（1）有适当的方法去引用别人说的话，（2）人们可以"拥有"话语，（3）可以将别人的言词（思想及文本）与自己的加以区分。（Blum，2009，p.29）

然而，今天的学生生活在脸书、推特、维基百科等数字环境中，在这些环境中，想法常常是群体共同创建而成，他们与特定个体的关系是未知的或无关紧要的。对今天的学生来说，言词不再属于人们。例如，电视节目从其他节目中借用情节，说唱歌手从其前辈的歌曲中找寻样本。老一辈会倾向于认为这些活动是一种盗窃，而今天的学生则可能会将其视为崇敬的一项指标。

因而，对布鲁姆来说，一点也不奇怪，学生们对于合作使用互联网及采用为他们的 iPods 创建播放列表的方式将文件合并到一起，感到非常舒服。简而言之，写下的想法，就像大学生经常下载的其他东西一样，不再被视为私有产权。所以，使用别人的词语也就不被认为是偷窃。

因此，由于单独创建的"文本"这一想法正在改变，"剽窃"这一概念本身（不正当地采取和使用别人的想法）可能也在发生改变。这种转变将会对写作事业（实际上是对扩大了的高等教育）产生什么样的影响，仍然有待观察。

历史：日常生活"档案馆"

像文化一样，历史既无处不在，又隐不可见。我们很少看到我们的个人生活与我们生活其中的大的历史背景之间的联系。就像一提及文化往往就会将其与外国（的事物）联系在一起，一提起历史往往都是将其与过去联系在一起。然而，历史对当今社会也有普遍影响。

人们往往会不假思索地就用现代的标准去判断那些生活在很久以前年代里人们的思想和行动。亚伯拉罕·林肯被称为历史上最具影响力的对自由与平等的支持者之一，但就是像他这样的人也曾说过："白人和黑人种族之间存在一种生理上的差别，我相信这将会永远阻止这两个种族在社会和政治平等的情况下生活在一起。"（引自 Gould, 1981, p.35）本杰明·富兰克林、托马斯·杰斐逊、查尔斯·达尔文等重要历史人物，也都在黑人与白人种族分离上说过类似的话语。而我们都很清楚，谁要是在今天作出这样的评论，谁就会被视为对黑人抱有根深蒂固的偏见。

然而，我们必须理解，这样的信念和行为并非仅为个人偏见的体现，而也是某个时代占据主流地位的文化信念体系的反映。换句话说，它们是社会建构的产物。就像在现今时代我们会发现这些态度令人反感，而在它们出现的那个时代，它们则被那时的科学共同体视为不可否认的真理。那时"天生劣等种族"是一个已被确立的"科学事实"，就像如今疾病是一种微生物理论。（参见第十一章对"天生劣等种族"信仰更加详细的描述。）在一个社会中支配日常生活的规范和价值观，也可能会随着时间的流逝而发生改变。一些过去完全不被接受的文化习俗，已经变得司空见惯。像婚前性行为和家庭煮夫，已不再像过去那样会引发人们的道德义愤或怀疑。

不过，也有一些行为则变得不那么被人接受，甚或是被视为是一些犯罪行为。在美国，有段时间，只要想抽，人们随时随地都可以抽烟，不论是在超市里、飞机上、电影院、乃至医院。现在，随着人们健康意识的提升，在公共场所（甚至是在公共设施户外）吸烟，在许多地区都受到严格限制，或被列为违法之举。一些州的医院已经开始制定招聘政策，规定吸烟可以成为拒绝求职者的一个理由。他们认为，他们这样做是为了提高工作效率，降低医疗成本，鼓励健康的生活方式。申请表中会特意注明"无烟聘用"（tobacco-free hiring），作为录用过程的一部分，求职者必须接受尼古丁尿液测试（Sulzberger, 2011）。许多州现在也限制甚至禁止使用电子烟（American Nonsmokers' Rights Foundation，2015）。

在文化中接受某些行为上所发生的历史变化，涉及的不仅仅是社会认定这样的行为具有危险性。实际上，就像冲突论视角指出的，这样的认定，受到社会和经济担忧的极大影响。例如，鸦片（从中可以提取出海洛因）被定罪这个例子。在19世纪，使用鸦片在世界上许多地方都是合法的；它常被出于医用目的而用作镇痛药、感冒药和咳嗽抑制剂（Inciardi，1992）。那时候，美国典型的"瘾君子"是白人中产阶级家庭主妇。

然而，到20世纪初，事情已经发生了极大的改变。在美国，尤其是在西海岸，美国人越来越恐惧一直从中国"输入"（被拐卖）进来建造铁路的劳工的经济竞争。工人们开始认为中国移民直接威胁到他们的物质利益。与此同时，这些移民也被等同于鸦片使用者（Hagan，1985）。很快就形成了一种道德共识，认为在中国人与毒品之间存在一种联系（Bonnie & Whitebread，1974）。没过多久，鸦片使用就变成一个可怕的"东方毒品问题"。到1914年，美国制订了严格的立法，规定除了获得授权的医疗处方中可以使用外，一律禁用鸦片。到1925年，鸦片被完全取缔，使用鸦片成为一种犯罪行为（Becker，1963）。

文化期待与社会秩序

尽管对某些特定行为的接受程度会发生周期性变化，但是，文化和历史还是给人们提供了一个共同的纽带———一种共有的个体经历感。我们可以生活在一起，全都有赖于下面这一事实：我们共有大量的文化和历史知识。这一知识使我们能够相当确定地预测，在既定情境下大多数人会做些什么。例如，我可以肯定，当我跟你打招呼："嗨，你好吗？"你会回答："好。"你不会作出一些冗长的解释，说起在那一刻你的精神、身体和情感状态怎么怎么，因为这样做会违反支配这种比较随意的问候的文化规则。

个体的行动不单单是个体人格类型或心理倾向的作用使然，相反，它们也反映了共有的**文化期待**（**cultural expectations**，又译"**文化期望**"）。文化为我们提供了信息：在既定时间，这些行为中有哪些是首选的、被接受的或不赞成的（McCall & Simmons, 1978）。就拿性取向来说。虽说男同性恋、女同性恋、双性恋、变性人已经有了前所未有的能见度并得到社会认可，但是美国社会仍然可以被描述为一种**异性恋文化**（**heteronormative culture**），即一种认为异性恋是正常的、理所当然的性表达方式的文化。社会制度和政策强化了这一信念：认为性应该是男性与女性之间存在的关系。亲密行为和家庭生活的几乎所有方面（如约会、性爱、婚姻、生育、勃起功能障碍等）的文化表征，都认定了一个世界，在这个世界，男性会在性与情上被女性吸引，女性也会在性与情上被男性吸引（Macgillivray, 2000）。想象一下情人节之前的几周时间，我们被一系列杂志和电视广告所包围，那些广告里描绘的是：帅哥靓女紧紧拥抱，深情凝望对方眼眸，互送昂贵珠宝首饰。少女第一次去看妇科，会期望对方可以告知一些避孕措施，彼此心照不宣的假设是她们会与男性做爱——这只是一个时间早晚问题。甚至一些运动也反映了异性恋文化。在竞争激烈的花样滑冰中，相互竞争的每一对选手总是由男性与女性组成（Wildman & Davis, 2002）。2007年出品的电影《冰刀双人组》（*Blades of Glory*，又译《荣誉之刃》），通过描绘两个男人结对滑冰，幽默地讽刺了这一基本假设。

在异性恋文化中，异性恋拥有社会特权，因为他们的关系和生活方式，在社会中的方方面面都得到肯定。这样的特权包括：和他们有着相同性取向的人有正向的媒体形象；不必撒谎你是谁、你在做什么、你会去哪儿娱乐，不必担心会因你的性取向而失去工作；可以从你的宗教群体中得到认可；能够在无须透露你的性史的情况下进行献血。

回想一下第二章中所讲的，规范是一些规则，支配着我们人人参与其中的日常生活互动。尽管许多日常规范有时难以识别和描述，但是它们反映了对惯常行为普遍持有的假设。例如，生活在像纽约或芝加哥这样大城市里的人们，很快就会学会许多有关在人流汹涌的人行道上行走的规则：避免撞到他人（同时放松地保持贴近），跟行在你前面的人身后，与你身旁的人齐肩并进。大家对这些规则了解得非常透彻，以至于大多数人都会自动调整他们的行为，以适应其身边的人：

>在大步向前时，我们会稍稍转向一侧，牵引我们的腹部，让我们的肩膀而不是鼻子朝向前方。这让我们几乎是擦过路过的行人，我们双手贴着身体，脸部则礼貌地转过去。
>
>（Horowitz，2012，p.5）

在一种文化内，规范可以推广应用到类似的情况下。也就是说，我们可以合乎情理地确定：在巴吞鲁日（路易斯安那州首府）的杂货店或医务室或餐厅被认为是适当的行为，搁在贝克斯菲尔德（加州中央谷地南段一城市）或比尤特（蒙大拿西南部一城市）也是适当的。如果在我们该如何行动上没有达成一定程度的共识，我们在这些地方的经验就会变得混乱。没有这些潜在的规则和期望，每遇到一种情况都必须作出解释、分析和回应，就像它是一种全新的情境。由此一来，社会生活将会完全失控。

然而，文化规范并不是一些静态的规则。它们经常也在随着文化自身的变化而改变。规范必须改变的一个令人信服的理由是：为了适应新技术。

微观与宏观之间的联系：
这会儿能听到吗？

当今世界上最受欢迎的科技设备就是手机。手机于1984年首次面向公众进行大规模营销。十年后，美国有2400万手机用户。今天，这个数字约为3.36亿，比住在美国的总人数还要多（参见图4.1）。41%的美国家庭没有固定电话服务，只有无线电话。2013年，人们在手机上交谈了2.62万亿分钟，发送了3.23万亿条短信（CTIA-The Wireless Association，2014）。手机曾是有钱人的专有品，现在则是一种大众化产品，几乎人手一部或几部。在使用手机上，美国甚至没能排在全球最前列。根据世界经济论坛提供的信息，在手机主导当代通信的程度上，美国排在其他71个国家之后（引自Giridharadas，2010b）。在手机拥有量上，亚非许多发展中国家，已经从十年前非常低的百分比，上升到当今的高百分比，完全跨越了过去的固话技术发展阶段。

此外，手机也不只是手机。事实上，尽管过去几年的手机拥有量一直在增长（参见图4.1），但是人们实际上花在手机交谈上的时间却并没有增加太多。18—29岁的美国人，平均一天发送和接收88条短信，相比之下，平均一天只会打17个电话（引自Kluger，2012）。事实上，手机"通话"几乎已经变得过时。就像一个iPhone用户所说："跟一些人我可能一周只会通话一次。"（引自Wortham，2010，p.A1）

相反，人们大部分时间都在使用今天的智能手机上的所有配件（附加功能项目）：GPS导航系统；网页浏览器；摄像机；电子邮件；Facebook、Instagram、Tumblr、Pinterest、Twitter、Snapchat等社交媒体；Uber叫车服务系统［类似于国内的滴滴］、无线支付系统和发送短信。显然，手机已经彻底改变了我们沟通、工作、找寻信息、娱乐自己、旅行和培养友谊的方式。

在手机没有问世之前的日子里，人们在进行私人谈话上可谓煞费苦心。电话必须是静止的：要么是在人们家中，要么是在工作场所；不是拴在墙上，就是摆在桌上。当人们不得不使用电话，却又不在家或单位时，他们只能去

图 4.1 手机使用趋势

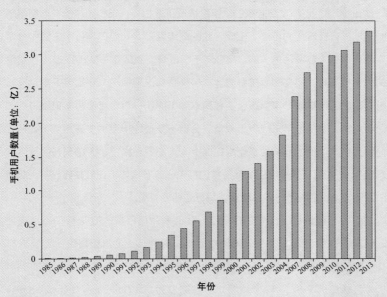

资料来源：Figure of the Year-End 2014 Annual Wireless Industry Survey Results, from CTIA-The Wireless Association's Annual wireless industry survey. Used with the permission of CTIA-The Wireless Association。

公用电话亭——这是一种已经过时的物质文化遗迹。在那些封闭的"盒子"里，人们可以往里面投入一分钱或一枚 25 分硬币，将整个世界关在门外，而私下里在电话上交谈。

手机改变了这一切。首先，它完全改变了我们对地方的感知。当手机被固定在一个特定位置，当你给某人打电话时，你知道那个人在哪里。今天，区号作为位置的标记几乎毫无用处。因此，在给别人打电话时，人们通常问的第一个问题不是"你好吗？"而是"你在哪里？"有一天，我给一个朋友打电话。他的手机没人接听，他的手机语音邮箱开始自动播出问候语，我们都很熟悉的"我这会儿不在这里。"我忍不住笑了起来。当一个人的手机（依照事先设计）不在这里（或者任何特定地方），电话里所说的"这里"又会是什么意思呢？

重要的是要意识到，移动电话技术并不是为了回应数百万人的大声疾呼（要求即时通话）而发展起来的。实际情况正好相反。无线技术的发展使得随时随地进行交流成为可能，由此导致的结果就是，人们在其日常生活中经常与他人对话（或发短信）的"需要"不断增长。我的学生知道在进入教室前关掉手机铃声。但在如今这个时代，极少会有这种情况：一堂课下来，没有听到嗡嗡的手机震动声。在全美校园看到下面这一幕，可谓再常见不过：课间休息时，十多位学生一走出教室就会迫不及待地用手机发送短信（我怀疑他们是在与他们的朋友共享刚刚在课上学到的妙趣横生、大脑洞开的社会学洞见！）。人们在健身房边骑健身车边打电话或发短信；在公共休息室上厕所时打电话，或者在开车时打电话，早已是随处可见。

最后一种趋势：开车时打电话，在许多州已经成为立法行动重点关注的对象，旨在禁止司机开车时使用手机。目前，14个州和哥伦比亚特区禁止所有司机开车时使用手持手机，38个州禁止18岁以下司机使用所有的手机（包括免提手机），44个州禁止开车时发短信（Governors Highway Safety Association, 2015）。纽约州的立法机关曾考虑提出一项法案，禁止行人在穿越街道时使用手机（和其他电子设备）（Saulny & Richtel, 2011）。美国国家运输安全部门（NTSB）基于对与分散注意力有关的事物进行的十多年研究，呼吁下令禁止所有司机使用所有类型的手机。

现在一些航空公司允许乘客在飞机驶离登机门后和飞机降落后使用手机。但对一些人来说这样做不太方便，所以美国联邦航空管理局（FAD）在2013年宣布了一项新的联邦政策，允许乘客使用"gate-to-gate"便携式电子设备，虽然现在它仍然禁止在飞行中使用手机打电话。几年前，欧盟批准了一项政策，允许在欧洲领空飞行时使用手机。而就在十年前，人们还不曾如此急着要与人打电话。

在公共场所，比如在超市排队时，谁的"有事叩我"铃声突然响起，等待他的就会是四周投射过来的厌恶和不快的眼神。有人大声用手机聊天的声音，显然是"日常生活配乐"的一部分（Wingfield, 2011, p.B1）。在面对面的交谈中，人们很快就会对那些决定要先接一个电话的人失去耐心：

我能接受人们走到一边去检查什么，但是当我站在某个人的面前，在我们谈话中间，他们拿出手机，我就会不再与他们交谈，而是会转身走开。既然他们不礼貌在先，也就别怪我回敬以不礼貌。（引自 Carr, 2011, p.12）

这样一种可见的技术的快速扩散，出乎我们的意料。就像十多年前一位作家所说：["我们应该认识到，我们正坐在一台科技过山车上，事物正在迅速改变，而我们才只是刚刚发现它所带来的不同程度的粗野之处。"]（引自 Belson, 2004, p.14）很快就出现了一种文化反弹，对人们的行为加以严格限制。在全美各地的公司商务会议上，人们使用手机发送短信和查收电子邮件的敲击声已经成为习惯。但是，这种用法是如此恼人和分散人们的注意力，许多公司都禁止在会议室使用手机（A. Williams, 2009）。事实上，我们变得如此痴迷地盯着我们的手机，以至于出现了一个新的产业：人们研发出可以减少分心的产品来帮助我们摆脱它们。有些应用程序会屏蔽骚扰电话、短信或脸书通知，同时对至关重要的信息发出提醒。另一个方法则是限制手机用户访问他们过多使用的应用程序。一家公司最近发起一个众筹活动，准备生产一种"革命性"的产品，叫"光电话"（Light Phone）[①]，这是一种只有一张信用卡大小的手机，除了接打电话，什么也做不了！（Dougherty, 2015）

与其他技术形式一样，人们最终会就在不同的社交场合使用手机的正确礼仪，达成一些具有规范性的协议。到了那时，我们只需找到方法来处理这种无处不在的技术分心即可。

社会制度与文化规范

大型社会制度与文化密切相关。一方面，一些制度反映了根深蒂固的文化价值观。例如，"自由市场经济"反映了成就、竞争、物质获取等

[①] 该产品已于 2016 年 5 月上市。——译注

文化价值观。"民主政府"反映了个体自由和公民参与的价值观。就像我们将会在接下来的章节中看到的，其他制度（如教育、宗教和家庭）提供了机制，通过这种机制，文化和亚文化可以得到跨代传播。

制度也会得到文化规范的强力支持。一种行为模式在特定社会制度内被广为接受并在社会上被视为理所当然，社会学家就会认为它已成为一种**制度化的规范**（**institutionalized norm**）（DiMaggio & Powell, 1991）。例如，在多数发达国家，事业有成的制度化（即文化上接受认可的）方式就是获得大学学位，在某个地方得到一份工作，从初级职位干起，最终升到顶层。有时，甚至是我们多数人都会加以谴责的事情，也会一直被社会加以制度化并得到鼓励。就拿奴隶制来说，它在美国存在了几百年时间，是一种在文化上、政治上和经济上都被接受的做法。买卖奴隶得到国家最有权势的群体和许多普通人的强烈支持（Birenbaum & Sagarin, 1976）。

制度化的规范通过让一些行为（在人们眼中）变得匪夷所思，来约束人们的行为。但它们并非只是限制人们的选择，它们也会设立背景，人们可以从中发现自己的喜好，并开始以特定方式去看待其身外世界（DiMaggio & Powell, 1991）。军队通过训练、宣誓效忠、公开承认从一个军阶到另一个军阶的晋升之路，使得从新兵到成长为完全合格的战斗一员的过程仪式化。在这样做的过程中，它确保成员会遵循军事规范和理解"交战规则"（rules of engagement），所谓交战规则，就是指管理在战场上战斗时的具体规范。宗教集会通过集体敬拜，可以强化"合适的"生活方式（敦促人们去奉行不悖），贬低"不合适的"生活方式（引导人们避之不为）。

一种制度发生变化，往往会引起其他制度发生相应的变化。例如，在美国，废除奴隶制意味着整个南方的经济体制必须进行重组，从农业种植园经济变为另一种经济，这种经济的特点是拥有规模较小的土地和增多的工业生产。在俄罗斯，20年前发生的那场溃败，增强了宗教组织在给人们提供规范准则上所起的作用。在时下的美国，人们不再期望女性只用在家带孩子这一事实,意味着进入劳动力市场的母亲的数量在增加,而这反过来则又创造了一种对组织良好的日托的高需求,以及一种不断增加的压力,要求立法机关制定法律保护双职工父母的权益。

规范与制裁/惩处

大多数规范都只是提供一个关于社会期望的通用框架;它们极少会直白地告诉我们该如何行事,人们也极少会在所有时间里都遵循它们行事。而且,规范还有可能含糊不清或自相矛盾。因而,毫不奇怪,实际行为有时会明显偏离行为规范的期望。当这样的事情发生时,就可能会对如此行为者进行负面的**制裁**(**sanctions**)。制裁是对某些行为一种直接的社会反应;负面的制裁可以惩罚或阻止人们去作出违反社会规范之举,并象征性地强化了文化的价值观和道德观。

人们违背不同的规范,会得到不同的制裁。**民德**(**mores**,人们珍视的重要规范)是一种得到社会严肃对待的规范,有时会被制定为法律。违反一些民德,会得到来自国家的严厉制裁,如因持械抢劫而入狱。其他民德可能同样也很重要,但却较少被明确陈述出来。对违反这些规范的制裁,可能会采取公开排斥的形式,或被排除在群体之外,如一个人由于违背教堂的道德教条而被逐出教会。

不过,绝大多数日常规范相对而言都不怎么重要,这些规范叫做**民俗**(**folkways**),违反它们所受的惩罚也较轻。例如,如果我张着嘴吃东西,食物顺着我的下巴掉落下来,其他人可能会露出不赞成的样子,认为我是一头"恶心的猪"。其结果,我可能极少会再得到他人的晚餐邀请,但我并不会就此被捕,或被从我所在的群体中赶走。

民德与民俗之间的差异并不总是很明确。几年前,西班牙一村庄,拉托瓦(La Toba),通过了一条法令,禁止数十种"粗鲁的"公共行为,包括打嗝、喝汤出声、挖鼻孔、咳嗽时不掩嘴、调整内衣(C. Wilson,2012)。一些经济学家主张对某些虽不违法但却可能损害或让人厌烦的行为收税,如放音乐时音量过大,或在交通高峰时段在拥堵的城市里开车。在伦敦,司机在交通高峰时段进入城市中心地区,必须支付约 16 美元(Davidson, 2013)。

从结构功能论视角来看,每当一个共同体对某一特定行为进行制裁,都会强化合乎规范行为与违背规范行为之间的界限(Erikson, 1966)。在这个过程中,我们其他人会受到警告:如果我们也违反了规范,将会受到什么样的制裁。例如,17 世纪,罪犯和宗教异端分子会于正午时分在公共广场上被处死,好让所有人都能看到。这一场景的用意是,以一种鲜明的和象征性的方式,重新确认社会规范。今天,如此严厉的制裁很可能会避开公众视线悄悄进行。不过,公开围观死刑,以及仍可见到的不太严重的制裁,服务于同样的目的,那就是向共同体(社会)宣示,可接受行为与不可接受行为之间的界限所在。通过制裁违反规范的人,社会也就告知其成员:什么样的人不能在其边界内"正常地"生活(Pfohl, 1994)。

微观与宏观之间的联系:
我有一种感觉

我们从亲身经历中知晓,情绪是身体对生活中所发生事件的生理反应,有时则是本能的反应。因此,我们往往认为情绪是一种人人都有的自然的和普遍的反应。然而,(人们)情绪的流露,受到文化规范的严格控制。在希腊农村地区,传统上,寡妇在她们的余生都要为失去她们的丈夫而哀悼,最引人注意的就是穿上黑衣服。而这要是在美国就会被视为太过夸张,在美国哀悼时间超过两个月就可能会被认为是重度抑郁的征兆(American Psychiatric Association, 2013)。

在特定情境下,关于感受到哪些情绪是适当的、应该流露出哪种情绪是适宜的、情感流露应该达到什么程度比较合适,每个社会都有不成文的规定。

例如，在我们的文化中，我们应该在葬礼上感到伤心，在婚礼上感到快乐，在受到侮辱时感到气愤。当我们收到好消息时我们应该感到快乐，但要是我们的好运是以牺牲别人为代价，就不宜显得太过喜悦。在极端情况下，违反情感流露规范，可能会受到严厉制裁，如被诊断为有精神病（Pugliesi, 1987; Thoits, 1987）。

当人们隐藏或改变自己的情绪以适应其当下所处的情境，他们就扮演了一个重要角色，在更大的社会制度内维护了社会秩序。以广受欢迎的电视节目《美国偶像》（American Idol）为例。在大结局里，经过此前淘汰赛的层层筛选，当赛场上最终只剩下最后两名选手时，相机的镜头会拉近到他们两个人身上。他们站在舞台上，手拉着手，紧张地等待着最终的判决。灯光都暗了下来。当主持人念出获胜者的名字，亚军会显得优雅而有魅力，带着一脸的微笑，拥抱获胜者并献上祝贺之词。但我们心里都很清楚。这个人刚刚在这场全国性的竞赛中输掉了比赛，而这场比赛则事关其日后的演艺生涯，所以他或她必然会悲伤，生气，或者至少是感到失望。更糟糕的是，她或他会被悄悄地带离舞台，而获胜者则可以站在聚光灯下。为什么亚军要压抑自身的冲动，不让其真实情感流露出来呢？部分原因是，他或她明白，有些事情要比其自身情感更重要。试想一下，如果亚军尽情流露他们的痛苦和不满：冲着主持人大声尖叫，威胁评委，不理会赢者，或要求重新计票，《美国偶像》的现场会是什么样子？

有关流露情感的文化规范，往往与制度的关注和需求相关。阿莉·霍奇柴尔德在《情感整饰：人类情感的商业化》（The Managed Heart, 1983）中，描述了一些职业所要求的情绪规则，这些职业的员工与公众有着频繁的接触。例如，空乘人员在危急关头必须依旧保持和善和冷静。他们必须使他们的工作显得轻松愉快，处理他人的情绪就像处理他们自己的一样灵巧。这种能力不仅仅是一种是否符合社会期待的问题，这也是他们的工作描述的一部分。"微笑"成为一种经济资产和一种公共关系（社会交际）的工具。

同样，医生和护士通过接受培训，对病人流露出同情和关心，而不是厌恶或恐慌。此外，他们不能过于融入病人的情感，因为他们每天都会看到痛苦、磨难和死亡。很难在与病人相处时一点不带情绪，但是这种情感上的支出（情绪流露），将会不可避免地导致职业倦怠，无法有效地完成工作。我们希望我们的医疗保健提供者能够表明他们喜欢我们，但是医生和护士只有在能控制其自身情绪的状态下，才能更好地完成工作。

一些公司公开教导情绪管理和表达，并将其作为新员工培训项目的一部分。在需要通过电话与顾客进行接触的服务行业的工作中，事情尤其如此。一家保险公司的接电话行为指南，包括以下指令：

> 记住，微笑是可以被人们听到的，就像它可以被人们看到一样。……在你的应答中带上微笑，并要避免听起来显得太过唐突。尽可能让对方觉得你就在那里为他们服务。……[避免]出现那种冷漠呆板的语调。……所用的语言要能表达出对来电者个体处境的理解和同情，如"你还好吗？""有人受伤了吗？""那一定会让你苦恼不已。"(Cameron, 2000, pp.334—335)

随着管理技术的兴起，这些技术把顾客或客户购买的数量作为评估员工的一种方法，展现出可以让顾客信服这一能力变得更为重要。现在许多服务性行业都会调查客户意见、监控电话，并使用卧底"秘密购物者"或其他监督形式，去收集关于员工的信息，这样一来也就使得适当的情绪展现变得更重要。霍奇柴尔德（Hochschild, 1983）警告称，这种"情绪劳动"（emotional labor）最终会让员工背上沉重的心理负担，因为企业要求他们按照企业的需求，而非他们自身的需求去表达情绪。这些员工会越来越疏远他们的真实感受。

虽然这一点并不足为奇，即组织会对利用其成员的情绪表达感兴趣，但是，也许不那么明显的一点是，特定的情绪与更大的社会关注有关，如政治和经济等问题，经常会被用作一种社会控制的方法（Kearl & Gordon, 1992）。例如，冲突论视角指出，一些政权可能会使用恐惧去平息（人们的）异议，强制（人们）服从。20世纪早期，非裔美国人的政治和经济实力不断增强；为了应对这一问题，许多南方白人通过威胁（对黑人）使用私刑和其他暴力形式,用恐惧来控制黑人。同样,宗教领袖也经常会利用信徒对永恒诅咒的恐惧,来确保他们的追随者顺从于他们。

唤起如内疚、焦虑、羞耻等情感所产生的效力,也会随着社会气候的变化而加大或减弱。过去,共同体的规模较小,人与人之间相互依存,人们的社会行为很容易通过羞耻的威胁而得到管理。如果人们打破了法律或违反了道德规范,他们就会给自己、他们的家庭和共同体带来耻辱。但是,随着社会变得越来越复杂,人与人之间的这种紧密联系开始消失。今天,通过情绪对行为进行政治控制,更有可能以内疚和焦虑的形式直指人的内心。例如,如果职业妇女受到政客话语的影响,认为是她们扔下孩子让他人照顾从而导致传统家庭"崩溃",当她们去外面寻找工作时,也就难免会感到内疚(Berg,1992)。

管控情绪表达的规范,给我们提供了一种沟通和维护社会秩序的方式。它们通过创建强大的文化期望,这些期望很难被违反,从而使得制度得以持久地存在下去。

文化相对论与种族中心主义

在考查不同社会的文化时,社会学家倾向于采用**文化相对论**(**cultural relativism**)的立场,其原则为:应该将人们的信仰和活动,放入他们自己的文化中去加以解释。换句话说,某些实践,可能看上去会与我们的文化价值观相冲突,但仍会被视为有效,因为它们反映了那种文化的价值观。不过,当受到质疑的做法被认为是一种残酷的或带有压迫性的行为,想要保持文化相对论立场就会变得特别困难。比如,就拿女性割礼(female genital mutilation/cutting,FGM/C)这一做法来说,这一过程要求切除年轻女孩的阴蒂或阴唇和阴户。在实施女性割礼的国家,社会期望女人结婚时还是处女之身。因此,这一仪式可以用来控制年轻女性的性感觉,并确保她们可以"适龄结婚"。但对生活在承认乃至欢迎女性性感受的社会中的人们来说,这种做法则是可恶的,因为它侵犯了人权。一项持续了数十年要求终止女性割礼的全球运动，促使许多国家都明令禁止了这种做法。2012 年，联合国大会通过了一项决议，敦促各国制止各种伤害妇女和女童的惯习，尤其是女性割礼。

然而，在非洲和中东的 29 个国家，女性割礼依然作为一种地方习俗而存在。在这一做法存在的地方，不同国家之间的实施比例相差很大：从索马里和几内亚 90% 以上的女孩都要行割礼，到乌干达和多哥的不足 2% 的女孩行割礼；而且在同一国家的不同群体和地区之间，也存在很大差别（Population Reference Bureau，2012，2013）。由于国际移民的原因，据估计，今天在美国有超过 50 万妇女和女孩，已经经历过或是有进行割礼的风险，这一数字是 2000 年的两倍多。这一增长反映了移民人数在增加，而不是行割礼的妇女和女童在增加（Mather & Feldman-Jacobs，2015）。总体而言，在全世界范围内，有 1 亿–1.4 亿女童和妇女，伴着割礼这一做法的结果而生活，这一做法通常都是在婴儿期与 15 岁之间实施的（Population Reference Bureau，2014b）。

文化相对论并不是我们大多数人成长过程中的一部分。人们倾向于将其他文化与自己的文化进行对比而加以评价。这种倾向被称为**民族中心主义（ethnocentrism）**。作为孩子，大多数人都会被教导：他们生活在地球上最伟大的国家。许多人也学会以他们的宗教、种族或民族而自豪。但是，相信一个群体或国家是"最好的"，也就意味着其他群体或国家"不是最好的"。49% 的美国人认为自己的文化优于其他国家的文化（Wike，2012）。而在韩国和印度尼西亚，认为自己的文化优于其他国家文化的比例则上升到 90%（引自 Rieff，2006）。

> **社会学家剪影**
>
> **阿比吉特·班纳吉（Abhijit V. Banerjee）**
> **与埃斯特·迪弗洛（Esther Duflo）：**
> 穷人的经济生活

民族中心主义经常会在对那些看上去挑战了一个人自己文化价值观的生活方式的严厉评价中显露自身。人们经常会满怀疑虑地看着那些作出与在类似情况下他们会作出的决定相反的他人。当这样的决定导致额外的或是从观察者角度来看本可避免的痛苦时，人们的同情心就会减弱。

就拿手上只有很少钱的贫困家庭优先购买（物品）的方式来说。麻省理工学院的两位经济学家：班纳吉和迪弗洛（Banerjee & Duflo, 2006），研究了非洲、亚洲和拉丁美洲13个国家贫困家庭的消费模式。他们考查了"贫困"家庭（人们每天的生活费不足2美元）和"极度贫困"家庭（人们每天的生活费不足1美元）。

两位研究者一开始有一个基本的（可能带有民族中心主义色彩的）假设：当人们手上只有很少一点钱时，他们应该会将其花在食品、衣服和子女教育等基本生活必需品上。然而，让他们感到非常懊恼的是，他们发现：一些世界上最贫穷地区的家庭，将其微薄收入中相对较高比例的金钱，都花在了像烟酒这样"无聊"的事物上。例如，在墨西哥农村，家庭在食物上的花费不到家庭开支预算的一半，尽管饥饿和营养不良在这里很常见。尤其让两位研究者惊讶的是，存在这样一种趋势：节日庆祝上的花费，是许多极其贫困家庭开支预算中的一个重要组成部分。在南非每天生活费不足1美元的家庭中，90%的家庭都会把一些钱花在节日上。在印度拉贾斯坦邦的乌代浦，超过99%的极度贫困家庭，上一年都在婚礼、葬礼或宗教庆祝活动上花了钱。就像两位作者所言：

> 得出这样一个结论是很难回避的：穷人确实认为自己有大量的选择，而且并不是选择在食物上花更多钱——乌代浦典型的贫困家庭在食物上的花费，本可比其实际花费的多30%，只是它都花在了酒、烟和节日上。

(Banerjee & Duflo, 2006, p.6)

一位美国报纸专栏作家对这一研究的回应，显得更少宽容：

> 如果最穷的家庭花在教育他们孩子身上的钱，能像他们花在酒、烟和妓女身上的一样多，他们孩子的前景将会大为改变。许多苦难不只是低收入所致，而且也是户主目光短浅的私人支出决策所致……我见过有太多的儿童死于疟疾，而这原本只要一个蚊帐就可避免，但孩子的父亲却告诉我他买不起蚊帐，然而与此同时他却花很多钱去买酒。……如果我们想要让孩子接受教育……睡在有蚊帐的床上……最简单的办法就是让他们的爸爸晚上少去酒吧。(Kristof, 2010, p.9)

并不是每个人都认同下面这一观点：不能信任穷人会把钱花在适当的地方。国际慈善组织GiveDirectly，直接把钱交给世界各地的穷人，在如何花这些钱上没有附加任何条件（全凭自主）。对这个项目的评估发现，接受这笔资助的家庭的儿童更有可能留在学校，更不容易生病。与流行的刻板印象相反，受助者并未把钱挥霍在烟酒上。此外，捐赠也没有影响受助者工作的时间，一些研究甚至表明，受助者的工作时间还有所增加，因为家庭成员会用这笔现金去获取更好的工作（GiveDirectly, 2014; Goldstein, 2013）。

此外，班纳吉和迪弗洛的评估基于现有的对人们消费模式的调查。至于人们为什么会购买他们所购买的，或者他们生活在什么样的文化信仰体系中，他们并没有提供这方面的信息。例如，在某些文化中，庆祝神或女神的节日是虔诚的表示，这种虔诚可以将人们引向更好的来生。在其他文化中，购买某种超出一个人收入的物品，或者是某种看上去显得轻浮/无聊的东西，像一瓶酒，可能是一个家庭在其所在群体中确立其社会地位的唯一方法；而这些社会需求则可能超出了个体家庭成员更直接的需求。太平洋西北部一些土著人民，实行一种称为"冬季赠礼节"（又译"夸富宴"）的仪式；在这种仪式上，经济资源非常有限的人们，会抛弃或毁掉他们所拥有的大部分东西。在这些文化中，任何一个家庭的地位，不是由谁拥有的东西最多来决定，而是由谁舍弃的最多来决定。简而言之，所有的文化不可能都遵循相同的"基

> 本需求"的定义。因此,对一个不理解人们作出其选择的更广泛的文化背景而只关注生存问题的局外人来说,两位研究者所发现的消费模式,确实看上去有欠考虑和不够合理。

民族中心主义是人类互动中自然而然地产生的结果。在日常生活中,我们的多数时间都是在群体和组织中度过的。就其本质而言,这些集体是由具有一些共同利益(并不必然是所有利益都相同)的个体所组成。这一点同样适用于更大的文化。某种程度上,我们生活中的大部分时间都花在了与"像我们一样"的他人在一起上,因而我们与"不像我们的"他人的互动也就很有限,在我们眼中,那些人始终是"外来的"和"神秘的"。(人与人彼此)相似会让我们感到愉快,(人与人相互)不同则会让我们感到不舒服。例如,尽管法律不允许这样做,但在现实生活中,许多日本店主在与外国人打交道时都会感觉很不自在,所以他们也就拒绝给外国人提供服务(French,1999)。事实上,日本公民一旦在国外生活了很长时间,再回到日本就会发现,他们已不再被视为纯粹的日本人,并会受到外国人常能感受到的那种冷淡的蔑视(French,2000)。

之所以会存在民族中心主义的另一个原因是,我们在成长过程中逐步发展出了对我们自身所属的文化或亚文化的忠诚感(Charon,1992)。不同的价值观、信仰和行为,不单是被视为不同的思维方式和行动,还会被视为是对我们自己的信仰和价值观的一种威胁。例如,人们之所以会对新移民产生带有敌意的怨恨,一个根本原因就是民族中心主义使然。就连那些在社会上地位强大而稳固的群体也都认为,其他生活方式的侵蚀,对其生活是一种威胁:

- 一家檀香山餐厅近来上了头条新闻,因其推行下面这样一种政策:结账时对所有非英语顾客加收15%的小费。店主声称,他之所以决定实施这一政策,是因为亚洲客人经常不掏小费。"这

不是他们文化的一部分，"他说，"他们会花很多钱，但就是不付小费。"（引自 McKinley, 2011, p.A16）

- 一些年前，俄克拉荷马州马斯唐的一位校监，因在一出年度校园话剧中将宽扎节和光明节与圣诞节放到一起，并在话剧结尾删去基督诞生场景，以免过于突出一种信仰而遮蔽了其他信仰，结果惹上麻烦。信仰基督教的学生家长变得非常愤怒，他们起诉学校犯了歧视罪，并投票否决了一项 1100 万美元的学校公债（Zernike, 2004）。

- 2011 年，加州立法机构引入一项法案，试图禁止贩卖和非法拥有鱼翅，因为要得到鱼翅就要残忍地砍掉活鲨鱼的鱼鳍。俄勒冈州和华盛顿州已经提出了类似的法案。但在中国人眼中，鱼翅是一种历史悠久的美食，他们认为该法案是对他们文化传统的一种攻击（P. L. Brown, 2011）。

文化忠诚也会得到制度性的仪式和符号的强化。在美国，每个教学日开始之前，都要先朗诵一段誓词（"我宣誓为美利坚合众国的旗帜和它所代表的共和国效忠。上帝庇佑下的国家不可分割，民众自由平等"），在体育赛事上演奏"星条旗永不落"和"上帝保佑美国"，在阵亡将士纪念日、7 月 4 日国庆日、退伍军人日等节日放假，所有这一切都在加强对美国文化的忠诚。美国国旗被认为是一个如此重要的国家象征，以至于人们制定出一套明确的礼仪规则，来具体说明如何展示它，以确保它受到人们的尊重。这些都是美国文化的"圣物"（Durkheim, 1915/1954）。当人们在社会中感受到威胁时，这些圣物的重要性就会变得尤为明显。你应该还记得，在 2001 年的"9·11"袭击之后，以及在伊拉克和阿富汗战争中，在人们的日常生活中爆炸性出现的文化景观，如大量的美国国旗、爱国歌曲、徽章、T恤和汽车上粘贴磁丝带。

宗教制品、传统符号和独特的民族服装，都能培养一种自豪感和身份认同，并将共同体内相似的人团结在一起，同时则经常会排斥其他群体。我们可以在下述事例中看到特定符号的力量，它可以同时创造出骄傲和厌恶：2015 年，在南卡罗来纳州的查尔斯顿，一位白人优越论者谋杀了九名正在教会学习《圣经》的黑人信徒。杀手在进行大屠杀前曾在网上上传了一张照片，照片里的他举着一面南方邦联战旗；对某些人来说，这面旗帜是南方历史和传统的一种象征，但对其他人来说，这面旗帜则是奴隶制、种族仇恨、叛国的象征。在屠杀后的日子里，对清除南方公共场所悬挂的邦联战旗的支持力量变得更为强大，表明其象征意义发生了转变。易趣、亚马逊、沃尔玛和西尔斯都宣布，它们将不再出售战旗。阿拉巴马州、密西西比州和南卡罗来纳的政治家们则呼吁，尽快将其从政府财产中予以清除。

有时，只有在实施惩罚的威胁下，人们才会去尊重这些文化对象。多年来，一些美国国会议员一直在努力确保人们效忠美国国旗，他们提出宪法修正案，禁止人们亵渎国旗。2012 年，在日本大阪，8 位老师因为在学校日的开始没有起立唱日本国歌《君之代》而受到处罚。他们为自己的行为付出的代价是：受到训斥、减薪和停职（"8 Osaka Teachers"，2012）。印度则制定了一项法律：《防止侮辱国家荣誉法案》（*Prevention of Insults to National Honour Act*, 1971），严禁亵渎该国的国家象征，包括国旗、宪法和国歌。

文化差异与日常生活经历

随着人口增长在种族和民族上变得多元化，随着世界人民之间的联系因商业、交通和通讯而变得更加密切，来自不同文化和亚文化的个体在一起生活的可能性也在增加。意识到（并尽可能去理解）文化差异，有助于让多文化社会中的日常互动变得更加顺畅，而且在国际关系中（对国际关系的健康发展）也是至关重要。

- 在伊朗，人们被期望给予虚假的赞美，作出虚假的承诺。他们被期望告诉别人其所想听的，以免发生冲突，或是在明显毫无希望的情况下给别人以希望。这种做法被称为 taarof，它被认为是礼貌的，而不是无礼的。孩子们从很小的时候起，就开始学习去留意别人评论中的细微差别。这一实践有其历史根源，即外国势力占领伊朗多个世纪，这教给伊朗人：隐藏他们的真实感受是有价值的。就像一位伊朗心理学家所说："当你说谎时，它可以挽救你的生命。"（引自 Slackman, 2006, p.5）

- 在阿富汗，竖起大拇指——这一手势在美国是赞赏的表示——相当于对某人"竖中指"（带有侮辱人的意味）。在阿富汗战争期间，为了减少潜在危险的文化冲突，美国海军陆战队在抵达阿富汗时，给每个部队人员都分发了一张"文化智能卡"。卡片中包含有关于许多问题的相关指南，比如如何握手、什么样的手势是恰当的，以及在阿富汗人的家中该如何言谈举止才是合理的（Edidin, 2005）。

- 在印度，排队等候没有像在美国那样相同的文化期待。当一些人觉得一个队似乎太长了，他们就会通过站在原队前面某个人身边，自己另起一队，希望别人会在他们后边排队。很快，原队就会分出多个小队。人们会将他们的整个身体贴在他们前面的人身上，希望可以阻止有人插队。但这几乎不起作用：

> ［插队者］会在队伍中间的位置徘徊，手里拿着报纸，一副老练地像是看入迷的样子，然后悄悄溜入队伍靠近前面的地方。一旦被人指出，他们的回应不用想就可以知道："哦，我没看到队在这儿。"（Giridharadas, 2010, p.5）

在所有这些情况下，你可以看到，对士兵、外交人士、谈判代表和游客来说，事先知晓这样的情况有多么重要。要是不知道这些方面的知

视读社会学 | 你好！你好！

文化是一个社会的"用户手册"。它是一种日常生活指南。具有讽刺意味的是，使得文化显得特别重要的，不是它如何描述了整个社会的宏观结构，而是它如何决定了在人们的日常生活中成千上万的微观经验。比如，人们互相问候的方式。在新西兰，人们会互碰鼻子；在日本，人们会互相鞠躬；在尼泊尔，人们会双手合十，就像在祈祷；在印度，访客（游客）可能会得到一个bindi，即在额头上点一个彩色的点，作为一种欢迎仪式。

想一想你问候他人时都会使用什么样的方式？握手？拥抱？拳头互相轻击？你正与之互动者的身份，会如何影响你问候他或她的方式？假如对方是位长者或年轻人，会有什么不同吗？假如对方是你的一个朋友或者是一个陌生人呢？假如对方与你同性或者是异

性呢？假如对方与你是同一种族或者是不同种族呢？如果确实会受到影响，那是为什么？想想更大的影响。运用社会学的想象力来考查：为什么知道来自不同文化背景的人们打招呼（交谈、触摸或说再见）彼此不同，会是如此重要。

识，出现误解乃至发生冲突的风险就会增加许多。

文化差异所反映的，不仅仅是人们的生活习惯和风俗上的差异。这表明，即便是在我们的生活中被视为最理所当然的真理，那些我们认定是普遍存在的、明白无误的事情，在世界上不同的文化中都会有不同的解释和定义。关于这种差异的两个重要例子就是：对健康和疾病的信念，以及对性别的定义。

健康与疾病

一位著名医生曾经说过这样一句话："一种疾病在我们给其赋予一个名字之前是不存在的。"（引自 Kolata, 2011, p.3）换句话说，我们不能声称我们得了一种我们的文化中认为不存在的疾病。在马来西亚，一个人可能会被诊断为患有 koro 病，这是一种突发的、强烈的焦虑，担心他的性器官会缩进他的身体，最终则会导致死亡。在一些拉丁美洲国家，人们可能会受到 susto 的折磨，这种疾病与让人受到惊吓的事件相连，使得灵魂离开身体，导致郁郁寡欢和生病呕吐（American Psychiatric Association, 2013）。据专家估计，多达 100 万日本青年（约占日本总人口的 1%）为蛰居（hikikomori，形容那些脱离社会、有些自闭的年轻人）所苦，这是一种社会现象，异化的青少年（大部分是男生）退出社会生活，将自己隔离在他们的房间里达几个月，甚至几年时间（Stainbrook, 2014）。在世界上其他地方，都不会对这些情况进行医疗诊断。但是，它们并不仅仅是人类学上感到好奇的事物。它们表明，文化会形塑日常生活中健康和疾病的观念。

然而，更引人注目的是，在那些共享许多其他价值观、信仰、规范和结构元素的社会中，在医疗诊治上却存在巨大的文化差异。在美国，医疗诊治往往源自一种积极的"勇往直前/人定胜天"的文化精神。疾病是需要征服的敌人。在描述癌症患者与癌症进行抗争时，经常会用到像"打击"（fight）和"战斗"（battle）这样的词语。他们在面对疾病、接受治疗或者是忍受化疗强大的副作用时的斯多葛主义（对痛苦默默承受或泰然处之），常被认为是"勇敢"（bravery）的迹象。"如果顺利康复，他们就是'打败'或'击败'了癌症；如果没能康复，他们便是'失去了很好的一击'。"（Jennings, 2010）

因此，与英国医生相比，美国医生更有可能给病人开药方和做外科手术（Payer, 1988）。美国女性比其欧洲姐妹更有可能接受激进的乳房切除，通过剖腹产分娩，并在40多岁时就接受例行的子宫切除。美国人倾向于将他们的身体视为一部机器，需要惯常性地加以检查和维护。因此，他们每年都会认真地进行"年度体检"，尽管持续几十年的科学研究表明，这种身体检查（人们经常接受的这种例行检查）与人们的整体健康几乎没有什么关系。事实上，对没有症状的健康成人来说，年度体检更容易得出假阳性结果，而非找出真正的疾病（E. Rosenthal, 2012a）。

相比之下，英国医学（的治疗强度）就大大减弱。英国医生不建议人们做常规体检，很少开药，做X光检查也只相当于美国医生的一半。英国病人也较少会选择做手术。这些态度也影响到对病人的认知。一个人若是显得安静而孤僻，在美国医生眼中可能会认为这是忧郁症的临床症状，而在英国的精神病医生看来，则会觉得这是再正常不过的事情。

具有讽刺意味的是，尽管采取了更加激进的方法，美国人的身体却比英国人的更加虚弱，即使美国在人均医疗保健上的花费是英国的两倍多（Emanuel, 2011）。他们有着较高比例的糖尿病、心脏病、肥胖症等疾病，拥有更低的预期寿命。即使控制了社会阶层（这一变量），这些差异依然存在。根据一项研究，美国公民中最富有的三分之一的健康状况，比英国最穷的三分之一的健康状况还要差（Banks, Marmot, Oldfield & Smith, 2006）。事实上，与其他富裕的工业化国家（不仅仅是英国）相比，美国人在婴儿死亡率、艾滋病毒/艾滋病、与毒品相关的死亡、肥胖和糖尿病、心脏病、慢性肺部疾病等主要健康指标上的情况更糟（Institute of Medicine, 2013）。在34个高收入的工业化国家，在新生女婴的预期寿命这一项上，美国排名29（Woolf & Aron, 2013）。

除了决定疾病的性质，文化态度还决定了什么叫生病、个体如何感受疾病。每个社会都有一个**病人角色**（**sick role**），即一套为人们所广泛理解的关于人们生病时应该有何行为的规则（Parsons, 1951）。病人角色既包括一些义务（人们期待生病的人做的事情），也包括一些特权（生病的人可以做的事情）。下面是美国社会中病人角色的一些常见内容：

- 因为我们往往认为人们只是偶尔才会得病，所以个体不用为自己得病负责。但与此同时他们也被期待认识到，得病是一种不可取的、应该尽快治好的事情。
- 拥有病人角色的个体，可以免除其日常职责和对他们的期望。这种特权随着疾病的严重程度而有所不同。例如，我们可以将癌症患者与感冒患者做一对比。国家立法（如《家庭医疗休假法案》）和私人工作场所的病假政策，则是这些社会期望的制度体现。
- 根据疾病的严重程度，病人可以免去平日里的礼仪规范约束。想想你自己生病时的低落情绪（对人代答不理）、不好的行为或对他人的冒犯（无理取闹），你都可以生病为由而不受惩罚，如果这些情况出现在你没有生病之际，他人是不可能如此容忍你的。
- 病人有权要求并接受别人（对自己）的关心和同情。但是，（要求他人的）同情要在他们自己的文化规约下进行。例如，我们不应该要求太多的同情、太久的同情，或者给别人添太多麻烦。换句话说，人们期望病人可以将他们的问题低调处理，看得不那么重，避免显出自怜之态。不过，与此同时，人们也期望他们可以优雅地接受他人的同情，以免被视为不知感恩（C. Clark, 1997）。
- 扮演病人角色的人们，被要求采取文化上规定的行动，以有助于他们恢复健康，这其中包括，如果情况非常严重，可以寻求文化上认为适当的执业护士的帮助（Parsons, 1951）。有时，为了获得豁免正常社会义务的特权，人们必须从文化上接受的渠道（如医疗机构）取得正式的病历证明。在美国，这意味着要去开一张"医生证明"（Lorber, 2000）。没有这种被认为是有效的证明，你的老板可能就不会让你休假，或者你的老师可能就不会让你缺席考试，过后补考。

- 病人有义务在考虑自身的同时也要为他人着想。因此，他们必须采取预防措施，以防感染周围的人。在某些文化中，生病的人出现在公共场合，应该佩戴口罩，以防病菌传播。

就病人而言，若是未能恰当行使病人角色的权利或履行病人角色的义务，比如一个人在工作中不停地咳嗽并发高烧38.9°，就可能会招致群体的惩罚（Crary, 2007）。此外，那些看上去似乎不太想恢复健康，或是喜欢生病的人，很快就会失去人们的同情。一个人也可能会因为不去看病，或是不听从专家的建议，而无法享有法律上的权利。那些因其宗教信仰而阻止让其生病的孩子接受文化上认可的治疗的父母，会被逮捕并被指控犯有危害儿童罪，或者是得到更糟的下场。如果你在接受住院治疗，你的主治医生认为你暂时不宜出院，但你就是不听劝说执意要出院，你的病历本上就会被标注上"AMA"（即不听医生建议）。一旦日后你的病情恶化，这一记录就可以保护医生和医院，不用对此承担任何责任。

与疾病本身一样，病人角色的种种期望，也会受到文化的影响。例如，近来的拉丁美洲移民在进入美国后生病时，他们可能会去访问当地的"博塔尼卡"（*botanica*，神物铺子）而不是去看医生。"博塔尼卡"是一种店铺，里面出售各种各样的偏方、宗教物品、护身符、精油、香水和其他宣称有疗效的产品。这些习惯做法（惯例），将替代医学与罗马天主教和其他精神实践融合到一起，用来治疗从关节炎到财务问题等各种各样的疾病（Trotter & Chavira, 1997）。

不同的文化所定义的病人角色各有不同，而在同一种文化内，在不同的社会阶层之间，它也会有很大不同（Freund & McGuire, 1991）。有人可能会得上一种身体衰弱的退行性疾病，但是由于没有医疗保险，她或他可能也就没有必要的财力去得到专业人士的照顾（和得到一份正式的诊断），或者是害怕失去工作而不敢向单位请假。简而言之，社会经济因素可能会阻止这样的人们去获得病人角色的地位。

性别

我们成长其中的文化，塑造了我们最基本的信念，甚至是那些大多数人都会认为是基本的、放诸四海而皆准的生活事实。例如，我们理所当然地认为：人类从受孕起就可分为两种明确区分开来的性别，这一性别由基因决定。如果你问一个人如何区分男性和女性，他的回答很可能会集中在一眼就可看出的生理特征上，如体型、头发、声音、面部特征等。生物学家在区分性别时，也会参考生物特质，如染色体（男性为XX，女性为XY）、性腺（卵巢或睾丸）、荷尔蒙（雌激素或雄激素）、生殖器（阴道或阴茎）、生殖能力（怀孕或授精）、生殖细胞（卵子或精子）、第二性征（臀部和胸部，或胡须和低沉的嗓音）。

这些特征，进而言之也就是男性和女性这两种性别，通常被认为是由生物基因决定的、永久不变的、具有普遍性的（无论你生活在哪个国家或哪个时代，男性就是男性，女性就是女性）、没有遗漏的（每个人都可归入其中一个类别）、相互排斥的（你只能是其中一种性别，而不能两者兼是）。这一套信念被称为**性别二分法**（sexual dichotomy，又译"**性别二元论**"）。

如果你能考虑到这一点，你就会发现，我们的整个文化都是围绕着性别二分法建立起来的。服装店里有互相分开的男装区和女装区，商场里有相互分开的卫生用品，鞋店里有相互分开的男鞋区和女鞋区，公共场合有相互分开的公共厕所（男厕和女厕），体育赛事中有相互分开的运动联盟（男运动员联盟和女运动员联盟）等。性别二分法是如此明显可见，以至于我们不假思索地便认定事情天生就是这样。我们随意地谈论着"相反的"性别，更是增强了我们认为性别二分法是理所当然的程度；

当两样事物彼此相反时,这意味着在两者之间什么也不存在。

但是,如果仔细观察,性别二分法的自然本质就会开始分崩离析。纵观人类历史,在所有社会中,都会有一些人超越了男性和女性这一性别分类。他们可能与生俱来就是生理结构和/或生殖器官模棱两可。或者他们可能会自我认同为**变性人**(**transgender**),并选择以一种不符合与其现有性别相连的性别期望的方式度过他们的一生(更多信息可以参见第五章关于生理性别和社会性别的区分)。

变性者(**transsexuals**)认同(与其原有性别)不同的性别,有时会通过激素治疗和外科手术来改变自己的性别,他们的存在挑战了那种旧有的观念:男性和女性是永久不变的生物特质。据估计,在美国,每年3万名男性中有1人、10万名女性中有1人,接受变性手术,虽然许多支持者都认为这个数字明显低估(Conway,2013)。2008年,一个由女性变为男性的变性者:托马斯·比提(Thomas Beatie),由于生下一个女婴,而成为国际头条新闻。虽然比提切除了乳房,服用了睾丸激素(这让他的声音变得低沉并长出胡须),从法律上来说是一个男人,但他仍然保留了他的女性生殖器官。

越来越多的跨性和变性青年(他们在十八九岁和二十出头时发生转变),已给学校造成新的压力:是顺应他们?还是甘冒被指控歧视的风险?这一问题在女子学院中变得尤为严重,因为必须找到恰当的方法去安顿和满足它们的"女学生"的需要,这些女学生在校园里看上去就像男性,或者从解剖学上来说正在变成男人。弗吉尼亚州霍林斯大学(Hollins University)有一个政策,它只授予女性文凭。因此,它鼓励正在转型中的学生转学到其他学校。但是,曼荷莲女子学院(Mount Holyoke College,美国第一所女子学院)和米尔斯学院(Mills College)则认同那些变性人的申请。韦尔斯利学院(Wellesley College)只考虑女性申请入学,不过只要得到承认和登记在册,变性的学生就可以留下来(Padawer,2014)。

此外,由于年轻人公开质疑自己的性别身份变得越来越普遍(和可被接受），有更多的人都在更年轻的年龄选择了生理性别再确认。虽然并没有法律明文禁止未成年人接受激素治疗，乃至手术重建，但是，私立和公立保险公司通常都会拒绝为 18 岁以下的人进行这些手术承保。一些游说群体已经开始努力争取让保险覆盖到在更年轻的年龄（也许可以早至青春期）做这些手术（Hartocollis, 2015）。

当国际奥委会执行委员会通过一项提议，允许变性人参加 2004 年雅典奥运会时，性别的可变性终于得到了正式承认。做过变性手术的运动员有资格参与竞赛，只要他们被合法地公认为是"新"性别里的一员，而且自从做完手术已经至少过去了两年。在那之后不久，女子欧洲高尔夫巡回赛制定了类似的政策，允许一名 37 岁的由男性变为女性的丹麦变性人参加它们的一项职业巡回赛。今天，超过六个州都制定有政策，允许变性学生参与与其当下性别而非先前校方记录上的性别相应的体育竞赛（Lovett, 2013a）。2015 年，五角大楼公布了一项计划，允许变性人公开在军队服役。

虽然变性者挑战了性别永久不变的假定，但是，他们并没有挑战人们认为只有两种性别分类这一信念。不过，这一假定在一些文化中是有争议的。例如，在纳瓦霍文化（Navajo culture）中，一个人可以被确认为是男性、女性或 *nadle*——第三性别，指那些出生时其性别结构的解剖学特征是模棱两可的人（Lang, 1998）。只要愿意，生理结构正常的人也有机会选择成为 *nadle*。*nadle* 的性别地位是同时既是阳性又是阴性。他们被允许同时从事男性和女性的工作和职业。在萨摩亚，*fa'afafines* 是指从生物学上来说是男性，但却拥有女性特质，并且像女人一样生活。印度的海吉拉斯（hijras，意为"流浪者"）生来就是男性，但是通过选择，他们会做手术切除自己的生殖器（Reddy, 2005）。这一手术没有将他们转变成女性，而是转变成了海吉拉斯，他们看上去具有女性气质：穿着打扮、站立行走和坐姿都像女性。印度教神话中的许多人物，都既不是男性也不是女性。因此，印度文化（Indian culture）不仅会照顾到海吉拉斯，还将他们视为有意义的、甚至是拥有强大力量的人。尽管自古以来他们就一直是印度文化的一部分，但是直到 2014 年，印度最高法院才正式承认生活在印度的 500 万–600 万海吉拉斯为一种正式的也是合法的第三种性别分类（Keck，2014）。

这些跨文化事例说明，我们视为理所当然的关于生理性别和社会性别的信念，并不是在世界各地都得到认可。在其他文化中，性别并不是二分的、没有遗漏的或永久不变的。

在美国，性别二分法也不是一点没有受到挑战。例如，就拿相互排斥的标准来说，**双性人**（**intersexuals**，或者就像现在人们已知的称呼"**有性发育障碍的人**"）是指那些性征分化不完整或不明确的个体。他们可能有女性的染色体模式但却又有男性的外生殖器，或者他们可能既有卵巢又有睾丸。据专家估计，在所有出生的婴儿中，有 1.5%–2.0% 的人都有某种形式的雌雄同体特征，也就是说，它们一出生就有不完全符合标准性别分类的性器官（Fausto-Sterling，2000）。

有趣的是，医学领域对双性人的回应，普遍支持有且只有两种性别这一文化和历史信念。医生和医学研究者通常是将双性人定义为两种现有类别有缺陷的组合，而不是将其单独视为第三性别、第四性别或第五性别。传统上，在对双性人的诊断上，总是会作出决定，将个体不是定义为男性就是定义为女性。在那些拥有先进医疗技术的社会中，可能会采用外科手术和化学方法来使可见的生理特征与社会标签保持一致。每 1000 个婴儿中约有两个会接受外科手术，以让他们的生理外观显得"正常化"（Intersex Society of North America，2008）。其中约有 90% 被指定为女性，因为创建阴道要比创建阴茎的手术更容易做一些（Angier，1997）。

然而，人数日渐增多的双性人群体，对这种方法提出了抗议。他们认为，许多"矫正"性征不明确的生殖器的外科手术，都会给当事人的身体造成严重伤害，并会产生潜在的伤害。他们引述了一些双性人的案例：这些双性人接受手术让自己变得"正常化"（即让他们从生理外观上看起来像男性或女性），结果却被剥夺了性感觉。现在一个组织：协议联盟（Accord Alliance，2014）建议，手术治疗即便要做也不应该是在青春期之前,而且涉事个体应该有充分的知情权并应参与所有的决策。

然而,医学界一直很难推迟或避免做手术,因为这样做会破坏我们的文化中对性别的理解。在这些情况下进行激进的干预,不是因为婴儿的生命受到威胁,而是因为我们的整个社会结构都是围绕着有且只有两种性别组织起来的(Lorber, 1989)。我们文化中的男性－女性这一二分法,对我们的生活方式而言是如此重要,以至于挑战它的人往往会被认为不忠于(不敢直面)最基本的生物学"事实"。冒昧地指出"男性"和"女性"这两个标签不足以将每个人都归类其中,就会威胁到社会生活中的一个基本组织原则。性别二分法是如此盛行,以至于一位医生认为,她劝说双性人孩子的父母不要选择手术的可能为零(E. Weil, 2006)。

小　结

在一年或两年的时间周期内,在关于某些行为是否可被接受(是否合宜)上,大多数文化都有一套稳定的规范。然而,这种稳定是虚幻的。从一代人的视角来看,甚或只要十年过后,那种稳定的秩序感就会让位于一种变化感(McCall & Simmons, 1978)。行为、价值观、信仰和道德,都会以惊人的频率发生变动。因此,除了跨文化比较,对不同时代加以比较,也可以给我们提供丰富的洞见,帮助我们去理解不断改变的可接受性的定义、日常生活的本质、最终则是大规模的社会变迁和稳定性。

了解我们个体生活背后的文化和历史背景,可以帮助我们看清个体、社会和社会秩序之间的关系。文化习俗(行为)则可以促进社会生活保持连续性和秩序。

就个体而言,文化看上去就像一个庞然大物,无从撼动,但与此同时,没有人,它也就不能存在。规范会管控我们的生活,无论我们是遵从还是违背它们。但要完全理解个体与社会之间的关系,我们就必须超越"文化和历史塑造了我们的生活"这一事实,我们必须看到它们也是人类建构的产物。

像社会学家一样思考:何不反其道而行之

虽然文化规范每天都在约束我们的所作所为,但是它们仍然在很大程度上被人忽视和不受质疑。这些规范存在的最好证明,就是在它们被违反时我们的反应。这个练习涉及对共同的文化规范的小小违反。下述建议基于西雅图大学社会学家乔迪·奥布赖恩(Jodi O'Brien)设计的一项练习作业。

- 在百货商店购物,支付比标价牌上的价格更高的价钱。试着说服店员你认为你所购买的商品值你掏的这个价。
- 给一位亲密的家庭成员在其真正生日几个月前寄送生日贺卡。
- 在公共场所自言自语。
- 在日常对话中,站得或坐得离陌生人很近;或者相反,在与好友或伴侣谈话时站得远远的。
- 选择一个场合,比如去上课、去约会、去图书馆,穿着迥异于大家预期会穿的"衣服样式"。把你的穿着视为绝对适合那一场合的打扮。
- 每当有人对你说"再见"(See you later)时,追问他或她:"什么时候再见?""再见时你想干啥?""你说'看'(see)是什么意思?"等等。或者是在有人说"近况如何?"(How's it going?)时追问:"你说的'它'是什么意思?"或者"你说的'如何'(going)是什么意思?"
- 在餐馆吃饭,点餐前先结账,或者是先点甜点、然后点主菜、接着点开胃菜、最后点饮料。

如果喜欢，你也可以选择一个不同的不成文的规范，只要它可以赋予日常社会交往以秩序和可预测性。主要是有创意！

特别重要的是，你的行为既不要太过古怪，例如打扮得像只小鸡，更不要违反法律。你在如此行事时也无需向大家说明，就像符号互动论者认为的那样，微妙的、不成文的规范使得社会生活井然有序。同时，也不要做任何可能会让人觉得严重不便或受到羞辱之事，以免让你自己陷入危险之中。最后，确保在面对面的互动中，规范确实可以起到维持秩序的作用。例如，上课迟到10分钟就违反了一种文化规范，但它并未扰乱互动秩序。最重要的是，记得把你的违规之举视为再正常不过的事。你必须给人这样一种印象：你正在做的事情是完全可以接受的和再正常不过的。

当你进行练习时，记下你自己的感受和反应，以及你周围人的反应。面对你的违规之举，人们的第一反应是什么？他们做了什么，想要将你的行为"正常化"？你对违背规范有何感觉？你是否会感到紧张？还是感到不舒服？如果是这样，为什么会有这种感受？

如果可能的话，也要设法在试验过后听听你的试验对象的想法：告诉他们你真正在做的是什么，然后采访他们，了解他们对试验的解释。你可能会收集到额外的信息：人们如何试图为不寻常的和陌生的遭遇进行辩解，以及他们如何试图恢复这一情景下的秩序。这类"试验"对于理解社会中的人类行为和社会秩序的本质有何意义？

本章要点

- 文化为社会成员提供了一个共同的纽带，一种意识：我们会以相似的方式去看待社会的某些面向。我们能够共同生活在一起，全都有赖于下面这一事实：社会成员共享某些文化知识。
- 规范（约束所有社会互动的规则和标准）可以给我们的生活提供秩

序。它们反映了对传统行为普遍持有的假定。对规范的违背，会凸显可接受行为的界限，并会象征性地重申社会所认可的对与错。
- 一个社会在种族和文化上越是多元化，群体之间在规范上发生冲突的可能性就越大。
- 在几年的时间跨度内，大多数文化都会呈现出这样一种形象：规范的边界是稳定的和一致的。然而，这种一致性是一种假象。在一代人甚至是十年之后，这种稳定的秩序感就会代之以变迁感。

第五章
自我认同和社会认同是如何建构而成的：
社会化

- 基因、社会结构与人类（自我）的建构
- 社会化：我们是如何变成我们现在这样的
- 社会化与阶层化：在不平等中长大
- 社会制度与社会化

在我小的时候，我家住在纽约的一个郊区。有一天，就在我9岁生日过后没多久，我的父母让我坐好，然后告诉我：我们要搬家了。他们已经将我们要去的地方缩小到了两种可能性上：要么是德州的拉雷多，要么就是加州的伯班克，那是洛杉矶的一个郊区。经过一阵相当激烈的讨论之后，他们选择了伯班克。于是我们便举家"西进"，在那里我度过了9—18岁的时光，受到当地娱乐业及其所有的魅力、浮华和电影明星的不小影响。没过多久，我就成为一个典型的爱好日光浴的南加州男孩。

有时我常会想：如果我的父母选择了拉雷多，我的性格形成期就会是在沿着德克萨斯-墨西哥边境线度过，而不是在好莱坞这边度过，我现在的样子是否会有很大不同？我是否会更喜欢牛仔帽和蛇皮靴子，而不是拖鞋和短裤？我在成长过程中是否会更喜爱乡村音乐而不是"沙滩男孩"（the Beach Boys，1960年代顶尖的美国迷幻摇滚乐队）？我的目标、信念还有道德感是否也会有所不同？简而言之，我是不是会变成一个与现在的我完全不同的人？

* * *

试着想象一下，如果你在不同的环境下长大，你的生活将会是什么样子。如果你的父亲是一个羽管键琴爱好者，而不是一个狂热的棒球爱好者？如果你的家人是穆斯林，而不是美国圣公会教徒？如果你有一个哥哥，而不是妹妹？如果你住在农场，而不是住在大城市？如果你出生在1960年代，而不是1990年代？你的口味、喜好和爱好是否会有所不同？你的价值观、野心和抱负又会是什么样？说得更深刻些就是，你的自我概念、自尊、人格，也就是你是谁的本质所在，是否也会改变？

考虑一下你的生活背后更广泛的社会和历史环境。它们会对你成为一个什么样的人产生什么影响？与上岁数的人做一番交谈，他们的童年是在1930年代度过的，他们会说起大萧条对他们的生活产生的永久性影响（Elder & Liker, 1982）。假设你是一个犹太人，你的童年是在纳粹德国度过的，它将会不由自主地塑造你的人生观。在1950年代实施种族隔离政策的密西西比州长大的穷苦的黑人，或者是在老布什总统执政的犹他州长大的富有的白人，情况也都一样（你的成长都会受到社会环境的影响）。

你之所以会变成你现在这样，离不开你周围的人、历史事件和社会环境（对你产生）的影响。本章我将考察社会化的过程，也就是我们如何学习我们的家庭、我们的共同体、我们的文化对我们的期望，以及我们如何学会遵照这些期望去行事。我们将会主要关注身份认同的发展。**身份认同（identity）**是我们最基本的、最个人的特点。它由我们在各种社会群体（种族、民族、宗教、性别等）的成员资格、我们展现给别人的特质、他人认为我们具有的特质所组成。我们的身份认同，使我们可以在社会世界中找到自己的定位，彻底影响我们在生活中所做、所感、所说、所想的一切。大多数人往往都相信，我们的自我概念，我们的"男性意识"或"女性意识"，我们的种族和民族身份认同，都是在生理上或心理上就决定的，因此它们也就是持久不变的。但是，就像你将会发现的，这些特质都是社会建构而成的：它们既是我们所处社会环境和我们生活中重要他人的产物，也是我们的身体特征和内在倾向的产物。

基因、社会结构与人类（自我）的建构

几个世纪以来，"我们如何变为今天这样"（how we become who we are）这个问题，一直都在引起生物学家、心理学家、人类学家、社会学家、哲学家、诗人和小说家的关注。这个问题经常被表述为**"天性"**（**nature**；我们变为今天这样，是因为我们生来就是这样）与**"教养"**（**nurture**；我们变为今天这样，是因为在成长过程中我们被对待的方式）之争。我们是否只是我们的基因和生物化学预先确定的产品，还是我们是从零开始被我们周围的人们和社会制度"创造"而成的？

对这个问题的回答，随着占据主导地位的文化氛围的不同而来回摆动。在19世纪末和20世纪初，关于人类的行为（包括一系列社会问题，其范围从贫困和犯罪到酗酒和智力缺陷），基因遗传成为一种深受欢迎的解释。科学家们借鉴对良种赛马和家畜进行的选育实践，倡导推行优生学计划，或者是控制交配，以便产生"更好的"公民，并确保不良个体"有缺陷的"基因不会传递给后代。这些想法主要是通过强制绝育计划而被付诸实践。类似的遗传优劣理论，成为二战期间纳粹德国希特勒制造的恐慌的基石。战争结束后，大多数人都想尽可能地远离过去对"天性"的争论。所以在1950年代和1960年代，学者们格外强调环境对行为的影响，尤其是早期的家庭经历在塑造孩子未来的个性上所起的作用（Gould, 1997）。

时至今日，由于高度重视科技，关于人类行为的基因解释再次成为时尚。近年来，研究人员宣称，多种社会现象，像害羞、冲动、智力、攻击性、肥胖、酗酒、囤积、沉迷于赌博，至少部分原因是遗传所致。近来一位经济学家在其书中认为，由于基因遗传的强大力量使然，父母教育孩子并不起什么用。孩子的命运很大程度上是由遗传决定的。健康、聪明、快乐、善良的父母，生出的孩子往往也会健康、聪明、快乐、善良，无论他们会对他们的孩子做什么。因而他写道，为人父母者应该只是放轻松，让自己的孩子去做（本质上）他们想做的（B. Caplan, 2011）。同样，畅销书《魔鬼经济学》（*Freakonomics*）的两位作者写道："问题的关键并不在于你作为父母做了什么，而在于你是谁。"（Levitt & Dubner, 2009, p.175）基因检测技术的进步，像人类基因组计划（HGP）在2003年成功地为人类DNA中的2万–2.5万组基因排定序列，以及近来开发的一项技术：只需使用孕妇的一滴血液样本和父亲的一点唾液，就可以绘制出胎儿完整的基因配置（从而可以检测出上千种先天疾病；Pollack, 2012），无疑又会使得未来数年间的"天性"之争变得更加激烈。

可是，很显然，我们并未准备接受"后天培养毫无作用"这一想法。2011年，耶鲁大学一位著名法学教授，给了"环境会影响孩子的发展"强有力的一击,她在一本受欢迎的书中认为,亚洲儿童在教育上取得的成功,很大程度上是由于母亲扮演的严厉的角色,她称之为"虎妈"。她给所有父母(不管他们有着什么样的种族背景)提出了一个建议,一个成功的孩子由下面几个因素组成:强调学业成绩、不接受平庸的品位、坚持钻研和实践、灌输坚定地尊重权威(Chua, 2011)。一些家境富裕的父母在这方面走得更远,他们甚至带着孩子搬到另一个国家生活一年,只为让他们的孩子可以沉浸在另一种文化中,进而成为有教养的全球公民(L. Miller, 2011)。

实际上,当谈到某些特质时,遗传只有在社会经验的背景下才是有意义的。就拿智力来说。许多遗传学家都认为,遗传决定了智力(发展)的极限(Kirp, 2006)。他们这种说法基于一些科学研究,那些研究发现,同卵双胞胎(他们所有的基因都一样)之间智商的差异,小于异卵双胞胎(他们的基因只有一半是一样的)之间智商的差异。但在没有考察我们的基因组成与我们的社会经验之间相互影响的情况下,不可能理解智力。就像一位作者所说,

> 你已经拥有的基因会给你一定范围内的身高,或一定范围内你的眼睛的颜色,一定范围内你的智力。但是,我们不能说,这一切都是这一独立的天性所为,不关教养的事。确实是先有的基因,然而,基因的行为方式,它们所产生的影响,在它们与环境进行互动之前实际上并不会发生。一切都有赖于这种互动。
>
> (Shenk, 2010, p.44)

其他研究人员发现,儿童所处的社会经济环境,会在他们的智力发展上产生巨大的差异。对 7 岁大的孩子进行的一项研究发现,虽然遗传可以解释富裕人家双胞胎智商上的大多数变化,但却没能解释贫困家庭双胞胎智商上的不同。在这些家庭中,同卵双胞胎的智商与异卵双胞胎的智商一样有很大不同(Turkheimer, Haley, Waldron, D'Onofrio &

Gottesman，2003）。研究人员得出结论：家庭生活是关键所在。在一种贫困和不稳定的家庭环境中，儿童的遗传潜力无法实现。相反，富裕家庭则能更好地提供神经系统发展所需要的认知刺激。

就像你可能会怀疑的那样，大多数社会学家都认为，人远非只是**遗传素质**（**genetic predispositions**）和**生理特性**（**biological traits**）的集合体。但是，这并不意味着天性就完全不重要。可以肯定的是，我们的外貌、我们的体格、我们继承来的对疾病的易感性，都对我们的个人发展有影响。此外，我们的一思一行，都是我们的大脑与身体一系列复杂的神经和电化学活动的结果。当我们感到想要吃东西时，我们正在对一种生理感觉（胃收缩）作出回应，这种感觉是由血糖降低所致。满足饥饿显然是一个生物过程。但是，我们回应这种感觉的方式，并不能单由生理学就可作出预测。我们吃什么、何时吃、如何吃、隔多长时间吃，这都是我们随着时间推移所习得的文化力量的结果。当你说道"我饿了，但这会儿就去吃午饭未免早了点"，你就是在示意：文化教养的力量重于生理需求。

同样，社会也能夸大或掩盖遗传及身体差异。我们已经集体决定，一些差异与社会无关（如，眼睛的颜色），一些差异则重要到已被植入我们最重要的社会制度中（如，性别和肤色），并导致不同的权利、义务、期望，以及获得教育、经济和政治机会的方法。

一个相对较新的领域：**表观遗传学**（**epigenetics**），主要关注基因表现或抑制，如何受到环境影响的支配。因而，我们所过的生活和我们生活的这个世界，在我们的气质、身材、对疾病的易感性的发展上，会像我们的遗传密码一样产生强有力的影响（Shulevitz，2012）。因此，尽管我们的基因在我们成为怎样的人中可能扮演着重要角色，但在我们的生活中，重要他人的行为和态度，以及塑造我们生活的文化结构和制度力量，即便不是更重要，至少也会与前者一样重要（Eliot，2010）。随着这些事情发生变化，我们自身也会发生改变。这一主张可能并不完全让人欣慰。这意味着，我们成为什么样的人，在某种意义上可能只是一个

"意外",是一系列社会巧合、机缘偶遇、他人决定,以及在很大程度上超出我们控制的政治、经济和历史事件相互作用的结果,就像我在加州长大而不是德州一样。

社会化:我们是如何变成我们现在这样的

结构功能论视角提醒我们,每个社会的根本任务都是进行自身的再生产:创造社会成员,让他们的行为、欲望和目标与特定社会认为适当的和可取的相符合。通过强大的和无处不在的**社会化**(socialization)过程,社会的需要成为个体的需要。

社会化是一个学习的过程。想要被社会化,就是要接受训练让其言行举止变得合宜。人们通过这一方法,获得大量重要的社会技能,比如开车、将分数换算成小数、正确使用语言,或者用叉子而不是刀子去吃豌豆。同样是通过社会化的方式,我们学会如何感知世界,如何与他人互动,身为男性或女性意味着什么,如何、何时、为何及与谁发生性行为,在特定情况下我们该对和不该对别人做什么,我们的社会认定的何为道德和不道德,等等。简而言之,它是我在第四章中讨论的我们内化所有文化信息的过程。

这种学习过程是经由一个人在其成长过程中接触到的不同的个体、群体、组织和制度来进行的。这些实体,社会学家称其为**社会化的代理人**(agents of socialization),可以是家庭、朋友、同事、队友、教师、学校、宗教机构和媒体。他们能够影响我们的自我意识、态度、品位、价值观、情绪和行为。

虽然社会化在我们的一生中都会发生,但是,最基本的、对性格形成有着深远影响的教导,却是发生在生命的初期。年轻的小孩子必须被教导他们文化中基本的价值观、知识和信仰。一些在小时候发生的社会化,常被称为**预期社会化**（**anticipatory socialization**），是年轻个体获得日后可能身处其中情形的价值观和定位的主要手段（Merton，1957）。家务活、童年时梦想的工作、有组织的体育运动、舞蹈课、约会和许多其他类型的经验，都给年轻人提供了机会，去排练他们成年后会扮演的角色。

我们是如何获取自我的

社会化过程最重要的结果就是自我意识的发展。**自我**（**self**）指的是将人与人区分开的独有特质、行为和态度。自我既是行为的**主动性来源**（**active source**），也是其**被动性客体**（**passive object**）（Mead，1934）。

作为一种主动性来源，自我能够引发行动，这些行动通常都是指向别人。例如，假定唐娜和罗天在餐馆吃饭。唐娜有一个自我能够观察罗天，跟他说话，评价他，告诉他点什么菜，甚至试图说服他按照她的喜好行事。与此同时，唐娜也有一个自我，则是作为他人行为的潜在客体：她可以被罗天观察、与之交谈、被评价、被操纵，或被说服。

唐娜也可以将这些活动转向她自身。她可以观察、评价、激励自己，甚至是自己跟自己说话。这就是所谓的**反身性行为**（**reflexive behavior**）。拥有自我，就是有能力去计划、观察、引导和回应自己的行为（Mead，1934）。假想你试着激励自己采取行动的时候，说着类似这样的话："好吧，我要是能坚持再看20页无聊的社会学书，我就给自己来点热巧克力圣代"，或者"要是能再写5页化学论文，我就在Instagram上发一张学校食堂最新的恶心人的饭菜图片"。在做这样的活动时，你必须既是激励者又是被激励者——同时是预言者和被观看者。

此时此刻，你正在引发一个动作：阅读这本非常有趣的社会学书。但你也有能力意识到你的阅读行为，反身性地观察自己的阅读，甚至还可以评估你阅读得如何。这可能听起来像是某种神秘主义的灵魂出窍的经验，但事实却并非如此。对人类的思想和行动来说，没有什么能比反身性的自我意识能力更为根本的。它使我们可以控制我们自己的行为，并让我们与其他同样具有自我意识个体的互动变得更为顺当。

刚出生时,婴儿并没有自我意识。这并不是说婴儿就不会按照自己的方式行动。任何围观过婴儿的人都知道,他们有一种巨大的引发行动的能力,其范围从值得一拍的可爱之态,到让人抓狂的哭闹之举。他们会哭、会吃、会睡、会玩吱吱响的橡胶玩具、会把不想要的东西随手扔到一旁,所有这一切都带着精致的天赋和规律性。从来到世上的第一天起,他们就在对声音、景象、气味和他人的触摸作出回应。

但是,这种行为并不像它们后来的行为那样具有反身性自我意识的特征。婴儿不会对自己说:"我想知道要是我把哭声提到'尖叫'水平,妈妈会不会喂我吃的",或者是"我无法相信我现在牙牙学语的声音是多么有趣"。不过,随着孩子年龄增长,他们开始能够对他们的行动施加更大的控制。这一转变,部分是生物学因素使然。随着他们一步步地变得成熟,就会变得更加熟练地控制肌肉。但是,生理发展只是事情的一部分。人类必须通过与他人的互动获得特定的认知能力,包括区分自我和他人的能力,理解和使用符号语言的能力,扮演他人角色的能力。

我们是如何区分自我的? 要想将自己与他人区分开,你至少必须能够认识到自己是一个独立的存在(Mead, 1934)。然后,获致自我的第一步就是,学会将我们自己的脸和身体,与其他物理环境区别开。令人惊讶的是,我们并非天生就有这种能力。新生儿不仅识别不出他们自己,也无法分辨出他们的身体与别人的身体之间的界限。婴儿会把自己的头发拉到非常疼的地步,但却没能意识到,他们正在用双手拉的头发,与他们感觉被拉的头发,是一样的头发。

随着认知发展和社会经验不断增多,婴儿逐渐认识到,自己是一个独特的物理客体。该领域的许多研究都已指出:孩子们通常会在约18个月大的时候发展出这种能力(Bertenthal & Fischer, 1978)。有一个便捷的方法可以告诉你一个孩子是否已经发展到了这个阶段,那就是镜子测试。在一个婴孩的额头上,画上一个可以洗掉的标记,然后将其领到一面镜子前。如果婴孩注意到并擦去了标记，你就可以合理地确信，他或她已经意识到镜子中的影像就是他或她自己。

语言习得与镜中自我　获致自我接下来的重要一步，就是语言能力的发展（Hewitt, 1988）。符号互动论指出，在儿童努力区分自己是独特的社会客体和物理客体的过程中，掌握语言可谓至关重要（Denzin, 1977）。当然，语言的习得有赖于神经发育。但是，理解自己语言中的细微差别，需要他人的灌输。大多数父母从一开始就会与他们的孩子进行对话。渐渐地，孩子学会发出声音，模仿声音，将声音作为特定身体感觉或客体的符号。孩子们会学得，"妈妈"和"爸爸"这两个声音与他们生活中两个重要的客体相连。很快孩子们就会学得，其他客体，如玩具、动物、食物、安平姑姑、马国梁叔叔，都有特定的声音与他们相连。

这一学习过程给孩子们提供了机会，使其得以进入早已存在的语言世界，他们的父母和其他人都生活在这个语言世界里（Hewitt, 1988）。被命名的客体，不仅是那些在更大范围的文化中被认识的客体，也包括在孩子的家庭和社会群体中被认识的客体。孩子们学会给那些具体的物体（如皮球、建筑物和家具）命名，也学会给那些无法被直接观察到的抽象事物（如上帝、幸福、和平、想法）命名。

通过学习人们和其他对象都有名字，孩子们也开始认识到，这些对象可以以多种方式相互连接。同一个人随着交谈对象不同，可以有几个不同的称呼。"爸爸"这一对象，在不同的人那里会被称为"大卫"、"戴夫"、"多夫"、"纽曼博士"、"纽曼教授"、"纽曼先生"和"Nooooman"。此外，孩子们还会学到，不同的人也可以用相同的名字来称呼。所有正在公园玩耍的其他孩子也都有一个人喊"妈妈"。

在这些重大发现中，小孩子们也学到，他们也是有名字的对象。一个孩子若是在别人喊"谢娜"时知道喊的是她自己，并且她也会用"娜娜"来指代自己，那她就在获致自我的过程中向前迈出了重要的一步。她现在就可以想象自己是命名世界及其所属命名关系中的一部分。

在这一过程中最初出现的自我是相当简单的。"谢娜"只是一个与身体有关的名字。更复杂的自我意识，来自小孩子有能力认识到这一被命名对象的意义。

通过观察他人对待客体的方式，孩子们不仅学到了客体的名称，还学到了它们在社会生活中的意义。通过亲眼看到人们坐在椅子上，孩子们学会了"椅子"是什么意思。父母的警告让他们学到，热火炉是一种要远离的东西。与其类似，通过观察人们如何对待他们，他们学到了他们自身的意义。人们对待孩子们的方式多种多样：照顾他们，惩罚他们，关爱他们，漠视他们，教导他们。如果父母、亲戚和其他社会化的代理者认为一个孩子是聪明的，他们就会按照那种态度去对待他或她。因此，孩子最终也会将自己定义为是一个聪明的人。最早的符号互动论者之一，查尔斯·库利（Charles Cooley, 1902），将这一过程称为获得"**镜中自我**"（**looking-glass self**）。他认为，我们使用他人对待我们的反应，就像是照镜子一样，我们从中看到我们自己并确定我们的自我价值。通过这个过程，我们会想象我们在他人眼中看起来是什么样子、我们会对我们自己解释他人对我们的反应，进而就会形成一种自我意识。如果我们觉得别人对我们的印象很好，我们就会形成一种积极向上的自我意识。相反，如果我们觉得他人对我们的印象很不好，我们就可能会形成负面的自我意识。因此，自我评价的情感，像骄傲或羞愧，始终是别人回应的评价的产物。

但是，自我概念的发展并不仅仅是个体的特质和经验在起作用。作为被命名客体的小孩子如何被他人定义，也与更大的社会因素相连。每一种文化都有自己的方式，去定义和评估处在生命周期不同阶段的个体。孩子们并不总是被认定为一个特殊的亚族群，其天真无邪需要被照顾和保护（Ariès, 1962）。在某些社会，孩子们会被期望能够表现得像成年人一样，就像成年人一样能够对自己的行为负责。在这样的文化环境中，一个5岁大的孩子的自我概念，可能来源于他或她对家庭能有多大的经济贡献，而不是他/她有多么可爱或调皮。此外，每个社会都有自己关于美丽和成功的标准。如果瘦是一种文化期待的特质，那么，比起违背这一文化规范的孩子（如胖孩子），瘦孩子也就更有可能获得积极回应，并发展出积极的自我形象。

角色取代的发展　在我们的生活中，如果每个人都以相同的方式看待我们，社会化过程就会变得非常简单。然而，实际情况是，不同的人对我们有不同期望。孩子们最终会学会修改他们的行为以适应各种各样的人。例如，4岁的阿蒙知道他3岁的妹妹喜欢他把拇指插进鼻孔，但他也知道，他的父亲一点也不觉得他这种行为很好笑。所以在父亲在场的情况下，阿蒙会避免作出这样的举动，而在父亲不在一旁的时候，他就会继续用这个技巧逗他妹妹开心。在制定自己的行为中能够使用他人的观点和期望，就叫**角色取代**（**role taking**，又译"角色采择"）（Mead，1934）。

角色取代能力会逐渐发展，同时伴随着语言能力的不断成熟。从符号互动论视角出发，米德（Mead，1934）确认了，在角色取代能力的发展中，最终则是在自我的社会化中，有两个主要阶段：嬉戏阶段和游戏阶段。**嬉戏阶段**（**play stage**）发生在孩子们刚刚开始磨炼他们的语言技能。在嬉戏阶段，角色取代的形式很简单，同一时间只能采取一种他人的视角。年幼的孩子还不能同时从不同视角去看待自己。他们还不知道某些行为一旦越出情境范围，就可能无法被各种各样的人们都接受。他们只知道，在他们当下的场景中就在他们身边的人将会赞成或反对其行为。孩子们还无法意识到，他们的父亲不许他们在公众场合抠鼻子，其实反映了一个更大群体的态度，而且无论在哪儿和什么时间发生，这种行为始终都是不被接受的。这种更加复杂的自我控制形式，会在社会化过程的第二个阶段得到发展，那就是游戏阶段。

游戏阶段（**game stage**）大约发生在孩子们开始参加有组织的活动之时，如参加学校活动和团体运动。嬉戏阶段和游戏阶段的角色取代之间的不同，相当于童年时的玩耍行为与游戏行为之间的不同。"玩耍"并没有一组特定的规则来引导。它没有终极目标，没有明确而有组织的竞争，没有赢家和输家。在嬉戏阶段打棒球的孩子们，没有策略意识，甚至可能不会意识到游戏的规则和目标。他们也许能够击打、接球和传球，但却不知道他们的行为与队友的行为之间是有关联的。如果一个小女孩玩游击手，有人打给她一个触地球，她可能转身就把球扔给左外野手，而她之所以会这样做，并不是因为这样可以帮助她的团队赢得比赛，而是因为左外野手恰好就是她最好的朋友。

相比之下，游戏行为就要求孩子们理解游戏的目标。他们意识到，团队中的每个参与者都是一个有组织的角色网络的一部分，这些角色由游戏规则决定。孩子们知道，他们必须不断地调整自己的行为，以符合团队的需要，为的是最终实现目标。要做到这一点，他们必须从团队的角度去考虑问题，预测在某些情况下他们的队友和对手将会采取什么样的行动。现在我们的小游击手将会把球传给一垒，以便让击打者出局，但要做到这一点，只有在评估过有多少人出局并确保对方跑者留在二垒上而不是试图推进到三垒之后。至于她自己是喜欢还是讨厌一垒手全都不重要，为了让她的团队取得成功，她必须这样去做。

关于游戏阶段的角色取代，孩子们不仅要学会应对不同人的要求，还要能应对作为一个整体的共同体甚至是社会的要求。社会学家把这种社会的观点及其组成部分的价值观和态度称为**概化他者（generalized other）**。随着孩子逐渐长大成熟，成为家庭、同辈群体、学校、最终则是更大社会群体的一部分，概化他者也会变得越来越多。"爸爸不喜欢我在餐厅脱裤子"（嬉戏阶段），最终变成"当众脱裤子是绝对不被接受的"（游戏阶段）。注意，这样的理解需要具备一种能力，能够透过各种情况和观众而概化行为。孩子们会意识到，"公共场所"包括餐馆、购物中心、学校课堂、公园、邻居家的客厅，等等。

这种能力至关重要，因为它使个体可以抵制恰巧就在其当下情境中出现的人们的影响。一个男孩公然反抗他的同辈群体，不参与他们在商店里的顺手牵羊行为，就展示了概化他者的力量（"不管在哪儿或是和谁在一起，偷盗都是一种不好的行为")。在游戏阶段，概化他者的态度和期望，已被纳入个体的价值观和自我概念中。

然而，现实生活并不总是这么简单。有时人们会屈服于特定他者的压力，参与一些他们明知不为社会接受的行为。此外，来自有着明显不同背景的个体，很可能会吸纳不同群体的态度和价值观。例如，一位打算离婚的虔诚的天主教徒，与一个打算离婚的无神论者相比，会采取扮演不同的概化他者的角色。同样，男性和女性的社会世界和社会标准是不同的，就像儿童和成人、为人父母者和没有孩子者、中产阶级和工薪阶级，以及在不同文化中长大的人们之间也都是不一样的。

角色取代能力也不是固定不变的。它也会在与他人互动的回应中而发生变化。当人们觉得他们能够理解另一个人的观点，比如说亲密伴侣的观点，他们就可能会变得在意，或者至少是能意识到他们的行为将会如何影响他人（Cast, 2004）。此外，当我们从一种制度背景移入另一种制度背景，我们会采用比较合宜的群体的观点，并会为了种种意图和目的而变成一个不同的人。在学校，我们的行为是一种方式；在教堂，则是另一种方式，等到了奶奶家又会换一种方式。我们是多少个群体和组织的一员，我们就会有多少个不同的自我。

常识告诉我们：那些知识和经验最丰富的人，应该是最好的角色取代者。例如，父母应该对他们孩子的想法更敏感，而不是相反，因为他们更年长、更睿智，而且自己也曾当过孩子。然而，居上位者极少会去关注那些弱势者。他们实际上往往缺乏同情心和敏感，因为他们不需要这样去做。因此，他们觉得他们的行为不需要迎合下位者的愿望和期待（Goleman, 2013；Tsushima & Gecas, 2001）。最近的一项研究发现，与上位者相比，下层阶级成员更善于识别他人的情绪（Kraus, Côté & Keltner, 2010）。

你在社会生活的许多领域都可以看到这一现象。例如，弟弟妹妹通常都会更多地意识到比他们年长的哥哥姐姐的行为和兴趣，而非相反。底层员工要想职场得意顺利升迁，就必须对上位者的行为和偏好更敏感。

在更广泛的范围内，实力弱小的国家，必须对它们的大国强邻的一举一动高度警觉。我曾听到过一些加拿大人抱怨说，他们被期望了解关于美国的几乎所有事情：它的文化、它的地理、它的经济和政治体制，而大多数美国人往往都是无视甚至不清楚加拿大政治和文化的基本元素，如加拿大总理的名字，或者是新斯科舍省的省会。

总之，想象他人的态度和意图进而预测他人的行为这种能力，对日常社会交往来说至关重要。通过角色取代，我们可以设想他人怎样看待我们，想象我们采取一些行动他人会有何反应。因此，我们可以选择那些有可能让一般人都会赞成的行为，或者是会让与我们互动的人赞成的行为，避免那些可能会引起他们反对的行为。因而，角色取代是自我控制和社会秩序一个至关重要的组成部分。它将个体生物转变成为一种社会生物，她或他有能力让其行为符合社会的期望。正是通过这种方法，文化被吸纳入自我之中，并使得群体生活成为可能（Cast, 2004）。

再社会化

社会化并不会随着孩童时期（童年）的结束而结束；它会在我们的一生中，持续不断地进行。每次离开旧有的社会语境或角色，进入新的社会语境或角色，成年人就必须进行**再社会化**（**resocialized**），形塑一套新的准则、价值观和期待（Ebaugh, 1988；Pescosolido, 1986；Simpson, 1979）。例如，结婚后我们必须学习如何像夫妻一样思考和行动（P. L. Berger & Kellner, 1964），有了孩子后我们必须学习像父母一样思考和行动（A. Rossi, 1968），离婚后我们就要学会像离婚者一样思考和行动（Vaughan, 1986）。我们每进入一个新的群体或组织，每开启一段新的友谊，每经历一次新的人生转变，就需要形塑一种新的身份认同，并要通过社会化形成一套新的规范和信仰。

某些职业会要求对新加入者进行正式的再社会化。其目的通常只为确保在组织中工作的人，有着相同的职业价值观、行事方法和交流用语。例如，许多大公司都会为新员工准备一个定位计划，让他们明白，在新的工作岗位上对他们有什么样的期待。有时，对新加入者进行正式的再社会化的目的则是，让新进入者放弃他们最初的期待，对其职业采取一种更加实际的看法。那些相信其职责是保护人民的新招募的警察，必须学会：使用致命的武力是正当的，有时在执行任务中还是必要的（Hunter，1985）。医学院的学生随着认识到他们的职业中那些让人精疲力竭的要求，很可能会变得不那么理想主义而更为实际（Becker & Geer，1958；Hafferty，1991）。在那些涉及高度情感事务的职业中，如殡葬业，这样的再社会化尤其重要。

有时，再社会化是强有力的和剧烈的。在社会学家戈夫曼（Goffman，1961）看来，这种类型的再社会化，多发生在**全控机构**（**total institutions**）。全控机构是一种物理环境，生活在里面的个体或群体，与外面广大的社会被隔离开来，被迫过着一种封闭的、被正式管理的生活。监狱、精神病院、修道院和军事训练营，是全控机构的典型例子。在这些地方，先前的社会化经验被系统地摧毁，新的社会化经验会逐步确立起来，以便为这个更大群体的利益服务。就拿新兵训练营来说。军队每年单在这上面就会花费数十亿美元，雇用数千人去将平民变成做好战斗准备的战士，他们不仅要看上去像士兵，而且在行动和思考上也都要像士兵，并要学会从军人的角度去看这个世界（Tietz，2006）。这个过程被称为"完全控制"（total control）。为了帮助促进这一转变，新兵会被去除旧有的平民身份标记（衣服、个人物品、发型），被迫接受新的认同，这种新的认同会消除个体性，并会确认新来者处于从属地位（制服、身份号码、同样的发型）。新来者也会受到持续不断的仔细审查。服从是强制性的。出现任何过错都会受到惩罚或羞辱。最终，每个个体都学会了认同全控机构的意识形态。

在训练营中，（让士兵在）价值观和外表上保持一致性，目的是在士兵之间创造一种集体感，进而使军队可以更有效地完成任务。就军队中的多样性（先是允许非裔美国人入伍，然后是允许女性入伍，现在则是允许同性恋者入伍）所引发的争议而言，部分原因在于，它将不同的信仰、价值观、外貌和生活方式都引入了军队这一语境之内，而从制度的观点来看，军队保持一致性至关重要。

社会学家剪影

斯宾塞·卡希尔（Spencer Cahill）：殡仪师职业的再社会化

殡仪师几乎每天都要与死亡和尸体打交道。他们置身于大多数人都已习得感到恐怖和反感的景象、气味和声音之中。而且他们必须与悲痛欲绝的客户讨论一些冰冷的实际问题，如价格和付款方法，同时还不能显得冷酷无情。因此，殡仪师职业的再社会化，与任何其他处理人类悲剧的职业（如牧师、医生、护士和警探等）的再社会化一样重要。但与这些其他职业不同，对他们来说死亡只是其职业的一部分，而殡仪师存在的目的则是专为处理死亡。

为了研究成为殡仪师的过程，社会学家卡希尔（Cahill, 1999）在一所社区学院的殡葬科学项目中，进行了为期五个月的参与观察。在美国大多数州，殡仪师必须完成一个殡葬科学认证计划，才能拿到职业许可证。卡希尔定期参加了关于健康、卫生科学、悲伤心理学、尸体防腐保存的课程。他在私下里与其他学生进行了交谈，并正式采访了其中八个人。他的研究方法尤为特殊的地方在于，他没有采用那种超然的、客观研究者的立场，而是将自己的感受和情感反应都融入了他的分析中。

他发现，整个殡葬科学教育计划都在帮助将殡仪师的工作"正常化"（normalize），以便让学生在面对死亡时能够做到坦然以对。对死亡的提示随处可见。没有什么可隐藏的。例如，所有的教室里都有一些与死亡相关的物品，如保存尸体的冷冻柜、放置尸体的不锈钢桌和棺材。卡希尔注意到，所有老师都将讲义放在轮床（body gurney）上，放弃了传统的讲台和课桌。同样常见的一件事是，老师让教室与防腐实验室之间的门都敞开着，以便让尸体腐烂时那种挥之不去的气味飘进教室。

> 由于校园里的其他学生对他们大都是避之三舍，殡葬科学的学生经常聚在一起，从而给他们自己提供了一个具有持续性的支持网络。从这些非正式的互动（及与他们老师的交流）中，这些学生学得了一种职业语言，这些语言可以传递出一种职业权威，在面对大多数人觉得不适的事物时保持冷静。例如，学生们学会不将尸体视为一个有其历史和家庭的个体，而是将其视为追究死因（如摄入什么东西、发生了什么化学变化、死前受过什么创伤）所产生的一系列技术难题和问题。
>
> 然而，卡希尔指出，仅仅通过职业的社会化，并不足以培养出殡仪师。他注意到，那些一直将死亡视为一种神秘之物的学生，或者是那些（看到死亡场面或闻到死亡气味）容易恶心呕吐的学生，都不会在这项计划中坚持太久。相比之下，那些已经熟悉死亡或者是以前以某种方式与死人打过交道的学生（如殡仪师的孩子），则是最有可能顺利通过这项计划的人。
>
> 最终，顺利完成这一计划的殡葬科学学生，都能认同殡仪师这一身份。他们学会了将死亡正常化，获得了从事这一工作所必需的观察力、判断力和情感管理技能。
>
> 就像一个经过职业社会化适应良好的学生所说："我们所做的远没有护士和医生所做的那么令人沮丧。我们只是在死亡发生之后才接触到身体，而无需去看整个受苦过程。"（引自 Cahill，1999，p.109）

文化语境中的自我

当我们想象他人会如何回应我们的行动时，我们是在一套有限的行为准则之间作出选择，而这一行为准则则是更大的文化的一部分。在美国，自我很可能是重要的文化美德之一，如自立自信和个人主义。因此，个人目标往往要高于群体目标（Bellah, Madsen, Sullivan, Swidler & Tipton, 1985）。在美国，只要认为合适，人们很容易改变他们的群体成员身份：从一种工作换到另一种工作，从一个地区搬到另一个地区，改变自身的政治忠诚甚至是宗教。

美国可以说是一个**个人主义文化**（**individualist culture**）的社会，个人特质和成就是一个人的自我概念的重要组成部分。我们一直都很推崇那些独立的个体，他们的成功（通常都是用财富来衡量）是基于他们自己的成就和自力更生（Bellah et al., 1985）。因此，人们赢得的尊重，很大程度上都是由他们个人的专业知识水平来决定。例如，在美国，在客座教授公开演讲之前，主持人都会先向听众做上一番介绍："×××是一位杰出学者，是其所在专业领域的领头人"，然后就是×××的一系列学历背景和学术成就。

然而，在许多非西方文化中，人们更可能让他们的个人目标服从于更大群体的目标，更看重对他人的义务而非个人成就。在这样的背景下，这被称为**集体主义文化**（**collectivist culture**），与群体身份认同相比，个体身份认同是不重要的（Gergen, 1991）。例如，在印度，自尊和声望更多来自一个人家庭的名声和荣誉，而非来自任何个人成就（Roland, 1988）。在集体主义环境下，最看重的是，维护自己的公众形象，以免给一个人的家庭、部落或共同体抹黑（Triandis, McCusker & Hui, 1990）。克服个体私利和诱惑，忠于群体和其他权威，是值得赞赏之举。客座教授如果提到他们取得的个人成就和学历文凭，在集体主义文化中就会被认为是自私和自负。例如，日本的公众演讲者，通常都会在演讲一开始便告诉听众，他们对接下来将要谈到的话题知之不多（Goleman, 1990）。

但即使在像美国这样的个人主义社会中，我们的个人身份认同也与我们所属的各种团体和组织密不可分。因此，要想充分理解我们如何成为我们现在这样，我们必须知道我们的文化、家人、同学、同事，以及成为我们生活一部分的其他社会化代理人的规范和价值观。

社会化与阶层化：在不平等中长大

社会化并不是发生在真空中。你的社会阶级，你的种族和民族，你的生理性别和社会性别，都会成为你的社会身份的重要特征。你是出生在贫困家庭还是富裕家庭？你是少数族群的一员还是主流族群的一员？你是男性还是女性？这些身份认同元素，会塑造你在与他人及更大的社会进行互动时的经验，并会引导你走上一条特定的人生道路。在大多数社会中，社会阶级、种族和民族、性别，都是决定一个人一生中所拥有机会的关键因素。

社会阶级

社会阶级（**social classes**）由占有相似的权力、特权和声望地位的人们所组成。人们在阶级体系中所处的位置，会影响到他们生活中的几乎所有方面，包括政治倾向、性行为、宗教信仰、饮食和预期寿命。冲突论视角指出，即使像在美国这样相对开放的社会，父母的社会阶级也会决定孩子获取特定教育、职业和居所的机会。与较不富裕人家的孩子相比，富裕人家的孩子成长在更丰富的环境中，因此可以获得更多的物质享受和多种多样的机会，比如进入好学校、去很远的地方旅行、上私人音乐课，等等。此外，一个孩子的家庭收入越低，他/她生活在一个单亲家庭、有失业的父母、有不止一种缺陷（欠缺）、辍学的风险也就越大（Mather & Adams, 2006）。

但是，阶级与社会化之间的关系，并不仅限于父母为子女提供（或不提供）象征一个舒适童年的所有东西。父母的阶级位置也会影响孩子学得的价值观和方向，并会影响到他们发展出什么样的身份认同。

在第十章中，你将会了解到更多有关社会阶级如何影响态度、行为和机遇的内容。这里需要着重指出的一点是：社会阶级与社会化紧密相连。社会学家梅尔文·科恩（Melvin Kohn, 1979）采访了美国200对工人夫妻和200对中产阶级夫妻，这些夫妇至少有一个孩子在念五年级。他发现，与工人阶级父母相比，中产阶级父母更有可能去促进孩子养成如自主性、独立性和好奇心这样的价值观。距离现在更近的研究发现，中产阶级父母会比工薪阶层父母花更多时间去培养孩子的语言发展能力（Hart & Risley, 1995）。他们也更可能通过有组织的休闲活动和逻辑推理去培养孩子的能力（Lareau, 2003）。

相反，与中产阶级父母相比，工薪阶层父母更强调让自己的孩子服从外部权威，这是他们的孩子日后可能从事的蓝领工作共有的一个特点（M. Kohn, 1979）。他们主要是想让自己的孩子保持干净整洁，遵守规范（守规矩）。

当然，并不是所有的中产阶级父母，或者所有的工薪阶层父母，都会用这样的方式去养育自己的孩子，除了社会阶级，还有许多因素也会影响父母的价值观（J. D. Wright & Wright, 1976）。然而，科恩发现，不考虑孩子的性别或家庭的规模大小和构成，这些一般趋势是普遍存在的。在一项针对非裔美国妇女所进行的研究中，与那些来自工薪阶层家庭背景的女性所报告的情况相比，那些来自中产阶级家庭背景的女性报告说，她们的父母对她们抱有更高的期望，也更关心她们的教育（N. E. Hill, 1997）。此外，其他研究者也发现，尽管存在一些文化上的差异，但在欧洲（波兰和德国）和亚洲（日本和中国台湾；Schooler, 1996；Williamson, 1984；Yi, Chang & Chang, 2004），社会阶层地位确实会影响儿童的社会化。

社会阶级地位上发生的突然转变，比如非预期的失业所致，也会影响到父母让他们的孩子进行社会化的方式。失去工作的父母会变得烦躁、紧张、喜怒无常，他们管教孩子的方式也会变得武断。他们很可能会不讲道理，口出恶言，对孩子进行更多体罚。因此，儿童的自我意识，他们的志向，还有他们的在校表现，都会受到很大影响（引自 Rothstein, 2001）。

社会化上的阶级差异，也会直接关系到未来的目标。工薪阶层父母往往认为，最终的职业成功和生存，取决于孩子服从和顺从权威的能力（M. Kohn, 1979）。中产阶级父母则认为，孩子未来的成功源于自信和积极主动。因此，中产阶级孩子对于掌控自己命运的态度，要比工人阶级孩子强很多。

种族与民族

2015年，就在全美人民都在关注好几起手无寸铁的年轻黑人男性被白人警察枪杀事件时，我的一些学生也在课堂上进行了一场激烈的讨论。一个白人学生担心，由于这些个别警员的可怕行为，所有警察都会被视为坏人。所有种族的孩子都将会在一种不信任甚至憎厌警察的氛围中长大。她谈起作为一个孩子她一直被教导，警察的作用是帮助人们，如果她遇到麻烦或迷了路，她可以直接向警察求助。她从未考虑过警察是否可以被信任这个问题。

一些非裔美国学生在课堂上迅速指出，他们的社会化经验（与别人的）相当不同。父母和他们社区里的其他人都教导他们不要相信警察，因为警察很可能会去骚扰而非帮助他们；他们被教导，需要帮助时，要去找他们的邻居和亲戚，而不是警察。对他们来说，警察不是身着盔甲的骑士，而是戴着徽章的恶霸。许多家长和公民领袖都感到，有必要教导黑人和拉丁裔儿童，在警察靠近他们时如何安全应对。全美有色人种协进会（NAACP）已经出版了如何与执法人员进行互动的指南手册。除此之外，孩子们还被教导：只有在要求回话时才说话，要求停下时就停下，绝对不要有什么突然举动，始终要摊开双手表明自己手上没有武器（Barry, 2000）。前司法部长埃里克·霍尔德（Eric Holder；他也是一个黑人）公开了与其十几岁儿子之间的对话：他应该如何与警察进行互动、应该说些什么，以及如果他被警察以一种他认为毫无必要的方式拦下或面对让人不快的场合，他应如何控制自己的行为（Franke-Ruta, 2013）。

一些黑人和拉丁裔父母告诉他们的孩子，不要穿连帽衫或宽松的裤子，担心警察对这样穿着的人抱有的成见，弄不好就会给其带来致命危险（Eligon, 2013）。

虽然我的学生们的这两种观点并不能代表美国每个白人或每个黑人的看法，但是课堂上这些不同想法的交流却表明，种族和民族也会对社会化产生很大影响。对白人孩子来说，学习自己的种族身份认同，较少是在界定他们的种族，而更多是在学习：如何在一个白人占据主导地位的社会中，处理与身为白人相连的权限和行为（Van Ausdale & Feagin, 2001）。学校和宗教组织很可能都会强化白人孩子在他们家中收到的社会化信息，比如，"只要你努力工作，你就可以得到你想要的一切"。

然而，对少数族群的孩子们来说，了解他们的族群则是在一个不同的和更复杂的社会环境中进行的（Hughes & Chen, 1997）。这些孩子必须同时生活在两个不同的世界里：一个是他们的家庭和族群共同体，在这个世界里，他们会受到重视；另一个世界就是"主流"（也就是，白人）社会，在这个世界里，他们可能就不会受到重视（Lesane-Brown, 2006）。因此，在他们的成长过程中，他们很可能会接触到几种不同类型的社会化经验，比如那些包括主流文化信息的社会化经验、那些关注他们在社会中所处的弱势地位的社会化经验、那些关注他们所属族群的历史和文化遗产的社会化经验（L. D. Scott, 2003；Thornton, 1997）。父母经常会强调一种取向而非其他取向。在那些一直都能克服歧视并取得很高成就的族群中，如一些亚裔族群，族群社会化只需要关注其文化起源的价值观。但在那些大体上仍然处于弱势地位的群体，如非裔美国人、土著美国人和拉丁裔美国人，父母们在谈论种族时，更可能关注让他们的孩子做好心理准备，好去应对在一个设置好要忽视或主动将其排除在外的社会中存在的偏见、种族仇恨和虐待（McLoyd, Cauce, Takeuchi & Wilson, 2000）。例如，这些孩子可能会被教导，光是"努力工作"并不足以确保他们可以在这个社会上获得成功。就连生活在种族关系比较和谐的社区、家庭条件比较富裕的非裔美国人的孩子们，也需要得到保证，以消除他们对日后将会不可避免地遇上的种族冲突的疑惧。这些课程（经验）都是占据主导地位族群的儿童们极少会需要的，第十一章中对这其中的原因进行了更深入的探讨。

社会性别

回想一下我们在上一章所学的内容，你应该还记得，性别二元论（即认为有且只有两种性别）并不是一种普遍存在的信念。在对不同性别的人们有什么样的期待、如何对男孩和女孩进行社会化上，不同的文化甚至更可能有所不同。

在讨论社会化的这一层面之前，有必要先区分两个概念：生理性别和社会性别。**生理性别（sex）**通常是指一个人的生物属性是雄性还是雌性。**社会性别（gender）**则是指男性化和女性化：心理、社会和文化方面的男性和女性特征（Kessler & McKenna, 1978）。这一区别很重要，因为它提醒我们，男女行为或经验上的男性-女性之别，并非两性与生俱来的生物性差异所致（Lips, 1993）。

从孩子呱呱落地的那一刻起，性别社会化过程就开始了。医生、护士或助产士通过权威性地宣布这是一个男孩或女孩，从而开启了婴儿作为男人或女人的生涯。在大多数美国医院，男婴会裹一蓝毛毯，女婴则会裹一粉红色毛毯。从这一刻起，男性和女性就开始走上各自不同的成长轨道。此后个体从家庭、书籍、电视和学校得到的信息，不仅会教育和强化性别类型预期，还会影响他们自我概念的形成。

如果你去询问那些很快就要当父母的人，他们是更喜欢儿子还是女儿，或者换种问法，他们是否打算根据他们的孩子是男孩或女孩而对其予以不同的对待，大多数父母可能都会说"不会"。然而，现实生活中却有相当多的证据都表明，父母在这上面的言行并不一致（H. Lytton & Romney, 1991；McHale, Crouter & Whiteman, 2003）。这一点在为人父者身上体现得尤为明显（参见图5.1）。对怀孕妇女的一项研究发现，当

图 5.1　美国父母的社会性别偏好

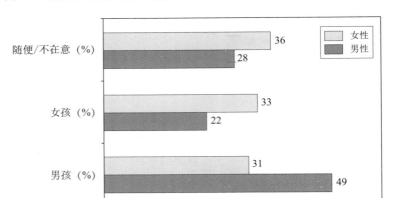

资料来源：Newport, 2011。

她们知道胎儿的性别后，她们描述她们的儿子和女儿的腹中运动方式完全不同。儿子的动作会用"充满活力"、"很有劲"这样的词语来描述，女儿的动作则会用"精力不太充沛"、"不活跃"来描述（B. K. Rothman, 1988）。

在另一项研究中，研究者请 30 个第一次当父母的人，描述一下他们出生还不到一天的婴儿。他们经常都会求助于那些常见的性别刻板印象。那些有女儿的父母描述她们为"小不点"、"柔软"、"漂亮"、"优雅"。那些有儿子的父母则描述他们为"强壮"、"机敏"、"坚强"、"协调"（J. Z. Rubin, Provenzano & Luria, 1974）。二十年后进行的一次与此相仿的研究发现，美国父母仍在用性别刻板印象的方式去观察他们的婴儿，虽然比起 1970 年代人数有所减少（Karraker, Vogel & Lake, 1995）。父母也倾向于与男婴而非女婴玩粗野的身体游戏，在与孩子讲话时的语调上也会有细微差异，并会用不同的昵称去喊他们，如"甜心"和"老虎"（MacDonald & Parke, 1986；Tauber, 1979）。

这种差异也反映在父母寻找关于他们孩子日后的各种信息中。近来一项对谷歌搜索的数据分析发现，有女儿的父母更爱提交查询关于他们孩子的体重和身体吸引力的信息，而有儿子的父母则更爱寻找关于他们的孩子是否在平均智商之上，或者是否有成为领袖的潜质的信息（Stephens-Davidowitz, 2014）。

新一代为人父母者对他们的孩子是否有正确的性别认同非常敏感。甚至就连那些认为生理性别与社会性别不相关的父母，也会花上大量时间，确保他们的孩子能有一个文化上适宜的性别外观。那些有女婴的父母，在他们的婴儿还没有长头发（在很多文化中这都是性别的一个可见的标志）时，有时会给他们的女儿头上系上粉红色的饰品，以免他人误认。在许多拉美国家，家庭会给女婴扎耳朵穿耳环，给人提供一个不会误认孩子的生理性别和社会性别的标志。

在那种生理性别和社会性别非常重要、任何模糊难分都会让人反感的文化中，正确的婴儿性别认同可以起到维护社会秩序的作用。当我的大儿子还是一个婴儿时，有几次，为了观察别人会何反应，我给他穿上一件粉红色、镶褶边的雪衫裤。（有个社会学家当老爸会给人添不少麻烦！）不可避免的是，总是会有人走到我们身边，然后开始逗小家伙玩。接下来就会发生如下互动：

"哦，她太可爱了！你家小女孩叫什么名字？"
"扎卡里。"
"扎卡里不是个男孩名吗？"
"没错，他就是个男孩。"

此时对方的反应，从大吃一惊的困惑，到尴尬的笑声，再到一脸不悦和勃然而怒，不一而足。很显然，人们会觉得我是在以某种方式对我的儿子进行精神虐待。我故意违反了一个基本的性别规范，从而在对方心中创建出了不必要的创伤（对孩子来说）和互动时的困惑（对他们来说）。

男孩和女孩都会在很小的时候就学习将性别作为一种有组织的原则接受下来（Hollander, Renfrow & Howard, 2011）。在18—24个月的年龄中的某个时点，大多数孩子都会发展出给人贴上性别群体标签的能力，在他们的言语中提到性别，认定自己是男孩或女孩（C. L. Martin & Ruble，2009）。对小孩子来说，是男孩或女孩只不过是另一种特征，就像有一头棕发或十个手指。这个年龄的孩子还没有概念：社会性别是一个每个人都会对应入座的类别（Kessler & McKenna，1978）。但到 5 岁左右，大多数孩子都会发展出相当多的性别刻板印象（例如，"男孩喜欢卡车"或"女孩穿裙子"），因而他们就会用其来引导他们自己的认识和行动（C. L. Martin & Ruble，2009）。他们也会使用这些刻板印象来形成对他人的印象。例如，一个男孩可能会避免去接近一个新搬来的邻家女孩，因为他认为她可能只会对那些"女孩"的东西才感兴趣。依据这一假设而采取行动，会强化男女不同这一原始信念。事实上，对这个年龄的孩子来说，性别通常会被视为一种固定的和持久不变的特质。他们对性别差异的看法会在 5—7 岁之间达到"刚性峰值"（peak rigidity）（Trautner et al.，2005）。然而，再过几年，他们对待性别的态度就会变得更加灵活，尽管这种灵活性并不总是会反映在他们的实际行为上（C. L. Martin & Ruble，2009）。

重要的是要注意，性别社会化并不是一个被动的过程，孩子们只能吸收对着他们"狂轰滥炸"的各种信息。作为流程的一部分，作为在他们的社会世界里找寻意义的进程的一部分，孩子们也会积极主动地将性别建构为一种社会类属（Liben & Bigler，2002）。从小他们就像"性别侦探"一样在寻找关于性别的线索，如谁应该和不应该去做某些活动，谁可以和谁玩，为什么男孩和女孩不同（C. L. Martin & Ruble，2004，p.67）。

父母和其他家庭成员有时也会给孩子们提供一些详细指示，告诉他们什么是恰当的性别行为，如"男孩子不许哭"、"要像个乖乖女一样"。不过，更常见的是，这样的指示要更加隐秘。数十年有价值的研究都表明，父母在跟他们的儿子和女儿说话和游戏时有很大不同，而为人父母者则经常没有意识到这一点。例如，一项关于"母亲对其孩子错误行为的反应"的研究发现，母亲在女儿身上更关注女儿是否受伤及其安危，在儿子身上则更关注是否违背规范（Morrongiello & Hogg, 2004）。在另一项研究中，让父母给他们的孩子讲述关于他们孩子自己小时候的故事。在这样做的过程中，那些有儿子的父母，比那些有女儿的父母，更喜欢突出强调可以显示孩子自主性和自立性的故事（Fiese & Skillman, 2000）。与女儿相比，做父亲的会在儿子身上投入更多时间，并会与儿子一起进行更多的身体游戏；而做母亲的则会对女儿作出更多情感回应，鼓励她们不要与男孩子混在一起（Lanvers, 2004；Raley & Bianchi, 2006）。有趣的是，父母，尤其是那些宣称会在养育孩子上保持性别中立态度的父母，经常没能认识到他们的社会化角色，而在他们的孩子作出性别刻板印象方式的行为时，求助于生物学解释，认为"天生如此"（Kane, 2006）。

随着孩子年龄的增长，父母通常都会鼓励他们去做更加符合性别形象的活动（Liben & Bigler, 2002）。历年来的研究一致表明，孩子们在做家务活上明显男女不同（Antill, Goodnow, Russell & Cotton, 1996）。例如，男孩子更可能去修剪草坪、铲雪、倒垃圾和做园艺工作，而女孩子则更喜欢打扫房间、洗碗、做饭、照顾自己的弟妹（L. White & Brinkerhoff, 1981）。这些差异明显与赋予男性和女性不同的社会角色有关，第十二章对此有更详细的讨论。

父母的性别期待（在孩子出生前后）也有很大的影响力（Kane, 2009）。这里是一位父亲对此的表述："我一直想要一个儿子。我想教［他］打篮球……棒球，等等。"相比之下，对女儿则有非常不同的期待："我想要［一个女孩］……把她打扮得漂漂亮亮，给她买布娃娃……女孩子就是你可以做所有你想做的事情的人，比男孩子能做的多得多。"（Kane, 2009, p.373）

性别指示对美国的男孩子来说尤为严厉和具有约束力。事实上，男孩子要是作出性别不符的行为，为此付出的社会成本往往会重得不成比例（Risman & Hill, 2010）。一项研究发现，随着年龄增长，女孩子们的游戏模式会变得较少带有刻板印象；不过，男孩子们则仍然必须保持强烈的男性气概（Cherney & London, 2006）。就像一位作家所说，女孩可以**仍然**（**still**）是女孩，但是，男孩则**必须**（**must**）是男孩（Orenstein, 2008）。

大家可以考虑一下"娘娘腔"（*sissy*）和"假小子"（*tomboy*）这两个词语的不同含义。一个被称为"假小子"的女孩，可能会跟人打架，骂人脏话，参加体育比赛和爬树，但她的整个性别身份认同，并不会受到这个标签的质疑。一般来说，女孩子是可以得到许可去做"男孩子们做的事情"（Kimmel, 2004）。事实上，"假小子特质"如果被认为是负面的，通常会被视为一个过渡期，即一个女孩子最终会长大摆脱出来的阶段。一项研究发现，女孩子中间的"假小子"行为，通常始于 5 或 6 岁，平均而言，到 12 岁左右就会消失（B. L. Morgan, 1998）。

但对男孩子来说，玩"女孩游戏"而不受嘲笑的机会极为罕见，因此这样做的风险极高。"娘娘腔"并不仅仅是指一个喜欢女性事物的男孩这么简单。人们会怀疑他比较软弱、没有男子气概。他的"娘娘腔特质"，很可能会被视为他的性本质的映射，是他将会成为同性恋的一个标志。

然而，值得注意的是，并非所有家长在抚养孩子时，都会如此固守传统的性别期待。少数（但其人数正在逐渐增多）家长已经开始提倡，在抚养孩子上采用"可变性别"（gender-fluid）的方法，例如，允许他们的儿子穿裙子和高跟鞋，如果他们想要这样做的话。他们指称他们的孩子为"粉红男孩"（pink boys），即那些对传统的女性表现有强烈兴趣但仍认为自己是男孩的男性（Padawer, 2012）。他们想让他们的孩子去占据/拥有传统上的少男时代和传统上的少女时代之间的"中空"地带。尽管他们充分意识到，当这些孩子在公共场合展示他们的外观偏好时将会面临的问题（既来自其他孩子也来自大人），但是，他们认为，没有人能够完美地适合这一性别二分法分类，既然这样，为什么他们就应该通过迫使孩子不舒服地去适应传统的性别群体而去摧毁孩子的个性？然而，摆在他们面前的战斗是一场艰苦之战，因为他们需要对抗的，是一个由其他人组成的共同体，那些人的反应则是从困惑到敌对。

大多数情况下，父母都是通过日复一日提供给他们的孩子的东西，如衣服、饰品、书籍、视频等，来参与他们孩子的性别社会化。衣服不仅提供了可见的性别标记，也传达了按照传统性别界限应该如何去对待那个人的信息（Shakin，Shakin & Sternglanz，1985）。女孩子穿着镶褶边的衣服，也就无法去玩那种粗野的混战游戏。同样，穿着高跟鞋和紧身迷你裙，也很难走快或走得很稳。男孩和男人们穿的衣服很少会以这种方式去限制身体运动。家长给孩子提供的玩具和游戏，是一种特别有影响力的性别信息来源。

微观与宏观之间的联系：
女孩玩具与男孩玩具

就像大多数年过五旬的人一样，我还记得以前有段时期，玩具在孩子们的生活中扮演着一种与现在非常不同的角色。当我还是个孩子的时候，我的朋友们和我很少有什么玩具，最后我们通常都是就地取材，把树枝、空箱子、无弦的旧网球拍改造成玩具来玩。当我们确实收到一个新的玩具，这通常都是发生在一个特殊场合，比如过生日或节日，或者是做过避免蛀牙的牙科检查之后。每隔一段时间，我们攒够钱，就会去当地玩具店，给自己买些玩具，那些玩具都是我们早就期盼了好几个月的。那些玩具都很简单，一点也不复杂，像小马车、消防车、玩偶、球、火车、棋类游戏，我们会把它们一直玩破或玩坏才罢手。当我们的父母发现我们突然明显长大了一截，他们会送给我们一些需要特别注意安全的玩具：一套化学试验器皿、一个简易烤箱、一套电动赛车组合。

今天的玩具已是大不相同。它们现在是一个数十亿美元的商业，是一个巨大的跨国互联产业的一部分。现在买一个玩具，几乎不可能不与一些新的电影、电视节目、快餐店或其他重要的市场营销活动发生联系。玩具公司现在经常会根据自己的产品生产出电视卡通节目（C. L. Williams，2006）。父母发现很难抵制他们孩子的愿望，而这些愿望很可能都是观看电视广告而形成的。你可以试试看，带一个小孩去麦当劳，却不给他买那里的玩具，想开心地吃顿饭会有多大的压力。过去那种古怪有趣的独立玩具店，已经被巨型玩具大卖场所取代，后者大卖场里有着走不到头的走廊，从地板到天花板，堆满了各种各样的玩具盒子，上面画着吸引眼球的颜色和尖叫的图片。甚至是严肃的全球事件，现在也有与之相关的玩具被开发出来。2011年海豹突击队击毙本·拉登后不久，玩具公司就开始生产和销售"海豹突击队第六分队"玩具，其范围从摆出各种姿势的活动人物到塑料武器。

但是，当前的玩具行业状况，并不仅仅是贪求利润的企业，试图找到新的方法来压榨儿童市场的结果（G. Cross, 1997）。玩具在教给孩子们关于性别的主流文化概念上，一直扮演着一个重要的社会化角色。在1950年代（在美国历史上的那个时代，大多数成年人都对科技进步的好处深信不疑），建筑玩具组和化学玩具组被设定用来鼓励男孩子们成为工程师和科学家。娃娃屋和小玩偶则被用来教导女孩子成为现代家庭主妇和母亲，这些都是女孩子们成年后通常会被期望去扮演的角色。

今天，只需快速一瞥星期六早上的电视广告、玩具商店的货架、制造商的网站，就可看到，玩具和游戏仍然保持着清楚的性别界限之隔。例如，零售巨头Toys"R"Us网站给在线客户提供了两个选项："女孩玩具"或"男孩玩具"。男孩玩具的特色类别包括"动作玩偶"，女孩玩具的特色类别则包括"娃娃"和"洗浴美容配件"。而且尽管男孩玩具和女孩玩具中都有一类称为"建筑玩具组"，但是男孩的玩具组包含"星球大战绝地拦截器"（Star Wars Jedi Interceptor）、"使命召唤跟踪部队运输车"（Call of Duty Half Track Troop Transporter）和"怪物战斗机吸血鬼城堡"（Monster Fighter Vampire Castle）；相反，女孩的玩具组则包括"灰姑娘的浪漫城堡"（Cinderella's Romantic Castle）、"Hello Kitty海滩屋"（Hello Kitty Beach House）和"芭比的迷人房子"（Barbie's Glam House）。

"女孩玩具"仍在围绕着家庭、时尚和做母亲这些主题打转。它们鼓励创造、养育和身体吸引力。"男孩玩具"则强调行动和冒险，鼓励探索、竞争和攻击（C. L. Miller, 1987; Renzetti & Curran, 2003）。与特定性别相连的玩具，可以培养孩子们养成不同的特质和技能，进而将男孩和女孩（的成长）区分开进入不同的社会发展模式。

标志性的、高度刻板印象的芭比娃娃（Barbie doll），一直是 50 年来最畅销的女孩玩具。近年来，像"美国女孩"娃娃（American Girl dolls）等竞争对手都很流行，对芭比娃娃的市场主导地位构成了挑战。这些娃娃被宣传为赞成"所有的女孩都可以"（all that girls can be），流行各种历史人物，每个人物都有自己的背景故事。"阿迪·沃克"（Addy Walker，"美国女孩"系列中第五个女孩）生活在 19 世纪，是一个逃跑的奴隶。"莫莉·麦金太尔"（Molly McIntire，"美国女孩"最早的三个历史人物之一）是在第二次世界大战期间长大的。"朱莉·奥尔布赖特"（Julie Albright，"美国女孩"系列中第九个女孩）是 1970 年代一个风趣的女孩，她努力适应新学校。

玩具制造商也会持续通过向男孩子们推销战争玩具、竞赛游戏、体育用品而赚取可观的利润。1983 年，广受欢迎的可动人偶 G. I. Joe，有了属于他自己的电视节目；到 1988 年，5-11 岁的美国男孩中，三分之二都有 Joe 的玩具（G. Cross, 1997）。今天，男孩子们的玩具市场上随处可见 Joe 的塑料后代：高科技的士兵、来自流行漫画和电影中那些肌肉发达的可动人偶、星际战士。关于 G. I. Joe 的真人电影，已于 2009 年在影院上映。

视频和网游成为近年来一个特别赚钱的产业。大多数玩家都是年轻人，他们在那些经常玩电脑和视频游戏的人中能占到 60%（Statista, 2015）。在那些玩网游"上瘾"的人中，十几岁的男孩与女孩之比为 10：1（Spada, 2014）。

毫不奇怪，大多数游戏都是由男性为其他男性所设计。在有着《猎天使魔女》（*Bayonetta*）、《电车之狼》（*Rapelay*）、《死或生：沙滩排球》（*Dead or Alive: Xtreme Beach Volleyball*）、《侠盗猎车手》（*Grand Theft Auto*）、《电锯甜心》（*Lollipop Chainsaw*）这样名字的游戏中，女性角色性感撩人、衣着暴露、身姿绰约。许多游戏都将女性角色描绘成妓女和脱衣舞娘，她们经常成为游戏中变态男施暴的对象。在在线游戏《无骨女孩》（*Boneless Girl*）中，游戏者要用鼠标点击一个穿着比基尼的女孩，拖着她穿过屏幕，通过一个由许多泡泡组成的迷宫。在《永远的毁灭公爵》（*Duke Nukem Forever*）中，如果那些半裸的女性不合作，允许玩家扇她们耳光。为了促销这款游戏，2K游戏推出了一个相关网站，包含一个Flash游戏，在这个游戏中，每击中成功一次，女性目标就要脱下一件衣服，直到最后赤裸上身。像这类游戏中传递出的性别信息，对于男孩对待女孩及妇女的态度和他们对得体男性行为的认知，可能都会有不好的影响。

　　有时玩具制造商也会试着（通常并不热心）模糊男孩玩具与女孩玩具之间的界线。几年前，孩之宝（Hasbro）玩具公司试图引起男孩子们对巨魔娃娃（troll dolls）的兴趣，这种娃娃通常都是受女孩欢迎。最后呈现出的是一种老式的可动人偶，有着魔兽一样的外形，并配有"巨魔战士"（Troll Warrior）、"战魔"（Battle Troll）这样的名字（Lawson, 1993）。其他公司则试图向女孩子们出售可动人偶和积木，这些过去一直都是男孩子们玩的游戏，但在设计上还是沿循着传统的性别刻板印象。例如，2012年，芭比娃娃的制造商美泰（Mattel），想要摆脱芭比娃娃过于女性化的形象，引入了一组建筑芭比女孩称为"美家宝建筑风格"（Mega Bloks Barbie Build'n Style）。然而，套装是泡泡糖粉红色，核心仍是建立一个梦想的巨大城堡。同样，广受欢迎的乐高积木，男孩子们已经玩了几十年用来拼塔和怪物，仍然保留着其最初鲜艳的色彩。但是它们也在吸收更女性化、柔和的颜色，制作粉彩色调的积木，可以用来做珠宝和娃娃的家。此外，乐高最近开始推广它的明确专为女孩子设计的"朋友"系列玩具，其主题有"米娅的卧室"（Mia's Bedroom）、"兔子和婴儿"（Bunny and Babies）、"心湖宠物中心"（Heartlake Pet Salon）等。

　　大多数情况下，玩具制造商仍会便捷地利用性别差异，孩子们也会被鼓励在他们成人后继续维持这些角色差异。他们知道得很清楚，那些反对性别专一化的玩具的成年人，将会面临失望的孩子皱着眉头看着一些性别中立的替代玩具（C. L. Williams, 2006）。费雪（Fisher-Price）提供了"小妈咪"娃娃，一个柔软、可爱的婴儿从一个瓶子里吸饮料，配有一个座位进行如厕训练。彩星玩具（Playmates Toys'）的"神奇的阿曼达"会笑，会说，会哭，会要求抱抱，并会有面部表情变化。美泰给芭比娃娃的朋友米琪制造了一个怀孕系列（称为"米琪的快乐家庭"）。她有一个鼓鼓的肚子，打开后就可以看

> 到，里面有一个 1¾ 英寸的小婴儿依偎在娃娃的塑料子宫里。这个娃娃可以满足一个女孩在玩生产和照顾新生儿游戏上的一切需要，包括尿布（女婴是粉红色的，男婴是蓝色的）、出生证明、奶瓶、摇铃、可调桌、浴缸、婴儿床。显然，所有这些娃娃明显都在教给小女孩了解为人母者的文化价值，这也是大多数女孩得到鼓励并被期望在以后的生活中会进入的一个角色。相比之下，你很难在男孩子们喜欢的玩具中找到一个与此类似的、让他们为未来扮演父亲角色做准备的玩具。

社会制度与社会化

现在应该比较清楚了，正是经过一系列嵌入在更大社会结构中的复杂过程，我们才成为现在这个样子。我们远非只是我们的解剖学部分和神经系统部分的总和。对待阶级、种族和性别的文化态度，会极大地影响我们的个体身份认同。但是，各种不同的社会制度，尤其是教育系统、宗教组织和大众媒介，对我们的自我概念、我们的价值观、我们的想法，也有相当大的影响力。

教育

在当今工业社会，紧随家庭之后，最强大的社会化机构代理人就是教育。事实上，依照结构功能论视角的看法，学校存在的主要理由就是对年轻人进行社会化。孩子们会在 5 岁左右正式进入学校系统——这时他们开始进入幼儿园，虽然许多孩子更早就进入了学前班或托儿所。在这一时点上，家庭的"个人化"（personalized）教育被学校的"非个人式"（impersonalized）教育所取代，大多数发达国家的儿童，都将会在接下来的 13 年或更长时间，在学校接受教育。没有其他哪个非家庭机构,能够这样广泛而持续地控制一个人的社会成长。

尽管学校在形式上负责给学生提供他们所需的知识和技能(如阅读、写作、数学、科学),以满足社会上不同角色的要求,但它们也会教给学生一些重要的社会价值观、政治(价值)观和经济(价值)观。当学生们设立模拟的超市或银行场景,他们正在学习自由企业和金融在资本主义社会中的重要性;当他们举行模拟选举时,他们正在被引入民主政治系统中;当他们花时间去照顾校内花园或安放回收箱,他们正在学习呵护地球。

更加微妙的是,学校可以教给学生,在这个世界上,他们可以对自己的未来抱有怎样的期待。许多学校都会基于对孩子们学业能力的评估,将其分成不同的小组,去学习不同的课程。例如,在一所典型的高中,一些学生将会学习为他们上大学而准备的课程,另一些学生则会学习为他们毕业后参加工作而准备的更普通的或职业的课程。课程**分流**(**tracking**)显然决定了学生们有着不同的未来:学习高阶课程的学生,通常会进入名牌大学;学习低阶课程的学生,可能根本不会去上大学。因此,分流会最终影响到学生们的就业机会、收入水准和总体生活质量。

毫不奇怪,一些父母竭尽全力想要增加他们的孩子在学校取得成功的可能性。例如,现在有些家长选择推后一年送其孩子上幼儿园,这一做法被称为"学习红衫"(**academic redshirting**),好留出额外时间促进孩子的社会、情感和智力发育,同时也是为了确保孩子不是班上最小的(Gootman, 2006)。1968–2005年间,注册进入一年级及以上的美国6岁孩子所占的比例,从96%下降到84%。这并不是说人口中6岁的孩子人数减少了。这是因为有更多6岁的孩子在幼儿园而不是一年级(Deming & Dynarski, 2008)。2011年,每11个幼儿园适龄的孩子中,就有1个没有上小学(S. Wang & Aamodt, 2011)。

"学习红衫"这一做法得到相当多的支持。一些研究表明,比同学岁数大的孩子们,在学业和体育比赛上表现更好(引自 E. Weil, 2007)。在幼儿园老师们这边,他们也经常鼓励"学习红衫",因为与岁数更小的同学相比，更成熟的孩子们往往会有更好的行为表现，并会得到更好的测验分数（S. Wang & Aamodt, 2011）。

然而，其他人则指出，"学习红衫"这一做法产生的影响，将会远远超出幼儿园教室。例如，弱势群体的学生比其他人更有可能辍学。如果他们也推迟一年入学，他们就会在他们教育的开始和结束都在浪费时间。此外，晚一年入学的孩子们，相应也会晚一年进入劳动力市场，这意味着将会有更少的工人支付社会保障体系，而这一体系则要支持越来越多的退休人员（Deming & Dynarski, 2008）。

具有讽刺意味的是，尽管美国的学校非常强调通过成绩和报告卡展现个人取得的成就，但是学生们也在学校了解到，他们日后将会在社会上取得的成功，可能同样多的会由他们是谁、他们取得了什么来决定。有充足的证据表明，老师会基于学生的种族、宗教、社会阶层和性别，而与其进行互动（Wilkinson & Marrett, 1985）。正是在学校里，许多孩子第一次认识到这样一个事实：人和群体在社会上是分阶层的，要不了多久他们就会明了自己在社会层级中所处的位置。

一些社会学家认为，在大多数文化中，学校教育的目的，主要并不是为了给孩子们提供事实信息、鼓励他们发挥自己的创造力，而是为了生产出消极被动、没有问题的随大流者，这样的人很容易融入现有的社会秩序（Gracey, 1991）。这一关于顺从性的训练，包括几个不同层面（Brint, 1998）。首先就是**行为上（behavioral）**要顺从（与社会上大多数人保持一致性）。低年级的老师通常都会通过控制孩子们的身体动作来让孩子们乖乖听话（守规矩），如让他们坐端正，或强迫他们举手发言。一些学校仍在通过对不当行为进行严厉处罚来确保这样的整合。据美国教育部提供的统计数据，在19个允许实施体罚的州，每年约有22.3万名学生遭受体罚（Center for Effective Discipline, 2012）。其次，学校会教导在**道德上（moral）**要顺从。老师经常教导孩子们各种美德，如诚实、勇敢、善良、公正和尊重。最后，学校会教导孩子们顺从**文化上（culturally）**认可的风格和态度。在一些社会中，老师会奖励那些表现机智的学生；在另一些社会中，老师则会奖励那些思考全面、提出深刻问题的学生。这样的训练可以使学生社会化，去采用人们认为在那个社会中文化上可取的特质。

有时，这些不同层面会相互重叠。例如，"不许与老师争辩"这一规范，教导孩子们学习尊重权威这一道德上的"善"。但这样做也会促成循规蹈矩，并会让孩子们首次接触到父母之外有权威的成年人对他们的控制。然后，像这样的课堂规则，还可以帮助实施纪律；与此同时，它们也为孩子们将会在更大的文化中面临的事情做了准备。今天服从幼儿园老师，也就是在为明天服从高中老师、大学教授和职场老板做准备。

不幸的是，寻找方法展现其创造力的孩子们，经常会变成后进生，他们怨恨课堂上的限制性结构、过多的规章制度、以牺牲独立为代价强调顺从性（K. Kim & Van Tassel-Baska, 2010）。毫不奇怪，许多研究都发现，过去 20 年，美国儿童的创造力（有时用创造力商数"CQ"表示）已经大幅下降，尤其是在年幼的孩子中（引自 Bronson & Merryman, 2010）。

其他国家已经将儿童创造力提升为一项国家优先发展政策。2008 年，英国修改了其中学课程，着重强调"创意"，而不仅仅是传统的学科。欧盟将 2009 年定为"欧洲创新年"。中国的学校则已开始采用一种解决问题的方法来对学生进行教育，而不是埋头苦读和死记硬背（Bronson & Merryman, 2010）。

尽管美国的学校，在大多数情况下，仍然强调秩序和纪律，但是教育工作者也开始更加注重创造力的重要性，并在开发可以将创新和解决问题意识整合入所有学科领域（而不是只有艺术领域）的课程。幼儿园采用的一种越来越流行的方法，被称为"有目的的玩耍"，涉及教师通过游戏、艺术和玩乐，巧妙地引领学生去完成学习目标（Rich, 2015）。一些学校甚至努力给学生们灌输看上去与现有的社会安排不一样的价值观。例如，明尼苏达州、新泽西州和德克萨斯州的学校系统，一直在它们的小学里尝试用一种新方法去进行教与学。与强迫学生们在上课时间老老实实坐着相反，老师们允许他们站起来四处走动，只要他们愿意。甚至就连课桌都是可调式的，这样学生们若是喜欢就可以站在上面去学习。老师们认为，与更加传统的教室相比，在这种教室里，学生们保持注意力的时间更长，学习效果也要更好（Saulny，2009 b）。

由于正式教育在大多数孩子的日常生活中如此重要，所以一种特定的学校系统的议程，无论其哲学理念或方法是什么，都会不可避免地影响到他们最终将会成为什么样的人。

宗教

就像结构功能论视角告诉我们的，宗教是一种社会制度，可以满足人们的精神需求，并且是文化知识的主要来源。在人们形成是非对错观念的发展过程中，它扮演着重要角色。通过给每个个体生活中的事件提供一致性和连续性，它还有助于形成人们的身份认同（Kearl，1980）。宗教过渡仪式，如洗礼、犹太成人礼、坚信礼和婚礼，在给个体加深与每个新地位相联系的权利和义务这一印象的同时，也再次确认了个体的宗教身份认同（J. H. Turner，1972）。

宗教在美国人的生活中占据着一个复杂的位置。近年来社会中发生的结构变迁，已经使得宗教归属变得有点不稳定。例如，随着人们从一个地方搬到另一个地方，许多关系（将他们与相同的宗教连在一起），其中最值得注意的是家庭和朋友网，都断了。只有不到40%的美国居民每周参加一次或多次宗教活动（Pew Forum on Religion and Public Life，2012b）。越来越多的人认为，宗教的社会化影响力正在减弱（Pew Forum on Religion and Public Life，2014b）。大多数美国居民对基本的宗教历史和文本，实际上都很不了解（Prothero，2007）。当研究者向3400名美国人提出32个关于《圣经》、世界宗教、宗教人物的问题时，他们平均只答对了一半问题，甚至是在这些问题与他们自己信仰的宗教相关的情况下。事实上，在这一关于宗教知识的测试上，自称无神论者和不可知论者的得分，明显高于新教徒和天主教徒（Pew Forum on Religion and Public Life, 2010b）。

此外，美国人中没有宗教认同的人（无神论者、不可知论者和那些说他们相信灵魂但没有宗教信仰的人）所占的百分比，从 2007 年的 16%，增长到 2014 年的 23%。在 30 岁以下的年轻人中，这一趋势表现得尤为明显。因此，过去十年，许多最有影响力的宗教群体，都经历了成员人数上的下降（参见图 5.2）。事实上，自 2007 年以来，美国人中认为自己是基督徒的百分比，已从 79% 下降到 71%（Pew Research Center, 2015a）。

然而，会员人数下降并不意味着，所有宗教在美国社会中都失去了它们的社会化影响。实际上，过去十年间，就在一些教派人数出现萎缩的同时，其他一些教派的人数却在增加（参见图 5.2）。各种非基督徒的宗教团体的成员显著增长。例如，1990—2008 年间，美国的穆斯林和佛教徒的数量，从不足 100 万增加到 200 多万（ProQuest Statistical

图 5.2　2001—2008 年间不同教派成员的人数变化

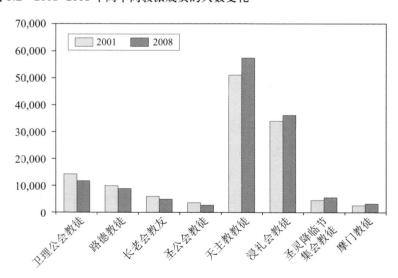

资料来源：ProQuest Statistical Abstract, 2015, Table 82。

Abstract, 2015)。事实上，人口专家预测，未来 20 年，穆斯林人数的增长速度将会是非穆斯林的两倍（Pew Forum on Religion and Public Life, 2011）。移民在一定程度上推动了这种增长。在报告拥有非基督徒宗教信仰的人中，移民是本土出生的美国人的四倍多（Pew Forum on Religion and Public Life, 2008）。

虽然现在的宗教情况看起来不像它在 50 年前那样，但在许多美国人的生活中，它仍然是一个重要的社会化代理者。与大多数其他西方民主国家相比，如加拿大、德国、法国、英国和澳大利亚，美国人以其宗教信仰的深度而显得十分突出（Zoll, 2005）。不妨考虑一下下面这些事实：

- 84% 的美国成年人说，宗教在他们的生活中扮演着重要角色（引自 Zoll, 2005）。相比之下，52% 的挪威人和 55% 的瑞典人认为，上帝对他们来说一点都不重要（引自 Ferguson, 2004）。
- 93% 的美国人，包括那些报告说没有宗教信仰的人在内，相信存在上帝或上苍（引自 Weiner, 2011）。
- 三分之二的美国人相信，上帝最好是形容为全能、全知、完美宇宙的创造者，他统治着当今这个世界（The Barna Group, 2007）。
- 65% 的美国成年人认为，基督故事的所有这些方面：童贞女怀孕生子、圣贤之旅、天使通告牧羊人、马槽里的故事，都反映了真实发生的事件（Pew Forum on Religion and Public Life, 2014a）。
- 72% 的美国人认为，应该允许在国家财产上呈现基督教的符号（如基督诞生场景），或者独自呈现，或者同时配以其他信仰的符号（Pew Forum on Religion and Public Life, 2014a）。
- 三分之二的已婚美国人都举行过宗教婚礼，三分之二的美国人都举行宗教葬礼（Kosmin & Keysar, 2009）。
- 在 18–29 岁不信现有任何宗教的人中，46% 的人认为有天堂，54% 的人相信有来生，58% 的人相信奇迹（Pew Forum on

Religion and Public Life，2010a）。

此外，我们仍然认为自己是一个"上帝庇佑下的国家"，我们的钱币上仍然宣称"我们信仰上帝"。现今，在一场音乐颁奖典礼上没有看到获奖者承认上帝在她或他的成功中所起的作用，或者是在体育赛事中没有看到一个棒球运动员在击球前先在胸前划一个十字、一个橄榄球运动员在触地得分后手指天空、一个篮球运动员在赛后采访中感谢上帝指引他投出关键一球导致他的球队获胜，几乎是不可能的。全美一些公立学校仍在继续举行祈祷仪式或《圣经》研究，尽管这样做要面临着像美国公民自由联盟（ACLN）等组织的诉讼威胁（Eckholm，2011）。

宗教也是美国政治制度的一个重要组成部分。美国人要比其他工业化国家的人们更愿意让政治与宗教发生联系。没有哪位现任总统胆敢在国情咨文演讲结束后不祈求上帝保佑美利坚合众国。就像一位作家所说："美国是唯一还能做到这一点的国家：当他们的领袖向上帝祈求保佑美国时，它的公民不会大声笑起来。"（Ignatieff，2005，p.47）将近一半美国人认为，礼拜场所应该公开表达自己对重要社会和政治问题的观点，约三分之一美国人认为它们应该公开支持特定的候选人（Pew Forum on Religion and Public Life，2014b）。三分之二的美国人认为，美国总统有虔诚的宗教信仰是一件很重要的事情（Pew Forum on Religion and Public Life，2004）。事实上，在一些州，不信上帝的人是没有资格担任公职的（Goodstein，2014a）。

大众传媒

另一个强有力的社会化的制度代理者就是媒介。报纸、杂志、电视、收音机、广播、电影和互联网，都在传播关于现实的本质具有说服力的信息。它们是政治信息、经济信息和社会信息的把关者，界定了什么是重要的、什么是不重要的（Marger，2005）。它们还告诉我们，我

视读社会学 | 谢天谢地……（或者再不济也要感谢橄榄球队）！

无论你是一个虔诚的基督徒，还是一个坚定的无神论者，都不会否认宗教在美国社会中占有举足轻重的地位。尽管加入主流宗教组织和参加传统宗教服务的人数都在下降，但是人们已经找到了非传统的方法来表达他们的宗教虔诚。例如，我们已经习惯于看到运动员在打出全垒打或让对方三振出局之后手指天空，在成功达阵触地得分或者赢得比赛后单膝跪地握拳触及眉毛，或者是赢得比赛后聚成一群进行祈祷。

你认为这样做是否合适：一个运动员在赢得个人比赛胜利或团队胜利后感谢上帝？一些职业体育联盟，如美式橄榄球大联盟（NFL），现在会对嘲弄对手或显示过度热情之举予以处罚。宗教手势是否同样应该受到处罚？你能想出一些其他"非宗教"场所或环境，人们经常在那里表达自己的宗教信仰吗？让我们从不同的角度来看看这个问题：虔诚的表情在什么地方从来都不会见到？你为什么没有看到过人们在面包店买到一个好面包，或者是在银行兑换支票后，手指天空或单膝下跪？一般来说，如果有的话，你认为宗教应该在社会生活的世俗领域扮演什么样的角色？

们"应该"成为什么类型的人，我们在职场上应该如何表现，不同社会阶级的生活有多么大的差异，我们的性关系和家庭生活看上去应该是什么样子。媒体教给我们主流的价值观、信念、迷思、刻板印象和趋势（Gitlin, 1979），并提供了一条途径，通过这一途径，我们可以学到新的态度和行为（Bandura & Walters, 1963）。

在美国，媒体曝光无处不在：

- 8–18 岁这一年龄段的青少年，每天花费在所有类型电子媒体上的时间超过 7.5 个小时。鉴于他们同时花在处理多项任务上的时间，今天的年轻人会将约 10 小时 45 分钟的媒体内容挤进那 7.5 小时内（Rideout, Foehr & Roberts, 2010）。
- 近 80% 的青少年现在都有手机，其中一半是智能手机，比 2011 年增加了 23%。75% 的青少年会用手机、平板电脑和其他移动设备上网（Pew Research Center, 2013b）。
- 8 岁以下的儿童每天会接触到 4 小时的背景电视（电视开着但孩子在做其他活动；Lapierre, Piotrowski & Linebarger, 2012）。
- 2 岁以下的儿童，有 38% 会用移动设备访问一些类型的媒体（Common Sense Media, 2013）。

可以看到每一起大规模屠杀，如在奥罗拉、科罗拉多、牛顿、康涅狄格或罗斯堡、俄勒冈发生的大规模杀人事件，引起人们重新关注暴力媒体在这样的悲剧中所起的作用。因此，毫不奇怪，社会学家、心理学家，当然少不了还有政客们，一直都在不断地争论：电影、电视和视频游戏中的性和暴力，影响人们（尤其是年轻人）行为的程度到底有多大。

美国电视和其他媒体，既娱乐了我们并让我们看到不同的生活方式，也传递了关于重要文化价值观（像个体成功）的强有力的信息。考虑一下电视体育节目的作用。电视已经将运动体验缩减为一系列的个人成就——这是整个美国的社会结构都建立其上的一种文化价值观。我们已经习惯于听到像"世界纪录保持者"、"超级巨星"、"最伟大的球员之一"这样的描述。媒体上不仅会高度赞美个体和偶尔的"王朝"球队，而且也会高度赞美更具体的行动，如"最好的进攻篮板"、"最佳回球"、"开放场域最好的防守者"、"最好的沙坑近穴击球"。媒体强调个人成就这一特点，也可以在网络虚拟联盟（online fantasy leagues）的日益流行中看到，在这个联盟中，参与者组成真正球员的"团队"，通过实际游戏中那些球员的表现，与其他参与者进行竞争。重要的是个人数据，球队输赢无关紧要。

也可以考虑一下今天职业篮球中最具有象征性的一个动作：灌篮。看电视上一场篮球比赛的精彩画面重放时，那气势汹汹、雷霆万钧、抵抗地心引力的扣篮镜头，是绝对不会少有的：

> 扣篮是力量、支配、男子气概的一种宣示。在一场团体比赛中，每一方各有五名球员，它是一种自我的展现。在一项致力于销售球鞋的运动中，扣篮是一个营销力作，是每一个值得注意的篮球序列最终的金钱镜头。
>
> （Sokolove，2005，p.42）

然而，对一些观察家来说，球迷对杂耍般的扣篮的狂热痴迷，已经使得成功的基本面，即团队合作和牺牲自我，显得无足轻重（Sokolove，2005）。在一个肌肉发达的运动员（其唯一可靠的进攻技能就是灌篮）可以赚取数百万美元的世界、在一个ESPN也会在全美电视网上转播高中（篮球）选秀的世界，看到个体运动能力盖过团队协作并不奇怪。因此，当今许多年轻球员更关心如何让自己的个体表现更加完美，而不关注培养其他技能，如传球、抢篮板、多点投篮、打防守，以及其他不那么出彩但对球队成功来说却是相当重要的技巧。

媒体的社会化角色，在性别方面表现得尤为明显。例如，儿童书籍就会教导小孩子，他们文化中的其他小男孩或小女孩在做什么、大家对他们的期望又是什么。在 1970 年代早期，丽诺尔·威兹曼（Lenore Weitzman）和她的同事研究了，在美国流行的学前书籍中，对性别的描述是什么样的（Weitzman, Eifler, Hodada & Ross, 1972）。他们发现，男孩在故事中比女孩扮演更重要角色的比例为 11∶1。男孩更容易被描述成去做需要独立和勇气的冒险活动，女孩则更可能被描述为局限于室内活动，并被刻画为是被动的和依赖的。在接下来近二十年中，童书中的这些性别刻板印象仅略有下降（S. B. Peterson & Lach, 1990）。近年来一些出版社尝试出版不含性别歧视的儿童书籍，但却几乎没有对整体市场产生什么影响。例如，小学阅读课本中，仍然主要将男性描述成好斗、好辩、好竞争（L. Evans & Davies, 2000）。童书中的"性别平等"，通常涉及女性角色，她们有着常与男性相连的特征和角色。这些书中即便是有，也是极少会描述男性角色身上展示出女性特质（Diekman & Murnen, 2004）。

同样，电影和电视也在继续按照性别刻板印象的方式去描绘男性和女性。不妨考虑如下事实（Geena Davis Institute on Gender in Media, 2012, 2014）：

- 美国电影中只有 29% 的主角是女性，尽管女孩和妇女占到美国人口的一半还多。
- 在故事片中，女性角色被表现为性暴露着装和身材纤细的可能，是男性角色的两倍以上。
- 针对女性电影角色的外貌评论，是男性角色的五倍还多。
- 2006—2009 年，在 G 级家庭电影中，没有一个女性角色被描绘为工作在医学科学领域、法律领域、政治领域，或是被描绘为企业的领导人。在这些电影中，十个有职业的人中有八个都是男性，这与真实世界中的数据形成了对比：在现实生活中，女性占劳动力的 50% 多。

电视里也存在类似的性别刻画。在黄金时段的电视连续剧中，约40%的角色是女性。在儿童节目中，这一数字下降至30%。只有在电视真人秀中，女性角色的比例（48%）才比较接近男性。当涉及电视上的职业描述时，传统的性别刻板印象依然存在。在黄金时段的节目中，妇女占14%的企业高管、28%的高层政客、29%的医生和21%的科学家／工程师（S. L. Smith, Choueiti, Prescott & Pieper, 2012）。甚至媒体就连在报道女性体育赛事时，往往也倾向于关注运动员的外貌和性吸引力，而非仅仅是她们的竞技成就（Billings, Angelini & Eastman, 2005；Shugart, 2003）。不足为奇的是，在每届夏季奥运会上，最受欢迎的电视转播赛事之一就是女子沙滩排球，在这个项目的比赛中，运动员的"制服"（统一着装的比赛服）是暴露的泳衣。在2012年夏季奥运会上，为了重振观众对人气低迷的羽毛球运动的兴趣，世界羽联颁布了一项规定，要求所有女运动员都要穿短裙，从而创造出一种更加"吸引人的表演"（J. Longman, 2011）。

媒体广告也使性别刻板印象得以持续存在。收音机广告中，四分之三的主角是男性。男人比女人更容易被描绘成所推销产品的权威专家而不是用户（Monk-Turner, Kouts, Parris & Webb, 2007）。一项对儿童卡通时段的467则电视广告进行的研究发现，就像节目本身中呈现的那样，男性人物更有可能比女性人物成为主角，更有可能被刻画为是主动的而不是被动的，更有可能在一种职业背景下得到描述（S. Davis, 2003）。同样，一项对500多则以儿童为对象的美国和澳大利亚广告进行的分析发现，女孩比男孩更容易被描绘成害羞、傻笑、被动（Browne, 1998）。不过，这一差异在澳大利亚并不太明显，因为在反抗媒体中的性别刻板印象上，那里的积极活动分子做得要比美国更成功。

所有这些性别形象，对孩子们的认知和行为有很强的影响力（Witt, 2005）。与很少看电视的孩子们相比，观看大量电视节目的孩子们，更有可能在性别上持有刻板印象态度，流露出与性别相关的特征，从事与性别相关的活动（M. Morgan, 1987；Signorielli, 1990）。在一项研究中，那些先前在性别上没有刻板概念的女孩子，在经常看电视两年后开始显现出，这种态度有了显著增加（M. Morgan, 1982）。高中生看的访谈节目和黄金时段节目越多，那些节目中刻画了大量与不同性别有关的活动，他们就越有可能持有传统的性别刻板印象（Ward & Friedman, 2006）。

小　结

我们如何变成我们现在这样的一个人，是一个复杂的社会过程。我们所持有的如此珍视的那些个体特质，如我们的自我概念、我们的性别、我们的种族和民族身份认同，反映了更大的文化态度、价值观和期望。然而，我们并没有完美地反映出社会的价值观。尽管所有强有力的社会化制度都在暗中操控我们的发展，但我们仍是并将永远都是作为独特的个体而存在。

有时候，我们会不去理会我们的概化他者，并会完全无视我们所处共同体的标准和态度，朝着我们自己的目标独立闯荡。有时我们形成的自我概念，会与我们从他人那里得到的关于我们自身的信息相互冲突。有时我们情愿违反与我们的社会阶级、性别或种族相连的对我们的期望。在我们如何变成现在所是的样子这个问题上，社会影响力只能解释其中一部分。余下的仍是一个引人入胜的谜，而也正是这些未知的谜，才使我们变得真正与众不同。

像社会学家一样思考：穿衣玩耍男女有别

成为儿童或青少年，并不仅仅是成长过程中的一个生物学阶段。它是一种社会身份认同。人们对这一身份认同的期望，既产生自特定的文化和历史背景，也产生自在他们家庭中发生的社会化过程。

但在培养儿童的过程中，许多其他社会制度也在予以协助，而且经常是以不太明显的方式在进行。

想要亲眼目睹这样的社会化过程是如何进行的，不妨去一个大型购物中心转转。大多数商场今天都开有儿童服装店（如 Baby Gap）。如果你去的购物中心没有，可以去一个大型百货商店，找到儿童服装部分。首先从婴儿衣服开始。是不是有"女孩衣服"与"男孩衣服"之分？留意对比一下男孩衣服和女孩衣服不同的风格、颜色和布料。再收集一下关于为幼儿、学龄前儿童和小学生设计的衣服的相应信息。

现在可以再去找一家专卖青少年衣服的店铺。这个年龄段不同性别之间的衣服样式和布料有何不同？

收集完你的数据后，试着解释一下你所观察到的差异。为什么会存在这样的差异？这些差异表明男孩和女孩被期待或鼓励参与什么样的社会活动？例如，哪种衣服"耐磨经穿"，哪种衣服"精致讲究"？这种差异如何强化了我们对男性气质和女性气质的文化观念？把视线转到青少年身上，流行的服装风格如何鼓励了性感？

你的社会学店铺之旅的下一站是一家玩具店。你能察觉出男孩玩具区和女孩玩具区吗？你是如何看出来的？这些玩具有什么不同？这些玩具鼓励与其他孩子进行什么样的互动？是彼此竞争？还是相互合作？哪种玩具是设计来充满活力地玩？哪种玩具看上去鼓励安静地玩？这些玩具给孩子们预备了什么类型的成人角色？举出几个具体的例子。

最后，再找一家有童书专区的书店。男孩子最感兴趣的是什么书？女孩子最感兴趣的又是什么书？男孩子的书与女孩子的书有什么不同之处？

书中描述的人物和情节有何差异？书店里是否有一个专区，摆放有那些帮助青少年顺利度过青春期的书？如果有的话，看看这些书都对青少年男孩和女孩提供了什么不同的建议？

利用你在所有这些方面（衣服、玩具和书籍，或者是你偶然发现的其他方面）的发现，分析一下消费品在将儿童社会化入"恰当"性别的过程中所起的作用。随着孩子年龄增长，这种性别隔离情况是变得更明显了还是减弱了？你认为制造商、出版商、零售店等，只是在应对市场需求（即，他们制造出具有性别差异的产品，因为那就是人们想要的），还是说他们也在创造那些需求上扮演着某个角色？

本章要点

- 社会化是一个过程，通过这一过程，个体习得他们的文化，学习按照特定社会的规范去生活。在这一过程中，我们学会认识我们的世界，得到了我们的身份认同感，并会与他人进行恰当的互动。它还会告诉我们，在一系列情境下，我们应该做什么和不该做什么。
- 对个体来说，社会化最重要的一个结果就是自我意识的发展。要想获得自我，孩子们就必须学会将他们自己视为是独特的物理客体，掌握语言，学会扮演他人角色，实际上也就是从站在他人的角度上来看自己。
- 社会化过程并非仅发生在童年。每次放弃旧角色进入新角色，成年人都必须进行再社会化，学得新的规范、价值观和期望。
- 通过社会化，我们学得与我们的社会阶层、种族或民族群体、性别相联系的社会期望。
- 社会化发生在许多社会制度的背景下，首要的是家庭，接着则是学校、宗教制度和大众媒介。

第六章
如何强化我们的(社会)认同:
自我的展演

- 我们是如何形成对他人的印象的?
- 我们是如何管理对他人的印象的?
- 那些管理不当的印象

1981年圣诞节那天,我与我前妻的家人第一次见面。那时我们刚刚确立恋爱关系,所以我知道,面对这一重要的陌生人群体,我必须尽力在言谈举止上都展现出我最好的一面。我想让他们能够对我形成这样一种印象:这是一个讨人喜欢的家伙,未来的某一天他们将会骄傲地将我视为家庭的一员。

就在大家忙着打开他们的圣诞礼物时,我注意到,一个14岁的女孩在打开专门送给她的一个特殊礼物:她自己的篮球时,睁大了惊喜的双眼。作为家中八个孩子里最小的一个,她没有什么可以称得上是她自己拥有的东西,所以这对她来说是一个重要时刻。她终于可以脱离那种到处都是旧衣服和公用物品的生活。她紧紧地抱着那个篮球,就像它是一只小狗一样高兴。

我看到给人留下一个完美印象的机会来了。我在心里暗自说道:"我篮球打得不赖,我可以带她去外面车道上的篮筐上给她露两手,让她见识一下我的投篮技术,成为她的偶像,也可赢得她家人的认可。"

"嗨,玛丽,"我对她招呼道,"咱们出去投球吧。"走到门外,我从她手上拿过新球。"看好了",说着话,我就把它往10米开外的篮筐扔去。我们一起看着球划出一道优美的弧线,直奔篮筐而去,有那么一瞬间,我觉得球肯定会进。但不幸的是,球并未投进。

就像是在命运那嘲弄之手的引导下,球撞上了一颗露在外面的螺丝钉,那个钉子是用来固定篮框底座的。就听"噗"的一声让人震惊的巨响,跟着就是嘶嘶的跑气声,球就像没气的气球一样,晃晃悠悠地飘落下来。它躺在地上,毫无生气,从未体验过那种"刷"的一下涮篮而过的乐趣。就此而论,在其膨胀状态的短暂生命中,它甚至都未在地上弹跳过。

有那么几秒钟时间,我俩都木然地站在那里,一动不动。然后我回过神,转身想要向这个14岁的女孩道歉,而她那刚才还是充满快乐的眼神,现在则充满了那种通常只有在看到斧头杀人狂和国税局稽查员时才会有的仇恨和不满。转瞬间,她突然哭了起来,扭头往屋里跑去,一边哭喊着:"那个家伙（*That guy*）弄破了我的球!"这实在不是我竭力想要争取的英雄形象。当一群愤怒的家人涌入后院,盯着我这个"邪恶"的但还有些不太了解的"罪犯"时,我痛苦地意识到,我们试图留给他人的自我形象,在本质上有多么脆弱。

*　　*　　*

我们都曾置身过这些场景中,如第一次约会、第一次工作面试、第一次与女朋友或男朋友的家人见面,在这些场合下,我们都想尽可能地迫使自己给他人"留下一个好印象"。我们试着呈现出关于我们自身的一种讨人喜欢的形象,这样他人就会对我们有一种正面的评价。这种现象不仅是我们个人生活中一个重要而普遍的方面,而且还是社会结构中的一项基本规范。

本章我将会考察社会创建出来的形象。我们如何形成对他人的印象?我们会做些什么来控制他人对我们形成的印象?我也会对这些行动更广泛的社会学应用进行讨论。个体试图控制他人对自己的印象,其背后的制度动机是什么?群体和组织如何展现和管理集体印象?最后,就像我那错误的一投毁掉了一个女孩崭新的篮球,当这些尝试失败、形象被破坏,又会发生什么?

我们是如何形成对他人的印象的?

当我们与人初次相见时,我们会基于可以观察到的线索,比如年龄,像种族和性别等先赋地位特征,如外貌、语言和非语言表达等个体属性,立即对他人形成一种印象。这一**印象形成（impression formation）** 过程,有助于我们对他人的身份有一个快速的勾绘。

记住,这一信息的重要性——人们赋予特定年龄、种族或性别的价值评判;社会认为可取的特定外表或性格特质;特定言语和姿势的含义——会因时因地而不同。因此，人们形成的对他人的印象，必须总是放在适当的文化和历史背景下去理解。例如，在美国，一个情绪化的人给人的印象是精力充沛、外向；在英国，这样一个人给人的印象是粗鲁无礼，而在泰国或日本，这样一个人很可能会被认为是危险的或疯狂的。

社会群体成员

我们经常只需看一眼他人的外表，就可以确定他人的年龄、性别、种族及某种程度上的民族；他/她所处的社会阶层不太容易直接看出，但有时在其遇到另一个人后不久，透过后者的言谈举止或穿着就会显露出来。我们的社会化经验已经教会我们可以去预期：展现出这些社会群体成员身份迹象的人们，会有某些共同的特点。例如，如果你只知道一个你不认识的人已经有85岁了，你就可能会预测：她没有多大力气，记忆力很差，过着因循守旧的生活。当你知道你的新室友来自一个不同的州，或者说来自一个不同的国家，想想你会对他有什么样的预期。当然，这样的预期极少会完全准确。然而，我们通常都是以文化界定的这些概念来开始与他人进行互动，包括来自特定社会群体的人们可能会如何行动，他们可能会有什么样的品位和喜好，他们可能会持有什么样的价值观和态度。

这一信息是如此普遍、对其进行加工又是如此迅捷，以至于通常只有在它比较模糊或者是无法获取的情况下，我们才会注意到它。如果你花了很多时间给陌生人发短信或微博，你可能已经注意到，在你不知道和你交谈的人与你是同性还是异性、或是比你年长还是年轻的情况下，形成友谊（交上朋友）或进行聊天会有多么困难。社会群体成员身份，可以给彼此了解不多的人们之间的所有邂逅，提供必要的背景信息。

外表长相

我们基于我们的社会群体身份认同，通过评估其他也容易感知的特征，如一个人的外表，来对我们的最初印象进行确认或修正（Berndt & Heller, 1986）。人们打扮和装饰自己的方式，向他人传递出了他们的感受、信仰和群体身份。人们的衣服、首饰、发型等，也可以表明他们的民族、社会阶层、年龄、文化品位、道德和政治态度。

但在另一方面，我们的文化背景也会影响这些印象。在美国文化中，外貌是非常重要的。看起来，几乎是无处不在鼓励我们去相信：如果我们的皮肤不完美，如果我们太矮或太高，如果我们过重或过轻，如果我们的发式不够时尚，如果我们的衣服不是最流行的款式，我们就会对他人缺少吸引力。尽管人人都承认，单凭一个人的外表就形成对他/她的印象是肤浅的和不公平的，但是我们大多数人还是会那样去做。

美貌只是表面现象？（又译"美貌是肤浅的"） 著名古希腊哲学家亚里士多德说过："美是比任何介绍信都要有用的推荐函。"当代研究证实，他人的外表会影响我们对他们的感知。有魅力的男性会被视为更有男子气概，有魅力的女性会比她们缺少吸引力的同伴被视为更有女人味（Gillen, 1981）。我们经常认为，长得好看的人拥有其他让人羡慕的特质，如幸福、善良、有力量和容易有性冲动（Dion, Berscheid & Walster, 1972）。这样的判断有时会转化为经济利益。经济学家们杜撰出一个术语："**魅力津贴**"（**beauty premium**），来指有吸引力的人享有的经济优势：

> 英俊的男人要比长相不太出众的男性平均多挣 5%（漂亮女性则多挣 4%），长相漂亮的人会得到老师、老板和导师更多的关注……57% 的招聘经理[在最近一项调查中指出]，符合条件但没有吸引力的候选人，可能更难找到一份工作；一半以上的招聘经理

建议. 应聘者在"确保他们看起来有吸引力"上,要花费与"完善简历"一样多的时间和金钱。

(J. Bennett, 2010, p.47)

但是,美并不总是与积极的印象和结果有关。例如,人们可能会认为那些极具吸引力的人会被惯坏或并不特别聪明。演员罗伯·劳（Rob Lowe）最近说:"人们对所谓长得好看的人抱有让人难以置信的偏见和歧视,认为他们不可能会有苦恼,或不可能过苦日子,或不可能深刻或有趣。"（引自 Brodesser-Akner, 2014, p.12）

在马拉维,一个有着很高艾滋病毒感染率的东南非国家,太漂亮的女人往往受到人们可疑的八卦。HIV 阳性的人往往身体极瘦,因为艾滋病会对身体造成损害。一些最有效的治疗艾滋病的药物是抗逆转录病毒药物（ARVs；参见第十四章）。药物的副作用之一就是体重增加和皮肤变得光滑。因此,人们就会认为看起来太健康的女性必然服用了抗逆转录病毒药物,而这也就意味着她们是 HIV 阳性,因而不是理想的性伴侣（Koenig, 2011）。

基于外表的印象还会对法律体系产生影响。在一项研究中,研究者给康奈尔大学的本科生被试,提供了刑事审判中一些被告的文件,要求这些学生被试评估他们的罪行,并建议给出何种惩罚。文件中的信息包括被告的种族、性别、身高、体重和眼睛的颜色,另有一张高分辨率的彩色照片,照片事先已被分为有吸引力的和缺乏吸引力的两种。此外,还给予他们一份审判总结（这些都是重罪攻击案例）、律师的终结辩论的正式文本、法官对陪审团的指示。研究人员发现,与有吸引力的被告相比,缺少吸引力的被告被定罪的可能要高出 22%；如果罪名成立,在狱中服刑的时间平均要多出 22 个月（Gunnell & Ceci, 2010）。对全美刑事辩护律师协会（National Association of Criminal Defense Lawyers, NACDL）的发言人来说,这项研究的发现并不让人感到惊讶,他说:"我们通常都会要求我们的'客户'穿着西装,梳好头发,尽可能显得外

表整洁。[这项研究]只不过是证实了我们很多人都心知肚明的一件事。"（引自 Baldas, 2010, p.1）

另一方面，在社会景观上，丑陋一直占据着一个卑微的地位。在文学和电影中，丑陋通常都与邪恶和恐惧相连，用于描述各种各样的怪物、食人魔、巫婆和恶棍（Kershaw, 2008）。除了虚构的描写，在日常生活中，丑陋也会产生严重后果。例如，一项研究发现，即使在那些长相不会影响一个人工作技能的职业里，如计算机编程，长相丑陋的员工也会受到歧视（Mobius & Rosenblat, 2006）。如今的许多家长正在变得越来越无法接受孩子外观上有任何缺陷。现在许多网站都提供修饰服务，这样父母就可以修改孩子的照片，去除瑕疵、弯曲的牙齿和其他面部不够完美之处。

然而，还是让我们面对现实吧：与男性相比，对女性来说，外表仍是一个更为突出的人际关系问题和经济问题，尽管如今的女性要比以往任何时候都有更多的金钱、政治影响力和法律认可。例如，61%的招聘经理表示，对女性来说，在工作场所"展示她的身材"是有利的（J. Bennett, 2010）。2015年，蒙大拿州议会通过了一项新的着装标准政策，建议女性议员要对"裙子的长度和领口保持敏感"（Healy, 2014, p.24）。对于男性，就不存在这样的指令。下面我们来看看，一位专栏作家描述的澳大利亚人是如何看待该国首位女总理的：

> 在朱莉娅·吉拉德（Julia Gillard）出任澳大利亚总理的三年另三天中，我们讨论她的夹克的尺寸、她的屁股的大小、她那暴露的乳沟、她剪的头发、她说话的腔调、她上台的合法性，以及就像一名国会成员……所说，她是否选择了"故意不孕"。
>
> （Baird, 2013, p.A17）

很难想象，男性政治领导人的外表会成为这类关注的中心，更不用说男性雇员或古典音乐家了。

世界各地的妇女在改变她们的身体以符合其所在文化中定义的美的标准时，经常会给她们自身带来严重的疼痛和伤害：

- 在中国，每年都会有数百名妇女，因相信让自己变高会改善她们的工作和婚姻前景，而去做一种手术，在这一手术中，她们的腿骨会先被击碎、分离，然后再被拉伸。金属钉和螺丝每天会将骨头拉长一毫米以下，有时这一过程会持续近两年。不少中国女性由于这一手术而失去了行走能力，其他人则要为此承受骨头变形的永久伤害（C. S. Smith, 2002）。
- 在美国，富有的女人有时会去做一种具有潜在危险的脚部整形手术，俗称"灰姑娘手术"，以缩小尺寸，改变脚趾形状，这样她们就可以穿上当下最时尚的尖头高跟鞋（Stover, 2014）。
- 女孩子和妇女现在可以佩戴具有装饰性的"美瞳彩片"，这是一种色彩鲜艳的隐形眼镜，可以让眼睛显得更大，因为它们不仅像普通眼镜那样覆盖了虹膜，还覆盖了眼白的一部分（Saint Louis, 2010）。这些眼镜，可以让佩戴者呈现出一种天真烂漫、眼神迷离的样子，在网上不用处方就可购得，很是让眼科医生忧虑，他们担心它们可能会给佩戴者造成损害。美国食品和药物管理局的一位发言人写道，在没有有效处方的情况下购买隐形眼镜，消费者的眼睛可能会遭受严重的伤害，甚至失明。

在个体层面，强调外表会贬低一个人的其他特征和成就；在制度层面，它通过维持一些上百亿美元的产业，包括广告、时装、化妆品、整形术和减肥行业，在一国经济中扮演着一个重要的角色。

超重或肥胖 在美国社会和大多数工业化社会中，那些体型超过文化认定标准的人，可能会最强烈地感受到被认为没有吸引力的负面影响（Carr & Friedman, 2006；English, 1991）。总的来说，美国约有32%的儿童和 68% 的成年人超重或肥胖（The State of Obesity, 2014）。这一比例持续增长，使得各种社会机构也开始调整其行为。考虑如下这些事实（Taubes, 2012）：

- 2012 年，海岸警卫队将其原来预定的船上乘客的平均体重标准从 145 斤提升到 168 斤。
- 17—24 岁之间的美国人，约有 25% 因超重而不适合服兵役。
- 与 1960 年相比，航空公司每年要在飞机燃料上多花费约 50 亿美元，因为需要更多的能量去运载更重的美国人。商业航空公司制定有肥胖座位政策，如果乘客无法适应（单一）机票座位，无法恰当地系上（单一座位上的）安全带，和／或放下座椅的扶手时无法就座，就要购买第二个座位的机票。

我们只是刚刚开始了解肥胖迫使全美付出的财务损失。与肥胖相关的医疗费用，每年约为 1900 亿美元，或者说占比超过美国总医疗支出的 20%（Cawley & Meyerhoefer, 2012）。与体重正常者相比，肥胖者平均每年约在医疗保健上多花费 1429 美元（Finkelstein, Trogdon, Cohen & Dietz, 2009）。此外，到 2030 年，因肥胖而造成的经济生产力上的损失，将会达到年均 3900 亿美元与 5800 亿美元之间（Robert Wood Johnson Foundation, 2012）。现在，一些健康保险公司会对那些超过一定体重指数的人，收取更高保费（Singer, 2010）；一些雇主也要求超重员工支付更大比例的医疗费用（Abelson, 2011b）。不足为奇的是，联邦政府已经花费了数亿美元，去告知公民"少吃点，多运动"（Taubes, 2012）。

在一种"以瘦为美"的文化背景下，肥胖不仅被视为不健康的、花钱多的，还会被视为令人厌恶的、丑陋的、不洁净的（LeBesco, 2004）。人们有可能会评判超重的人缺乏意志力和自我放纵、具有攻击性，甚至是与道德和社会格格不入（Millman, 1980）。在美国，"肥胖"是孩子们受欺负最常见的原因，超过以下特征如种族、民族、宗教、身体残疾

(Bradshaw, Waasdorp, O'Brennan & Gulemetova, 2011)。一项研究发现，与纤瘦的患者相比，心理健康个案工作者，更有可能赋予肥胖的患者负面特征，如太情绪化、卫生习惯不好、有偏常行为（L. Young & Powell, 1985）。在另一项研究中，医生在与正常体重的患者交谈时，要比与肥胖患者交谈时，明显流露出更多的热情和移情。此外，超重病人经常抱怨医生批评他们的体重，即使促使他们来看医生的健康问题与体重并无关系。这些都不是微不足道的研究发现，因为在医生同情病人处境的情况下，病人更容易听从医生的建议，并会有更好的健康效果（引自Parker-Pope, 2013）。

人们常说，在美国，体重歧视是最后一种可以接受的不平等待遇的形式（Carr & Friedman, 2006）。在工作场所，研究人员发现，肥胖和超重的人在就业周期的每个阶段，包括雇用、岗位、薪水、晋升、处分和解雇，都会受到明显的歧视（Roehling, 1999）。就像一般而言的丑陋一样，对肥胖的研究一直显示，肥胖的员工会在工资上受到"惩罚"，尤其是肥胖的女人。乔治华盛顿大学公共卫生学院的研究人员发现，肥胖男性的年均收入要比体重正常的男性少4772美元，肥胖女性的年均收入则比正常体重女性少5826美元（Newswise, 2011）。

在高能见度的职业，如公共关系和销售行业，超重的人往往会被视为不适用，因为他们很可能会让人对其所在公司产生一种负面形象。超过航空公司体重要求的乘务员都会被解雇，尽管他们的工作能力完全符合公司标准（Puhl & Brownell, 2001）。大西洋城的一家赌场曾经警告其鸡尾酒服务员，如果他们的现有体重再增加10%，他们就会被暂停工作90天去减掉多余的体重，在此期间没有薪水。如果减肥不成功，他们就会被解雇（I. Peterson, 2005）。

并非世界各地都对肥胖的人抱有负面看法。例如，在尼日尔，超重（其理想标准是一圈一圈的脂肪、肥胖纹和浑圆的臀部）被认为是女性美的一个重要组成部分。不够丰满浑圆的女性被认为不适合结婚（R. Popenoe, 2005）。在毛里塔尼亚，5—19岁之间的女孩，有时她们的父母会强迫她们每天喝下 5 加仑富含脂肪的骆驼奶,好让她们变胖(LaFraniere, 2007)。在博茨瓦纳,肥胖等同于女性的生育能力,因此是女性适龄婚嫁的一个积极标示。肥胖的女人据说会下"肥蛋",因此适合生孩子(Upton, 2010)。在许多发展中国家,由于粮食供应稀缺,超重往往与中产阶级或富人被联系在一起。

事实上,一些人类学家认为,女性在社会中的角色,总是会影响关于体型的文化品位。例如,在女性经济独立的工业社会(如英国和丹麦),在女性承担着找寻食物责任的非工业社会,男性往往偏好更大的女性身体。只有在女性在经济上依赖于男人的社会(如日本和希腊),男人才会强烈地偏爱纤瘦、沙漏形的女性身体。就像一位人类学家所说,男人对女性身体类型的喜好,依赖于"他们希望他们的伴侣要坚强、坚韧、经济上成功和政治上有竞争力的程度如何"(Cashdan, 2008, p.1104)。

全世界的肥胖率,伴随着与肥胖相关的疾病,如糖尿病,一直在增加,主要是因为更多加工食品和实惠食品的产量,比以往有了更多的增加(Murray & Ng, 2014;Swinburn et al., 2011)。不过,与此同时,西方纤瘦的形象——可能是肥胖的污名化——也开始渗透到那些过去对肥胖身体持有积极乐观态度的地方,如墨西哥、坦桑尼亚和波多黎各(Brewis, Wutich, Falletta-Cowden & Rodriguez-Soto, 2011)。一个印度女商人最近表示:"我认为各个地方理想的美的标准都是骨感。我有一个受过高等教育的朋友承认,她希望她的孩子宁可得厌食症也不要超重。"(引自 Parker-Pope, 2011, p.A3)

在美国,对体格大小的看法,与种族和社会阶层有一定联系。依照官方的测量统计,67% 的白人不是超重就是肥胖。非裔美国人和拉丁裔美国人的这一比例分别为约 76% 和 78%(The State of Obesity, 2014)。就像在当代发展中国家一样,在美国,肥胖也曾被视为财富和高地位的标志,但在今天,实际情况恰恰相反。超重很可能与贫穷联系在一起,在贫民区,久坐不动的生活方式和高脂肪饮食非常普遍(Gilman, 2004;D. Kim & Leigh, 2010)。体重问题在贫困社区还会加重,因为决定身体活动的关键因素，如安全的活动场地、购买低价高质食物的机会、往返运动场地的交通设施，不是匮乏就是不存在。由于贫穷的杂货店分布在低收入社区，新鲜水果和蔬菜实际上要比郊区商店还贵。与富有的白人社区相比，在贫穷的黑人和种族混居社区，大型连锁超市、天然食品商店、水果和蔬菜市场和面包店极其少见。他们所拥有的，更多的是当地的杂货店、便利店、快餐厅，所有这些店铺都提供不了什么健康的选择，并趋向于为其提供的更健康的食物收取更高的价钱（M. Lee, 2006）。这些地方有时也被称为"食品沙漠"（food deserts），因为它们被隔离在营养之外，缺乏主流的、高品质的食品杂货店。

此外，快餐公司也锁定贫穷的内城中心社区大肆扩张。研究人员早已发现，当九年级学生的学校坐落在一家快餐店的十分之一英里内时，这些学生的肥胖率平均增加5%（Currie, DellaVigna, Moretti & Pathania, 2009）。另一项研究发现，居住在快餐店附近的低收入黑人成年人，比起远离快餐店居住的人，有更高的体重指数（Reitzel et al., 2013）。这一问题变得如此严重，以至于2008年洛杉矶市议会通过立法，要求在内城一个有着30%肥胖率的地方，一年内暂停开张新的快餐店（Kurutz, 2008）。2012年，纽约市长试图（但以失败告终）限制在快餐店销售超大瓶的含糖饮料。

就一般的外表而言，美国女性对当代厌恶肥胖的品位感受尤为强烈。服装公司通过改动女人衣服的大小，来减轻女性对其体重增加的担忧。现在有几家公司生产零号服装。2007年，时装设计师妮可·米勒（Nicole Miller）第一个给女性服装引入"零度以下"尺寸：腰围23英寸（相当于一个小足球的周长大小），臀围35英寸（美国女性的平均尺寸是腰围34英寸，臀围43英寸；Schrobsdorff, 2006）。人们担心，"0"和"00"尺寸大小，将会在以"骨感"为荣的年轻女孩中，成为一种身份的象征。对于上岁数的女性，服装公司还有一种常见的做法，称为"虚荣尺码"（vanity sizing），即服装大小相同的尺码随着时间推移变得更大。在1930年代，胸围32英寸的女性会穿14码的衣服；在1960年代，她会穿 8 码；如今，她会穿 0 码（Clifford, 2011）。这样做据说是为了使老年妇女有一种更好的自我感觉，因为它会让她们产生一种错觉，认为自己比实际上更瘦。

但是，并非所有美国女性都同等关注体重问题。82% 的非裔美国妇女和 77% 的拉丁裔美国妇女超重或肥胖，相比之下，白人女性的这一比率为 63%（The State of Obesity, 2014）。然而，白人女性明显要比少数族群的女性更担心自己的体重，并更容易出现饮食失调行为（Abrams, Allen & Gray, 1993）。在一项研究中，90% 的白人初中和高中女生表示不满意她们的身体，相比之下，黑人青少年女生的这一比例为 30%（S. Parker et al., 1995）。事实上，黑人青少年往往认为自己比实际上更瘦弱；而白人青少年则往往认为自己比实际上更重。

非裔美国女性，尤其是穷人和工人阶级的非裔美国女性，要比其他族群的女性较少担心节食或变瘦（Molloy & Herzberger, 1998）。一项研究发现，尽管非裔美国女性比白人女性更有可能超过建议体重的 120%，但是她们却较少会因此就认为自己超重，或是其自尊心就此便会受到打击（Averett & Korenman, 1999）。当黑人女性确实想要节食减重时，她们减肥的努力要比白人女性更加现实和不那么激烈。

然而，研究人员近来已经开始挑战那种习惯看法：有色人种的女性不怎么会受到担忧体重问题的影响（如 Beauboeuf-Lafontant, 2009）。有人认为，有色人种的女性总是受到对身体不满和饮食失调的折磨，但这一点却在很大程度上被研究人员忽视了，因为她们较少会像白人女性那样去寻求治疗（Brodey, 2005）。其他人推测，有色人种的女性对自己的身体不满最近实际上是增加了，因为比起她们的前辈，她们更有可能喜欢展现自己，并在美和体重上接受占据主导地位的白人的偏好、态度和理想。一项研究发现，强烈渴望融入主流白人文化的非裔美国女性，患上饮食失调的风险会增加（Abrams et al., 1993）。对体重的担忧向我们展示了，在自我概念的形成过程中，文化信念的力量有多么强大。在最好的情况下，未能满足得到广泛认可的对瘦的文化标准，会降低人的自

视读社会学 | 她是美国小姐……

你在本章中已经看到，无论喜欢与否，我们经常都会通过他人的身材、体型、魅力来判断其性格特点。你还看到了，比起男性，对女性来说，满足美的文化标准一直是一种更危险的活动。使事情更成问题的是，身体魅力的标准会随着时间改变。例如，这些年来，理想化的女性身体类型已经变为特别骨感。没有什么地方能比"美国小姐"选美大赛更好地看出女性美的"缩水"。这四幅照片分别是1936、1947、1999、2009年"美国小姐"的赢家。

除了明显的时尚风格的变化，你注意到这些女性的身体之间有什么不同吗？对比1930年代的美的定义与当今时代的美的定义，你如何看？凯蒂·斯塔姆（Katie Stam，2009年度美国小姐）会在1936年的选美中获胜吗？你认为，用来评判像"美国小姐"这类竞赛选手的外貌标准，是**反映**了更大的文化品位，还是它们**决定**了她们？

尊，使人对自己的身体产生敌对情绪。在最坏的情况下，它会导致危及生命的饮食失调。如此强烈的反应表明了，身体尺寸（和一般意义上的外表）在形塑他人印象的过程中所具有的重要性。

言语表达与非言语表达

在形成对别人的印象中，我们使用的另一个重要信息是，人们用语言或非语言的方式向我们表达的东西。显然，我们是基于他人告诉我们的关于他们自身的东西，形成对他人的第一印象。但是，除了言语，人们的动作、姿态、手势，也会提供有关他们的价值观、态度、情感、个性和历史的线索（G. P. Stone, 1981）。有时，人们会有目的地使用这些交流方式去传达意义，例如他们面带微笑，这样别人就会觉得他们平易近人。专业手语翻译都知道，面部表情是符号语言不可分割的一部分。据一位翻译所说：

> 你可以表示疑问的唯一方法就是用你的眉毛。用来表达修饰副词的主要方法是用嘴部动作。即使在［正式的演讲］中也常会有讽刺的表情，你可以将其显示在你的脸上。
>
> （引自 Schulman, 2014, p.19）

然而，一些身体表达，如颤抖的声音、通红的脸庞、抖动的双手，很难控制。它们会［向外］传递出一种印象，不论我们是否想要给人留下［那一印象］。

我们大多数人都相当精通于"阅读"甚至是最微妙的非语言信息。我们很早就学会了，微微扬起的眉毛、轻轻点下头或一个细微的手势，在社会交往中都可能别有深意。这一能力在维护有序的互动中是如此至关重要，以至于一些心理学家认为，欠缺这方面的能力也是一种学习障碍，类似于严重的阅读障碍（Goleman, 1989）。

我们是如何管理对他人的印象的

从先前关于印象形成的讨论中,你可以看到,就在我们判断别人的同时,我们也在试图操控关于我们自身的信息,去影响别人如何评价我们。影响他人对我们的印象这一能力,是人类互动的一个关键特征。我们经常会通过使我们看起来有魅力或者是有权力,或者是能引人关注和得到他人尊重,试着创建对我们自己有利的印象。当然,我们并不总是擅长做到这一点。还记得我用我未来小姑子的新篮球出手的那一不幸的跳投吗?

人们试着展现出一个关于他们自身的良好公众形象的过程,就叫**印象管理**(**impression management**)。社会学家戈夫曼(Goffman, 1959)对印象管理进行了最负责任、最值得信赖的学术研究,他将日常生活描绘成一系列的社会交往,在这些交往中,个体被驱动着对他人"营销"特定的自我形象。印象管理的主要目标是,投射出特定的身份认同,这一身份认同将会增加在特定的社会情境中从别人那里获得有利[己之所欲]结果的可能性(E. E. Jones & Pittman, 1982;Stryker, 1980)。为了做到这一点,我们可以策略性地提供或隐瞒信息。有时,我们可能需要宣扬、夸大乃至捏造我们的优秀品质;在其他时候,我们则可能会隐藏或伪装一些行为或态度,我们相信那些行为或态度一旦被人发现,别人会很不高兴。

现今社会媒体在我们的生活中扮演的重要角色,给印象管理创造了新的挑战。回想一下我们在第五章中关于角色取代的讨论。在我们的"离线"生活中,我们每天都要与不同的人进行互动:家人、朋友、同事、来自我们生活中不同角落的朋友。因此,我们有机会表达多个自我和管理不同的印象,以满足我们不同的当下需求。你与你的朋友在一起时,跟你与你的祖父母在一起时,不必是同一个人。只要你让这些不同的团体相互分离,你就一切OK。但在上网时,比如说我们为我们的脸书页面选择一张图片或发布照片，我们就有一个机会去管理我们希望别人认知我们的印象。它是一种不同的人（他们在不同的情境下来了解我们）都会形成的印象。同样，在推特上，一旦我们发出微博，它们就会永远留在那里，仍然会给看到我们的人（不论是谁）提供［关于我们的］信息。这是一个很大的压力。脸书似乎意识到了管理多个自我的必要性，它允许用户通过隐私设置和朋友列表来为特别选定的观众定制［关于自己的］印象。

不管是在线上还是在离线面对面的互动中，通过印象管理来获得让自己满意的结果，通常都是与社会认可（即，被他人尊重和喜欢）有所联系。然而，不同的情境下，可能需要投射不同的身份认同（E. E. Jones & Pittman, 1982）。也许你曾处在过下面这样的情境中，你尽可能地让自己显得孤立无助，只为让别人去做一项你真的不想去做的任务；或者你可能会显得刻薄和可怕，以恐吓别人。也许你还曾"装傻"来避免挑战上级（Gove, Hughes & Geerkin, 1980）。作为社会动物，我们有能力调整我们的形象，去适应特定情境的需要。

戈夫曼认为，印象管理并不仅仅是被用来提供关于我们自身虚假的或夸大的图像。我们拥有的许多真实的特征，没有办法直接展现在他人面前；有时我们的行为还可能会被误解。假定你自己在参加社会学课程的期末考试。你的眼神从卷子上移开，与监考老师有一短暂的眼神接触。你并没有作弊，但你认为监考老师很可能会将你游移的眼神视为想要作弊的一种迹象。这时你会怎么做？很有可能，你会通过表现出就像你陷入沉思在思考问题，或是抬头看一眼墙上的时钟，来突出你的"守法"形象，从而有意识地过度强调你现在的行为并不是在作弊。

人们经常会策略性地改变自己的外表形象，试图展现出一个关于他们自身的讨人喜欢的形象。衣服和身体装饰可以用来操控和管理他人形成对我们的印象。人们可以通过穿着来传达一种他们值得受人尊重的印象，或者至少也是能够吸引他人的注意力（Lauer & Handel, 1977）。一些研究表明，按照传统男性化着装方式穿着的女性，在求职面试中更容易被雇用。同样，学生们认为，穿正装的老师要比穿休闲装的老师聪明（引自 Blakeslee, 2012）。

青春期的孩子们经常会通过仿效同辈群体的穿着和拒绝穿他们的父母为其选择的衣服，发出他们已经进入成人世界的信号（G. P. Stone, 1981）。各种音乐亚文化的提供者，像流行音乐、嘻哈、重金属、锐舞、爵士、舞曲/浩室舞曲/电子舞曲，以及哥特派庄严摇滚乐，用服装和发型身份，来作为其身份认同和社会反叛的一种表达。就像你很容易意识到的那样，时尚是大多数大学校园里学生亚文化中的一个重要元素。简而言之，人们会通过其穿着向他人宣告他们是谁、他们来自哪里、他们支持什么样的立场。

有趣的是，一个正在兴起的科学领域："**涉身认知**"（**embodied cognition**），将穿着的重要性往前推进了一步，认为我们穿什么衣服实际上可以改变我们如何去行事。在一个心理学实验中，被分给一件白色实验室外套的受试者，在关于持续注意力和记忆力的测试中所犯的错误，是穿着普通衣服的受试者的一半。即使给他们一个画家的外套但却告诉他们这是医生的外套，他们的表现也会优于其他人（引自 Blakeslee, 2012）。

拟剧论：社会舞台上的演员

"世界是一个舞台，/所有的男男女女不过是一些演员：/他们都有下场的时候，也都有上场的时候；/一个人的一生中扮演着好几个角色。"这是莎士比亚《皆大欢喜》（*As You Like It*）中的一段经典台词。将社会互动视为一系列戏剧表演来加以分析，这被社会学家称为**拟剧论**（**dramaturgy**），几十年来一直都是是符号互动论的主要内容。就像莎士比亚一样，戈夫曼（Goffman, 1959）认为，日常生活中的人们，就像舞台上的演员。"观众"由观察他人行为的人们组成，"角色"是人们努力投射的形象，"台词"是与他人交流沟通的内容。目的是想要作出可让特定观众觉得可信的表演，进而达到我们想要的目标。社会生活中的几乎每个面向，都可以用拟剧论来进行探讨，从仪式性的见面问候，到我们每天在家中、学校和工作单位生活中的互动。

彼得·乌比尔（Peter Ubel）：医护人员在电梯间的谈话

我们都认为：在医务室或医院里，医生和护士会保守病人的保密，这是理所应当的。然而，即使对这些专业人士而言，在病人背后（"后台"）谈论病人的诱惑，往往也是难以抗拒。乌比尔博士和他的同事（Ubel and his colleagues，1995）派遣观察者前往宾州五家医院，确定医护人员对病人进行不合宜谈论的频率和性质。研究人员特别感兴趣的是，那些不应被他人听见但又很容易被听见的对话。他们决定集中研究电梯间的对话。

在259次搭乘电梯的过程中，他们观察到，在这些坐电梯的人有机会进行交谈时，作出不适当评论的时间占到14%。观察者发现，这些评论可以分为四个不同类别：

1. 侵犯病人隐私的评论：大多数后台评论，都会不适宜地披露关于病人病情的真实情况。这些言论通常都是一些简单的看法，像"某某先生昨晚又接受了更多的化疗"。在其他情况下，评论会暴露对特定行为的专业争议。例如，在一个案例中，就摘除病人单肺或双肺的优点，两个医生进行了激烈的辩论。

2. 不专业的评论和动机：另一类评论则是怀疑医护人员的能力，或其是否有热情提供高品质护理。例如，医生或护士有时会抱怨，他们太累了或太不舒服了，以至于无法做好自己的工作。在某些情况下，可以听到内科医师谈论他们是如何在医院熬时间，直到他们可以去别的地方赚大钱。这样的评论显然会让人质疑他们的从业动机。

3. 质疑病人护理质量的评论：一些对话是医护人员抱怨医院的资源和设备，从而引起人们的疑虑：医院能否提供良好的病人护理。其他时

> 候，护士或医生会质疑某位同事的资格。尽管这种评论背后的动机并不总是很清楚，但对前来看望病人而且偶然听到这些随意谈话的人来说，他们并不总是有能力去检测这些未经证实的信息。
>
> 　　4. 对病人或其家属的贬损：最后一类不适当的后台评论是针对病人的体重和体臭等特点所做的直接侮辱。这样的评论反映出卫生保健工作者对病人缺少同情心。此外，如果来院看望病人者（听到这些话）认为医院不喜欢自己或其深爱的家人，就会很容易增加其对医疗服务质量的忧虑。
>
> 　　这项研究指出了，维持前台与后台之间的界限在制度上的重要性。卫生保健工作者总是会在背后谈论病人。但在医学等领域，它应对的是极微妙的个人信息和生死攸关的抉择，其专业可信度取决于医疗工作者正确辨别场合（尤其是在那些事实上是私下的后台）的能力。公众一旦听闻到这些言论，就会产生严重的经济、政治、甚至法律影响。这一问题变得如此严重，以至于现在一些医院的电梯间里都贴有警告标示，提醒医务人员不要随意谈论关于病人的情况。

前台与后台　　拟剧论的关键结构元素，就是区分前台和后台。在剧院，前台是（面对观众）表演开始的地方。相比之下，后台则是卸妆的地方、排练台词的地方、重复演练的地方，是人们可以跳出"角色"之外的地方。

　　在社会互动中，**前台**（**front stage**）是人们在与他人互动时维持适当表现的地方。对餐厅工作人员来说，前台就是消费者（观众）吃饭的餐厅。在这里，服务生（演员）被期望将他们自己展现为是乐观的、快乐的、能干的、彬彬有礼的。反之，**后台**（**back stage**）则是人们可以故意违反其印象管理的表演的地方。在餐厅，后台就是厨房领域，刚才还是彬彬有礼的服务生，到了这里就可以大声喊叫、扔盘子，甚至抱怨或模仿顾客。

　　就像在剧院里一样，前台与后台之间的屏障，对成功的印象管理是至关重要的，因为它可以阻止观众看到那些可能会毁掉整个表演的行为。

在心理治疗期间（前台），心理医生通常会表现出对病人说的每一件事都非常感兴趣，并会对他们遇到的问题流露出相当大的同情。然而，在与同事的晚宴上，或是回到家中与家人在一起时（后台），他们很可能会告诉同事或家人，对病人披露的信息感到厌烦和鄙视。如果病人看到这样的后台行为，不仅会破坏这一表演，还会损害心理医生的职业信用和声誉。一项研究发现，在保持中立这一态度的面具下，许多心理医生在其患者面前都隐藏了那些十分强烈的有违其职业精神的感受，包括仇恨、恐惧、愤怒和性冲动（引自 Goleman，1993）。

道具　成功的印象管理也取决于对那些可以传递出身份信息的物品的控制，这些物品被称为**道具**（**props**）。在戏剧里，必须娴熟地操控道具，表演才会有效。一支枪在该响时却没响，或者是一把椅子出乎意料地垮掉，都会毁掉整出戏。社会互动中的情形也是如此。例如，为了迎接前来看望的父母，大学生可能会确保他们的课本摆得整整齐齐，扔掉空啤酒瓶。同样，为了在家中举行一场浪漫的晚餐约会，有人可能会花大量时间去挑选合适的音乐、安排合适的灯光、把前女友的照片藏在只有自己找得到的地方，等等。

有时，人们会用道具来创建一个环境，强化一种某一个体凌驾于他人之上的权威感。看看下面这一使用道具强迫一位教授在国会作证的方式：

> 然后，我被传唤到证人席。没人谈论过证人席上的这把椅子。它很低，而且非常软。当你坐下的时候，你的屁股会一直往下沉，突然之间桌面就高到了你的胸口。其他参议员都从上面望着你，这种权力互动真是可怕。
>
> （H. Jenkins，1999，p.21）

道具不必一定是无生命的物品。为了向潜在客户和投资者传达出他们认为的声望、金钱和至关重要的全球联系这种氛围，一些中国公司

"租借"外国白人，冒充假员工。公司希望这些人的存在，将会有助于确保拿下合约，或者只是简单地支持公司宣称的"国际知名"。一家企业（名为 Rent-a-Laowa，"租一个老外"）在一份中国报纸上刊登的一则广告里这样写道："偶尔贵公司会想要一张外国人的面孔去参加各类会议，或者去赴晚餐和午餐，对客户微笑，与人们握手。"（引自 Farrar, 2010, p.1）

从拟剧论的视角去看印象管理，提醒我们：我们的日常行动几乎不会在社会真空中进行。事实上，我们的行为往往是在一只眼睛的注视下完成的，这只眼睛其实就是"观众"可能会如何感受我们的这些行为。

我们是如何创造自己在他人面前的印象的

在我们这个竞争激烈的个人主义社会中，外表有时会提供一个很重要的优势。个体渴求优势、财富、权力最大化，是精心打扮自己进行整体造型背后的推动力量。这方面两个突出的例子是：美国人通过侵入性改变他们的身体来追求改善自己的外表（以求青春常在）；政客们通过一种得到精心控制的公众形象，来追求一种受欢迎的公众认同。就像你将会看到的，这些努力并不是个体自己所做的事情。整个行业都在发展，致力于为公众的眼睛创造和再造形象。

手术改变外貌 通过改变外貌来控制印象的欲望，促使一些人走得更远，远远超过了换种新发型、刺一个文身、买两套新衣服。即使在经济困难时期，美国人也愿意花大量金钱去通过医学改变自己的外表。根据美国整形外科医生协会（American Society of Plastic Surgeons, 2014）统计的结果：2013 年，美国有 160 万人进行整容外科手术，1340 万人接受了微创、非手术整容（如注射肉毒杆菌、治疗脂肪团、化学换肤）。接受治疗的人中，91% 为女性。这些数字比 2000 年增加了 104%。这些手术的总成本约合 126 亿美元。图 6.1 展示了整形术普及的最新趋势。

并非只有美国人才想要通过手术改变自己的外表：

图 6.1　美国整形术的普及度

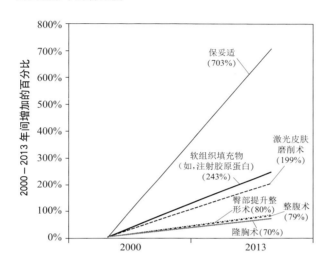

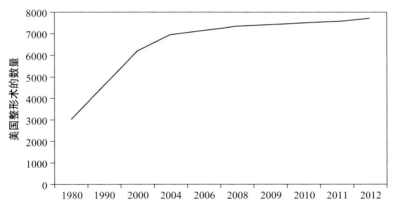

资料来源：American Society of Plastic Surgeons, 2014; ProQuest Statistical Abstract, 2015, Table 172。

- 韩国医生人均执行的整形手术，比世界上其他任何地方都多；美国排名第六。据估计，在首尔，每五个女性中就有一个做过一些整容手术（International Society of Aesthetic Plastic Surgery, 2014）。最常见的一种就是眼睑整容术，整形后的眼睛看起来更圆、更像"西方人"（*Daily Mail*, 2012）。

- 巴西每年给鼻子和腹部整形的人数领先于世界（International Society of Aesthetic Plastic Surgery, 2014）。2001年，在环球小姐竞赛中，巴西参赛选手的一番话让许多非巴西人都为之震惊，她肆无忌惮地公开谈论她的丰胸是隆起的、颧骨是经过重造的、下巴是硅胶改造的、耳朵经过了上提，并进行过抽脂手术。她告诉记者："为了达到我想要的形态，我必须对我的外表做些什么。这是干我们这行必须要做的事情。……我是身体尺寸领域的博士。"（Kulick & Machado-Borges, 2005, p.128）

- 在中国，随着新发迹的人们急于接受刀下手术，不断发展的整容手术行业年收入超过24亿美元。就像一位中国学生所说："在中国，我们常说：世上没有丑女人，只有懒女人。"（引自Savacool, 2009, p.62）中国接受美容整形手术的人数每年翻番。就像在韩国，最常见的美容手术也是眼部美容，旨在使眼睛显得更大、更像"西方人"（LaFraniere, 2011）。事实上，中国每年都会举办人造美女或人工美女比赛，来自世界各地的人们，竞争成为世界上整形手术最美丽的产物（Savacool, 2009）。

整容手术越来越流行，反映了人们对自身外表的不满已经到了一个令人震惊的地步。据研究人员估计，30%—40%的美国成年人都对自己外表的某些方面有所担忧（Gorbis & Kholodenko, 2005）。超过2%的美国人口对自己外表的自我意识（敏感度）是如此之强，以至于他们的生活在某些方面受到了制约，从求爱被拒，到整天待在家里成为宅家一族，严重者甚至还会自杀（American Psychiatric Association, 2013）。这些人中约有一半寻求过一些专业医疗干预，如整形手术或皮肤护理（Gorbis & Kholodenko, 2005）。事实上，接受减肥手术（如胃带）的美国人的数量，在过去十年里增加了7倍，年均花费超过60亿美元（引自Hartocollis, 2012 b）。

政治肖像 如果你曾看过在美国总统大选前举行的某个美国政党的全国代表大会（美国政党为总统候选人提名而召开），你就会见证一场高度专业的、精心计划的印象管理之举。音乐、气球、照明、标志、颜色，甚至是观众席上的每个代表，都会被当成道具来加以安排，以便向人们投射出如下印象：爱国主义、团结、有组织、有力量，最重要的是有被选上的可能性。场地正中心是候选人，他必须展现出其个体形象（经过专业设计），好吸引有投票权的选民。竞选团队主要关注政治议题，以确保他们的候选人有"总统相"。

不妨考虑一下 2012 年总统候选人所打造出的形象。虽说是当时的现任总统，但是奥巴马并没有幸免管理他的公众形象这一任务。在 2008 年第一次参加总统选举时，他必须想法处理那些与"看上去像总统"联系在一起的问题，如衣服上没有戴美国国旗襟针（他开始佩戴）；在竞选活动中用"拳头撞"他的妻子（他不再这样做）；有中间名"侯赛因"（对此他一点办法也没有）。他通过在竞选活动中反复告诉观众他看起来一点也不像我们钱币上印制的总统，承认他有一个有趣的名字，从而成功地管理了其自身最明显的形象问题：他的种族和民族。在这样做的过程中，他将反对派对他的描述"他是一个非美国人"予以了中立化。到了 2012 年，奥巴马的政敌们仍然想将他描述为一个外来的威胁，呼吁大家关注他的"异国"教养，质疑他的宗教信仰、他为"所有"美国人管理这个国家的能力，甚至他是否是一个美国公民。

共和党总统候选人米特·罗姆尼（Mitt Romney）则有一个不同的印象管理的难题需要面对。他有巨大的个人财富，来自一个显赫的政治家庭。所有参加竞选的候选人都想要尽可能地淡化他们的财富。特权背景无法提供现今每位候选人似乎都想拥有的"白手起家"的人生故事（Leibovich, 2014）。每一个选举周期，我们都会看到各种各样的极其富有的候选人，通过种种伪装，如改变服装、言谈举止、品位和词汇，来向选民表明"他们并不傲慢，他们真的是所谓的普通人"（Bruni, 2012, p.3）。他们会强调他们在年轻时干过洗碗工作，或与蓝领一起吃过汉堡，好使选民相信他是他们中的一员。

但是,罗姆尼的困境要更危险,这是因为:(1)他是迄今为止竞选总统的候选人里最有钱的人之一,(2)选举当时正处于这样一个时点:人们对收入不平等和"1%"富人的抱怨不断升温。对他来说不幸的是,他想要向人们展现一个"民间"形象,但其大部分尴尬之举,例如通过标榜他与赛车拥有者的友谊试图与 NASCAR 的粉丝套关系、在早期的一场电视辩论赛上与对手即兴打赌 1 万美元、在南卡罗来纳州一位失业妇女讲完她倒霉的故事后递给对方 50 美元,或者是认为他的演讲费收入 37.5 万美元为"不多",等等,只是引起人们更多地关注他与绝大多数投票选民之间的差距。

一旦当选,在媒体的助力或阻力下,总统必须同时面向国际和国内观众展现自己的形象(P. Hall, 1990)。国际观众包括外国盟友和敌对国家,总统必须向这些对象宣告主权,并要让对方相信他有履行承诺的能力。国内观众则是投票的选民,他必须通过描绘"总统个性"这幅图像来向其传递如下形象:身体健康、行事果决、运筹帷幄、有一个稳定的家和家庭生活等。与所有政客一样,总统在其任期内必须使用印象管理,好在民意调查中得到一个有利结果,或者是在国会或一些国际机构如联合国中得到理想的选票。

此外,总统只是整个政府的一个成员,整个政府由各部门、委员会和机构组成,其中每一个都必须进行自己的印象管理,以便不至于对外投射出不好的政府形象。例如,反恐通讯中心(Counterterrorism Communications Center)就政府官员应该如何谈论我们在世界各地的军事行动,提供了详细的指示。在这里,我们看到了投射一个值得信任、知识渊博的形象的重要性:

> 尽量限制使用非英语术语的数量。……发音错误可能会让你的陈述无法被理解和/或显得消息不灵通(所知不多)。如果你必须使用这样的词,务必确保你的发音经过专家验证是正确的。不要使用

那些需要使用辅音（英语中不存在）的词语，和那些与其最接近的英语发音有着完全不同含义的词语。

（Counterterrorism Communications Center，2008，p.2）

无论谁当总统，白宫都有一套完整的媒体和公共关系顾问班子，确保形象和信息都经过严格控制，以尽可能描绘出对总统最有利的形象。每当总统出行，无论是游览一个小镇中心，还是前往一个亚洲国家进行一次重要国事访问，都会有一个先遣组（AT）提前几天或几周到达那里，协调行程中的每一个细节部分。但它不仅仅是确保轿车准时到达，或是让安保人员了解他们的职责。先遣组的功能就是对总统印象管理的一个延伸，一定要确保他访问的每家工厂、他走的每一步路、他在当地餐厅吃的每一顿饭，都尽可能顺利地运行（The White House Blog，2010）。先遣组必须甚至是制定出计划，应对可能会出现的示威抗议者（Office of Presidential Advance，2002）。

总统的目标通常都是通过"**姿态政治**"（**gesture politics**）来达成，所谓姿态政治，就是那些很大程度上是象征性的行动或想法，表达出（无论是否有意而为）特定的特质。国家领导人经常发现，人们对他们的形象的评判，主要并非来自他们所推行政策的有效性，而是来自公众如何回应他们的手势：

至少有一家欧洲报纸将小布什总统［在2004年］援助海啸受害者的努力描述成是为了向世人显示美国的同情心。重要的并不是小布什援助计划的细节，而是公众是否认为这一高贵之举足以让人信服。……在公众的心目中，［计划］要次于颁布计划者的个人姿态（计划的成功取决于后者）。

（Caldwell，2005，p.11）

与他的前任一样，在以下诸多灾难之后，奥巴马也有他的"姿态政治"表演：密西西比三角洲的洪水；密苏里州乔普林、阿拉巴马州的塔斯卡卢萨、俄克拉荷马州的摩尔的龙卷风；康涅狄格州新城的校园枪击案；纽约和新泽西的超级风暴"桑迪"；波士顿马拉松爆炸案；或是查尔斯顿的伊曼纽尔非洲卫理公会主教派教会的大屠杀。在这些事件中的每一起中，公众对奥巴马的评判，更多是看其符号化的手势中所流露出的安慰和同情，而非看其计划的具体细节。但是，如果姿态未能传递出准确的移情、同情水平或公众认为是适当的强度，"姿态政治"也有招致批评的风险。2014年，奥巴马在谈论过一位美国记者在中东被斩首这一事件后立即去打高尔夫，他的这一举动饱受批评。对一些人来说，这一休闲之举使他看起来一点也不关心伊拉克和叙利亚发生的人类苦难。

社会是如何影响我们对他人印象的管理的

到目前为止，我已从个体演员的角度描述了印象管理和拟剧论，个体演员受到一种个体欲望的驱动，那就是想要尽可能地以对自身最有利的方式来展现自己。但是，社会群体成员身份也可能会影响个体试图在社会互动中展现的形象。个体身份的元素，如年龄、性别、种族和民族、宗教、社会阶层、职业地位等，也会影响他人对其直觉的预测，而后者则可以是自我实现的。换句话说，特定社会群体的成员，可能会因社会对他们抱有的先入为主的观念，而经营出与非群体成员有所不同的形象。其中，种族/民族和社会地位对印象管理有最显著的影响。

种族和民族 在一个种族是不平等的主要来源的社会里，有色人种经常会学到：如果他们同化入"白人规范"和隐藏其自身种族民族文化的元素，他们就会得到奖励回报。根据一位法学教授的研究（Kenji Yoshino, 2006），"像白人那样行动"的压力，意味着有色族群的人们必须在发型、服装和说话方式上抑制非白人方面的（举止）。他们还必须监控他们的社会活动，参与基于民族/种族之上的组织或政治事件和朋友圈。喜剧演员戴夫·查佩尔（Dave Chappelle）曾经说过，非裔美国人如果想要在这个社会上立足的话，就必须学会"双语"。换句话说，他们要变得善于识别不同的情况，像在工作面试场合，他们必须消除"黑人"的说话模式，"像白人一样"说话（Chaudhry, 2006）。

这样的印象管理策略可能会增加经济受益的可能性，但却也并不是没有社会成本。2004年，当时还是参议员的奥巴马，在民主党全国代表大会上的一次讲话中说："[有色的] 孩子们无法 [单靠自己努力取得] 成功，除非我们提高他们的期望并……根除那种诽谤，认为黑人青年看书就是在冒充白人。"（引自 Fryer, 2006, p.53）在某些情况下"像白人一样行事"、但在与他们自己一样的他人在一起时则表现出不同行事方式的有色人，则要冒一种风险，那就是被同种族/民族群体的成员视为背叛，或是被贴上"奥利奥"、"香蕉"或"椰子"这样的标签，也就是说，外面是黑色或黄色或棕色，内里却是白色（Chaudhry, 2006）。

此外，只有家境条件相对富裕的人，才有机会学习如何像白人一样行事。其他人，像巴基斯坦裔的出租车司机、拉美裔的家庭主妇、韩国裔的杂货店办事员等（仅举几例），根本就不存在这样的选择。事实上，符合某些民族/种族的刻板印象，可能是人们在积极参与公共生活的同时保留自己文化身份的为数不多的方法之一。例如，过去，印第安人经常抱怨说，在与其他民族/种族群体的成员互动时，对方老是期望他们会"像印第安人一样行事"：穿着传统服装，用媒体里刻板印象的呆板方式讲话。人们经常批评当代说唱和嘻哈明星的言行举止不符合黑人刻板印象，目的就是为了吸引白人中产阶级观众。虽然弱势群体中的个体可能会在公众（前台）面前表现出符合普遍的种族/民族刻板印象，但对私下（后台）行为的分析往往表明，他们强烈地意识到他们是被迫才表现出这样一种身份。印象管理显然是一种重要的生存策略。

社会学家剪影	**伊莱贾·安德森（Elijah Anderson）：** 都市街头生存技能

"一个人抬高自我的程度取决于他打压他人的能力。"安德森解释说，"尤其是许多贫民区的年轻人，他们非常渴望得到尊重，甚至不惜冒着生命危险去获得和保持这种尊重。"

社会学家安德森在费城一个具有种族、民族、经济多样性的区域，他称其为"诺顿村"（Village Northton），进行观察研究。这一区域有两个社区：一个社区中生活着贫穷的黑人，另一个社区里生活着有着中上收入、占人口大多数的白人。安德森特别感兴趣的是，年轻黑人男性（他们中的绝大多数人都是守法公民）如何管理公共形象去应对诺顿村居民的这一假设：所有的年轻黑人男性都是危险的。

安德森发现，对大多数当地居民来说，核心主题是如何维护街道安全和避免暴力与毒品犯罪。由于无法区分守法的黑人男性和其他人，人们遂依赖广泛存在的刻板印象来保护自己：白人是守法可信的；年轻的黑人男性则有犯罪倾向，是危险的。

这一地区的居民，包括黑人男性自身在内，走在街上，遇到不认识的黑人男性，都会有所回避。女性，特别是白人女性，在街上行走时，会抓紧她们的皮包，与同伴靠近在一起。在遇到年轻黑人男性时，他们被视为一种不可预知的威胁，许多人都会直接横穿马路，或是避开那些年轻黑人男性的眼光，装作没看见。

这一区域的一些年轻黑人男性，发展出某些拟剧论策略，来应对"他们是危险的"这一假设。例如，许多人都相信，如果他们在公共场合表现出某种样子，或是带上某些与守法行为相连的道具（如：穿衬衫系领带、夹着公文包、带上学生证），在与警察或社区里的其他人打交道时，他们也就可以得到更好的对待。此外，他们经常使用友好或恭敬的问候，作为一种先发制人的和平方式，旨在告诉其他公民他们与人为善的意图。或者，他们也会竭尽全力，作出与白人的假定预期相反的行为：

> 我发现自己对白人特别好。很多时候我走在街上……看见白人……我知道他们怕我。他们并不认识我，但他们就是感到害怕。……因此我会微笑，只为安抚他们。……有时我会自己打开大门，你知道的。为人摁住电梯钮。让自己处在一定的灯光下，你知道，可以尽力改变他人心中不管是什么样的疑虑。(E. Anderson, 1990, pp.185－186)

这样的印象管理需要付出大量努力，并要担负责任确保系于此人之身的社会秩序。他认为有必要让陌生人感到轻松自在，这样自己也才能过好自己的生活。他知道，单是他的出现就会让人感到不安和不舒服。他明白，他必须付出很大的努力才能赢得他人的信任（而这则是白人生来就有的一个特质）。

其他年轻黑人男性，不太愿意承担维持社会秩序的负担，则会利用他们知道他们会在他人那里激发的恐惧。一些人会故意穿上时髦衣服大摇大摆，或是采用一种具有威胁性的立场来恐吓其他路人。一些人会故意给那些完全不必害怕但又装作"无视"他们的人制造麻烦。依照安德森的看法，守法的青年很喜欢给人留下这样的印象：他们是危险的；这是一种可以让他人不要接近自己的方法。正确的表情和动作，可以确保他们在街上安全通行。

这种生存策略具有讽刺意味的地方在于，它们使得别人更难区分哪些人是守法者、哪些人有犯罪倾向。通过展现出一种危险和凶悍的气势，年轻黑人男性可能会避免被嘲笑、甚至是可以避免成为自己同辈群体的受害者，但是，他们这样做也有一种风险，就是有可能会进一步疏远了守法的白人和黑人。弱势种族/民族的成员，在印象管理上面临着许多这样的特殊困境，不论他们试图反驳还是接纳针对他们自身的刻板印象。

社会地位 一个人在社会中所处的相对位置,也会影响印象管理。就像安德森研究中的那些年轻黑人男性,一些工人阶级青年,也因缺乏进入中产阶级世界的路径和无法达到主流文化界定的"体面"标准而感到沮丧。于是,他们就可能会将自己表现为邪恶或危险的样子。这样的形象可以帮助他们在其群体内获得地位和受到重视(Campbell, 1987; A. K. Cohen, 1955)。

相反,那些占据社会主流阶层的人,则轻而易举地就能得到我们都想要的关注和尊重(Derber, 1979)。在餐厅、商店和其他公共场合,他们都会受到特殊对待。在政治和经济领域,他们垄断了主角这一位置;就是在一般的人际互动中,他们也会格外受重视。通过展示象征物质成就的道具,如豪宅、有品位的家具、豪车、昂贵的衣服和珠宝,人们知道他们可以给他人留下深刻印象,从而提升自己的价值和地位感。

在最近的经济衰退之前,视觉上的象征社会阶层的东西已经变得越来越难指出。信贷唾手可得,使得更多美国成年人可以得到传统上富人才能拥有的高端器物道具。一个中产阶级家庭可以拥有平板电视或一辆豪华跑车。仅仅十年前,还有81%的受访者在一项研究中表明,他们对于购买高价商品感到有压力(引自Steinhauer, 2005)。所以,极其富有的人渐渐加重了社会地位的视觉显示,购买更昂贵的产品,如13万美元的汽车、7000美元的智能手机、400美元一瓶的葡萄酒,使用豪华服务,如私人厨师和私人飞机。不过,进入经济艰难时期,就连超级富豪也在共开炫富上开始变得更加谨慎:

> 巨大的家庭影院被隐藏在普通的郊区房子的地下室。起价1200美元的定制牛仔裤,只有通过一个小小的红色标志的按钮才能看出。周六早上在硅谷一闪而过的手绘意大利自行车,已经变为一辆新的法拉利。
>
> (Sengupta, 2012, p.A1)

事实上，炫耀财富已经成为公众愤怒和嘲笑的对象。你可能还记得，2009 年，美国主要汽车制造商的首席执行官们，乘坐他们的私人飞机飞往华盛顿特区，呼吁拨给他们联邦救助资金，在媒体上引发的风暴。实际上，一些公众人物，像脸书首席执行官扎克伯格及其标志性的连帽衫，煞费苦心地想要远离他们的上流社会的地位。

印象管理上的地位差异，也渗透到了工作场所。那些处在组织最顶层的人士，不需要到处宣传他们的高阶地位，因为经常与之互动的人们都明了这一点。他们的职业地位是一个可以永久识别的"能力徽章"（Derber, 1979, p.83）。然而，其他人就必须有意识地求得他们觉得有权位名声者的关注（进而求得重用）。例如，在医院，医生可能会戴上听诊器、穿上白大褂，向病人展示他们拥有较高的地位身份；女医生尤其倾向于穿上白大褂，这样她们就不会被误认为是护士。在与患者相对比时，这些地位标记变得特别强有力，患者经常会被要求脱掉自己的衣服，换上表明正在医院接受治疗的衣服。在与医生交谈时，如果你光着脚穿着纸睡衣，你就很难显得强大和受到重视（D. Franklin, 2006）。不过，一些职业地位的标示已经成为冲突的来源。近年来，成千上万名护士都回到学校获得护理博士学位。结果，在医院工作时，他们有资格并经常会说自己是"某某医生"。不用说，很多医师都反对使用这样的称呼，将其视为是对他们专业权威和地位的一种威胁（G. Harris, 2011a）。他们正在进行反击。佛罗里达州参议院提出一项法案，禁止护士自称医生，不管他们取得什么样的学位。在亚利桑那州和特拉华州，禁止护士、药剂师和其他不是医师的健康保健提供者称自己是"医生"，除非他们立即说明他们的职业（Waldrop, 2013）。

印象管理在许多职业的社会化过程中起着重要作用（A. R. Hochschild, 1983）。例如，大公司的经理和首席执行官们，非常敏锐地意识到，他们必须通过他们的穿着和举止，来流露出他们在职业阶梯上升迁的形象。销售人员接受培训，要将自己展现为是知识渊博、值得信赖、最重要的是诚实。医学专业的学生则学会如何在病人面前管理自己的情绪，展现出一副"干练医师"的形象。新来的教师则学会，在让学生遵守纪律上，自己展现出什么样的形象会是最有效的。50多年前一位老师对印象管理重要性所做的评价，在今天依然起用：

> 你永远不能让他们占你上风，要不你就完了。所以，一开始我显得很严厉。在进入一个新年级的第一天，我就要让他们知道谁是老大。……你必须一开始便表现强硬，这样到了后面你就可以变得比较轻松。如果你一开始就表现得很随和，那么当你试图对他们严厉以待时，他们只会看着你笑，以为你在逗他们玩。
>
> (E. Goffman, 1959, p.12)

一般来说，在任一互动场景，都会有一个人权力压过其他人（Wrong, 1988）。当我们第一次听到"权力"这个词时，我们往往会联想到命令、威胁和强迫。但在社会互动中的印象管理上，非强制性的权力形式要更为常见，如支配性的标志和符号、微妙的威胁信息、胁迫的姿态等（Henley, 1977）。那些被人忽视或被插话打断的人、被他人在场所吓到的人、害怕去接近或接触位高者的人、觉得好像人人都可以干涉其自由的人，往往会感受到无能为力所引发的羞辱感。

支配人们言谈的规范，也反映了潜在的权力差异。例如，朋友或兄弟姐妹之间的对话，一般都会相互使用非正式的称谓，如名字或昵称。不过，当言谈双方的地位不平等时，地位较低的一方，通常需要使用表示尊敬的称谓，如先生、女士或博士。多年前，在南方，每个白人都有直呼黑人名字的特权，对方则要回以尊敬的称谓。前任总统小布什喜欢给他的团队成员或国会成员起一些有趣的昵称，这可能会显得他和蔼可亲比较友善，但这也强化了权力差异，因为那些人仍然需要称呼他为"总统先生"。

地位差异在某些语言中甚至明显地被制度化了。在西班牙语中，"tu"是一个表示亲近的词语"你"，用于称呼一个地位低于自己或是与自己地位平等的人。"usted"的意思也是"你"，但它比较正式，用于称呼一个有着较高地位的人。我们用来称呼他人的词语，可能表面上看起来仅仅是一种礼貌的形式。然而，对我们遇到的他人来说，称呼的形式却会传递出大量我们对自己的看法。

集体印象管理

我们常会发现，我们自己处在一个需要"伴侣"、"群体"或"组织"等形象的情境中。这些形象比个体形象要复杂得多，管理这些形象经常需要他人的协助与合作。例如，商业上的合作伙伴，通常都会表现出团结一致的外表、对其客户无比诚信的形象。戈夫曼（Goffman, 1959）用**表演剧组**（**performance team**，又译"**戏班子**"）这一术语来形容那些在舞台上紧密配合相互协作的个体，引领观众形成对其中一位剧组成员或全部剧组成员的一种印象。

剧组成员相互高度依赖，必须表现出相当程度上的信任和忠诚，这是因为每个剧组成员都有能力在任何一刻中断或"放弃"这场表演。个体若是无法被信赖，比如曾为对立党派工作过的政治顾问，或者是一个情绪让人捉摸不定的人，剧组成员的表现也就好不到哪儿去。

最明显的表演剧组之一就是已婚夫妇。夫妻双方有社会义务表现出互助互信的形象，尤其是在那些还不怎么了解他们的观众面前。夫妻间发生的一些事情，如争吵、斗嘴或贬低对方，会让他们的观众感到不自在。婚姻的文化价值观，及其延伸出的家庭制度，会随着夫妻伴侣集体投射出因相爱而心满意足的形象的能力，而公开得到增强。

就像个人印象管理一样，成功的团队合作，也有赖于维持前台与后台之间的边界。如果一对夫妇的团队合作有凝聚力并能取信于人，即便出门前刚大吵过一顿，他们也仍会给人一种快乐和满足的印象。但是，前台与后台之间的界限是模糊的，第三方的出现很可能会破坏表演团队在印象管理上付出的努力。假定一位参加晚宴的客人从一个早熟的 4 岁孩子口中得知"妈妈和爸爸在你来之前一直在用一些不好听的话互相吼叫"。小孩子之所以会这么说，是因为他还没有学会要去遵守日常互动的社会习俗，从拟剧论角度来说，小孩子是一个不值得信赖的表演伙伴。（在实际生活中）他们往往在台前表现得太过诚实。他们很自然地会倾向于让观众进入后台，因而就会扰乱当下情境的秩序，以及演员想要表现出来的身份认同。

想要维持和谐的表演团队关系，很重要的一点就是，能有一些时间到后台去。后台不只是可以给表演团队一个排练公开表演的地方，它还能让他们暂时避开外界的仔细审视。对已婚夫妇来说，如果他们必须总是待在观众面前，就会引发紧张情绪。这就是为什么外来客人在家中待的时间一长就会成为他们的负担，或者是为什么其中一方的父母在此长住会让夫妻双方感觉日子是那么难过。因为这对夫妇没有后台可以让自己放松，没有拥有自己隐私的机会，没有地方去逃避观众期待的要求。

组织也必须认真管理它们给外界留下的印象，作为确立其正当性的一种方式（Ginzel, Kramer & Sutton, 2004）。那些依赖于公众认同而存活的组织，必须发展出有效的团队表演，以应对公众的偏好（S. Taylor & Bogdan, 1980）。就拿美国执法机构来说，它们会向大众公布具有较高知名度案件的嫌犯。嫌犯在押解途中通常都会戴上手铐脚镣，并有两名武装警员在旁紧守。偶尔警方也会用外套和帽子挡上罪证不足的嫌犯的脸，虽然我们很想知道他或她到底是谁。如果人人都知道嫌犯是谁，经常会用一个雨衣罩住她或他的手铐。众所周知，"游街示众"是一种持续了几十年的美国传统，这一做法的设计，并不单是为了满足媒体，也是为了让警方有机会公布其最新发现，同时也可在这样做的过程中羞辱嫌犯（S. Roberts, 2011）。此外，如果表演得当，在嫌犯游街的同时，警方会让他们看起来像是一个危险人物，如那类寄出炸弹邮件炸毁联邦办公大楼的人，或者是那类会实施性侵犯的人。如果囚犯胡子拉碴，披头散发，身穿在法庭听证会上穿着的橙色囚衣，公众就会得出这样一种印象：他们已被定罪。

个体印象管理和组织印象管理都由同样的原则来操控（A. R. Hochschild, 1983）。就拿道具和物理空间的安排来说。医院通常会在墙壁上漆上平滑的线条，让人保持舒缓和平静，而非让人兴奋；儿童病房则往往充满孩子们熟悉的卡通人物的彩色图片。其他类型的物理结构，可能是被设计来传达权力和权威的形象。例如，白宫是世界政治中心的象征。一些最重要的国际决策就是在这道墙内作出的。但与此同时，

> 这座建筑本身（白色的墙壁、稳重的比例、古希腊式的门楣和柱廊）成为权力的象征，不仅透射出力量，还透射出和平、自由、和谐。这一丰富而积极的象征意义，通过全球媒体播放这座华丽大厦的图像，每天都在得到强化：豪华典雅的椭圆形餐厅……专业化和穿着完美白衬衫的总统随从，漂亮的绿草坪上站着开朗和自信的总统和他那只顽皮的小狗，他敏捷地走下直升机的样子，就像他是一位走出万神殿的希腊诸神。
>
> (Hankiss, 2001, p.1)

在任何一个社会里，人们经常都会发现他们自己所处的情境，必须依靠那些同时也在扮演个体角色的他人，才能合作完成一场成功的表演。离开团队合作，很多个体和组织的表演都会失败，社会互动则会分崩离析，最终则是社会秩序受到威胁（Henslin, 1991）。

那些管理不当的印象

虽然印象管理普遍存在，但却并不总是能够成功。我们可能会乱用了道具、说错了台词、误让观众看到了后台，或是发生了其他会毁掉我们表演可信度的失误。我们当中有些人很快就能设法从这一无效的印象

管理中恢复过来；但是，其他人就会受到随之而来的对其身份的贬损。到底印象管理失败时发生了什么？我们要怎样做才能重拾身份和恢复社会秩序呢？

尴尬

面对不当的印象管理，最常见的反应就是**尴尬**（**embarrassment**），即我们正在表演出来的身份突然出乎意料地不被眼前的他人所相信时自然产生的那种感受（E. Gross & Stone, 1964）。一个青春期大男孩试图在其朋友们面前"装酷"，然而，他刻意制造出的冷峻形象，在其母亲开着家用小货车意外来看他的一瞬间就会碎落一地。我们从他那僵硬的笑容、紧张而虚伪的笑声、不停地动来动去的双手、刻意回避他人的目光，就可以看出此时此刻的他有多么尴尬（E. Goffman, 1967）。尴尬有多种来源：有失风度（如不慎跌倒、打翻饮料、不当地暴露身体部位），误入他人的私人空间（如一个男人走进女厕），在参加特定社交场合时着装不当（在正式宴会上穿着短裤和人字拖），等等。

尴尬具有社会重要性，因为它有可能破坏社会情境的秩序。假定你正在参加高中毕业典礼。当优秀毕业生代表开始致辞时，突然刮起一阵大风，把她的讲稿吹落一地。当她弯腰去捡讲稿时，她的头碰在了麦克风上，她的礼服也被扯裂了。面对着台下数百名观众，她就那样站在那里，又沮丧又慌张，不知道该说什么或做什么。这一情境不仅会让她自己感到不舒服和尴尬，就连作为观众的其他人也都会有此同感。

由于尴尬对所有人来说都具有破坏性（分裂形象），所以大家也会相互合作以避免出现尴尬场面，或者在没法避免时尽量减少尴尬存在的时间，这样做对每个人都有好处。关注这样一种举动就像关注原始事件一样会令人尴尬，所以我们都会假装没有注意到这一失态之举（Lindesmith, Strauss & Denzin, 1991）。通过抑制我们自己去注意这些失误的标记，也可以使得他人比较容易恢复镇静（E. Goffman, 1967）。共同承诺支持他人的社会身份认同，即使那些身份认同处于危险之中，是社会互动的一个基本规范。

不过，有时尴尬则是我们使用的一种策略手段，用来破坏他人的印象管理。例如，恶作剧就是故意试图控制他人的自负或过分自信，使他人丢面子失身份。更严重的是，群体和组织也会利用尴尬或威胁使用尴尬（例如，让人受辱），去鼓励其偏好的活动，或者是阻止那些会损害群体形象的活动。在这个意义上，尴尬等于重申了群体的权力结构，因为只有特定的某些人才能正当地让别人难堪。例如，地位比较低下的员工，极少会有羞辱上司或使其成为笑柄的自由，反之则不然（Coser, 1960）。

组织本身也可能会不时遇上尴尬事：

- 2012年，麦当劳推出了两个推特标签：#McDStories和#MeettheFarmers，原本是想从麦当劳的忠实顾客中招徕喜爱的tweet。然而，当成千上万的人都在一边帮腔，发出抱怨餐厅和食品等的微博，如"我曾吃了一个巨无霸而食物中毒"和"麦当劳是毁掉想要健康有活力这一梦想的地方"，它却产生了相反的尴尬影响（Kuperinsky, 2012）。
- 在像日本这样的集体主义文化中，组织的不当行为和错误，会为企业高官招致大量的公开羞辱、羞耻和尴尬。2010年，由于再也无法否认外界报道的由于油门踏板存在隐患而导致出现致命事故，丰田面对全球谴责，被迫召回约800万辆汽车。一年后，由于试图淡化大地震和海啸引起的核反应堆泄露后发生的公共卫生危机，一些日本政府机构官员被迫辞职。
- 2014年，索尼公司面临一场巨大的公关灾难，当时一个自称"和平守护者"（#GOP）的群体侵入其计算机系统，在网上公布了高度敏感的文件和内部高管之间的对应关系，揭露了令人不安的种族主义打击的例子、抨击明星和其他许多让人尴尬的秘密（Richards, 2014）。

当组织的公众形象受到一些突发事件的挑战时，领导者经常都是被迫要参与维护、修复和强化印象的工作（Ginzel et al., 2004）。例如，《美国新闻与世界报道》（*U.S. News & World Report*）每年都会发布一份美国顶尖大学排行榜。获得高排名的学校，会在其招生简章和网站上大力宣传这一事实。但若来年学校排名出现下滑，行政官员就要想法面对这个一点也不让人羡慕的修补学校名声的工作，以便校友继续捐款、未来的学生仍会接着考虑申请本校。一般来说，排名靠后的学校，会选择看淡排名的有效性，并会批评杂志的统计方法和排序标准，而就在一年之前（当时学校排名靠前），这些统计方法和排序标准还被认为是合理的和可信的。

大多数政府机构和大企业，如麦当劳、丰田和索尼，都设有公共关系部或危机管理部团队，以便通过控制负面公共形象，谨慎地运作公司的形象。例如，西南航空公司有一个全职雇员，称为"主动客户沟通高级经理"（Senior Manager of Proactive Customer Communications），其唯一职责就是在客户因为航班延误、航班取消或者是劣质飞行状况而生气时，给客户写道歉信。他每年要写约两万封这样的信件（J. Bailey, 2007）。

修补受到损害的身份

组织和政府可以寻求专家的帮助来克服负面形象给其造成的不良后果，但是，作为个体，我们通常都要自己想法应对。修复受损的身份并非一件易事。单是知道别人对我们作出了负面评价这一点，就会使我们的思想、言谈和行动受到阻碍。然而，修复秩序的主要责任就落在首先破坏身份的个体身上。

为了修复社会秩序和克服这一受损的身份，违规者会采取一个"**协调行动**"（**aligning action**）（Stokes & Hewitt, 1976）。有时候，这样的协调很轻易地就能快速完成。如果你在食堂排队时不小心踩到了别人，一句简单的"对不起",就不至于给人留下这样一个印象:你是一个笨手笨脚的人。

通过道歉,别人知道你已经认识到这样的行为是错误的,并传达出你并不是那种经常破坏社会秩序的人。不过,在其他情况下,就会需要更加精细的修复:

- **说明**(**account**)是一种口头声明,旨在解释预料外的、让人尴尬的或不适当的行为(C. W. Mills,1940;M. Scott & Lyman,1968)。例如,一个人可能会指出事情超出了他或她的掌控("我参加婚礼来晚了是因为高速路上堵得要命")或责备他人("有人推了我一下,害得我把牛奶洒了")。另一种替代的做法是,把这些冒犯行为在某些情况下加以合理化,例如,否认有人在这一行为中受伤("我是偷了车,但却没人受伤啊"),通过声称受害者是罪有应得("我打他是他欠揍"),或是宣称一种更高的无私的动机("我是偷了食物,但我这样做是为了养活家人")。
- **免责声明**(**disclaimer**)是在事情发生前作出的一种口头保证,旨在预防抱怨或产生负面影响(Hewitt & Stokes,1975)。如果我们认为接下来要做的事或要说的话,将会对我们的身份产生负面影响,或者他人会借此对我们作出消极评价,我们就会使用免责声明。我们会用类似这样的话:"我不确定我到底在说什么,但是……""我并不是一个种族主义者,但是……",来作为那些通常会被认为是不可取的行动或表达的开头。只要作出了这种免责声明,说自己不是专家的人就可以假装自己是个专家而发表意见,说自己不是种族主义者的人就可以讲带有种族歧视色彩的话。

说明和免责声明是个体与社会之间重要的联系。我们用它们来清楚地定义我们会被质疑的行为与主流文化规范之间的关系。也就是说,通过这些协调行动,我们可以公开地再次确认自己认可社会秩序(尽管我们的行为违反了它),从而捍卫了我们社会身份的神圣性和社会的"善"。

其他人也会试着用一种"冷处理"(**cooling out**)(E. Goffman,1952)的方式去处理违规者错误身份认同的问题,所谓冷处理,就是温柔地劝说一个已经失去面子的人去接受一种虽然不甚可取但却仍是一种合理的替代身份。参与冷处理的人会去劝说,而不是强迫他人作出改变。这样做可以将痛苦或窘迫最小化。这样做面临的挑战在于,不要让违规者感到他或她是被强迫的。

冷处理是社会生活中一个常见的元素,这也是消费者投诉部门、教练、医生和牧师的主要功能之一。冷处理也在非正式的关系中扮演着重要角色。一对伴侣中,决定终止一段约会或法定关系的一方,可能会劝说对方与自己保持"好朋友"关系,温柔地促使其进入一个次要角色,而不至于完全摧毁她或他的自我价值。

冷处理也常会受到制度化压力的驱动。我们可以考虑一下高等教育这一大环境。在美国社会,由于一些大学和几乎所有社区学院推行来者不拒的开放入学政策,很多人都受到鼓励,对升学抱有很强的欲望(Karabel, 1972)。有一种广泛存在的文化信念:受过高等教育就会有更好的就业机会,而且任何人都可以上大学。但在走向成功的天赋和能力上,人与人之间不可避免地存在差异。如果教育机构只是简单地把不合格的学生踢出学校,结果就会造成教育系统受到广泛的公众舆论压力并产生焦虑。因此,大多数社区大学都会对不合格的学生进行"软性回应"的冷处理(B. Clark, 1960)。辅导员会引导学业不佳的学生换门主修,相对来说更容易读下来而且与该生原来的目标"差异也不会很大",比如将目标设定为护士助手,而不是注册护士。或者辅导员会鼓励学生拿到两年制学位后就去找一份工作,而不是转入四年制大学(Rosenbaum, Deil-Amen & Person, 2006)。也就是说,学生会被温柔地劝说去重新定位自己。

像这种制度化的冷处理程序,是学校系统固有的,并没有明确的筛选标准。在美国,申请进入大学是基于成绩(如课程成绩)、能力(如

STS标准化考试成绩)、人格特质(如面谈和推荐信),综合评定。相比之下,中国的教育筛选则是基于高考:全国大学入学考试,每年六月7、8、9三天进行考试,是所有中国大学招生的唯一决定因素(Larmer, 2015)。由于一个人是否有资格进入大学深造已被明确而快速地决定,所以中国的高等教育并不需要一个制度化的冷处理程序。

污名

对一个人的身份无可更改的永久性的破坏就叫**污名**(**stigma**)。污名是一种人们深信不疑的特征,普遍被视为一种无法逾越的障碍,让人无力作出道德上让人信赖的行为(E. Goffman, 1963)。污名会破坏个体的身份认同,无论个体身上还有其他什么样的特质。根据戈夫曼(E. Goffman, 1963)的看法,有三种类型的污名:(1)身体缺陷(如严重创伤、失明、瘫痪或肢体不健全);(2)性格缺陷(如不诚实、意志软弱、有犯罪史或吸毒史);(3)处在被贬损的社会群体中,如特定的种族、宗教、民族或社会阶层。面对污名,印象管理的任务与其说是夺回被玷污的身份,不如说是将社会伤害降到最低限度。

一些污名要比其他污名更糟(问题更严重)。例如,用眼镜来弥补感官缺陷(视力低下),与用助听器来弥补另一种感官缺陷(听力不佳)相比,其污名化问题普遍认为要远小得多。当代的助听器都被设计成尽可能小、尽可能不引人注意。而另一方面,眼镜则成为一种常见的时尚配饰,经常在其专属的时尚精品店里销售。

污名也会随着时间和文化的不同而有所差异。例如,21世纪的基督徒,与公元100年时的基督徒就有非常大的不同;美国的基督徒与阿拉伯中东的基督徒也有很大的不同(Ainlay, Becker & Coleman, 1986)。古代玛雅人认为斗鸡眼很有魅力,所以做父母的就鼓励孩子专注地盯着一个物体,迫使他们的眼睛变斜(Link & Phelan, 2001)。在当今的塞拉利昂,癫痫的污名化是如此严重,以至于那些患有癫痫的人被认为是不堪造就的、不能工作的、不能结婚的（Baruchin, 2011）。就像你在本章前面读到的，肥胖在当代西方社会被污名化，但在过去肥胖则被认为是可取的、有吸引力的，是地位和财富的象征，而且在今天的某些文化里依然这样看待肥胖。

即使在同一种文化里，情境不同，也会对污名产生不同的感知。例如，在商界，不喝酒的人会被污名化，从而限制他们的职业上升轨迹。不喝酒的人发现，他们很难超越那些愿与同事或客户喝酒的人。在华尔街，不喝酒的人抱怨说，他们很难与人做成交易或与客户达成协议，只因他们不喝酒。事实上，一些研究表明，与适度饮酒者相比，不喝酒的人更难在公司获得晋升。就像一位酒精治疗项目主任所说："如果你说你不喝酒，你就必须应对他人对你的这一怀疑：你玩不转这个游戏（you can't play the game）。"（引自 Quenqua, 2012a, p.1）

被污名化者与未被污名化者之间的互动，被称为"**混合接触**"（**mixed contacts**），有时会让人感到不自在。与那些外表和行为"不太一样"的人在一起，我们都会有一种怪怪的感觉。污名会启动一个评判程序，为对他人的印象涂抹上色彩，并为互动设置了障碍（E. E. Jones et al., 1984）。

不论是否有意为之，未被污名化的人经常会向被污名化的人施加压力，让其认可其"有缺陷的"身份。一个坐轮椅的人，人们会劝其打消去野营的念头，这样做会剥夺被污名化的人发展重要技巧的机会，而使他们继续像此前一样依赖他人。有人认为，盲人是学会变盲的（即孤立无助、依赖别人），因为这是视力正常者对他们的低期望的结果（R. Scott, 1981）。

未被污名化的人们通常都会避免混合接触，因为他们预期自己会感到不自在，而且也不太确定要怎样与其进行互动（E. Goffman, 1963）。2014年，纽约城一家豪华酒店公寓的所有者受到抨击，因为有消息透露，这栋建筑为低收入居民设有一个单独的入口，为的是让富裕居民避免出现尴尬的交流。研究表明，在与身体残疾者进行沟通时，身体健全的人会感受到更多的拘谨和僵硬，而且互动结束的时间也要远快于与身体正常者的互动时间（Kleck, 1968; Kleck, Ono & Hastorf, 1966）。一方面，身体健全者可能会担心自己对对方的情况直接流露出同情，或是害怕自己对其情况感兴趣，这样会被视为粗鲁或冒犯。另一方面，不去注意对方的身体残疾情况，则会使互动变得虚假，也可能会让自己显得笨拙，或是作出一些对方不可能做到的要求（Michener, DeLamater & Schwartz, 1986）。

对被污名化的人来说，他们常会感到别人在负面衡量他们。一项针对被诊断为精神疾病的患者所进行的研究发现，他们全都曾在他人知晓其情况后，或多或少被排挤、被忽略、被屈尊俯就或被歧视过（Wahl, 1999）。这里我们可以考虑一下斯坦福大学毕业生布赖姆霍斯特（Mark Breimhorst）的情况。他失去了双手，1998年他申请进入商学院就读，他在参加研究生管理科入学考试（GMAT）电脑测验时，被允许延长四分之一时间。他的成绩在被寄给他申请的几家研究所时，被标注上"分数是在特殊情况下获得的"。最后，他申请的商学院没有一家录取他。他对测验中心提出联邦诉讼，抗议测验中心在那些需要延长时间的学生成绩上做此标记。他认为，这样的标注是一种污名化，因为这样做会给人造成一种怀疑，怀疑这些人的分数没有他人的可信（Lewin, 2000）。2003年，测验中心停止了对受到特殊照顾的考生成绩进行标注这一做法。

面对强烈的歧视可能性，被污名化的人们经常会采取**因应策略**（**coping strategies**），尽可能地建立最合人意的形象。其中一个策略是尽力把缺陷隐藏起来。例如，有听力障碍的人，会学着读唇语，或是在与人互动时假装对方的话全能听见；那些有身体障碍的人，则会选择做手术，以永久性地摆脱他们被污名的境况。

有一些被污名化的个体，尤其是那些其情况不会被人直接发现的人，会采取一种有选择性地揭露的原则。社会学家查伦·迈阿尔（Charlene Miall, 1989）采访研究了70位不孕妇女，她们几乎所有人都把不孕视为一件负面的事情、一种失败的标记，或者是没有"正常"运作的能力。大多数女性都担心别人对不孕的认知是一种污名化。因此，她们会对这一信息进行某种形式的限制。许多人都会否决他人所说的话，只接受医疗人员或不孕症咨询专家提供的信息。其他人则会采用医疗说法，如"这不是我能控制的事情"。有些人只对那些不会将她们视为有病的人坦白她们的情况。还有些人则会利用披露她们不孕这一事实，震住那些"正常的"观众，进而掌控局面（Miall，1989）。

当然，并不是所有的污名都可以隐藏起来。有些人只能尽量减少他们的污名对人际互动的干扰或中断。一种策略是使用自嘲式幽默（即自我贬低消遣），讲一些关于他们的缺陷的小笑话，缓解那些未被污名化者的紧张感。其他人则会试着将注意力转移到与缺陷无关的特征上。例如，一个人坐在轮椅上，带着一本内容深奥只有内行才看得懂的书，以一种引人注目的方式向他人展示他或她的大脑还很好用。还有一些被污名化的人，则会掌控那些对他们封闭的区域，如截肢者爬山，引起人们对其状况的关注。

有些人会组织起一些运动来对抗社会的压力。例如，美国肥胖症防治协会（NAAFA，又译"胖人促进会"）和 Council on Size and Weight Discrimination 这样的组织，帮助胖人（顺便说一下，"胖子"这个形容词是他们的个体偏好）融入这个厌恶其身体尺寸的社会，同时游说国会和州立法机关反对"身材歧视"，倡导"体重多样化"（Saulny，2009）。他们在华盛顿特区组织公民权游行，游说卫生保健专业人员对胖子多一些宽待和接纳，公开谴责减肥电视节目，像《超级减肥王》（*The Biggest Loser*），因为这些节目欺凌超重的参赛者，同时还组织了游行反对保险歧视和可疑的"科学"减肥计划（LeBesco，2004；National Association to Advance Fat Acceptance，2013）。

但是，单是通过个体印象管理和集体示威抗议，并不能克服污名衍生出来的问题。长时间的自我修正，也只有在改变关于污名本质的文化信念的情况下才能完成（Link, Mirotznik & Cullen, 1991）。只要我们仍然抱有这种想法：被污名化者应该自行解决污名，那么他们当中就会只有一部分人能够克服其自身状况所导致的社会限制。

小　结

　　读过本章，你可能会有这样一种印象：人类是一群狡猾、工于心计、愤世嫉俗的戏子，他们的生活只是一连串经过精心设计的虚假表演，目的是满足自己当下自私的需求。这个印象管理者会有意识地和刻意地表现出一种不适当的形象，以在特定情况下占到便宜。即使这个人看起来毫不在乎其外表，也仍然可能会是有意识地培养出一种"不在乎"的形象。

　　这样说并不是反对人们有意识地创制自己的形象，使其能够实现一些他们想要达到的目标。我们大多数人一辈子都在努力给我们自己创建这些有吸引力、诚实、能干和真诚的形象。为此我们会谨慎地设计我们的外表，展现出我们认为他人钦羡的品质，并把那些我们觉得他人不喜欢的品质给藏起来。当我们的行为被人抓到把柄，有可能毁掉我们努力培育的形象，我们就会有策略地采用一些说法来否认这一行为、给其找一借口，或是将其合理化。

　　那么，真正的你到底是谁？如果任何人都可以自由地改变自己的形象来满足特定观众的期待，那么是否还有一个比较稳定的事物，可以在各种情况下都能描述这些形象？

　　如果你意识到你正在操控的印象并不是真实的你，那么这时的你必然会对什么是真正的你了然于心。而事实上，这个你是谁，将会超越特定情境对你提出的要求。你身上那些基本而普遍的部分，能让你从角色库中选择一个最适合当下情境的角色。仔细思考这一可能性，你就能够理解那些反映个体本质信念和他人与社会在我们日常生活中所扮演角色的印象管理给你带来的感受。

像社会学家一样思考：人生难免会有尴尬

印象管理是一个工具，我们大多数人都会用它来向人展示我们是受人欢迎的人。然而，有时我们的努力也会失败。调查你的几个朋友或同学，让他们描述一下他们最尴尬的时刻。敦促他们讲出具体细节：当时的情况是什么样？他们想要表现出什么形象？为打造这些形象所做的努力为何会失败？面对尴尬，他们这些人如何在外表或行为上作出反应？他们是如何努力克服尴尬并回到秩序中的？对此他们有没有什么说法？这一失败印象管理的结果是暂时性的还是永久性的？其他在场者对这一尴尬事件有何回应？他们的回应是缓解了还是加剧了这一尴尬？

一旦你收集到了一定数量的故事（十到十五个就行），你就可以看看自己能否从中找出共同的主题。最常发生的尴尬情境是什么？人们最常见的反应是什么？如果你的班级人数较多，你的指导老师可能会让你向一小群同学或全班同学报告你的研究成果。你在同学们所讲的这些让人尴尬的故事中辨别出了哪些类型？在人们感到尴尬时，是否存在性别、种族和年龄上的差异？

社会学家爱德华·格罗斯（Edward Gross）和格雷戈里·斯通（Gregory Stone）曾经写过这样一句话："在尴尬遗留下的废墟中，是破败的社会交流的根基。"（Gross & Stone, 1964, p.2）你认为他们想要表达的意思是什么？请借助你的研究结果，讨论一下就维持互动和社会秩序而言，尴尬（更重要的是对尴尬的回应）在社会学上的重要性。

本章要点

- 社会生活最重要的一部分就是,会受到我们对他人印象和他人对我们印象的影响。
- 形塑印象一开始是基于我们对先赋社会群体成员的身份(如种族、年龄、性别等)、个人外表、语言和非语言信息作出的判断。
- 当我们收集了一些关于他人的信息而形成了对他人的印象时,我们完全明了别人也在对我们做同样的事情。印象管理是一个过程,通过它,我们可以试着去控制和操纵这些关于我们的信息,去影响他人对我们的印象。既有个人印象管理,也有集体印象管理。
- 印象管理不当会导致创造出错误的身份,因而必须对其加以修复,以维持社会互动。

第七章
社会关系是如何建构而成的：
亲密关系与家庭

- 与他人共处
- 社会多样性与亲密关系选择
- 家庭生活
- 家庭与社会结构
- 家庭面临的挑战

通常我们都会认为，亲密关系是社会生活的基础；但到目前为止，21世纪一直是一个对亲密关系类型具有挑战性的时代。

- 在大学生中，传统的约会已经被"勾搭"（*hooking up*）取代：在这种关系里，两个人会在一个宿舍同居，或在一个聚会上见面，去一个私人的地方，发生某种形式的性行为，从接吻到性交（England & Thomas, 2007）。这其中经常少不了酒精的影子。听起来够亲密和浪漫吧？然而事实却并非如此。
- 只需简单滑动屏幕，智能手机软件，像Tinder、Hinge、Clover、Grindr，就可让人们（其中多为年轻人）基于一些照片和几句话……立即扫描出附近潜在的"勾搭"对象（Reich, 2014）。Tinder声称，它每天可以"匹配"1200万人（两个人彼此感兴趣即为"匹配"；M. Wood, 2015）。
- 超过4100万成年人有过网上约会（如：eHarmony、Match.com）。2014年保持恋爱关系的人中有20%、当年结婚的人中有17%，双方都是在网上认识的（Statistic Brain, 2014）。网上约会现在是找寻对象最快和最便宜的方式，因为人们可以从一个巨大的潜在伴侣群体中进行挑选。
- 美国有3350万单人家庭，2000年这一数字是2600万（ProQuest Statistical Abstract, 2015）。事实上，25岁以上未婚男女的比例是迄今最高的，尽管其中约有一半人说他们想在未来的某个时候结婚（K. Parker, Wang & Rohal, 2014）。
- 18—24岁的人中，与父母同住的男性和女性的比例分别为40%和32%（Fry, 2013）。这些数字中既包括那些从未离开过家的人，也包括那些离开后又返回的人（也许离开返回不止一次）。根据一项调查，13%的成年子女父母说，他们的儿女在去年搬回了家（W. Wang & Morin, 2009）。
- 将近700万美国人与他们的孩子住在一起但不结婚（U. S.

Bureau of the Census, 2015a)。这一数字是 1970 年的 12 倍。现在拥有从未结婚父母的孩子的人数,要多于拥有离婚父母的孩子(引自 Tavernise, 2011a)。
- 1970 年美国所有出生者中,11% 是未婚母亲所生;今天,这一数字接近 41%(ProQuest Statistical Abstract, 2015)。这些新生儿中约有 58% 出生在同居关系中(Haub, 2013)。
- 2015 年 6 月 26 日,最高法院在"Obergefell 诉霍奇斯"(*Obergefell v. Hodges*)案中裁定,两个相同性别的人有合法结婚的宪法权利。

有些人可能会将上述事件视为一种"证据",表明我们这个社会正在快速堕落;而其他人则可能只是把这些情况看成一种标示,说明亲密关系正在跟上不断改变的文化的脚步。

就像我们个体生活中的其他方面,亲密关系和家庭也要放在我们的社会这个更大的架构下来理解。本章将会从社会学视角出发,来一窥它们的私人及公众层面,并会探讨亲密关系,尤其是家庭纽带,在我们的日常经验中所扮演的角色。为什么这些关系对我们如此重要?社会因素,如社会制度、性别、种族和社会阶层,如何影响我们对亲密感和归属感的认知?它们如何影响我们的家庭生活?为什么这些关系中可取的方面通常都会大于消极方面,如家庭暴力?

与他人共处

我们中有许多人都是用我们与他人关系的质量和数量作为标准,来评判我们生活的幸福程度(Campbell, Converse & Rodgers, 1976)。我们在担心这些关系、考虑新关系、纠缠于旧关系、试图让当前的关系变得更让人满意、或者是担心如何进入或退出(一种关系)上花费了大量的时间。事实上，处关系是如此重要，以至于现在出现了一种 APP 软件，名为"看不见的男朋友（女朋友）"，它能生成虚拟文本、语音邮件和照片，给还没有找到伴的用户提供"可信的社会认同"（实际上他们有男朋友或女朋友）。

尽管在生活中我们都渴望亲密关系，但要将其长久维持下去却经常都是一个挑战。一个多世纪以来，社会学家一直提到：那些生活在复杂的、城市里的、工业或后工业社会中的人们，逐渐变得离群索居，与他人的接触也越来越少（Durkheim, 1893/1947; Riesman, 1950; Tönnies, 1887/1957）。在 20 世纪末和 21 世纪初，与教会相关的群体、公民组织（如红十字会、童子军、PTA）和互助组织［如狮子会、Elks 互利协会，圣地兄弟会（Shriners，一家经营治疗烧伤儿童的免费医院）］的人数也在减少（Putnam, 1995）。根据一项研究，只有 42% 的美国人知道他们所有或大部分邻居的名字（A. Smith, 2010）。

因为我们的职业有更大的流动性，更愿意搬迁，我们也就要比，比如说一个世纪前的人们，更有可能打破社会纽带。在美国，过去二十多年来，有朋友和家人可以谈论重要事情的人数已大幅减少。事实上，与 20 年前的美国成人相比，今天的美国成人更可能完全不与他人来往（McPherson, Smith-Lovin & Brashears, 2006）。

一些社会学家将这些趋势归因于美国文化强调个人主义，这降低了社群意识，削弱了我们与他人建立关系的能力，并使人们更容易离开那些他们认为无法让人满足的团体（Bellah, Madsen, Sullivan, Swidler & Tipton, 1985; Sidel, 1986）。现代社会高度重视自力更生和个人成就，有时使得社会关系乃至家庭关系似乎都可以被抛弃。

相比之下，在集体主义社会，如中国和日本，群体关系在人们的日常生活中发挥着更重要的作用。那里的人们认为，比起个人成功和个体成就，责任、奉献牺牲和妥协让步是更可取的特质。他们认为，群体关系是个体幸福的最好保证。因此，在这样的社会中，忠于群体的感情和对其他成员的责任感往往是强大的。

有时，政府也会采取行动确保人们履行家庭责任。六个世纪前，中国学者郭居敬编写了《二十四孝》，一部古时候为家庭作出牺牲的故事集。其中一个故事讲的是有个女人剪下自己的肝脏来养活她生病的母亲，另一个故事讲的是一个男孩坐了一整夜，赤膊让蚊子咬，好让蚊子远离他正在睡觉的父母。担心年轻人正在远离他们传统的家族责任，2012年中国政府发布了一个《二十四孝》修订版，呼吁成年人每逢假期多陪陪父母，给他们做做饭，每周都要给他们至少打上一次电话（Jacobs & Century, 2012）。

尽管在亲密关系中难免会发生冲突，而且在一个个体主义的、流动的、高科技的社会中很难维持这些纽带，但是人们仍然非常看重归属感和亲密关系，并煞费苦心想要得到它们。例如，越来越多的老年女性（她们是单身、丧偶或离婚），不是通过婚姻来寻求支持，而是通过与跟其有着相似处境的其他女性结成长期的友谊来寻得支持（J. Gross, 2004a）。同样，我们在工作上花的时间比以往更多——半数美国工人现在每周工作超过40个小时（Saad, 2014）——很可能会损害我们与家庭的关系。但对许多人来说，与同事的关系一样能够带来情感上的满足（Wuthnow, 1994）。而且我们中有许多人还会在当地常去的地方（如酒吧和咖啡厅）花上大量时间，在那里我们可以找到志趣相投的伙伴并得到安慰（Oldenburg & Brissett, 1982）。许多人都渴望能从朋友圈、志同道合的邻居和同事这些小群体中找到归属感。

微观与宏观之间的联系：
那就是（脸书）友谊的真面目

现代通信与信息技术（如智能手机、社交媒体、FaceTime、Skype、YouTube等）如何影响人们与他人的关系？在当下这个时候，问题尚无定论。

例如，一些研究指出了这些技术产生的严重的疏离效果。一项研究发现，与非社交媒体用户相比，社交媒体用户不太可能将邻居作为友情来源的比例要多出 28%（引自 Blow，2010）。就像一位作家所说："我们已经习惯了'孤独成双'（alone together）。"（Turkle，2012，p.1）数字连接越多，情感联系就越少。我们对技术的期望越多，我们对他人的期待就越少：

> 我们被提供了……一个基于网络设施的以机器为媒介的关系世界。随着我们发送即时消息、电子邮件、短信和推特，技术重绘了亲密与孤独之间的界限。……青少年避免打电话，担心他们会"透露太多"。他们宁愿发短信也不愿通话。成年人也更多选择了键盘，而不是人类的声音。……在联网游戏中经过一个晚上的 avatar-to-avatar 交谈，有那么一刻我们会感到拥有一个完整的社会生活，然而在接下来的一刻，又会在与陌生人脆弱的同谋中产生一种奇怪的孤立感。我们在脸书上建立起一个追随者（圈）……好奇我们的追随者与我们是什么程度的朋友……有时在几个小时的连线交流之后，人们会觉得毫无意义。（Turkle，2011，pp.11－12）

随着全世界每月活跃的脸书用户超过 12.8 亿，活跃的推特、Google+、Pinterest、LinkedIn、Instagram、SnapChat 用户超过 10 亿（Digital Insights，2014），社交媒体可能达到了饱和点。不足为奇的是，越来越多的人选择避开这些社交媒体，主要是因为他们觉得这让他们的生活有更少的私密和更多的疏远。我们都有这种体验：站在人群中，如在机场、火车站或学术广场，几乎每个人都在手机上打字、敲键、刷屏、发短信，或玩"糖果粉碎"（*Candy Crush*）游戏。一个学生这样说："我再也不给我的朋友们打电话了。我只要看到他们的照片和更新，感觉就像真的跟他们联系过了。"（引自 Wortham，2011，p.B1）

不过，其他证据表明，这些技术只是给了人们另外一种方法，去在他们当下社群的内部和外部建立重要的人际关系。社交媒体远非让人孤立，相反，它可以使"孤立的人们相互沟通，使被边缘化的人们找到另一个人"（Deresiewicz，2011，p.2011）。它们经常可以给传统的人际卷入（interpersonal involvement）提供一个有意义的替代或改进，从而扩大了人们的社会支持网络的范围。例如，互联网使人们可以从一个远远超出他们所在地域共同体的社交圈得到支持。此外，它也给了人们一个机会，去建立更加多元化的个人网络。

> 社交媒体活动与一些有益的社会活动相关，包括更有可能接纳来自不同背景的人一起在网上进行讨论。例如，经常上网的用户和常写博客的人，更有可能相信来自另一个种族的人。那些在线分享照片的人，更有可能报告说，他们与另一个政党的成员一起讨论了一些重要事情。
> (Hampton, Sessions, Her & Rainie, 2009, p.3)

为了说明这场辩论截然不同的目的，不妨考虑一下几年前出现在《纽约时报》同一版上的两封信，这两封信回应了早先时候一篇关于通讯技术的危险性的专栏文章。第一封信来自一位八年级学生，第二封信来自一名高一学生：

> 我感觉它淡化了我的"真正的"关系。我从未在社交网络上进行过一次有趣的谈话。通常当我试着和别人面对面谈论一个真实世界里发生的事件时，他们却在盯着屏幕，他们的心思在别的什么地方，即便他们被永久地"连接"上，我也能够感觉到他们正在漂移远离我。
> (Grossbard, 2011, p.8)

> 以前从来没有一个高中生敢于如此大胆地接触一位哈佛研究生，要求对方给他的研究论文加以指导。我们再也不会认为像下面这种情况会有什么好奇怪的：一个来自地球上最遥远地方的人在推特上与一个众所周知的名人讲俏皮话。(Kaufman, 2011, p.8)

那么，技术到底是增强了还是破坏了我们与他人之间的关系呢？与你高中最要好的朋友每周进行 Skype 聊天或推特，跟你们每周五一起去吃午饭相比，从中可以得到更多还是更少的满足？发短信与打电话相比，有更多还是更少的人情味？在脸书上更新你的关系地位，作为承诺和排他性的一个标记，与交换戒指相比，是有更多的意义还是更少的意义？当然，所有人都同意，我们建立和保持密切关系的方式，与 50 年前甚至 10 年前相比都已大相径庭。但这是否意味着，他人在我们日常生活中的重要性（他们可以成为我们的邻居、同事、家庭成员、个人朋友或脸书"朋友"）已经减少了呢？

社会多样性与亲密关系选择

我们与同事、邻居、亲戚和（真实或虚拟）朋友的关系，自然是我们社会生活中的一个重要组成部分，但是，来自亲密浪漫的爱情关系的归属感和亲近感，已经成为 21 世纪的主要困扰之一。杂志、自助书籍、超市小报、网站、博客和电视脱口秀节目上，充斥着对这类关系任何可以想到的方面的建议、警告和伪科学分析。

大多数美国人都认为，爱情是建立一种满足而持久的关系所必需的。但是，他们的亲密选择，远非自由，也谈不上私密。和谁约会、和谁一起生活、和谁结婚，他们在这几个方面作出的选择，受到两项重要社会规则的支配，即异族通婚（外婚制）和同族结婚（内婚制），这两者限制了符合条件的伴侣的范围。

异族通婚（外婚制）

无论何时，我们每个人都同时是许多群体的一员。我们属于一个特定的家庭、一个友谊群体、一群同事、一个宗教、一个种族、一个民族、一个年龄群、一种社会地位，等等。与这些群体中的一些成员结成亲密关系，会被认为是不合适的。所以，社会遵循一套称为**异族通婚**（**exogamy**）的规则，它要求个体与其所属社会群体之外的某个人，形成一种长期的恋爱关系或性关系。例如，几乎是在所有社会，异族通婚规则都界定了与一个人自己的直系家族成员（如兄弟姐妹、父母和孩子）结婚或发生性关系属于乱伦。据推测，之所以存在这些规则，主要是为了禁止有亲缘关系的人们之间进行繁衍，以便减少后代继承有缺陷基因的几率。

异族通婚禁令通常都会扩展到直系亲属外的某些亲属，如表兄弟姐妹、祖父母、姑姨、叔舅，在一些社会中还会扩及异父母同胞。在美国，25 个州完全禁止近亲结婚，19 个州允许，其余 6 个州仅在某些情况下允许，如双方都超过 65 岁，或者是其中一人没有生育能力（National Conference of State Legislatures, 2009）。

非正式地，反对同志之间有爱情关系，或者反对住在同一宿舍（dormcest，由 dormitory 和 incest 拼缀而成，住在同一宿舍或租房的大学生因近水楼台日久生情所发展出的男女爱情关系）的大学生之间有爱情关系，也说明了一种普遍存在的看法：保持适当距离的两个人之间发生爱情关系最适当。一家学院的建议博客，曾经指出了 dormcest 的一些陷阱：不匹配的期望、看到性伴侣最差的一面、共同生活空间的非排他性、无法给生活保鲜，并提供了一些克服它们的策略（A. Jones, 2010）。

不同的文化在应用异族通婚规则时也有所不同。例如，在韩国，相同姓氏的人结婚曾是非法的——这并不是一条微不足道的法律，因为姓金、朴、李、崔或庄的韩国人占韩国总人口的 55%（WuDunn, 1996）。这条规则起源于几百年前，是一种防止同一家族成员之间通婚的方式，1957 年被写入韩国法律。该禁令在 1997 年被判定为违宪。然而，大多数单身人士仍会尽可能避免与同姓者确立恋爱关系。就像一位大学生所说："当我被介绍给别人时，我会很随意地问她叫什么，如果发现她和我一个姓，就会成为我不能接纳她的一个缘由。"（WuDunn, 1996, p.A4）

在其他地方，违背异族通婚规则会受到严重制裁。2003 年，印度一对年轻情侣被其家人殴打致死。在他们所属的族群，来自同一村庄的两个人坠入爱河会被视为乱伦。一位村民说："在我们的社会中，住在一个村庄的所有家庭都是整个村庄的儿子和女儿。我们就像兄弟姐妹。兄弟姐妹之间的婚姻是不被接受的。"（引自 Waldman, 2003, p.A4）

同族结婚（内婚制）

与此同时，不那么正式但同样有影响力的是**同族结婚（endogamy）**规则，它将人们的亲密选择限制在他们所属的特定群体之内。例如，在美国，绝大多数婚姻都是发生在有着相同的宗教信仰、民族／种族群体和社会阶层的人们之间。同族结婚规则增加了如下可能性，即夫妇具有相似的背景，因此有着共同的信仰、价值观和成长经验。但从社会学视角来看，更重要的是，同族结婚规则反映了我们的社会在传统上不喜欢跨越社会群体界限的关系。

宗教内婚制 纵观历史，许多社会中都有与宗教相关的内婚制规则。人们只能跟与其有着相同宗教背景的人结婚。不过，在工业化社会，与不同宗教的人结婚要比以前更加普遍，因为巨大的流动性和更加自由的交流，使得有着不同宗教背景的人们可以相互接触。在美国，据估计，所有婚姻中，约有四分之一到二分之一，都发生在有着不同宗教信仰的人们之间（"Breaking the Rules"，2002；B. A. Robinson，1999）。

然而，宗教领袖，依循多数宗教传统，仍然极力阻止不同宗教信仰之间的婚姻。他们担心，在一个多样化的、复杂的社会中，他们的宗教无法像过去那样维持对人们认同其身份的影响力（M. M. Gordon，1964）。美国犹太人面临的情况，为打破宗教内婚制规则的婚姻所导致的后果，提供了一个很好的例子。1945年，只有10%的美国犹太人与非犹太人结婚，如今这一比例约为58%（非正统犹太人的这一比例为71%）（Goodstein，2013）。与其他群体相比犹太人之间的低出生率，加上不同宗教背景的夫妇不会把孩子培养成犹太教信徒这一可能性，从而在一定程度上揭示了，为什么犹太人的数量稳步下降（Goodstein，2003）。从1990年到2008年，美国犹太人的数量从310万下降到260万（Kosmin & Keysar，2009）。许多犹太教领袖都担心，如果听任这一趋势发展下去，其结果将不仅是犹太人口减少，而且还有可能侵蚀乃至毁掉整个犹太教的生活方式。

种族和民族内婚制 种族和民族内婚制（即同种和同民族的人通婚）是一种全球现象，在世界范围内的大多数社会构成社会结构的基础（Murdock，1949）。不过，在美国社会，考虑到其种族和民族的多元化，这是一个尤为激烈的话题。1661年，马里兰州颁布了第一道反对跨种族通婚的法令，禁止白人与印第安人或非洲奴隶结婚。在接下来的300年左右，又有38个州颁布了类似法令，将禁止范围延伸到华裔、日裔、菲律宾裔。当时的人们认为，种族混合（当时称为mongrelization）会破坏白人的种族纯粹性（和优越感）。当然，具有讽刺意味的是，种族混合自17世纪以来一直都在进行，而且其中大都是通过白人奴隶主强暴他们的黑人奴隶并使其怀孕所发生的。

对跨种族通婚的法律制裁一直持续到20世纪。例如，1958年，理查德·洛文（Richard Loving）（他是一个白人）和他的新婚妻子米尔德丽德·杰特·洛文（Mildred Jeter Loving）（她是一个黑人）刚把家搬到弗吉尼亚，警长便立马赶到逮捕了他们，因为他们违反了跨种族通婚的弗吉尼亚州法律。洛文夫妇被判一年监禁，但随后他们被告知，只要他们离开本州并在25年内不回到这里，就可免刑。当时大多数州，包括加州、俄勒冈州、印第安纳州、落基山州（蒙大拿州、爱达荷州、内华达州、怀俄明州、科罗拉多州、犹他州）、南部各州（肯塔基州、田纳西州、阿拉巴马州、密西西比州、阿肯色州、路易斯安那州），都有法律禁止跨种族通婚（Liptak，2004）。洛文夫妇在华盛顿州安了家，这里不禁止跨种族通婚，并有了三个孩子。到了那里后，他们便开始上诉控告弗吉尼亚州对他们的判决。1967年，美国最高法院作出了有利于洛文夫妇的裁决，认为利用种族划分来限制婚姻自由违反了宪法。

半个多世纪后，社会上对待跨种族通婚的态度变得越来越宽容，人们不再因为违反同种族内婚制而被放逐。尽管绝大多数美国婚姻仍然是同种族结婚，但是，跨越种族或民族界限的亲密关系，正在变得越来越普遍。美国跨种族和跨民族婚姻的数量急剧增长，从1980年占当时所有婚姻的3.2%，增长到占今天所有婚姻的8.9%（ProQuest Statistical Abstract，2015）。这一数字每年都在增长。在始于2010年的所有婚姻中，由来自两个不同种族或民族的人组成的婚姻超过15%，而在1980年这一比例还为6.7%（Pew Research Center，2012b）。

图 7.1 对待跨种族婚姻不断改变的态度

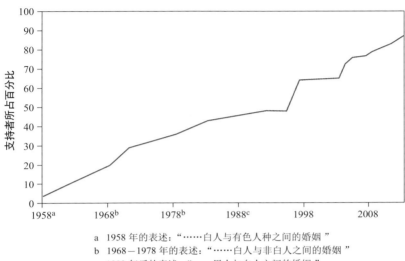

a 1958 年的表述:"……白人与有色人种之间的婚姻"
b 1968—1978 年的表述:"……白人与非白人之间的婚姻"
c 1983 年后的表述:"……黑人与白人之间的婚姻"

资料来源:Newport, 2013。

过去近 60 年来,对待跨种族通婚的态度不断改进(参见图 7.1)。超过 40% 的人认为,跨种族婚姻增多表明美国社会一直在变得更好;相比之下,11% 的人认为这损害了美国社会(Pew Research Center, 2012b)。

然而,置身于跨种族关系里的人们,仍然要面对一些问题。几家现今的网站,就跨种族伴侣可能会遇到的如下问题,像公开的敌意和恐吓;负面的刻板印象;贬义的评论、盯视、侮慢;孤立感;可能会受到家庭排斥等给他们提供了建议。在一项研究中,大约一半白人夫妇认为,跨种族通婚让他们的生活变得更加艰难;大约三分之二的人报告说,他们的父母觉得这样的婚姻有问题,至少是在婚后初期阶段(Fears & Deane, 2001)。一些跨种族夫妻,尤其是黑白搭档夫妻,在选择嫁给对方时,感到缺少家庭支持(R. Lewis & Yancey, 1997)。与同种族夫妇相比,跨种族夫妇在日常活动上需要投入更多的时间和精力。例如,在计划假期时,跨种族夫妇经常要广泛研究潜在的休闲旅游目的地,看看那里会如何接受像他们这样的跨种族婚姻关系（Hibbler & Shinew, 2005）。就像跨种族婚姻中的一位女性所言："在一个完美的世界中，种族并不重要，只是那一天尚未到来。"（引自 Saulny, 2011, p.4）

社会阶层内婚制 如果我们关于形成爱情关系的想法基于我们在电影中所看到的，我们就可能会得出这样一个结论：在美国社会，基于社会阶层的区隔并不重要，或者根本就不存在。过去二十多年来流行的电影，如《泰坦尼克号》（*Titanic*, 1994）、《婚礼策划人》（*The Wedding Planner*, 2001）、《曼哈顿女佣》（*Maid in Manhattan*, 2002）、《心灵捕手》（*Good Will Hunting*, 1997）、《情归阿拉巴马》（*Sweet Home Albama*, 2002）、《王子与我》（*The Prince and Me*, 2004）、《风月俏佳人》（*Pretty Woman*, 1990），当然还有《灰姑娘》（*Cinderella*, 2015），都传达出这样的信息：爱情的力量强大到足以扫除一切障碍，如不同的教育背景、血缘、财产背景、品位观念等。谈到爱情，好莱坞电影里的美国是一个没有阶级的社会。

然而，在现实生活中，我们在选择结婚对象时，社会阶层是一个有很大影响力的决定因素。世界各地的人们都面临着强大的压力，要选择具有相似社会地位的人做自己的婚姻伴侣（H. Carter & Glick, 1976；Kalmijn, 1994）。即使两个来自不同种族、民族、宗教的人最终走到了一起，也很有可能他们有着相似的社会经济背景（Rosenfeld, 2005）。当然，也有人确实与来自不同社会阶层的人结了婚，但是这一阶层并不会相差太远，例如，一个中上阶层的女人嫁给了一个中产阶级的男人。灰姑娘般的婚姻：极其富有的人与极度贫穷的人结婚，极为罕见。

这一切发生的一个原因是，社会阶层相近的个体更有可能一起参与活动，在活动中有可能与那些与其有着共同价值观、品位、生活目标、对未来的期待、教育背景的人进行接触（Kalmijn & Flap, 2001）。在把来自相似阶级背景的人聚拢在一起上，我们的教育体系起着特别重要的作用。过去40年来，有着同样教育水平的已婚夫妇的比例一直都是最高的。仅有高中学历的人与大学毕业生结婚的几率，自1970年代以来一直

视读社会学 | 打结，越界

曾经有一段时间，跨种族婚姻在美国是违法的。杰克·约翰逊（Jack Johnson），第一个非裔美国重量级拳击冠军，结了三次婚，其三任妻子都是白人。1913年，在与他的第一任妻子结婚后，他被控违反了《曼恩法案》（Mann Act），该法案将出于"不道德"目的跨越州界贩运妇女视为犯罪。1958年，前面提到的洛文夫妇婚后不久就在弗吉尼亚州被捕。他们一直告到最高法院，后者于1967年宣布，禁止跨种族通婚的弗吉尼亚州法律违宪。今天，事情看上去与过去有了很大不同。比尔·德·布拉西奥（Bill de Blasio）与一名黑人妇女的婚姻，并没有阻止他当选2014年纽约市市长。2012年，脸书创始人马克·扎克伯格与普莉希拉·陈（Priscilla Chan）结婚时，似乎没有人关心其种族问题。但是，跨越种族界限的婚姻，尚未得到同种族婚姻毫无疑问享有的理所当然的对待。

你认为美国为什么会在跨种族亲密关系上有这样一段不光彩的历史？为什么对有些人来说，仍然很难接受跨越种族界限的爱情？你是否认为，人们与他们自己种族、民族（或宗教）外的人结婚，就是"不忠于"他们的群体？在选择婚嫁对象时，人们应该在多大程度上考虑到这一决策对他们更大的种族/民族/宗教群体的影响？

都在减少（C. R. Schwartz & Mare, 2005）。

此外，社区（和社区学校）往往是由类似社会阶层的人组成。大学经常会延续这一阶级区隔。有着上流社会背景的人，更有可能进入昂贵的私立学校；来自中产阶级的人，最有可能进入州立大学；而那些来自工人阶级的人，则最有可能进入社区学院。这一教育结构状况，增加了来自同一阶级背景的大学生相识并发展出亲密关系的机会。

家庭生活

大多数人可能都会认为，忠诚的亲密爱情关系是家庭的基石。在我们所属的所有群体中，家庭通常都是最重要的那一个。我们的祖先为我们每个人都提供了一个不同的个人历史，他们，以及我们在以后的生活中建立的家庭，则给我们提供了身份。由于家庭在日常生活中的重要性，社会学家将其视为一个主要的社会制度，一种社会结构，不仅要应对我们的个人需求，也要应对社会的基本需求（参见第二章）。

何谓家庭

具有讽刺意味的是，尽管家庭如此重要，但对它却没有一个准确的定义。大多数人听到"家庭"这个词的时候，通常想到的都是**核心家庭**（**nuclear family**）：一个由父母和孩子组成的单位。其他人则可能关注**大家庭**（**extended family**，又译"扩展家庭"、"扩大家庭"）：包括其他亲属在内，如祖父母、姑姑、叔叔和堂兄妹。在平日的使用中，人们会更随意松散地用"家庭"这个词来形容那些人：他们已经与其形成了很大程度的情感亲密性和共享性，即使他们并不是亲戚。如果让我来选，我认为我父亲最好的朋友、我的理发师、甚至我的狗都是我的家人。

但是，我们的生活并非完全由我们自己做主，所以在定义我们自己的家庭时，我们也就没有完全的自由。我们不仅相当有规律地接触那些想要知道我们的家庭是什么样子的人，我们还必须了解大量有其自己对家庭的定义的组织和机构，有时它们可能还会将其定义强加给我们。地方、州和联邦政府管理的很多项目，只给那些符合其官方定义的"家庭"群体提供一定的福利。

联邦政府会定期编制关于生活在美国的个体、夫妻和家庭的最新统计数据。显然，在正式开始进行统计之前，对于何为家庭（或何为婚姻）必定心中有数。在其官方统计数据中，美国人口统计局区分了家户和家庭。**家户（household）**由住在同一所房子里的一个人或多个人组成。**家庭（family）**由"两个或两个以上的人组成，包括因出生、婚姻或收养而有关系的住户，以及作为一家人而生活在一起的人"（U.S. Bureau of the Census, 2005）。并不是所有的家户都有家庭。如果我们接受这种狭隘的"家庭"定义，那么其他安排：独自生活的人，室友，未婚同居和各种形式的群体生活，就不能被视为严格意义上的"家庭"。这一定义反映了许多人的信念。在近来的一次全美调查中，将有孩子的未婚夫妇（包括异性恋和同性恋）视为家庭的调查者人数，是将没有孩子的未婚夫妇视为家庭的调查者的两倍（B. Powell, Bolzendahl, Geist & Steelman, 2010）。根据政府的定义，超过40%的美国家户不是家庭（参见图7.2）。

有一个法律上定义为"家庭"的生活安排很有实际意义。诸如以下权益：继承权、保险责任范围、配偶移民福利、节省联合纳税收入、能替另一个人作出医疗决定、享有监狱和医院重症监护病房的探视权，都由婚姻或家庭地位决定。亲密关系的成员并不被界定为家庭关系，无论两人多么忠诚，在经济上多么相互依赖，或者在情感上多么满足，都没有资格。例如，在2001年恐怖袭击的时候，没有一个州承认同性关系的法律地位。所以，在"9·11"袭击五角大楼的受害者中，弗吉尼亚州的同性伴侣没有资格获得相同的幸存者福利，而幸存的异性恋配偶就有权获得（Farmer, 2002）。

图 7.2　美国家户的多样性

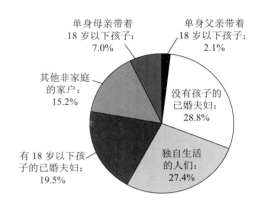

资料来源：ProQuest Statistical Abstract，2015，Table 59。

家庭生活的历史趋势

许多功能论社会学家都表达了对家庭作为一种社会制度的当前状态的担忧。他们认为，随着时间的流逝，家庭已经失去了很多（如果不是全部）其传统目的（Lasch，1977）。历史上，家庭是孩子们接受大部分教育和养成宗教信仰的地方。大人和孩子都期望可以从家庭中得到情感上的关爱和支持。家庭是一种管制性行为和生育繁衍的制度。家庭也是社会的经济中心，家庭成员一起工作谋生，在经济上相互支持。

但是，随着经济从一种基于小型私人自有的农业生产之上的系统，转变为一种基于大规模工业生产之上的系统，家庭的角色发生了变化。经济生产从家里搬到了工厂，家庭变得更加依赖于其成员在外挣得的收入。学校开始接管技能教育和价值观培养，而这过去都是家庭日常生活的一部分。甚至家庭作为安全感和情感培养的角色也开始减少，因为它变得越来越无力去保护其成员免于承受现代生活的严酷现实（Lasch，1977）。

鉴于所有这些原因，许多人都关心当代家庭还能幸存多久。对未来家庭将会何去何从的焦虑，使得一些社会人士大声疾呼，回归旧日家庭生活的"美好时光"。对已经逝去的家庭"黄金时代"的信仰，使得一些人将当前的家庭状况描述为一段急速衰退和不可避免的家庭崩溃的时期（Coontz，2005；Hareven，1992；Skolnick，1991）。批评者常常悲观地引用高离婚率、大量非婚生子、改变的性别角色（最明显的是，工作的母亲增加）和不再看重婚姻，将其视为现代家庭出现麻烦的迹象（The National Marriage Project，2010）。然而，尽管婚姻不再是人们可以作出一生承诺的唯一的亲密关系，大多数美国人最终仍会选择结婚（Coontz，2013a）。此外，家庭的结构一直都是多样的，而且在保护成员免受经济困难、内部冲突、政治动荡和社会变迁的影响上，始终有很大难度。呼吁回归旧日"好时光"，实则是在呼吁回到从未真正存在过的事物上。通过美化一个神话般的、理想化的过去，我们人为地将我们自己限制在了一个不准确的形象中：我们认为"正常"的家庭应该看上去像什么样子。

家庭结构趋势　现实中的美国家庭生活，从来就不曾适合过人们对它的怀旧形象。根据社会学家威廉·古德（William Goode，1971）的看法，美国人饱含深情地谈起并想予以重建的昔日传统家庭，多少有点像一个神话。他将过去家庭的理想化形象，称为"西方怀旧的典型家庭"（classical family of Western nostalgia）：

> 在祖母的农场上，有一幅美妙的生活画面。有很多快乐的孩子和许多亲属共同生活在一个向四下延伸的大房子里。每个人都努力工作。大部分过冬吃的食物，都是在农场上栽种、腌制和储藏的……父亲为人严厉、寡言少语，对所有的重要事情作出最终决定。……所有的男孩和女孩都会在还年轻时就结婚。……婚后，夫妻过着甜蜜的生活，不管是住在男方父母家附近，还是与男方父母住在一起。没有人会离婚。

（William Goode，1971，p.624）

就像大多数刻板印象一样，上面的描述并不完全准确。19 世纪美国成年人的预期寿命要短于今天，由于父母一方的过世，那时的孩子们实际上要比现在的孩子们更可能生活在单亲家庭（Kain, 1990）。即使足够幸运在完整家庭中长大的孩子，通常也要离家工作，去别人家当仆人和学徒。此外，虽然今天有近 20% 的美国儿童生活在贫困中（DeNavas-Walt & Proctor, 2014），但在 20 世纪初却有相应比例的孩子生活在孤儿院——并非只是因为他们的父母已经去世。之所以会有许多人在那里，主要是因为他们的父母养活不起他们。一个世纪前，酗酒和吸毒、家庭暴力和辍学的比例也都要比现在高（Coontz, 1992）。

与流行的看法相反，19 世纪和 20 世纪初普遍的家庭形式，并不是父亲赚钱养家 / 母亲料理家务。例如，到 1900 年，五分之一的美国妇女（离家）外出工作（Staggenborg, 1998）。但职业女性从事的工作则是随着阶级和种族的不同而不同。中上阶层白人女性从事的工作，不外乎教书和护理。由于她们所得的收入对维持家庭生计来说并非必不可少，所以她们大多数都可以视家庭对她们的需要而选择进入和退出劳动力市场。相比之下，贫困女性很可能就要长时间工作，主要是在服装厂、罐头厂或其他行业，从事一些非技术性的简单工作。

有色人种妇女的家庭生活，受到经济上需要的影响更多。例如，黑人佣人往往被迫离开自己家，住在雇主家里，雇主期待他们一天到晚都要工作。大多数人都别无选择。纵观美国历史，极少有黑人女性可以奢侈地在家做全职太太和当妈妈。1880 年，73% 的黑人单身女性和 35% 的黑人已婚女性报告说在做有报酬的工作。相比之下，只有 23% 的白人单身女性和 7% 的白人已婚妇女报告说在做有报酬的工作（引自 Kessler-Harris, 1982）。

家庭规模趋势 关于过去的美国家庭，或许最普遍的神话是：大家庭占据主导地位，几代人生活在同一屋檐下（几世同堂）。人们经常会拿今天更加孤独的核心家庭（平均包括 2.54 人）（Statista, 2014），来与这些大型而紧密的支持网络进行对比。但是，研究表明，美国家庭一直以来都是偏重小家庭类型（Blumstein & Schwartz, 1983；W. J. Goode, 1971；Hareven, 1992）。美国没有下面这一强大的传统：大型的、扩展的多代家庭生活在一起。事实上，即使在1850—1885年间扩展家庭（大家庭）达到有记录以来的最高比例，这样的家庭也只占到所有家庭形态的20%（Hareven, 1978）。因为过去的人们没有办法活得像今天的人们这样长，大多数人都是在看到他们的孙辈之前就已去世。即使在18世纪，典型的家庭也是由丈夫、妻子和顶多三个孩子组成。

过去的家庭大，可能是因为非家族成员的存在：仆人、学徒、寄宿生和访客。我们已经看到，过去几个世纪以来平均家庭规模逐渐减少，并不是因为扩展亲戚的数量下降，而是因为生活在一个家庭的非家族成员的数量在减少，家庭中的孩子数量在减少，年轻人独自生活的数量在增加（Kobrin, 1976）。

随着人们从那些确实有着大家庭传统的国家（如中国、希腊、意大利）移民进入美国，他们首先要做的经常是离开他们的大家庭成员，这样他们才能创建属于自己的家庭。缩小他们的家庭规模被视为一个明确的迹象，表明他们已经变成美国人。从经济角度考虑，维持大型的多代同堂的家庭是不合情理的。因为要想能够换到别的州去找一份工作，不可能还与祖父母、叔叔婶婶及堂兄妹住在一起。

此外，今天的家庭也并不像某些人想象的那样孤立。祖父母还活着的美国居民的人数，比以往任何时候都多。大多数成年人每周都会去看望一次父母或是与父母通一次电话（Coontz, 1992）。大家庭成员不住在同一屋檐下，但他们确实仍然保持联系，并会在需要的时候提供建议、情感支持、资金援助（K. Newman, 2005）。

离婚趋势 另一个经常被用作美国家庭消亡（基于过去的错误观念）的指标是当前的高离婚率。许多观察家担心，像《欧吉和哈丽雅特时代》（*Ozzie and Harriet*）、《老爷大过天》（*Father Knows Best*）、《天才

图 7.3　1950—2012 年间美国离婚率的历史趋势

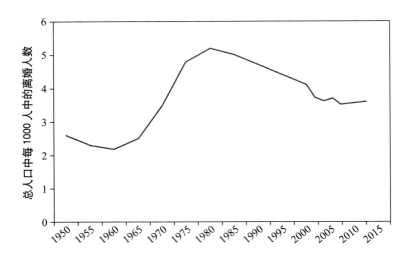

资料来源：Eldridge & Sutton, 2007, Table A; Tejada-Vera & Sutton, 2009, Table A; ProQuest Statistical Abstract, 2015, Table 86。

小麻烦》（*Leave It to Beaver*，又译《反斗小宝贝》《比弗真棒》）等 1950 年代电视节目中描述的完整的中产阶级家庭，已经永远不复存在。20 世纪末离婚率的上升，被归因于 20 世纪六七十年代发生的文化运动，这场文化运动的目的是"活跃而时髦的单身男女、开放的婚姻、多样的生活方式和妇女解放"（Skolnick, 1991）。真的，这是美国历史上的一段革命时期，管控社会生活各个方面的规范自然也都随之发生改变。

　　然而，这些结论忽略了离婚在美国的长期历史趋势。在二战前的 100 年间，离婚率呈现逐步缓慢增长态势。战争结束后离婚率急剧上升，主要可能是因为许多年轻男性新婚不久便应征入伍，夫妻感情不太稳固，再加上长时间分离带来的压力，故易走向离婚。1950 年代，离婚率又急剧下降。因此，1960 年代和 1970 年代的高离婚率，只不过是代表重回 20 世纪以来攀升的离婚趋势。事实上，自 1980 年代中期以来，美国的总体离婚率一直都在下降（参见图 7.3）。但重要的是要注意，离婚率随年龄不同而不同。过去 30 年来，年轻夫妇间的离婚率一直保持稳定或下降，这主要是因为现今的年轻人结婚更晚，更有选择性。相比之下，35 岁以上者的离婚率，自 1980 年以来已经翻了一倍多（S. Kennedy & Ruggles，2014）。

此外，100 年前"隐蔽的"离婚率，可能并非远低于今天"可见的"离婚率（Sennett，1984）。对过去的许多人来说，出于经济或宗教方面的原因考虑，离婚并不是一个可选项。例如，在 1930 年代的大萧条中，离婚率实际上下降了。由于缺少工作和住处，许多夫妻负担不起离婚的成本。婚姻不幸和家庭暴力的比例都在增加。相当数量的人转向离婚的功能替代物：抛弃或离开对方，这类事件已经持续存在了几个世纪。所以你可以看到，过去的离婚率可能一直很低，但是家庭找到了其他方法来代替分手。过去那个时代里温暖的、安全的、稳定的家庭生活这一形象，与真实的美国家庭历史是不相符的（Skolnick，1991）。

亲密关系和家庭的文化多样性

在每一个人类社会中，都可以看到家庭的身影，从结构功能论视角来看，它们的存在都是为了满足类似的社会需求。然而，家庭满足这些需求的方式——它们的结构、习俗、权力模式等——则因文化不同而有很大差异。因此，有关何谓家庭及如何规范人们在家庭内的行为的看法，也是由文化决定的。

我们大多数人都会理所当然地认为：**一夫一妻制**（**monogamy**），即一次只能嫁给一个人这一做法，是家庭基本的结构单元。虽然有些家庭确实会在没有已婚夫妇的情况下存在，而且有些人在其一生中可能会有几个配偶，但是，一夫一妻制婚姻，仍是我们心目中家庭形象的核心要素（Sudarkasa，2001）。

在美国，一夫一妻制婚姻仍是唯一得到法律认可、文化认同、美国国税局在联邦层面支持的成人亲密关系（男女关系）。它仍然是唯一合法的亲密关系，在这种关系里，性活动不仅是可以接受的，而且还是受到期待的。其他任何关系都不具有这样的地位。尽管选择未婚同居而不结婚的伴侣人数在增多，关注婚姻解体（离婚率上升）的公众人数也在增多，但是，一夫一妻制婚姻仍是用来评判其他类型亲密关系的文化标准。

婚姻的主导地位，会创造出反对单身者的偏见。单身者在健康和车险上要比已婚者花更多的钱，无法得到相同的税收优惠，没有资格租赁某些形式的住房。根据一位作者的看法，对单身者的系统性歧视很常见，但很大程度上都没有被意识到和受到怀疑（DePaulo, 2007）。一些基督教派的牧师发现，如果不结婚，往往很难成功地得到一份永久性的职业。在保守的福音派教会，20 个牧师中只有 1 个是单身；在主流新教教派中，这一比例是 6∶1。事实上，主流教会中的女牧师要比单身男牧师多 28%。一位经历过 50 多次失败面试的牧师说："他们经常表现得就像我是一个不完整的人，只因我是单身。"（引自 Eckholm, 2011c, p.A3）只有两个未婚的人：詹姆斯·布坎南（James Buchanan）和格罗夫·克利夫兰（Grover Cleveland）被选为总统——后来克利夫兰在任上结了婚。

我们可能很难想象有哪个社会会不是围绕着一夫一妻制占据主导地位的习俗建构而成，但是，许多社会确实允许一个人同时有几个丈夫或妻子。这种类型的婚姻叫**多偶制**（**polygamy**，又译"**多配偶制**"、"**一夫多妻制**"）。一些人类学家估计，在世界各地的社会中，约有 75% 都偏好某种类型的多偶制，尽管在那些社会中实际上很少有人负担得起多个配偶（Murdock, 1957；Nanda, 1994）。多偶制经常是对人口和经济状况的一种适应。例如，在俄罗斯，一些人，主要是女性，游说政府让多偶制合法化，原因是人口压力过大：俄罗斯人口每年下降 3%，男性比女性少 900 万。多偶制可以使更多女性，尤其是农村地区的女性，有机会有一个丈夫，进而可以有得到资金和物理支持的合法权益，并可让他们的孩子具有合法性。据一位人类学家所说，潜在丈夫的稀缺性，使得很多俄罗斯女人得出这样的结论："哪怕只能拥有半个好男人，也比没有强。"（引自 Katbamna, 2009, p.3）

即使在美国，也有某些群体奉行多偶制。虽然准确数字难以获得，但据估计，在美国西部（犹他州），有数万名持不同教义的摩门教派的教徒，生活在包括一个丈夫和两个或两个以上妻子的家庭里（T. McCarthy, 2001）。虽然这些婚姻严格来说是非法的，但是几乎没有一个这样的人被起诉。事实上，2013年，一位联邦法官裁定，犹他州地区反对多偶制的法律违宪，因为它们违反了《宪法第一修正案》中的宗教自由行使条款（J. Schwartz, 2013）。大多数时候，这样的人都会被宽容以待，只要他们能够保守秘密，不公开谈论此事。然而，每隔一段时间，媒体上的描述都会引起人们对他们的关注。前些年流行的电视节目，如《大爱》(*Big Love*, 2006) 和《我的妻子们是好姐妹》(*Sister Wives*, 2010)，就引发了大众对美国多偶制者隐秘的日常生活的兴趣。

社会不同，家庭生活中其他被视为理所当然的层面也会有所不同。例如，就拿居住安排来说。在美国社会，通常遵循**新址定居（neolocal residence）**，即在经济条件许可的情况下，新婚夫妇必须离开他们原来各自的家，选择新住所，建立新家庭。然而，实际上，世界上只有5%的社会采纳这一制度（Murdock, 1957；Nanda, 1994）。在大多数地方，通常都是期待已婚夫妇生活在男方家属附近（这叫"随夫居"）或女方家属附近（这叫"从妇居"）。

就连主要家庭成员应该居住在一起这一信念，也不是到处都有。例如，在肯尼亚的吉普斯吉族（Kipsigis），母亲和孩子们住在一个房子里，父亲住在另一个房子里。吉普斯吉族奉行多偶制，所以一个男人可能要为他的几个妻子而分住在不同的房子里（Stephens, 1963）。在非洲南部的聪加部落，孩子一过哺乳期就会与他们的祖母生活在一起。他们要在那里待上几年，才能回到亲生父母身边。在以色列传统的集体农场"基布兹"（kibbutz，又叫"公社"），孩子们不是由他们的父母抚养长大，而是在托管所（幼儿园）由受过专门培训的护士带大（Nanda, 1994）。

文化不同，抚养孩子的理念也不相同。在美国，大多数人都相信，儿童天生就是无助的和依赖他人的。他们认为，如果父母能够一贯以温情和爱意来关注孩子的内在驱动和外在刺激，孩子就能学会信任父母，采用他们的价值观，确立一个坚定的自我概念，变成一个全面的、正常的个体。大多数美国儿童发展专家都认为，忽视和体罚会泯灭孩子的精神发育，并可能会导致在以后的生活中有暴力举动（Dugger, 1996）。相比之下，在危地马拉高地，那里的父母们认为，孩子的个性由出生日期决定。父母几乎完全不干涉孩子的生活，只是在一旁静观，所以孩子们可以跟着自己的天性成长。在许多社会，如尼日利亚、俄罗斯、海地、多米尼加共和国和墨西哥等，多数家长都认为，在孩子们行为不端时来上一顿打骂，是教导孩子学会尊重和听话的最好方式。虽然这些育儿实践大相径庭，但是，所有文化中的大多数孩子，最后都能茁壮成长，很好地适应他们所在的社会。

家庭与社会结构

我们每个人都置身于某种家庭形式里，所以很容易从个人主义的、私人的观点来思考这个主题。然而，社会学的想象力则鼓励我们去思考：各种社会力量（因素）如何影响我们这方面的私人生活。就像你将看到的，关注社会结构（社会制度，以及社会不平等的来源，如性别、种族和阶级）的影响，有助于我们去理解当代家庭面临的一些困境。

其他社会制度如何影响家庭

作为一种社会制度，家庭与其他制度有重要关联。比如说，可以考虑一下在伊拉克和阿富汗发生的战争对家庭生活的影响。只要有战争，军人家庭就会受到影响，父母中的一方（几乎都是父亲）必须坐船出海，或是被调派到世界上其他地方。但到当前的战争开始时，美国家庭的结构在许多方面都已发生了改变。据美国国防部（United States Department of Defense, 2011）统计，2011 年，军中单身父母的人数达到 15.4 万。然而，当单身父母被外派去执行任务时，军队作为一种制度，并没有制定特殊措施去帮助他们（的家庭）。在军队上教养孩子一直都很不容易，然而，作为一个单身父母，更是会遇到许多特殊的挑战和困难的选择，其中最重要的一个问题就是：在父母都不在家的时候，如何管理孩子？依据《服役人员民事救助法案》（Servicemembers Civil Relief Act），军事人员不能被驱逐，或在执行任务期间不能没收他们的财产。但是，这一法案却不保护他们免受失去孩子的监护权，如果法官那样判决的话。2010 年，一位单身母亲需要去阿富汗战场服役一年，此前她不在家的时候都是把 10 个月大的儿子交给她的妈妈代为照看，但是因为她的妈妈不在了，没有别的选择，她只好待在家里，从而错过了飞往阿富汗的飞机。她立即被军警逮捕，并面临军事法庭指控和牢狱之灾，直到她同意接受"有损荣誉的退伍"（Dao, 2010a）。

在家庭关系中，塑造社会的法律、政治、宗教及经济力量，可能是影响家庭关系内部个体的身份和行为最深远的制度。但请记住，家庭中的每一个体也能对社会产生影响。

法律和政治对家庭的影响　家庭与法律之间的关系可谓再明显不过。例如，婚姻是一份决定着合法权益及责任的法律契约。在美国，每个州的议会都会规定州民的适婚年龄、必要的健康状况、婚前所需等待期的天数、决定继承的规则，以及离婚时的财产分割问题（Baca Zinn & Eitzen, 1996）。有时，立法机关还会对特定类型的婚姻设置限制。例如，为了保护非美国公民免受潜在的虐待，美国国会颁布了《国际婚介管理法案》（International Marriage Broker Regulation Act），要求寻找外国新娘的男性，在签署婚约之前，需要先在互联网上披露自己的犯罪史和婚史信息（Porter, 2006）。

微观与宏观之间的联系：
同性婚姻风波

在同性婚姻上，法律禁止或授予家庭权利和特权的权力表现得尤为明显……当然也有不小的争议。在撰写本书时，其他20个国家：阿根廷、比利时、巴西、加拿大、丹麦、英格兰/威尔士、芬兰、法国、冰岛、爱尔兰、卢森堡、荷兰、新西兰、挪威、葡萄牙、苏格兰、南非、西班牙、瑞典和乌拉圭，许可男同性恋和女同性恋享有合法结婚的权利。澳大利亚、德国、奥地利、瑞士和许多其他欧洲国家，允许同性伴侣进行"民事结合"[civil unions，有时也称"同居伴侣关系"（domestic partnerships）或"注册伴侣关系"（registered partnerships）]，许可他们享有许多与异性恋婚姻一样的法律保护和经济利益及责任。以色列和墨西哥承认同性伴侣之间的婚姻，但有一个前提条件，就是他们要在其他国家结婚（Freedom to Marry, 2014）。

在美国，这个问题直到最近才得到解决。1996年，联邦政府制定的《婚姻保护法案》（Defense of Marriage Act, DOMA），它是在四分之三的美国人反对同性婚姻并且没有一个州承认同性婚姻的情况下出台的，正式将婚姻定义为一个男人和一个女人的结合，授权所有州拒绝接受来自其他州的同性婚姻（在那些州同性婚姻可能是合法的），拒绝给予同性婚姻享有联邦权益，如社保生存支付和配偶葬入国家军事公墓。但在2004—2014年间，36个州都将同性婚姻合法化，从而制造出一种让人费解的、混杂的公认法律地位。2013年，美国最高法院裁定《婚姻保护法案》违宪，这意味着生活在同性婚姻是合法的州的同性恋夫妇，有权享有联邦赋予异性恋夫妻享有的婚姻益处。美国最高法院花了两年多时间，才彻底判定禁止同性婚姻的州违反了宪法赋予个体的权利。

最高法院的裁决，反映了在这个问题上公众意见发生了巨大的历史转变（参见图7.4）。事实上，在过去八年里，每个州支持同性婚姻合法化的人数平均增加了13.6%（Flores & Barclay, 2013）。年轻人尤其倾向于支持它。在一

图 7.4　1996—2015 年间美国对同性婚姻的支持和反对

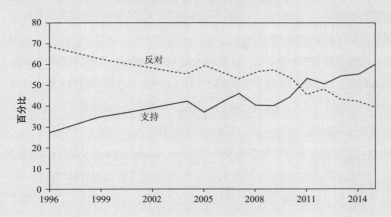

资料来源：McCarthy, 2014; Pew Research Center, 2015d。

项调查中，34 岁以下的人中有 73% 支持同性婚姻权利，相比之下，70 岁以上的人中则只有 39% 支持（Pew Research Center, 2015d）。

对婚姻平等持肯定态度，甚至可以在社会上被认为对婚姻的态度更传统的那部分人身上看到，如军方人士、宗教人士和保守政治派人士。1993 年，美国国防部颁布了"不问，不说"政策。根据这一规则，不能问及军事人士的性取向。然而，公开自称同性恋或与同性成员发生性行为，仍然可以构成退伍的理由。2010 年，奥巴马总统签署了一项法令，废除了"不问，不说"政策。三年后，国防部副部长（Undersecretary of Defense, 2013）发布了一份备忘录，宣称："国防部将会努力提供给所有配偶同样的权利，不管他们是同性或异性婚姻，并将认可所有（举行过婚礼庆典）的婚姻都是有效的。"（p.1）

当然，绝大多数福音派基督徒都反对同性婚姻合法化（Pew Research Center, 2015d）。然而，大多数主流新教徒和天主教徒则都支持同性婚姻合法化。事实上，18－29 岁之间自认是天主教徒者，有 75% 都支持同性婚姻合法化（Lipka, 2014）。2014 年，长老会（美国）在其成员大会上投票赞成将婚姻的定义，从"一个男人和一个女人"改为"两个人"，并允许其牧师在那些同性婚姻是合法的州为同性婚姻举行仪式（Goodstein，2014b）。其他教派，如联合基督教会、贵格会、普救一位神教（UU）、犹太教中的改革派和保守派，也都作出了类似的举动。

即使在保守的政治领域，公开表达支持或者至少是容忍同性婚姻的人数也在增长。虽然政治上属于自由派的人要比政治上属于保守派的人更有可能赞成同性婚姻合法化（Cohn，2013），但是，两者之间的差距正在缩小。甚至在最高法院的裁决颁布之前，就有一样多的共和党人和民主党人（约72%）认为，同性婚姻合法化是不可避免的（Pew Research Center，2015d）。2014年，一位著名共和党参议员在演讲中表示，如果他的政党想要赢得选举，在未来它将不得不放弃把反对同性婚姻作为一个竞选议题。同年，三位共和党国会候选人在竞选国会议员时，在其竞选刊物上明确地登出了他们的同性配偶（A. Parker，2014）。

顺便说一句，并非只有寻求结婚的男女同性恋者不得不为争取得到法律认可而奋战。未婚同居者（既有同性恋也有异性恋）也在获得法律权利上面临着一些困难。尽管公众的态度已经变得更加能够接受未婚同居，但是法律作出相应调整的步子却是一直都很缓慢。马萨诸塞州确实否定了一项1784年制定的法案：禁止"未婚男女发生性关系和同居"——但却是直到1987年才将其废除（J. Yardley，2000）。新墨西哥州和亚利桑那州直到2001年才废除其"非法同居"的法律。2008年，阿肯色州选民投票通过一项提案：禁止那些在"有效的婚姻外同居"的人成为养父母或收养孩子（Savage，2008，p.A31）。在一些州，房东可以合法地拒绝将房子租给未婚夫妇（Hertz，2014）。事实上，一些法律学者担心，同性婚姻的合法化，可能会导致未婚同性伴侣（同居伴侣关系）可以享有的某些福利减少甚至被取消。还在最高法院的裁决出来前，在那些同性婚姻合法化的州里，几家大公司，如威瑞森（Verizon）、达美航空（Delta Airlines）和IBM等，就已经取消了雇员中同居伴侣的医疗保险覆盖面，取而代之的是配偶覆盖面。这些公司告诉它们的员工，他们必须在一定期限内结婚，通常是一年，否则就会失去其应有权益（T. S. Bernard，2015）。

政治也以间接方式与家庭相互联系。今天许多最紧迫的政治问题，如负担得起的健康保险、素质教育、保证父母休产假、社会保障、贫困，基本上都是家庭问题。例如，堕胎直到1960年代末才成为一个重大的政治问题，当时它成为一场更大的争取妇女权利和生育自由运动的一部分。之后，"生命权利运动"（right-to-life movement）不仅使得关于堕胎的辩论成为一个道德问题和政治问题，还使其成为一个象征性的改革运动，去定义（或重新定义）母亲和家庭在更大社会范围内的角色（Luker,1984）。

宗教对家庭的影响 你在第五章中已经看到，宗教既是日常生活中的一个重要特征，也是社会化的一个强有力的代理者。宗教在家庭生活的几乎每一个阶段都扮演着一个角色。宗教的一个关键方面就是，它可以约束人们的行为，或者至少是在某些方面鼓励他们按照特定方式采取行动。宗教的这一规范性作用，对人们的家庭经验有重要影响。例如，美国所有的主要宗教都大力支持婚姻和生育。

近些年来，越来越多的教堂都开始要求已经订婚的夫妇，在举行婚礼前参加婚前咨询和教育项目/课程。此外，所有宗教普遍禁止婚外性关系。一些宗教禁止离婚或不允许离婚后再婚。在宗教信仰非常虔诚的家庭，神圣的文本，如《圣经》《古兰经》《塔木德》，不仅可以作为信仰的来源，还可以作为一种指导家庭生活方方面面的文字指南，从约会、结婚、性行为，到儿童管教、应对疾病和死亡、家庭劳动分工等。

不过，宗教对家庭生活的影响也不必全都如此直接——它们也可以是间接的。例如，在穆斯林和某些基督教派中，常会期望家庭捐款或捐出其家庭所得的一定数量（大多数情况下都是10%），来支持它们的宗教建设。尽管这是一种善举，但是捐赠义务却会给本就贫困的家庭带来问题。

大多数证据都表明，参与宗教活动对家庭有积极效果，尤其是在抚养孩子方面，比如会有更高的婚姻忠诚度（Larson & Goltz, 1989）和更积极的亲子关系（L. D. Pearce & Axinn，1998；Petts，2014；Wilcox，2000）。"精神健康"常被引为家庭幸福的一个最重要的品质（Stinnett & DeFrain，1985）。

然而，在某些情况下，宗教信仰与实际家庭行为之间的联系，可能并不像我们想象的那么强烈。即使在宗教信仰非常虔诚的家庭，现代生活的实际需求，可能也很难让人们总是遵守宗教教义。例如，尽管原教旨主义基督徒认为，妻子应该待在家里和服从丈夫的权威，但是许多原教旨主义女性都在外工作，并可以对家庭决策施加强有力的影响（Ammerman，1987）。而且，尽管许多宗教都强调保持家庭完整的重要性，但是增加参与宗教活动的次数，对于巩固有问题的婚姻并不能起到太大作用（Booth，Johnson，Branaman & Sica，1995）。它可能有助于稍微减少夫妻双方想要离婚的想法，但却不一定就能增进婚姻幸福，或者是阻止夫妻打架。

经济对家庭的影响　经济会影响到家庭生活的几乎所有方面，从家庭收入到每天的开支计划和重大购买决策。金钱问题与家庭关系的满意度密切相关。当夫妻对他们拥有的钱或花钱方式感到失望时，就会发现他们的关系的所有方面都不太让人满意（Blumstein & Schwartz，1983）。在没有足够的收入或医疗保健的情况下，维持一种具有支持性、培育性的家庭环境几乎是不可能的。当家庭的经济基础变得比较薄弱，将家庭联结到一起的情感纽带，也会逐渐被拉长到断裂的地步。

财务问题并非只是私人才会有的麻烦。相反，它们与更大的经济模式也有直接关系。严重的经济衰退和高失业率，对家庭生活会有明显的影响。从全球层面来看，国际市场竞争的压力，迫使许多企业和行业更加善用所谓呼之即来挥之即去的"临时工"，即兼职和短期合约工。这些工作不提供津贴，也没有保障，从而使得家庭生活变得更不稳定。其他公司已经通过削减工资、裁员或鼓励提前退休来降低其成本。一些企业最终迁移到其他国家或国内其他地区，在那里它们可以支付较低的工资

（参见第十章更详细的讨论）。宽松的国外投资和出口关税规定，使得美国公司更容易在国外开设工资低廉的配件工厂。美国公司显然获利匪浅，那些国家的贫困工人也可受益于增加的收入。但被取代的美国工人和他们的家庭就可能会受到负面的影响。

微观与宏观之间的联系：
双薪家庭（双职工家庭）

生活在 21 世纪的经济压力，使得大多数夫妻都很难只靠一个人的收入来维持生计。例如，据估计，把一个 2013 年出生的孩子养大到 17 岁，需要花费双亲、中等收入家庭约 245340 美元，而在 1970 年时这一预算则是 25230 美元（Lino, 2014; U.S. Department of Agriculture, 2001）。自 1970 年代中期以来，平均家庭预算中指定用于抵押贷款支付的数额增加了 69%。过去 30 年里，拿到大学学位的成本更是增加了 1120%（Jamrisko & Kolet, 2012）。

但是，收入却并未出现相应比例的上涨（详见第十章）。事实上，以定值美元（constant dollars）来衡量，自 1990 年以来，中等家庭的收入一直停滞不前（ProQuest Statistical Abstract, 2015）。因此，在有孩子的家庭中，近一半（45%）都是父母两个人都在工作；15 岁以下的儿童中，与一个全职家长生活在一起的比例约为 29%，而在 1975 年这一比例为 50%（Glynn, 2012; ProQuest Statistical Abstract, 2015）。

一些社会学家认为，社会在帮助这些双职工家庭上可以采取的最重要措施之一就是，帮助他们解决照顾孩子的要求。1993 年由克林顿总统签署成为法律的《家庭和医疗休假法案》（FMLA），朝着这个方向迈进了一步：它保证一些工人一年可以休 12 周的无薪假期，这样他们就可以安心待产、收养孩子，或者是照顾生病的孩子、父母或配偶。然而，由于它（在适用上）有一些重要的资格条件限制，从而严重制约了其对工作人口帮助的有效性：

- 这项法案只适用于至少连续工作一年的员工，以及工作总时数不少于 1250 小时（或每周 25 小时）的员工。所以，临时工和兼职人员也就没有资格。
- 员工少于 50 人的公司不在此列。
- 这项法案允许雇主拒绝让"关键"员工离开，即公司收入最高的 10% 的人，因为若是允许这样的人请假，就会给公司造成"实质性的严重损失"。

2008 年，FMLA 增加了一项修正案，允许配偶、子女、父母或近亲休 26 周无薪假期，去照顾一位因严重受伤或疾病而正在接受治疗的武装部队成员。除此之外，FMLA 的内容 20 年来没有任何变化。

目前，只有 60% 的美国平民劳动力有资格享有 FMLA 福利。在这些人中，确实休假的人约为 13%（U.S. Department of Labor, 2014）。那些没有休假的人，很多都是为人父母者，他们需要时间，但却无法承受没有薪水。根据一项调查，在那些需要休假但却没休的有资格的人中，78% 都将无薪列为不休的主要原因。事实上，每十个无薪休假的工人，就有一个最后需要求助于公共援助，以弥补损失的工资（National Partnership for Women and Families, 2005）。此外，只有极少数私人雇主会超出 FMLA 规定的最低无薪休假政策，发给请假者有限的薪水。尽管有证据表明，带薪产假政策提高了工人的生产力，提升了士气、忠诚度和留任率（National Partnership for Women and Families, 2014），但却只有 12% 的美国工人从他们的雇主那里得到了带薪产假（ProQuest Statistical Abstract, 2015）。

虽然职业女性（尤其是那些有大学学历的）比以往有更多机会获得产假（Tsai, 2012 b），但是，利用这样的机会，也会使她们更容易受到歧视。例如，雇主可能会感到犹豫：是否要雇用一个有时可能一走就是一年的人（F. D. Blau & Kahn, 2013）。

更糟的是，在帮助双职工家庭上，美国的行动落后于其他国家。在近来一项对近 200 个国家的调查中，180 个给新妈妈们保证提供带薪休假；81 个为父亲提供带薪休假。此外，175 个国家要求所有员工都有带薪年假（不仅仅是新为人父母者），162个对每周的工作时间设置了最长限制。只有苏里南、利比里亚、帕劳、巴布亚新几内亚、瑙鲁、西萨摩亚、汤加和美国不提供这些保护（Heymann，2013）。相比之下，法国和西班牙分别提供五个半月和四个半月的带薪休假，允许父母待在家里，直到孩子过完第三个生日，此时他们可以回到之前的工作上。德国和瑞典给新为人父母者提供几乎整整一年的带薪休假（Ray et al.，2009）。欧盟所有成员国必须允许父母（包括母亲和父亲）请求半日工作、弹性工作或在家工作安排，除了带薪休假（Rampell，2013）。这些国家也禁止支付半日工作的员工比全职员工低的工资，禁止限制全职员工的带薪休假。相比之下，美国工人一旦减少工作时间，通常就会失去他们的补贴，或是削减他们的计时工资（Coontz，2013 b）。

如果我们真的关心保护和帮助家庭，可能我们就需要找到更有效的方法来减少工作生活与家庭生活之间的冲突。美国的工作场所一直以来都是非常看重，人们把他们的工作置于优先于其他（翻译过来就是：家庭）义务的地位。不过，现今这一切也开始发生了一些改变。一些州及一些私人公司，已经设计出项目，给工作的家庭提供更多援助。例如，在纽约，新妈妈们可以利用国家的临时残疾保险项目，该项目每周可以给其提供近200美元。新泽西给休假工人提供其最近八周薪水的三分之二，每周最多584美元（T. S. Bernard，2013）。2014年，苹果公司宣布，将会给其女职员提供福利包，包括报销冷冻和存储卵子费用、延长产假、领养援助和不孕症治疗。

在联邦层面，也可以听到一些要求变革的呼声。2009年，一项议案，称为《健康家庭法案》（Healthy Families Act），被提交国会。这一议案将会保证在15人以上企业工作的员工，每工作30个小时可以享有1个小时的带薪假，这样可以使他们每年达到7天带薪休病假。他们可以利用休假时间去照顾生病的孩子、父母、配偶，或者是其他与他们关系亲近的人。然而，商业团体却极力反对这一议案，认为在经济困难时期，这会增加雇主的财政拮据程度（S. Greenhouse，2009）。该议案仍停留在委员会，从未进行投票表决。另一项议案，《联邦雇员带薪产假法案》（Federal Employees Paid Parental Leave Act），也在2009年提出。这一议案将会给所有联邦雇员在其生育或收养一个

> 孩子时每年 4 周带薪休假。众议院批准了这一议案，但却从未在参议院投票表决，因此至今仍未成为正式法律。2015 年，奥巴马总统建议联邦机构给其员工在孩子出生后或收养孩子后 6 周带薪休假，他想将其扩展成为所有美国工人的一个福利。但到目前为止，尚未有批准和执行的消息传来。

社会多样性如何影响家庭

谈到社会结构对家庭生活的影响，我们不可能不讨论性别、阶级和种族在其中所起的作用。性别尤其具有影响力，它解释了家庭关系中的很多现象，如与他人说话的方式，在性别上如何表达自己，如何解决发生的冲突，他们觉得他们的责任是什么。文化上定义的家庭里的性别期望的确发生了改变。但是，男性和女性仍然可能带着截然不同的期望、渴望和目标进入两性关系。

就像你在第五章看到的，传统上的性别角色社会化，鼓励女性要敏感体贴、表达感情、流露软弱，而男性则被教导要互相竞争、意志坚强、情感轻易不外露。这些刻板印象事实上也有一定的依据。研究一贯表明，女性比男性有更多的闺蜜好友，在两性关系中也要表现得更浪漫（Perlman & Fehr, 1987）。此外，研究也一致表明，女性对其两性关系中的互动更加关心、更加留意、更易察觉（例参：Fincham & Bradbury, 1987；Rusbult, Zembrodt & Iwaniszek, 1986）。女性甚至比男性就他们的关系想得更多也谈得更多（Acitelli, 1988；Holtzworth-Munroe & Jacobson, 1985）。

然而，具有讽刺意味的是，女性这样的重视和关注，并不必然就会转化为对两性关系更满意。事实上，相反的情况可能是真实的。依据一位社会学家的看法，每桩异性婚姻实际上都包含两个婚姻："他的"和"她的"——"他的"似乎要更好应对（J. Bernard, 1972）。已婚男女都比单身男性活得更长，生活更健康，但是丈夫通常很少生病，更少出现情绪问题（Gove, Style & Hughes, 1990；Ross, Mirowsky & Goldstein, 1990；Waite & Gallagher, 2000）。与未婚男性相比，他们更有可能接受定期检查，保持健康饮食，定期锻炼（Fustos, 2010b）。一项研究发现，与已婚女性相比，已婚男性有更低比例的后背痛、头痛、严重心理压力、缺乏身体锻炼（Schoenborn, 2004）。

这些差异的原因可能在于文化对性别的期待与家庭需求之间的关系上。由于具体性别家庭责任的持续压力，已婚女性要比已婚男性更有可能体验到与为人父母和做家务相连的压力。历史上，男人一直觉得他们只要能给家里挣来钱就算尽到了其家庭义务。虽然一些证据表明，父亲也像母亲一样多地在平衡工作与家庭义务上努力挣扎（Harrington, Van Deusen & Ladge, 2010），但是，大多数人仍然认为，做父亲的长时间在外工作，可以理解为他为家庭作出的牺牲。做父亲的极少会花费像做母亲的那么多的时间去担心，他们的工作会对他们的孩子产生的影响。

相比之下，即使在相对比较"开放"的美国，妇女外出就业也常被认为是可有可无，或者说得更严重点就是，会潜在地损害家庭。即便女性出于与男性同样的原因去工作，因为她们也需要钱，并且她们现在是三分之二有孩子的家庭的主要经济来源或共同经济来源（Glynn, 2012），但是，女性传统上一直必须向人证明：为什么离家工作并不是对她们负担的家庭责任的一种放弃。你很难找到许多记者和学者忧心忡忡地描述男性离家工作会对家庭产生的危险影响。但是，这些年来却有成堆的文章、评论和研究报告，更不用提那源源不断的好莱坞电影，一直关注女性在尽力同时应付工作和家庭需求上遇到的困难，以及母亲参加工作会对孩子的幸福产生怎样的负面影响。新闻中报道的那些表明待在日托的孩子要比没有待在那里的孩子有更多的行为问题（即便其后果很轻微）的研究，更是使得下面这一观念持久化：母亲参加工作的选择会产生可怕的后果（Carey, 2007）。

社会阶层也会严重影响家庭生活。你在第五章中已经看到，社会阶层会决定父母给孩子灌输什么样的经验。社会阶层也会以其他方式影响家庭。所有的家庭，无论它们有着什么样的阶级地位，都面临着同样的问题：工作、休闲、抚养孩子和人与人之间的关系（L. Rubin，1994）。但在相似之处的表面下，我们也看到，在如何处理这些问题上，存在显著差异。例如，由于高度关注阶级界限、血统和维护声誉，与下层社会的父母相比，上层社会的父母会对孩子的约会施加更多控制（Domhoff，1983；M. K. Whyte，1990）。上层社会的家庭也能更好地利用它们的财富和资源，去解决家庭生活中的一些需求。对那些请得起全职且与其同住的保姆的父母来说，找到妥善的儿童看护安排并非什么难事。但对中产阶级家庭来说，在同样的事情上就会有很大不同，特别是当其中又涉及种族问题时。

社会学家剪影

玛丽·帕蒂洛–麦考伊（Mary Pattillo-Mccoy）：中产阶级黑人家庭的特权和危险

由于对种族和社会阶层相结合如何影响家庭生活很感兴趣，社会学家玛丽·帕蒂洛–麦考伊（Mary Pattillo-Mccoy，1999）花了三年半时间，在芝加哥一个中产阶级黑人社区，她称其为"格罗夫兰"（Groveland），进行了实地研究。她采访了社区里各个年龄段的居民，包括儿童在内。她唯一没能采访到的年轻人是在外地念书的大学生。作为一个黑人中产阶级妇女，帕蒂洛–麦考伊很快就与她的研究对象建立起密切关系。她甚至还与她的一些受访者有了共同的朋友。

在许多方面，格罗夫兰的这些家庭，就像其他任何中产阶级社区一样。把孩子培养成可以自足的成年人，是父母心中的主要家庭目标。他们有经济资源和社会资源，可以帮助他们实现这一目标。他们中大多数人家的经济条件都负担得起私立学校、体育用品、舞蹈班，以及其他给孩子们准备的丰富活动的花销。格罗夫兰的小孩子们也能获得科技产品和其他资源，这是他们那些生活在贫困黑人社区的同龄人所无法拥有的。

帕蒂洛 – 麦考伊还发现，格罗夫兰中产阶级家庭必须处理的问题，明显不同于那些白人中产阶级家庭。首先，她发现，城市中产阶级的非裔美国人生活的社区，有许多都可能毗邻贫困社区。相比之下，白人中产阶级社区通常在地理上都会远离贫困社区。例如，在芝加哥，79% 的中产阶级黑人居住的社区，距离那些至少有三分之一居民为贫困居民的社区，只有几个街区远；相比之下，只有 36% 的白人中产阶级芝加哥居民，会居住在离贫困社区如此近的地方（Pattillo-McCoy，1999）。

因而，格罗夫兰的为人父母者必须花很多时间，去尽力保护他们的孩子免受附近贫困的内城区域带来的负面影响。在这样做的过程中，他们面临着一些其他中产阶级家长不太可能面临的挑战：

> 格罗夫兰的父母……会限定他们的孩子可以在外游玩的活动范围。他们选择如下活动，像教会青年团、重点学校或本地学校的加速学习项目、男童子军和女童子军，以增加他们的孩子学到积极的价值观并与有着相似家庭条件的年轻人相互交往的可能性。尽管如此，许多父母仍然需要长时间工作来维持他们的中产阶级收入。他们无法一直陪在他们的孩子身边。在去杂货店、学校或上音乐课的路上，格罗夫兰的年轻人会经过一些父母管教不严的年轻人身边，那些人可以随意在外逗留，或是加入地方帮派，或是替吸毒者把风赚到足够的钱去买新的运动鞋。他们也会在学校和公园遇到这些同辈群体……对一些青少年来说，这些人的生活看起来要比他们的父母给他们安排的更加刺激，从而就会被吸引过去。居住在一个并非所有家庭都有充足资源去引导他们的孩子远离偏常行为的社区这一简单事实，使得父母很难确保可以对他们的孩子和他们所在的社区产生积极效果。（Pattillo-McCoy，1999，pp.211 – 12）

帕蒂洛 – 麦考伊发现，在其他许多方面，黑人中产阶级家庭面临的社会现实十分不同于那些中产阶级白人家庭。不过，她的研究也显示：特定社会阶层的大多数家庭，都会面临许多相同的机遇和障碍。

家庭面临的挑战

考虑到社会给家庭施加的压力,看到一些家庭遭遇严重问题,我们自然也就不应感到奇怪。这些问题包括离婚及其副作用和家庭暴力。

离婚

虽然离婚在某些地方要比在其他地方更常见,也更容易被接受,但是,几乎所有社会都会在法律上、共同体中或宗教上,对解除婚姻有所限定(McKenry & Price, 1995)。只有菲律宾在法律上禁止离婚(不过那里的公民可以获得合法的废除或分离)。作为一般规则,世界各地的离婚率,往往与社会经济发展联系在一起。拉丁美洲、亚洲和中东欠发达国家的离婚率,大大低于西欧和北美的发达国家(United Nations, 2014a)。

在经济发展和现代化如何影响离婚率上,伊朗提供了一个生动的例子,即便那里的人们处在一种严格受限的环境下。21 世纪早期的经济发展,给伊朗的女性创造了比以往任何时候都要多的工作机会。事实上,女大学生现在与男大学生的人数比例为 2 : 1。因此,现在有越来越多的女性认为,离婚是跳出一桩让人不满意婚姻的有效方法。就像一位伊朗社会学家所说:

> 这种经济自由已经对妇女在家庭里的行为产生了影响。过去,如果一个家庭主妇离开家,她就会挨饿;现在她则会在一定程度上有可能找到工作和赚取收入。

(引自 Yong, 2010, p. A4)

因此,从 2000 年到 2010 年,伊朗每年离婚的人数增加了两倍,尤其是在城市地区。

即使在那些我们认为是现代的和发达的社会，强大的宗教力量有时也会抑制离婚。例如，1995 年，爱尔兰政府展开了一场行动，反对天主教会干涉宪法禁止离婚。据政府估计，当时至少有八万人被困在破碎的婚姻中，认为他们应该得到离婚并再婚的权利。天主教会的主教们则发起了一场大规模的广告宣传反击，认为即便是婚姻不幸的人，也有义务保持他们的婚姻完整，以便给社会提供一个好的榜样。1997 年，全民公决以微弱的优势投票通过，爱尔兰人第一次享有合法离婚的权利。

虽然现在解除婚姻几乎是一种普遍存在的现象，但却没有一个社会会给予离婚正面的评价。事实上，在大多数社会中，离婚的人多少都会受到些微惩罚，不论是通过正式的控制手段，如罚款、禁止再婚、逐出教会、强制提供赡养费和抚养孩子，还是通过非正式的手段，如被人谴责、流言蜚语和污名化。

离婚常态化　50 年前，离婚是一个人们只会在私下里悄悄谈论的话题，如果有人谈起的话。当然，今天的情况已经有了很大不同。你很难找到一个 8 岁大的孩子，会不知道"离婚"这个词是什么意思，或是没有见证过他/她的父母或关系亲近的人离婚。离婚已经成为我们日常生活的一部分。它在电影、电视和小说中随处可见。而且书店儿童图书专区的部分图画书里，都画着小恐龙或小熊担心它们的父母可能会离婚。贺曼公司（Hallmark）专门为那些没有与自己的孩子生活在一起的父母推出了一系列卡片。甚至就连梵蒂冈也已开始重新审视天主教历史上无情地对待离婚的教民这一问题。

就像你之前在本章看到的，自从在 1981 年达到峰值以来，美国的离婚率已经下降了一点点（Stevenson & Wolfers, 2007）。然而，它仍然居高不下，尤其是与其他工业化国家相比（参见图 7.5）。考虑以下这些统计数据：

- 每年约有 240 万美国成年人离婚（ProQuest Statistical Abstract,

图 7.5　几个发达国家的离婚率

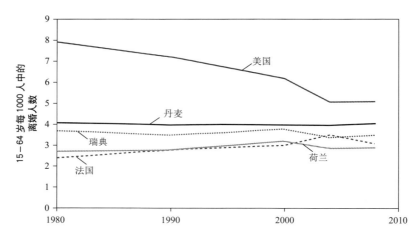

资料来源：ProQuest Statistical Abstract, 2013, Table 1352。

2015）。平均每 1000 桩现有婚姻有 20 桩会走向离婚。

- 到 46 岁，约 39% 的美国人经历过离婚。再婚者中，36% 会再次离婚（U.S. Bureau of Labor Statistics, 2013d）。
- 约 23% 的婚姻（约 55% 的同居）会在最初五年内以离婚或分居结束（Fustos, 2010）。10 年后这一数字会升至 33%，15 年后则为 43%（Bramlett & Mosher, 2002）。
- 1960—1964 年间结婚的妇女，有 83% 走到了结婚五周年；1990—1994 年间结婚的妇女，这一比例只有 74%（Kreider & Ellis, 2011）。
- 离婚前婚姻的平均持续期是 9 年（Bureau of Labor Statistics, 2013d）。

这些统计数字可能会吓住那些即将迈进"终生"关系的人，并会使那些期盼婚姻永恒的已婚者感到忧虑。

尽管现在我们常能听到许多传统的"家庭价值观"言论，但在美国，离婚却往往不受宗教限制或政治保守主义的影响。例如，一些研究已经发现，重生的基督徒（born-again Christians）就像其他任何人一样可能会离婚（引自 Belluck，2004）。此外，在美国东北部和中西部以北所谓的自由州，离婚率最低；反而是在保守的、宗教影响深厚的南方的州，如阿拉巴马州、阿肯色州、俄克拉荷马州和肯塔基州，离婚率最高（ProQuest Statistical Abstract，2015）。一些社会学家认为，在这些州更常见的其他因素，如早婚、受教育程度低、社会经济地位低下，使得宗教信仰不起作用。不管他们的宗教信仰有多么虔诚，辍学并迅速结婚的年轻人，不仅感情不够成熟，而且很容易受到经济压力的影响，而经济压力则会制造出婚姻中难以克服的问题。

在文化层面，西方社会高离婚率的原因包括：家庭的传统经济凝聚力被削弱，性别角色转变带来的压力（D. Popenoe，1993）。一个特别重要的因素一直是，人们对婚姻的看法在文化上发生的变迁。婚姻已经成为一种自愿的合约制度，配偶中的任何一方都可以自由地选择终止。过去，经济上的需求（更不要说还有像父母的期待和宗教规范这样的约束）将伴侣结合到一起，对于没有爱情、让人不满意的婚姻，人们也就凑合着过下去，因为他们不得不这样。但当这些限制都不存在了，人们也就较少愿意再将就下去（Coontz，2005）。女性不断增加的赚钱能力和在经济上对丈夫的依赖不断减少，使得她们更容易结束难以令人满意的婚姻。

此外，人们对待离婚的总体态度也在变得越来越能接受。1960年代，离过婚的政治家是没有机会在美国当选的。今天，我们许多最有影响力的国会议员都离过婚。1980年代，里根总统的离婚和再婚没有阻止他连任。时任南卡罗来纳州州长马克·桑福德（Mark Sanford）被高度曝光的外遇事件和离婚，也没有阻止他在四年后赢得国会选举。大多数人现在都认为，与其维持一段不幸福的婚姻，还是离婚要更好一些。总之，离婚，就像结婚一样，已是美国家庭生活的一部分。

正在改变的婚姻观念，以及正在改变的对待离婚的文化态度，通常也会伴随着其他制度上的变化。美国过去40年里对现有离婚法的修订，使人们更容易结束不满意的婚姻。历史上，想要让法院判决离婚，必须向法院提供一方过错的证据，如通奸、遗弃、虐待等。但自1970年代初以来，每个州都采用了一种无过错离婚。无过错法律已经取消了必须一方被判有罪才能离婚的限制。相反，只要夫妻一方认为婚姻无法维持下去即可离婚。此外，无过错离婚可以减少各种形式的个人痛苦。例如，在那些采用无过错离婚法律的州，女性的自杀率和家庭暴力都大幅下降 (Stevenson & Wolfers, 2003)。

许多批评家认为，这些法律和创新，使离婚变得太容易和太快速。事实上，在美国一些地区，似乎有一种渴望，重新让离婚法律变得更加严格。一些州，如佛蒙特州、新泽西州、北卡罗来纳州和南卡罗来纳州，在申请离婚前，规定了一段强制性的"冷却"时期，要求夫妻分居半年到一年，作出慎重考虑。阿肯色州要求打算离婚的夫妻双方先要分开一年半时间。像罗德岛和内布拉斯加等一些州规定：从一对夫妇签署离婚文件到它正式生效之间，要强制等上几个月时间，(Stonington & McIntyre, 2011)。1997年，路易斯安那州议会通过了一项决议，要求订婚夫妇作出选择，是签一个标准的婚姻合同，该合同允许无过错离婚；还是签一个"契约婚姻"，该合同规定，只有在双方同意下，分居两年（有孩子的话则要分居两年半）之后，或者是提出过错的证据，主要是通奸、遗弃或虐待，才能离婚（Fee, 2013）。1998年，亚利桑那州采纳了这一做法；2001年，阿肯色州也予以采纳。此类措施的批评者指出，这样做并不会对家庭生活产生正面影响，结果反倒很可能会使争吵不断、花费昂贵、可能伤害孩子的离婚，以及不幸福的、甚至可能是危险的婚姻增多。

孩子、离婚和单亲家庭 每年都会有超过100万的美国孩子看到他们的父母离婚（D. Elliott & Simmons, 2011）。当我们把离婚、分居、孀居和非婚生子的情况合到一起，有相当数量的孩子都是在单亲家长的陪

图 7.6 家庭构成与种族

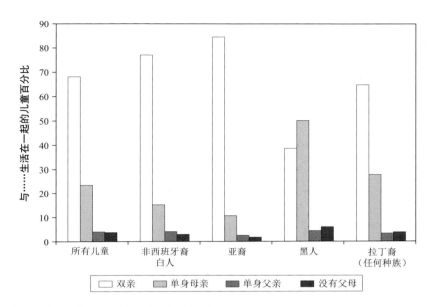

资料来源：U.S. ProQuest Statistical Abstract, 2015, Table 69。

伴下长大。1960 年，91% 的 18 岁以下儿童与他们的父母生活在一起；到 2013 年，这一比例已降至 69% 以下（ProQuest Statistical Abstract, 2015; U.S. Bureau of the Census, 2011b）。事实上，与母亲生活在一起的儿童，到他们 15 岁时，有 8% 将会见证三个以上的母亲的伴侣（无论是婚姻还是同居）（Fustos, 2010a）。对一些种族群体来说，在单亲家庭长大的几率，要远高于其他种族群体（参见图 7.6）。

尽管离婚对成年人来说可能是一种创伤，但大多数人都会在一些年后恢复过来。然而，让孩子们在这方面尽快调整适应过来，就会比较困难。对孩子们来说，离婚会给他们的生活带来一系列具有潜在颠覆性的变化。他们可能不得不搬往新社区住进新家，结交新朋友，进入新学校。由于绝大多数父母离婚的孩子都是和他们的母亲住在一起（D. Newman, 2009），他们经常会体验到他们的生活水平在下降。女性的赚钱能力一开始通常都会低于男性。此外，没有监护权的父亲并不总是会支付孩子的抚养费。在47%的母亲有唯一监护权的离婚案例中，父亲需要支付孩子的抚养费（ProQuest Statistical Abstract, 2015）。而在这其中，只有44%的人收到全部赡养费，31%的人收到部分赡养费，25%的人一分也没收到。因此，拥有孩子抚养权的离婚母亲中，超过一半没有得到她们原本有权得到的经济援助。

孩子们与没有监护权的父亲或母亲的关系，也会随着时间而趋于恶化。一些研究表明，没有监护权的父亲很少会去定期看望他们的孩子，或者是与他们保持密切关系（Furstenberg & Harris, 1992）。他们与孩子之间的联系经常会随着时间流逝而减少（W. D. Manning & Smock, 1999）。一项研究发现，在没有监护权的父亲中，有75%从未参加过孩子的学校活动，85%从不帮助他们做家庭作业，65%从不带他们一起去度假（Teachman, 1991）。另一项研究发现，没有监护权的父亲对孩子的健康、教育、宗教或其他攸关其幸福的事项有重大影响的比例不足五分之一（Arendell, 1995）。

离婚对孩子的长期影响是什么？大量研究表明，无论父母是何种族或受过何等程度的教育，与双亲家庭的孩子相比，在单亲家庭长大的孩子，在生命中的每个阶段都会遇上更多的问题。一项对1990年代发表的研究进行的回归分析发现，父母离婚的孩子在学业成就、心理调适、自我概念、社交能力和长期健康方面的表现，要比有完整双亲家庭的孩子差很多（Amato, 2000）。当他们长大成人后，他们也会面临更大的风险：有着较低的社会经济成就，在婚姻中会遇到较多的难题，并会有较高的离婚可能性（Diekmann & Engelhardt, 1999）。

这些差异通常都会被归因于如下因素：缺少父亲，有监护权的父亲/母亲在维持家庭生计上不断增加的压力，与分离相连的情感压力和愤怒。不过，造成这些问题的原因，同样可以在双亲家庭中找到：收入低，生活条件差，缺少父母监督，婚姻不和（Amato & Sobolewski, 2001; Cherlin, 1992）。

一些批评者认为，在研究离婚对孩子的影响上所采用的标准的研究设计，即把父母离婚的孩子与完整的幸福家庭的孩子进行对比，是有缺陷的。确实，如果我们把来自离婚家庭的孩子，与来自父母婚姻并不幸福或者是时常发生冲突的完整家庭的孩子加以对比，我们就会发现，对这两组孩子来说，情绪及人际关系问题的类型和频率是相似的（Cherlin et al., 1991）。事实上，在经常爆发冲突的完整家庭长大的孩子，会遇到更多的问题。这一研究表明，行为问题并不是由离婚本身引起的，而是源于受到离婚前后父母之间的冲突的影响（A. J. Stewart, Copeland, Chester, Malley & Barenbaum, 1997）。简而言之，单是在单亲家庭长大这一简单事实，在孩子的发展过程中，可能并没有父母彼此之间的关系和父母与孩子之间的关系重要。

再婚和再婚家庭 在美国，最终有三分之二的离婚者会再婚（U.S. Bureau of Labor Statistics, 2013d）。这一数据表明，尽管人们很想逃避不幸的婚姻，但他们也并未完全放弃"婚姻"的概念。

尽管再婚相当常见，但它也并非没有困难之处。再婚的离婚率比得上初次结婚的离婚率。在美国，大约25%的再婚会在五年之内以离婚告终，相比之下，初次结婚在五年之内的离婚率则为23%（Bramlett & Mosher, 2002；Fustos, 2010a）。

再婚可能会有些不太稳定，因为传统的家庭角色、关系和规范都不适用。我们对于前任配偶与现任配偶之间的关系、继父母与继子女之间的关系、继－堂表兄弟姐妹与扩展的没有血缘关系的亲属之间的关系，都没有制度化的期待（Ahrons & Rodgers, 1987）。法律和习俗始终都是赶不上各种关系的变化。例如，继子女是否可以合法继承父母的财产？乱伦的规则是否可以适用于没有血缘关系的兄弟姐妹？

在涉及孩子时，再婚特别困难。尽管许多继父母与其配偶的孩子之间都建立起了强大的、持久的、充满爱意的关系，但也有不少人在这上面陷入困境。当一位新的继父或继母进入此前的单亲家庭，整个系统很可能会失衡。他或她有可能会被视为一个局外人，或者更糟的是，被视为一个入侵者。没有血缘关系的异父母同胞，可能会被要求分享卧室或其他东西。他们会将他们与其亲生的父亲或母亲之间的关系，视为父母应该给予他们更多感情和资源的理由。规定和习惯会发生改变，而且在一段时间内，困惑、怨恨和敌意可能会成为常态。在所有类型的家庭中发生冲突都很常见，但是由偏袒、分裂的忠诚、管教权和经济责任这些问题所引发的冲突，极有可能出现在再婚家庭。

在一些再婚家庭中出现的再婚的高离婚率和高发的冲突，并不像一些分析者所说的那样，只是因为人们在心理上无法与他人建立和维持亲密关系。再婚没有被完全制度化这一事实，使得再婚者很容易遇上困难。缺乏明确的角色定义，缺乏得到确认的社会规范，家庭结构自身不断增加的复杂性，都增加了紧张和混乱的可能性。也许随着我们发展出标准的界定和应对再婚家庭的方式，再婚将会变得更加制度化，也会更少出现问题。但在那一天到来之前，再婚将会继续引起大量的紧张和困惑。

家庭暴力

具有讽刺意味的是，家庭中的亲密关系——当外面的世界抽干我们的生命能量时本该滋养我们的人们——也可以是社会中一些最暴力的关系。

亲密伴侣暴力 据世界卫生组织统计，世界各地的妇女在她们自己家里面临着最大的暴力威胁（Garcia-Moreno, Jansen, Ellsberg, Heise & Watts, 2006）。在世界范围内，在一直处于一种亲密关系的女性中，有近三分之一经历过来自亲密伴侣的身体和/或性暴力。暴力发生比例最高的地方是在非洲、中东和东南亚的低收入地区（World Health Organization, 2013a）。在一些国家，如印尼、加纳、印度和乌干达，女性受害者自己容忍对她们的暴力攻击，再常见不过。她们实际上要比男性更容易相信：如果女人与她们的丈夫发生争吵，或者是拒绝与其发生性关系，那么丈夫打他的妻子就是可以接受的（Population Reference Bureau，2011）。

众所周知，关于亲密伴侣间普遍存在的暴力的确切统计数据很难收集。在美国，家庭暴力通常都是发生在私下里，亲人、邻居和陌生人很难察觉。即使过去一二十年里制订了更为严格的报警规则，但是，大多数家庭暴力事件都是从未有人报警；有些甚至还被当成意外事故进行处理。据估计，只有约一半针对妇女的未致命暴力行为被警方登记在案（Rennison & Welchans，2000）。

关于确实存在的亲密伴侣虐待的统计数据显示，这是一个广泛存在的问题，尽管过去二十多年来它的发生比例稍微有所下降。按照美国司法统计局（U.S. Bureau of Justice Statistics，2015）提供的数据，在美国，超过三分之一的女性（四分之一的男性）在他们的生活中受到过来自现任或前任配偶、男朋友、女朋友的暴力和/跟踪骚扰，约有一半男性和女性都受过心理虐待（Centers for Disease Control and Prevention，2011b）。大约85%的受害者是女性；这些女性中有76%此前就曾被相同的犯罪者欺负过（Catalano，2012）。

有些研究则把亲密伴侣暴力的普遍程度估计得明显过高。例如，对全美16500名男性和女性进行的"全美亲密伴侣和性暴力调查"发现，近36%接受调查的女性和28%的男性承认，在他们生命中的某个时点曾被配偶、伴侣或约会对象强暴过、殴打过和/或跟踪过。此外，6%的女性和5%的男性报告说，在过去一年内曾是受害者（Black et al.，2011）。如果我们将这些统计结果推至一般人群，那么美国每年就会有几百万男性和女性受到亲密伴侣的攻击，这要远高于司法统计局公布的官方数据90.6万人。

不幸的是，亲密伴侣间的暴力有时是致命的。根据美国联邦调查局的统计，美国每年约有2000人死于亲密伴侣之手，其中三分之二的受害者都是女性（引自Fox，2012）。通常，这些谋杀并非孤立事件，而是暴力模式的高潮。例如，一项研究发现，被亲密伴侣杀害的妇女中，约有一半在其被杀害前的两年内，曾被送入过急救室（Crandall, Nathens, Kernic, Holt & Rivara, 2004）。

但是，女性并不单是要承受不成比例的身体上的后果。亲密伴侣暴力的女性受害者，也更有可能比男性受害者，要承受心理上的后果（如抑郁、焦虑或低自尊）和社会上的后果（如疏远朋友）。经济成本也可能会更大。据估计，亲密伴侣间的暴力每年会花掉的国家直接成本（医疗和心理健康护理）和间接成本（由于无法上班而导致的生产力损失；引自 Harjani, 2013）约合 60 亿美元。受到严重虐待的女性，也比受过不太严重虐待的女性，更有可能失去工作或去求得公共援助。

尽管异性伙伴之间的家庭暴力得到了绝大多数人的关注，但是，同性伴侣之间也并非就不存在这一问题。事实上，同性亲密伴侣间的暴力一样普遍。据估计，42%–79% 的男同性恋者和 25%–50% 的女同性恋者，都曾经历过某种类型的亲密伴侣暴力（引自 Burke & Owen, 2006）。事实上，一些研究人员声称，在长期的同性恋关系中发生的暴力，要比在异性恋关系中发生的更多（Stiles-Shields & Carroll, 2014）。

儿童虐待和忽视 儿童要比成年家庭成员更有可能成为亲密伴侣暴力的受害者。在一些贫困国家，孩子们可能会沦为童工去干一些无趣的和危险的工作，或是会被卖掉以换取其他家人的食粮，如果他们的父母不想要他们或者养活不了他们，甚至一出生就会被杀。在美国，2012 年，约有 68.6 万名儿童成为虐待和 / 或忽视的受害者（Children's Advocacy Institute, 2015）。由于绝大多数虐待儿童事件都涉及受害者无力保护自己或无从报告自己受到虐待，仍然隐藏在警察和社会服务机构的关注之外，所以许多研究者认为，实际数字要高得多。如果我们将针对儿童的暴力定义为成年人对孩子施加的任何身体攻击行为，包括打屁股和扇耳光，则在美国 3 岁以下的孩子中，每十个人中多达九个都曾成为来自其父母或看护人的暴力、忽视或口头虐待的对象（Straus & Gelles, 1990）。

由于受害者与施虐者之间的身体状况相差悬殊，儿童虐待有时也是致命的。据估计，2012 年，全美有 1640 名儿童死于虐待或忽视，其中 80% 都是被父母一方或双方所害。这些受害者中约有 77% 死时不到 4 岁（Child Welfare Information Gateway, 2014）。

文化背景下的亲密伴侣暴力　个人因素，如对收入感到不满、压力、酗酒和吸毒，经常被援引为家庭暴力的主要原因。一些分析师认为，施暴者不是精神病患者，就是有暴力倾向。虽然我们可以安慰自己，认为家庭暴力比较少见，并且只会发生在那些有一位"生病"的伴侣、父母或配偶的家庭，但它实际上有着惊人的发生频率，并且很有可能是由那些我们通常认为"正常的"人犯下的。亲密伴侣虐待和儿童虐待，更不用说老年虐待和兄弟姐妹间的暴力，在每一种文化、阶级、种族和宗教里都会发生。它并不是一种失常之举，而是在私人、亲密的背景下我们与他人关系的一个基本特征。因此，要想完全理解家庭暴力，我们就必须对发生家庭暴力的社会的一些重要特征一探究竟。

从根本上来说，美国人是想通过暴力来实现想要的结果（Straus, 1977）。许多人都认为，暴力是解决某些问题的适当方法。此外，暴力早已渗透文化。在我们的学校、我们的电影、我们的玩具商店、我们的游戏、我们的吸引诸多观众的体育运动、我们的政府，甚至我们的衣服上，都能看到它的影子。在我们每天说的话中，同样可以感受到它的存在。你听到过多少次，父母"开玩笑地"警告行为不端的孩子："你是不是（故意找事）欠揍？"

除了暴力在文化中的普遍性，家庭的几个特点也增加了发生冲突的概率。例如，我们多数时间都是与家人在一起，并会在众多不同的情境下与他们互动。这些互动的亲密程度是很强的。情感也很深厚。我们对陌生人或熟人的愤怒程度，永远赶不上对我们的配偶、兄弟姐妹或小孩那么强烈。

而且，在我们的生活中，我们对家人的了解也要胜过对其他人的了解。我们知道他们的好恶、他们的恐惧、他们的欲求。他们同样也知道我们的。如果家人中有人侮辱你，你知道如何立马进行还击。配偶通常都知道他们摁哪个"按钮"可以伤害或激怒对方。当一方开始攻击另一方的弱点和感觉不安的地方时，争论往往就会升级为暴力。

最后，家庭生活包含了持续不断的压力和紧张的来源。首先，我们期望从家庭中得到很多：情感和经济支持、温暖感、舒适感和亲密感。当这些期望没有得到满足，压力水平就会上升。其次，生活环境也是家庭紧张的一个原因（Gelles & Straus, 1988）。孩子的出生和抚养、财务问题、换工作、疾病、年老、死亡等事件都可能增加压力。事实上，怀孕或刚怀孕的女性，更可能成为谋杀而非其他原因的受害者（Horon & Cheng, 2001）。

我们还必须看到社会上存在的对性别更广泛的理解。男性在人类社会中处于支配地位，这一现象可谓是历史悠久，臭名远扬。例如，罗马法认为，丈夫出于以下原因杀害他的妻子是无罪的：通奸、喝酒和其他所谓不当行为（Steinmetz, Clavan & Stein, 1990）。世界上大多数社会仍由男性利益占据主导，并围绕男性的利益建构而成。男性通常都会占据地位显赫的职位，作出重要决定，行使政治权力，倾向于主导人际关系，并会占据社会上认为最有价值的角色（参见第十二章）。

对其伴侣施暴的男人并不一定是精神病患、精神错乱者、"有病"的个人。相反，他们往往是那些相信男性主导地位是他们与生俱来的权利的男性。这些男性实际上是遵循了许多社会都持有的文化规约，比如男性要有进取性（攻击性）、男性占据主导地位、女性处于从属地位（Dobash & Dobash, 1979）。我们有一种根深蒂固的倾向，认为家庭暴力是"正常的"——就像是那种尽管我们并不希望其发生但真要发生了也不觉得有什么惊奇或出乎意料的事情。因此，该领域的研究大都集中在受害者而不是罪犯身上。

对亲密伴侣暴力的个体及制度反应　吸引许多婚姻和家庭研究人员注意的一个问题是：为什么在那些随时都可以离婚的社会中，人们，尤其是女性,还会停留在虐待关系中。在 1960 年代,精神病学家提出的主要原因是受虐狂理论,即女性喜欢被侮辱和伤害(例见 L. Saul, 1972)。即使到了今天,仍有许多精神病学家认为,留在受虐关系中的女性患有某种人格障碍。其他当代解释则关注女性的性格缺陷,如意志软弱,或有病态的情感依恋。

所有这些解释主要都是关注个体受害者,而很少关注她所处的社会处境。从冲突论视角来看,我们可以看到,在一个不愿惩罚男性施虐者的社会,许多女性都会认为她们没有选择,并会感到在身体上、经济上和情感上都被困在与其伴侣间的关系中。在某些时候,她们中的许多人都会选择离开,但在发现外面(找到良好亲密关系)的机会并不够时,最终又返回伴侣身边(D. J. Anderson, 2003)。事实上,更广泛的经济结构,也促使脆弱的女性留在虐待关系中。与那些有工作和自己经济来源的女性相比,没有工作、经济上无法自立的女性,更不可能离开那种自己受虐的婚姻(Strube & Barbour, 1983)。

认为受虐的妇女只是坐以待毙默默忍受,认为她们就该受到这样的对待,是不准确的。一项对全美范围内 1000 名受到虐待和曾经受过虐待的妇女进行的研究发现,她们也尝试了一些积极的策略去终止针对她们的暴力(Bowker, 1993)。她们试图说服自己的男人不要再殴打她们,从自己的男人那里得到了不会再打她们的承诺,避开她们的施虐者或避免某些容易引发暴力的话题,躲藏起来或逃跑,甚至在某些情况下也会进行反击。然而,许多这样的个体策略,效果都很有限,所以这些受虐妇女最终大都会向现有关系外的人们求得非正式的支持、建议和庇护。在这些非正式的资源中,女性通常都会求助社区组织,如警察、社会服务和咨询机构、妇女团体、受虐妇女避难所。这些女性中,有一些人最终能够终止针对自身的暴力;但其他人则没有。不管怎样,就像该研究指出的,大多数女性都会积极尝试终止自己受虐待的情形。

同样重要的是要记住,离开受虐的关系并不总是表示就此摆脱了暴力。事实上,离开还有可能使得暴力升级。一项研究发现,那些短暂离开受虐关系的受害者，与那些从未离开的人相比，遭受了更多的暴力。此外，近四分之三接受调查的受虐妇女，在离开后曾被送入医院急救室（D. J. Anderson，2003）。在被杀害的美国女性中，约有90%在被害前曾被其前夫或前男友跟踪过（S. A. D. Moore，2003）。

某些情况下，旨在帮助受虐妇女的社会组织和机构，反而成为她们无法逃脱受虐的原因。例如，早在20年前，急诊室工作人员通常都会询问受虐妇女受伤的原因，这时她们的丈夫就站在一旁。历史上，法庭对婚姻暴力案件的判刑远低于其他犯罪，使得女性更难求得帮助。即使在今天，也有约80%的家庭暴力受害者，没有律师指导她们如何去走法律程序（Prah，2006）。大部分州都要求家庭暴力热线的志愿者在开始工作前先要接受40—50个小时的培训，但对警察、律师和法官来说，却没有要求他们接受这样的培训（Prah，2006）。

有时，则是用来协助受虐妇女的资源远远不够。有几个州制订了需要咨询的亲密伴侣暴力受害者的排队等候名单。如果避难所人员已满，这是常有的事，受害者可能就要坐上几百里地的公交车，才能找到有空缺的避难所。这种做法可能会让她们免受伤害，但也可能破坏她们的工作生活，危及领取福利救济金，让她们远离大家庭和朋友的支持，中断孩子的教育。许多离开虐待关系的妇女发现，到最后，自己既没有地方住，又没有办法养活自己。因此，她们有时也就会落得一个无家可归的结局。仅在纽约，在所有寻求庇护所的人中，超过四分之一的人都认为，虐待是她们陷入困境的原因（Navarro，2014）。

总之，留在虐待关系中这一决定，并不是非理性或精神障碍的结果，而是女性面对一系列状况，包括对施虐者的恐惧和施虐的骚扰、无法做到经济独立的现实、缺少制度上的支持等，作出的理性选择的结果（P. L. Baker，1997）。更广泛的社会环境可能也扮演着一个角色。例如，在"9·11"恐怖袭击事件发生后的几个月内，许多受虐妇女都决定不离开她们的关系，她们依恋着熟悉的环境，相信在如此不稳定的时局下，有个家总比没有好。因而，避难所报告称，在恐怖袭击带来的直接后果中，其中之一就是对避难所床位的需求减少了（Lewin, 2001）。虽然受虐妇女需要认清自己所处的这种现实，但在寻求与复杂的社会生活相妥协上，她们与其他个体并没有什么不同。

小 结

亲密关系形成我们个体宇宙的中心。与亲密伴侣在一起，为我们提供了大多数人都需要的归属感。然而，尽管对许多人来说，这些关系是身份、共同体、幸福和满足的主要来源，但对其他人来说，它们却也可能是巨大的痛苦和苦难的来源。

家庭这一最具结构化和文化上珍视的亲密关系，既是一种公共制度，也是一种私人制度。没错，大多数亲密关系行为和家庭行为，都是发生在远离他人注视的目光下；对那些与我们有着亲密关系的人，我们会有我们自己的想法、欲望和感受。但是，朋友、邻居、政府甚至是整个社会，对我们的亲密关系生活中发生了什么，则会有自己的看法。

社会制度和文化构成了我们的社会，也塑造了"家庭"的本质定义。今天，在快速增加的过去被视为"非传统"家庭（双职工夫妻、单亲家庭、同居伴侣、同性婚姻等）的推动下，"家庭"定义的边界正在快速扩展。

每种家庭关系，不管它是违反还是符合当前的社会规范，都反映了有关婚姻或家庭应该是什么样子的占据主导地位的观念和信念。虽然每种关系都是独一无二的，但是这种独特性总是会受到我们的文化、群体、制度价值观这些更加广泛的限制的约束。

像社会学家一样思考：幸福的家庭总相似

关于"家庭"，并不存在一个统一的定义。我们对什么是家庭的看法，取决于我们成长其中的文化。即使在同一种文化中，人们也可能还会对什么是家庭、哪一群体可被定义为家庭存有争议。

在有这么多分歧的情况下，找出人们实际上如何定义家庭会变得很有趣。在校园里找一个人流量大的地方，询问路人对"家庭"这个词的定义。看看你能否从人们的回应中找出什么模式。你是否看到人们更强调血缘、法律关系，或者是家庭中的情感要素更重要？对"家庭"的定义是否需要包括孩子？

为了深入了解"家庭"定义及经验的多样性，可以找几个朋友或同学问他们以下问题。你不需要问他们所有这些问题，或者完全与下面所说的问法一样。这些只是一些建议。如果愿意，你也可以添加你自己的问题。试着让你的采访者样本尽可能多样化，你可以与来自不同文化、种族、宗教、性别和年龄群体的人们进行交谈。

- 你如何定义"家庭"这个词？
- 你是否是与你的亲生父母一起度过自己的整个童年？在上大学之前，你是否曾与你的一位父母一起生活过？或者是与父母之外的人生活在一起过？解释一下具体情况。
- 你有多少兄弟姐妹？他们岁数多大？（你有同父异母的兄弟姐妹吗？你有继兄弟姐妹吗？）
- 如果你有弟妹，你的父母／监护人会期望你去帮忙照顾他们（在他们小的时候）吗？
- 在你长大的过程中，你是否曾与你的兄弟姐妹共住一室？
- 你在上大学前曾在多少个不同的家庭中生活过？
- 你是否住在靠近大家庭（姑姑阿姨、叔叔舅舅、表兄弟姐妹家等）的地方？解释一下具体情况。
- 上大学前你隔多长时间会去看望你的爷爷奶奶一次？现在你多长时间去看他们一次？你会如何描述你与你的爷爷奶奶的关系？
- 你的爷爷奶奶或其他亲戚是否曾在你家住过一段时间？
- 你会怎样描述你的家人对一些敏感话题（如性、裸体在家等）的反应？
- 当你惹麻烦时主要由谁来惩罚你？最常见的惩罚形式是什么？
- 你是否希望自己长大后在经济上支持你的父母？

你有没有在人们的回答中留意到什么有趣的趋势？他们的回答，就他们的家庭结构说了些什么？你是否发现了什么超越文化、性别、阶级、种族、年龄界限的一致差异？例如，对在不同时代长大的人们来说，与兄弟姐妹共处一室的可能性是否有所不同？不同种族的成员是否会与他们的爷爷奶奶或其他亲戚保持不同程度的接触？年龄和阶层是否会影响与双亲之一或与双亲一起成长的可能性？人们对未来奉养双亲是否有不同的预期？我们的家庭生活是在更广泛的结构环境下度过的，这些不同的回答告诉了我们有关这些结构环境的什么信息？

本章要点

- 在美国文化中，亲密关系是我们判断自身日常生活的品质和幸福感的标准。然而，在复杂的个人主义社会，这些亲密关系正在变得越来越难以建立和维持。
- 在美国，许多人都渴望回归家庭的"黄金时代"。但是，昔日美国家庭的形象在很大程度上不过是一个神话。
- 虽然在美国一夫一妻制婚姻是唯一得到广泛文化认同的性伴侣关系，

但在其他社会中，其他形式的亲密关系，如婚外情、婚前性行为、多偶制等，也被认为是合法的。
- 虽然我们觉得我们在自身家庭关系中做的事情完全是私人的经历，但它们仍会不断受到大规模的政治利益和经济压力的影响。此外，我们对亲密伴侣的选择，在一定程度上也会受到文化规范的限制，文化规范会鼓励我们在某些社会群体之内和其他群体之外建立关系。
- 离婚并非只是一种个人经历，它发生在一定的文化、历史和社会背景中。离婚后的高再婚率表明，人们仍然认为婚姻制度是可取的。
- 社会学家并不认为家庭暴力（配偶虐待及儿童虐待和忽视）是"有病的"个体的产物，而是将其视为一种文化的产物；这种文化容忍多种情境下的暴力，传统上在家庭角色上赋予男性比女性更大的权威，看重家庭隐私和自治胜过个体成员的幸福。

第八章
差异是如何建构而成的：
社会偏常

- 何谓偏常？
- 如何理解偏常行为？
- 权力、偏常与社会控制是如何连接到一起的？

1984年，22岁的凯利·迈克尔斯（Kelly Michaels），为了实现成为女明星的梦想，移居纽约。她是一名虔诚的天主教徒，平日里非常喜欢孩子，待人接物温和有礼。为了养活自己，她开始在新泽西郊区一家名叫 Wee Care Preschool 的幼儿园上班。据说，那里的孩子们都很喜欢她（Hass, 1995）。

后来，迈克尔斯去了一家薪水更高的幼儿园。就在她在新单位上班两周后，她先前所在幼儿园里一个4岁的小男孩被送进了医院。一名护士揉搓小男孩的背部，向他解释说，等一会儿她将为他量肛温。孩子脱口而出："以前我们老师［指迈克尔斯］在我午睡时也这样揉搓我。"虽然当时并不清楚孩子的意思是否是说：迈克尔斯有时会揉搓孩子后背哄他们入睡然后又为他们量肛温，然而被孩子的话吓了一跳的母亲，恰好她是一位地方法官的女儿，立马把这事告知学校，同时还报了警（Michaels, 1993）。警察询问了这名孩子和WCP幼儿园里的其他孩子，想要找到迈克尔斯性虐待孩子们的证据。随着调查的消息传开，忧心忡忡的父母们互通电话，互相告知事情的最新进展。警方也鼓励孩子们的父母去找州资助的心理治疗机构，以帮助这些父母和他们的孩子。反过来，治疗师则鼓励这些孩子的父母与正在进行调查的当局进行合作。

这个小男孩在医务室偶然说出的一句话，引发了青少年和家庭服务部（Division of Youth and Family Services）历时16个月的调查，最后以一份长达235页的公诉书，对迈克尔斯提起上诉。在这一调查过程中，许多孩子的父母都被说服相信：迈克尔斯用金属或木制汤勺、乐高玩具和灯泡侵害了他们的孩子；她光着身子在钢琴上弹奏"铃儿响叮当"；她把花生酱涂在孩子们的生殖器上然后自己舔下来、让孩子们喝她的尿、强迫他们吃地上的排泄物（Hass, 1995）。到了审判开始时，迈克尔斯已经成为"全新泽西州最让人厌恶的女性"。

从一开始起，案件中就充满了矛盾和有问题的法律策略。例如，对采访记录的分析发现，调查人员通过引入暗示信息、当孩子们说了与迈克尔斯此案有牵连的事情时夸奖他们、当孩子们说了迈克尔斯的好话时则提出质疑、邀请孩子们假装知道或猜测所谓的事件,从而完全操控了孩子们(Schreiber et al., 2006)。控方律师没有呈递任何可以证明性虐待的实质证据,但是他们却把迈克尔斯说成是一个"很会演戏"、"狡诈地迷惑人"的人。她做的每件事,都会从她是一个"怪物"的角度来加以解释。例如,她要是对孩子们很有耐心而且很和善,那就说明她想引诱他们。

在这家幼儿园工作的其他老师,没有一个人曾听到过或看到过什么,尽管多数午休时间的涉嫌性虐待都发生在与他们所在屋子只有一面塑料窗帘相隔的午休室。在审判中,法官允许孩子们在闭路电视上作证,但他自己却依然坐在自己的位子上,驳回了辩方律师提出的对孩子们进行交叉询问的请求。一位控方证人,即孩子们的心理治疗师,在作证时提到,那些否认被迈克尔斯小姐性虐待的孩子们,都得了一种"幼童性虐并发症",这是一种心理状况,会使孩子们否认自己遭受过性虐待这回事。事实上,孩子们越是否认这件事,心理治疗师就越发肯定性虐待确有其事。

迈克尔斯后来被判有罪,罪状共计115条,其中包括折磨孩子、性虐孩子、恐怖威胁孩子等,她被处以47年有期徒刑。就像雪上加霜一样,在狱中,她收到了埃塞克斯县公共辩护律师办公室寄来的80万美元的法律费用账单(L. Manning, 2007)。1993年,在她入狱5年后(这其中还包括18个月的单独囚禁,表面上说是为了保护她的安全),新泽西州上诉法院推翻了对该案的判决。不久,新泽西州最高法院宣布支持上诉法庭的决议,严厉谴责并驳回初审判决。法院记录上写道:在法庭上作证抨击迈克尔斯的那20个孩子,都是在受人指使、贿赂或威胁的情况下才这么去做的(Hass, 1995)。

你可能会认为,由像州最高法院这样有影响力的机构作出的正式无罪宣判,应该可以扭转人们对迈克尔斯的看法。然而,她仍然是群众憎恨的焦点。仍有许多相信自己孩子受到性虐待的父母,继续对迈克尔斯提起民事诉讼。其中一位母亲说,要是有机会,她会亲手掐死迈克尔斯。

到目前为止，没有一个曾在那家幼儿园待过的孩子的父母，公开收回他们对其孩子前任教师的起诉（L. Manning, 2007）。

* * *

为什么人们如此难以接受迈克尔斯是无罪的呢？首先，当儿童性骚扰事件成为全国关注的焦点时，这个案子反映了人们内心最深处的集体恐惧。最可怕的信息是，我们的孩子可能不只会被看着就让人害怕的中年男子侵害，还有可能被看起来很安全的22岁女大学毕业生侵害。在担心孩子安全的狂热中，似乎没人愿去保护这一原则：证据不足不能定罪。

这个案件最让人震惊的地方在于，它所传达出的人们思考问题的方式。只要共同体的成员得出结论认定迈克尔斯作出了那些可怕的行为，就是有再多相互矛盾的证据，也无法撼动他们去相信事情的真相可能并非如此。在人们的心目中，偏常的标签及其暗示的意涵，可以遮掩与此人有关的其他所有事情。当迈克尔斯被判有罪正式贴上罪犯的标签，公开贬损打压她也就取得了正当性。从这一刻开始，她再也无法回到正常的生活中去，在许多人的心目中，她将永远都是一个"儿童性骚扰者"。在迈克尔斯因性虐待指控而被定罪已被推翻很长时间之后，媒体依然将她视为一名罪犯。美联社（AP）的一则新闻，给迈克尔斯撤回对县和州政府的起诉这件事起了这样一个标题："性犯罪者的案子在法庭上被拒绝"（2001）。

我们当中几乎没人会作为一个被误判的儿童性骚扰者在监狱里度过五年时光。但是，这样的人总是会被不合理地贴上"偏常"的标签。也许在你的生活中，你也曾因受到欲加之罪何患无辞的莫须有罪责以致名誉受损而无从摆脱。本章我将会考察几个与此有关的问题：何谓偏常？社会会如何尝试控制偏常行为？是不是偏常，由谁来定义？一旦被他人认定为偏常，会有什么结果？

何谓偏常?

广义上来说,**偏常**(deviance)是指社会不赞成的行为,也就是违反了在共同体内或社会中大家认同的一些规范。坐电梯时盯着陌生人看,在公众场合自言自语,穿着奇装异服,抢劫银行,在小学校有条不紊地枪杀孩子们,在世界上最著名的马拉松赛事的终点线上埋下两颗炸弹,都可被视为偏常行为。如果我们只是简单地将任何违反规范的行为都定义为偏常,那么大多数偏常行为都会显得很琐碎,有时甚至会显得再"正常"不过,如超速驾车,或者是过马路闯红灯。我们大多数人在生命中的某个时刻,都可能会作出他人眼中的偏常行为。但是,大多数社会学家关注的偏常行为,是那些侵犯了道德规范,最严重的则是侵犯了社会规范的行为。这也是我在本章主要关注并会着力探讨的那类偏常行为。

决定哪种行为或个性是偏常或正常,是一件复杂的事情。通常我们都会预设:在社会中,人们对什么是偏常行为、谁是偏常者会有一致的看法。例如,没人会去挑战"孩子被性虐是一件很糟糕的事情因此性虐者理应受到制裁"这一观念。但在一个社会内,对于什么样的行为算是虐待孩童,人们的看法却有很大差异。对一个人来说,打屁股可能是一种完全可以接受的教训孩子的方式,但在另一个人眼里,就可能会觉得这是一种残酷的虐待。

使得这一问题更加复杂化的是,一些被视为结构功能论流派的社会学家(如:Durkheim, 1895/1958; Erikson, 1966)认为,偏常,作为一类行为,并不总是对社会有害,实际上还可能具有重要功能。你应该还记得我们在第四章中讲过,违反规范有助于定义文化与道德的界限,以区分是非对错,同时也可为那些联合起来反对违背群体规范的偏常的人们,增加群体的团结感。表面上看,个体的偏常行为会干扰日常生活,遭到不同程度的社会谴责,但在更深的层次上,它们却有助于社会的稳定度和延续性。偏常也能创造出需要的变革(Durkheim, 1895/1958)。在

1950年代和1960年代，民权运动的示威者们故意违背那些他们认为是带有歧视性的法律，如禁止黑人进入某些机构或进入某些学校。这些偏常行为最终帮助说服许多选民和政治家支持立法取缔种族隔离。

就像你可能已经猜到的那样，社会学家通常不会评判一种特定行为是否应被视为偏常。相反，他们会考察偏常是如何产生的、它对社会意味着什么。他们主要的考量是：人们是应该从"所有人类行为都有善恶之分"这一视角（这是绝对论者的观点）出发，还是应该从"偏常的定义是社会建构的"这一视角（这是相对论者的观点）出发，来对偏常作出回应。

绝对论者给偏常下的定义

依照**绝对论（absolutism）**的说法，人类的行为可以分为两种基本类型：(1) 本质上是合宜的和良善的行为，(2) 本质上是不合宜的、不道德的、邪恶的、败坏的行为。对持有这种观点的人来说，这一区分非常明确，很好辨识。一种行为的对与错，先于人类创造的规则、规范和习俗而存在，独立于人们的主观判断（Erich Goode, 1994）。

绝对论者对偏常的定义，往往伴随着强烈的情绪反应。在讨论到同性恋婚姻这个问题时，电视传道者吉米·斯瓦加特（Jimmy Swaggart）曾经表达过如下这样的情绪：

> 我试着给男人嫁给男人这种做法找到一个恰当的名字……这真是一种十足顽愚、蠢不可及、白痴般的行为……在我的生活中，我从未见过一个我想与之结婚的男人。我可以直言不讳地说，如果有人那样看我，我会直接杀了他，然后告诉上帝那人已死。
>
> （Brutally Honest, 2004, p.1）

如此极端的情绪反应，与文化上日益接受同性恋的现实情形似乎并不相符。同性恋已经从 1960 年代的被视为犯罪和只能秘密交谈，发展到在 2015 年 50 个州都公开赋予其合法结婚的权利。电视上有比以往任何时候都多的公开的同性恋人物，比较有名的节目有《欢乐合唱团》（Glee）和《现代家庭》（Modern Family）。2013 年，NBA 球员贾森·科林斯（Jason Collins）由于公开自己是同性恋而成为新闻头条，他是美国主要团体球类运动中第一位公开自己是同性恋者的现役球员。2014 年，迈克尔·山姆（Michael Sam）成为第一个公开自己是同性恋的橄榄球运动员，他效力于一家 NFL 球队。此外，现在大多数美国人都支持允许同性恋者公开在军队服役，反对同性恋收养的人在过去十年中已经明显减少（Pew Research Center, 2006；Talbot, 2010）。同性伴侣出现在从电子阅读器到止痛药等产品的主流电视广告中。主要的邮轮航线、旅游公司、连锁酒店都为男同性恋、女同性恋、双性恋游客提供（和公开宣传）度假打包产品。据营销研究人员估计，同性恋游客的年度经济影响约为每年 700 亿美元（Rosenbloom, 2014）。2015 年，世界经济论坛讨论了全球同性恋权利，这个问题第一次成为该组织正式议程的一部分。

近来一项全美调查发现，占据压倒性多数的女同性恋、男同性恋、双性恋者（92%）认为，过去十年间，社会已经变得更能接受他们。同样比例的人期望，在未来十年内，这样的接受能变得更多（Pew Research Center, 2013a）。2015 年，新泽西州法院裁定，提供"同性恋转化疗法"（gay conversion therapy，一种干预项目，旨在"治疗"男性的同性恋冲动）的群体，违背了该州的《消费者欺诈法案》（Consumer Fraud Act），不许继续从事下去（Eckholm, 2015 b）。

但是，许多人仍然认为，同性恋绝对是一种偏常行为。根据国际男女同性恋协会（International Lesbian and Gay Association, ILGA）的统计，在今天共有 27 亿人居住的国家，都认为同性恋是一种犯罪，会对其处以监禁、殴打、甚至处死（引自 Ball, 2014）。考虑以下这些例子：

- 2012 年，乌克兰议会提出一项法案，该法案认定：对同性恋持赞成态度的电视节目和电影的生产商属于犯罪,将被处以监禁("Ukraine Bill Proposes Prison", 2012)。

- 在尼日利亚,凡是直接或间接"公开展示"同性恋关系,加入同性恋俱乐部、协会和组织,或是那些只是支持这些组织的人,可被判刑十年(Nossiter, 2014)。
- 在伊朗、毛里塔尼亚、沙特阿拉伯、苏丹和也门,同性恋者会被依法处以死刑(Ball, 2014)。
- 文莱苏丹最近签署了新的刑法典,规定对同性恋者可用石头砸死(Garcia, 2014)。

远的不说,就在我们身边,美国的男女同性恋者仍然面临许多障碍,这些障碍就源于绝对论者对其抱持的专制态度:

- 虽然现在同性婚姻是合法的,但在不提供无歧视性保护的州,领取了公开结婚证书的同性恋夫妇,仍有可能在他们生活中的其他方面面临风险,如失去工作,或被拒绝办理信用卡,或被拒绝租房(T. S. Bernard, 2015)。在 16 个州,同性恋者没有得到任何明确的法律保护(Stolberg, 2014)。
- 根据人权运动(Human Rights Campaign, 2014a)的统计,91% 的财富 500 强公司,都会基于性取向,提供明确的无歧视性保护。但是,企业政策并不总是能转化到个体的行为上。在劳动力市场上的许多领域,公开的同性恋仍被视为一种麻烦和累赘。尽管有企业保护,但在全美却有超过一半的男同性恋、女同性恋、双性恋者在工作中隐瞒自己的性取向,并有 35% 的人会在这方面说谎。四分之一的公开同性恋雇员觉得,在谈及性取向问题,或者是报告说听到关于工作中的同性恋的负面评论时,同事会变得不舒服(Human Rights Campaign, 2014b)。
- 20 个州都制定有法律[称为《宗教恢复法案》(Religious Restoration

Acts)]，依据该法案，如果给同性恋者提供服务会给他们的宗教信仰带来"实质性负担"，雇主可以拒绝这样去做。就像俄克拉荷马州一位参议员所说："[同性恋者]没有权利在每一家商店得到服务。人们需要有能力拒绝[给其提供]服务，如果这样做违反了他们的宗教信仰的话。"（引自 Fausset & Blinder, 2015, p.A18)

- 同性恋游客仍被建议：应该提前通过咨询旅行社或网站有关特定目的地对待同性恋者的宽容度及其自身安全问题，做好出行准备。一位专栏作家说："你想去[度假]，要做的最后一件事就是：彻夜难眠，感觉不被人需要甚或感到害怕。"（McElroy, 2014, p.5）

- 2014年，哈里斯民意调查发现，近一半异性恋者会在带孩子去参加同性恋者婚礼时感到不安，超过三分之一的人说，看到同性恋夫妇手牵手出现在公共场合，会有一种不舒服的感觉（引自 Bruni, 2015）。

- 2014年12月，美国食品和药物管理局（FDA）宣布，解除对同性恋者或双性恋者献血的终身禁止。这一政策是在1983年出现艾滋病危机的早期制定的，在对捐献的血液进行艾滋病毒测试（它很容易识别血液里是否含有病毒）成为标准之前。然而，FDA 将继续禁止在过去一年内有过性关系的同性恋和双性恋者进行献血。因此，一个 HIV 阴性、已婚、一夫一妻制的男同性恋者，必须在一年内放弃与他的配偶发生性关系，才有献血的资格。

绝对论者给偏常所下的定义，暗示了关于社会与被视为偏常者之间关系的某些事情。许多人都认为，"偏常者"是因在心理上甚或是在身体结构上异于遵守规则的常人而致。那些用来界定某人为偏常者最根本理由的特质或行为，首先都会被视为是对他/她的个性而言普遍的和必要的（Hills, 1980）。那些人身上受人尊敬的、合乎传统的品质，全都变得无关紧要。例如，"性偏常者"在其余下的生命中过着正常的生活、吸毒者在其余下的生命中再也不吸毒了、殴打妻子者在其余下的生命中再也没有动过手，这都是完全不合常规的。简而言之，偏常行为或特征，决定了偏常者的全部价值（Katz, 1975）。一旦被认定为偏常者，也就意味着，人们不能也不应该用对待正常人的方式去对待偏常者。

在绝对论者对偏常的看法中，还有一个不公平的元素。人们惯常基于强烈持有的刻板印象来评判偏常者。如果你让一个人描绘一下典型的吸毒上瘾者是什么样子，他/她十有八九会描述出一个肮脏、贫穷、吸毒成瘾的年轻人，流浪街头，要靠盗窃来支持他的这一非法嗜好。人们不会想象一个中产阶级的全职妈妈，或者是一个胡子刮得干干净净、勤奋工作的内科医生，会长期依赖处方药物，尽管在美国社会，这两类群体中的吸毒者，要比其他类型的吸毒者人数高出很多（Pfohl, 1994）。

绝对论者对偏常的印象往往显得过于简单化，也很难用来对个体作出解释。绝大多数非裔美国人并未犯罪，就像绝大多数拉丁裔美国人没有加入帮派，绝大多数意大利人没有加入黑手党，绝大多数穆斯林也都不是恐怖分子。然而，用绝对论者的刻板印象来刻画整个群体是重要的，因为它决定了个体乃至社会的反应。如果富裕的家庭主妇和内科医生滥用药物不会被视为典型的吸毒者，那么他们也就永远不会成为执法机关、集体道德义愤、政治言论与公共政策的焦点。

相对论者给偏常下的定义

单靠严格的绝对论者给偏常下的定义，会使我们在许多重要社会问题上得出狭隘的、往往是不正确的看法。这个缺点可以通过采用第二种方法来加以避免，也就是用**相对论（relativism）**的方式来定义偏常，这种方法来自符号互动论和冲突论视角。这一方法（与我们在第四章中讨论的更具一般性的文化相对论有相似之处）宣称，偏常并不是内含于任何特定的行为、信仰或状态，相反，它是社会建构出来的，是人们评判与观念的集体创造。就像美，从根本上来说，完全是情人眼里出西施。因而，并没有哪种行为普遍地或"自然地"就是偏常的。当研究的焦点集中在某一群体或某种类型的行为被定义为偏常的过程上时，相对论者的取向是很有用的。

对相对论者来说，复杂的社会是由有着不同价值观和利益取向的群体组成的。有时，这些群体会同心同力去达成共同的目标，就像社会中不同部门齐心协力抗击外敌。但当他们意识到自身旨趣和目标不同时，群体之间往往就会发生争执和冲突。

不同的人或群体对同一件事会有截然不同的解释。1995 年的一个晚上，35 岁的白人前海军陆战队员威廉·马斯特斯（William Masters），正在进行他惯常的、随身带着武器的深夜散步。当他走过洛杉矶一个贫瘠的社区，他看到两个拉丁裔年轻人，正在高速公路立交桥下喷漆涂鸦。马斯特斯从兜中掏出一张纸片，记下了他们的车牌号。两个年轻人看到了他的这一举动，要求他把纸条交给他们。这时马斯特斯竟然掏出随身携带的 9 毫米口径手枪朝他们开枪，致使两个年轻人一死一伤。他告诉警方，那两个人用螺丝刀威胁他，他朝他们开枪属于正当防卫，虽然事实明摆着两个人都是背后中枪。马斯特斯并没有以谋杀罪被起诉。最终他以在公共场合携带隐藏的枪支和在公共场合携带装有子弹的武器被判有罪：入狱 18 个月并处 2000 美元罚款。

被捕后不久，马斯特斯就宣称，他的行为不应被视为偏常。他告诉一位记者，他确信人们会很高兴看到他这个预定的受害者从意图犯罪者手里逃脱，并确信没有陪审团会判他有罪（Mydans, 1995）。许多人都赞同他的做法。给谈话性广播节目打电话的人和给报社写信的人，都对他的机警反应和提前佩带自卫武器大加表扬。一些人甚至建议，要是能多几个像他这样的人，我们的社会将会变得更好（Mydans, 1995）。但是，也有不少人则对这一判决表示失望，认为马斯特斯不过是一个故意找麻烦的种族主义者。他们认为他是一个替自己的谋杀罪行自我开脱的偏常者。

所有在这个问题上发表意见的人都同意一件事："谋杀"是一种偏常

行为，是社会最不能接受的事情。然而，他们对马斯特斯是不是杀人犯的看法却是截然不同。他是一个"英雄"还是一个"杀人犯"？答案并不在于夺人性命这一客观行为上，而是在于他人对这一行为如何定义和回应。

为了充分理解偏常名称对社会及个体的影响，我们必须看看这些定义是如何被创造出并持续存在下去的。其中一个关键因素是：下定义的人是谁？对一个人来说是犯罪的行为，对另一个人来说则是合乎道德良知的行为；一个群体眼里的邪恶，很可能是另一个群体眼里的德行；一种文化里的恐怖主义者，很可能是另一种文化里争取自由的斗士。

对偏常的定义，也是相对于特定的文化标准而言：

- 在新加坡，故意破坏公物是一种严重的偏常行为（会被处以鞭刑），就像一个人把口香糖吐在别人可能会踩到的地方也是一种偏常行为。私带口香糖进入新加坡，会被处以最高一万美元罚款。
- 在泰国，脚踩泰铢（泰国货币）或以任何方式侮辱国王都是违法的。
- 在马来西亚，一个穆斯林女人会因在公共场合饮酒而受鞭笞，或因在斋月禁食期间吃零食而被拘捕。
- 在印尼的一些城市，女性跨坐摩托车或在摩托车后面抱着男司机都属违法。
- 在日本，酒后驾车会被判刑3—5年，具体依据酒精含量的多少而定，给其提供酒精或提供车辆的人则会面临刑事指控。

偏常的定义也会随着时间的推移而有所改变。例如，有段时间，几个州制订了专门保护女人德性的法律。佛罗里达州有一项法律，禁止女性星期天跳伞。密歇根州有项法律，将男人在女人面前说脏话视为犯罪。在德克萨斯州，女性在公共场合调整她们的长袜是犯罪。在华盛顿州，至今仍有法律明文规定，在公共场所称呼女人"贱人"或"婊子"是违法的（Kershaw, 2005）。有时候，宣布取缔之前所接受行为的新法律，似乎一样可笑。

绝对论者的取向是，假定特定的个体特征是所有偏常者的典型特征，但是，相对论者的取向则认为，并不存在典型的偏常。事实上，两个不同的人作出相同的行为，结果却可能产生截然不同的社会反应。1980年，新泽西州巴约讷的一位老师，黛安娜·切尔基奥（Diane Cherchio）被人看见，在一场八年级学生的舞会上，亲吻和抚摸一个13岁的男孩。几年后，在被提升为指导顾问（guidance counselor，学校里向学生提供就业和个人问题建议的人员）后，戴安娜与一个11年级的学生发生性关系并怀孕，最后在那个男生1985年毕业后嫁给了他。然而，她既未被解雇，甚至也未被校方训斥，她被允许继续在公立学区工作了20年。当她生下的儿子已经长大成为一个十多岁的青少年，戴安娜又开始和她儿子的一个朋友发生性关系。她利用她在学校的权力，重新安排男孩子们的时间表，所以他们有时间进行幽会。当那个男孩的父母发现了这件事并向警方投诉，戴安娜被逮捕了。再一次，她没有被解雇。学校官员非但没有让她提前退休，反而给其增加了养老金。他们甚至还为她举行了一场联欢晚会欢送会。当她于2005年最终承认对她的性侵犯的指控后，她的同事们还在极力说服法官判处她缓刑，并免于将她登记为一名性犯罪者（Kocieniewski, 2006）。

戴安娜最终受到了惩罚，就像其他与十多岁男孩子发生性关系的老女人。不过，很难想象会有哪所学校敢于接受或捍卫一个以这样的方式引诱女学生的男老师。只因为她是一个年轻漂亮聪明的女人、她的受害者是十几岁的男孩子，她所在的共同体的人们便对她这件事另眼相看。当她做了那些事后，不知为何，给人的感觉就是没有那么糟糕。一位作者总结了公众对此类事件的回应："[这种事对] 一个正生活在幻想中的十几岁男孩子能有什么伤害？"（Levy, 2006, p.2）

从相对论者的视角来看，即时性的空间与环境，如行为发生的时间和地点，也会影响对偏常的界定。例如，周末喝酒比在一周的工作日内喝酒更容易被人接受，晚上喝酒比早上喝酒更容易被人接受。24个州都制定有"就地防卫"法（"stand your ground" laws，又译"不退让法"）：如果人们感到自己受到了威胁，不单是在家中，而是在任何有权去的地方，都有"正当的权利"使用致命武力进行自卫（Currier, 2012）。前面提到的马斯特斯要是居住在这些地方中的任何一处，而不是住在洛杉矶，他也就不用去面对哪怕是最轻微的犯罪指控；他很可能会被视为一个合法行使其权利的公民。2012年，这条法律受到联邦政府的审查；事情的起因是，当年年初，手无寸铁的佛罗里达黑人少年特雷沃恩·马丁（Trayvon Martin），带着在商店买的东西去看望父亲，他父亲住在佛罗里达州桑福德市一个封闭式小区。进入小区后，马丁在一条人行道上被一名社区协警枪杀，协警声称，他觉得受到了那名男孩的威胁，就采取了自卫行动。陪审团接受了这名协警的说辞，认定他没有犯下对他提起的二级谋杀指控。

如果偏常是相对的，那么即使极其暴力的行为，在特定情境下也会被定义为是可以接受的。在政府指使下执行杀人行动，如在暴动中射杀抢劫者、在战场上杀死敌军，或者是处决犯罪的谋杀者，都不在社会上深信的偏常和有问题的行为之列。然而，相对论者定义偏常的方法，并不意味着我们就不会对那些被他人视为可以接受的事情感到不舒服：

> 相对论并非放诸四海而皆准的道德，它并不意味着人们就永远不会……受到其他群体或文化中经历的惊吓……[它]只是提醒我们，我们个体的信念或我们的文化认知，并非在任何地方都是如此。
> （Curra, 2000, p.13）

就像绝对论者一样，相对论者也承认，每个社会都会视某些个体或行为让人感到麻烦和具有破坏性，从而将其视为社会控制的目标，具体控制方法包括治疗、惩罚、精神治疗或矫正等。然而，对相对论者来说，定义偏常的重点并不在于做下了什么，而更多在于作出这一行动的人是

视读社会学 | 世界各地的同性恋恐惧症

考虑到近来的同性婚姻合法化，以及大众文化与日常生活中日益增多的不遵从传统规范的性别的可见性，人们很容易认为，美国人已不再将非异性恋伴侣的身份视为一种偏常。然而，实际情况却并不总是这样。许多人继续反对同性婚姻，许多国家仍然允许工作场所存在基于性取向的歧视。更糟糕的是，在其他一些国家，同性恋不仅被视为一种偏常，还会被判处死罪。这里我们看到的四张照片，是反同性恋的暴力（乌克兰）和反同性恋的抗议活动（印度、乌干达和牙买加）。

政府是否有责任明确界定哪些形式的性表达是可以接受的、哪些形式的性表达是偏常的？如果是，在让某些关系合法化而让其他关系非法化甚或犯罪化上，什么是最重要的社会利益？想想绝对论和相对论对偏常所下的定义，思考一下政府或机构是否应该出面介入，保护那些在别的国家被界定为偏常的同性恋者的权利？

谁、给其贴标签的人又是谁，以及发生在何时何地。有些人会通过花费必要的钱财来避免使他们的行为被定义为偏常，其他人则可能会因符合某种形象而被定义为偏常，哪怕他们并未做错什么。对偏常的定义也会随着时间而改变，有些行为会被一些群体接受却不被其他群体接受。那些最可能长久留存下来成为主流文化一部分的偏常界定，是那些得到人口中有影响力的人支持的，或者是已被那个社会中的成员普遍肯定的。

偏常的组成要素

上述两种定义偏常的观点，提出了一些复杂的和有争议的问题。最能为两种观点都接受的偏常定义是：**偏常（deviance）** 是指那些会让社会中的一些人（不一定是所有人）觉得受到了冒犯、错误的、不道德的、有罪的、邪恶的、奇怪的或让人恶心的行为（人们如何行动）、观念（人们如何思考）、态度（人们如何表现）。

这个定义中包含三个重要元素（Aday, 1990）：

- 期待（*expectation*）：必然存在某种行为期待，即一种定义适当、可接受的行为、观念或特征的规范。这一期待可能是隐含的或明确的、正式的或非正式的、被广泛接受的或不太被广泛接受的。
- 违反（*violation*）：偏常意味着在一定程度上违背了对规范的期待。这一违背既可以是真实的，也可以是所谓的；也就是说，单是对错误行为的指责，就足以给人带来偏常的名声。
- 反应（*reaction*）：个体、群体或社会必然会对偏常有所反应，这些反应会有不同形式，如回避、批评、警告、惩罚或治疗。这些反应有可能正确地反映了事实真相，也可能与真正发生的事情并没多少关系，比如有时人们会为他们不曾有过的行为而受到惩罚。

由此看来，如果人们没有何谓适当的概念、如果某些人不被认为是违反了某些社会规范、如果其他人未对所谓的越轨之举作出反应，那么偏常也就不会存在。

微观与宏观之间的联系：
性侵犯与神职人员

有一些偏常的浪潮实在是太可怕了，以至于它们从根本上改变了人们先前对涉身其中的个体和机构的正面看法。2002年，《波士顿环球报》（*Boston Globe*）上刊登了这样一则报道：1965—1993年间，一位天主教神父在波士顿的六个教区里，对众多儿童进行性侵害（引自 Jost, 2002）。这一行为早已不是第一次受到媒体或教会的关注。几十年来，关于神父对儿童进行性侵害的故事，时不时就会出现在新闻里。

但是，2002年《波士顿环球报》刊登的故事产生了不同寻常的影响，原因是，它集中关注历年来教会对性侵害指控的制度性处理。过去，一些神父即便一再受到控诉，甚至在其本人亲口承认犯有性侵害这样的错误后，仍被允许留在既有的位子上；在另一些案子中，教会则是不露声色地把性侵害的神父委派到不同的教区。2002年的报道中指出，教会官员（行政督导）早在1984年（在他最终离开他所在的教区九年前）就知道这位神父的这些行为。更深入的研究则指出，在接下来的十年里，波士顿区的大主教悄悄地解决了70起对神父的诉讼，其方式通常都是进行财务补偿，换得被侵害者不再公开谈论此事（Jost, 2002）。在越来越大的公众压力下，波士顿枢机主教最终同意将这些年被控有性侵害罪名的其他100位神父的名单，交给检察官。

最后，类似的故事开始出现在全美各地。自从第一篇新闻故事的文章发表以来，已有5000多名牧师面临性侵犯的指控（U.S. Conference of Catholic Bishops, 2011），约有3400人被免职或受到较轻的处罚（Child Rights International Network, 2014）。大多数受害者（51%）受到侵害的时候都是在11—14岁之间，并且81%是男孩（Terry, 2004）。事情往往是，最脆弱的孩子最易成为受害者。一位威斯康辛州的神父，在1950年代到1970年代，先后侵害了多达200名失聪儿童。

神职人员性虐待的报告也开始在其他国家被曝光，如澳大利亚、加拿大、新西兰和英国。在爱尔兰，政府委员会发现，1930-1990年间，在孤儿院和工读学校，成千上万名孩子被天主教牧师性虐待（Jordan，2009）。2013年，德国天主教会发布了一份报告，表明性侵害的神父在攻击儿童上进行了精心策划，经常侵害同一个孩子达好几年时间（Eddy，2013）。

事情很快就变得明朗起来，虽然这一问题在天主教会中是有史以来最严重的，但却并非只是发生在天主教会内。对神职人员性侵害的控诉，还包括正统犹太教拉比、新教牧师和印度教心灵导师。承保美国大多数新教教会的三家公司，平均每年收到约260份关于牧师、教会职员或志愿者性侵害儿童的报告（"Protestant Church Insurers"，2007）。甚至连修女也被发现性虐待儿童（Einhorn，2007）。许多人都真心希望这些劣行只不过是少数道德败坏的神职人员所为的单一事件，最后却演变成为一桩跨地域、跨宗教的巨大国家丑闻。

在这桩丑闻中，可以清楚地看到一项具有社会学旨趣的因素，即依赖对偏常者是什么样子的刻板信念所产生的局限。如果说有哪种职业最不可能与偏常挂上钩，肯定非神职人员莫属，神父、牧师、拉比、印度教心灵导师，往往都是在其社群内备受尊重的个体。他们中的大多数人都会信心十足地站在讲台上大声挞伐罪恶，高声颂扬生活美德。就像前面提到的迈克尔斯，甚至就像戴安娜一样，这些神职人员也不符合人们对"性侵害儿童者"持有的那种轻薄放荡、嘴角流着口水的刻板印象。

因此，几十年前报道这些对儿童性侵害的指控却没有得到太多制度性的回应，甚至没有引起多少公众的声讨，也就没有什么好奇怪的。即使对这些神父的指控已被证实，人们的集体回应往往仍是：这都是些"有病的"神父，是"神职人员是慈祥的牧者"这一刻板印象的一些例外情形。2010年，梵蒂冈国务卿贝尔托内枢机（Cardinal Tarcisio Bertone），将性虐待与一些失去控制的神父"病态的"同性恋联系到一起（Donadio，2010）。他们是一些有问题的个体，只要能够得到足够的同情和适当的心理治疗，他们的行为就会发生改变。1960年代，一位教会官员甚至支付首付买下加勒比海的一个小岛，他计划将其用作隔离那些有性侵犯行为的神父的一个隐居处（Goodstein，2009）。然而，有趣的是，受美国天主教主教会议（2011）委托进行的一项大规模的为时 5 年的对丑闻的研究发现，只有不到 5% 的性虐待儿童的牧师，其行为符合恋童癖的精神病症状。换句话说，这种现象并不是简单的几个"烂苹果"就能说得过去的。

因此，随着越来越多的对机构欺骗和隐瞒的指控持续曝光，对性虐待儿童牧师的这种类型的"同情"反应，引起了广泛的公众愤怒。2011 年，一位堪萨斯城教区主教因未能报告疑似性虐待儿童牧师的情况而被起诉，这标志着教区的领导人第一次要为他所监督的牧师的行为负刑事责任（Sulzberger & Goodstein, 2011）。事实上，多年来，教会一直在与全美各州议会进行斗争，想要击退支持受害者的人们试图延长或取消性虐待案件的诉讼时效这一行动（Goodstein & Eckholm, 2012）。丑闻已经在教会内引发了一场持续不断的灾难，那些支持传统做法保护主教和牧师的形象胜于一切的人，与那些呼吁［教会应该对外有］更多的开放性和主张实施问责制的人，相互较量（Donadio, 2010b）。就在这些内部斗争四处蔓延的同时，虔诚的天主教徒发现，他们的日常生活受到了破坏，他们对教会的信心也随之破灭。就像一位神学家所说：

> 这是现代历史上天主教会遇到的最严重的危机。它就牧师职位的正直诚实性提出了严肃的问题。离开人们对神职人员的支持和信任，天主教会根本没法运作。（引自 Jost, 2002, p.395）

这一丑闻的金融影响一直在上升。到 2011 年，美国天主教会已经支付了约 30 亿美元的受害者赔偿金（Flamini, 2011）。除了金钱解决，近三分之一的美国天主教徒在一项全美调查中表示，受丑闻影响，他们已经扣留了每周给教堂的捐献（引自 Mulrine, 2003）。在萎缩的金融支持下，全美一些教区被迫关闭一些教堂。过去十年内，已有十一个教区和两个宗教团体申请了破产保护（J. L. Thomas, 2014）。

受害者的支持群体持续对教会施压，要求它执行"零容忍"政策。结果教会在处理这个问题上所采取的方式也发生了变化：被证实的犯罪者会被从牧师中清除，教会人员则会接受训练去侦察和调查对性虐待的指控（T.

> D. Lytton, 2007）。2002 年，美国天主教主教会议（U.S. Conference of Catholic Bishops）起草了《保护儿童和年轻人宪章》（*Charter for the Protection of Children and Young People*），要求教会实现"安全环境"计划，旨在确保所有孩子在参加教会和宗教活动中的安全。2014 年，教皇弗朗西斯公开宣称，性虐待儿童的神职人员，是"我们宗教中的麻风病"（引自 Pullella, 2014, p.1）。
>
> 　　在只有少数几例偏常的情况下，它们很容易被看成个体的反常情况而被忽略。然而，当它们上千次地在世界各地、在不同的背景下不断出现时，就会成为制度层面上的一个显著问题，从而也才会更可能引起社会的认真对待。

如何理解偏常行为？

　　特定的行为和特定的人们如何被界定为偏常、人们为什么会或不会作出偏常行为，是两个不同的问题。解决这一问题的心理学或生物学理论，可能主要关注产生偏常行为的人格或生理特征，如暴力成瘾的心理倾向、基因遗传、化学物质失衡，或是神经缺陷。然而，大多数社会学理论关注的都是对人产生影响的环境因素，以及控制偏常的不同方法的有效性。

　　例如，结构功能论者的视角告诉我们：社会利益所在，就是将每个人社会化，去追逐功成名就，这样最有能力和天分的人就会占据最重要的位子。社会学家罗伯特·默顿的"紧张理论"（strain theory, 1957）认为，当人们感受到这些文化上定义的成功目标与获得去实现它们的合法手段之间存在紧张或矛盾时，作出偏常行为的可能性就会增加。伴随突然发生的经济困难而来的绝望和无助，有时会引起愤怒和指责，导致暴力。一些犯罪学家指出，在 2009 年经济衰退最严重的时候，灭绝人性的屠杀突然激增。例如，在一个月内，发生了 8 起屠杀，夺走了 57 个人的生命（引自 Rucker, 2009）。

然而，更常见的是，那些相信变得富有和实现"美国梦"是人生重要的目标，但却又没有钱、没有工作机会，或是无法接受高等教育的人，就会倾向于通过非法手段去实现财务成功的目标（Merton, 1957）。犯罪研究中最一致的发现之一是，失业（与经济劣势密切相关的一个因素）与财产犯罪之间的关系（Hagan, 2000）。从这个意义上来说，那些比如说销售非法毒品或被盗手机致富的人，与那些销售房地产或平板电视致富的人，有着相同的欲望动机。但是，缺乏合法手段取得成功的人，可能也会拒绝文化上定义的成功并逃避社会。根据默顿的看法，流浪者、长期醉鬼、吸毒者、精神病患者这些偏常者都属于这一类。

另一位社会学家，埃德温·萨瑟兰（Sutherland & Cressey, 1955），提出了他的偏常理论，该理论以符号互动论的原理为基础：我们都是通过在与他人的互动中习得的符号和意义去解释生活。萨瑟兰认为，个体是从经常与他们联系的人，如朋友、家人和同龄人那里，学得的偏常行为。通过与这些有影响力的人的联系，我们不仅学到了作出偏常行为的技巧（如，如何撬锁、如何吸食可卡因），也学到了一套信念和态度，可以给这样的行为找到辩解的理由或是将其予以合理化（Sykes & Matza, 1957）。要想经常作出偏常行为，我们就必须学会如何将这些行为看成是正常的。

阻止偏常

一些社会学家将问题从为什么一些人会违背规范，转移到为什么大多数人不会违背规范上来（例如，可以参见 Hirschi, 1969）。他们关心的是，社会用什么样的机制来控制或约束人们的行为。**威慑理论**（**deterrence theory**）假设人们是理性的决策者，在采取行动前，会先衡量一下行为潜在的成本和收益。如果偏常行为的收益（如金钱或心理满意度）大于成本（如被抓和被罚），我们就会倾向于这么做。相反，如果成本超过收益，该理论预测，我们就会认定不值得去冒这一风险（van

图 8.1　在死囚室停留的时间

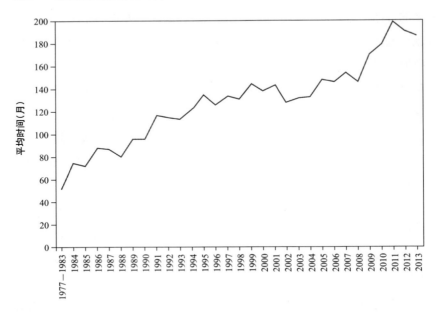

资料来源：Snell, 2014, Table 10。

den Haag, 1975）。

围绕死刑所产生的争议，从本质上来说，是在争论：是否真有能力阻止潜在的暴力罪犯。根据威慑理论的看法，一种处罚要想有效，必须迅捷、确定和严厉。然而，死刑一点也不具有即时性效果。

目前，美国约有 3000 名死囚，但自 1977 年恢复死刑以来，只有 1359 名死囚被执行死刑。平均而言，死刑犯在被处死前要等上十五年半的时间，30 年来这一数字一直在稳步增长（Snell, 2014；参见图 8.1）。

此外，反对死刑的人认为，暴力犯罪者经常受到毒品或酒精的影响，或是被激情吞噬犯下暴力罪行；他们的暴力或多或少是自发性的。因此，他们可能不会在犯罪时进行一番理性思考（权衡这一行为潜在的收益与被处罚的成本）。因而，被处以死刑的威胁，可能并不会阻止这些正在犯罪的人。研究人员已经发现，极少有实证支持，死刑的威胁可以减少谋杀案的发生（W. C. Bailey, 1990; Galliher & Galliher, 2002）。他们也没有发现，当众处死能够遏止杀人案的发生（R. D. Peterson & Bailey, 1991）。事实上，过去二十多年，在沿用死刑的那些州，与没有死刑条款的州相比，谋杀率一直持续高出约50%（Death Penalty Information Center, 2013b）。根据一项研究的结果，90%的主要犯罪学家都不认为死刑能减少犯罪杀人案的发生（Amnesty International, 2013）。

世界各地的大多数社会，都出于道德和实际因素的考虑，放弃了使用死刑：它是不人道的；它并不会阻止犯罪。不过在中国（世界上大多数死刑都发生在中国），2006年立法者投票禁止所有死刑，但国家最高法院仍然批准死刑（"China Changes", 2006）。在美国，自1990年代以来，死刑判决和执行一直都在稳步下降（Snell, 2014）。然而，大多数美国公民（依据一项研究的数据，约有55%）仍然偏好支持死刑（Pew Forum on Religion and Public Life, 2014c）。立法努力增加犯罪判处死刑的数量、减少"死刑"犯可以上诉的数量，反映了这种较为流行的态度。然而，这一立场有时也会与经济现实之间发生冲突。在近来的经济衰退中，几个州的国会议员都提出了废除死刑的法案，这样做不是出于道德原因考虑，而是想要降低成本。一些人认为，与没有死刑条款的地方的杀人案相比，死刑案件花费了州府近三倍的开支成本（Urbina, 2009）。

贴上偏常的标签

这些理论有助于我们解释，为什么有些人会作出偏常之举而其他人则不会，但它们都回避了一个问题：为什么特定人们所做的特定行为一开始就会被认定为是偏常的。**标签理论**（**labeling theory**）试图通过描述偏常者，就像上面那位幼儿园老师迈克尔斯，如何被成功地贴上"偏常"的标签，来回答这个问题（Becker, 1963; Lemert, 1972）。根据这一理论，被挑选出来、被定义、然后被当成偏常者来接触这一过程，会改变他人看待偏常者的目光，并会对偏常者的生活产生重要影响。一旦被贴上标签，其他人在面对此人时就会有所排斥、怀疑、退缩、恐惧、不信任和憎恶（A. K. Cohen, 1966）。偏常标签意味着，这个人会习惯性地有一些不良动机，或者是拥有人们眼中典型的偏常类型。"有犯罪前科的人"会被视为一个冷血无情的人，永远不会变好，是危险的和难以预测的"精神病人"，是意志薄弱的"酒鬼"，是肮脏的和不道德的"妓女"。

当然，问题是，这种标签太过粗略，很可能会造成对他人的误解。例如，心理学家近来发现，上层社会的人比下层社会的人行为更不道德。他们很可能会在开车时违反法律，拿别人东西，在谈判中说谎，用作弊手段来增加获奖的机会（Piff, Stancato, Côté, Mendoza-Denton & Keltner, 2012）。

引起最严厉公愤批判的偏常者类型，会带有一定规律性地发生变化。在不同时期，性侵害儿童者、吸毒者和贩毒者成为社会上最鄙视的偏常者。当前，外国恐怖分子、贪婪的华尔街高管、服用兴奋剂的运动员、开车太慢者，成为社会上最看不起的偏常者。通常，集体敌意针对的是那些不会构成严重社会威胁的人，如那些在公共场所大声打电话的人。过去吸烟被视为成熟的标志，如今许多人都认为吸烟肮脏恶心，吸烟者往往会被赶到楼外并被迫与入口通道保持距离。全美各地，拥有多层公寓的私人房主已开始禁止房客在公寓内吸烟。2014年，马萨诸塞州的城市试图禁止出售含有烟草或尼古丁的产品，包括所有的香烟、嚼烟和电子烟。

有时，全美各地的城市也会使用带有羞辱性的标签来代替监禁。例如，在克利夫兰，一名女子为了不停车给校车让路，直接把她的SUV开上了人行道，一名法官下令让她站在街角，手里举着一个牌子，上面写着"只有白痴才会在人行道上开车好不给校车让路"（Palmer, 2012）。一些城市会将毒犯的照片、赖账的父亲、招妓的男人、甚至是当众小便者的照片张贴在广告看板上。在一些州，被判酒驾者必须在他们的车上放置一块特殊标牌，被判商店行窃者必须用自己的照片在当地报纸上刊登广告并宣告他们的罪行。芝加哥警局会在其网站上公布那些因拉客卖淫而被抓男子的照片和部分人的住址，即使他们可能还没有被定罪。堪萨斯城会将这一信息在当地一家国有电视台上进行公告。这样的处罚，意在让那些被贴上偏常标签的个体检点自己的行为，并阻止别人犯下这样的罪行。在这样做的过程中，他们满足了公众对偏常者进行戏剧性的道德谴责的需要（Hoffman，1997）。

被贴上偏常标签，会削弱个体进入广泛的社会接受的角色的资格。许多州的刑法系统，都使用一种被称为"修订后的精神变态核对表"（Psychopathy Checklist–Revised）的工具，来判定犯人是否应该获得假释。一系列的问题得出一个分数，据此确定一个人是否是"精神病患者"。如果一个犯人被确认为是"精神病患者"，因此没有资格获得假释，这一标签就会成为他或她的永久记录，未来很难甚至根本就不可能再对其作出假释决定（"This American Life"，2011）。事实上，一些心理学家认为，刚开始出现迹象的精神病患者，最早在幼儿园就可以发现。然而，其他人认为，在这么小的年纪就给一个孩子贴上这样的标签，后果可能会是灾难性的：

> 这不像自闭症，孩子和父母会得到支持。即使［精神病患的］诊断准确无误，也是一个毁灭性的诊断。没有人会同情一个精神病患者的母亲。
>
> （引自 Kahn，2012，p.35）

我们也可以来看一下 1994 年的《联邦犯罪法案》（Federal Crime Bill）对被判性侵害犯人的影响。该法要求各州在性侵害犯人出狱后的十年内对其进行登记并跟踪，当他们搬入社区也要私下通知警察部门。一家网站，"家庭监督狗"（Family Watchdog），提供关于所有 50 个州被释放的性犯罪者的信息，包括他们的名字、住址、定罪和照片。很多州都有"性暴力侵害者防治法"，法规赋予官员权力，将暴力性侵害者在非自愿情况下送入精神病院，或者是在其刑期已满后仍将他们收押狱中。

由于法律允许已被记录在案的性犯罪者居住在城镇，只要其居所与学校或公园的距离超过 600 米，所以全美各地的一些社区，也就找到了一种新的方式来排除这些人：他们在社区里的小块土地上建起"口袋公园"（pocket parks），从而迫使住在附近的性犯罪者搬走。这些小块土地，可以小至 93 平方米，通常只是名义上的公园，没有运动设施，甚至都没有孩子在里面。他们的唯一目的就是将性犯罪者赶出他们生活的社区（Lovett, 2013b）。这些罪犯通过顺服这些命令式的惩罚，来偿还他们对社会欠下的"债务"。但是，性犯罪者可能永远都无法完全摆脱他们的身份。找到一个不错的地方居住下来，或是找到一份体面的工作，在他们的余生，可能都是一个问题。

并非只有性犯罪者必须设法挺过偏常标签给他们带来的污名化影响。一些州正在试图给犯下范围广泛的罪行（包括纵火、酒驾、制造冰毒、虐待动物等）的犯罪者，建立在线登记（Erica Goode, 2011）。这些做法的吸引力很难低估。据一位法学教授所说："你会很难找到近年来在政治上似乎更受欢迎的运动。它是否是一个良好的公共政策，是一个独特的和独立的问题，有别于它是否在政治上受欢迎和让我们感觉良好。"（引自 Erica Goode, 2011, p.A12）

所有有犯罪前科的人，都会在某种程度上体验到标签的"黏着性"（stickiness），尽管立法机关也会努力帮助他们。2007 年，国会通过了《第二次机会法案》（Second Chance Act），为有犯罪前科的人提供各种服务和资源，希望可以帮助他们重新融入社会。然而，潜在的雇主通常仍会拒绝录用有犯罪前科的人，即使所犯罪行与工作要求毫无关系。就像大多数公众一样，许多雇主也都认为，监狱不仅未能改造好他们，实际上还会因在狱中教给这些人更好的犯罪方式、提供出狱后犯罪活动的社会网络，而使罪犯变得更加偏常（R. Johnson, 1987）。在过去的十年左右，尤其是在 2001 年"9·11"袭击之后，犯罪背景调查行业急速增长。现在通过像 CriminalSearches.com、Dirtsearch.org 这样的网站，公众会比以往有更多的途径去查到有犯罪前科者的犯罪史记录。10 家企业（包括

图 8.2 2005 年刑满释放者再次犯罪的比例

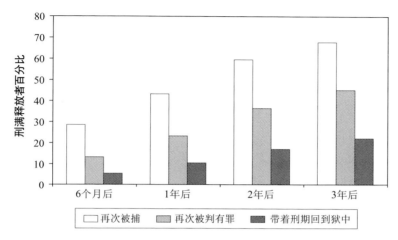

资料来源：Durose, Cooper, & Snyder, 2014, Table 6 & 16。

大公司和小公司）有 9 家都会将犯罪背景调查，作为招聘过程的一部分。考察一下张贴在 Craigslist［1995 年在美国加州旧金山湾区地带创立的一个网上大型免费分类广告网站］上的招聘启事就会发现，几百个广告中都包含有 "本公司不考虑有犯罪记录的申请人" 这样的陈述，例如，"有任何轻罪或重罪者概不录用"、"你的记录上必须没有任何重罪或轻罪的判处"、"我们正在招用……历史背景清白 / 没有犯罪历史的人"（M. N. Rodriguez & Emsellem, 2011）。

此外，被贴上偏常标签的人，实际上很可能会增加如下的可能性：他们的行为本身将会保持不变或是变得更糟（Archer, 1985）。在美国，许多有前科的人最后确实都又回到了狱中。据美国司法部声称，2005 年刑满释放者中，约有 68% 在三年内会因新罪名而被捕，45% 再次被判有罪，22% 最终回到监狱（参见图 8.2）。事实上，16% 的被释人员，占到五年以上所有被捕者中的将近一半。

偏常标签的影响力是如此强大，以至于一项仅仅是受到指控的危险活动，就能给一个人的性格涂抹上污点。2009 年，两名来自摩洛哥的穆斯林移民，应征进入陆军国民警卫队。他们都成功地完成了基本训练，但就在离开南卡罗来纳的基地前，他们受到了军方调查人员的质询，调查人员怀疑他俩和其他三名摩洛哥移民密谋给士兵下毒。他们被军方逮捕。接下来的一个半月，军队阻止他们在没有军方人员在场的情况下给家人打电话，禁止他们彼此用阿拉伯语交谈，并要求他们去食堂和浴室时有人随行。直到一年之后，军方才最终认定对他们的指控毫无根据。然而，尽管他们是无辜的，联邦调查局却对外公开了对他俩的调查。结果，这两个人都无法获得安全许可成为美国公民，获得隐藏武器的许可，或者得到政府工作（Dao，2011）。

南希·赫尔曼（Nancy Herman）：变回"疯狂"之前的我？

社会学家南希·赫尔曼（Nancy Herman，1993）对偏常标签如何削弱一个人的自我形象、创建"偏常"行为模式进而遭到社会排斥深感兴趣。她特别关注先前的精神病人，如何在离开精神病院后，重新成为社会中的一员。她之所以决定研究先前的精神病人，是因为她的父亲是安大略省一家精神病学研究所的一名职业治疗师。童年和青春时期的她，有很多时候都会跑到大厅里与病人交谈。那些病人时不时也会与他们一家人一起过感恩节和圣诞节。

她在这项研究中，对146名过去的非慢性精神病人（住院治疗少于两年）和139名过去的慢性精神病人，进行了深度访谈。她在不同的情境下，如咖啡店、商场购物中心和他们自己的住处，与他们对谈。许多人都邀请她参加他们的自助团体聚会和治疗疗程。

赫尔曼发现，这些过去的精神病人，在出院时就立刻注意到，他们的朋友、邻居、同事和家人，都会根据他们被贴上的"精神疾病"标签，而不是依照他们住院接受治疗前的身份，来与他们互动。即便他们的治疗已经完成，也就是说，他们的病已经"治好了"，还是会有人认为他们是有缺陷的。他

们经常感觉自己就像一个失败者,因为未能达到"正常"社会中其他人预期的要求。就像其中一位女性所说:

> 我在出院时认为,我可以再次恢复过去的"好时光"。我接受了治疗——我已经做了我该做的。但我错了。从我踏上"Wilsonville"的街道想要回到孩子们身边的那一刻起……我就沉重地意识到,我的孩子们并不想与我有什么关系(他们只想尽可能与我保持距离)。他们害怕让我接近孙子——生怕我会对他们有什么不好的举动。他们就这样当面告诉我。……有精神疾病就像有任何其他疾病,如心脏病一样,但是人们确实会待你不一样。如果你心脏有问题,你会得到治疗,然后你健康如初,你的家人仍然爱你。但是,有了精神疾病就不是这么回事了……你回来后,人们待你连一条狗都不如!(引自 Herman,1993,p.303)

出院后,赫尔曼采访的一些此前的精神病人,对自己的疾病毫无隐瞒,并试着在人前表现出自己很"正常"的样子。其他人则成为政治积极分子,用他们的"前精神病人"这一标签来消除常见的关于精神病人的迷思,或者是大力鼓吹精神病人的权利。但是,大多数此前的精神病人都会花大量时间,有选择性地隐瞒和披露有关其疾病及治疗的信息。这些隐藏策略包括避免见某些人,重新定向谈话主题尽量不触及这一话题,不参与谈话,不与人进行社会互动。不住担心人们可能会"有所发现",给这些人带来了大量的焦虑、恐惧和沮丧,就像下面这位 56 岁的女士所说:

> 这是一件非常困难的事情。区分好坏并不容易。……你必须再三斟酌你可以把自己的病告诉谁、最好不告诉谁。这是一天二十四小时你都要承受的一种巨大的紧张压力!(引自 Herman,1993,p.306)

这一"疯狂"标签的黏着性,对先前的精神病人来说是很难去除的。不过,赫尔曼的研究也表明,这些过去的精神病人,并不是在负面社会反应下无能为力的牺牲品,只能被动地接受他人给定的偏常身份。相反,他们在将其自身从"不正常"塑造成"正常"的过程中,还成了战略高手和积极的印象管理者。

权力、偏常与社会控制是如何连接到一起的？

由于偏常是由社会定义的，所以被称为"偏常"的行为和现象有时就会显得有些武断。从冲突论视角来看问题的社会学家认为，对偏常的定义和反应，往往是权势较大的人们和群体对权势较少的人们和群体进行社会控制的一种方式。在美国社会，主要是通过犯罪化［宣布……是犯罪行为］和医疗化这两种手段，来控制那些不符合有权势者确立为规范的行为。给人们贴上"罪犯"和"病人"这样的标签，就是让社会上有权势的个体、群体和组织，去排斥或贬低那些敢于挑战现行标准的人。对特定的权势群体来说，犯罪化和医疗化也会有经济上或其他方面的好处。

偏常如何被犯罪化

据推测，某些行为被**犯罪化**（**criminalized**），即被官方定义为犯罪，是因为它们冒犯了特定社会中的大多数人。我们大多数人都相信，我们的法律制度：立法者、法院、警察和监狱，会为了公众普遍的利益而去调节社会行为。但是，按照冲突论的看法，法律并不只是一种保护好人避开坏人的机制；它是一种政治工具，特定群体经常会以牺牲他人为代价，来维护他们自身的利益（W. Chambliss, 1964；Quinney, 1970）。当然，法律是由立法行为决定。但是，立法会受到社会上有权势部分的极大影响，如游说团体、政治行动委员会、富裕的竞选捐金者，等等。

引人注目的是，危及有能力影响公共政策那些群体的经济或政治利益的行为，要比这些群体成员的偏常行为，更有可能被犯罪化（更有可能受到惩罚）。例如，不在年度纳税申报表上填报收入是违法的。但是，贫穷的劳动人民比富人更容易被美国国税局（IRS）审计（Johnston, 2002）。这并不奇怪，因为美国国税局找逃税工薪阶层的麻烦，要比找逃税企业或是那些钱财来自他们自己开的公司、投资、合伙企业或信托的逃税者更为频繁。

借助大众媒体，占据主导地位的群体会影响公众，以有利于他们的方式去看待犯罪。有选择性地描述犯罪，在塑造公众对"犯罪问题"的看法和犯罪的"官方定义"上，起着重要的作用。例如，数十年的研究表明，电视上描述的罪行，明显要比现实世界里发生的犯罪显得更加暴力（引自 Reiman & Leighton, 2013）。当政治家们讨论如何打击美国的犯罪问题，或是新闻节目中报道犯罪率的波动时，他们几乎都是在指街头犯罪（非法吸毒、抢劫、入室抢劫、谋杀、攻击等），而不是公司犯罪、政府犯罪或占据有影响力位置的人所犯的罪行。

这一策略甚是奏效。65% 的受访者在一项研究中表示，刑事司法制度在打击犯罪行为上不够严厉（只有 6% 的人认为太过严厉；Kiefer, 2004）。各州政府和联邦政府已经回应了这种广为流行的情绪，它们采取诸多措施"严厉打击犯罪行为"——打击吸毒者和毒贩子，恢复死刑，缩减假释人员名额，延长监禁期限，建造更多的监狱。

不出意料，过去半个世纪，美国的犯人数量剧增。1970 年，各州和联邦监狱有不到 20 万人；时至今日，这一数字约为 220 万，另有 470 万缓刑和假释者（Carson & Sabol, 2012; Glaze & Kaeble, 2014），也就是说，近 700 万人，约占总人口的 2%，受到某种形式的刑事司法监督。这种情况并非因为美国有着数量惊人的邪恶之徒，而更多是过去几十年里"严厉打击犯罪行为"这一政策的后果。2013 年，美国的监禁率是每 10 万人中有 716 人（Walmsley, 2013）。其他工业化国家的监禁率，没有一个接近这一数字（参见图 8.3）。自 2014 年开始，美国公民自由联盟开启了一项为期八年的运动，想要说服政客和政策制定者，过于依赖监禁这一做法，已经变得成本昂贵而适得其反（Eckholm, 2014）。

犯罪的社会现实 但在美国，某些类型的人总是比别人更容易首先被定义为偏常者。从冲突论视角来看，大多数社会都确保了通过刑事司法系统被处罚的罪犯是最弱势群体的成员（Reiman & Leighton, 2013）。

图 8.3　全世界范围的监禁率

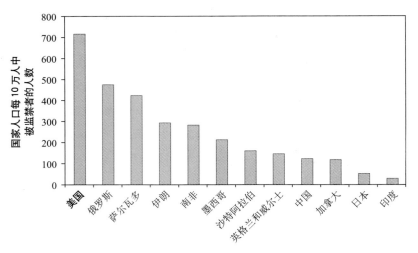

资料来源：Walmsley, 2013。

特别是，穷人比富人更有可能被逮捕，被正式指控犯罪，被审判，被定罪，受到更严厉的判罚（Parenti, 1995；Reiman & Leighton, 1995）。在一些地方，支付不起罚金的人们，如经常超速罚单，就要去坐牢（Bronner, 2012）。有时，不能保释的贫困被告，比起将他们马上定罪，会被拘留候审较长时间（Dewan, 2015）。此外，宪法也赋予被告聘请律师的权利，但因负担不起聘请律师费，许多穷人仍要独自面对法律诉讼。事实证明，这一宪法条款只适用于刑事案件，而不是民事案件。因此，在房屋止赎、被公司裁员和离婚后子女赡养费等民事案件上，穷人往往要自己给自己辩护，这通常意味着他们会输掉官司，因为他们提供不了必要的证据，或在提交程序上出现错误，或是未能彻底查证证人。据估计，美国穷人 80% 的法律需求都未得到解决（Bronner, 2013）。

贫困的有色人种更可能被描述为"典型的罪犯"，他们的行为不仅会威胁人们的人身安全，还会威胁整个社会的福祉（详见第十一章）。当这种看法变得非常普遍，官方采取打击他们的行动，也就成了一种合理而必要的反应：

贫穷的、年轻的、城里的（不成比例的）黑人男性，构成犯罪战争的敌军核心。他们有一颗邪恶的心，是无组织的游击队，威胁到守法社会成员的生活、身体和财产，需要借助武器和拘留来进行共同防御。

（Reiman & Leighton，2013，p.69）

盘旋在空中的警方直升机和安装在路灯上的摄像机，已成为城市贫困社区再常见不过的标志。因此，恐惧和怀疑的氛围笼罩着这些社区。生活在这种环境下，每个人都会感到焦虑不安："家人和朋友有压力去进行告发，年轻人则像嫌犯和逃犯一样生活，每日恐惧被监禁。"（A. Goffman，2009，p.353）

过去几年，人们也不断看到，警察使用致命的武器对付手无寸铁的个体，那些人具有危险罪犯的种族歧视形象。下面是一些得到大多数媒体曝光的这类事件：

- 2012年，黑人少年马丁，在一个封闭社区（他父亲住在那里），被一名社区协警开枪打死。
- 克利夫兰的蒂莫西·拉塞尔（Timothy Russell）和玛丽莎·威廉斯（Malissa Williams）夫妇，在汽车发动机回火［会发出像开枪的声音］时，死于警察发出的一阵弹雨。警察对着他们的车子开了137枪，拉塞尔和威廉斯身中40多枪。
- 2014年，在密苏里州的弗格森市，黑人少年迈克尔·布朗，因被怀疑进行了抢劫，而被一名警察当街击毙。
- 2014年，在纽约斯塔顿岛上，44岁的黑人男子埃里克·加纳（Eric Garner），在警察拘捕他的过程中被锁喉致死。
- 2014年，在接到电话报警说有一个"年轻黑人男性"挥舞着一把枪［事后查明是把玩具枪］后，警察开枪打死了12岁的黑人男孩塔米尔·赖斯（Tamir Rice）。

- 2015 年，在南卡罗来纳州的北查尔斯顿，50 岁的黑人男子沃尔特·斯科特（Walter Scott），在其车尾灯出现故障被警察拦下后逃跑时，被警察开枪从背后打死。
- 2015 年，巴尔的摩 25 岁的黑人男子弗雷德·格雷（Freddie Gray），在被警察拘留后押往警局途中严重受伤，随后死于脊髓损伤。

此外，在美国所有被定罪的罪犯中，拉丁裔和非裔美国人占比超过 72%，尽管他们只占总人口的约 27%（U.S. Sentencing Commission, 2013）。黑人男性有 32% 的机会入狱，拉丁裔为 17%，白人为 6%（The Sentencing Project, 2014）。在任何一天，没有高中文凭的年轻黑人男性更有可能在监狱中（37%）而不是在工作中（26%；Pettit, 2012）。

虽然有些人可能会认为，这些数字明显证明少数群体有更高的犯罪率，但是，其他统计数据则揭示出了一些不一样的东西。例如，非裔美国人占总人口的 13%，但却占暴力犯罪被捕者的 38.3%、财产犯罪被捕者的 29.5%、滥用毒品被捕者的 31.7%。黑人因被指控拥有大麻而被逮捕的几率是白人的近四倍，尽管这两个群体使用大麻的比例大体相当（引自 Urbina, 2013a）。此外，非裔美国人占被判暴力犯罪者的 39%、被判财产犯罪者的 34%、被判毒品犯罪者的 46%（U.S. Bureau of Justice Statistics, 2013）。

不成比例的监禁会产生持久的影响。与 20 年前被释放的人相比，近来被释放者，他们很可能是穷人和少数族群成员，明显不太可能找到工作和远离麻烦，导致重入监狱（Butterfield, 2000）。许多州都已大幅减少了监狱里的教育、职业培训和其他康复计划。此外，假释官很快就会因为一些相对较小的违规行为，如未能通过药物测试，就取消新释放犯人的假释。

此外，面对死刑，贫穷的有色人种被告，通常是由公共辩护律师代其发言，这样的律师在调查工作中很少有资源可用，而且在这样的问题上即便不是一点经验没有，也是经验甚少。所以也就毫不奇怪，自 1977 年恢复死刑以来，已经伏法的被告中，有 42% 是拉丁裔或非裔美国人，当前等待处斩的死囚中，有 54% 是拉美裔或非裔美国人（Death Penalty Information Center，2014）。最高法院大法官鲁思·金斯伯格（Ruth Ginsburg）这样总结了这一情况：

> 在审讯时得到很好辩护的人都不会被判死刑。……在行刑前被送到最高法院申请暂缓执行的几十个案例中（在这些申请中被告在审讯中都得到了很好的辩护），我还没有看到一个死刑案例。
>
> （引自 Death Penalty Information Center，2013a，p.1）

在死刑判决中，受害者的种族身份起到了甚至更大的作用（Amnesty International，2013）。例如，在所有被害者中，非裔美国人占了几乎一半（Fox & Zawitz，2010）。但自 1976 年以来，绝大多数被处死的人，都是被指控杀害了白人受害者。相比之下，只有 15% 被执行死刑的人被控杀害的是黑人，另有 6.5% 被执行死刑的人被控杀害的是拉丁裔人（Death Penalty Information Center，2014）。

重要的是要记住，持久失衡的司法系统，超越了警察、法官、律师和陪审团看待弱势群体的方式。如果它们只是一种歧视，这种情况相对还比较容易解决。然而，它们的发生，实则是因为贫困个体的行为更有可能首先被犯罪化。

富人、企业与白领犯罪　在对待处在种族／社会经济阶层另一端的人上，刑事司法系统看起来有很大不同。2013 年，德克萨斯州一名 16 岁的白人少年，开着他的小型卡车，以超出法定时速 30 英里的时速，冲入一群行人，造成四人死亡及其车上两人受伤。他血液中的酒精含量是法定成人血液酒精含量限制的三倍。检察官要求判处 20 年监禁，但最后年轻人只得到了缓刑处理。在庭审中，他的律师成功地给其做了辩护，称他有冲动控制问题，该问题来自他那又有钱又有权的父母，让他的生活过得太舒适，不管干什么从不为他设定限制。一位心理学家则证实，"他拥有没有哪个年轻人能够应对得了的自由"（引自"Affluenza"，2013，p.19）。

更普遍的是，在美国，人们往往想当然地认为：城市街头犯罪是严重的社会问题，企业犯罪则不像街头犯罪那样危险或代价高（Reiman & Leighton, 2013）。不安全的工作条件，空气、水和食物中危险的化学成分，有瑕疵的商品和不必要的手术，实际上把生活在美国的人置于比普通街头犯罪更加持久而迫在眉睫的人身危险中（Mokhiber, 1999）。2012年约有12765名美国人被谋杀，自1980年以来下降了56%（Eckholm, 2015c；ProQuest Statistical Abstract, 2015）。与此同时，

- 每年约有4400名美国人死在工作岗位上（U.S. Bureau of Labor Statistics, 2015a）。
- 据估计，美国有4%–10%的癌症病例源于职业性照射（Centers for Disease Control and Prevention, 2012b）。
- 每年美国医院里会发生约170万例与卫生保健相关的感染，导致9.9万人死亡（Centers for Disease Control and Prevention, 2015b）。

再加上每年370万美国人患有非致命性的工伤和疾病（U.S. Bureau of Labor Statistics, 2015d），你就可以看出，街头犯罪并不是对我们的健康和安全的最大威胁。

组织中的不良行为和白领犯罪，也给美国公民带来了比街头犯罪更大的经济威胁。据美国联邦调查局估计，盗窃和抢劫每年会耗损美国38亿美元的成本。单是不必要的医学治疗，如不必要的扫描、血液检查、手术，每年耗资至少2100亿美元（引自Parker-Pope, 2012b）。像企业欺诈、贿赂、挪用公款、保险欺诈、证券欺诈等白领犯罪的总成本，更是

接近6800亿美元（Reiman & Leighton，2013）。

公平地说，有些人确实是将某些类型的企业不良行为，视为比街头犯罪更严重的偏常形式（Huff, Desilets & Kane, 2010）。事实上，2008年，影响全美的金融危机，引发了一场公众愤怒的风暴，要求对白领的渎职行为进行前所未有的审查。奥巴马总统发下誓言，要狠狠打击一下华尔街银行家们那些"不计后果的行为"（Baker & Herszenhorn, p.2010）。全美各地，律师开始起诉贷款中介、抵押贷款经纪人和银行官员犯下的各种类型的金融欺诈。国会和司法部策划实施一种"全面联邦攻击"策略（Segal, 2009）。

在一些备受瞩目的事例中，企业犯罪的公司高管也的确受到了严厉的惩罚：

- 2006年，安然公司（Enron，休斯顿一家天然气公司）前总裁杰弗里·斯基林（Jeffrey Skilling），因犯下证券欺诈和其他罪行而被罚入狱24年。
- 2009年，富有的股票经纪人和财务顾问伯纳德·马多夫（Bernard Madoff），对包括证券欺诈、投资欺诈、邮件欺诈、电信欺诈、洗钱等11项指控认罪。检察官预计，这些计划耗费了他的客户成本约650亿美元。法官称麦道夫的行为"非常邪恶"，判处他150年监禁，但这在很大程度上只是一种象征性的判决，因为当时的马多夫已经71岁（Henriques, 2009）。
- 2011年，亿万富翁、对冲基金经理拉贾·拉贾那纳姆（Raj Rajaratnam）被确认犯有证券欺诈和共谋罪。他被判处11年监禁（尽管政府建议的是22年）。

但是，类似这样的反应，很大程度上只是针对个人白领罪犯。当公司自身的危险举动触犯法律时，它们很少会被从重处罚（Reiman & Leighton, 2013）。例如，即使在透露了拜耳AG（一家德国制药公司）没有告知公众，一项研究结果显示，一种广泛使用的心脏手术药物会增加死亡和中风的风险之后，美国食品和药物管理局（FDA）也并未禁止该药物流入市场（G. Harris, 2006）。2004 年，制药公司葛兰素史克公司同意在纽约州的诉讼案中支付 250 万美元，因为公司隐瞒了信息：药物试验结果表明，抗抑郁药百忧解（Paxil）可能会有致命的副作用，比如会增加儿童自杀的念头。

在国会听证会上，议员们斥责葛兰素史克及其他制药公司的高管，隐瞒了那些挑战其药效的研究结果。作为回应，公司承诺会做得更好。但据美国国立卫生研究院（National Institutes of Health, NIH）资助的研究结果表明，公司仍然继续拒绝将很多临床试验的关键事实提供给 FDA（引自 Berenson, 2005）。

为了减少起诉企业违法者的不便，美国司法部制定了一种"企业缓刑"（corporate probation）的形式。若干家因为价值数十亿美元的会计欺诈、串通投标和其他非法金融计划而被起诉的大公司，包括美国国际集团（AIG）、PNC 金融服务集团、美林（Merrill Lynch）、美国在线时代华纳（AOL–Time Warner）和美国运通（American Express），已经同意"缓起诉处分"（deferred prosecutions），在此期间，它们为其犯罪行为负责，同意不对抗指控，同意配合调查、上交罚款并在企业结构上作出改变，防止未来再次出现违法行为。如果公司在一定时限内，通常是12 个月，都能遵守约定的话，起诉者就会撤销所有指控（Mokhiber & Weissman, 2004）。自 2007 年以来，美国司法部已与被指控有犯罪活动的公司签署了超过 150 份缓起诉协议（Henning, 2012）。2014 年，在被揭露公司明知制造的车辆存在安全缺陷，使得汽车突然加速，导致至少12 人死亡之后，丰田汽车与美国司法部签署了缓起诉协议。为了换取免于刑事起诉，丰田同意为其行为负责，承认它误导了公众，愿意配合任何未来的调查，并向美国政府支付了 12 亿美元罚款（U.S. Department of Justice, 2014）。

这样的安排是为了避免更严厉的惩罚，后者将会毁掉这些公司，使数千名无辜员工失去工作。例如，2002 年，政府积极起诉安达信会计师事务所在臭名昭著的安然丑闻中所起到的犯罪作用，2.8 万名员工由此失去了工作（Lichtblau，2008）。但是，企业收到的罚金通常相对较小，对阻止它们未来不做违法之举并没有太大帮助。数亿美元甚至数十亿美元的罚款，对你我来说，可能是一个无比巨大的数字，但对年均上千亿收入的公司来说，几乎不会引起什么注意。例如，2010 年，墨西哥湾的钻井平台发生爆炸，造成 11 人死亡，近 500 万桶石油流入海洋，英国石油公司由于违反了安全规范、环境法、反垄断法，收到了超过 5.5 亿美元的罚款。然而，这些罚款加起来仅仅占到其同期收入百分之一的十分之一。2010 年，由于证券欺诈，美国证券交易委员会（SEC）对高盛（Goldman Sachs）处以 5.5 亿美元的罚款。这是有史以来华尔街公司支付的最大一笔罚金。然而，公司当年赢利 517 亿美元，罚款仅相当于其约 4 天的收益（"Do Fines Ever"，2010）。2012 年，葛兰素史克（没错，八年前这家制药公司就已陷入麻烦）承认有罪指控：它宣传其最畅销的抗抑郁药未经试验的用处，未能报告关于其最畅销的治疗糖尿病药物的安全数据。该公司同意支付 30 亿美元罚款，这是迄今为止涉及制药公司的最大一笔和解金。然而，一些业内观察人士认为，即使如此巨额的罚款，也将无助于阻止制药公司将来继续进行这种非法行为（K. Thomas & Schmidt，2012）。难怪许多大公司都认为，其不法行为所受到的惩罚，仅仅是做生意的成本。

  法律对这些犯罪和街头犯罪的回应明显不公平。如果你是一个小偷持枪抢劫了一家银行，如果你是一位店主骗了你的顾客数百万美元，或者如果你是一个小商人故意制造了一种具有潜在致命性的产品，你希望仅仅通过"配合调查"就可以避免任何刑事起诉，这是不可能的。我们巨大的执法机制和司法机制，毫无疑问，会调动其庞大的资源，来查验你被法律起诉的最高限度。但是，大公司每天都在从事这样的活动，却基本上没有引起多少公众抗议或道德恐慌。事实上，其中大多数公司甚至都不是以罪犯的名义被起诉。1982–2002 年间，约有 17 万美国工人死于工作岗位。同一时期，联邦政府和州政府工作场所安全机构调查了1798 例死亡案例，发现那些公司故意违反工作场所安全法，例如，移除安全设备以加速生产，拒绝让工人穿戴适当的安全装置，或者直接忽略明确的安全警告。但是，只有 104 个案子曾对公司提出起诉。而在这当中，只有 16 个案子最终被判定为犯罪（Barstow, 2003）。

为什么这些危险的和高代价的企业行为，不会像面对面的街头犯罪那样被视为偏常者呢？根据社会学家杰弗里·雷曼和保罗·雷顿（Jeffrey Reiman & Paul Leighton, 2013）的看法，答案在于对这些行为的感知情况。人们通常认为，企业犯罪造成的伤害是无意的、间接的，是一种努力的结果，这种努力在文化上被定义为合法的或具有社会生产力的：赚取利润。在大多数人的心目中，蓄意伤害别人的人，通常被认为要比无意伤害他人的人更邪恶。此外，直接伤害他人比间接伤害他人要显得更为偏常。最后，非法活动所造成的伤害，通常也被认为要比正常商业活动的副产品（伤害）更严重。

"非法"药物的威胁　　在对待吸毒上，不同文化显示出不同程度的宽容度。例如，在整个南太平洋，人们经常嚼槟榔以求得刺激之效。在玻利维亚和秘鲁安第斯山脉，人们会在平日工作中咀嚼古柯叶。墨西哥中部的 Huichol 人则会摄取佩约特（peyote，一种小型仙人掌）以产生幻觉——这是他们宗教仪式中的一部分。

在美国，我们对使用很多会改变人们精神状态的物质，如咖啡、巧克力和酒精，也是睁只眼闭只眼，极尽宽容之态。2011 年，一些公司开始销售带有"Lazy Cakes"、"Kush Cakes"、"Lulla Pies"这样名字的烘焙食品，这些食物中包含有助于睡眠的褪黑激素物质。糕点上贴有标签，警告不要在吃过后操作重型机械或开车。一位消费者说："它会让你感觉昏昏沉沉——当然是以一种好的方式，而不是不好的方式。对我来说，它不让人恐惧。对我来说，它可以让我晚上睡个好觉。"（引自 Saint Louis, 2011, p.4）尽管如此，由于它们的外观和吃起来的味道像甜点，所以这些产品被认为是食物，而不是药物。

但当涉及非法毒品，美国人的态度立马就会发生巨大的转变。就像"恐怖主义"这个词一样，"药物"一词也是一个简单而受欢迎的替罪羊，在它上面集聚着我们的集体仇恨。美国一直被描述为一种"节制文化"（temperance culture；Levine，1992），其中自制和勤勉被视为具有生产力的公民应该具有的理想特征。在这种环境下，吸食毒品引起的心智改变状态，可能会被视为一种失去控制的表现，进而则会害怕它会成为对经济健康发展和整个国民身体健康的一种威胁。

四十多年来，美国一直在对毒品进行着一场没有明确定义、没有公开宣称但却高度"公开"的战争。2012年，美国药品强制管理局（简称缉毒局）（Drug Enforcement Administration）、联邦调查局和美国海关一共没收了430万磅非法药物，这是2000年查获的大约两倍（ProQuest Statistical Abstract，2015）。联邦反麻醉品的活动支出从1973年的4.2亿美元，增加到2014年的254亿美元（Katel，2006；Office of National Drug Control Policy，2013）。

现在有这么多的注意力和资源都集中在国土安全上，看起来，打击毒贩和吸毒者已不再是国家关注的第一重点。实际上，削减联邦预算，已经减少了在打击毒品上可用的资源，一些反毒品计划和机构也已并入反恐工作中。然而，仍有一种普遍信念认为，尽管恐怖分子构成外部威胁，但是，吸毒者和毒贩正在慢慢从内部摧毁这个国家，因此有必要终止他们。

然而，许多冲突论社会学家认为，反毒运动和立法活动，主要受政治利益驱使（例如，参见Erich Goode，1989）。在美国，反毒战争已经使得可以对那些被认为具有威胁性的群体，如年轻的少数族裔男性，施加更大的社会控制；动员选民支持那些宣称对毒品"毫不留情"的候选人。利用"毒品威胁"，将其作为一种个人威胁和社会威胁，是一种常见而有效的政治伎俩（Ben-Yehuda，1990）。

一般来说，就像偏常一样，哪些物质是"非法的"定义，也受到了强大的利益集团的影响。短语"反毒战争"背后有一个假设，就是非法药物（迷幻药、可卡因、冰毒、海洛因等）是最危险的物质，必须将其彻底根除。然而，合法药物与非法毒品的区别，并不必然就在于它们的相对危险性上。

例如，美国每年约有1825名大学生死于与酒精相关的伤害，9.7万人是与酒精相关的性侵犯和强暴的受害者，70万人受到醉酒学生的袭击，60万人在与酒精相关的事故中受伤，340万人被列入酒驾行列（National Institute on Alcohol Abuse and Alcoholism, 2013）。但是，酒精是一桩大生意：2012年，酒精饮料的销售超过1700亿美元（ProQuest Statistical Abstract, 2015）。因此，完全将其犯罪化的努力少之又少。虽然大多数高校现在都提供"不含酒精"住房，鼓励学生们"负责任地饮酒"，或者是赞助"不喝酒"的社会事件，但是，极少有哪所高校成为"无酒"校园，完全禁止饮酒。

尽管严格来说酒精也是一种药物，但它很少进入关于"药物滥用"的对话中。事实上，美国药品强制管理局的网站上包含有关于海洛因、可卡因、冰毒、摇头丸、羟考酮（奥施康定）、二氢可待因酮、类固醇、迷幻药、吸入剂和大麻（在四个州其娱乐性使用现在是合法的）详细的事实说明，但却并未提到酒精。

比起酒精、大麻和海洛因，烟草是一种更为明确的健康风险（Reiman & Leighton, 2013）。但是，除了一些年龄上的限制，从法律上来说人人可吸。据世界卫生组织（World Health Organization, 2015）统计，每年全世界有近600万人死于与烟草有关的原因。在美国，吸烟者的死亡率是不吸烟者的2—3倍（B. Carter et al., 2015）。每年每五起死亡中就有一起死因与香烟有关，或者说，每年约有48万人死于这方面原因（Centers for Disease Control and Prevention, 2014d）。这意味着，死于与吸烟有关的人，远多于死于艾滋病毒/艾滋病、非法吸毒、酗酒、车祸、自杀、谋杀人数的总和。因吸烟而早死的美国公民，比死于美国历史上战争期间的人数还要多十倍。烟草会显著增加罹患呼吸道疾病、白内障、中风、低出生体重婴儿、六类心血管疾病、约十二种不同类型癌症的风险。吸烟的成本既是经济上的，也是身体上的。据估计，吸烟和吸二手烟每年耗费直接医疗费用近 1300 亿美元，由此导致的生产力损失的成本达到 1500 亿美元（U.S. Surgeon General，2014）。

烟草并不仅仅是只会影响那些吸烟者。据疾病控制和预防中心（Centers for Disease Control and Prevention，2014 d）统计，8800 万 3 岁以上不吸烟的美国居民，会在家里、在车里、在工作中和在公共场所吸到二手烟。这样的接触，甚至只是接触一段时间，很可能会导致健康问题。不吸烟的人在工作中或家中吸入二手烟，其得心脏病、中风和肺癌的风险会增加 20%–30%（Centers for Disease Control and Prevention，2014d）。上述 44.3 万与香烟相关的死亡中，有近 5 万都是吸二手烟的结果（Centers for Disease Control and Prevention，2014d）。全美 50 个最大的城市中，有 30 个现在都制定有全面的无烟法律，限制在公共场所吸烟；2000 年时这样做的城市仅有一个（Centers for Disease Control and Prevention，2012a）。公共卫生专家正在密切关注吸"三手烟"——烟渣留在墙壁、家具、衣服和屋里的灰尘上——以及电子烟的影响，电子烟在中产阶级和高中生中颇受欢迎，其销量在 2013–2014 年间增加了两倍（Tavernise，2015）。

然而，明知销售和吸食香烟的危害，却并没有促使我们的社会像对待可卡因那样完全禁止它们。确有一些城市和州颁布了严格的禁烟令，禁止在酒吧、餐馆和其他封闭的公共场所吸烟；还有一些地方已经禁止户外吸烟（Springen，2006）。2009 年，奥巴马总统签署了《家庭吸烟预防与烟草控制法案》（*Family Smoking Prevention and Tobacco Control Act*），赋予 FDA 更多权力对香烟的生产和销售施以更加严格的控制（D. Wilson，2009b）。但是，这项法案在将烟草犯罪化上却是戛然而止，因为若是将其予以犯罪化，将会对许多大公司和几个在经济上依赖于这一作物的州产生灾难性的影响。

烟草行业在华盛顿拥有最强大的政治游说团体。就像努力限制或禁止吸烟在美国变得更成功（美国人目前吸烟的比例自1964年以来已经下降了超过一半；U.S. Surgeon General, 2014），烟草公司也在加大力度与世界上其他地方对烟草的管制进行对抗。它们与英国对香烟广告的限制进行斗争，与南美洲告知民众吸烟会造成更大健康危害的警告进行斗争，与菲律宾和墨西哥对香烟征收更高的税进行斗争（D. Wilson, 2010）。甚至美国商会都站出来支持美国烟草行业与澳大利亚、牙买加、尼泊尔和乌拉圭等国的禁烟法令进行抗争（Hakim, 2015b）。全球烟草行业每年在广告、促销和赞助上的花费达到数百亿美元（World Health Organization, 2013b）。

对非法吸毒者的反应，也显示出社会是如何建构偏常的概念的。就拿对拥有和使用可卡因被判刑上的差异来说。尽管两种类型的可卡因：粉状可卡因和快克（crack），会引发相似的生理反应，但对销售它们的人的处罚却是截然不同。销售快克者的平均刑期要比销售粉状可卡因者的刑期长上两年（96个月和79个月；United States Sentencing Commission, 2014a, 2014b）。根据联邦法律，对初犯来说，拥有28克可卡因，最低要判5年，而拥有500克粉状可卡因才会被判相同的刑期（Drug Enforcement Administration, 2015）。

许多执法官员都认为，不同级别的处罚是合理的，因为快克比可卡因粉与暴力的关系更密切、对吸食者更危险，母亲怀孕期间吸食它更可能引发婴儿出生缺陷。然而，对不同形式可卡因的生理和精神影响进行的一项研究发现，它们是如此相似，以至于现有刑罚上的差异显得有些"过度"。此外，其他研究也已发现，孕妇孕期吸食快克对胎儿的影响，与抽烟或喝酒并没有什么不同（引自Coyle, 2003）。

一些社会学家认为，与吸食快克有关的问题，与阶级和种族的关系，跟与药物本身的关系一样大。对快克罪犯的严判，对贫困城市社区的黑人男性有着不成比例的巨大影响，在这些地方快克要比（白人吸食者青睐的）可卡因粉更常见。2013年，93%被控拥有可卡因的人都是黑人和拉丁裔，不到6%是白人。相比之下，被控拥有可卡因粉的人，31.2%

是黑人，10%是白人，58%是拉美裔（虽然这些人大都是白人；U.S. Sentencing Commission，2013）。2010年，奥巴马总统签署了《公平量刑法案》（Fair Sentencing Act），目的是为了减少与强效可卡因相关的量刑法律上的差异。2011年，美国量刑委员会（U.S. Sentencing Commission）一致投票通过，减少已经入狱的快克罪犯不公平的更长的刑期，这样他们就可以与可卡因粉末罪犯较短的刑期相一致（Serrano，2011）。

与此同时，政府极少采取措施，真正去阻止参与毒品行业的有钱有权者利益集团的非法活动。即便法律明令反对，但是登记在册的财务机构还是经常成为洗钱的处所（Parenti，1995）。大规模的国际犯罪集团，仍然确保流入美国的非法毒品数量变得越来越大、种类越来越多，尽管数十年来美国一直都在试图阻止它们（Bullington，1993）。与地位较低的吸食者和小规模的非法毒品经销商不同，这些组织有着巨大的经济实力和政治影响力（Godson & Olson，1995）。

偏常的医疗化

在当今美国，在定义偏常上，最强大的力量之一就是医疗职业。整个20世纪，医疗职业获得了声望、影响力和权威。这一职业优势给了医学一种管辖权，可以判定什么被认定为"健康"或"有病"（Conrad & Leiter，2004）。这一趋势，社会学家称其为医疗化（**medicalization**），是一个过程，在这一过程中，偏常行为被定义为一个医学问题或一种病症，医疗职业被授权或许可给其提供某种类型的治疗（Conrad，2005）。每次我们无意识地将那些麻烦的行为或人说成是"有病"，我们就帮助延续了这种观念：偏常是一种疾病。许多医生、心理学家、精神科医生、治疗师和保险公司，更不用说整个制药行业，都受益于从医疗观点去看待某些偏常行为。

根据一些人的说法，我们现在处在"流行的诊断"中（Welch，Schwartz，& Woloshin，2007），这意味着，越来越多的行为，一旦被归入某种失序行为之列,就会被重新定义为精神疾病、障碍症或某种症候群。从 1952 年到 2000 年,美国精神病学协会(APA)正式承认的精神障碍的数量,从 110 个增加到近 400 个(P. J. Caplan, 1995; Horwitz, 2002)。其中许多名称似乎都与疾病毫无关系。比如,有种疾病叫做"行为障碍",它是一种仅适用于儿童和青少年的诊断。根据美国精神病学协会(American Psychiatric Association, 2013)的说法,这一障碍的"症状"包括:霸凌或对他人的猥亵行为,身体虐待,破坏财产,盗窃,违反其他规定,如尽管父母禁止却仍在夜间外出游荡。在过去的时代,这种不良行为被称为青少年犯罪。

为了适应越来越多的"疾病"数目,精神科医师的数量在过去 20 年里几乎增加了两倍,就连求助心理帮助的人数也在增多。据估计,在美国社会,严重精神疾病所产生的间接和直接成本,包括损失的生产力、因病而减少的收入、残疾福利和医疗保健支出,每年超过 3170 亿美元(National Institute of Mental Health, 2010)。根据全美精神疾病联盟(National Alliance on Mental Illness, 2013)的统计数字,在指定的某一年,都会有约 20% 的美国成年人(6150 万人)患有一种可诊的精神疾病。除去酗酒、吸毒成瘾、严重的精神疾病,这些障碍现在包括暴饮暴食、厌食、害羞、学校压力、失恋带来的痛苦、在学校表现差、囤积病、上网成瘾、公共场合发脾气、赌博上瘾、购物和性行为。

对制药公司来说,它们有时会通过影响定义症状的方式、然后通过推销障碍和售卖治疗它们的药物,来创建关于偏常的医疗化概念。根据一项研究,参与最新修订版美国精神病学协会的《诊断与统计手册》(*Diagnostic and Statistical Manual*)中定义障碍的精神病医生,有 56% 都与制药公司有财务上的联系(Cosgrove, Bursztajn & Krimsky, 2009)。

1997 年,国会通过了《美国食品和药物管理局现代化法案》(Food and Drug Administration Modernization Act),允许制药公司直接向公众进行宣传,提高公众对其产品的需求。1996—2000 年间,制药公司在电视广告上的支出增长了 600%,达到 25 亿美元,在那之后,这一数字一直都在上升。现在它们花在电视直销广告上的费用,与花在医学期刊上面向医生的广告费用一样多(Conrad, 2005)。十大制药公司中,有九个在广告和营销处方药上所花的费用,都要高于其研发费用(A. Swanson, 2015)。

2000 年代早期,葛兰素史克公司寻求 FDA 批准,推广抗抑郁药帕罗西汀(Paxil)用来治疗当时一种相对模糊的疾病(健康状况):社交焦虑症。一般来说,这一"障碍"的主要症状是,担心会在社交场合和演出情况下发生尴尬场景。得到 FDA 的批准后,该公司花了数百万美元,来提高公众对这些状况的可见性。在这一推广活动之前,对这些疾病的诊断相对来说还是比较少见的。如今,一些精神健康组织认为,可能多达 3000 万人患有这些问题之一,需要接受诊断和药物治疗(Mental Health Channel, 2007)。

2014 年,爱尔兰一家制药公司:夏尔(Shire),进行了一场大规模的媒体宣传活动,推销一种称为暴饮暴食障碍(binge-eating disorder)的健康状况,该障碍仅仅在两年前才得到美国精神病学协会的正式承认。公司聘请前网球明星莫尼卡·塞莱斯(Monica Seles),来参与制作最流行的电视谈话节目,讨论她与暴饮暴食进行的斗争。病人拥护群体(公司为其掏钱)将社交媒体与公司网站相连,上面包含这样一条建议:人们应该向他们的医生提出暴饮暴食问题。到 2015 年,公司得到了 FDA 的批准,许可销售其最畅销的药物 Vyvanse,来治疗这一"新"障碍(M. Thomas, 2015)。

为什么医学上对偏常的看法会成为社会上占据主导地位的观点呢?原因之一是,医学对棘手的社会问题和偏常行为的解释,很能吸引想要对复杂的社会问题作出简单解释的社会大众。如果暴力行为是一个人的大脑机能障碍所致,那它就会变成一个有缺陷的暴力个体的问题,而不是一个与暴力行为发生其中的更大的社会环境有关的问题。同样,当我们的医生或治疗师告诉我们,只需服下一粒药,我们的焦虑、抑郁、暴躁易怒和不安全感就会消失,我们也就被免去了一项艰巨的任务:去审视我们的生活或者是我们所在社会结构的社会复杂性。

偏常医疗化也迎合了我们的人道主义价值观。将一个问题命名为一种疾病，可以免去法律惩罚和道德审查，便于接受治疗（Zola, 1986）。酒鬼不再是一个罪人或犯人，而是一个受害者，他们的那些行为是一种"疾病"，超出了他或她的控制。在校学习有困难的孩子，不是不听话的和破坏性的，而是他们"有病"。如果人们是因为一种侵入其身体的疾病作祟而违反规范，那么他们也就不应该为其负道德责任。医疗化为那些被贴上偏常标签的人们，减少了被社会污名化和定罪的机会。

尽管偏常医疗化有着巨大的公众吸引力（号召力），但它还是带来了一些严重的社会后果（Conrad & Schneider, 1992）。这些后果包括将复杂的社会问题个体化，以及将偏常去政治化。

将复杂的社会问题个体化　就像你在本书第一部分看到的，美国文化经常强调个体甚于社会结构。在美国，人们不是将某些偏常行为视为有缺陷的社会制度的症状，如经济机会减少、社区衰败，或是难以达致的文化标准，而是倾向于将这样的行为视为个体特征或缺点的表现。简而言之，只有坏人或怪人才会作出那些坏事和怪事。因此，只有通过针对个体的行动，他们才能被矫正过来（Kovel, 1980）。

对偏常所做的个人主义式医学解释不一定是错的。一些暴力者确实有神经系统疾病，一些在临床上被诊断出抑郁的人，其脑子里的化学物质确实失衡。但当我们为那些其行为与社会期待不一致的每一个人作出这样的解释时，我们所寻求的解决方案，仅仅是集中在了犯罪者身上，而排除了其他一切。

考虑一下注意力缺失过动症（ADHD），这是当今美国孩子中最常被诊断出的疾病之一。患有 ADHD 的孩子，在家中和教室里都很难管教。他或她坐立不安，不停扭动，难以保持端坐，在完成任务或做活动时无法保持注意力集中，无法遵守规则，说话过多，容易分心（American Psychiatric Association, 2013）。

搁在 50 年前，这样的孩子会被认为是麻烦制造者，会受到惩罚，甚至会被学校开除。然而，今天，极为好动的行为则会被诊断为一种心理疾病症状。美国所有的学龄儿童中，有 4%–12% 会在其青春期的某个时点上被诊断出患有 ADHD，其中四分之三都是男孩（Getahun et al., 2013）。2000–2010 年，确诊的 ADHD 人数从 620 万增加到 1040 万（IMS Health, 2012）。

对被诊断为 ADHD 的人来说，药物仍是治疗的首选。治疗 ADHD 的处方药的增长速度超过其他任何药物；处方药物更多都是开给它们，而非抗生素或哮喘药物（Conrad, 2005）。有趣的是，服用这些药物的人正在变得越来越年轻和越年长。2–3 岁的幼儿中，超过一万人在服用药物治疗 ADHA（Schwarz, 2014）。与此同时，2008–2012 年间，20 岁以上的成年人中，服用此药的人数增加了 60%（Schwarz, 2014）。ADHD 药物的年销售额在过去十年增长了 4 倍，从不足 20 亿美元达到超过 90 亿美元（引自 Schwarz, 2013）。现在每年治疗 ADHD 的费用，介于 360 亿美元与 524 亿美元之间（Getahun et. al., 2013）。

这种增长，是一般而言增加使用药物这一令人担忧的趋势的一部分（Safer, Zito & dosReis, 2003）。例如，所有参加夏令营活动的孩子中，有四分之一到一半的孩子每日服用处方药（J. Gross, 2006）。佐治亚州一位医生给其低收入病人开处方药 Adderall，他们正在小学里吃力前行，不是因为他们真的患有 ADHD，而是因为他认为这种疗法是唯一可以用来阻止这些孩子在学习上进一步下降的办法（Schwarz, 2012a）。批评家不仅担心这些药物的安全性，而且担心孩子们接收到的混杂信息：他们只需每天吃药就可治好他们的行为，同时他们则被告知要对其他药物"说不"（Koch, 1999）。

尽管偶尔也会有副作用，但是用药物来治疗 ADHD，一般来说还是有效地减少了不羁和恼人的行为（Whalen & Henker, 1977）。当然，对 ADHD 的医学反应要比严厉惩罚更受欢迎。但我们在这样做的时候，是否忽略了多动的行为可能是儿童适应其所处社会环境的一种方法

(Sroufe，2012)？例如，一些儿科医生认为，ADHD 的症状可能只不过是儿童生活在一个快节奏的充满压力的世界中的一种自然反应（Diller，1998）。根据一位神经学家的看法，注意力容易分散、无法控制愤怒或容忍正常类型的感官输入，可能是生活在一种"过量和自我放纵的文化"里大脑中的线路出现差错所致（引自 Warner，2010）。其他人认为，某种程度上，ADHD 是对教育制度的一种回应，这一制度阻碍了个体的表达（Conrad，1975），要求完成更多的家庭作业，提供了比以往更少的非结构化的空闲时间（Koerth-Baker，2013），或者是期望年轻的孩子们比他们能够承受的更能自控（Duncan，2007）。严格界定的可以接受的行为规范，使得孩子们很难（如果不是不可能的话）去追求他们自己的渴望和需求。

我并不是说，只因他们生活在一个多任务的社会、在学校感到无聊，或是其自身创造力和生命力受到没有同情心的老师的挤压，所有被诊断为 ADHD 的孩子就都性格分裂。一些孩子确实有神经障碍，存在使人虚弱的行为问题，需要接受治疗。关键是，从制度性的视角来看，给个体失序的行为贴上偏常的标签，可以保护学校制度的合法性和权威。若是容忍这种失序行为，机构本身也就无法正常运转（Tobin, Wu, & Davidson, 1989）。但是，想象一下，假如我们的教育制度提倡和鼓励个体自由表达，而不是服从和纪律，在这样一种环境下，过度活跃就不会被认为是具有破坏性的，也不会是一个需要医疗解决的问题。

当不方便的或恼人的行为被转化为一种个体疾病，医学治疗（通常都是药物）就成了一个方便的工具，可以加强顺从，维护社会的价值观。当父母说他们希望"孩子能表现更好"，他们通常的意思都是希望自己的孩子能与我们的文化价值观保持一致："适应能力强，举止端庄，善于交际，热情周到，表现良好，学业优异"（President's Council on Bioethics，2003，p.73）。父母们可不想让他们具有这些特质的孩子成为怀疑的对象。

因而，我们依靠药物来帮助我们度过生活中的许多常见问题，这并不奇怪。尤其是抗抑郁药物已经变得如此广为流行，以至于它们现在成了美国文化的一个重要特征。

微观与宏观之间的联系：药物的个人特质

1987年，百忧解作为一种新型抗抑郁药物问世。几乎是刚一上市，它就被誉为具有神奇的疗效。它不仅有效和很容易开出处方，相对来说还不会出现体重增加、低血压、心律不齐，以及早期抗抑郁药物常见的其他副作用。到1990年，百忧解成为全世界最畅销的抗抑郁药，它的这一地位一直保持到2000年。在其销量高峰时期，百忧解的年收入达到30亿美元（Zuckoff, 2000）。近来随着更便宜的仿制药进入市场，其销量已有所下降。然而，百忧解和其他化学成分类似的抗抑郁药物，如左洛复（Zoloft）、帕罗西汀、西酞普兰（Celexa）、安非他酮（Wellbutrin），每年仅在美国的销售额就达87亿美元（"Top Antidepressant Drugs", 2015）。葛兰素史克公司每年在帕罗西汀上投入的广告费用（9100万美元），比耐克公司在其最畅销的鞋品上所花的广告费还要多（C. Elliott, 2003）。一度整个美国民众（非社会福利机构收容人员）曾有8.5%的人都有抗抑郁药物的处方（Stagnitti, 2005）。

然而，抗抑郁药物迅速增长，很快就不仅仅是被用来治疗抑郁。它们现在经常被用来治疗饮食失调、强迫症、焦虑症、社交恐惧症、肥胖症、赌博上瘾和家庭问题。百忧解的一个版本被称为氟西汀（Sarafem），专门用来治疗女性月经前焦虑障碍。一些人使用抗抑郁药物来提高工作绩效，增加敏锐度和集中注意力，克服厌倦感，让自己的思维变得更清晰，让自己变得行事更加果决，或是为了与配偶相处更好。

很明显，抗抑郁药物的治疗领域已经超出临床抑郁症，扩展到包括更多一般认为的日常生活压力。精神病学家彼得·克雷默（Peter Kramer）写有一本有影响的书《神奇百忧解》（*Listening to Prozac*, 1997），他是百忧解狂热的支持者并会主动给病人开具百忧解处方，他认为百忧解可以（或应该）被用来去除我们的性格中不良的部分。他把用百忧解来克服不理想的心理特征，比作用整形术来克服不理想的外观。

很多受益于抗抑郁药的人,会用尊敬几近崇拜的词语来描述它们。他们不是被治愈;他们是被转变了。害羞内向的人报告说他们变成社交花蝴蝶,普通的工人变成工作的发电机,烦倦变成感兴趣和敏锐;甚至就连觉得自己长相不讨人喜欢的人,也都开始觉得自己变得更加美丽起来。一些人认为,像百忧解这样的药物,是一个没有缺陷的神造物:

> 当我和我丈夫看到百忧解的效果时,我们知道,这一药物是上帝赐予我们的礼物。像百忧解这样的突破……是上帝恩典的证明。我现在感受到过去从未有过的上帝对我的爱……我认为是它帮助我更贴近上帝原本造我的样子。(引自 Tapia, 1995, p.17)

根据克莱默(Kramer, 1997)的说法,服用药物不久,他的病人就感觉"好得不得了"。他们报告说,他们在人气、商业嗅觉、自我形象、能量和性吸引力上都有所进步。一个病人近来在工作中遇到了麻烦,又刚和男朋友分手。克雷默给她开了百忧解的处方。不到两周,她便开始约会几个男人,并顺利地完成了工作上的要求。她甚至还得到了加薪。她相信药物改善了自己的人生,高兴地称自己为"百忧解女士"。

抗抑郁药也由于经济方面的原因而深受欢迎。由于传统心理治疗(患者与治疗师讨论他们的问题)既耗时又昂贵,在医疗费上讨价还价的努力反而使得其效果适得其反。一个精神病医生在三个 15 分钟的问医中可以赚 150 美元,相比之下,在一次 45 分钟的谈话治疗中可以赚得 90 美元(G. Harris, 2011c)。此外,许多卫生保健计划都在其支付项目中限制或排除广泛的谈话治疗,从而间接鼓励了更多地使用抗抑郁药物。一项政府调查显示,只有约 11% 的精神病医生会为其所有患者提供谈话治疗,尽管近来的证据表明,这种方法可能一样好,或者比药物治疗抑郁症更好(G. Harris, 2011b)。

尽管也有一些人声称,抗抑郁药物增加了自杀倾向,但可以肯定,它们帮助了数千万有重大需求的人们。然而,它们的受欢迎程度,也提出了一个基本的社会学疑问:各种各样的处方药,在日常生活中应当扮演什么样的角色?批评者担心,抗抑郁药物,以及其他可以改造性格的药物,目标并不仅仅是针对"有疾病的患者",而是还针对那些在社会中适应良好但想要增进记忆、提高智商、增强注意力、将坏心情转换为好心情的正常人。在一个快节奏、成就导向的社会,如美国社会,(不论是在学校、工作单位还是人际关系上)获得更具竞争力的优势这一动机表现得非常明显。那些获得更高分数、卖掉更多车或是更有魅力和吸引力的人,可以获得巨大的经济和社会效益。在全美高中,分数上的压力和考大学的竞争,使得越来越多的学生使用像Adderall、Vyvanse、Concerta这样的兴奋剂。就像一位专栏作家所说,在竞争激烈的高中,使用这类药物来提高成绩,已从"极为罕见变得习以为常"(Schwarz,2012b,p.A1)。超过三分之一的大学生承认使用了这种药物来提高学习成绩("Adderall Statistics",2012)。有越来越多的证据表明,非法使用兴奋剂,正在蔓延进入工作场所。宾夕法尼亚州一位牙医,多年来一直自己给自己开处方药Adderall,她说这样她就可以"每天看15个而不是12个"病人(引自Schwarz,2015,p.17)。

但是,一旦人们开始使用一种药物,用化学方式来提升表现,那些不使用药物的人(不论是因为个人原则还是因为负担不起)就会有输得一塌糊涂的风险,变成群体中极少获奖且评价较低的成员(President's Council on Bioethics,2003)。作为一个社会,我们有必要诉诸法律规范(就像禁止运动员服用合成类固醇来提升竞技表现)来禁止这样一场无望(不顾一切)的比赛继续下去吗?

在更重要的层面上,如果我们可以使用现有的制药工艺消除悲伤和绝望,为什么还会有人宁愿忍受情感不适呢?过去,人们只是认为痛苦和苦难是人类境遇的一部分。就像身体疼痛阻止我们离火太近烧到自己,也许精神上的痛苦也服务于一个目的,如激发我们改变让我们陷入麻烦的生命处境。还有精神元素:"一个将悲伤视为疾病的人,只能是通过清空它在心理上或精神上的意义,把它转变成只是身体中的一部分。"(President's Council on Bioethics,2003,p.261)

但是,今天的人们更倾向于相信他们没有不快乐的权利。悲伤让人感到不便,会阻止我们发挥自身潜能。如果有一种药物能够让我们迅速而廉价地

> 摆脱它，那又何乐而不为呢？而且它并非只有药丸的形式。在日本，研究人员近来发现，水源中含有较高水平自然形成的锂（一种有助于平衡情绪波动的矿物质）的地方，自杀率低于其他地区（Ohgami, Terao Shiotsuki, Ishii & Iwata, 2009）。这一发现使得一些人推测，也许在水源中添加锂，可以增进群体的抗抑郁能力，就像往水里添加氟化物减少了人们的蛀牙一样。
>
> 抗抑郁药物尚未能完全重新定义社会。很有可能，抑郁，不像小儿麻痹症和天花，不可能被连根铲除。但是，技术上的可能性，不只是抗抑郁药，还有脑部扫描技术、基因改造、当前未知的药物，提出了关于医学在定义偏常、控制行为、建构个性，最终则是支配社会生活和指引它的文化中所扮演的角色等重要问题。

偏常的去政治化　　将社会问题个体化这一过程，剥夺了偏常行为原本具有的功能，使其无法传递出社会运作失调的信息。当破坏性的行为或陈述，简单地被视为个体缺陷或疾病的症状，它们也就自动失去了其推动社会变革的力量。如果我们的竞争对手被贴上精神疾病的标签，我们也就无须再去关注他/她的任何批判性言论。极权主义政权经常宣称那些持不同政见者为精神错乱，将其软禁在医院，为的是制止他们作出危险的政治批判。2007 年，一位俄罗斯激进分子，在发表文章详细说明一家精神病诊所的病人受到的恶劣对待后，也被关入这家精神病诊所几个月时间。尽管没有关于这些软禁的可靠数据，但是人权活动人士说，它正在增加，因为当地政府都面临着巨大的压力，需要平息社会动荡。一个女人不断抱怨在未能得到一份政府部门的工作上受到不公平对待后被软禁七个月，她说："他们想要完全摧毁你的心智，削弱你的身体，让你发疯。到了那时你就会停止上访，而这正是他们希望的。"（引自 LaFraniere & Levin, 2010, p.A14）这种做法并非只有国外才有。1990 年代早期，《达拉斯晨报》（*Dallas Morning News*）的一项调查发现，美国高级军事指挥官都曾试图诋毁和恐吓那些对外报道军队违反安全原则或军费过高的下属，其所采用的方法就是：宣称要让他们去接受精神评估或是将其送入精神病院（Timms & McGonigle, 1992）。当一个低阶海军军官报道说，百慕大美军驻地的水兵们强暴了三个女人，他被关入精神病院一周（Zwerdling, 2004）。一名空军军官声称，他被迫住院是军方在对他进行报复，因为他曝出了达拉斯海军航空站滥用工资的内幕。他深刻地描述了军方用医学标签来诋毁他的政治批评的力量：

> 结果就是谁也不理我。让我们面对现实吧。在有人去了精神病院后，你肯定会猜疑这家伙身上肯定有哪儿不对劲。这是一种很好的策略，而且很起效。他们所做的就是完全压制我。
>
> （引自 Timms & McGonigle, 1992, p.F1）

将偏常者的形象塑造成需要接受医学治疗的病人，对社会中占据主导地位的群体来说，是一种强有力的方式，可以维持社会秩序，保护他们自己避开那些他们恐惧的人，或者是会对现有"正常"社会生活组织方式发起挑战的人（Pfohl, 1994）。看似仁慈的医疗标签，不仅减少了个人责任，也减少了潜在具有传染性的政治批评被社会大众认真对待的可能性（Hills, 1980）。

小 结

当我们谈论偏常时，我们通常都会提及其极端形式：犯罪、精神疾病、药物滥用等。这些活动确实都有问题，但对大多数人来说，它们仍是安全距离之外发生的现象。我认为，我们大多数人都会倾向于去相信，偏常者都是"他人"，正常人则是"我们"。

然而，我希望你从本章学到的是：偏常问题，从本质上来讲，是一个社会定义的问题。作为一个群体、社群或社会,是我们在决定哪些不同是良好的、哪些是危险的。标准和期待会发生变化。规范也会变来变去。结果就是,我们每个人都会在某种程度上被一些观众视为偏常。我们都曾打破过不言而明的互动规范,许多人甚至还触犯了法律。在较小的程度上,我们都可能像迈克尔斯那样,被错误地贴上偏常的标签,受到不公平对待。在正确或错误的情形下,我们每个人都有可能被贴上负面的标签或是得到一个坏名声。

本章将偏常作为一种微观层面和宏观层面的社会学现象进行了研究,将其视为在个体生活和作为整体的社会中扮演着一个重要的角色。尽管社会学家感兴趣于建构了偏常定义的广泛的社会和政治进程,但他们也感兴趣于这些定义如何应用于日常生活。在面对面进行沟通的情况下就会发现,社会对种种行为的定义会对我们产生潜在的影响。我们谈论了像医学这样创建偏常定义的具有影响力的制度,与更广泛的政治或经济利益相一致,但若这些定义不被大多数人在一定程度上接受,它们就会失去效力。我们再次看到发展社会学想象力的价值,它有助于我们去理解个体与他们生活其中的文化和共同体之间复杂的相互作用。

像社会学家一样思考:人都有偏常的时候

人们对偏常行为和偏常者的认知,是我们理解偏常的一个至关重要的元素。从冲突论视角来看,这些观点通常与掌握权力者的目标和利益相一致。但是,人们对偏常的认知到底是什么呢?

复制下面的列表,找到20—30个愿意读一读它的人,然后请他们回答几个问题。所找的人尽可能男女平等,年轻人和年长者都有。让每个人按顺序用1—19给以下"偏常"行为打分,19最严重,1最不严重。不要告诉他们你定义的"严重"是什么。

逮着你的配偶／伴侣与情人幽会并杀死他们

贪污你的雇主的钱

持枪抢劫超市

在公园里强行强暴一个陌生人

向未成年人售卖酒精饮料

在家里杀死一个疑似小偷

无证行医

替人拉皮条

炸毁一栋里面有人的建筑

殴打你的孩子

在职业体育比赛中服用兴奋剂

出售可卡因

生产和销售明知有危险缺陷的汽车

强行强暴前恋人或配偶

网络跟踪

在公共场合醉酒

受雇杀人

在超市吸烟

密谋调高机器售价卖给企业

（这项练习中的许多题目都改编自 P. Rossi, Waite, Bose & Berk, 1974。）

　　志愿者们答完题后，问问他们是如何决定的他们的排名。他们用什么标准来判断每个行为的严重性？他们从哪里得来的这种看法？为什么他们认为列表中"最不严重"的行为仍然违法？

　　收集好所有数据后，给19个条目中的每一个都计算出平均排名（对于每个条目，加总所有分数除以回答的次数）。平均分数越高，这种行为的严重性就越高。最严重的行为是哪一个？最不严重的是哪一个？在你的样本中，是否有很多共同的看法？男性与女性的评级有何不同？老年人和年轻人之间有何不同？不同种族或民族的人之间呢？借助冲突论视角，来讨论这些观点在理解偏常的本质和控制偏常上所扮演的角色。

本章要点

- 根据绝对论者对偏常所下的定义，有两种基本行为类型：一种是本质上可接受的，一种是本质上不可接受的。相比之下，相对论者对偏常所下的定义则认为，它并不是任何特定的行为、信仰或境况一种固有的属性。相反，偏常行为的定义是通过集体判断，由人类社会创造的。因此，就像美是情人眼里出西施，偏常的情况也是如此。
- 偏常的标签理论认为，偏常是对犯罪者施加规范和制裁的结果。偏常标签会通过在他人心里形成对偏常者的预期，妨碍偏常者的日常社会生活。
- 根据冲突论的看法，偏常的定义是拥有更多权势的人和群体，对拥有较少权势的人和群体施加社会控制的一种方式。
- 刑事司法系统和医疗职业在定义、解释和控制偏常行为上有很大的影响力。犯罪化是一个将特定行为界定为犯罪的过程。医疗化则是将偏常描述为一种医学问题或疾病。

SOCIOLOGY

exploring the architecture of everyday life, 11e

David Newman

［美］戴维·纽曼 著　　黄腾 译

欢迎光临社会学

（第11版）

下

下册目录

第三部分　社会结构、社会制度与日常生活 / 397

第九章　社会的结构是什么：组织、社会制度与全球化 / 399
　　　社会结构与我们的日常生活 / 401
　　　微观与宏观之间的联系：社会结构与灾难 / 406
　　　社会困境：个人利益与结构需求 / 409
　　　正式组织的结构 / 415
　　　社会学家剪影：乔治·里策尔（George Ritzer）：
　　　　　社会的麦当劳化 / 419
　　　组织与制度 / 428
　　　微观与宏观之间的联系：美国医疗体系 / 430
　　　全球化与社会制度 / 434
　　　小结 / 444
　　　像社会学家一样思考：麦当劳式去人性化 / 445
　　　本章要点 / 446

第十章　社会阶层化是如何建构而成的：社会阶级与不平等 / 447
　　　分层体系 / 450
　　　关于阶层化的社会学视角 / 454
　　　美国的阶级不平等 / 463
　　　社会学家剪影：迈克·罗斯（Mike Rose）：
　　　　　工作中的心理状态 / 475
　　　全球发展与不平等 / 499
　　　微观与宏观之间的联系：全球健康差距 / 499

小结 / 508
像社会学家一样思考：在贫困线上下挣扎 / 509
本章要点 / 510

第十一章 不平等是如何建构而成的：种族与民族 / 512

种族与民族：并非只是一个生物学问题 / 516
微观与宏观之间的联系：为什么奥巴马不是白人？ / 522
受压迫与不平等的历史 / 526
种族与民族关系 / 535
社会学家剪影：乔·费金（Joe Feagin）和
　艾琳·奥布赖恩（Eileen O'Brien）：
　富有的白人男性对种族的看法 / 541
微观与宏观之间的联系：
　种族优势与占主导地位的黑人运动员 / 552
微观与宏观之间的联系：居住隔离——住宅歧视 / 558
微观与宏观之间的联系：
　种族实验对象与医疗不信任 / 565
全球视角下的种族主义 / 575
小结 / 578
像社会学家一样思考：隐形偏见无处不在 / 580
本章要点 / 581

第十二章 不平等是如何建构而成的：性与性别 / 582

个体层面的性别歧视 / 584
社会学家剪影：托马斯·李纳曼（Thomas Linneman）：
　《危险边缘》中的性别与升调语式 / 588
微观与宏观之间的联系：军队中的性虐待 / 592
性别歧视意识形态：生物决定论 / 604
社会制度与性别不平等 / 607
微观与宏观之间的联系：媒体形象真能伤及你的健康？ / 614
全球对女性的贬低 / 632

小结 / 636

像社会学家一样思考：两个人的家一个人的家务 / 637

本章要点 / 638

第十三章　人口统计动力学是什么：人口发展趋势 / 639

出生世代的影响 / 643

微观与宏观之间的联系：不同世代之战？ / 650

人口统计动力学 / 651

美国的人口发展趋势 / 664

微观与宏观之间的联系：移民政治的特殊性 / 667

小结 / 674

像社会学家一样思考：我们是否真的老无所依 / 675

本章要点 / 677

第十四章　变革是如何建构而成的：重构社会 / 678

社会变迁 / 682

微观与宏观之间的联系：儿童运动上的父母压力 / 684

社会运动 / 697

再论社会学的想象力 / 714

小结与告别 / 718

像社会学家一样思考：我们可以改变这个世界 / 719

本章要点 / 720

参考文献 / 721

第三部分
社会结构、社会制度与日常生活

到目前为止，我一直在讨论我们的日常生活是如何建构和精心安排组织有序的。然而这只是全景的一部分。从上往下看，社会生活又是什么样子？社会一旦建构而成和各就各位，又会对我们的日常生活施加什么影响？为了回答这些问题，余下章节将会研究组织和制度对日常生活的压力，以及社会中结构性不平等的各种来源：社会地位和财富，种族和民族，性别。全球性制度和人口趋势也会对日常生活产生结构性影响。这些社会层面看起来似乎有些不祥和令人费解。然而，你会发现，我们的生活并非完全受到社会结构的控制。就像"社会学的想象力"这一概念所表明的，个体［聚合］的集体行动，往往会给社会带来根本性的变化。

第九章
社会的结构是什么：
组织、社会制度与全球化

- 社会结构与我们的日常生活
- 社会困境：个人利益与结构需求
- 正式组织的结构
- 组织与制度
- 全球化与社会制度

毫无疑问，历史将会把2000年美国总统大选标记为那些最怪异的政治事件之一。即使在今天，在时间已经过去十年半之后，仍能在美国的选举制度中感受到这一事件的影响。

混乱始于大选之夜。当晚早些时候，媒体预测，民主党候选人艾尔·戈尔（Al Gore）将会赢得佛罗里达州的25张选举人票，从而在大选中处于有利地位；然而，几个小时后，媒体却都相继收回预测，佛罗里达州被贴上"势均力敌难分胜负之地"的标签。第二天凌晨，媒体预测共和党候选人小布什将会拿下佛罗里达州选票从而成为大选的赢家，然而，没过多久，媒体却又一次收回预测，佛罗里达州再次被宣布为"势均力敌难分胜负之地"。接下来一个月，每天都有大量的街头抗议，指控选举舞弊、重复计票，争论缺席选票、提起诉讼、反诉，要求法律予以裁决。11月26日，佛罗里达州调查委员会确认小布什当选。佛罗里达州最高法院驳回，命令重新计票。但在12月13日，美国最高法院颁布了最终裁决，以5票对4票，宣布佛罗里达州的重新计票违反宪法。因此，小布什被宣布成为美国下一任总统，尽管他所得到的全国选票要比戈尔少50万张。

从当时国内外媒体的报道来看，世界上最强大的国家完全陷入了政治混乱状态。对此，既有人语带嘲讽，也有人认为此事带有某种预示意味。美国人民正在失去其道德权威，再也没有颜面向其他国家宣扬民主价值。美国面临"宪政危机"，政府可能会瘫痪。美国将会成为一个举国无首的国家。美国就在混乱失序的边缘。

* * *

好吧，我相信你现在已经看到，什么都没有发生。就像一位记者所说："政府组织依然各就其位，老练的政治家和职业公务员仍在让事情顺利运行，最终并没有发生什么像世界末日般可怕的事情……政治体系将正常运转，生活也将照常继续。"（Belluck, 2001, p.A9）事实上，对普通美国民众来说，在选举混乱期那段时间，并没有什么事情真的发生了改变。公共汽车、火车和飞机仍然准点运行。所有的旅游景点依然照常开放。食物还是会被送到杂货店货架上。市政服务也仍在提供。就连股市也并未崩盘。我们都只是照常过我们自己的生活，顶多也就是偶尔停下来看一眼政治舞台上的表演，或者是偶尔与朋友、家人和同事谈论一些政治话题。

那么，为什么美国没有在大选的创伤中崩溃呢？要回答这个问题，我们必须回到本书的一个重要概念上：社会结构。尽管社会情绪起伏不定，悲观预言时有浮现，对抗冲突之举常可闻见，但是，政治体制依然完好无损。无论我们是否认同最终的选举结果，我们的司法制度和政治制度依然正常发挥功能。从地方选区和竞选组织，到立法机构再到最高法院，所有机制都在继续运转。当然，可以肯定的是，一些个体的动机具有政党倾向。但是，结构本身始终凌驾于这些个体行为之上，从而避免了媒体专家预言的大规模灾难事件的发生。有关人类存在问题一个最大的社会学迷思就是：人类创造出社会结构后，在经验上却不认为它是一个人类的产物。因而，具有讽刺意味的是，在一个高度赞扬个人主义和个人成就的社会（尤其是美国社会），我们一生中却要花费大多数时间去应对社会结构的影响。

本章重点关注，从地方和全球角度去考察，人们与自己建构和维持的社会结构之间的关系。这就要求我们，不仅要从个体角度去审视社会结构，还要从组织和制度本身的宏观社会学视角切入。从不同的视角去看问题，许多重要的社会问题就会呈现出相当不同的面貌。

社会结构与我们的日常生活

也许你还记得第二章中提过，**社会结构**（social structure）是一种超越个体层面之上的社会框架，它提供了社会背景，让个体相互之间可以进行互动，建立关系。它包括组织、团体、地位和角色、文化信念及制度，可以给我们的生活带来秩序和可预测性。"社会结构"这一概念很重要，因为它意味着：我们的个体生活与社会运作模式是有规律性的。如果我们认为社会毫无规律可言、所有事物都是偶然发生的，也就不可能从人类的行为中得出任何有意义的结论。

放眼望去，社会结构随处可见。就拿影响我们高中求学经历的社会结构因素来说。在美国广义上的教育制度中，存在各种社会结构元素：

- 组织：美国教育协会、州教师协会、认证机构、地方学校董事会、学区教育局等。
- 团体：教师、行政管理人员、年级、俱乐部、球队、食堂员工等。
- 地位：老师、学生、校长、副校长、辅导员、护士、秘书、看守人、教练、图书管理员等。
- 角色期望：教学、学习、管教、出题测试、咨询、指导、做饭等。
- 文化信念：例如，相信教育是实现财务成功的主要手段，相信教育使得复杂的劳动分工成为可能，相信教育使得一个科技发达的社会成为可能。
- 制度化规范：如期望，期望每个人都能念书至少念到 16 岁；如校规，校规规定什么样的行为是可接受的（教室内不得乱跑，课堂上不许尖叫，放学前不得离校，等等；Saunders, 1991）。

整个教育体系结构是一种实体，可以决定［人们在］生活中的机会和选择。你可以选择：选修哪门科学课程、高中毕业是否接着上大学、进了大学学什么专业，但是，你心目中大学的招生政策，以及大学学历对你日后求职有何影响，就不是你能控制的。你现在之所以会读我这本书，并非因为你对本书内容有多喜欢，而是对你身为大学生的一种结构性要求。你心里很清楚，你只有顺利毕业才能提升你找到好工作的机会，而为了顺利毕业，你在班上必须得到一个好成绩。为了得到好成绩，你必须熟悉教材才好应付考试。此时的你，可能更想做许多别的事情，例如读一本世界名著，看电视，发短信，刷微博，写博客，睡觉，仆街（**planking**，指脸朝下趴着，保持一种僵硬笔直像厚木板一样的姿势），或者只是一个人发呆。但眼下为了应对大学生活对你提出的更迫切的结构性要求，你的所有这些个人喜好都不得不暂且放到一边。

教育体系的结构性要求有着更广泛的影响层面。学校如此强调学业成绩、标准化测验结果、班级排名，给学生带来巨大的个体焦虑，以至于实际上有可能会遮蔽学生的学习热情和智能成长：

> 在我们的求学阶段，社会教导我们相信成绩会反映一个人的智力水平。正因如此，我们的动机、学习和个人成长，都比不上实现最终目标——分数［第一］……学校开设的课程，引领我们去模仿老师期望的表现。否则，我们的成绩就会落后［他人］……模仿、竞争和害怕分数倒数，都阻碍了我们的自我探索能力。
>
> （I. Bell & McGrane，1999，p.2）

这种激烈竞争的氛围，有时会造成个体学生的需求与教育体系的需求不相容。假设你的社会学老师告诉你，只要大家都不缺课，每个人都可以得A。你的直接反应当然会很高兴，因为这一成绩无疑会提高你的平均绩点（GPA）。但要是所有老师都这么做，事情又会怎样？每个学生只要每天正常上课，最后就能以最佳分数毕业。这时你又会有什么感受？你肯定知道这样一来学校声誉会受损，所以你的喜悦也会降低。只要我们的教育体系遵循"适者生存"法则，即只有最聪明或最勤奋的学生才能得到最好的成绩，外界肯定会将上述评分方式视为学校办学能力欠佳。因此，实际上只有维持一种高度竞争的体系，让别人的成绩都比你低，才能确保你的长期个人利益。

除了对你个人的影响，竞争性的教育结构也会影响对学校和老师的评估。例如，考虑一下标准化考试的作用。根据2001年颁布实施的《不让一个孩子掉队法案》，所有接受联邦资助的公立学校，必须每年对所有学生进行全州标准化考试,以确认他们是否有长足进步。如果学校持续未能满足其成绩目标,管理人员就会失去工作,学校则会被接管。如果学生成绩一直不佳,低收入学校就有失去资助的风险。此外,约有十几个州考虑将学生标准化测试的进步情况纳入对教师的绩效考核。面对这些压力,毫不奇怪,越来越多的学校都将它们的课程集中在应对标准化测试上。例如,佛罗里达州的学校,在为期180天的学年中,有60—80天都花在了测试上,在某些学区,每天都会进行测试(Alvarez, 2014)。事实上,对展现学生进步的要求变得如此强大,以至于一些教育工作者竟然通过舞弊来提高学生的成绩:

- 在马萨诸塞州的一个政府特许学校(charter school,这种学校专门接收低收入家庭的孩子,其运行独立于本地公立学校),校长指示教师在考试时间查看参加州标准化测试学生的答卷,指出答错的地方。该州最后取消了这所学校的特许权。
- 在休斯顿附近一个地区,老师们在偷看了州科学考试的题目后,对学生们进行了细致的学习辅导(Gabriel, 2010b)。
- [州府] 对宾夕法尼亚州公立学校的标准化测试结果进行的查验表明,在阅读和数学测试上,89所学校(单是费城就有28所)的试卷上都有巧妙的擦拭痕迹和可疑的得分(Winerip, 2011)。
- 2012年,厄尔巴索学校(El Paso school)的前负责人,因操纵考试分数诈骗学区现金奖金(由于提高了学区的考试成绩,他一直领取这一奖金),被判三年半监禁(Glazer, 2013)。
- 在截至目前最大的一桩丑闻中,一项调查显示,大约十年间,80%的亚特兰大公立学校中的178名校长和教师,通过擦除学生的错误答案用铅笔写上正确的答案,更改了标准化测试分数(Severson, 2011)。2015年,因卷入丑闻而被指控的11名老师,被判犯有诈骗罪。

即使一切运转正常，社会结构也会引发问题。有时，由于制度本身容易诱发错误或使错误不易被人察觉和及时更正，便会导致一连串事件发生。例如，据估计，多达25%的住院病人都会经历某种形式的可预防的医疗过失（**medical error**，又译"医疗差错"）（Landrigan et al., 2010），其结果，导致多达40万人死去（James, 2013）。这使得本可避免的医疗过失，成为美国第三大死亡原因，仅次于心脏病和癌症。

有些病人尤其容易受到伤害。据对美国医院医保病人经历的每年例行研究估计，2007—2009年间，有70多万起安全事故和近8万起可预防的死亡都归因于医疗过失，如麻醉并发症、用混药物、医疗感染、意外划伤，以及其他各种术后并发症（Health Grades, 2011）。更糟的是，伤害这些患者的过失、事故或其他事件，实际上得到报道的只有七分之一（Pear, 2012）。

在这种情况下往往会让个体医生或护士为其负责，这一倾向展示了一种压倒性的文化感知，即这些错误是由于个人无能所致。但是，这些看似明显的人类误判或不称职，有时经过仔细观察，却与更广泛的结构性失败相连。对医院334起错用药物的分析发现，结构失效应为其中大部分案例负责，例如医生掌握的药物知识少得可怜，患者可以得到的信息严重不足，核准确认正确用药量的体系不健全，没有效率的医院程序（Leape & Bates, 1995）。一个组织估计，系统范围内的护士短缺，导致危险的高病人－护士比例，是每年数以万计的医院病人死亡的原因（引自Robbins, 2015）。甚至是培训医生的制度方法，可能也要承担一些责任。一项研究发现，夏季医院整体的医疗护理充足率和质量显著降低，这并不是因为医生为去海滩度假的想法所分心，而是因为到了新的住院医生培训计划的时候。夏天是全新的住院医生（刚从医学院毕业的学生）开始学习如何照顾病人的时间，他们不可避免地会犯错误（Young et al., 2011）。这个问题在医疗系统内部非常有名，以至于人们昵称其为"七月效应"（July Effect）。

大约16年前，美国医学研究所（Institute of Medicine, 1999）的一

份报告指出,医院内意外致伤致死案件的起因,超出了个体医护人员的行为。它提议,医疗体系应该在各个层次都建立起安全机制。它建议成立一个全国患者病人安全中心,建立一个强制性的全国通报系统,更加注重在证照和许可中对安全和培训的评价,发展一种"安全医疗文化",帮助将降低医疗过失列为优先考虑事项。

然而,到目前为止,与一些欧洲国家不同的是,美国并没有联邦监管机构专门监管医院。相反,保护住院病人的健康和安全,由国家卫生部门和一个负责制定质量标准的非盈利组织:联合委员会(Joint Commission)负责。结果,坏医院很少被关停,也很少因病人的痛苦而受到重大财务处罚(Berenson, 2008)。此外,医院实际上还可能会从自己的错误中获利,因为保险公司通常都会支付,因可预防错误而导致的更长住院时间期间的额外护理费用(Eappen, 2013)。

确实也发生了一些结构性改进。例如,为了降低医疗失误的发生率,全美很多医院都采用了电子医疗记录系统,添加了大量平板电脑、智能手机和其他设备,好让医务人员即时了解患者的相关数据、药物信息和案例研究。然而,从 2012 年到 2013 年,只有 3.5% 的美国医院,极大地提升了它们的安全评级(The Advisory Board Company, 2013)。

微观与宏观之间的联系:
社会结构与灾难

人们依赖社会结构,最明显的例证就是当他们面对危及生命的灾难情境时。2010 年,33 名智利矿工被困在地面 701 米下超过两个月时间。他们都活了下来,最令人惊讶的是,经受磨难的他们竟然毫发无损。当然,他们的幸存,要求具备惊人的个人耐受力,救援人员的不懈努力,持续供应的食物和用品,来自地上的有效医疗建议,当然,这里面还有一些非常好的运气成分在内。但是,如果没有他们创建的组织良好的地下社会结构,他们可能永远都无法幸存下来。

在危机初期,被困矿工决定,他们作出的每一个决定,无论多么大或多么小,都要多数投票通过。他们发展出一个明确的权威结构,每个人都分配有特定角色,比如食物组织者、医生、牧师、环境助理、通讯专家和媒体总监。他们指定地方吃饭、锻炼和处理废物。他们分成三个小组,每组11个人,每个小组都有自己的领导和分配的任务。他们遵守常规的日程表,包括吃饭、淋浴、锻炼、打扫"房子",家务按照时间三班倒(J. Franklin, 2010)。许多观察家都认为,矿工身上展现出的良好状态,可以归因于这一组织。社会结构帮助挽救了他们的生命。

让我们把时钟往前拨到2011年的春天,巨大的地震和海啸,摧毁了日本北部海岸,造成成千上万人死亡。许多村庄都被从地图上抹去。其中一个这样的地方,是南三陆町市的小渔村Hadenya。在海啸袭击过后,房屋被吞噬,家人被冲走。桥梁被冲毁,汽车被压碎,船只搁浅。电力和手机服务不复存在。270名幸存者挤在山顶寒冷的社区中心。他们只有很少一点食物,没有燃料,没有来自外界的消息。军队花了近两周时间才最终赶到。但他们都活着。像智利矿工一样,Hadenya人民意识到,他们生存下去的唯一途径就是创建自己的社会结构,迅速重组自己的原初社会:

> 大水一退……他们就开始按照性别分配任务,女人负责煮水和准备食物,男人负责去找柴火和汽油。几天之内……他们就重新建起一个复杂的社会,有一定的层级和分工,给成员安排日常工作。
>
> 他们甚至还成立了一个委员会,作为它和附近五个难民中心的临时政府机构……中心的代表每天碰头,交换供应和分配的任务。(Fackler, 2011, p.A11)

很显然,Hadenya不是独一无二的。海岸边其他许多小村庄的难民,也都创建有类似的临时组织,从而帮助他们生存下来。这些群体[的组织]是如此成功,以至于当地方政府开始计划将最终所有的幸存者搬入几英里外的临时住房时,官员们意识到,自发的群体组织可能会有一些持久的用处:

> [镇长]表示,镇上原本计划让人们尽快搬入新房。现在他认为,最好是让这些组织保持完整,以便帮助人们适应新的和不同的生活环境。
>
> "他们就像一个大家庭,"镇长说,"他们互相提供支持和安慰。"(Fackler, 2011, p.A11)

但是,在灾难中,社会结构也并不总是救世主。有时它也能压倒个体磨炼其自身意志的最大努力。就拿七年前一场更大的海啸灾难来说,它在南亚和非洲东部害死了超过20万人,数百万人无家可归。世界各地的普通民众承诺帮助受害者,另有19个国家承诺数十亿美元的物资援助和军事援助。接近30%的美国公民捐款,另有37%的人表示他们打算这样做(Lester, 2005)。灾难发生两周后,慈善组织"救助儿童会"(Save the Children)单在网上就收到超过1000万美元的捐款。而平常该组织每个月收到的捐款不过3万-5万美元(Strom, 2005)。

然而,如此引人注目的个人善行,却遇到了组织层面的阻碍,并险些被毁掉。在海啸袭击过后一到两周,24个政府救援组织抵达印度尼西亚受灾最严重的地区,结果却发现,小偷和黑市交易者已经提前光顾过这里的废墟。一些受灾地区看不到一个救援人员,另一些受灾地区却挤满了医生和护士。此外,外国军队和救援人员的到来,很快就在印尼政府中引发了怨恨。作为回应,印尼政府对外国救援人员施加旅行限制,以安全问题为由,要求所有外国军事人员在三个月内撤离回国。在受灾最严重的地区之一班达亚齐,救援组织发现自己置身于内战中:议会反叛军队(美国政府官方视其为恐怖分子)正与一支印尼军队(因腐败和滥用权利而闻名)(Wehrfritz & Cochrane, 2005)在交手。虽然有成千上万名有爱心和慷慨无私的人前来帮助,但是这些结构性因素却合起来减缓了救援的进度。

社会困境：个人利益与结构需求

尽管社会结构明显会影响个体生活，但是，个体行为也会对社会结构及其稳定性产生巨大的影响。个体有时会合力出气以获取群体利益，有时也会单独行动以争取个人利益。就拿一群想要确保其社区不受坏人光顾的住户来说。他们当然可以通过每个人自行巡守的方式来遏止犯罪，但要是能够大家团结合作，自愿分工轮流"巡夜"，或是分摊费用改善小区照明设施，显然要更加合理而有效。

然而，事实上，人们很少会为共同目标而去从事志愿工作。相反，他们通常采取行动都是只为确保个人利益（J. Cross & Guyer, 1980; Dawes & Messick, 2000; Olsen, 1965）。就以你所在的小区决定通过改善照明设施来确保治安为例。小区物业要求小区住户自愿捐款。有些人可能会认为，理性的做法是自己不掏钱，因为他们认为别人一定会掏钱。这样他不用花自己的钱就能享受到安全的环境。然而，要是每个人都不捐款，短期看确实能省一些钱，但结果却是小区永远都不会有新路灯，长远来看每个人都会为此受到损失。群体内的每个人只顾追求自身利益而不顾所有人可能因此受害的情况，就叫"社会困境"（**social dilemma**）（Messick & Brewer, 1983）。

像环境污染等重大社会问题，都可被理解为至少部分是社会困境所致。如果我在高速公路上往车窗外扔一袋垃圾，看上去并没有多大破坏性。但要是每个人都这么做，就会产生极大的危害。

不过，社会困境并非只是自私或不考虑别人这一动机的结果。合法的经济担忧也会创造出它们。例如，在近来的经济衰退中，越来越多的人选择不去看病或推迟"选择性手术"（elective surgeries），因为他们负担不起。据美国医院协会（American Hospital Association, 2009）统计，60%的医院报告，上一年确定的选择性手术，出现中度或显著减少；55%的医院报告说，（选择性手术的）申请出现中度或显著减少。在个体层面，延迟这样的手术有可能导致严重的医疗后果，如良性囊肿变成肿瘤，因为病人没有接受常规诊断。许多年轻人缺乏健康保险和负担不起医疗费用，就从朋友那里借处方，上网自我诊断，甚至自己给自己接骨（Buckley, 2009）。事实上，医院已有报告，送往急诊室的一些病人，要是早先不延期手术的话，他们的危险完全可以避免。

虽然病人推迟或放弃医治，医疗保险公司可以省钱（Abelson, 2011a），但是，这些个体选择也可能会引发一连串事件，产生危险的结构性后果。选择性手术占到医院收入的25%（Sack, 2009）。大量病人决定取消或推迟手术损失的收入——在一所中等教学医院（即医学院附属医院）估计每年接近100万美元（Caramenico, 2012）——迫使一些医院通过裁员来降低成本，推迟扩张，取消设备更新，并减少服务，如急性照护、会诊和病人教育。结果，医院护理质量开始恶化，进而也就给所有患者都带来了具有潜在危险性的短期和长期影响。

如果我们将国家视为演员、将地球视为个体所属的社群，许多具有全球影响的问题，如能源短缺、大规模气候变化、物种消亡，也就可以从这个角度得到理解。下面我们就来介绍两类重要的社会困境：公有地悲剧和搭便车问题，它们既在地方层面存在，也在更大层面存在。

公有地悲剧

"公有地"（commons）一词，最初是指位于中世纪城镇中央的公共草地，当地所有牧人都可在此放牧。若每个村民都能善用公有地，青草就会不断生长，牲畜的食物来源也就可以永不匮乏（Hardin & Baden, 1977）。然而，每个牧民很快就意识到，若是放任牲畜多吃草料以增加重量和售价，他或她就可以从中增加获利。但不幸的是，当许多牧民都打算这么做时，公有地的青草生长速度就会赶不上减少的速度，结果悲剧的一幕便出现了：公有地一片荒芜，牧民只能变卖牲畜，或是眼睁睁看着牲畜死去。个人的短期需求遮蔽了群体的长期集体需求。

在这个例子中，公共资源是牧场，群体规模相对较小。但在实际生活中，**公有地悲剧**（**tragedy of the commons**）这一模型，适用于任何必不可少但却有限的公共资源开放给所有人的情境。国际水域的渔业提供了一个很好的当代例子。如果不是过度捕捞，它们原本可以永远持续下去，因为总是会有鱼进行繁殖。然而，由于没有强加限制，渔民可以为自己捕捉大量的鱼。对个体来说，这是明显可见的好处，但他或她在这样做时却也无可挽回地破坏了鱼群，破坏了它们的长期生存能力。如果没有人过度捕捞，人们就会倾向于适量捕鱼。然而，一旦有人开始过度捕捞，其他人就也会有很强的过度捕鱼的冲动。因此，鱼群就会受损，鱼儿不再繁衍。简而言之，每个人都做了满足其自身最大利益的事情，但这却对每个人都产生了一个糟糕的结果：水中的鱼越来越少。

或者，也可考虑一下，我们有时在网上传送信息或下载数据时会遇到的恼人的网速变慢现象。这些网络，就像任何其他公共资源一样，并不是无限的。一旦它们达到其带宽容量，如在使用高峰时段，是不够的，每个人都会苦于网速太慢。手机公司和网络运营商对此通常的回应是，扩大承载能力和建设更多的基站。但是，这些补救措施有成本支出（这意味着用户要为其付费更多［买单］），而且将会不可避免地遇到进一步的电磁限制，这被称为"频谱危机"（spectrum crunch，即增加额外射频资源也都不足以解决问题）。因而，只要我们继续使用我们的产品，无论何时当我们想要给一个站在三米外的朋友发短信，当我们迷失方向查找 GPS 帮助时，或是当我们为一次社会学考试做准备前去寻找最近的小啤酒厂时，我们就将不得不去应对不可避免的和不方便的无线网络拥堵"悲剧"。

在个体受到威胁的情况下，牺牲集体利益以维护自身权利的冲动，往往会变得格外强烈。1993 年夏天洪水期间，爱荷华州得梅因地区有条河流，河水溢出河岸，淹没了一个净水过滤系统，危及市政供水安全。必须等待水源浑浊度降低才能恢复完整的供水服务。当时的情况十分紧急。水压不足，不仅居民没有稳定水源可用，消防车也无法作业。当地官员呼吁居民和企业自愿停水数日。如果所有居民都能予以配合，几天内供水就能恢复正常。然而，就是有些人抵制不住私下偷偷用水的诱惑。最后，许多居民都未听从市政当局的呼吁，致使供水又推迟了好多天才恢复正常（Bradsher, 1993）。个体为了确保自身短期利益的结果就是，整个社群一起受害。

为什么会出现这种社会困境呢？部分原因在于，群体成员之间缺少沟通和信任。原本我可能想做个好公民节约用水，但要是我认为邻居们都在囤水，我可能就也会跟着囤水。这些行为可能短期内会对我自己有利，但最终却对整个群体都是有害无益。

当个体认为满足自身需求不会对群体有什么明显影响，就会使问题恶化。"我在旱季长时间淋浴真会伤害群体吗？"当每个人或者至少也是多数人都相信这样做不会造成影响，"公有地悲剧"也就会随之形成。当我们集体忽视或淡化行为的后果，就会过度使用资源，虽然不会让哪个个体为此负责，但却终将会引向通往灾难之路（Edney, 1979）。

搭便车问题

当人们无论贡献多少都能获得某项资源从而不愿对共同资源有任何贡献时，社会困境也会形成。既然免费可得，自然也就无人愿意付费。例如，从个人角度来看，把钱捐给公共电视台和广播，是一种不理性的举动。我不花一分钱就能看到《芝麻街》（*Sesame Street*）、《前线》（*Frontline*，波士顿 WGBH 电视台制作的一档关于公众事务的节目，在美国公共电视台 PBS 播出，自 1983 年播出至今）、《唐顿庄园》（*Downton Abbey*）等节目。我的小额捐款，比起公共电视台的总预算，不过九牛一毛。我自己也不愿花费任何不必要的支出。然而，若是每个人都这样做，我们终将失去这项资源。公共电视台和广播若单靠民众捐款，只怕早已不复存在。实际上，它是靠成员站费用、大学资助、公共广播公司联邦基金、企业赞助来维持运转。

社会学家有时将这种类型的社会困境称为**搭便车问题**（**free-rider**

problem)（Olsen，1965）。就像这个术语所暗示的那样，"搭便车"是指一个人获得商品或服务而不用付出任何个人成本或作出任何捐献。各种各样的日常活动中都可以看到搭便车行为，从翻阅报摊杂志而不买，到从别人的免费在线收藏中下载音乐文件。我们都享受到了我们的纳税给我们提供的好处——警察、消防员、平坦的道路、许多其他市政服务。但若税收是自愿的，是否还会有人愿意支付这些服务？

在国家层面上，我们也可以看到搭便车问题的证据。人们常说，儿童是国家和地球未来的主人。因此，对所有儿童的照顾和教育，也可被视为一种公共资源。当儿童接受良好教育身心健全，整个社会都会从中受益。然而，纳税人，尤其是那些没有孩子的纳税人，经常抗议提高税收来改善学校环境、提高教师工资或雇用更多年轻社工，因为他们看不出多纳这些税，从长远来看，对他们会有什么助益。

如何解决社会困境

有几种方法可以解决（至少也是可以减少）社会困境。一些社会学家和经济学家宣称，私有化是最好的解决办法。他们认为，当人们拥有某种资源时，就会有动力去保护它。然而，私有化也会带来其他问题。首先，像空气和水这样的资源，很难进行划分和出售。其次，当拥有大量资源时，可能也就不想与人公平分享。例如，几年前，玻利维亚科恰班巴的市政领导决定，拯救老旧供水系统的最好方法，就是把它卖给私人公司，后者会主动勤加修缮，使其保持良好状态。但是，私有化后却导致城市居民水费大涨，致使贫民因用不起饮用水而发生暴动（Gardner，2005）。

减少社会困境负面影响的另一种方法是，建立人与人之间的沟通渠道。当大家都彼此清楚对方心里怎么想时，他们就会较少去囤积资源，而更有可能公平分摊责任；而且，若是每个人的行为都明确可辨，个人的责任感也会增强（Edney & Harper，1978）。早在1993年，得梅因市政府就开通了一条紧急电话热线，人们可以拨打匿名电话，举报违反限水规定者。如果市政工作人员发现水表仍在走动，就会关闭该水表的阀门一个星期。用户不许上诉，也从不知道是谁举报的他们。此外，根据爱荷华州的记录公开原则，违规用水者的名字和家庭住址，还会通过报纸、广播和电视，传遍全州（Bradsher，1993）。

你可能已经觉察到，社交媒体是这种友好监控（neighborly surveillance，邻里监控）的一个新方法。例如，在受到干旱侵袭的加州，对居民规定了相当严格的水资源保护指导方针，旨在减少25%的水资源浪费。然而，虽然州府官员明确认定浪费水资源是一种犯罪，一旦发现将被处以罚款一天500美元（Weiser，2014），可是违规行为往往很难查到并予以惩罚。在这种情况下，普通公民可以利用社交媒体来公开曝光水浪费。Vizsafe公司有一个社区安全应用程序链接称为"干旱"，允许用户匿名举报其所在社区的浪费水资源者（罪犯）。在#droughtshaming上，推特用户可以上传违法者的图片、视频和街道地址（E. A. Moore，2015）。富有的名流，像奥普拉·温弗瑞（Oprah Winfrey）、西恩·潘（Sean Penn）、坎耶·韦斯特（Kanye West）和金·卡戴珊（Kim Kardashian），不为罚款的威胁所吓倒，他们的过度用水行为被公布在社交媒体上，受到公开嘲讽。

另一个解决方法是，集中管理资源，这通常都是由政府来进行。例如，几年前，由于过度采伐和气候变化，缅因州墨西哥湾的虾供应达到了历史低点。2011年，约350艘船只捕到的虾价值1060万美元；2013年，约200艘船抓到的虾却只值100万美元多一点（Bidgood，2013）。所以在来年的捕虾季，大西洋国家海洋渔业委员会关闭了整个地区，好让快被耗尽的虾得到恢复的时间。

通常，集中资源管理涉及强制（通过制定限制性规则或法律），来阻止人们从中牟取私利。要求人们纳税就是一个例子。还有一个办法是建立"封闭式商店"，这意味着在一个公司工作的员工必须加入工会和支付会费。若是没有这一要求，个体员工不用付出任何东西就能享受到工会提供的福利：较高的工资，较短的工作时间，更好的工作条件。

正式组织的结构

社会生活有着更为复杂的功能,绝不仅仅是试着在个人利益与集体利益之间求得平衡。我们这些生活在复杂社会中的人,在不同程度上都是**组织动物**(**organizational creatures**)。我们在正式组织中出生,在组织内受教育,大部分成年时光都花在为组织工作上,最后也很可能是在组织中死去(E. Gross & Etzioni, 1985)。组织帮助满足了我们大多数的基本需求。

想想你一日三餐所吃的食物。生产粮食的农场是一个庞大的组织,保护食品工人的工会也是一个巨大的组织,把食物运到你的小区商店的运输公司同样是一个巨大的组织。而且所有这些组织都受到金融组织庞大网络的控制并由其决定价格,还受到政府机构的控制,以确保食品安全。

要制作、运送和销售食物,你必须使用其他组织制造的产品,比如水槽、冰箱、微波炉、煤气灶。为了使用这些物品,你必须与其他组织,如水电部门、天然气公司、电力公司等达成协议。为了缴纳这些款项,你还必须通过其他组织,如邮局、银行、信用公司等。

很有可能,支付账单的这笔钱来自你或你的某个家人工作所得。如果你已上班,你可能会在为另一个组织工作。当你领到工资,国税局就会介入进来扣掉你应纳的税额。

你每天用来上下班的汽车又与组织有何关系?毫无疑问,它是一家巨大的跨国公司所生产。这样的公司也生产和提供车辆运行所需的燃料。你开车所经的道路,由州政府和联邦政府管辖下的巨大组织修建和维护。你必须投保才可开车上路,而保险又来自另一个合法组织。

如果遇到问题,事情又会怎样?比如你生了病、出了意外或与人起了争执,你同样必须用到组织:医院、警察局、法院,来扭转情况。

你明白了吗?生活在复杂社会里,处处都会接触到公共组织或民间组织。在这样的社会中,一切行事都得正式、经过规划、统一。例如,负责生产我们所吃食物的人，不能随意自发地决定种植什么作物和种植时间；负责卖给我们食物的人，不能在销售时间上和销售物品上不固定或是难以预期。试想一下，如果你不知道当地超市的营业时间，也不知道里面有什么东西可买，你的生活将会变得有多乱。如果某一天它只卖曲通粉，第二天只卖芒果，再接下来一天只卖沙拉酱，事情又会变成什么样？

在小型社区，人们自己种植粮食自给自足，当地的杂货店提供其余的一切，缺乏结构可能也不会有太大问题。但是，同样的情况放在大型社会里就行不通。必须要有一个相对有效的和可以预测的体制，才能给很多人提供商品和服务。而要维持体系正常运转，就必须完成一定的任务，而对个体来说，这些任务太过复杂，不可能独自完成。这种复杂性使得官僚制必不可少。

官僚制（科层制）：照章办事

19世纪著名社会学家马克斯·韦伯（Max Weber），对了解现代社会的复杂程度极感兴趣。他指出，没有官僚制，人类也就不可能完成建造城市、经营大企业、管理庞大而多样化的人口这样的壮举。官僚制确实是一种能够有效而合理地管理大批人口的方法，不过韦伯也承认，这些特质很容易抹去那些在里面工作的人的人性。

今天，我们往往认为，官僚制主要是一种非人的、严密的机器，侵入到我们的个体生活中。一提起官僚制，就会让人想到下述景象：一排排的桌子前面坐着一个个面无表情的员工，永远也填不完的表格，徒耗时日的公文往来，毫无意义的政策。事实上，"官僚"这个词有着如此鲜明的负面形象，以至于说一个人是官僚会被视为一种侮辱。不过，请记住，在社会学意义上，官僚制仅仅是一个庞大的阶层性组织，所有事情都要依据正式法规办理，每个人都有明确的工作任务。

官僚组织有三个重要特征：

- 劳动分工：官僚制有明确的**劳动分工**（**division of labor**），每个位置都会标明工作内容。理论上，官僚制因为只任用专家负责精细分工下的各种任务，所以明确的劳动分工比较有效率（P. M. Blau & Meyer, 1987）。劳动分工使得大型组织可以完成的任务，远远超出个体独立作业所能完成的。但因工作内容十分专业，以至于有时去执行别人的任务甚至会成为违法之举。例如，在医院里，看护人不能开药，护士不能做手术，医生也不能帮病人填写保险单。

- 层级管理：除有明确的任务分工，官僚制也有**层级管理**（**hierarchy of authority**）制（权责层级制）。美国多数官僚制都是金字塔形，位居顶端的少数人拥有众多权力，处在底层的许多人则几乎毫无权力。在这样的指挥体系中，每一层级的人都要向其上一层级负责，向下一层级展现权威。权威往往来自于职位，而非职位拥有者，所以就是人员退休或死亡，官僚制也不会停摆。层级管理让一些人掌控其他人，也使得一些人的工资高过其他人成为合理。在政治组织中，层级管理会创造出一种**寡头制**（**oligarchy**），拥有特权的少数人控制大多数人（Michels, 1911/1949）。在这种环境下，领导者往往远离公众，在职期间极少会对他们的行为负责。

- 缺少人情味：官僚制依据一套复杂的规章制度进行治理，确保任何占据职位的人都能以同样的方式去执行同一项任务。规章制度使得官僚可以公正无私地去完成工作。具有讽刺意味的是，人们经常批评官僚总是一副事不关己、毫不关心的态度，然而，也正是这一点，让组织变得更有效率。例如，在驾校考试中，我们可能想要监考官能多多关照我们，但试想一下，假如你是下一个路考者，但监考官却决定先暂停考试与上一位路考者去吃上一顿，你会是什么感受？

你所上的大学，就是一个官僚组织的范例。它有明确的分工，包括门卫、秘书、图书管理员、教练、教授、行政人员、董事和学生。每个人负责的任务都是高度专业化的。西语系教授不会去教生物学的课程。规模较大的综合性大学，任务分工更加精细。同为社会学系教授，讲授犯罪社会学课程的，可能就不会去讲家庭社会学课程。

虽然各个学校赋予不同职位的权力不尽相同，但是，所有大学都有层级管理制度。通常，底层是门卫、园丁和食堂员工；往上推，依次是学生、系所职员、助教、兼职讲师、教授和系主任。行政级别阶层则是：副院长、院长、副校长，最终则是校长和董事会。

另外，大学也是通过严格得有时让人恼火的带有官僚色彩的规则来进行管理。这些规则包括选课时间和方式，毕业要求，行为准则，教授上交学生成绩的最后期限。大学教职员工严格遵守这些规章制度，可能会使大学出现官僚制的最后一个特点：不近人情。

随着人们进入官僚制内成为其中一员，就会背负起许多固定权责，他们常会变得僵化呆板没有弹性，更在意其言行举止是否合乎规范，而不太关心他们的工作质量如何。因此，人们只想安于现状过完每一天，而不是积极想法解决问题和批判思考。因而，他们也就成为各种让人沮丧的程序和准则的来源，目的则只为避免有任何事情发生（G. Morgan, 1986）。2015年，海关机构官僚程序引发的危及生命的延缓，使得成吨的救援物资（如食物、饮用水、衣服和帐篷）无法及时被运往尼泊尔地震受灾者手中。政府官员坚称，必须遵守严格检验的规则，即便是救援物资也不能例外。事实上，一些官员担心，他们若是没有一一详细记下所有援助的物资，日后就有可能会被人指控他们自己侵占了这些物资（G. Harris, 2015）。

在美国国内，2005年卡特里娜飓风摧毁墨西哥湾后的救援工作，也遇到许多官僚阻碍相似的妨害（Goodman, 2005）：

- 路易斯安那州州外医生被告知，他们需要一张路易斯安那的执业许可证，才可以前去帮助新奥尔良的卡特里娜飓风的受害者。
- 距此遥远的城市达拉斯和休斯顿，想要给灾民修建庇护所，但却被建筑规范和分区限制所阻止。
- 飓风发生前后，车主付费 5 美元或 10 美元请新奥尔良外的人帮其拖车，却被告知违反了当地法律。
- 在住房、医疗保健和交通方面，穷人（就像这种情况下常有的那样）没有自行购得这些服务的资源，所以必须依靠大型官僚组织提供，而这则意味着长时间的延迟。

尽管韦伯（Weber, 1947）强调，在复杂的西方社会，必须有官僚制才能正常运转，但他也提出警告：官僚制最终很可能会失去人性，变成禁锢其成员的"铁笼"（iron cages）。他担心，官僚制终有一天会蔓延到社会生活中的每一个角落，人们只能在没有人情味的官僚组织之间来回移动。韦伯的恐惧很大程度上已成为现实。在现代社会，随处都可见到官僚组织的影子。最成功的官僚组织，不仅主导了企业界，更是影响到我们所有人的生活。

社会学家剪影　乔治·里策尔（George Ritzer）：社会的麦当劳化

社会学家乔治·里策尔（George Ritzer, 2008）将麦当劳连锁餐厅作为官僚化的一个隐喻。2014 年，麦当劳餐厅的收入超过 270 亿美元（McDonald's Corporation, 2015）。全球共有 3.6 万家麦当劳餐厅，在美国和大多数外国地区主干道边几乎每一个重要的城镇和城市，你都能看到它们。全世界每天有 6900 万人吃麦当劳。

里策尔所说的麦当劳化（McDonaldization），指的是"速食餐厅逐步主导美国社会及世界上其他地方越来越多的行业"这一过程（Ritzer, 2008, p.1）。实际上，麦当劳取得的非凡成功，催生出无数其他快餐连锁店，纷纷模仿它的模式。它的营销模式也影响了许多其他行业的企业，其中包括玩具反斗城、星巴克、卓越理发（Great Clips）、捷飞络（Jiffy Lube）、潘娜拉面包店（Panera Bread）、宠灵（PetSmart）和盖璞（The Gap）。这一模型的力量是如此强大，以至于部分行业的别称也受到了麦当劳的影响：在繁华地段新建的住宅被称为"麦豪宅"（McMansions），免下车的医疗服务被称为"麦医师"（McHospitals），有着大量会众的巨大的教堂被称为"麦教堂"（McChurches），工人只是企业机器上一颗无名螺丝钉的低薪职位则被称为"麦工作"（McJobs）。

麦当劳的成功之处不仅仅是社会麦当劳化。麦当劳已经成为一种神圣的制度，在流行文化中占据核心位置。麦当劳的"金色拱门"，是当今社会上最醒目的符号。

麦当劳以各种方式吸引着我们：

> 广告中的麦当劳餐厅清洁干净，食物新鲜有营养，员工年轻有活力，大堂经理温和体贴，就餐体验似乎无比愉快。通过在此消费，至少可以间接帮助慈善机构，如照顾生病孩子的"麦当劳叔叔之家慈善基金"（Ronald McDonald House）。（Ritzer, 2008, pp. 8−9）

根据里策尔的看法，麦当劳（和模仿它的每个公司）一直如此成功，主要是因为它符合韦伯的经典官僚制模式。它有明确的劳动分工和一致的规范系统，使其具有高效率和可预期性。无论身在何处，你都知道会发生什么：

> 当你走进一家麦当劳店，不用看头顶的菜单，你就知道你的选择；一旦你点了汉堡，你知道上面的番茄酱会像往常一样，涂抹在三明治上面的同一个地方。这种可预测性的吸引力是显而易见的。就像一位观察家所说，麦当劳的顾客"寻找的不是'我吃过的最好的汉堡'，而是'我习惯吃的汉堡'"。（Drucker, 1996, p.47）

此外，如果你曾留意柜台后面的员工，你就会知道，每个人都有极为精细的任务分工：

> 麦当劳公司将厨师、服务员、收银员，甚至是经理的工作，都拆解成无数简单的小动作……公司系统地抽离了从薯条装多少到员工排班等问题上做决定的因素……无论是泡菜还是清洁程序，凡是有可能需要门店层面作出决定的事情，他们都会将其一律无情地清除掉。（Garson, 1988, p.37）

麦当劳化很可能会持续下去，甚至继续蔓延扩张，原因有以下几个：

- 它受经济利益驱使：营利性企业将会继续效仿麦当劳的官僚制模型，因为企业越来越多地使用自动化技术和保持产品的一致性，可以获得更高的效率和更高的利润。
- 它已经成为一种文化上青睐的理想模式：我们对效率、速度、可预期性和掌控的欲求，经常让我们无视快餐食品（以及家庭中等效的微波炉预制食品），实际上要比我们自己从头开始准备一顿饭花费更多钱，而且营养也更不均衡。此外，我们多数人的共同记忆都与麦当劳扯不开关系：这里就是我们看完少年棒球联赛、青少年时期聚会、去医院迎接出生的第一个宝宝的路上等停下来的地方。
- 它与其他社会变迁并进：随着双职工家庭越来越多，人们回到家不太可能有时间或心情去准备一顿饭和饭后清理厨房。此外，在一个讲求流动性的社会，速食心态必然会很流行。

但是，麦当劳化确实也有其不好的一面。虽然效率、速度和可预期性这一模型可能会吸引一些人让其感觉很便利，但是，整个系统也使得社会生活更相似，更死板，更少人情味。员工脸上的微笑是工作需要，并不是其发自内心真诚为你服务的喜悦［谁喜欢伺候人？］。更糟的是，这种官僚制特有的常规化，有时会将消费者变为无薪员工，去做那些传统上由领薪工人所做的事情（McDonaldization, 2015）。想想你在一家快餐店吃饭的时间、在加油站给车子加油的时间、在超市包装所买食品的时间，或者是通过自动电话菜单

> 找到出路的时间。
>
> 　　速食模式已经夺走了我们的自发性、创造力和对独特性的渴望，我们被困在韦伯的"铁笼"（一种官僚制文化）里：置身于这样的文化中，极少需要我们去思考些什么，我们也几乎不会遇上什么意外机会。

组织的阶层构造

　　鉴于先前的描述，你可能会认为，官僚组织中的每个人给人的感觉都是陌生的、没有人性的、甚至是受到剥削利用的。但实际上，人们在大型官僚机构中的感受，在一定程度上取决于他或她处在组织内整体结构的哪个阶层。冲突论视角指出，尽管有些人会因其所处阶层位置无法展现其个人特性，但其他人则可能会因此而受益。

　　上层（高层）　大型组织中的上层人士置身于官僚组织的最深处，是组织中的少数人，并因其所处的地位而获益最多。官僚组织有一个有趣而又令人不安的特点是，尽管近期世界各地出现一股潮流：大量的妇女和有色人种进入管理阶层，但是，企业高管仍然倾向于具有同质性：主要是男性、占主导地位族群的成员、出身中上阶层（DiMaggio & Powell, 1983；Kanter, 1977；W. H. Whyte, 1956；Zweigenhaft, 1987）。根据美国人口统计局（ProQuest Statistical Abstract, 2015）公布的资料，在美国，接近 90% 的首席执行官是非西班牙裔白人，74% 都是男性。标普 500 指数成分公司的首席执行官，约 95% 都是男性（Catalyst, 2015）。此外，高管的教育、社会和家庭背景非常相似（Kanter, 1977；C. W. Mills, 1956）。这种同质性，不只是源于招聘中存在的历史偏见，它也与上层工作的性质有关。

　　上层管理人员没有明确界定的工作内容和清晰界定的责任。他们必须准备好随时使用其自身的决断力，灵活处理各种不同问题。然而，他们大多数时候并不是忙于从事创新、制订计划和作出重要决策，而是在到处参加会议，签署备忘录，回复手机短信和电子邮件，将责任委托给下属，参加与企业相关的社交活动。

由于高管这一角色的工作内容从性质上来说比较模糊，所以也就没有明确的标准来评估他们的工作表现是否良好。诸如销售和生产数据或利润率，只能间接反映高管的能力。当被问到是什么使得高管［行事］有效，高层员工提到了一些不精确的因素，如沟通能力和赢得认同（Kanter，1977）。在这种环境下，高管间有共同语言和共识是很重要的。因此，从组织的视角来看，确保效率的最好方法，就是让上层人员都有类似的经历和来自相似的背景。最近的一项调查发现，80%的雇主都将**文化适应**（**cultural fit**）——一种观念，认为最好的员工与经理志趣相投——视为招聘的首要任务（引自 Rivera，2015）。由此导致的结果便是，高管们形成一个封闭的圈子，彼此在文化上比较相近，但却与组织中的其他部分相隔绝。

中层 在正式组织里，中层通常是最少生气的阶层（Kanter & Stein，1979）。中层成员往往是靠相信自己有机会晋升这一信念来维持士气。如果我相信未来某一天我有可能升官，即便中层管理工作既无趣又无成就感，相较于我预期自己一辈子都要待在这个岗位上，也会对我有不同意义（McHugh，1968）。讨人厌的任务可能会让人感到不快，但这是我必须付出的代价。未来晋升的希望会让中层员工专注于不断积聚些微地位与声望，希望哪天能形成影响力，从而得到上司的认可。

但对大多数中层员工来说，晋升的希望也就是一种希望而已。由于大多数大型组织都是金字塔结构，绝大多数中层员工永远也不会爬上去。许多人都在爬往组织上层的激烈竞争中败下阵来。其他人则被困在很少或根本没有升职机会的职位上。也有人能在中层找到一个舒适的位置（Kanter & Stein，1979），但其他人就很可能会感到苦闷、愤怒、异化，有时甚至还会放言要报复或惩罚公司。

多数大型组织的结构，经常迫使中层管理人员的工作态度趋于保守谨慎。他们不愿危及手中有限的权力，遂对下属采取高压、强迫和密切盯人的方式加以管理（Kanter & Stein，1979）。

对有些中层人员来说，组织身份成了其生活的全部，人生中的其他角色与关系都被推到了一旁。近60年前，社会学家威廉·怀特（William Whyte，1956）描述了年轻的中层干部为了其渴求的事业有成，如何放弃个人生活。大型组织都会给其员工灌输企业社会伦理，这是一种信念：对群体的归属感对他们的事业成功是最重要的。这样的信念鼓励人们把自己全部奉献给组织，使得个体的私人生活变得无关紧要。

怀特（Whyte，1956）对组织生活牺牲私人生活的描述至今仍然适用。组织依然在鼓吹团队合作，中层员工也仍在将公司利益置于自身利益之上（Jackall，1988）。为了扮演良好的团队成员角色，人们必须避免表达强烈的政治或道德观点，牺牲自己的家庭生活长时间工作，永远服从上级等。被视为一个忠诚守信、有效率的团队成员和坚守岗位也很重要。在官僚组织的世界里，爱出风头、咄咄逼人等鲜明性格十分危险。根据一项研究的结果，对中层经理人来说，最糟的评价是她或他太聪明。这一评价通常表示，他们曾经公开展现才智，故被他人视为一种威胁（Jackall，1988）。

有趣的是，时至今日，人们为了组织而牺牲私人生活的意愿已经大大降低。怀特曾在1950年代采访了一群"组织人"（organization men），40年后，两位社会学家保罗·莱因伯格和布鲁斯·塔克（Paul Leinberger & Bruce Tucker，1991），采访了原来那群"组织人"的儿女。他俩发现，这些人的价值观和态度，与他们的父母有很大不同。他们往往是个人主义者，更倾向于追求自我实现，而不是对组织的归属感。考虑到近来的社会趋势，这一结果并不令人惊讶。在一个企业并购、搬迁和裁员变得司空见惯的时代，效忠组织对个人来说已经失去了意义。

虽然极少有人想回到过去那种情景：中层员工为了其职业梦想而牺牲了一切，但是，莱因伯格和塔克指出，今天的文化过于强调个人主义，也产生了一些其他问题，如孤立感、无法对他人作出承诺、缺乏群体感。

底层　位居组织阶层最下者，通常工资最少、最不受重视、在外界眼中最像消耗品（即最容易被抛弃、被牺牲）（Kanter & Stein, 1979）。底层者真正的迹象是事事受人操纵。他们通常没有权利来自行决定工作内容。他们几乎没有决策权、自治权、自由或影响力。例如，在大学的官僚制度中，对于课程内容、主修课程、学费或毕业条件，学生通常都没有多少发言权。

今天的大多数公司仍在沿循20世纪初发展的概念来进行组织。其基本原则是：高度专业化的劳动分工可以提高生产力和降低成本。因而，管理者通常都会将官僚组织的低阶工作进一步细分，让没有技能的员工也能反复执行。这种结构使得管理者可以最大限度地掌控每个员工的工作。

科技进步往往使低阶工作分工更加精细，对员工的技能要求也逐步下滑（Hartmann, Kraut, & Tilly, 1989）。例如，在保险行业，风险分摊、索赔评估等技术性工作，全都交给电脑软件程序去做。这些以前都要由人脑决断的项目，现在几乎全都惯例化了。过去由熟练工人和专业人员负责的工作，现在也能交给低技能、经验较少、工资较低的职员去完成（Hartmann et al., 1989）。

这个过程被称为**去技术化**（**de-skilling**），它创造了那些只要求被动与服从而不要求资历与才能的工作。去技术化让组织乃至整个行业都能压低开销，但也降低了员工的职业成就感。像流水线作业等工作沉闷枯燥、一再重复，几乎毫无挑战性，使得大型官僚制底层员工生出诸多不满。

不足为奇的是，比起管理阶层，低阶工人往往要面对另一套规范与期望。一些观察家称之为"道德双层制"（two-tier system of morality）（Ehrenreich, 2002）。低薪员工必须卖力工作，遵守法律，依循公司规范。他们的个性在求职阶段就受到审视，被录用后还要随机接受药物测试。尽管联邦和州法律规定，计时员工每分钟的工作都应支付报酬，但有时组织仍然希望雇员无偿奉献个人时间。2004年，美国劳工部曾惩罚多家经常要求员工加班工作的企业，包括T-Mobile（世界上最大的移动电话公司之一）、星巴克、沃尔玛和RadioShack（美国第二大电器连锁店）等（S. Greenhouse, 2004）。具有讽刺意味的是，就在这些事件被曝光的同时，也有数家大企业的富豪高官被指控隐瞒债务，隐瞒利润，从事内幕交易。

员工若能积极参与工作内容，如握有决策权，或定期向上司提供意见，不仅会减少疏离感，也会比那些缺少这种自治的员工，觉得自己的工作更有价值，更让人满意（Hodson, 1996）。例如，过去几十年间，一些美国医院已经尝试了重新调整它们的低工资低技能职务的内容，如餐饮部员工、保洁员、护理助理等。这些医院希望通过增加技能培训、工作内容多元化、增加自治和弹性等，能减少人员流动情况，改善病人的就医经验。结果表明，这些措施降低了离职率，提升了员工的工作满意度（Appelbaum, Berg, Frost & Preuss, 2003）。

工作环境中若是没有这样的创新措施，许多底层工人就得自己想法增加对工作的掌控权，好让自己的职场生涯变得比较有尊严、比较能继续忍受（Hodson, 2001）。底层员工手里也并非一点权力没有，有时对工作多少也能保有一定的主导权，甚至是创意。尤其是企业规模一旦庞大，中高层管理人员根本不可能时时直接监督员工。结果便是上有政策下有对策。所以，即使高度结构化的和高度重复的工作，员工也有许多机会重新定义工作性质，或者悄悄违背上级的期望和命令。例如，一项研究发现，担任文书、服务或手工类职务的员工，经常都能在管理阶层限定的时间之前便找出其他方法完成指定的工作。然后，他们就可以将剩余时间用来做自己想做的事情（Hodson, 1991）。在有工会或曾有过劳资冲突的工作场所，不论是员工集体反抗（如有组织的罢工），还是个人抵抗（如旷工和逃避工作），都能让底层员工感到自己握有一定的掌控权（Roscigno & Hodson, 2004）。

总之，低阶员工并不一定就是无能为力的自动化机器，其生活完全由结构中的上层操纵。事实上，中层管理人员的权威大小，还要看下属是否愿意配合和听从指示。任何形式的员工反抗，对管理和组织整体，都可能会造成灾难性的后果（Armstrong, Goodman & Hyman, 1981）。低阶员工一旦被组织起来，就能通过罢工、怠工或集体谈判，对公司政策施加极大的影响。

建构组织实体

从符号互动论者的视角来看，组织是经由其成员的日常行为而得以创建、维持和改变（G. Morgan, 1986）。一个组织的语言，便是它创造自身实体的一种方式。

某种程度上，新成员必须学会组织的用语才能在组织中生存下来。例如，在军队中，新兵必须学会大量外人难懂其意的字词、短语、俚语、声响和符号（Evered, 1983）。更重要的是，通过在局内人与局外人之间画出界限，语言有助于生成和维护组织。

为了使得组织运转顺畅，每个人也都必须将一致的规则、价值观和信念予以内化。但是，人们总是会有自己的想法，因而在组织的正式结构下，仍然可能自行发展出另一套非正式结构（Meyer & Rowan, 1977）。例如，许多大学老师都告诉学生，课上讨论发言是本课程的一个重要组成部分，会被计入评分标准。然而，在大学课堂上，全班每个学生乃至大多数学生都真正参与讨论发言的情况极少出现。多数学生都知道，班上总是会有那么几个人负责回答老师的问题，或者是发表各种意见。这些学生免去了其他人必须发言的负担（Karp & Yoels, 1976）。尽管这些愿意发言的学生主导了全班的讨论，但是，他们却往往并不受其他学生喜欢。大多数学生中间都有一种很强大的规范，认为一个人不该在课上发言太过频繁（Karp & Yoels, 1976）。经常课上发言的学生等于打破了课堂规范，而且在学生眼里看来还可能提高了老师的期许，长时间来看对大家都很不利。因此，一旦某个同学发言太过积极，其他学生就会用别人可以听见的叹息、翻白眼或公开嘲讽的方式，表达对其这一举动不以为然。

大型复杂组织一个具有讽刺性的地方就在于：如果每个人都严格遵守每一条规则，该组织反而会最终崩解。例如，高度严明的官僚化组织刑事法庭体系，旨在通过惩罚社会上那些违法者来维护正义。《美国宪法第六修正案》（U.S. Constitution's Sixth Amendment）保证，任何被指控犯有严重罪行的人，都会由陪审团经过庭审定罪。然而，公诉辩护人、地方检察官、私人律师和法官，实际上经常紧密合作，用其他方式绕过开庭程序，对犯罪者定罪（Sudnow, 1965）。1970年代，每12个刑事案件中只有1个会真正开庭审理；今天，据估计，开庭审理的案件比例不到四十分之一（引自Oppel, 2011）。

如果法官和检察官完全依照法规办事，保障宪法赋予个体的权利，让所有案件都由陪审团审判，这一制度就会崩溃。本就不堪重负的法院根本处理不完所有案件。就像一位作家所说："如果每一个被指控犯罪的人突然都要求行使宪法赋予他或她的权利，就会没有足够的法官、律师或牢房，来应对随之而来的如同潮水般涌来的诉讼。"（Alexander, 2012, p.5）因此，认罪协商等非正式制度已经扎下了根，使得法庭可以继续运转。那些年轻而抱有理想主义态度的公共辩护人，如果想让手上每个案件都通过开庭判决，定会受到法官或上级的间接制裁，如开庭时间不便，或者是给其增加工作量等。

总之，组织生活融合了正式结构规范和非正式行为准则。有时人们也会将成文规范抛到一边，代之以约定俗成的默契。组织既定的目标也常会与现实情况发生冲突。虽然指令系统看上去非常明确，但非正式结构也常会对事情如何了结产生更大的影响。

组织与制度

了解了组织对日常生活的影响，只是故事的一部分。组织自身存在于一个更大的结构背景下，扮演着联络桥梁的角色，串联起民众与经济体系、政府、宗教、医疗及教育等主要社会制度。就像我们在第二章中看到的,制度为社会生活主要领域的行为提供了基础。它们是解决特定社会中存在的问题和满足特定社会的需求的模式方法。

制度内的组织网络

与人一样,组织也会经历出生、成长、过重、瘦身、迁移、与他人建立关系、破裂解体、走向死亡这一过程。它们彼此互动,相互作用,有时合作,多数时候则是相互竞争,随着现行的经济和政治风向发生变动。有时它们甚至还会撒谎、欺骗和偷窃。与人一样,有些组织同样势力极大,能够支配其所在行业里其他组织的行为。

德克萨斯州的教材销售,占美国整个教材市场销售份额的约15%(Stille, 2002)。《德州教育法规》(Texas Education Code)里面明确说明,教材应该着重突出礼仪、民主、爱国精神和自由企业制度。各种监管机构也联合一道,每年都会核查教材内容是否有不合宜或是让人反感的地方。例如,2004年,德克萨斯州教育委员会批准了新版高中健康教材,其中强调禁欲,但却丝毫没有提及安全套。过去几年,德州教育委员会也要求出版商删除有利于伊斯兰教的话语和段落、对全球变暖的讨论、提及进化论的地方、胸部和睾丸自检的插图(Simon, 2009;E. Smith, 2010)。2010年,教育委员会批准了一项社会研究课程,要求历史和经济课本强调美国资本主义制度的优越性,强调基督教对开国元勋的影响,以更积极的姿态呈现保守主义政治哲学(McKinley, 2010; Shorto, 2010)。教育委员会中有一个由28位成员组成的小组,负责采选生物课本,其中有6位组员公开反对"进化"概念(Rich, 2013)。德州教材市场在经济上的重要性,迫使许多出版商遵循该州的规则去编写和修改他们出版的图书。

同样,当通用电气、苹果、埃克森-美孚和可口可乐等这样的大公司决定瘦身或扩编时,整个金融界都能感受到它们这一举措的影响。但即使这样的组织如此强大,也同样无法独立存活。共同的目标和需求将组织变成庞大的网络。这些网络往往都很庞杂,以至于来自不同领域的组织必须互相依赖才能生存。

微观与宏观之间的联系:
美国医疗体系

考虑一下美国的医疗体系,这是我们最重要的社会制度之一。想象一下需要多么庞大的组织网络,才能把一位病人送入一家医院接受治疗。首要的是,区域内所有医院都必须与其他医院有紧密联系。一家医院的情况变化,如急诊室患者人数减少,或是新设立了一个技术先进的创伤中心,很快就会影响到其他医院。医院之间的紧密联系,使得必要时可以将医疗设备、医护人员或病人转至其他医院。

为了确保医疗水平和人员充足,医院也必须与医学院、护士学校及教学医院等正式培训组织有往来。这些组织通常隶属于大型综合大学之下,所以能够进一步拓宽网络。当然,美国医学协会(American Medical Association,AMA)及多项认证制度,也会监督培训原则和证书发放。

为了保证财源无忧,医院还必须与赞助单位保持联系。过去,医院都由各种政府、宗教、非营利性及营利性组织运作。它们必须在十分严格的规范下运转,这意味着它们必须与地方、州、联邦各级政府负责颁发执照单位保持联络,例如(医疗卫生机构认证)联合委员会(Joint Commission)。再加上医疗器械行业、药品行业、保险行业、餐饮服务供应商、司法界人士、慈善团体、关注医疗改革的政治团体、病人权益团体等,尤其是医疗保险公司,整个体系变得更加复杂。事实上,近来引发高度争议的健康医疗改革法案及其最终通过,本质上是保护相互竞争的经济、政治和个人的利益。

医疗体系内的庞大组织网络也必须相互合作,以便应对广泛的社会需求和危机。例如,经过1995年的俄克拉荷马市联邦大楼爆炸案、2001年9月11日的恐怖袭击和2011年秋季的炭疽病毒攻击之后,美国医学研究所

（Institute of Medicine，2003）在 2003 年发布了一份报告，警告说美国的心理卫生、公共卫生、医疗和应急系统并未做好应对恐怖袭击的准备。在组织层面上，各个单位之间的连接协调、对专业人员的培训和监管、面向一般公众的消息传播均有疏漏。这份报告的结论认为，包括联邦卫生部、社会服务部、国土安全部、地方灾害应对者，以及各个医疗领域的专家，必须通力合作，才能防止潜在的灾难发生。

尽管医疗体系关系复杂，规模庞大，至关重要，但当病人去医院看病时，却并不会意识到这是一个巨大网络的一个节点。病人显然并不在意医院的组织联系，他们更关心护士对自己是否友好、提供的食物是否可口、医生对他们是否真诚和有同情心。然而，2003 年的一项研究指出，三分之一的医生都坦承，由于知道病人的医保覆盖范围有限，而未将部分医疗信息告知病人（Wynia，VanGeest，Cummins & Wilson，2003）。大型体制的需求有时会与个人医疗需求发生冲突，使得面对面的互动有可能出现问题，甚或可能会对病人健康有害。

朝向同质性的制度压力

如果你想了解世界上有多少种不同的组织，你可能会将焦点放在它们之间的差异上。有些组织规模大，有些组织规模小。有些组织比较正式和复杂，有些组织较有弹性和简单。有些组织具有金字塔形的指令体系，有些组织则带有更多平等主义色彩（E. Gross & Etzioni，1985）。社会学家一直想要了解，在政治、经济、文化或环境发生变化时，不同的组织会作出什么样的独特应对方式。然而，组织之间看上去还是相似之处多于不同之处，甚至随着成立的时间越长，越倾向于模仿彼此之间的行为（DiMaggio & Powell，1983）。

组织之间的相似性，其实并不让人感到意外。由于同一行业内的组织面对的问题在本质上比较相似，所以它们也就会采取相似的方式去进行应对。几年前,当苹果公司试图用其深受欢迎的 iPad 垄断电子产品市场时,不可避免地,其他公司纷纷仿效推出自己的平板电脑。同样的事情还可以在混合动力汽车、希腊酸奶、能量饮料、智能手表和电子烟上看到。

相似性往往势不可挡。好莱坞电影制片人中间流行一句古老的谚语:"没有一部电影会像先前的票房冠军那样成功。"(Dargis, 2011)同样,美国四大商业电视网:NBC、ABC、CBS、FOX,在看到其中一家由于某种类型节目而收视率飙升,其他三家很可能会用同一套方式(与其相似的节目类型)去吸引观众。就像你知道的那样,只要一个节目类型取得成功,随后就会有无数与其类似的节目一窝蜂地涌现出来;例如,人们互相竞争看谁能克服最恶心或最可怕的事物这类节目,如《幸存者》(Survivor)和《谁敢来挑战》(Fear Factor);才艺比拼节目,如《美国偶像》(American Idol)、《美国达人》(America's Got Talent)、《美国之声》(The Voice)和《与星共舞》(Dancing With the Stars);烹饪比赛秀,如《地狱厨房》(Hell's Kitchen)和《顶级大厨》(Top Chef);模特/时装秀,如《天桥骄子》(Project Runway)和《全美超模大赛》(America's Next Top Model);关于保留所有聚集品的人的节目,如《囤积者》(Hoarders)和《囤积:活埋》(Hoarding: Buried Alive);减肥节目,如《最大的输家》(Biggest Loser)和《极端减肥王》(Extreme Weight Loss)。简而言之,组织通常并不会直接针对社会环境变迁作出改变,比如调查并依照收视观众的喜好去制作节目,而是最后会去直接模仿其他组织的行为(DiMaggio & Powell, 1983)。

令人惊讶的事实是,模仿并不等于就更有效或更成功。一旦创新策略变为行业常态,也就失去了改善组织表现的能力。观众最终会厌烦去看这些内容相似的节目。模仿最终只会降低行业内的创新能力。

在充满不确定性的时候,组织往往更倾向于互相模仿(DiMaggio & Powell, 1983)。当外界对新技术知之甚少、当外在环境正在发生巨大的变化,或者是当各级政府推动新法规和新议题时,组织很可能会对该如何行事有些困惑。就像人们经常会相互帮助厘清模糊的情势再确定恰当的应对之举，组织也是如此。

社会生活中一个尤其容易受到不确定性影响的领域就是政治。民意调查组织是一个巨大的产业，其存在主要是为了权衡公众对特定社会问题的情绪或投票偏好。民意测验专家经常会参与一种被称为"放牧"（herding）的实践，这种实践是指倾向于宣布与其他组织已经公布的相类似的结果。有时，它们甚至会改变自己的看法，以与先前的调查结果相一致。由于民意调查组织是根据它们预测的准确性而得到评判，所以它们很可能会因担心出错而愿意复制其他组织的结果。在总统大选前一周，这一趋势更是会得到加强（Cohn, 2015）。这种做法的危险之处在于，整个调查行业繁殖不准确的信息和集体偏见，从而人为地改变公众舆论。

组织之间如此相似的另一个原因是，担任领导职务的人，尤其是专业人士，往往有着相似的培训背景。许多制度中都有一套严密的职业晋升途径，使得高层人士相互之间看上去几乎毫无差异（DiMaggio & Powell, 1983）。例如，医学院是许多医生组织规范发展的重要中心。事实上，由于多数医生都加入了美国医学协会，使得各个组织内成员的态度和做法也都相去不远。当这些医生担任行政职务后，他们很可能就会用相同的方法去经营管理医院。

特定组织形态之所以会占据主导地位，并不必然是因为其效率最高，而是因为制度的不确定性和单一规范标准创造专业权力等社会力量，给人们造成了趋于相似性的压力。这样的相似性，使得各个组织更容易进行互动，也更容易树立专业规范和标准（DiMaggio & Powell, 1983）。但是，这一同质性也是有代价的。当组织彼此之间互相复制，想要进行制度变革就会变得更加困难，官僚制的"铁笼"也更难逃脱。

全球化与社会制度

到目前为止,你在本书中已经看到了全球化对日常生活的巨大影响。许多重要社会制度都已达到国际规模,尤其是经济、教育和宗教。那么,这些全球性制度又是如何满足世界各地人们的需求的呢?

经济

此时此刻环顾我的办公室,我注意到,我的桌椅都是美国制造,我的手表是瑞士制造,我的订书机是英国制造,我的计算器是中国台湾制造,我的鞋子是韩国制造,我的裤子是中国香港制造,我的瓶装水是克罗地亚制造,我的公文包是印度尼西亚制造,我的装有孩子照片的相框是泰国制造,我的回形针、剪刀、电脑、旅行杯和 iPhone 是中国制造。由于近年来各个国家间的联系快速增长,你的生活可能像我的一样充满了其他国家制造的产品。由于美国、欧洲和其他亚洲国家不断增长的需求,日本正在经历一种令人不安的蓝鳍金枪鱼短缺状况,这种鱼是日本寿司中最理想的鱼原料(Issenberg,2007)。

经济全球化不仅仅是更多的货物从一个地方运到另一个地方。例如,如果你通过网络电话处理税务、寻求法律咨询、找寻遗失行李、解决软件问题、确认电话账单等,电话那头的工作人员很有可能身在印度或菲律宾的客服中心。大批精通英语与科技的工人愿意接受低薪工作,吸引了众多企业将电话语音服务迁至当地,如美国运通、斯普林特(Sprint)、花旗银行、美国第一资本银融公司(Capital One)、通用电气、福特、惠普和 IBM(Lakshmi,2005)。一些美国科技巨头,如亚马逊、谷歌、微软、脸书和雅虎,在全球 24 个国家都建立了自己的数据中心(Benko,2015)。

如果一种产品不是完全在另一个国家生产,那么我敢打赌,它的一些部件一定是在别的国家生产。即使普通的国内产品，也可能有复杂的国际背景。比如，一件普通的 T 恤。棉花很可能生长在美国南部。然后在印度尼西亚纺成纱，纱线在孟加拉国制成织物，织物在哥伦比亚或南亚某个国家缝成衬衫（National Public Radio，2014）。

全球化经济进程使得国界几乎消失不见。过去几十年间，市场和工厂遍布全球的**跨国公司**（**multinational corporations**），势力变得变得越来越大。单是美国的跨国公司，就雇用了超过 3600 万名工人（ProQuest Statistical Abstract，2015）。这些公司控制了世界上很大一部分的财富，深深地影响到各地民众的品位，不对任何一国的政治权威或文化效忠。与此同时，国际金融机构，如世界银行、世界贸易组织和国际货币基金组织（IMF），给世界各国提供贷款，资助其发展和重建计划。（更多有关国际金融机构和跨国公司对全球经济的影响，参见第十章。）由于通讯和电脑运算成本迅速下降，传统上阻隔各个国家市场的时空壁垒渐趋消失。就连地球上最偏远地方的农村居民，也同样可与全球经济相连，使用网络进行交易，收发来自全球各地的货物。

全球经济的益处遍及日常生活。对各个国家的消费者来说，一个国家的劳动力若是工资较低，则其所提供的商品和服务价格也会比较低廉。全球通用的信用卡使得国际旅行变得更加便捷。各国机场的餐饮服务均接受美元，邻近美国边界或其军事基地的外国地区，美元同样流通。与历史上的皇室贵族相比，全球经济发挥的影响力，也使得世界上许多人民的生活更健康，吃得更美味，活得更长久（Kurtz，1995）。

我们可能极少会意识到，许多我们日常生活中被视为理所当然的事物，其实都与遥远国家人们的生活息息相关。例如，当今众多流行电子产品的内部构造，都离不开一种鲜为大众所知的金属：钶钽铁矿石。这一铁矿石经过欧美日工厂精炼加工后就会变成钽，它是一种非常耐热的电导体。全球几乎所有的笔记本电脑、平板电脑、视频游戏系统、智能手表和智能手机里，都包含有以钽为原料制成的电容器。然而，美欧日都没有足够的钶钽铁矿石来满足这些需求。其最大蕴藏量是在刚果东部的热带雨林。当地开采钶钽铁矿石的方式，与加州 19 世纪淘金时期相同。矿工在泥地里待上数天时间，用塑胶盆将较重的矿石不断淘洗出来。运气好的时候，一名矿工每天可以开采一公斤矿石。他们每周可以得到 50 美元，比起当地大多数民众的平均月薪 10 美元，已经算是比较高的收入了（"What Is Coltan？"，2002）。

但是，全球贸易也带来了一些有趣的日常困境。几个世纪以来，西班牙和墨西哥工人一直享有工作日午睡 siesta，午睡与午餐时间比较长，有时甚至可以持续到下午 5 点。但部分西班牙工厂老板与店家已经逐渐意识到，每天下午暂停工作让员工休息，并不符合西班牙逐渐融入世界经济的态势。主张取消午休时间的一个西班牙研究群体的主席表示："在全球化世界里，我们的作息制度必须与其他国家保持一致，这样才能与世界维持联系。"（引自 R. McLean，2005，p.4）1999 年，墨西哥正式把政府工作人员的午休时间，从 3 个小时缩减到 1 个小时（R. McLean，2006）。2006 年，西班牙也采取了相同的措施。

全球金融制度同样必须密切留意世界各地的假期情况，才能避免出现在非工作日无法联络的窘境。部分国家的假期按照阴历来定，所以每年假期时间都不一样，甚至一国内部不同地区也有风俗差异。在其他国家，如法国，部分银行的放假日是劳资双方代表洽谈的结果。甚至就连什么是周末，各国也是各有各的定义。在中国台湾地区，周末是每个星期天和每个月的第二个和第四个星期六。在马来西亚，周末是每个星期天，以及每个月的第一个星期六。在立陶宛，上一周放假一天，下一周便放假四天（Henriques，1999）。

经济全球化也催生出许多严重的社会问题，包括发达国家的高失业率和欠发达国家的环境退化和剥削劳工现象。其结果便是，出现了一种不平等的全球体系，但是，消费者却并未意识到这一问题（参见第十章）。例如，现有技术设备的速度变得过时，新技术取而代之后产生了近 4200 万吨的有毒电子垃圾，其中大部分都是在中国农村和其他国家的垃圾场中，由那些毫无保护措施的人员来进行分解和转储（Benko，2015）。

视读社会学 | 全球衣物

不可否认，世界正在不断缩小，我们的生活已经变得比人类历史上任何时期都要更加全球化，相互之间的联系更加紧密。人们不再可能在与其他国家没有任何联系的情况下去存在和发展。所以我们已经走到了这一步，我们认为，我们日常生活中喜欢的产品很可能来自其他地方，这是理所当然的。这里的四张照片展示了一个随机选择的美国人通常穿的衣服上面的标签。

正如你在本章中所看到的，我们的衬衫、毛衣和裤子都是在孟加拉国、柬埔寨或埃及生产，这意味着我们可以比"美国制造"低的价格购买这些货物。顺便说一句，这一点同样适用于我们的家具、办公用品、电器、技术设备、体育设备等。问题并不在于这些东西是否是在其他地方制造的。这是肯定的。问题是，对此我们该如何思考和做些什么？你所拥有的东西大都是大半个地球制造的，这对你有何影响？你有义务去关心生产这些物品的工人所处的境况吗？如果你发现组装你所用智能手机的工人受到虐待和剥削，你会怎么做？

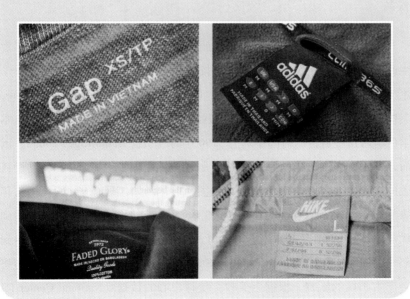

尽管政策明令禁止与剥削员工的外国公司做生意，但是，美国政府年均花费超过15亿美元的服装（机场安检人员穿的衬衫、森林护林员穿的制服、销往军事基地的衬衫和裤子等）却都是在海外工厂生产的，那里的工人有时要在非常危险的工作条件下干活（Urbina, 2013）。例如，在生产贴有海军陆战队标志衬衫的孟加拉工厂，童工占劳动力的三分之一。一家泰国公司制作史密森尼博物院（Smithsonian Institution，又译史密森学会）订制的衣服，每天支付员工约10美元，员工每出一个错就要扣掉一天工资。一家柬埔寨工厂生产美国陆军和空军订制的衣服，员工没有上厕所时间，逼着一些人就在他们干活的缝纫机边方便。

我们当然希望能够改善世界各地贫困工人的处境，让他们的生活变得更好一些，但却几乎无能为力。例如，抵制剥削工人的生产商是一把双刃剑。我们并不太清楚商品从何而来，许多劳工也觉得就算有份坏工作，也比没有工作强。全球市场竞争的压力，也会腐化政府设定自身经济政策、保护国家利益或是适当保护劳工和环境的能力。

教育

在全球经济体系下，可以预见的国际竞争，会促进一国教育体系发生改变。例如，美国小学生年均在校时间180天，相比之下，韩国小学生为204天，日本小学生为210天（Bush, 2009）。此外，高中四年间，美国学生学习数学、科学、语言和社会的时间平均为1462小时。日本学生学习这些科目的时间平均为3190小时（引自Bainbridge, 2005）。因而，毫不奇怪，这些国家及其他工业化国家的学生，在数学和科学学科上的表现一贯胜过美国学生（参见图9.1）。例如，只有9%的美国八年级学生数学达到优等水平，相比之下，新加坡的八年级学生数学达到优等水平的比例为40%，中国上海八年级学生的这一比例更高，达到55%（National Center for Education Statistics, 2014c）。这样的教育差距将会产生长期的影响。根据全美教育统计中心的数据（National Center for

图 9.1 十个国家学生的数学和科学成绩表现

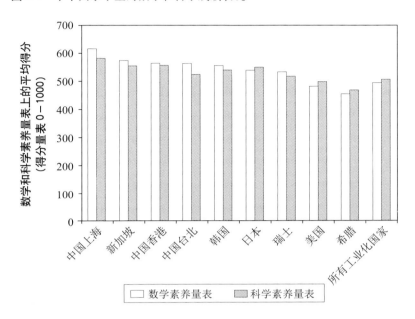

资料来源：National Center for Education Statistics, 2014, Tables 1 and 2。

Education Statistics, 2013), 16—65 岁的美国成年人, 在基本工作技能, 如读写能力、处理数据、使用技术来解决问题等上的表现, 落后于大多数其他工业化国家的成年人。

对我们在全球市场上竞争力的担忧, 已经导致全美呼吁进行教育改革, 如更加强调数学和科学, 在基本技能（如读写能力）上花更多时间, 提高计算机使用能力, 培养对政治地理和国际关系方面知识的了解。为了解决这个问题, "美国数学与科学行动"（National Math and Science Initiative）给全美 400 多所学校的师生提供现金奖励和其他形式的支持。每个参与该行动学校的学生, 只要通过"跳级考试"（AP）, 就可获得 100 美元奖励, 而每有一个学生通过 AP 考试, 老师也可得到相应的工资奖金（Matthews, 2012）。

学业优良的压力从一开始就存在。如今的孩子们, 从幼儿园起就要花大量时间去学习和测试，而不是花时间去尽情玩耍、锻炼身体和培养想象力。一项对纽约和洛杉矶幼儿园的研究（E. Miller & Almon, 2009）发现，孩子们花在数学技能、读写能力和测试上的时间（每天2–3个小时），是花在自由玩耍上的时间（每天20–30分钟）的4–6倍。游戏材料，如方块、沙子、水台、表演游戏道具，在很大程度上都从教室里消失了。佛罗里达州、威斯康辛州和马里兰州的一些学区，最近决定取消日常休息时间表。然而，越来越多的研究认为，并没有证据表明，在正式教育课程上花更多时间和在玩耍上花更少时间，实际上提高了儿童的长期学业成就。事实上，它可能会延缓孩子们的情感和认知发展，引起压力升高，甚至压制孩子们对学习的渴望（引自 D. Kohn, 2015）。

教育改革者一直呼吁推行更长的上学时间和较短的假期，这样美国的学生就可以赶上世界上其他地方的同龄人。一些人指出，学校的日历（每天六个半小时和一年180天）是依据过去的农业经济创建的，而不是今天的高科技经济（Ubiñas & Gabrieli, 2011）。2009年，教育部长阿恩·邓肯（Arne Duncan）在他的听证会上说："我们的学生在校时间太短，我们学校的星期太短，我们的学年时间太短。"（引自 Dillon, 2011, p.A14）作为回应，根据美国时间与学习国家中心（National Center on Time and Learning, 2013）的报告，近年来，已有超过1000所学校增加了它们的学生在校时间，比传统学校平均每天多出1.1小时。其他学校则延长了它们的校历，将其扩大到每年190天甚至200天。约有14%的传统公立学校则采用了12个月的学年（Kolbe, Partridge & O'Reilly, 2015）。

一些批评人士认为，我们太过看重孩子们在社会上的表现和成就，以至于儿童和年轻人在成长过程中饱受折磨（Mannon, 1997）。一些学校的竞争压力已经大到，学校管理人员强迫让学生慢下来的地步。例如，全美各地的学区都在想法为不堪重负的儿童减压，例如限制平日晚上家庭作业的数量，严禁周末和假期给孩子布置作业（Hu, 2011）。在大学里，焦虑已经超过抑郁成为学生中最常见的心理健康问题。根据一项国家研究，54% 的本科生报告在过去一年内感到焦虑，七分之一已经接受了专业治疗（American College Health Association, 2014）。

其他批评者指出了在世界上其他地方可以看到的学习压力带来的危险后果。例如，在中国，想要进入大学需要参加一个标准化考试：高考。每年约有 900 万名中国高中生参加高考（相比之下，美国每年参加 SAT 或 ACT 考试的学生不到 350 万）。高考的压力从孩子们进入小学那天起就开始了，他们要学习数学、科学和适当的中文和英文（Larmer, 2015）。随着考试临近，一些人会报名参加"高考补习班"，每周补习七天每天学习 16 个小时。一些公立高中的教室，甚至给学生提供静脉滴，让他们集中精力坚持学习。但是，想要确保能够升入大学，经常要付出昂贵的代价。中国青少年的自杀率，常会随着考试日期的临近而增加。

在美国，极少会有人认为我们应该效仿加压式的中国教育模式。但与此同时，全球经济提出的要求和担忧美国的国际竞争能力下滑，将会继续对立法者和教育改革家施加影响。

宗教

受到全球化影响的另一个机构是宗教。尽管当今世界上存在着各种各样的文化和种族，但还是有近三分之二的世界人口信奉三大宗教：基督教、印度教和伊斯兰教——几个世纪以来，这三大宗教成功地跨越了国界。图 9.2 展示了支配世界的宗教所处的主导地位。

有些教派也开始全球化，以应对其在起源国家信教人数减少这一问题。例如，在美国和加拿大地区以外，从 1980 年以来，耶稣基督末世圣徒教会（Church of Jesus Christ of Latter-Day Saints）的信众增长了五倍多（引自 Kress, 2005）。卫理公会教派（Methodist Church）在 1980–1995 年间流失了 100 万美国信众，但在其他地区（主要是非洲）则增加了 50 万信众（Niebuhr, 1998）。事实上，在 20 世纪，非洲的基督教信众从 1000 万增加到 3.6 亿。尤其是圣公会教派（Anglican Church）在非洲

图9.2　占据主导地位的世界宗教

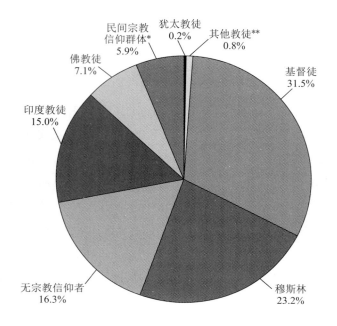

* 包括非洲传统宗教、中国民间宗教、美洲土著人宗教、澳大利亚原住民宗教
** 包括巴哈教徒、耆那教徒、锡克教徒、神道教、道教徒、天理教徒、威卡教徒、琐罗亚斯德教徒及其他信仰的信徒

资料来源：Pew Forum on Religion and Public Life, 2012a。

的增长速度，更是超出了在其发源地英国和北美。单是尼日利亚的圣公会信众，就占到世界上圣公会信众的25%（Rice, 2009）。

　　具有讽刺意味的是，这一宗教全球化反而在宗教群体间引发了危机。接触到互相竞争的世界观，挑战了传统信仰。在某些情况下，古代宗教传统或基本教义派正在出现强有力的复苏（Kurtz, 1995）。当今时代已经见证了对政府日益窄化的宗教定义的挑战。伊斯兰基本教义派政府在伊朗上位、正统派犹太教徒（Orthodox Jews）在以色列政治的影响力不断扩大、克什米尔地区印度教徒与穆斯林之间持续发生的冲突、伊拉克的逊尼派与什叶派穆斯林之间持续存在的冲突，都表明了这样一个事实：今天许多人都认为，宗教与一国的社会和政治命运密不可分。

世界各地宗教民族主义的兴起，明显对全球安全造成了威胁。2001年9月11日的袭击，是最明显的一个例证。激进分子有时会引用宗教经典（本例中为《可兰经》）作为暴力攻击那些遭到他们谴责的道德沦丧和进行经济剥削的社会的借口。在其他地方，宗教民族主义运动支持者发动的暴力之举，已然影响了政权，改变了选举结果，造成国际关系紧张，使世界上某些地区成为旅行者的危险之地（Juergensmeyer，1996）。

但是，宗教仍在世界事务上发挥了积极作用，创造了巨大的社会变迁。根据韦伯（Weber，1904/1977）的看法，新教信仰在欧洲的传播，使得现代资本主义的发展成为可能。新教教义认可世俗成就，如努力工作积累财富是宣扬上帝恩惠的一个标志。不过，早期新教徒也相信，上帝不喜欢刻意炫耀财富，如豪宅和过于奢华的衣服，等等。

于是人们就受到激励，养成存款和投资的习惯，而不是将辛苦挣得的财富随意挥霍。由此你也可以看出，这样的信念造就了经济大规模和长期的增长（Weber，1904/1977）。近期一项研究考察了59个基督教、佛教、穆斯林和印度教国家，发现虔诚的宗教信仰会促进经济增长，因为它们与如下个体特质相连，如诚实、工作伦理、节俭、对陌生人没有先入之见等（Barro & McCleary，2003）。

宗教运动仍在继续影响社会生活。1960年代，在电视上播出越南佛教僧侣自焚抗议美国发动的越南战争的画面之后，美国国内也掀起了日益高涨的反战运动。在1970年代和1980年代，天主教神父和修女质疑政府在中南美的政策，引发了全球对当地土著居民困境的关注。2007年，成千上万名佛教僧侣在缅甸街头游行，抗议该国军事政权对民众的压迫。他们的行为在亚洲、欧洲和北美的20多个城市，引发了有组织的抗议活动。

小　结

　　三个多世纪前，英国诗人约翰·多恩（John Donne）写道："没有人是一座孤岛，可以自全，每个人都是大陆的一片，整体的一部分。"当代社会生活也是如此。我们并不是单纯生活在个体特质或倾向里的独立个体。我们都是社会人（social beings）。我们是其他社会人聚合体的一部分。我们都有一种强烈的需要，希望能够归属一个远大于自身的某个群体或组织。因此，无论是面对面的互动，还是在结构完整的团体、庞大的官僚组织和各种社会机构里，我们都在不断地影响着周围的人事物并反过来也会受到它们的影响。

　　在本书的第二部分中，我讨论了社会和文化如何影响每日的生活经验，这些经验又是如何帮助建构和维持了社会秩序。自我和自我控制行为的发展，文化规范的影响，对偏常行为的回应等这些主题，为我们如何能以一种有秩序并可预测的方式生活在一起，提供了深刻的洞见。不过，在本章你已看到，社会结构是靠个体的行为来创造和维持的，但它却又大于这个行动的总和。组织间互动的层次远高于个体间互动；机构则被组织进大型的全球体系中。

　　社会结构超越了我们中的每一个人，可以对我们的生活施加巨大的控制力，它是一个看上去似乎是独立存在、显现在我们面前的客体实相。但它不可能离开我们而存在。行文至此，我想起1969年英国电视喜剧片《蒙提·派森的飞行马戏团》（*Monty Python's Flying Circus*）中的一个情节：一栋高楼公寓因生活其中居民的信念而存在，但只要居民开始怀疑它的存在，公寓立马就会消失不见。就像电视剧中的那栋公寓，社会结构也需要人们持续不断的支持。一旦我们作为一个社会不再能够维持或者相信我们的制度，它们就会崩溃。

像社会学家一样思考：麦当劳式去人性化

对当代复杂社会最主要的批判之一就是，它那有时去人性化的生活方式。想要亲身体会这些官僚化的结果，最好的方法就是去你家附近的快餐店，比如麦当劳、塔可钟（Taco Bell，世界上规模最大的提供墨西哥式食品的连锁餐饮品牌，1962年创立）、肯德基、奇波雷（Chipotle's，一家墨西哥卷饼餐厅）等，亲身感受一下。观察一下它们的整体结构。如顾客区与工作区的相对位置如何？后厨是否在大众视线之外？留意一下员工的数量及其性别、年龄结构。观察顾客消费过程。你是否发现了员工遵循的"脚本"？他们如何接待顾客？如何点餐？有他们即兴发挥的空间吗？每个员工是否只需负责单——项任务（烧烤汉堡、薯条装袋、收银、擦桌子，等）？男员工与女员工的工作区域是否有所区分？员工之间是否存在明显的阶层结构？经理扮演的角色是什么？你能否看出这些普通员工反抗日常准则的方式（打破组织规范，进行小破坏，劳资冲突等）？

将你观察过的餐馆逐一进行对比。其中有多少相似的规则？是否每家快餐店都有一套标准的作业流程，还是它们各有各的独特经营模式？它们的差异性和创造性又是如何融入这套流程的？

观察过几家快餐店，不妨再去你家附近其他零售店转转。看看你能否在这两者之间找出任何相同的经营模式。

借助本章对官僚制特征的讨论和有关麦当劳化的观点，讨论一下是一个什么样的系统在运作，让员工和顾客去人性化，从而达到效率最大化。

本章要点

- 社会结构既是我们日常生活中可预见性的来源,也是问题发生的来源。有时,个人利益与结构需求相一致;有时,它们则会发生冲突。
- 由于生活在社会中,所以我们都是组织的创造物。我们在组织中出生,在组织中受教育,成年后的大部分时间也是在为组织工作,最后很可能也是在组织中死去。
- 官僚制是复杂社会中一种常见的组织形态。官僚制是指由一套系统的规章制度进行管理的大型阶层组织,它有明确界定的工作任务和清楚定义的劳动分工。
- 官僚组织的日常经验是由人们所处的层级结构地位决定的。在官僚组织中,依据所处的上层、中层和低层地位不同,经验到的也全然不同。
- 组织不仅仅是架构、规则、政策、目标、工作说明、标准作业流程。每个组织和组织中的每个部门,都会发展出一套自己的规范、价值观和语言。
- 组织存在于高度互相连接的网络中。当制度或环境存在不确定性时,组织往往倾向于模仿其他组织,采用相似的活动、政策和目标。
- 随着国与国之间的界线日益模糊,文化和社会制度也在本质上变得更加全球化。

第十章
社会阶层化是如何建构而成的:
社会阶级与不平等

- 分层体系
- 关于阶层化的社会学视角
- 美国的阶级不平等
- 全球发展与不平等

如果你曾看过1997年风靡一时的好莱坞大片《泰坦尼克号》，你就会知道这艘名船有多么舒适和多么让人愉悦：船上有土耳其浴、最好的管弦乐团、镶板装饰的瓷砖墙壁、最好的美食。然而，当它撞上冰山并开始下沉时，船上所缺的就是足够的救生艇。2207名乘客和船员，只有1178位乘客能够坐上救生艇。在1912年4月里那个寒冷的夜晚，这艘两个小时前还号称"永不沉没"的客轮，就这样被北大西洋寒冷的海水给吞没了，1500多人失去了生命。

故事的这一部分早已是众所周知。较不为人所知的是，有一些乘客实际上比其他乘客拥有更好的逃生机会。（就像电影中的两句对白："妈妈，我们在做什么？""亲爱的，我们在等待，等头等舱的乘客上了救生艇就轮到我们了。"）头等舱里住的都是有钱人，其中有超过60%的人幸存下来；相比之下，住在二等舱的乘客有36%的人得以生还；住在下等客舱（或"统舱"）的乘客，则只有24%的人活了下来。妇女和儿童先登上救生艇的美德得到了遵守，不过他们的存活率更加让人震惊。头等舱的妇女和儿童，97%都得以存活；二等舱有89%幸存下来。然而，统舱的妇女和儿童却只有42%活了下来（W. Hall, 1986）。

这么多有钱的乘客幸存下来的原因之一就是，搭乘救生艇的位置是在较高的头等舱和二等舱甲板上。船上有许多门都被上了锁，同时堵着许多障碍物，为的是不让统舱乘客在旅途中进入其他客舱；然而，当灾难发生时，这些障碍却并未被及时清除。此外，船员们也并未尽力去营救统舱的乘客。部分统舱乘客还受到船员的阻拦而无法上行逃生。

*　　*　　*

对泰坦尼克号上的乘客来说，社会不平等并不仅仅是意味着住宿的舒适度不同和食物质量不同。它更是意味着生或死的区别。这一情境其实是当今社会中许多人面对的问题的一个隐喻。那些处在顶端的人们在遇到社会或经济灾难时，很容易就能搭上各种"救生艇"；而其他人就会遇到紧锁的舱门、隔离的甲板，以及那些使他们难以存活下来的政策（Sidel，1986）。

让我们把时钟调到2005年夏天，卡特里娜飓风在美国南部地区的墨西哥湾沿岸夺去了1000多人的生命。其中大多数人都不是死于飓风带来的暴雨和大风，而是由于保护奥尔良低洼地区的防洪堤上的缺口（一开始就需要修补但却没有那么做）引发的严重水灾。除此之外，数十万人也失去了他们拥有的一切，被迫搬迁。

飓风及其造成的不幸，对所有居民的影响程度并非完全一样。与受灾程度轻微的地区相比，这些受到洪水严重侵袭地区的居民，有着较低的年均收入、较高的贫困率，家中没有汽车这一交通工具的比例也更高（J. Schwartz, Revkin & Wald, 2005）。我们在电视上看着这场悲剧，虽然无力去做太多，但却也注意到：绝大多数被疏散的民众，都被迫在新奥尔良地区闷热而黑暗的路易斯安那大圆顶运动场生活了几天，而这些人都是来自这个城市最没有防灾准备地区的贫困有色人种。这些人要么是没有必要的交通工具得以在飓风到来之前撤离这座城市，要么就是必须留下来照顾行动不便的病人或老人。贫穷、无家可归的孩子们，被迫住在政府摇摇欲坠的拖车场，在飓风过后，继续患有各种疾病，包括贫血、呼吸道感染和抑郁（Carmichael，2008）。我们又一次看到了缺乏经济资源如何给人们的生活造成直接影响。

本章我将关注阶级不平等和分层。随后几章我会扩展到两个方面的不平等：种族/民族，以及性别。然而，需要注意的是，虽然阶级、种族/民族、性别等主题分散在不同章节，但我们并非单独体验到这些自我认同的组成部分。它们相互关联，共同决定着个体在社会中所处的位置。例如，一个人不只是以工薪阶层的身份，或是以男人的身份，抑或是以亚裔美国人的身份在生活。他是同时拥有所有这些身份，甚至拥有比这些还要多的身份（D. Newman, 2012）。

分层体系

不平等是通过结构化的**分层**（stratification）体系而被融入所有社会的肌理中，对人类群体的这种排序，会使人们在社会中遭受的不平等的待遇及生活机会持久存在下去。就像地质学家谈论岩石地层那样，某些部分会堆积在其他部分之上，人的"社会阶层"也是由低到高。古往今来的所有社会中都有某种形式的分层，只不过不同阶层之间的不平等情况有所差异。社会学家确认的四种主要分层形式是：奴隶制、种姓制、封建制和社会阶级体系，它们在当今社会都依然存在。

奴隶制

世界上最古老而持久的分层形式之一就是奴隶制。**奴隶制**（slavery）是一种经济形式上的不平等，在这种制度中，某些人成为其他人的财产。由于奴隶被他人所拥有和掌控，因此他们没有那些其他人视为理所当然的权利和生活机会。一个人沦为奴隶的方式多种多样：生来为奴，战俘，债务，或是像在美国 19 世纪中期以前被人抓走卖为奴隶（Kerbo, 1991）。据自由行走基金会（The Walk Free Foundation, 2014）估计，今天在世界上 167 个国家有近 3600 万名成人和儿童受到不同形式的奴役。这不仅仅是一个外交问题。在美国，约有 6 万人作为强迫劳工受到剥削。

几乎世界各地都曾在不同时候出现过多种形式的奴隶制。墨西哥、英国、法国、俄罗斯和荷兰先于美国废除奴隶制，西班牙、韩国、古巴和巴西则在美国之后予以废除（D. B. Davis, 2006）。几个中东国家：沙特阿拉伯、也门、阿曼、阿拉伯联合酋长国，直到 20 世纪后半叶才废除奴隶制。虽然理论上奴隶制违法，但在今天的西非国家尼日尔、布基纳法索、马里、毛里塔尼亚，仍有成千上万的人一生下来就是奴隶（"A Continuing Abomination", 2008）。多哥和贝宁（西非）的儿童有时会从他们的村庄被抓走卖到尼日利亚、加蓬和其他地方为奴。在南亚，数以百万计的"受束缚的劳工"（bonded laborers），为了还债，被迫为他们的雇主无偿工作（Appiah, 2007）。

性交易是现今世界范围内最常见的一种奴隶制形式，其中约98%的受害者都是妇女和女童（U.S. Department of State, 2012）。一些人被卖到妓院、买春团（sex tourism），或是被逼成婚（强迫婚姻）。据美国国务院（U.S. Department of State）公布的数据，每年有多达17500名移民或难民被贩卖到美国（引自 Ribando, 2007）。2002年，新泽西州平原镇的警察，前往搜查一所房子，想要找到一个非法入境的外国人。结果要找的人没找到，相反，他们发现了一群来自墨西哥的十几岁女孩被囚禁起来，在恶劣的生活条件下当性奴（Landesman, 2004）。2007年，一对夫妇，他们在纽约一个富人区经营着数百万美元的香水业务，被控违反了联邦反对奴隶制的法律，因为有人发现他们多年来一直让两个印尼妇女当性奴，却几乎什么也不给她们，他们强迫她们睡在垫子上，在有游客来的时候则将其藏起来（"Slaves of New York", 2007）。而且并非只有非美国人才会在美国被贩卖。据美国失踪与受虐儿童援助中心（National Center for Missing and Exploited Children）估计，每年至少有10万名美国儿童成为商业化性交易和卖淫的受害者（Allen, 2010）。每六个走失的孩子中，就有一个是性交易的受害者（National Center for Missing and Exploited Children, 2014）。

种姓制

有些社会至今仍然保留着第二种分层形式：种姓制。传统上，一个人的种姓（决定着其生活方式、声望和职业选择）从一出生起就被固定下来，终生不能改变。例如，古老的印度教经典界定了严格的层级体系：精英、战士、商人、奴隶、贱民。每个种姓的权利和义务都规定得非常清楚。在印度，法律曾经规定，"贱民"（最低一阶的种姓）遇上较高阶层的种姓在场时要把自己藏起来，或是在无法隐藏时要向高阶种姓鞠躬。通常严禁他们进入印度教寺庙或是从留给高阶种姓的水井中打水，高阶种姓的人担心一接触到"贱民"就会被污染。

根据人权观察（Human Rights Watch，2009b）组织的统计，世界上有2.6亿多人（主要集中在印度、尼泊尔、孟加拉国、巴基斯坦和斯里兰卡，另有日本、也门和几个非洲国家）仍然持续受到种姓制度的歧视。他们是剥削和暴力的受害者，并在获取完整的公民、政治、经济和文化权利上面临着巨大的障碍。

不过，事情已经开始逐渐有所好转。例如，印度有16%的人口属于所谓的"贱民"[或者他们更喜欢被人称为"达利特"（*Dalits*）]（Human Rights Watch，2012），政府已经颁布了法律，禁止因为人们的种姓而对其有所歧视。现在许多"贱民"都比上层种姓成员更加踊跃地参与投票活动（Dugger，1999）。事实上，"贱民"现今享有这样的好处：大学和政府工作为其成员预留空间，促使位居他们之上的种姓成员：农民和牧羊人，游说政府将其种姓地位下调，以便也有资格获得这些好处（Gentleman，2007）。

但是，种姓制仍是一个强大的分层来源。例如，尽管颁布了反歧视法，"贱民"有时还是会被迫作为"手工食腐动物"去从事那些收集人类粪便，用篮子将其运走进行处理的工作。这一种姓中的女人通常都是在家庭中清洁干燥厕所，而男性做得更多的则是体力活：清理下水道和化粪池。当他们想要离开时，他们往往会面临诸多障碍，如暴力威胁、来自当地居民的驱逐、性骚扰，以及当地官员非法扣留他们的工资（Human Rights Watch，2014）。就连生活在美国的印度人都发现，种姓有时仍会影响他们与朋友及商业伙伴相处的经验（J. Berger，2004）。

封建制

第三种分层形式是**地产制**（**estate system**），多称封建制（**feudal**

system），它发展自有着高社会地位的群体拥有土地，以及他们基于贵族身份掌握权力（Kerbo，1991）。封建制在前工业化社会中最为常见。在中世纪欧洲，社会上最高的阶级由贵族占据，他们由于拥有广阔的土地而得到了财富和权力。教士（神职人员）占据次级位置。虽然他们比贵族地位较低，但仍占有相当重要的地位，因为教会手里拥有大量的土地，对人们的生活有着相当大的影响力。第三等级则是平民，包括农奴、农民、工匠和商人。阶层之间的流动并非毫不可能，但却极为罕见。偶尔，也会有平民被封为骑士，或者是富商受封为贵族。

封建制的一些遗绪，今天依然可以看到。例如，在英国，上议院的议员仍然主要由贵族担任，而且一小部分贵族世家仍然位于社会阶梯的顶端，享受着继承而来的巨大财富，并会行使其重要的政治权力。不过，这一系统似乎正在改变。2007年，英国下议院（所谓的众议院）投票表决，以压倒性多数的结果同意将选举引入上议院。它还投票同意废除最后一位"世袭议员"，他进入上议院完全是基于其高贵的血统（Cowell，2007）。但在一周后，上议院便强硬地否决了这项提议。

社会阶层体系

现代工业化社会中的分层体系，最可能基于社会阶层。**社会阶层**（**social class**，又译"社会地位"、"社会等级"）是指一群人，他们以其财富和收入所得为基础，在社会中享有相同的经济地位。因此，阶层在本质上是一种经济分层体系。它是一种将人或群体排序的方式，以决定谁能得到重要的资源和生活机会。也许没有那么明显的是，社会阶层也为人们提供了对世界的独特认识，以及相对他人而言，他们应该进入的社会位置。

阶层体系不同于其他分层体系，它们可以不受法律阻碍而提高其**社会流动**（**social mobility**），即人或群体转换自己所处位置的流动。理论上，阶层体系中的所有成员，无论他们的生活有多么贫困，都仍有机会上升到社会金字塔的顶层。然而，实际上，对某些人来说，想要实现阶层间的移动相当困难。例如，你住在哪里，会影响你向上流动的机会。住在美国东南部和工业中西部的人们，想要爬上收入阶梯不太常见；相对而言，住在美国东北部和西部的人们则更有这一可能，那里的贫困人口更有可能生活在混合收入社区，那里有着更好的小学和高中，并有更多的公民参与机会（Leonhardt, 2013）。

此外，一些经济学家认为，通常需要五六代人的时间，才能抹去一个人经济背景上的优劣势（Krueger, 2002）。在一代人的时间内，不太可能出现什么社会流动：富有的父母往往有富有的孩子，贫困的父母往往有贫困的孩子。事实上，美国的社会流动性显著低于其他发达工业化国家。例如，42%的美国人在收入的第五档（底部）长大成人。在丹麦，这一数字是25%；在英国则是30%（Jantti, 2006）。同样，历史上，种族和性别也决定了一个人的教育、社会和就业机会。有色人种的女性尤其可能面临向上流动的障碍，而这既是因为她们在经济方面处于劣势，也是因为她们缺乏来自家人的情感支持（Higginbotham & Weber, 1992）。

关于阶层化的社会学视角

社会学家一直对阐释社会为什么会分层很感兴趣。结构功能论和冲突论这两种观点，在解释社会不平等的起因和目的上，为我们提供了洞见。通常认为这两种观点相互排斥，但其实我们完全可以同时运用它们，来增进我们对以下问题的理解：为什么会存在社会不平等？它是如何发展的？为什么它会一直存在下去？

结构功能论视角关于分层的看法

从结构功能论者的视角来看，分层的原因在于：社会（的存在）必然会要求维持一定的秩序。由于社会不平等总是会以某种形式存在于所有的社会中，因而显然是不可避免的；为了让社会稳定地运行，不平等必须以某种方式存在。

就像官僚制一样，社会要想有效率地运行，就必须通过明确的劳动分工，将众多不同的工作分给不同的人。如果一个社会中与社会地位相连的工作，全都一样令人愉快、同等重要，而且都需要一样的能力，那么谁处于什么地位也就没有什么差别了。但结构功能论者认为，即便如此，还是会存在一些差异。某些职业，如教书和看病，对社会福祉来说要比其他工作更重要，而且需要具备更出色的能力和接受完整的培训。社会的困境就在于，如何才能确保最有才能的人们担任最重要的职位。确保这样工作分配的一种方式就是，给予社会中某些位置更好的待遇：更高的收入，更佳的名望，更多的社会特权，好去吸引那些具有天分和才能的人们（K. Davis & Moore, 1945）。很可能，如果这些人才得不到很高的奖励，他们也就没有理由去做与这些重要位置相连的那些吃力不讨好的工作。如果没有高报酬和高声望的承诺，谁还愿意承受压力花上好几年时间去上医学院？

然而，仅仅因为一个职位很重要，并不意味着它就会有优厚的报酬（K. Davis & Moore, 1945）。假定从明天起没有了收垃圾的人，想想我们的社会将会变成什么样子？不光是小区和街上垃圾遍地，我们共同的健康也会受到影响。因此，收垃圾肯定是维持社会正常运行的重要一环。可是这份工作的报酬却并不多——根据美国劳动统计局（U.S. Bureau of Labor Statistics, 2015c）公布的最新数据，平均每周 550 美元——而且收垃圾明显也没有多高的社会声望。

那么，为什么收垃圾没有在职业层级中占据一个较高的位置呢？从结构功能论者的视角来看，这是因为我们并不缺收垃圾的人。医生也满足了社会公共健康的需求。但是，为了当一名医生而需要具备的必要技能和培训，使得社会必须为其提供较高的报酬，好确保有资格的人愿意进入医学领域。医生（哪怕是刚起步的）的收入，平均而言，是收垃圾者的四倍（U.S. Bureau of Labor Statistics, 2015c）。

这一解释听起来有一定道理。但当我们考察一下实际职业的工资水平，就会看到结构功能论的解释有所不足。例如，尽管干的是同一个职业，也接受了相似的培训，在医务室工作的注册护士的工资，却是在高中或大专院校工作的注册护士的接近四倍。在市立医院工作的水管工的工资，是在一家中等规模酒店工作的水管工的两倍（Davidson, 2011）。

但是，让我们接着往下看。只需浏览一下当今社会的薪酬结构，明显就可看到许多这样的例子：高报酬的职位看上去并没有低工资的职位，在对社会的功能上显得那么重要。例如，碧昂丝（Beyoncé）和Jay-Z夫妇年收入约1.8亿美元（分别为1.15亿美元和0.65亿美元）。拳击手弗洛伊德·梅威瑟（Floyd Mayweather）是1.05亿美元。导演史蒂芬·斯皮尔伯格（Steven Spielberg）为1亿美元。奥普拉·温弗瑞和贾斯汀·比伯（Justin Bieber）每人年收入都超过8000万美元（*Forbes Magazine*, 2015b）。你可能会说，电视明星、导演、拳击手和歌手满足了至关重要的社会功能，为我们提供娱乐，让我们从日常生活的需求中放松下来；而且最好的演员和运动员拥有罕见的技能。然而，比起没有主治医生、科学家、计算机编程者、教师，甚至是收垃圾者，社会完全可以没有另一部热卖的电影、音乐会或次中量级冠军赛而继续运行下去，可是前者的年收入却比许多名人一天赚的还要少上许多。

此外，结构功能论者认为只有少数人有天分从事占据社会重要位置的工作，可能有些言过其实。许多人都有成为医生的天分。他们缺乏的只是训练。另外，为什么有些人（女性和少数族群成员）做着相同的工作，到手的工资却比较少；或者根本就没有机会从事某些工作？关于公平的就业机会和同工同酬的争论，从本质上来说就是在争论：特定位置的重要性到底是如何被决定的？

最后，当结构功能论者声称分层是社会的需要时，我们必须追问：这是谁的需要？奴隶制体系明显是以牺牲其他人为代价来满足某些群体的经济需求，但这并不表示奴隶制就是可以被接受的。在一个阶级分层的社会中，得到更多报酬的人，手上总是有资源可以确保自己继续得到这样的报酬。随着时间的推移，那些最让人向往的位置，也就逐渐不再对外开放，不再是通过竞争就能得到的。"天才"（即高社会地位）父母的后代，必然会比其他同样有才华但却生长在不那么成功的家庭的人占优势。因此，人们处于重要社会位置上的主要标准就是社会背景，而非个人能力（Tumin, 1953）。

结构功能论者的视角带给我们重要启发，让我们了解了社会如何确保劳动分工下的所有工作都有人愿意去做。每一个社会，无论多么简单或复杂，都会依照其所赋予的特权和声望的不同将人们分出高低，拥有某种程度的制度不平等。但是，这一视角却无法解释下面这一事实：阶层也能造成不平等和分裂，成为**社会失序（disorder）**的来源（Tumin, 1953）。

冲突论视角关于分层的看法

冲突论者认为，社会不平等既不是社会所需，也不是社会秩序的来源。他们将社会不平等视为冲突、强制和不快乐的主要来源。分层最终取决于资源的分配不均：一些人拥有它们，其他人却没有。重要资源包括金钱、土地、资讯、教育、医疗、人身安全和舒适的居家环境。在阶层体系中位居高位者，由于也是规则的制定者，所以能够控制这些资源。冲突论观点将下面这一点视为一个基本事实：分层体系只为上层阶级利益服务，并非整个社会都需求它。

当资源特别稀缺时，就会变成不平等的重要来源。有时，资源的稀缺是一种自然现象。例如，地球上只有有限的土地可被利用、居住和拥有。然而，在其他时候，资源稀缺却是人为造成的。例如，1890年，戴比尔斯（De Beers，一家南非公司，目前控制国际钻石市场的三分之二）

的创始人意识到,南非储量充足的钻石资源,将会使它们在国际市场上变得一文不值。所以他决定严格限制每年可以开采供市场销售的钻石数量。这种人为制造的稀缺性,再加上精心打造的浪漫形象,便是钻石如此昂贵和戴比尔斯公司直到今天仍有如此强大势力的原因所在(Harden, 2000)。

富人往往会与掌握政治权力的人走到一起,来创建或维护特权,并且经常都是以牺牲中下阶层为代价(Phillips, 2002)。例如,美国国会由议员(共和党和民主党)控制,这些议员远比他们所代表的人民有钱得多。国会议员的平均净资产为 1030 万美元,是一个典型美国家庭的 18 倍(Choma, 2015)。实际上,超过半数国会成员都是百万富翁。因此,从冲突论视角来看,这些政客们会作出有利于增加其自身财富的决策,毫不让人感到意外。例如,2014 年,美国最高法院裁定,限制个人给竞选国家公职的候选人捐赠属于违宪。那一年,单是 3.2 万名富人(占全美人口的 1%)就给联邦竞选捐款 12 亿美元(Olsen-Phillips, Choma, Bryner & Weber, 2015)。

此外,就在国会继续寻找方法来削减那些旨在帮助低收入美国人的项目开支的同时,如医疗补助(医疗保险制度覆盖贫穷的成年人及其家人)、保障性住房项目、为穷人提供法律服务、为贫困家庭补充营养(Greywolfe359, 2011),最富有的 20% 的人却从美国税法优惠(如抵押贷款利息和租金费用)中得到了超过一半的总储蓄(Congressional Budget Office, 2013)。事实上,年收入超过 100 万美元的美国人,一年得到了约 300 亿美元的联邦补贴(D. Stone & Colarusso, 2011)。此外,尽管联邦纳税对企业征收其利润的 35%,但是,富人的企业真正的税率只有 12.6%,这是由于一系列的免税和有利于企业的税法漏洞所致(N. D. Schwartz, 2013)。实际上,当要求给飓风和龙卷风等自然灾害的受害者提供经济救助时,许多国会议员都支持通过削减现有帮助其他贫困公民的预算计划来提供社会援助,而不是通过取消对上层社会减税(Pappas, 2013)。

有一些证据表明，越来越多的美国人都认识到了上层与其余阶层之间的紧张关系，就像冲突论视角预测的那样。皮尤研究中心（Pew Research Center, 2014a）近来进行的一项民意调查发现，62%的美国人认为经济制度不公平，有利于有权势者；78%的人认为几家大公司的势力和影响太大。此外，接近60%的人认为富人纳税很少，55%的人认为富人比一般人贪婪（引自Kohut, 2012）。

冲突论视角带给我们一种结构功能论视角所没有的想法，就是认识到经济与政治制度在创建和维护一个分层社会上所起的相互关联作用。

马克思主义阶级模型 马克思和恩格斯（Marx and Engels, 1848/1982）最早提出了"社会是由相互冲突的阶级组成的"这一观点。他们认为，现代社会产生了两个主要阶级：**资产阶级**（**capitalists**，或称"有产者"），他们掌握了**生产资料**（**means of production**），如土地、商业企业、工厂和财富，并有能力购买其他人的劳动；**工人阶级**（**workers**，或称"无产者"），他们既不拥有生产资料，也没有能力购买他人的劳动。相反，为了维持基本生活，工人阶级必须出卖自己的劳动力。一些工人，包括商店经理和工厂主管，也可以控制其他工人，但他们能够行使的权力，与资产阶级施加在他们身上的权力相比，微不足道。马克思和恩格斯在这两个概念之外又提出了一个概念：**小资产阶级**（**petite bourgeoisie**），这是一个处于过渡阶段的阶级，他们拥有生产资料，但却并不购买他人的劳动力。这一阶级包括拥有熟练技能的自雇劳工，和在经济上自给自足但没有下属员工的商人（R. V. Robinson & Kelley, 1979）。图10.1说明了这三个阶级的地位。

资本家对生产什么、生产多少、谁能得到、一般人买要花多少钱等，拥有相当大的控制权。像这种控制权，使他们能够控制他人的谋生方式、人们生活其中的社群、影响这个社会的经济决策。在这样的结构中，有钱人不可避免地会变得越来越富，他们用自己手里的财富来为自己创造更多的财富，并会用各种手段来保护其在社会上的既得利益和地位。

图 10.1　马克思的阶级模型

	控制他人劳动	不控制他人劳动
拥有生产资料 **（土地、工厂等）**	资产阶级	小资产阶级
不拥有生产资料	工人阶级	工人阶级

最终，从根本上来说，社会上的富人群体有能力影响许多重要的社会机构，如政府、媒体、学校、法院。他们有办法创造并促进可以将其剥削行为正当化的现实。他们对现实的看法有着如此大的影响力，就连受其伤害的人也接受了这样的看法。马克思和恩格斯将这一现象称为**虚假意识（false consciousness）**。虚假意识极为重要，因为它是社会中有实权的阶级防止出现抗争和革命的主要手段。只要广大穷人继续相信财富和成功与结构性社会不平等毫无关系，而完全来自个人的辛苦劳作，即相信"美国梦"，则其对富人的愤怒和敌意就会降到最轻，而且人们还会认为自己所处的不平等境遇是公平的和应得的（R. V. Robinson & Bell, 1978）。

新马克思主义的分层模型　马克思生活的那个年代，是 19 世纪中期工业发展的全盛期，在这一时期，拥有财富与控制劳动力可以说是一回事。大部分工作不是在农场就是在工厂进行。只需把没有生产资料的人聚在一起形成一个阶级，再把有生产资料的人聚到一起形成一个阶级，所有事情都会变得一清二楚。然而，从那时起到现在，资本主义的性质已经有了很大的改变。在当今社会，一个人如果有关于一项产品或服务的新点子，有一台可以上网的电脑和一部智能手机，他就能做生意和挣很多钱。如今的公司变得越来越大，越来越官僚化，下命令的程序冗长而复杂。公司的所有权掌握在股东手上（包括国内和国外股东），他们往往与公司的日常运营毫无关联。因此，在这种制度下，所有权与经营权相分离。经营大公司并管理员工的人，通常都不会是拥有公司股份的人。

依据不断变化的现实，以拉尔夫·达伦多夫（Ralf Dahrendorf, 1959）为代表的现代冲突论社会学家提出了一个模型，主要侧重于社会成员拥有的不同等级的权威。重要的不单是谁拥有生产资料，更要看谁能影响他人。**权威（authority）**是指拥有某些地位或身份，能够强迫别人服从自己（Starr, 1982）。拥有权威的人有权命令或禁止他人去做或不做某些事情（Wrong, 1988）。这样的命令不需要使用武力或说服，也不需要解释原因或给予正当化的理由。统治者对被统治者拥有权威，就像教师对学生、老板对员工、家长对孩子一样。当然，这些权威关系并非固定不变，就像孩子有时会与他们的父母争吵、学生有时也会反驳老师的看法、员工有时也会抗议他们的老板。然而，即便权威的合法性有时会受到质疑，只要下属阶级持续依赖权威阶级，这样的权威就会维持下去。工人可能会跟老板发生争执，学生可能会与老师发生争执，但因发工资的人是老板、判成绩的人是老师，所以他们还是分别控制了员工和学生。

像马克思和恩格斯一样，达伦多夫也相信阶级之间的关系在本质上涉及利益冲突。统治者经常会通过命令或强迫，要求无权者做一些有利于统治者自身的事情，来维持他们在社会中所占据的优势地位。但是，通过强调权威，达伦多夫认为，分层并不仅仅是一种经济现象。相反，它来自在社会中拥有不同程度权力的人们之间形成的社会关系。

达伦多夫关于引发社会分层的力量的看法，已被后来者进行了扩充。社会学家埃里克·赖特（Erik Wright）和他的同事们（Wright, 1976；Wright, Costello, Hachen & Sprague, 1982；Wright & Perrone, 1977） 也发展出一个模型，将生产资料的所有权和行使权威的能力整合到了一起。在这个模型中，资产阶级和小资产阶级，与马克思和恩格斯的模型相同。

图 10.2　赖特的阶级模型

	行使权威	不行使权威
拥有生产资料	资产阶级	小资产阶级
不拥有生产资料	管理者	员工

不同的是，他们将不拥有社会生产资料的人所形成的阶级（马克思和恩格斯的"工人阶级"）分成了两类：管理者和员工（参见图 10.2）。

　　赖特的分析方法让我们知道，社会阶层并不只是反映收入或对他人行使权力的程度。例如，律师、水管工和厨师，都有可能成为这四个阶层中的任何一个。他们可能拥有自己的公司并雇用员工（归入"资产阶级"），或是受雇为一家大公司工作并有其下属（归入"管理阶层"），或是受雇于大公司但没有下属（归入"员工"），或是自己独立工作（归入"小资产阶级"）（R. V. Robinson & Kelley, 1979）。

　　赖特的分析方法还强调，阶级冲突并不仅仅是富人与穷人之间的冲突。事实上，社会上有许多不同的冲突界线：经济、政治、行政和社会。某些职位，或者如赖特所说的**冲突的阶级位置**（**contradictory class locations**），会同时属于两个主要阶级。处于这些位置上的个体，很难被单一类别所界定。例如，中间管理阶层完全可以和劳工站在同一阵线，因为他们都要服从资本家的命令。但因中间管理阶层对某些劳工拥有管理权力，所以他们也与资本家有某些共同利益和利害关系。

　　韦伯的分层模型　其他冲突论社会学家同样质疑了马克思强调财富

和收入作为社会分层的唯一因素。韦伯（Weber, 1921/1978）同意马克思的看法，认为社会阶级是决定分层的一个重要因素。然而，他发现，人们排序的方式，并不仅仅是一个经济不平等问题。韦伯给他的分层模型补充了另外两个维度：地位（或他所说的"声望"）和权力[在他的分层模型中，他更喜欢使用**社会经济地位（socioeconomic status**，即与社会中不同阶级位置相连的威望、荣誉、尊重和权力）这个词语]，而非"阶级"一词来描述社会不平等（Weber, 1970）。

增加了这两个维度后，阶级分层的冲突模型开始变得更加复杂，远非仅仅是富人与穷人之间的斗争。声望是给予社会中某些人的崇敬。它显然会受到财富和收入的影响，但它也可以来自获致的特征，如受教育程度和职业地位，或是来自先赋特征，如种族、族群、性别和家庭背景。虽然财富与声望往往密不可分，但它们也并非必然如此。例如，毒贩可能是千万富翁，但却不受尊重，所以没有在分层系统中获得更好的排序。另一方面，教授获得的薪水可能只是中等水平，但他们可以得到人们相当多的尊重。在韦伯看来，**权力（power）**是一个人影响他人以有利于其自身的方式作出决定的能力。再次，权力往往与财富和声望相关，但也并非必要。有时，低收入个体可以联合起来影响社会层面的决策，就像2012年发生的，为了得到更高的工资和更好的工作条件，数千名看门人通过罢工和上街游行，有效地迫使旧金山市停摆。

美国的阶级不平等

美国社会意识形态的基石之一就是认为人人生而平等，只有个体自身的缺点才会妨碍其在社会阶梯上向上攀升。毕竟，美国被称为"机会之地"（land of opportunity）。我们的民间传说中充满了先天条件不好的个体，凭借勇气和毅力克服重重困境的故事。我们不愿承认社会中存在阶级不平等，或者是在成功之路上一些人面临着无法克服的阻碍，而其他人则从来无需面对。但是，社会学家告诉我们，我们在分层体系中所处的位置，会以有时显而易见、有时则是难以觉察的方式，决定我们的人生历程。

阶级与我们的日常生活

在美国社会，阶级一直决定着众多生活机会，包括接受高等教育，高薪工作，更健康、更安全、更舒适的生活：

- 在美国的易燃地区，保险公司会给富有的投保人提供"溢价"保护计划。一看见附近出现野火，就会有人赶来往投保人的房子四周喷洒特别的阻燃剂，防止火势蔓延过来（W. Yardley, 2007）。
- 一项对印第安纳波利斯街道维修工作的研究发现，提出投诉到修复所用的平均时间，在年均工资收入超过 5.5 万美元的社区为 11 天，在年均收入低于 2.5 万美元的社区为近 25 天（T. Evans & Nichols, 2009）。
- 通过缴纳从几千美元到 3 万美元的年费，富人可以买到"精心的"或"金钥匙式"医疗服务，包括通过 24 小时不间断的手机和短信特约访问他们的医生，当天预约的等待时间保证不超过 15 分钟；在病人家中进行营养和运动生理学检查；护士陪同他们去看专家；进行常规体检时，他们可以检查三天，方方面面都查到（Belluck, 2002; Garfinkel, 2003; Ody, 2012; Zuger, 2005）。对于那些最终需要住院的富人，仍有无限多的优待。纽约长老会医院 / 威尔·康奈尔医院（New York-Presbyterian/Weill Cornell Hospital）会给有钱的病人提供豪华阁楼套房，堪比世界上最好的酒店：一流厨师准备的美食、最好的意大利床上用品、大理石浴室、一位贴身服侍的男管家（N. Bernstein, 2012）。

- 在飞机上，阶级区隔醒目得让人痛苦。虽然自1990年代以来航空公司把经济舱座位之间的空间减少了10%（Mouawad & White，2013），但是，富人乘客却可以享受宽敞的头等舱，通常包括平躺席位。头等舱中往往有着比经济舱更多的人均空乘服务人员，一流的服务人员对呼叫按钮的回应也更快。此外，大多数航空公司现在都有专为头等舱旅客准备的特别快捷安全的航运，以免因延迟而给其造成不便。而且头等舱旅客享有的并不仅仅是等待时间很短、更好的服务和更宽敞的座位。维京大西洋航空公司（Virgin Atlantic Airlines）还给头等舱旅客提供皮革扶手椅，并配有可以变成双人床的绒垫睡椅。阿联酋航空公司（Emirates Airlines）给头等舱旅客提供封闭的套房，里面配有迷你酒吧、19英寸电视、床、"按需供餐"房间服务、两个淋浴水疗（Rosato，2004）。在巴黎的戴高乐机场，法国航空公司为高端客户提供专用的条件一流的休息室，里面配有水疗中心和餐厅，由巴黎最好的厨师之一为其提供饮食服务。此外，移民官会直接进入休息室检查护照，并有豪华轿车将乘客从休息室直接送上飞机（Mouawad，2011）。

这种专属的个性化关注，会强化相关个体的权力和特权感。而在硬币的另一面，穷人在日常生活中则要经常面对令人沮丧的种种障碍。他们必须经常使用公共设施（健康诊所、自助洗衣店、公共交通等）完成日常任务，富人则可以很方便地私下就能搞定这些事情。

社会阶层也决定了可用的日常资源，这可以归因于长期优势。平均而言，贫困家庭60%的收入都花在了衣食住上，只剩下很少一部分钱用于休闲和为未来做准备的事情上，如投保和储蓄。就像一位作家所说的那样："［对穷人来说，］思考未来是一种奢侈行为。"（D. Thompson，2013，p.1）再来考虑一下我们现在都视为理所当然的一件事情：宽带上网。看起来好像互联网已经成为一种真正具有普遍性的资源。过去十年，便宜的无线电话线将网络引入数以百万计的工人阶级家庭，搁在过去他们不可能负担得起。然而，新出现的服务，如视频点播、视频会议、在线诊疗、网络课堂，重新对数字访问进行了分层。这些功能需要高速连接，往往需要签署昂贵的收费合同。年收入在 6 万–10 万美元的人中 81% 都有智能手机，相比之下，年收入不到 2.9 万美元的人中这一比例为 47%（Barone, 2014）。50% 高收入家庭的初中生和高中生家里都有高速互联网接入，相比之下，中等收入家庭的儿童只有 20%，贫困家庭的儿童只有 3%（引自 C. Kang, 2013）。高速连接可以提供许多有关教育、技术、职业和生活质量的机会，低速连接就无法获得这些机会。因此，那些联网速度慢的人，就会拥有低质量的卫生服务、娱乐媒体、职业机会和教育选择（Crawford, 2011）。此外，低收入家庭的中学生，搜寻网上信息并对其作出评价和进行讨论的能力，也要落后于富裕家庭的学生（Leu, Forzani, Rhoads, Maykel, Kennedy & Timbrell, 2015）。

在大学招生上，我们可以看到类似的失衡现象。我们愿意认为招生决策完全基于学生的优点：高学术成就（反映在高中成绩上）和强大的才智潜能（反映在标准化能力倾向测试上，如 SAT 成绩）。在确定谁可以接受精英教育就此打开人生的大门上，还有什么能比将这类客观评定作为主要标准更加公平的？

如果你知道你的 SAT 分数，除了你本人的智力，可能一样依赖你父母的经济地位，你是否会被其困扰？显然，仅仅来自富裕家庭并不能担保 SAT 得高分，但它可以帮助你获得高分。如果你足够幸运，进入了一所富裕上流社会所在社区的高中，你的学校很可能会提供 SAT 预备课程。在一些这样的学校，学生每年都会参加模拟 SAT 考试，直到他们进入高中最后一年接受真正的 SAT 考试。即使学校不提供这样的机会，那些付得起钱的家庭同样也可以聘请私人考试辅导。获得这些机会可不是白白得来的（参见图 10.3）。

但是，社会阶层并不仅仅是在获得技术、教育和经济机会上有差异。人们还会通过他们对道德、文化和不同生活方式的看法来创建和维护阶

图 10.3　家庭收入对 SAT 成绩的影响

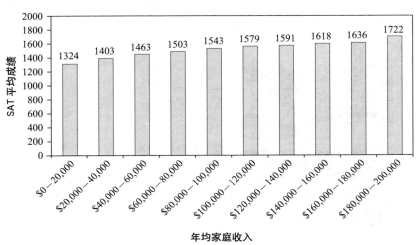

资料来源：National Center for Fair and Open Testing (2014)。

层界限（Lamont，1992）。例如，一些社区禁止居民在室外晾晒衣物，因为这会使社区显得破旧。几年前，北卡罗来纳州威尔逊镇投票禁止人们把旧沙发放在门廊上（Bragg，1998）。有几代人时间，这一地区的穷人（他们买不起昂贵的户外家具）始终都是把旧沙发和椅子放在门廊上，它们仍然可以接着用。但是，更富裕的居民认为这一做法是"低等级层"所为，所以他们赞成禁止这样做，好让社区看上去显得更加体面一些。

说到了，阶级是一种对一个人的自我价值和生活质量的声明：

> 它由观念、行为、态度、价值观和语言组成；阶级是你如何思考、感觉、行动、观看、打扮、说话、旅行、出行；阶级是你在什么地方消费，在什么地方用餐；阶级是你在什么学校念书，受过什么样的教育；阶级是你一生中所从事的各种职业。阶级甚至决定了我们什么年龄结婚和成为母亲。……我们在生命中的每个时期都会经验到阶级；阶级是我们交什么样的朋友、我们住什么样的地

视读社会学 | 阶级带来的好处

在讨论分层和不平等的本章，很容易被统计数据搞得焦头烂额（甚至不知所措）。我们可以谈论失业数据、家庭收入中值、净资产、工资差距、医疗保险覆盖率等所有我们想谈的。但是，最终，不平等仍旧在人们的生活中扮演着自己的角色，尤其是在人们如何满足他们的日常需求上。这里我们看到的是日常生活领域（坐飞机旅行、坐公交出行、去上学）中一些常见的照片，既有从"上层"人士的视角来看的，也有从没那么幸运的人的视角来看的。

在看这些照片时，我想请你思考一下这些不同经历暗含的更大意义。例如，除了舒适度，在私人套间进行洲际飞行与在狭窄的经济舱中跟身边陌生人挤在一块胳膊碰胳膊，还有别的什么区别？同样，在旧金山坐礼宾车旅行和坐拥挤的公交车旅行，还有什么别的优越感（或劣势感）？最后，如果你在南布朗克斯公立高中上学，那里的教科书是过期的、天花板都快掉下来，作为对比，假定你在德克萨斯奥斯汀一所私立高中就读，那里的教学设施使用了最先进的技术，每个学生都会发一个iPad，你的学习体验会发生什么改变？当你思考这些问题时，想想一个更大的问题：我们的民间传说总是想要让我们相信：社会中的每个人都有相同的机会过上好生活，这是否是真实的？

方……甚至是我们开什么样的车（如果我们有一辆的话）……换句话说，阶级是社会建构的，它无所不包。

(Langston, 1992, p.112)

阶级区隔

尽管阶级之间的界限往往是模糊的和主观的，但是，不同的阶级称号（基于典型的职业模式和收入）仍然是日常思维、政治行动和社会研究的一部分。当我们想到社会阶层时，我们通常会谈论上层阶级、中产阶级、工人阶级、近贫者和穷人（参见图10.4）。

图 10.4　美国的社会阶级

典型职业		典型收入
投资家、继承人和高管	上层阶级	最高1%，年收入150万
上层管理者、专业人士、中等规模企业家	中上阶级	14%，年收入8万
低层管理者、半专业人士、技工、工头、非零售销售人员	中产阶级	30%，年收入4.5万
低技能手艺人、职员和零售人员	工人阶级	30%，年收入3万
最低薪资手艺人、零售者和服务工作者	近贫者	13%，年收入2万
失业者或干些临时粗活、接受公共援助者	穷人	最低13%，年收入1万

资料来源：Adapted from Gilbert, 2015。

上层阶级　在美国，上层阶级（**upper class**）是一个人数不多的排他群体，占据社会最高地位和声望。对某些人来说，他们所拥有的上层阶级身份，是通过个人取得的经济成就相对新近得到的。这些家庭通常由大企业的高层主管或高收入的律师、医生、科学家、演艺人员、职业运动员来持家。这样的个体有可能出生在贫穷的工薪阶层或是中产阶级家庭，但他们已经成功地爬上了社会阶梯的高位，并过上了一种舒适的生活。有时他们也被称为"财富新贵"（the new rich）。

不过，另外一些人则是出生于经过几代人积累的富贵人家（Langman, 1988）。这些旧有富裕阶级，除了给后代留下一笔可观的财富，还使得他们与社会中的大多数人相互隔离。通过高等俱乐部、度假中心、慈善和文化组织、专供有着独特生活品位和对世界看法的会员从事的社会活动，他们持续占据社会上层位置，并与社会中的其他人区隔开来。

虽然"旧有财富"家庭可以跨代享有上流社会的地位，但是，大多数美国家庭都是通过广泛的经济经验，从一个阶层移动到另一个阶层。例如，据估计，73%的美国家庭都会至少有一年排在收入的前五分之一（Rank, 2014）。

社会学家威廉·多姆霍夫（William Domhoff, 1983, 1998）和赖特·米尔斯（Wright Mills, 1956）通过研究发现，上层阶级成员能够建立其他社会制度，来确保其个人利益得到满足、其阶级位置持续下去。他们控制了政府、大公司、大多数私营企业股票、媒体、大学、国家和国际事务委员会等（Domhoff, 1998）。因此，上层阶级成员拥有的政治和经济权力，在一定程度上是其他阶层成员所无法企及的。

例如，教育系统不仅扮演着社会化的重要角色（参见第五章），还在维持美国的阶级结构及进行再生产中起到了重要作用。上层阶级的孩子经常就读的是私立学校、最好的寄宿学校、资金充足的私立大学（Domhoff, 1998）。除了标准课程，这些学校还会教给学生们词汇、语调、衣着风格、审美品位、价值观和生活态度（R. Collins, 1971）。这些学校在其课程中倾向于强调"论说文素养"（essay-text literacy）：阅读、评估、分析和整合书面文章的能力。这种技能可以让学生用精确的语言进行交流，提出、检验论据并对其进行辩护。重要的社会机构，如政府、企业和行业，都是建立在"论说文素养"之上（Finn, 2012）。

学校还会要求学生出席学校庆典，参与校内传统运动赛事，如曲棍球、壁球、赛艇等，穿着代表学校传统的西装外套，以及其他塑造人格特质的活动，目的都是为了教导年轻学生什么是统治阶级的独特生活方式。在许多方面，寄宿学校就像监狱和修道院一样是"全控机构"（E. Goffman, 1961），成员与外界隔离，给其灌输传统和习惯，是极为有效的社会化机制。

在一项针对英美两国60多所精英寄宿学校的研究中，彼得·库克森与卡洛琳·珀塞尔（Peter Cookson & Caroline Persell, 1985）揭示了，这些学校的教育理念和课程内容，如何帮助传播了权力和特权。在这些学校的求学经验，在所有毕业生之间塑造了社会、政治和经济上的紧密联系，这些学校的特殊活动则成为进入一流大学的门槛。大学毕业后，这些学生分布到世界各地的商业、金融机构和政府机关，彼此联系依旧紧密。美国康涅狄格州一所顶尖的预科学校乔特（Choate）的发展处主任这样说道：

> 对乔特的毕业生来说，全美没有一扇门会不为他们而开。我可以去全美任何地方见到我想见的任何一个人……我可以找到乔特的校友帮我打开那扇门。
>
> （引自 Cookson & Persell, 1985, p.200）

通过精英教育体系所产生和维持的特权社会地位，能够切实保证这些占据政治经济地位的人们，形成一个想法相近、关系密切的群体，从而与依赖其所作决定的大多数人区别开来。就像一位专栏作家所说：

> 在沿海城市如芝加哥、达拉斯等地，聚集着一系列富裕区域

("飞地")。如果你出生在其中一个"飞地",你很可能会与来自其他"飞地"的人一起去上大学;毕业后你会嫁给来自其中一个"飞地"的人;你们将会离开并生活在其中一个"飞地"。

(D. Brooks, 2012, p.A23)

中产阶级　在讨论美国的社会阶层体系时,人们很容易只关注最顶部或最底部,而忽略了阶层结构中数量最大的、没有一个很好定义的**中产阶级**(**the middle class**)。具有讽刺意味的是,中产阶级却一直是定义何谓美国文化的重要的一群人。其他每个阶级,都要依据中产阶级的价值观和规范来进行衡量和评判。有时人们认为它是一个普遍存在的阶级,一个可以代表所有人的阶级。根据最近的一项调查,90% 的美国人认为自己是中产阶级,无论其收入多寡(引自 P. Cohen, 2015)。因而也就不足为奇,中产阶级是政治人物极为看重的一群选民。自由派和保守派政治人物都想得到他们的支持。就连政策的制定也都宣称是代表中产阶级利益。

但在美国社会,中产阶级所占据的优势文化地位,却隐藏了它们遇到的困境。经济学家、评论员和社会学家一直喜欢谈论中产阶级"受到攻击"、"岌岌可危"或"容易破碎"(T. A. Sullivan, Warren & Westbrook, 2000)。在整个 1980 年代和 1990 年代,中产阶级家庭的收入稳步上升,但在那之后却是渐趋平稳,甚至还下降了一些。1980 年,美国所有民族–种族群体家庭收入的中值(以当前美元计)是 44059 美元。而到了 2013 年,它仅增加到 51939 美元(DeNavas-Walt & Proctor, 2014)。

不光收入比过去少,全美各地许多中等收入的工人还在看到他们的工作时间被削减,例如,从全职变为兼职,或者失去加班的机会。根据美国劳工统计局(U.S. Bureau of Labor Statistics, 2013a)公布的数据,2013 年,由于工作机会欠缺或无法找到全职工作,约 800 万名工人不得不削减工时,每周少于 35 小时。雇主提供的福利,像养老金和退休金账户,自 2007 年以来也在下降(Mishel, Bivens, Gould & Shierholz, 2013)。

此外，从 2007 年到 2010 年，中产阶级家庭的资产（或净资产）的平均值下降了 40%，从 126400 美元降到 77300 美元（Bricker, Kennickell, Moore & Sabelhaus, 2012）。根据美国人口统计局提供的数据，1967 年，53% 的家庭被定义为"中等收入"（也就是说，他们一年挣的钱在 3.5 万美元到 10 万美元之间）；2013 年，这一数字下降到 43%（引自 Searcey & Gebeloff, 2015）。2014 年，历史上第一次，美国中产阶级不再是世界上最富有的中产阶级——加拿大中产阶级现在的平均收入高于美国中产阶级（Leonhardt & Quealy, 2014）。

今天，即使收入情况良好的家庭，也生活在破产的边缘，一次裁员或一场大病，就会使其陷入经济困境。因此，美国人现在看到，与上一代中产阶级相比，如今的中产阶级获得成功的机会更少，有更少的可支配收入、更低的工作保障。在最近举行的一次民意调查中，85% 的人认为，现在比十年前更难维持他们的生活水准（引自 Blow, 2013）。

中产阶级不仅领的薪水比过去少，甚至也没有多少换工作的机会。许多随着制度化路径走向成功（拿到大学学位，学到市场需要的技能，编出一份让人印象深刻的简历）的人，却发现自己的工作由于企业削减成本而难以维持下去。高科技通讯和金融领域成千上万的铁饭碗工作都已消失。许多曾是中产阶级一员的人，要么在家待业，要么就是对就业前景完全气馁。大多数人都认为，中产阶级的工作岗位将会继续供应不足，这意味着，许多受过高等教育的人都会在获得舒适生活的过程中受挫。经济学家认为，在 2018 年之前，中产阶级家庭的收入不会再达到 2000 年的水平（Mishel, Bivens, Gould & Shierholz, 2013）。

雪上加霜的是，经济学家预测，即使未来随着经济形势逐步好转，就业市场仍将继续疲软，部分原因是公司已经学会用更少的劳动力去进行更有效的生产。自 2010 年以来，设备和软件的价格下降了 2.4%，劳动力成本上涨了 6.7%。所以当公司成长时，它们很快就会意识到，购买新机器要比雇更多员工更便宜（Clifford, 2013）。1999 年，典型的新业务从雇 7.7 名员工起步，今天这一数字则是 4.7（引自 Rampell, 2012）。

一位高管说:"在产品生产上,人越少越好。一切都应尽可能自动化。"(引自 Rampell, 2011, A1)因此,中等收入工作的数量已经下降。与 2000 年相比,2013 年字处理器/打字员的工作减少了 74%,电脑操作员的工作减少了 70%,旅游中介的工作减少了 46%,会计和簿记员的工作减少了 29%(Rattner, 2014)。此外,雇主们越来越多地转向聘用临时工和兼职工,而不是全职、永久的工人(他们有资格得到津贴或保险)。2010 年,私营部门工作增加了 117 万,其中有四分之一都是临时工作(引自 Rich, 2010)。

难怪许多中产阶级的成年人都会感到恐慌,觉得他们处在一台不断威胁要把他们扔进次一级社会阶层的跑步机上(Blow, 2013)。与 20 年前相比,只有较小比例的美国人相信,有可能从贫穷起步,通过努力工作,变为富人(Sorkin & Thee-Brenan, 2014)。

工人阶级 工人阶级(**working class**)的成员(在工厂上班,办公室文书,或是做着低薪销售工作),比中产阶级更容易受到经济波动的影响。大多数工薪阶层的人都只有高中学历,挣的是小时工资而非周薪或月薪。尽管他们挣的钱也足够生存,但却通常不足以积累起大量的储蓄或其他资产。在最好的情况下,他们通常也买不起房子,或者是掏不出孩子的学费。在经济不景气的时候,他们经常要面对裁员、工厂倒闭、失业的威胁。

中产阶级可能也会陷入困境,但是,工人阶级总是遭受不成比例的美国经济低迷的影响。因此,与富裕的美国人相比,他们对自己的未来更加悲观。例如,一项调查发现,年收入不到 3 万美元的人更有可能会被解雇或减薪,并说他们已经无力支付医保或交房租(Pew Research Center, 2011)。

他们的恐惧是真实的。为了省钱,许多大公司首先会裁减它们的低薪员工。2012 年,美国雇主实施了 6500 起"大规模裁员事件"(在一家雇主那里,至少有 50 名员工申请失业保险福利和失业 30 天或更多时间），造成的损失超过 125 万个工作岗位，主要集中在制造业和零售业（U.S. Bureau of Labor Statistics, 2013c）。

为了在一个经济不稳定的世界里在精神上生存下来，许多工薪阶层的人们开始将他们的工作视为与他们的核心身份认同无关。他们不再专注于工作给其带来的沮丧感或无意义感，而是将其看成一种高贵的牺牲行为。一位泥瓦匠简言道："我是在为我的家人工作。"（Sennett & Cobb, 1972, p.135）将工作视为（作出的）一种牺牲，能让他们逃离没有成就感的工作给其带来的失望，将他们的生活重心转向他们的孩子和孙子的未来上，这给了他们一种从工作中无法获得的控制感。

但对工薪阶层的父母来说，尤其难以作出"成功的"牺牲。上层阶级和中产阶级的父母作出牺牲，希望他们的孩子能够过上一种"像他们一样"的生活。工薪阶层父母作出牺牲，则是希望他们的孩子能够过上一种"与他们不一样"的生活。这一类型牺牲的危险在于，假如孩子实现了父母的心愿，超越了父母的生活水准，父母最终对他们来说很可能会成为一种负担或羞耻。因此，那些艰难维持生计的人有时就会陷入这样一个恶性陷阱。此外，他们还必须面对一般人对他们及其所做工作的负面看法。

迈克·罗斯（Mike Rose）：
工作中的心理状态

迈克·罗斯在一个保守的家庭中长大，是一个工薪阶层移民家庭的儿子。家中及社区里的大多数成人，没有一个高中毕业，他们所有人一辈子干的都是蓝领或服务工作。他很早就十分清楚：这些体力劳动者在美国社会中所处的地位，并不被人看重。这些低薪工作常被贴上"非熟练"的标签。他们一直处于边缘化的地位，一方面在有钱人眼里完全是视而不见，另一方面在文化刻板印象中则被广泛视为无知而粗俗。由于他们从事的工作通常不需要受过高等教育,因而,一般人也就认为做这些活的人不怎么聪明。

罗斯开始着手考查这些刻板印象。他观察了工作中的工人阶级的人们:女服务员,发型师,水暖工,电焊工等,详细记下他们的活动。一旦了解了他们工作的节奏,他就会提出一些问题,从一些随意的问题开始,慢慢涉及一些更加深入的问题,因为他想更好地了解他们。

他发现,所谓"无须动脑筋"的工人阶级所从事的工作,其实需要高水平的技能、判断和理解力。以发型师为例,听到顾客一些模糊的要求(如"我想让头发变得明亮,有种夏天的感觉"),必须马上设计出一种能够得到顾客喜爱的发型,这其实对美感和头脑灵活度都有很高的能力要求。他们还必须拥有广泛的知识,如头发滋养、发型样式、皮肤生物学、头发护理化学品、大众对美的认知等,才能给顾客提供不只是其想要的,而且是如何真正"有型"的建议。就像一位发型设计师所说的那样:

> 你必须把所有这些要求归总到一起,最后你才会想出一些点子:好吧,这里够长了,这里要再多些层次,这里要再特别一点……并不是我们说剪就剪。当我带着顾客去洗发间时,经过一些讨论,我心里就会有要剪出怎样一种发型的想法了。(引自 Rose,2004,p.33)

同样,在廉价餐馆和咖啡店工作的女服务员,也必须有很高的信息加工能力,像超强的记忆和心算能力。表面上看,餐厅工作似乎高度机械化和固定不变:根据店内设置引导人们进入各种为人熟知的用餐形式,并伺候他们用餐。一旦就座,顾客就会期待一切都会按部就班地进行。事实上,他们的满意度(及小费多少),往往取决于这些服务是否符合他们的预期。

然而,深入其中进行观察就会发现,餐厅的工作环境极其复杂,难以预测。例如,顾客是在不同时间入座,并会提出不同的出餐顺序,所以不同餐桌的程序完全不同。这样复杂的流程使得餐厅的生意达到最大化,但也增加了服务员体力和精神上的劳动,尤其是在用餐高峰时段,或是顾客的要求特别多时。而且食物本身(的制作)也有不同的时间。有些稍做处理很快就好,有些就必须耗费较长时间进行加工。而有些只能在相当短的时间内就必须出餐。因此，服务员必须相当清楚厨房的工作节奏。由于餐厅的利润来自回头客，因此，处在种种压力下的服务员，经常疲于奔命。

我们大多数人都未意识到，即使地位较低的工作也需要很高的素质和技能，而也正是在这一点上，给美国广大工人阶级人群造成了相当大的伤害。罗斯的研究，并非只是一种对这些工作的客观分析，而更多是一种呼吁：我们应该扩展对所谓"智慧/才智"的定义，并看到这些使得美国社会持续运转的工作中的可贵之处。

穷人 在像美国这样的富裕社会中，处在社会阶层最底部的人，在其日常生活中经常会受到羞辱。你可能听过这样一句老话："金钱买不来幸福。"言外之意就是，生命中真正的满足并非仅仅是物质富有。事实上，研究表明，比起其他人，高收入者并不幸福，他们不会在愉快的活动上花太多时间，往往显得很紧张（Kahneman, Krueger, Schkade, Schwarz & Stone, 2006）。然而，如果一个人穷得连账单都付不起、下一餐毫无着落、明天有没有工作都在两可之间、得上重病或是无家可归，类似这样的说法并无法给**穷人**（**poor**）带来任何安慰。传奇歌舞杂耍表演歌星苏菲·塔克（Sophie Tucker）曾经说过："我曾富有过，也曾受穷过——相信我，比起来，还是富有比较好。"

贫困在美国意味着什么

我们经常可以听到"贫困"（poverty）这个词。在通常的用法中，贫困常被视为是一个经济词汇，意思是指没有足够的钱来维持基本的生活需求。不过，社会学家往往将其区分为绝对贫困和相对贫困。**绝对贫困**（**absolute poverty**）是指，维持生存所必需的最低需求。**相对贫困**（**relative poverty**）则是指，与社会上多数人的生活水平相比所处的经济地位。绝对贫困意味着没有足够的钱去买最基本的食物、衣服，而且没有地方住。但是，相对贫困就不大容易有一个清楚的界定。它反映了特定文化所界定的抱负和期望。一般来说，"如果贫困者认为自己在社会中所处的位置并不比别人差太多，其内心感觉就会好一些"（引自 D. Altman, 2003, p.21）。家庭年收入为 5000 美元在美国属于贫穷者，而这样的收入则是许多发展中国家"年均收入"的 5 倍。肯塔基州参议员和总统候选人兰德·保罗（Rand Paul）曾经说过："我们国家穷人的生活比世界上其他人的生活不知好到哪儿去了。"（Paul, 2010, p.16）虽然这样的声明反映了一种普遍的看法："与世界上其他地方贫困地区人们的生活相比，美国贫民窟的生活可以算得上是奢华"，但它忽略了与美国贫困相连的一种非常真实的苦难。

贫困线 美国政府用绝对贫困的定义来划分谁属于无法维持生存的人。美国官方定义的**贫困线**（**poverty line**），确定了一个家庭为了满足最基本的需求所需要的年收入总额。处在这条线下的人就属于官方认定的贫困。官方的贫困线是以税前现金收入为准，不包括食品券、医疗补助、公共住房（即公租房，政府为低收入者所建的住房）和其他非现金福利。这一数字会随着家庭成员的多少而改变，并会按照每年的通货膨胀率加以调整。但它没有考虑地区间生活成本的差异。2014 年，一个四口之家（两个成人带两个孩子）的官方贫困线是年收入 24008 美元。

这一数字是由美国农业部制定的，几十年来一直都是基于所谓的"节约食物计划"（Thrifty Food Plan）推算出来的。1960 年代早期，这一计划就开始运行，用来计算一个家庭维持生活最基本的食品花费要多少。然后将其乘以 3，因为当时的研究发现，每个家庭在食品上的花费，平均是其年收入的三分之一。由此得出的数据，在 1969 年被定为官方的贫困线。即使这一计划也会随着政府颁布的食物指南改变而定期修改，但是计算方法本身和贫困的基本定义，则是已有近 50 年不变。

许多政策制定者、经济学家、社会学家和关注这一问题的民众都质疑，现在的贫困线能否准确地描绘出在美国生活的基本需求。从 1960 年代初到现在，很多事情都发生了改变。例如，今天食品花费只占平均家庭预算的不到 14%，因为其他方面的必要花费，如住房和医保，出现了急剧上涨（U.S. Bureau of Labor Statistics, 2013b）。此外，过去的双薪家庭和单亲家庭较为少见，这意味着那时的家庭需要花在孩子身上的费用较少。简而言之，今天的家庭在食品之外的事项上有更多支出，因此，总收入中有更高比例的收入都花在了非食品方面。结果就是，官方的贫困线很可能低估了那些苦苦挣扎的美国人的贫困程度（Swarns, 2008a）。

2011 年，美国人口普查局提出了一种确定贫困线的新方法，称为"补充贫困线"（Supplemental Poverty Measure, SPM）。这个新方法是基于食物、衣物、住房、公用事业上的支出估计。它还考虑了医疗支出、税收、通勤成本和儿童保健。使用这个模型，一个四口之家的贫困线将会增加约 3000 美元（Short, 2013）。还有人则提出了另一种办法，称为"自给自足标准"（Self-Sufficiency Standard），使用所有基本需要的成本：住房、公用事业、食品、儿童看护、医疗保健、交通运输、税收等，来计算贫困线（D. Pearce, 2014）。这些成本会因所处地理区域的生活成本不同而作出调整。使用这些替代模型中的任何一个，都可能会将一个四口之家的贫困线提升至年收入约 30000 美元。

一些经济学家认为，完全只以收入来设定贫困线，会对穷人产生有害的长期影响。显然，当家庭没有足够的收入时，他们买不到他们所需要的——足够的食物、衣服和住房。但当家庭没有任何资产，如储蓄和房产，他们就会在经济上失去安全保障，没有能力制定规划、编织梦想、把机会传给他们的孩子（Block, Korteweg & Woodward, 2013）。

决定谁是、谁不是官方认定的贫困，并不只是一个字眼或标签问题。贫困线定得太低，我们就无法了解许多家庭面临的问题，他们入不敷出，但却还够不上官方定义的贫困。一个贫困家庭的收入略高于贫困线一点，可能就没有资格接受各种公共援助计划，如住房福利、抢先一步计划（Head Start，美国卫生和人类服务部针对全美 3—5 岁低收入家庭儿童提供的早教项目)、医疗补助,或临时资助贫困家庭(Temporary Assistance for Needy Families)。结果,这些家庭的生活水平,可能还比不上那些收入略低于贫困线但可以申请补助的家庭。

近贫者 有趣的是,政府似乎默认了贫困线设置过低这一情况。美国人口统计局将 1470 万收入在贫困线以上 25% 的人界定为**近贫者**(**near-poor**)或**穷忙族**(**working poor**,薪水不多整日奔波劳作却始终无法摆脱贫困的人)。这些个体和家庭并不属于官方定义的贫困者,但却面临着入不敷出的困难。属于这一类的人有资格获得政府援助项目的帮助。例如,《美国医疗保险改革法案》(Affordable Health Care Act,也称"奥巴马医改"),将医疗补助覆盖范围,扩展到收入超出官方贫困线以上 38% 以内的人们。

近贫者的存在充满了讽刺。一方面,他们往往与穷人如何生活的刻板印象不相符。一半人生活在已婚夫妇家庭,49% 的人住在郊区,42% 的人有私人健康保险,28% 的人有全职工作(DeParle, Gebeloff & Tavernise, 2011)。由于最近几年的经济衰退,他们往往比 30 年前的近贫者年龄更大、受教育程度也更高。1979 年,26% 的低薪工人(小时工资不到 10 美元)是年轻人,25% 有大学经历;今天的年轻人只占低薪工人的 12%,在大学待过一段时间的则占 43%(Dube, 2013)。

在生活中不出现什么意外的情况下,近贫者还能应付得过来。但是,一旦有预期之外的状况发生,如疾病、受伤、交通工具坏了、裁员,就会在经济上摧毁一个家庭,使其陷入贫困。就像一位有着两个孩子的近贫者母亲所说的:"只要不出事,我们一切都还好。"(引自 Davey, 2011, p.A22)最近的一项研究发现,47% 的美国人,要么是无力支付 400 美元的急诊费,要么就是不得不变卖东西或者是借钱来支付(Federal Reserve, 2015)。

近贫者家庭有时为了生存必须应对稀缺的资源。对全美 3.4 万人进行的一项研究发现,在寒冷的冬季几个月中,为了能够支付得起他们的燃料账单，家庭会减少 10% 的食物开支，减少热量摄入（Bhattacharya, DeLeire, Haider & Currie, 2003）。想象一个贫困的单亲母亲，带着一个生病的孩子。去看一次病，可能就要花掉他们一个星期的食物预算或一月房租。去做一次牙齿或眼睛检查，也就意味着没有钱去支付其他到期的账单。如果她开车上班，有一天车坏了，几百美元的修理费可能意味着没有钱付当月的电费。当汽油价格接近 5 美元一加仑（2012 年有段时间就是这样），许多近贫者家庭发现，他们不得不减少购买食物，这样他们才可以开车上班。这些都是富裕家庭从来不会面对的问题。

贫困率 贫困率（**poverty rate**），即收入低于官方贫困线的居民所占的比例，是美国政府用来跟踪减少贫困的努力是否取得了成效的一个指标。图 10.5 中展示了过去几十年来美国贫困率的波动情况。在 2013 年（有据可查的最近一年），有 14.5% 的人或者说超过 4500 万美国人处

图 10.5 美国贫困率的历史趋势

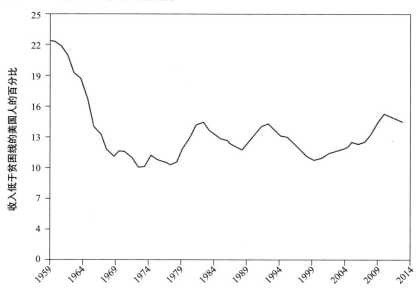

资料来源：DeNavas-Walt, Proctor & Smith, 2010, Table 4; DeNavas-Walt, 2014, Table 3。

在官方贫困线以下，高于 2000 年的 11.3%，但又低于 2012 年的 15%。这些人中有近一半（44.3%）处于**深度贫困**（**deep poverty**），即低于贫困线一半以下（Mishel, Bivens, Gould & Shierholz, 2013）。如果我们再加上近贫者，面临经济上难题的美国人超过 6000 万，占总人口约 19.2%（DeNavas-Walt & Proctor, 2014）。

用总体贫困率来描述美国的贫困趋势，会掩盖人口中亚群体之间的重要区别。2013 年，9.6% 自认是非西班牙裔白人和 10.5% 的亚裔美国人位于贫困线以下。同年，27.2% 的黑人和 23.5% 的拉丁裔（他们可能是任何种族）被认为是穷人。南部（16.1%）和西部（14.7%）的贫困率高于中西部（12.9%）和东北部（12.7%）。最后，农村地区的贫困率（16.1%）高于大都市地区（14.2%），虽然内城的贫困率最高（19.1%）（DeNavas-Walt & Proctor, 2014）。

尽管弱势族群一直被视为美国最穷的人，但其他群体的社会地位也在随着时间发展而有所改变。在 1935 年开始实施社会保障制度（Social Security）之前，许多最穷的人都是老人。近至 1970 年，65 岁以上的美

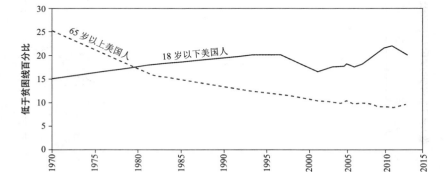

图 10.6　18 岁以下和 65 岁以上贫困的历史趋势

资料来源：1970–199 data from U.S. Bureau of the Census, 2000; 2001 data from Proctor & Dalaker, 2002; 2003 data from DeNavas-Walt, Proctor & Lee, 2006; 2006–2007 data from DeNavas-Walt, Proctor & Smith, 2008; 2008–2009 data from DeNavas-Walt, Proctor & Smith, 2010; 2010 data from DeNavas-Walt, Proctor & Smith, 2011; 2013 data from DeNavas-Walt & Proctor, 2014。

国人中，超过 25% 都在贫困线下。而在今天，65 岁以上的美国人中，只有 9.5% 的人是穷人（DeNavas-Walt & Proctor, 2014）。图 10.6 展示了美国老年人的贫困率如何逐年下降。

儿童的命运则在朝相反的方向变化。大约 1470 万 18 岁以下的美国儿童（19.9%）生活在官方定义的贫困家庭。这在贫困者中是不成比例的（DeNavas-Walt & Proctor, 2014）。就像你会猜到的，贫困儿童的数据会随着民族/种族不同而出现显著不同。约 38% 的黑人和 30% 的拉丁裔 18 岁以下儿童生活在贫困中；相比之下，只有 16% 的非西班牙裔白人儿童和 10% 的亚裔儿童生活在贫困中（ProQuest Statistical Abstract, 2015）。

在所有工业化国家，美国的儿童贫困率最高（UNICEF, 2014a）。与美国的 19.9% 相比，经合发展组织（OECD, 2014）33 个其他成员国的平均儿童贫困率为 13%。斯堪的纳维亚国家的儿童贫困率最低，介于 3.7%–7.0% 之间（Bertelsmann Stiftung, 2011）。

更糟的是，大约 800 万贫困的美国孩子现在生活在"赤贫"（high-poverty）社区（贫困率达到或超出 30% 的地区）。这表明，自 2000 年以来增长了 25%。在这些社区长大，会增加出现健康问题、青少年怀孕、辍学的风险，以及许多其他社会和经济问题，从而限制了孩子们成功地过渡到成年的能力（Mather & Dupuis, 2012）。

有几个因素可以解释为什么美国的儿童贫困率高于老年人。首先，儿童贫困与家庭结构密切相关。单身母亲家庭的儿童贫困率为 30.6%，相比之下，单身父亲家庭的儿童贫困率为 15.9%，已婚夫妇家庭的儿童贫困率为 5.8%（DeNavas-Walt & Proctor, 2014）。此外，过去 40 年，政府在老年人计划项目（医疗保险、社会保障）上的支出大幅增加（Mishel et al., 2013），而花在家庭和儿童计划项目（现金援助、医疗保健、食品和营养援助等）上的支出则有所下降，而且在可以预见的未来还会继续下降（Davey, 2011；Steuerle, 2007）。所以也就不足为奇，有孩子的年轻家庭成为穷人的几率，是老年家庭的 6 倍（引自 Tavernise, 2011b）。在世界

图 10.7　2012 年政府投入与相对贫困

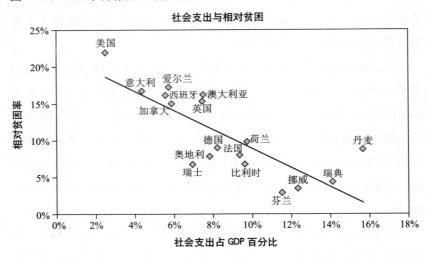

资料来源：Reprinted from L. Mishel, J. Bivens & H. Shierholz, 2013, *The State of Working America*。

范围内，国家在社会项目上所投入的资金，与贫困率之间有很强的相关性（参见图 10.7）。

贫困的后果

贫困不仅仅是贫困率、贫困趋势和官方定义。对那些至少是要忍受它的人来说，它是一个永无止境的负担。陷入贫困境地，明显会影响人们的身心健康。

贫困与健康　在收入阶梯上每下行一步，就会增加出现头痛、静脉曲张、呼吸道感染、高血压、与压力相关疾病、低出生体重婴儿、中风、糖尿病和心脏病的风险（Krugman, 2008；Pérez-Peña, 2003；Shweder, 1997）。最近的研究发现，在美国南部和西南部贫困地区，热带寄生虫病如登革热和斑疹伤寒出现了令人不安的增加；而迄今为止，它们仅出现在拉丁美洲贫穷国家。哪里的街道排水、管道、卫生、垃圾处理情况非常糟糕,这些寄生虫就会出现在哪里(Hotez,2012)。

在儿童中,持续数十年的研究表明,慢性疾病、损伤、耳朵疾病、哮喘和缺乏身体活动的比例,会随着社会经济地位下降而增加(Chen, Matthews & Boyce, 2002)。一些研究人员指出,甚至在孩子们出生之前,贫困就开始影响他们的健康。与富裕女性相比,贫困孕妇不太可能接受高品质的产前护理,更容易接触到环境毒素,从而伤及胎儿发育(Furstenberg,2011)。

人们难免会将这样的阶级差异,归因于处于社会阶梯底部的人们有着不健康的生活方式。然而,我们不可能无视加剧这一问题的制度活动。例如,考虑一下决定是否有资格接受政府项目的规则(参见第六章)。享受营养补充援助计划益处的贫困儿童,会因为他们父母的收入增长略高于资格门槛而被停掉或削减,与那些仍有资格获得益处的家庭的孩子比起来,这样的儿童明显更可能健康状况不佳,有发育迟缓和经历食品不安全的风险(Children's Health Watch, 2013)。

甚至是在控制了年龄、性别、种族、家庭规模和教育的情况下,死亡的风险仍会随着收入下降而不断增加(Marmot, 2004)。而且这一差距还在不断拉大。美国卫生和人类服务部的数据显示,1980 年,美国最富裕的市民可比最贫穷的公民多活 2.8 年;今天,这两者之间的预期寿命相差约为 6.5 年(引自 Sanders, 2011)。社会中的经济不平等越大,生活其中的穷人越有可能死在 75 岁之前(引自 Sanger-Katz, 2015)。美国穷人的健康状况是如此糟糕,以至于志愿者医学团体,原本创建来是为第三世界贫困国家如加纳、坦桑尼亚和海地提供免费医疗服务,现在也开始在美国贫困的农村地区建立移动医疗设施(Towell, 2007)。

人们没有足够的经济资源,意味着就要比别人面临更大的健康风险,他们可能也没有能力在需要的时候得到有效的医疗服务。美国卫生和人类服务部最近的数据显示(R. A. Cohen & Martinez, 2015),2014年,11.5% 的美国人没有保险。虽然这比 2013 年下降了 25%(Sanger-

Katz, 2014），是 2008 年以来的最低水平（主要是由于《美国医疗改革法案》提供的补贴），但是，这意味着约有 3600 万美国人（包括约 400 万儿童）仍然没有医疗保险。

能够负担得起医疗保险的影响不能被夸大。一项全美研究发现，与有私人保险的人相比，没有保险的人更有可能被诊断为癌症晚期，从而减少了他们的生存机会（Halpern et al., 2008）。但当马萨诸塞州在 2006 年给其全州居民采取强制性医疗保险之后，该州居民的死亡率显著下降。下降幅度最大的，是那些在该法实施前穷人及未上保险者比例最高的县（Sommers, Long & Baicker, 2014）。

除了卫生保健欠缺或不存在，约 14.3% 的美国家庭处于"食品不可靠"（food insecure）中，即一些成员没有足够的食物，或者是家庭采用如下策略：吃的食物较为单一，参与食品援助项目，或者是从社区捐物处获得紧急救援食品（ProQuest Statistical Abstract, 2015）。这意味着，约 3300 万成年人和 1600 万儿童生活的家庭正在挨饿，或是面临饥饿的危险。

你可能还记得第六章中讲到，低收入家庭在食物上的实际支出高于平均水平（Brookings Institution, 2006）。例如，大型连锁超市，对在非常贫困的社区开分店非常犹豫，因为安全上有顾虑。因此，没有交通工具的居民，也就必须依靠附近的小杂货店，那里的食物通常比大型超市更多。

贫困与教育　教育这块"甲板"同样对穷人不利。教育信托（Education Trust）最近发布的一份报告（Ushomirsky & Williams, 2015）显示，全美最贫困学区的每名学生得到的州和地方补助，比最富裕地区的学生人均少约 10%（约合 1200 美元）。这听起来可能不算多，但对一所有着 1000 名学生的高中来说，这意味着每年缺失的资源为 120 万美元。

此外，贫困学区的老师往往比富裕学区的老师缺乏经验，薪水也低（LaCoste-Caputo, 2007）。没有足够的资源，教师很容易产生挫折感，时间一长就会失去教学动力；孩子们则会变得愤世嫉俗，不愿学习。由此造成的结果非常醒目。过去 50 年，黑人学生与白人学生在标准化考试成绩上的差异已经缩小了，但是，富裕学生与贫困学生在标准化考试成绩上的差异却在大幅增加。2001 年出生的高收入家庭孩子与低收入家庭孩子之间的成绩差距，比起 25 年前出生的，要高出 30%–40%（Reardon, 2011）。

即使能从高中毕业，最贫困的孩子也上不起大学。那些能够上得起的人，更有可能上的是社区学院和州立大学，那里的学费不那么贵，但是缺乏声望，而且其质量往往要比更昂贵的大学差上一大截子。在一项研究中，2004 年从高中毕业的学生，来自高收入家庭的有 15% 进入名牌大学，相比之下，来自中等收入家庭的学生只有不到 5%，来自低收入家庭的学生更是只有 2%（Reardon, 2013）。

尽管全美都在努力增加学生获得高等教育的机会，但是，大学在招收和留住贫困学生上，一直做得都不是很成功（Perez-Pena, 2013）。顶尖大学承认，它们招收的贫困学生人数与一代人之前一样（Perez-Pena, 2014）。2012 年，走进经过严格筛选的顶尖大学（top-tier universities）课堂的学生中，74% 都是来自全美收入最高的那四分之一家庭，只有 3% 来自收入最低的那四分之一家庭（Krugman, 2012）。当然，家境不富裕的学生，有时也会在"need-based 奖学金"（设立这一奖学金的目的是帮助收入不高无法承担孩子全部大学费用的家庭）的帮助下进入顶尖大学。但总的来说，这些学校并没有制定系统的计划，去确认、招收或接纳来自低收入家庭的学生。

此外，一旦进入大学，贫困学生的表现，往往也比不上来自更富裕家庭的同学。在国家教育统计中心（National Center for Education Statistics）的一项研究中，它们在过去 13 年里一直跟踪研究大学生的情况，来自全美人口中最弱势四分之一的大学生中，有 14% 获得了学士学位。相比之下，来自全美人口中最富裕的四分之一的大学生中，则有 60% 获得学士学位（引自 Dynarski, 2015）。

这样的差距具有重要意义，因为是否拥有学士学位在当今的全球经济中至关重要，每10项工作中有6项都要求受过高等教育培训（Mather & Jarosz, 2014）。根据美国人口统计局（ProQuest Statistical Abstract, 2015）提供的数据，上过大学但没拿到学位的人，平均年薪不到3.4万美元。拿到学位的大学生，平均年薪超过5.9万美元。这些数字表明，教育系统常常关闭了穷人的命运之门，而不是帮助他们在美国的阶层结构中取得成功。

无家可归 贫困最容易被人看到的结果就是流落街头，无家可归。没有人确切知道全美究竟有多少无家可归者。据美国终结无家可归联盟（National Alliance to End Homelessness, 2015）估计，在任何一个晚上，都会有57.8万多无家可归者，其中31%是完全毫无遮盖。约有63%的无家可归者是单身成年人，37%有家庭，略少于1%是无人陪伴的青年和儿童。在无家可归的成年人中，18%有职业，18%是退伍军人（U.S. Conference of Mayors, 2014）。

在美国，无家可归的原因通常是制度性的：止步不前的工资，福利项目的变化，而且也许最重要的是，缺少无家可归者能够负担得起的住房。近四分之三无家可归者认为，缺乏保障性住房是他们无家可归的主要原因（U.S. Conference of Mayors, 2014）。社会顶端的财富不断增长推高了房价，穷人也就不再买得起像样的住房（Shipler, 2004）。

根据联邦政府规定，住房上的花费不超过家庭收入的30%就被认为是"可负担的"。美国最贫困的五分之一人口，在住房上的花费占其工资的78%。相比之下，最富有的五分之一人口在住房上所花的费用只占19%（引自Swartz, 2007）。2015年，全美住房工资中位数（median housing wage，一个人购买一个中等面积的两居室公寓所用的最少的钱）是每小时19.35美元（或者是年收入超过4万美元，且有全职工作、全年就业）。这是联邦最低工资（每小时7.25美元）的两倍半，超过全国租房者平均工资4美元（15.16美元一小时）。在美国，没有任何一个地方，靠做全职的、最低工资的工作，可以挣得足够的钱去买足够的住房；在一些州，如纽约、加利福尼亚、康涅狄格、新泽西和马萨诸塞，要想买得起房，至少需要三份最低工资工作的收入。在夏威夷，就是四份最低工资工作的收入，也支付不起买房费用（National Low Income Housing Coalition，2015）。

为什么贫困会在这个世界上一直存在？

即使在经济最景气的时候，一个繁荣的国家，如美国，也会有相当数量的穷人。为什么在这样一个富裕的社会，贫困却还是永久存在呢？要想解释贫困为何持续存在，我们必须看到收入与财富上的持久失衡、贫困在更大的社会制度中扮演的结构性作用，以及支持贫困存在的占据主导地位的文化信念和态度。

收入与财富分配上的持久失衡 贫困会在美国如此持久存在的一个明显原因就是收入和财富分配的方式。根据美国人口统计局（ProQuest Statistical Abstract，2015）的数据，美国家庭前5%的年均收入是19.6万美元，而底部20%的家庭年均收入则在2.1万美元以下。

美国人口中最富裕与最贫困人群之间的这种悬殊差距，在过去几十年里一直稳步增长（参见图10.8）。现今最富有的1%的美国家庭在指定的某一年占全国收入的比例，已从1979年的不足8%上升到17%。自1979年以来，最高的1%的收入增长了275%；而在同一时间，最低的20%的收入则只增长了18%（Congressional Budget Office，2014）。

与此同时，付给那些处于顶层者的报酬却在继续飙升。1964年，美国公司高管的平均报酬为82.2万美元。2014年，标普500指数成分股公司首席执行官的平均薪酬为1350万美元。1980年代早期，生产工人平均挣1美元，企业高管则挣42美元；到2014年，这一数字已经增加到373美元（AFL-CIO，2015）。我们可能想去相信个人努力和辛勤工作就

图 10.8　家庭收入上不断拉大的差距

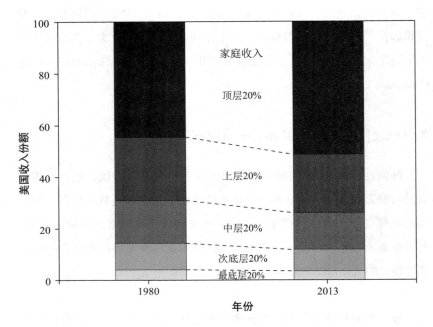

资料来源：ProQuest Statistical Abstract, 2015, Table 716。

可决定我们的成功，但却很难想象，公司（比如说一家电子公司）首席执行官的工作，会比一个实际生产组装电视和手机的人辛苦上373倍。

在过去的几年中，公众对高管不断升高的薪酬越来越愤怒。2011年哈里斯民意调查显示，三分之二的成年人认为，成功的华尔街高管不应得到他们拿到手的那么多钱（Harris Interactive, 2011）。2010年，国会通过了所谓的《多德－弗兰克改革》（Dodd-Frank reforms），使股东在确定高管的工资和奖金上拥有更大的话语权。但迄今为止，高管薪酬依然高得不成比例。2015年，华尔街高管的奖金池，是所有以联邦最低工资全职工作的美国人总收入的近两倍（S. Anderson, 2015）。

税法也对位于顶层者有利。在国家总的税收中，富人确实纳了很多税；然而，他们所交的税，就其所得的和能够负担的来说，并未占多大比重。1940 年代，最富有者税级的税率是 90%；1980 年，这一税率是 49%。如今则是 39.6%。顺便提一句，个人纳税的门槛是收入 41.32 万美元。超过这一收入都要以同样的税率交税。换句话说，一个每年挣 4000 万美元的人，与一个年收入 41.4 万美元的人，纳税比率一样（Tax Foundation, 2015）。在联邦和地方层面，给最穷的五分之一家庭设置的有效税率约为 11%，而最富有的 1% 的家庭的税率则只有 5.4%（Institute on Taxation and Economic Policy, 2015）。

结果，在所有工业化国家里，美国穷人与富人收入上的差距最大（Mather & Jarosz, 2014）。就像我们看到的，美国最富有的五分之一家庭的收入，是最穷五分之一家庭的近 9 倍（ProQuest Statistical Abstract, 2015）。在法国，最富的五分之一是最穷的五分之一的 7 倍；在日本，则是相差 4 倍（Phillips, 2002）。但公平而言，一些发展中国家的富人与穷人之间收入悬殊情况更加严重。例如，在泰国、印尼、菲律宾，最富的 10% 的居民的收入，超过国家总收入的 75%（Kulikowski, 2014）。拉美国家和撒哈拉以南非洲国家也存在类似的巨大差异。

收入不平等导致财富上出现了更加引人注目的不平等。一生的高收入和对有权势父母的继承，在财产所有上，在汽车、房屋、家具等耐用消费品上，在股票、债券、储蓄和人寿保险等金融资产上，创建了一种持久的优势。美国最富有的 1% 的家庭控制了全美财富的 35%。相比之下，底部 90% 的家庭仅仅控制了 23% 的财富（Mishel et al., 2013）。沃尔顿家族六名成员（沃尔玛的所有者）所拥有的财富，比最穷的 43% 的美国家庭合起来还要多（AFL-CIO, 2015）。我们永远也不会生活在一个收入和财富分配完全平等的社会。有些人总是会赚得更多、拥有更多，甚至可能比其他人更受尊重。但是，美国贫富差距的大小，挑战了认为我们生活在一个每个人都同样有价值的社会里。随着收入和财富差距不断拉大，处在社会顶层和底层者，在生活质量和获得机会上的差距也在拉大。

贫困的社会"利益" 回想一下结构功能论者的看法，分层的存在是必要的，因为它确保了社会上最有能力和价值的人，可以占据最重要的社会位置。各种社会条件，只会因其对社会有某种功能而产生并持续存在。但是，这一功能究竟是对谁而言？如果你去问街上的人贫困是好事还是坏事，我相信他们肯定会说是坏事。然而，社会学家赫伯特·甘斯（Herbert Gans, 1971, 1996）则认为，在像美国这样的自由市场经济和竞争激烈的社会中，贫困扮演着一个必要的制度作用。虽然结构功能论经常被批评为是在为维持现状找寻正当化理由，但是，甘斯将其与冲突论的思考融合到一起，指出了贫困有利于社会中其他阶级的几种经济和社会"功能"：

- 贫困提供了现成的低薪工人后备军，愿意去做社会上那些"肮脏"的粗活。穷人之所以愿做低薪工作，主要是因为他们别无选择。当有大量的穷人竞相争夺稀缺的几份工作，老板就可以支付他们较低的工资。2011年地震引发日本福岛核电站发生泄露，一家负责清理有毒和放射性废物这一危险任务的公司发布的招聘广告，就将其目标有针对性地对准穷人和非熟练工人（Tabuchi, 2014）。
- 贫困确保有足够的人愿意参军，尤其是在高失业率期间。对教育和职业选择机会有限的个体来说，当兵是摆脱贫困的一条可行之路，它可以提供稳定的就业、全面的保险、最低生活保障金、免费就学、培养职场技能。历史上，美军就是由多得不成比例的来自较低社会经济阶梯上的人所组成（Asoni & Sanandaji, 2013）。尤其是在失业率居高不下时，情况更是如此（Kelty, Kleykamp & Segal, 2010）。在伊拉克和阿富汗战争中，美军伤亡士兵多数都是来自生活在人口稀少的农村县的贫困家庭（Cushing & Bishop, 2005; Golway, 2004）。到2006年，在伊拉克阵亡的美国军人有34%来自最贫困家庭，来自最富有四分之一家庭的比例则只有 17%（引自 "Price Paid", 2006）。

- 贫困支撑了为穷人提供服务的职业，或者是保护社会上其他人避开他们的职业，如警察、福利工作者、社会工作者、律师、当铺老板等。甚至就连毒贩和放高利贷者，也要依赖大量存在的穷人继续存在，后者愿意为他们的非法服务付钱。
- 贫困使得一些人愿意购买他人不要的商品和服务：二手电器，刚过期的面包、水果和蔬菜，状况不佳的住房，破旧的汽车，不称职的医生，无能律师的法律意见，等等。2002 年，德州许多可口可乐公司员工向媒体透露，多年来，公司一直要求他们把过期的可口可乐卖给贫困社区。公司让他们把过期箱子里的可乐拿出来，装入贴有新生产日期的箱子里，当成新生产的送到穷人社区的杂货店（Winter, 2002）。显然，这些过期可乐除了穷人根本就卖不出去；他们认为无法将过期饮料卖给有钱人，因为后者会留意到产品质量上的差别。
- 对社会上的其他人来说，贫困是一个可见的提醒，提醒其注意努力工作、节俭、诚实等传统价值观念的"正当性"。贫困由于违反或看似违反了这些主流价值观，而重申了这些美德。如果穷人被认为是懒惰的，他们的存在也就强化了努力工作的伦理；如果贫困的单亲母亲受到谴责，双亲家庭就会被正当地给理想化。
- 贫困给社会制度问题提供了替罪羊。声称失业的穷人是懒鬼并对街上的无业游民和乞丐报以愤怒之情，使我们忽视了经济体系无法充分顾及所有民众需求上的失败。同样，宣称贫民窟居民和无家可归者的个人缺点，也使我们不用去关注劣质住房建设。

这些对贫困持续存在的解释，很容易被视为是冷漠无情的。我们当然不愿承认，正是穷人的存在，才使得我们可以避开那些肮脏甚或危险的工作，过上一种比较舒服而愉悦的生活。然而，这种解释很有说服力。就像社会需要把有才能的人安置在重要位置上一样，它也需要把穷人安置在比较次要的位置上。如果促进社会完全平等，谁还会去做那些低下的粗活？

如果我们真正严肃看待减少贫困这件事，我们就必须找到替代方式来执行目前贫困满足的社会功能。但是，这样的变化肯定会让当前从贫困的存在中获益的人受到损失。简而言之，只有在对其他并不贫困的人没有用时，贫困才会真正被消除。

竞争性个人主义意识形态　贫困也会因文化信念和价值观支持经济地位维持现状而持久存在。在美国社会，其价值体系里有一个重要组成部分，就是相信**竞争性个人主义**（**competitive individualism**）（Feagin, 1975；M. Lewis, 1978；Neubeck, 1986）。小时候，我们大多数人都会被教导没有谁可以不劳而获。成功的唯一方法就是努力工作，朝着目标奋进，并想法超过他人。大人教导我们，我们自己未来经济状况的好坏，全由我们自己负责。克服重重困境最后攀上巅峰的白手起家者的故事，更是强化了这一观念：任何人都可以成功，只要她或他有渴望并肯付出必要的努力。

竞争性个人主义这一美国信念的阴暗面在于，很容易认为不平等的报酬分配和贫困的存在是必要的。如果一个人取得经济成功是因为其个人努力和对成功的渴望所致，那么穷人就是命该如此，因为他们不够努力，对成功的渴望也不够强烈。美国人迫切需要相信：好事发生在好人身上，坏事发生在坏人身上（Huber & Form, 1973；Lerner, 1970）。简而言之，我们大多数人都愿意相信：穷人受苦，"一定是"他（或她）做了什么坏事得到的报应。相比之下，一个人之所以能够成功，"一定是"他（或她）天生更聪明，受过更好的教育，或是在工作上比别人更努力。竞争性个人主义这一信念使人们相信，他们可以掌控自己的命运。

但是，有时这种信念的强度则取决于人们的政治倾向。例如，最近举行的一次全美民意调查显示，大多数人（自认是保守派）都认为，贫困是由于缺乏努力，而那些自认是自由派的人则明显更可能引用超出人们控制的环境作为原因（Pew Research Center, 2014d）。同样，社会经济地位也会影响这些态度。当被问及为什么人们会取得成功，低收入者比富人更容易淡化竞争性个人主义和引用这样的说法："来自富人之家"和"认识正确的人"。另一方面，上流社会的个体则更有可能比低收入者认为，成功的机遇对每个人都是一样的，这意味着成功是个人优点的结果。他们更可能引用"天生能力过人"和"受过良好教育"及"努力"，将其视为在生活中出人头地必不可少的因素。因此，他们通过强调（成功的）机会平等而为不平等正当化（引自 J. Scott & Leonhardt, 2005）。留意在下面一段引文中，一位经济学家是如何将贫困归咎于穷人故意决定不利用可用的经济机会这一行为：

> 一些穷人可能会选择不像投资银行家一样每周努力工作70小时……近年来最让人吃惊的一个现象是，竟有那么多人……不去把握就出现在他们眼前的众多机会。
>
> （引自 Stille, 2001, p.19）

这样的评论所反映出的价值体系，毫不考虑竞争本身就可能是不平等的这一情况。竞争性个人主义假定，每个人都可以学到高级职业或技能，或者每个人得到工作的机会都是平等的。我们的文化认定，每个人都有机会去"做他/她做得到的事情"。但事实上，系统本身就可能会被操纵得偏向那些拥有权力和特权的人。

贫困文化 竞争性个人主义的一个变体形式是，认为穷人作为一个群体所拥有的信念、规范、价值观和目标，明显不同于社会中的其他群体，正是其独特的生活方式，使得他们陷入贫困。奥斯卡·刘易斯（Oscar Lewis, 1968）是这种**贫困文化论**（**culture-of-poverty thesis**）最早的倡导者之一，他认为，穷人会顺从其在社会中所处的地位，发展出一种独特的价值观结构，来应对他们不大可能在更大的社会中获得成功这一情形。这种文化与主流文化不大一致：美国中产阶级相信的是自律和努力工作。

按照刘易斯的看法，尽管贫困文化可能会让人们（在外部观察者看来）一直处于一种难以忍受的生活中，但它无疑也给他们带来了属于他们自己的快乐。与枯燥乏味、吃苦受累、很难得到和维持的工作相比，内城贫民区的街头生活实在是令人振奋（P. Peterson, 1991）。四下闲逛，讲些夸张的故事，展示新买的东西或取得的胜利，比在"传统"世界里工作和打拼要有趣得多。根据这一观点，这种极端的当下取向（**present-orientedness**），即活在现在不考虑未来（Banfield, 1970），而不是缺少收入或财富，才是贫困的主要原因。

刘易斯认为，贫困文化一旦形成，就会持久存在。你可以带着孩子离开贫民区，但你却没有办法去除他们身上留存的贫民区烙印。而且它还会一代一代传下去。他说，大多数孩子到了六七岁时，已经吸收了贫困亚文化的基本价值观和态度，这使他们无法很好地去利用在他们日后生活中任何可能出现的机会。其他人则认为，有着依赖社会福利经历的贫困家庭培养出来的孩子，往往缺少宏伟的志向、坚实的职业道德和自力更生能力（Auletta, 1982）。

然而，认为存在一种稳定而持久的贫困文化，可能有些夸大。例如，据一位社会学家研究，25–60岁之间的美国人，有54%在其生命中至少有一年时间体验过贫困或接近赤贫（Rank, 2013）。换句话说，大多数人往往都会在贫困的边界进进出出。

此外，并非所有穷人都会接受公共补助。你应该还记得我们前面讲过，美国的贫困率为14.5%左右（占美国家庭的12.4%）（DeNavas-Walt & Proctor, 2014）。但是，根据美国人口统计局公布的数据，只有2.9%的家庭在2012年接受了某种形式的公共补助（Irving, 2014）。真正接受政府援助的人，往往会不断地进入和离开（救助）体系，从而使得他们很难维持一个跨代依赖的传统。

对贫困文化论的批评也认为，穷人的行为模式大都是制度性障碍所致,如传统的种族偏见和歧视、住宅隔离、有限的经济机会、职业升迁的阻碍(W. J. Wilson, 1980)。例如,贫困的非裔美国人仍然必须与奴役其祖先的奴隶制和《吉姆·克劳法》相抗争。其他贫困的根源则包括:医疗费用飞涨,保障性住房越来越缺,不断变化的经济境况,后者使得高薪低技能类工作几乎全都消失了。

尽管缺乏有力的支持证据,但是贫困文化论这一解释仍然很受欢迎。许多人都坚信,穷人生活在一套完全不同的道德标准下,因此,除非强迫改变其价值观,否则他们将会一直受穷。如果贫困是一种"生活方式",那么给予穷人金钱帮助也就并非脱离贫困的正解,关键在于改变他们那让人棘手的文化。大多数美国人(尤其是那些自认是保守派者)都认为,政府援助穷人弊大于利(Pew Research Center, 2014d)。在 2012 年总统竞选期间,众议院预算委员会主席(也是当时共和党副总统候选人)也赞同这些观点,他提议大幅削减政府援助项目:"我们不想把[帮助穷人的]安全网变成[懒人躺在上面享受的]吊床,哄骗体格健全的人们去过一种依赖和自满的生活,那样只会消磨他们的意志和充分享受生活的动力。"(引自 McAuliff, 2012, p.1)

因此,当代美国福利制度反映了这样一种信念:减少贫困的最好方法,就是改变穷人的生活方式。1994 年,有 500 多万美国家庭获得了最常见形式的政府援助:贫困家庭临时援助(Temporary Assistance to Needy Families, TANF)。到 2014 年,这一数字已降至 150 万(ProQuest Statistical Abstract, 2015)。你可能会认为,这样的下降反映了这样一个事实:更少的公民需要政府援助;但实际上,这一大幅减少主要是因为 1996 年实施的新福利政策中严厉的资格限制。该制度包括这样一条规定:获得两年补助后必须达到强制性的工作要求(或是接受职业培训,或是参与社区服务),而且一个家庭最高只能领取 5 年补助。尽管几十年来失业率不断飙升并经历了最严重的经济衰退,但自 2008 年以来,16 个州都削减了福利申请者人数,有时甚至削减高达 50%(引自 DeParle, 2012)。

与流行的看法相反，人们接受来自公共援助的经济帮助，并不足以维持一种舒适的生活水平。根据预算和政策优先中心（Center on Budget and Policy Priorities，CBPP，一个非营利智囊团，专门研究联邦政府和州政府制定的会影响中低收入家庭和个人的财政政策和公共项目）提供的数据，TANF 受益水平非常低，以至于在任何一个州，都不足以将接受帮助的家庭的收入，提升到高于贫困线一半的程度。自 1996 年起，现金援助效益的价值，已经在 37 个州下降了 20% 或更多。在 6 个州下降了 40% 以上（Floyd & Schott, 2013）。2013 年，美国国会削减了四口之家每年 400 多美元的食品券（Severson & Hu, 2013）。

事实上，一些人不再依赖福利救济而是选择持续就业（Duncan & Chase-Lansdale, 2001）。然而，在福利改革生效后的第一个十年中接受福利救济的人员下降了超过半数，这反映了政府援助的家庭穷得足以获得援助，而非不再需要援助的家庭数目在增加。

听到"终止我们现行的福利制度"这样的政治修辞，你可能会认为，福利体系是联邦预算最大的支出。然而，帮助穷人的计划，其实只占整个联邦预算的 11%。2013 年，联邦政府在福利援助上花了约 1700 亿美元，包括临时资助贫困家庭、食物和营养计划、住房援助。同年，它在社会保险、失业保险和医疗（政府出资针对老年人的医疗保健计划）上，则花了超过 1.5 万亿美元（usgovernmentspending.com, 2013）。

尽管如此，福利改革背后的假设却很明确：强制参加工作可以教给这些接受补助者重要的工作价值观和习惯，让贫困的单身母亲在她们孩子面前带头践行这些价值观，削减国家福利救济人员。其潜在想法则是：努力工作会给自立自强的家庭带来道德回报和经济回报。它将会治愈贫困和对福利的依赖，确保新一代来自单亲家庭的孩子能够进入美国主流社会。然而，就像竞争性个人主义一样，这种意识形态在指责穷人咎由自取的同时，却也保护了非穷人、更大的社会结构和经济体制。

全球发展与不平等

就像你在本书其他地方已经读过的,想要理解任何一个社会中的生活,不从其在更大的全球背景下所处的位置出发,是不可能的。全球化趋势(参见第九章)将全世界的人们更加紧密地联系在了一起,但却并非所有人的受益程度都一样。其实,每个国家在确保得到自身利益上所拥有的权力就有很大不同。世界上的发达国家和欠发达国家,经常会在直接影响其人民的健康问题上,体验到严重的不平等。

微观与宏观之间的联系:全球健康差距

由于过去一百多年来公共卫生政策上发生的变化(疾病得到控制、有安全的饮用水、有效的药物治疗等),世界各地的人们都比以前活得时间更长和更健康。全球范围内的婴儿死亡率处于历史低点,不到1970年的一半(Population Reference Bureau, 2014c)。但是,并非地球上所有人都同等享有医疗上的进步。全世界有10亿多人生活在极度贫困中,基本医疗卫生服务几乎不存在(World Hunger Education Service, 2015)。他们缺乏安全的饮用水、像样的住房、足够的卫生设施、有效的避孕措施、充足的食物、健康教育、专业医疗保健、交通工具和安全的工作环境。世界范围内98%挨饿的人都生活在欠发达国家(World Hunger Education Service, 2015)。

因而,毫不奇怪,贫困国家在许多重要的健康指标上都落后于富裕国家:婴儿和儿童死亡率高、发育不良、营养不良、接种疫苗比例低、产前产后医疗保健欠佳、预期寿命低(Population Reference Bureau, 2014c; UNICEF, 2009)。全世界5岁之前夭折的孩子,南亚和撒哈拉以南非洲的发展中国家占82%(UNICEF, 2012)。孕妇死于分娩并发症的风险,在欠发达国家要比发达国家高出14倍（Population Reference Bureau，2014c）。妊娠和分娩期间死亡的妇女超过半数生活在非洲，每有一个非洲孕妇死去，就会另有20个孕妇遭受破坏性并发症的折磨（引自Grady，2009）。

艾滋病毒/艾滋病提供了一个最令人不安的全球健康失衡的例子。尽管过去几年取得了显著进步，而且世界范围内的新感染比例也在下降（UNAIDS，2014），但是，世界各地绝大多数感染艾滋病毒的人们仍是那些穷人，而且没有办法得到有效但却非常昂贵的药物治疗[这些药物在西方相当容易获取]。全球艾滋病毒/艾滋病患者有70%生活在撒哈拉以南非洲，四分之三死于与艾滋病有关的原因的人都来自这一地区（UNAIDS，2014）。

艾滋病毒/艾滋病对整体预期寿命的影响是惊人的。在北美和欧洲发达地区，今天出生的人预期都可以活到接近80岁。在那些高艾滋病毒感染率的非洲国家（博茨瓦纳、莱索托和斯威士兰），预期寿命则不到50岁（Population Reference Bureau，2014c）。像这样让人吃惊的数据，将会产生严重的长期后果：数百万世界上最贫困的儿童将会成为孤儿，独自面对艰难的人生。

甚至就连受到自然灾害的损害程度也是不同的。全球最贫困地区，往往也是最容易发生危及生命的干旱、热带风暴、地震、海啸、洪水的地方（Marsh，2005）。拉美有80%的穷人、亚洲和非洲则有超过半数的穷人，生活在自然退化和灾难最频发的地区。这些人往往由于别无选择而只能继续生活在这些容易受灾的地方，如河岸、地质结构不稳的山区、森林砍伐后的土地。发展中国家占到自然灾害受灾者中的90%，及其所造成经济损失的70%（DeSouza，2004）。

政治有时也会阻碍发展中国家人民提升其健康状况。富裕国家很容易为贫困国家持续提供牛痘疫苗、蚊帐、肥料、充足的食物、干净的水，帮其解决疟疾和营养不良等问题。事实上，2005年，联合国宣称：只要富裕国家拿出其全国收入的0.5%来帮助穷国，"完全可以"终止世界上的饥饿和疾病。然而，许多富裕国家一直不愿提供这种援助。例如，美国提供了不到全国收入的0.2%，是所有提供援助的国家中比例最低的（Shah，2009）。只要富国对穷国的医疗援助支出仍是政治上不受欢迎的预算项目，全球健康差距就会持续存在下去。

全球经济差距

就像一国之内富人与穷人之间有经济差距,富国与穷国之间同样存在经济差距。例如,尽管无线技术可以延伸到全球几乎每一个角落,但在网速上,不同地区之间也有巨大的差异(参见图10.9)。考虑以下这些其他事实:

- 西欧、美国、加拿大、日本和其他发达国家的人均年收入为37470美元;世界上欠发达国家的人均年收入则为8060美元(Population Reference Bureau, 2014c)。
- 约0.13%的世界人口控制了全世界25%的金融资产。在经济光谱的另一端,欠发达国家则约有22亿人每天要靠不足2美元来维持生活(World Hunger Education Service, 2015)。
- 世界上最富有的五分之一人口占所有私人消费的约77%;相比之下,最贫困的五分之一人口只占1.5%(Shah, 2013a)。世界

图10.9 2014年全世界网络使用数据

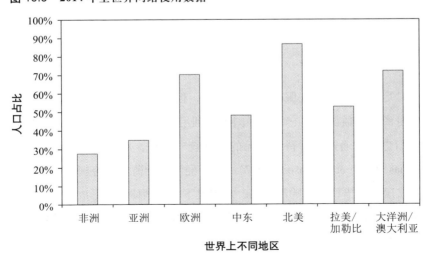

资料来源:Internet World Stats, 2015。

上 20% 的人口（碰巧都是发达国家的居民）使用了地球上 85% 的水资源。

对全球分层的解释

全球分层是怎样形成的？冲突论视角不仅能够解释社会中的分层，也能解释社会与社会之间的分层。一个国家用其权力控制另一个国家的一种形式，就是通过殖民化（**colonization**）：侵略和控制弱国及其人民，扩张殖民者的市场。通常情况下，殖民地的原住民会被迫放弃自己的文化。殖民地为殖民者的工业提供劳动力和原材料，并为其高价商品提供市场。南北美洲、非洲和亚洲大部分国家，都曾在不同时期成为富国的殖民地：

> 西班牙和葡萄牙抽走南美的黄金；小小的荷兰占领了广阔的印度尼西亚。除了煤炭其他资源都很贫瘠的英国，建立了一个以物易物商店的帝国：木材、棉花、茶叶、烟草、鸦片、宝石、银和奴隶。日本在不到一个世纪的时间里，侵占了中国许多地方，攫取了中国大量的钢铁和煤炭资源。
>
> (McNeil, 2010, p.5)

尽管今天直接征服弱国极其罕见，但是，富裕国家仍然能够为了自身商业利益而剥削它们。强国可以利用弱国廉价的原材料和劳动力。它们也可以通过设置特定商品的全球统一价格，对穷国施加金融压力（Chase-Dunn & Rubinson, 1977）。由于经济基础薄弱，穷国常常不得不从富国那里借钱或赊购制成品。它们欠下的巨额债务，形成一个剥削和贫困的恶性循环。它们无法发展出自己的独立经济，因此仍要依赖富国才能存活（A. G. Frank, 1969）。

但是，我们必须注意，富裕国家也并非总是极尽剥削之能事。2005

年,最富有的国家,即所谓的八国集团,决定免去世界上一些最贫困国家超过400亿美元的债务,希望能让这些国家有机会逃脱贫困的陷阱(Blustein, 2005)。

全球金融组织

并非只有强国才有能力控制贫困国家。国际金融组织在决定发展中国家的经济和社会政策上也扮演着重要角色。例如,世界银行(World Bank)通过投资和贷款,给贫困国家的建设和发展项目提供资金。它每年支出约350亿美元,以改善世界上贫困人口的生活(World Bank, 2012)。同样,国际货币基金组织(International Monetary Fund, IMF)通过资金和技术援助,来促进贫困国家的经济增长,加强国际货币合作。世界贸易组织(World Trade Organization, WTO)则负责监督不同国家之间的贸易协定。

这些组织通过赞助像修筑道路或建造水坝这样的建设计划,花很多钱来改善贫困国家的生活水准。它们取得了一些成功。世界银行的援助资金,帮助将全世界贫困人口的比例,从1990年的43%,减少到2010年的21%(Lowrey, 2013a)。

但是,全球金融组织的所作所为,更多时候还是弊大于利。例如,世贸组织可以对不听从其指令的债务国实施罚款和制裁。过去它迫使日本接受更高比例的进口食物农药残留,阻止危地马拉取缔欺骗性的婴儿食品广告,并在不同的国家取消石棉禁令和汽车排放标准(Parenti, 2006)。

事实上,这些组织援助的国家,最终往往会变得比以前更加贫困。世界银行和国际货币基金组织提供发展信贷时都附有特定条件。这些交换条件被称为"结构调整"(structural adjustments),通常反映了西方自由市场手段:减少政府开支,取消进出口限制,公共服务私有化,消除价格管制,增加利率,取消食物补贴,该国货币贬值(Shah, 2013b)。

例如，一些国家可能需要取消贸易限制、增加外国投资者的权利、削减社会支出、增加出口或平衡预算，以换取援助。

类似这样的交换条件，经常会危害接受援助国家公民的福祉（Brutus，1999；U.S. Network for Global Economic Justice，2000）：

- 在海地，国际货币基金组织和世界银行阻止政府提高最低工资，并坚决要求海地政府的医疗和教育预算减半。尽管海地男性平均寿命仅61岁、女性平均寿命仅65岁、45%的海地人民不识字、婴儿夭折率则是美国的10倍，但是，走投无路的海地政府最终还是屈从照办了（Population Reference Bureau，2014c）。
- 在墨西哥，世界银行建议政府废除宪法保障的国立大学学生免费接受教育的权利，这使得墨西哥穷人几乎没有上大学的机会。
- 在津巴布韦，世界银行说服政府，将对作物生产的政策支持，从粮食作物（如玉米）转到出口作物（如烟草）上。结果，津巴布韦的营养不良状况不断扩大，婴儿死亡率则增加了一倍。

由上可以看出，国际借贷机构与贫困国家之间的全球金融关系是一把双刃剑。贫困国家确实得到了急需的资金援助。但在这一过程中，它们往往变得对这些经济援助更加依赖，从而无力改善其本国人民的生活条件。

跨国公司

大型跨国公司的成长，使得全球分层的情形变得更加复杂；只要国内经济形势欠佳，这些跨国公司就会越过国界，追逐其经济利润。它们会将资金注入可以稳健获利的外商企业，或是在国外设厂和建立企业。单是美国的跨国公司，就在世界各地雇用了近2300万人，其总资产超过30万亿美元（ProQuest Statistical Abstract，2015）。

但是，这样的成功往往也是要付出代价的。美国最大的跨国公司，持续刷新企业收益纪录，但其雇用的美国职员也是有史以来最少的。2009—2011 年间，美国最大的 35 个跨国公司，包括沃尔玛、国际纸业公司（International Paper Company）、联合包裹服务公司（United Parcel Service）在内，增加了 44.6 万个工作岗位，增长率大大高于其他美国公司。然而，这些新工作有四分之三都交给了海外工人（Thurn, 2012）。

由于能够快速将生产线迁至（对它们态度）友好国家，跨国公司发现很容易规避任何国家对它的管制。它们的决策反映的是企业的目标，而非反映任一特定国家的福祉或利益。事实上，那些最大的跨国公司所积累的财富，甚至超过了世界上大多数国家，参见图 10.10。

从结构功能论视角来看，美国公司在贫困国家建厂，看上去似乎可以让参与其中的每个人都受益。东道国可以创造许多新的就业机会，可以有更高的生活水平。当然，不用说，这些外资公司则会利润大增。这些公司本部的国内消费者则可低价购得商品，其价格比在国内生产还要低。此外，整个地球似乎都能从中得到好处，因为这些公司与许多不同国家都有利益关系，因此会对这些国家施加压力，和平解决政治争端。

就像我们在第九章中所见，跨国公司确是国际经济中很重要的一部分。然而，冲突论视角则认为，长远来看，跨国公司很可能会使全球分层持续下去乃至恶化。对跨国公司一种常见的批评就是，它们剥削了当地工人和社区。在外资工厂工作的劳工，工作环境往往都很差，工资待遇也很低，换作是在富裕国家内是不能容忍的。例如，在柬埔寨，服装工人月均收入 126 美元；在孟加拉国，这样的工人月均收入更是只有 91 美元（Center for American Progress, 2013）。

此外，用来保护工人防范危险的环境或物质的环境法规和职业安全规范（它们会提高制造成本），有时在这些国家是不存在的。因此，当跨国公司在当地设厂时，当地工人就可能会因此染上疾病，而环境污染也会变得日益严重。外资工厂的情况如此糟糕，因此在人权组织的抨击和批评下，1997 年总统工作队（presidential task force）给在世界各地设立和经营

图 10.10 · 跨国公司的经济实力

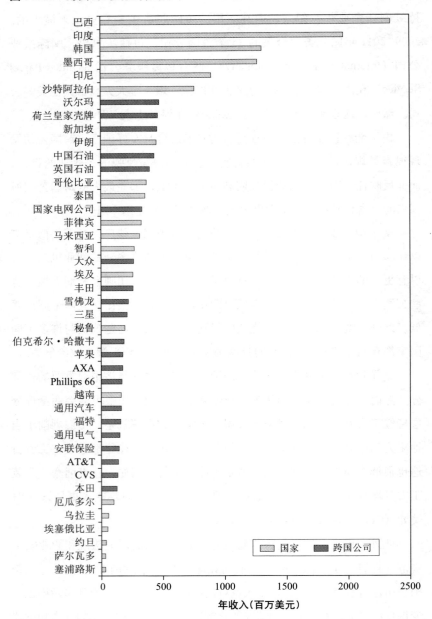

资料来源：Gross national income data from World Bank, 2015b; multinational sales data from *Fortune*, 2015。

的美国服装工厂，制订了一套关于工资、工作环境和童工的行为规范。

东道国本身同样会受到剥削。跨国公司所挣的钱，极少会再投资在东道国。事实上，85%的出口产品利润都掌握在跨国公司、银行家、商人和经销商手上（Braun，1997）。例如，巴西是世界上最大的农产品出口国之一，过去几十年间，其出口国外的水果、蔬菜和大豆大幅增长。但在同一时期，巴西营养不良的人口数量却从三分之一增长到三分之二（Braun，1997）。

当地经济同样会受到重创。例如，大型跨国公司拥有的连锁超市，彻底改变了全球的食物产销。由于产品价格低廉、种类繁多、便于采购，它们深受世界各地消费者的喜爱（Dugger，2004）。但是，这些商店往往是从大型联合企业进货，因为与当地小规模的供应商相比，这些企业资金实力雄厚，更善于做市场营销，所以可以提供便宜的水果和蔬菜。因此，数以百万计苦苦挣扎的小农户的生计被毁，使得发展中国家富人与穷人之间的差距不断扩大。

跨国公司也可以通过决定何时开发何种商品、在哪里营销，使全球不平等持久存在。这方面最具代表性的一个例子就是全球制药工业。北美、日本和西欧占据全球药品销售总额的80%，非洲仅占1%（引自McNeil，2000）。今天很大一部分医学研究，都致力于那些在发达国家有着利润丰厚的销售市场的药物。这些药物通常都是"流行一时"的药物（年收益达数十亿美元），或者是"生活方式"药物（促进一般健康人们的寿命）。治疗勃起功能障碍的药物（如伟哥和西力士）和治疗脱发的药物（如保法止和落建）令人吃惊的流行（及其盈利能力），就是最近的例子。阳痿和脱发虽然可能会给人们的生活带来困扰或是造成令人尴尬的不便，但却肯定不是什么危及生命的疾病。

这一趋势具有全球意义。世界上大型药厂在2000–2011年间新注册的药物中，只有4%是用来治疗对抗死亡和致残的疾病——它们主要影响的是低收入国家的人口（Pedrique, Strub-Wourgaft, Some, Olliaro, Trouiller, Ford, Pecoul & Bradol, 2013）。

当然，也不是所有的跨国公司都冷漠无情，毫不关心海外员工的健康，毫不在乎本国工作外迁后当地劳动者的福利，或是不关心发展中国家贫困人口的健康和福祉。对许多跨国公司来说，在劳动力成本低的国家设厂，是应对全球经济压力和国内消费者对廉价产品需求的一种必须采用的办法。但是，驱动企业决策的过程，有时确实也会造成个体失业，引发环境和健康问题，加重全球不平等状况。

小　结

我在第一章中就在思考一个问题：我们到底有多大的自由可以随性而为？我描述了一些会限制我们作出抉择的个人、人际及结构原因。本章你已看到，这个基本问题是如何受到社会分层和不平等的影响。某些群体的人比其他人更有能力掌控自己的生活。你在分层体系中所处的位置，不但决定着你影响他人的能力，而且决定着你是否拥有对一大堆生活机会的主导权，如从有稳定的经济来源到住房、教育和医疗。无论是在同一个社会内富人与穷人之间，还是在全世界富裕国家与贫困国家之间，经济资源分配不均都造就出了一个看似难以摧毁的有产者与无产者系统。

美国人经常高调宣扬其文化致力于弘扬公平和正义的价值，但其社会中存在的财富、权力和特权上的严重不平等，使其听来格外有讽刺意味。与世界上大多数其他国家一样，美国也有自己的一套系统，去促进、加强和保护那些在分层体系中处于或接近顶层者的利益。权力、财富和影响力都被赋予那些绝大多数人都不知道的人们。

相当令人震惊的是，像美国这么富裕的国家，却有数千万人无法过上舒适、健康、稳定的生活。媒体上不断播放的富人景象，提醒穷人和工薪阶层的人，他们是局外人，只能远远观看和期盼成为那个富裕世界的一部分。一旦灾难袭来,穷人就会再次收到上述信息,他们在社会中所处的边缘地位会给其带来致命的后果。

我们谈及穷人时,就像他们是一个永远不变的匿名群体,会受到人们的怜悯、谴责或是对其感到害怕。而在说起"贫困问题"时,则像是在谈论一些去人性化、永久固定于美国图景中的事物。但实际上,"贫困"指的就是穷人。是穷人在排队领取热汤和社会救济。是穷人住在老鼠出没的大型住宅里。是穷人睡在人行道上。是穷人在努力争取社会上其他人视为理所当然的事物。是穷人在追逐"美国梦"。

当我们关注贫困的制度性原因时,我们看到,那些常与贫困联系在一起的人格或"文化"特征,如低进取心、厌恶职业道德、从不考虑未来等,可能最好应被理解为贫困的后果,而不是其原因。只要始终存在结构性障碍,让人无法获取稳定的就业、足够的工资、良好的教育,与贫困相连的绝望也就不会消散。

像社会学家一样思考:在贫困线上下挣扎

即使那些收入超过贫困线的人们,有时也很难做到收支相抵。假定你的家乡有一个四口之家,夫妻双方都有工作,他们有两个孩子,一个7岁大,在念小学,另一个只有3岁,白天必须有人照顾。

列一个表,看看这个家庭想要维持最低生活水准(即贫困线标准),需要哪些物品和服务。尽可能列完整,包括衣食住行、医疗、儿童照料、娱乐等。估计一下这些项目每个月的最低花销。如果你目前靠自己生活,必须自己给自己买单,就请以你现有的花费水平来估算(别忘了是以四口之家来算花费)。如果你住校或住家,问问你的父母(或是为你付账单的人),这些物品或服务花销有多大?然后给当地一家日托中心打个电话,看看入托收费标准有什么变化。再去趟当地超市,算一下一个家庭食物上的预算得多少。有些费用不是按月算（像衣服或家庭用品），需要统计一下年度花费，然后算出一个月的平均花销。

估算出每个月的花销后，乘以 12，就可得出一个四口之家实际年支出最低资金预算。如果你的估计高于官方贫困线（约 24008 美元），你需要在预算中刨除哪些项目，才能让这户家庭成为官方定义的贫困家庭，从而有资格领取政府某些项目的援助？通过想办法从最低生活预算中减去一些开销，就能更好地体会生活在贫困中的日常生活是什么样子。

描述一下，这一假设家庭有着什么样的生活质量，才不会被官方认定为贫困家庭和才会被官方认定为贫困家庭，无力维持舒适的生活。对富裕家庭来说，像每年出游一趟、有零花钱、有第二辆车、一周出去吃一次，都是理所当然的事情，对贫困家庭来说，这些事情中有哪些是他们没有办法去做的？在贫困阴影下长大的孩子会受到什么影响？贫困家庭难以满足其基本生存需求，将会怎样转化成孩子未来所能拥有的机会（受教育、找工作和看病）？

（资料来源：改编自 M. V. Miller, 1985）

本章要点

- 分层是基于种族、性别或社会阶级而对整个人类群体进行排序，它会使人们在社会中受到的不平等待遇持久化，从而影响其在社会中所拥有的生活机会。
- 在多数社会（包括美国社会在内），社会阶层都是分层的主要方式。当代社会学家常将个体所在的阶级定义为一个由收入、财富、职业优势、受教育程度构成的组合体。社会阶层不只是一种经济地位，它还是一种生活方式，会影响到我们如何经历我们生活的方方面面。
- 结构功能论者对分层的解释是：人们在社会中所处的位置越是重要，

所获待遇就会越好，如享有更多特权和优厚的薪水，从而确保了最有才能的个体在社会上占据最重要的位置。冲突论者认为，分层反映了社会中不平等的权力分配，是冲突和紧张的一个主要来源。

- 美国官方贫困线（即维持生存所必需的收入）事实上可能设置过低，从而低估了陷入经济困境的人口比例。
- 贫困因其具有经济与社会功能而持续存在。竞争性个人主义意识形态（想在生活中取得成功的人所要做的就是努力工作，在与他人的竞争中获胜）创造了一种信念，认为穷人之所以受苦只能怪自己。此外，由于财富和收入分配的方式愈发不平等，贫困也得到了制度性"支持"。
- 分层不仅存在于同一个社会中的不同群体之间，也存在于世界各地不同的社会之间。富裕国家比贫困国家更有能力控制世界金融资源。

第十一章
不平等是如何建构而成的：
种族与民族

- 种族与民族：并非只是一个生物学问题
- 受压迫与不平等的历史
- 种族与民族关系
- 全球视角下的种族主义

2008年11月4日晚上，我像数以百万计的其他美国人一样，坐在电视前静候总统大选揭晓结果出炉的那一刻。看到结果出来，我不由地呆住了。东部时间大约晚上11点左右，电视画面上出现一个人的身影：奥巴马（他的父亲是一位肯尼亚黑人，母亲是一位美国白人）成为美国第44任总统。我坐在那里，半信半疑：一个有过如此困难、痛苦和致命的种族历史的国家，真的会选一个黑人成为这个国家的最高领导人？这一进步，搁在50年前、25年前、甚至10年前，都是不可想象的。国内外所有肤色和阶级的人们都涌上街头，手舞足蹈，尽情庆祝。杰西·杰克逊（Jesse Jackson，民权运动的领导者）、奥普拉·温弗瑞（美国黑人脱口秀女王）、科林·鲍威尔（Colin Powell，美国首任黑人国务卿）和无数其他名人喜极而泣。新生儿的父母纷纷给他们的宝宝起名"巴拉克"。那天晚上，一位非裔美国专栏作家给她四个月大的儿子写了一封信：

> 巴拉克·奥巴马当选对你意味着什么呢？等你长大后，我们将会谈论非裔美国人的孩子，如何像他们的父母和祖父母，奋力抗争，克服那种感觉：无论他们多么努力地去学习和工作，却是始终都有障碍在挡着他们的路，有些障碍清晰可见，其他的就比较隐蔽，但它们就在那里。我们可以向上攀升，但只能到此为止。我不想让你带着"过去痛苦的残余有权利掌控你的未来"这种想法长大。我很想告诉你这不是真的——你可以是你想成为的任何人。但我自己也不能完全相信这一点。然而，现在我则确信这一点是完全可能的。

(Kelley, 2008, p.29)

社会学家、专栏作家和政治分析人士试图找到一种最令人难忘、最清晰的方式，去捕捉这一历史时刻的意义。一些人推测，它可能标志着美国种族不平等和排斥的终结；其他人想知道，我们是否会成为一个"后种族"社会（"postracial" society），传统的种族分类不再重要。微软全美广播公司节目（MSNBC）一位政治评论家甚至说他有那么一刻都忘了奥巴马是个黑人（A. Holmes, 2015）。在奥巴马就职演说前一天进行的全美民意调查中，超过三分之二的非裔美国人说他们相信，马丁·路德·金1963年著名的梦想（"在这样一个国家，种族和民族不再成为判断一个人性格的主要标准"）已经实现（CNN.com, 2009）。奥巴马当选后头几年进行的调查一直显示，大学年龄段的黑人对他们的经济前景与白人一样乐观（Cose, 2011）。

当我试着去理解那天晚上发生的事情的重要性时，我开始想及过去几年有色人种在教育、经济、政治、文化上取得的其他重要但不那么引人注目的成果：

- 现在有近一半18—24岁之间的拉丁裔和非裔美国人进入大学（Pérez-Peña, 2012a）。过去15年非裔和拉丁裔大学毕业生的百分比也稳步上升，可被视为中产或上层阶级的少数族群家庭也在稳步上升。
- 2011年出生的非裔美国人的预期寿命，要比1957年出生的多上7—10年。虽然白人与黑人之间在预期寿命上依然存在差距，但在过去40年里，女性之间的差距已从6岁降至3岁，男性之间的差距则从7岁降至4岁（Population Reference Bureau, 2014a）。
- 非裔美国艺术家像Jay-z、碧昂斯、德雷克（Drake）、尼基·米纳什（Nicki Minaj）取得了非凡的成功转换。近年来，在过去只有白人才能参与的运动项目如网球和高尔夫上，一些最成功的运动员也是黑人，如小威廉姆斯和老虎伍兹。在当今美国职业棒球大联盟中效力的运动员中，每10个主力有3个是拉丁裔，一半多一点是白人。在NBA中，43%的主管教练和47%的助理教练都是有色人种（Lapchick, 2015）。

然而，在看到少数族裔取得的重要进步的同时，我也无法忽略一个非常不同的现实。尽管有所进步，但平均而言，非裔、拉丁裔和印第安人，依然是美国最贫穷和最弱势的群体。他们的平均年收入仍大大低于白人和亚裔。黑人和拉丁裔的贫困率仍是白人的两倍多（DeNavas-Walt & Procter, 2014）。黑人的失业率是白人和亚裔的两倍。在拥有住房的比例上，印第安人、黑人和拉丁裔远低于50%，而白人则为71%（ProQuest Statistical Abstract, 2015）。在美国所有的族群中，非裔的婴儿死亡率最高，大多数癌症、糖尿病、心脏病、高血压和艾滋病毒/艾滋病的发病率最高，毒品或饮酒引起的可治疗的疾病死亡比例最高（American Sociological Association, 2005；Centers for Disease Control and Prevention, 2011a；ProQuest Statistical Abstract, 2015）。尽管黑人和白人使用大麻的比例相当，但黑人被逮捕的几率却是白人的4倍（American Civil Liberties Union, 2013）。事实上，据估计，25—54岁之间的黑人男性，由于高监禁率、杀人和其他形式的早死，比起本应在日常生活中出现的人数少了150万（Wolfers, Quealy & Leonhardt, 2015）。

我也想到了距离现在并不算很久之前发生的一些恶意或暴力事件，它们与种族进步及和谐的图景完全不符：

- 2012年，康涅狄格州东港四名警察被指控系统地虐待社区里的拉丁裔：对居民进行不合理的搜查；在被拘期间拍打、撞击和踢嫌犯；定期骚扰与拉丁裔美国人经营的企业打交道的人（Barron, 2012）。
- 2015年，密西西比州两名白人认罪，他们违反了联邦仇恨犯罪法，从车里随机向人行道上的黑人发动一连串攻击：投掷啤酒瓶，射击金属球。在一起事件中，他们殴打了一名47岁的黑人工人，并用他们的轻型货车将其撞伤致死（Fausset, 2015）。
- 由于发布带有种族主义色彩的短信和邮件，过去一年内，迈阿密、旧金山、西雅图、巴吞鲁日、劳德代尔堡等地数十名警察被解雇或受到惩戒。一位迈阿密官员发布的一个meme，展示了一个"黑人独占"棋盘游戏,每个方格上都站着一名警察,指挥球员"去坐牢"(Robles, 2015)。

- 2015 年奥巴马就任总统后不久在白宫椭圆形办公室发出了第一个推特后,亵渎性的种族诽谤和充满仇恨的帖子立马灌满他的账户。在其中一个帖子里,奥巴马的形象是脖子上套着绞索;另一个帖子里则叫他"黑猴子"(Hirschfeld Davis, 2015)。
- 2015 年夏天,一名 21 岁的公开支持白人优越主义者,在南卡罗来纳州查尔斯顿非洲卫理公会主教派的教堂,开枪打死 9 名正在研读《圣经》者。目击者说,开枪前,他喊出了一系列诅咒黑人种族的口号。枪杀事件发生后的几周,大火烧毁了南方五个州的六座黑人教堂。

因而,我们到底进步了多少?哪一个才是真正的美国?是克服了数世纪的种族冲突和选出一个黑人总统的美国?还是那个永远饱受经济不平等、偏见和仇恨折磨的美国?

在上一章我考察了阶级分层系统。但是,并非只有社会阶层创造了不平等的生活机会。本章我们将会重点关注社会不平等的另一个重要因素:种族和民族。

种族与民族:并非只是一个生物学问题

对大多数人来说,**种族**(**race**)是对个体的一种分类,由于个体生来具有相似的生物特征,如肤色,发色及发质,眼睛、鼻子或头部的形状等,而将其归入同一种类。人们普遍认为,被归入同一种族类别的人,有着与其生理相似性相连的行为、心理和人格特质。但是,社会学家通常是用**族群**(**ethnicity**)这一术语来指称非生物特质,如共享的文化、历史、语言、行为模式和信仰,这些特质给群体成员提供了一种共同的身份感。族群被认为是我们从他人那里学来的特性;而种族通常则被描绘成一种遗传和永久的生物特征,可以用来把人们区隔成相互独立的群体。

但是,"种族"概念并不像看上去这么简单。例如,认为自己是"白人"的人,可能比认为自己是"黑人"的人,肤色更深,头发更加卷曲。此外,一些群体拥有的特征,难以清楚地将其归入某一单一种族。澳洲土著有黑色皮肤和类似"黑人"的面部特征,但同时也有金色的卷发。而生活在非洲南部卡拉哈里沙漠的昆人(!Kung),则明显带有典型东亚人的特征:内眦褶。

所以也就毫不奇怪,并没有普遍存在的种族分类。巴西人有三个主要种族:布兰科(*branco*,白人),普雷托(*prêto*,黑人)和帕尔多(*pardo*,混血人),但他们会基于肤色、头发质地和长度、面部特征等上的差异,使用几十个更精确的术语对人进行分类。南非有四个法定种族:黑人,白人,有色人种和印第安人;而在英格兰和爱尔兰,"黑人"(*black*)这个词则是指白人以外的所有人。1990年代末,在一个爱尔兰小镇,那里正在遭遇前所未有的大量难民的涌入,只要不是爱尔兰人,就会被视为黑人。就像一位居民所说:"我们分不出罗马尼亚人或尼日利亚人有什么不同。(在我们看来)他们全都一样。他们都是黑人。"(引自Lyall,2000,p.A6)相反,一些非裔美国人在第一次前往加纳时,则会因当地人将其视为"白人"而感到震惊不已(Polgreen,2005)。

在一些地方,种族概念和种族身份是流动的,反映了经济地位上的变化,而不是肤色:

- 通过教育和经济成就爬上社会阶层阶梯的巴西人会发现,自己处在一个不同的种族类别,就像巴西流行的说法如"金钱漂白"(Money whitens)或"有钱的黑人就是白人,没钱的白人就是黑人"(Marger,1994,p.441)。在巴西,受过教育的非白人父母,要比受教育程度较低的非白人父母,明显更可能将其子女划归

"白人"（Schwartzman，2007）。

- 在厄瓜多尔，不孕妇女在获取体外受精援助时，经常会寻求白人卵子捐献者，作为一种提高她们孩子种族身份（和社会地位）的办法（E. F. S. Roberts，2012）。
- 在波多黎各（美国领土的一部分），种族概念明显要比在美国更多变。他们认为种族是一个不同肤色的连续分类范畴，就像规范和阶级一样，当人们的社会经济状况发生改变时，其种族也会随之改变（C. E. Rodriguez & Cordero-Guzman，2004）。
- 在美国，超过三分之一的非裔美国人在一次全美调查中表示，由于中产阶级与贫困黑人之间的差距日益扩大，可以不再将"黑人"视为一个种族（引自 Gates，2007）。

种族界定这一复杂问题，指出了一个错综复杂的生物学现实。从最早的人类出现以来，他们就一直不断四下迁移，杂交繁衍下一代。例如，对 16 万美国人进行的一项基因研究发现，平均而言，那些被视为黑人的 DNA 中，有近 25% 的人有欧洲基因。据研究人员估计，超过 600 万欧裔美国人有非洲血统（Bryc, Durand, Macpherson, Reich & Mountain, 2015）。事实上，没有 100% 的单一种族基因，也不存在与其他种族 100% 不同的某一种族（P. Brown，1998）。

不过，这并不是说种族与生物学就毫无关系。遗传学家和公共卫生官员早已认识到，一些疾病并非均匀地分布在不同种族群体之间。例如，绝大多数镰状细胞性贫血，很容易发生在有非洲血统的人身上，而极少会发生在非西班牙裔白人身上（Blackhealthcare.com，2003）。血色沉着病，一种消化障碍会导致人体吸收过多的铁，在有着北欧白人血统的人中间很常见，而在黑人、亚裔、拉丁裔、印第安人中则几乎不存在。在白人中间，每 1000 个人中有 5 个人（0.5%）携带有两个血色沉着病基因，很容易发展为疾病（National Digestive Diseases Information Clearinghouse，2011）。然而，并没有哪种疾病会单单只发生在某一个种族身上。此外，目前尚不清楚，这样的差异是完全源于一些遗传生物特性，还是源于特定群体的生活经验和历史、地理和/或环境因素。

对大多数社会学家来说，种族作为一种社会范畴，要比它作为一种生物范畴更有意义（Gans, 2005）。换句话说，社会选来区分不同族群的特征，形成了社会排序，并决定着重要资源的使用。但是，这些不同特征与先天的生理或基因差异极少有什么关系，而更多来自主流文化定义的具有社会重要性的事物（American Sociological Association, 2002）。例如，犹太裔、爱尔兰裔、意大利裔，乃至一些德裔，都曾在美国被视为劣等种族。只有在他们进入主流文化圈，或是获得经济政治权力后，才被视为白人（Bronner, 1998a）。社会学家指出，越来越多的美国成人，都能轻松地从自己生来的族群身份，转化成认同一个新的族群身份（Hitt, 2005）。

美国政府十年一度的人口普查中分类范畴的历史变迁，进一步说明了"种族"改变上所发生的转变（S. M. Lee, 1993）：

- 1790年，美国在进行第一次人口普查时使用了以下分类：自由白人男性，自由白人女性，其他自由民和奴隶。
- 1870年的人口普查中分为五个种族：白人，有色人种（黑人），混血人种（有部分黑人血统），华裔和印第安人。
- 1890年人口普查中的种族分类，反映了白人对混血和种族纯正性的关注。种族类别分为八类，其中有一半适用于黑人或混血黑人人口：白人，有色人种（黑人），黑白混血（Mulatto，有3/8—5/8的黑人血统），1/4混血（Quadroon，有1/4黑人血统），1/8混血（Octoroon，有1/8黑人血统），华裔，日裔，印第安人。
- 1900年的人口普查中取消了黑白混血、1/4混血、1/8混血的分类，凡是有黑人血统者一律归为黑人。
- 1910年和1920年的人口普查中，分类中再次出现黑白混血，这一分类直到1930年后才彻底消失。

- 1930—2000 年间的人口普查中，一些种族分类出现又消失（如印度人、爱斯基摩人、半夏威夷人和墨西哥人）。其他族群分类（如菲律宾人、韩国人、夏威夷人）则一直存在到现在。
- 2010 年的人口普查表中则有如下广泛的种族分类供填写者选择：白人，黑人，美国印第安人或阿拉斯加原住民，亚洲印度人，中国人，菲律宾人，日本人，韩国人，越南人，夏威夷原住民，关岛人或查莫罗人或萨摩亚人。

你可能已经注意到，这份最新普查表中并未包含拉丁裔/西班牙裔。随着 1930 年将"墨西哥人"从普查表中剔除后，说西班牙语的人就被归为"白人"。但是，由于拉丁裔可以属于任一种族，"西班牙后裔"（Hispanic origin，又译"西班牙血统"、"拉丁美洲血统"）出现在人口普查表中，并不能定义为某个种族，而是一个族群。事实上，2010 年人口普查中的分类形式明确指出："'西班牙后裔'不是种族。"

这种思路尚未得到所有拉丁裔人的认可。最近的人口普查数据显示，87% 出生在古巴的美国人和 53% 出生在墨西哥的美国人，认同自己是白人，但是，大多数出生在多米尼加共和国和萨尔瓦多的美国人，则拒绝将自己视为统计表格中的任何种族分类（引自 S. Roberts, 2010）。在 2010 年的人口普查中，许多拉丁裔选择"印第安人"作为他们的种族。因此，"拉丁裔美国印第安人"的数量在 2000 年至 2010 年间翻了三倍（引自 Decker, 2011）。美国人口普查局目前正在考虑将"种族或起源"问题加以合并，2020 年的人口普查将会把"拉美裔、拉丁裔或西班牙血统"作为一个分类，另有以下分类：白人、黑人、非裔美国人或尼格罗人、美国印第安人或阿拉斯加土著人、亚洲人、夏威夷土著人或其他太平洋岛民（Haub, 2012a）。

简而言之，种族分类并非自然或基因形成的群体。它们是由人们和社会制度所创造、占有、改变、应用和打破（Omi & Winant, 1992; Saperstein, Penner & Light, 2013）。将个体与特定种族群体连在一起的，并不是共享的身体特征——因为并非特定种族群体的所有成员都有一样的身体特征——而是被视为种族群体成员共同分享的经验（Piper, 1992）。

当然，说到了，种族和族群是一个自我界定的问题。但在我们可以在多大程度上称之为我们自己上是否有一个限制？理论上，我们生活的这个社会建立在如下前提之上：我们可以成为我们所想的，只要我们不伤害他人或侵犯他人的权利。这样一种文化价值观意味着，我们将自己归入哪个种族，完全是一种个体决定。但你可能会清楚地意识到，在我们身份认同的某些方面，这些选择是有限的。你可能还记得 2015 年发生的那场风暴：蕾切尔·多尔扎尔（Rachel Dolezal）是全美有色人种协进会（NAACP）华盛顿斯波坎分会会长并是东华盛顿大学非裔美国人研究所的一名讲师，她认为自己是黑人（有黑人血统），但最终则被人揭穿她其实是一个十足的白人。在她十几岁的时候，她的父母收养了四名黑人儿童，从那时起，她就对黑人怀有深深的同情和同理心。她进入了具有历史意义的著名黑人大学霍华德大学。后来她嫁给了一个黑人。她的艺术反映了黑人的经历。她卷了假发，甚至还晒黑了她的皮肤。她倡导民权赢得了极高的声望。一个了解她年轻时候情况的熟人说，她看上去就像"一个有着白人身体的黑人女孩……但她实际上却是白雪公主、白种人、纯种白人"（引自 K. Johnson, Pérez-Peña & Eligon, 2015, p. A13）。但她并不只是执着于与黑人有关的政治问题、黑人的外表和生活方式，她还说她是黑人，尽管她的亲生父母都是白人。这样一种身份，许多人都无法接受。评论家指责她"（假扮黑人）利用黑人（身份）"，当事情对其有利时就选择一种接纳黑人遗产的态度，抛弃她的白人种族优势，而这实际上则是有色人种不能做的事情（Pérez-Peña, 2015）。毕竟，黑人总是很难声称自己是白人。一位黑人作家说："跟蕾切尔不同，我没有机会去选择我的种族。"（T. W. Harris, 2015, p. A25）

微观与宏观之间的联系：
为什么奥巴马不是白人？

定义种族并将这一定义融入人们的个体认同中，对那些亲生父母是不同种族的人来说特别困难。就像你知道的那样，奥巴马总统是黑白混血儿。虽然有时他会戏称自己是一个"杂种"，但就像在他之前的很多混血人，人们一般都是将他视为黑人。他将永远被称为美国历史上第一位黑人总统，而不是第一个混血总统，或第一任半白人总统。事情为什么会是这样？

自奴隶制时代以来，在种族身份上，美国一直坚持"一滴血规则"（one-drop rule）（F. J. Davis，1991）。这个词可以追溯到南方的习惯法中，一个人只要有"一滴黑人的血统"就是黑人。社会学家称之为"次血统规则"（hypodescent rule），这意味着混血种人总是处于地位较低的一方（F. J. Davis，1991）。相反，其他混血群体的人必须符合世袭门槛才能宣称自己属于某个特定种族身份。例如，一些土著美国人会随身携带一个文件，称为CDIB（印第安血统等级证书），表明他们有足够的印第安血统从而可以被认定为是印第安人（Hitt，2005）。

在美国，大多数人仍然倾向于将种族视为相互排斥的天然分类：黑色人种、白色人种、红色人种、黄色人种、棕色人种。即使遇到模棱两可的情况，人们仍然试图将他人归入单一种族（A. Holmes，2015）。但是，多种族孩子的急剧增长（混血婴儿的比例从1970年的1%增长到2013年的10%），颠覆了种族身份的传统观点，导致越来越多的多重种族身份者反对传统的"一滴血"思维，拥抱他们的身份。最近的一项调查发现，60%的多种族成年人为他们的混血背景感到骄傲，这使他们更容易包容其他文化。只有4%的人觉得这是一个劣势（Pew Research Center，2015c）。然而，有趣的是，当被问及他们如何定位自己，只有40%有不同种族背景的人使用了"混血"这一术语。其余的认为自己是某一个种族，或者是因为他们看上去像那个种族，或者是因为他们从小被当成那一种族养大的。五分之一的人说，当他人将其视为一个单一种族时，他们会感到有压力。

在1990年代中期到晚期，这些人游说国会和人口统计局，在2000年的人口普查中增加一个"多种族"类别。他们认为，这样一种改变将会增加此前一直被忽视的种族身份的可见性和合法性。甚至在这场辩论出现之前就有一些学者认为，"多种族"这一分类可以淡化区隔国家的种族界限（Stephan & Stephan, 1989）。当人们身上融合有两种或两种以上种族和族群时，种族也就不再是一种那么强大的社会分割因素，从而可以从生物学上解决种族歧视问题（J. E. White, 1997）。这种情绪得到一位专栏作家（她是一名黑人女性，嫁给了一位白人）的响应：

> 如果你把［我儿子］的父亲和我在一个漆罐里混合一下，我儿子将恰好是那种——我称其为金色……也许随着多种族美国人的数量继续增长，将会出现一个多元化的金人（golden people），他们不可能积极认同自己是某一个种族或其他种族。我们其余这些很容易被归类的人们将会被迫接受，这种颜色不会影响一个人的性格，因为我们不知道哪组刻板印象适用于他们。（Kelley, 2009, p.41）

并不是每个人都认为人口普查形式发生这样的变化是一件好事。许多民权组织都反对"多种族"这一分类（R. Farley, 2002）。他们担心这会减少长期以来被称为少数族群的美国公民的数量，削减这些群体在文化和政治上享有的权力，并使民权法律更加难以执行（Mathews, 1996）。就业歧视诉讼、平权行动政策和联邦项目，目的在于帮助少数族群的企业或保护少数族群免遭环境危害，都依赖普查中的官方种族人口数据。即使在现今这个时代，人们比较关注那些自认为是"多种族者"。就像一位作者最近所说："混血黑人有一种道德义务将自己视为黑人，夫妻都有类似的道德责任，给他们的混血孩子灌输一些黑人文化遗产和种族身份认同，不管他们看上去是什么颜色。"（T. C. Williams, 2012, p.5）

最后，民权组织获胜。在2000年的人口普查中，政府决定不在官方调查表中添加"多种族"这一类别。相反，它采纳了一项政策，允许人们在普查表上认定自己有一个以上的种族。根据 2010 年的人口普查数据，900 万人（占总人口的 3%）认为自己属于一个以上的种族（Humes, Jones & Ramirez, 2010）。

然而，一些社会学家则警告，美国人口普查局测定多种族身份的方法，无法准确地反映人们自身体验种族的方式。就像一位记者最近所说：

> 作为一个黑人父亲和白人母亲的女儿，天生就有橄榄色的皮肤、浅蓝色的眼睛和厚密卷曲的头发，我一直都能意识到，在外面的世界看我的方式、政府看我的方式和我自己看我的方式之间，存在一种紧张关系。（A. Holmes, 2015, p.14）

社会学家大卫·哈里斯和耶利米·西姆（David Harris & Jeremiah Sim, 2002），对美国青少年的健康状况进行了纵向（长时段）研究，全美共有 1.1 万多名青少年接受调查，调查信息包含了他们对种族身份认同的看法。他们发现，人们的种族分类方式，可以视情况而不断改变。与在家接受调查相比，在学校接受调查时，认同自己是多种族的青少年是前者的两倍。此外，只有 87.6% 的人在不同情况下都认为自己是相同的种族。这项研究很重要，因为它表明，人口普查中的多种族身份数据，与日常生活中自认为是多种族的人们并不一定相一致。相当数量的多种族青少年，成人后都会改变他们的种族身份（确认一个单一种族）（Doyle & Kao, 2007）。30% 有多种族背景的成年人说，他们已经改变了他们多年来描述自己种族的方式。有些人说他们曾经认为自己是单一种族，现在则认为自己是多种族；而其他人的情况则恰好与其相反（Pew Research Center, 2015c）。

因此，奥巴马到底是白人、黑人还是黑白混血，最终取决于他如何定义他自己。当他填写 2010 年人口普查问卷时，他只选了"黑人、非裔美国人或尼格罗人"，即使其他人对他的种族身份看法可能与他不同。在一项民意调查中，55% 的黑人受访者认为奥巴马总统是黑人，只有 34% 的人说他是混血。在白人受访者中，53% 的人说他是混血，24% 的人认为他是黑人（P. Taylor, 2014b）。

视读社会学 | 选种肤色……什么肤色

似乎每一天我们都在受到提醒，种族是一个不会消失的主题。数百年来，我们一直在如何在一个种族多元化社会里和谐生活上吃力前行。但是，你已经看到，在我们可以解决棘手的种族不平等问题之前，我们必须追问一个更基本的问题：种族是什么？在大多数社会学家看来，种族较少是一个人的生物-基因特质，而更多是一种社会建构。我在本章提出了大量证据来支持这一观点。然而，种族也可以是一种个人建构吗？这里我们看到三个人（其中一个你可能还记得，另两个你可能从未听说过），他们自称的个人种族身份，并不符合他们的遗传或生理特征。2015年，蕾切尔·多尔扎尔成为全美媒体的头条新闻，因为她说她是黑人，尽管她的父母和她的祖父母都是白人。爱法·曼利（Effa Manley）是一个金发褐眼的白人女子，在1930年代嫁给了一个黑人，作为一个黑人女性度过了她的一生。她在黑人棒球联盟工作，最终她成为第一个进入棒球名人堂的女人。阿纳托尔·布鲁瓦亚尔（Anatole Broyard）是一位混血克里奥尔语作家，出生于路易斯安那州，他认为自己是一个白人，这样他的书就会更容易被广泛的读者所接受。

在这三种情况下，每个人都自行建构了一个与其遗传证据相反的种族身份。人们是否有权声称他们属于他们想要的任何种族，还是需要有某种自然"证据"，或者至少是社群批准吗？这三种情况是支持了还是挑战了"种族是一种社会建构"这一观念？

受压迫与不平等的历史

快速浏览一下美国的历史，不难发现，里面不仅记述了自由、正义、平等，也记述了征服、歧视和排斥。种族和族群不平等体现在奴役和欺诈等现象，经济、教育、政治方面的权利被广泛剥夺，民权运动中采取的暴力和非暴力抗议，各种种族仇恨的犯罪中。这些不平等限制了人们可以得到的基本生活必需品，包括住房、医疗、稳定的家庭生活、挣得过上像样生活的收入。

每个少数种族和族群都有自己受到迫害的故事。欧洲移民：德国人、爱尔兰人、意大利人、波兰人、犹太人、希腊人，在最初到达美国时，都曾成为当时人们仇恨、怀疑、歧视的对象。例如，本杰明·富兰克林曾经担心，白人的宾州"将会被成群黝黑的德国人征服，他们很快就会在数量上超过我们……我们拥有的优势将会……无力保护我们的语言，甚至我们的政府也会变得不稳定"（引自 S. Roberts, 2008, p.6）。19世纪报纸上的招聘广告中经常明确指出："不招爱尔兰人"。许多美国大学都拒绝接收犹太人，这一情况一直持续到 20 世纪中期。1924 年颁布的《国民出身法案》（National Origins Act）限制南欧移民（主要是希腊人和意大利人）进入美国，直到 1960 年代；因为这些群体有着与占据支配地位的白人新教徒同样的肤色。然而，他们最终还是克服了这些障碍，获得许可进入了主流社会。最近，来自亚洲、拉丁美洲和中东的移民开始成为民众敌意的目标。对生活在美国的有色人种来说，种族平等一直是一个难以实现的目标。

美国土著

印第安人的故事包括种族原因引起的大屠杀、祖先的土地被接管、其活动范围被限定在保留区、受到政府无休止的剥削。18、19 世纪白人殖民者寻求向西扩张的浪潮，迫使这些原住民离开那些殖民定居者相中的土地（U.S. Commission on Human Rights, 1992）。当时的欧洲人普遍认为，印第安人是"野蛮人"，应该与文明的白人保持距离，这一观念为征服印第安人提供了意识形态上的正当理由。

根据美国宪法《第十四条修正案》中的规定："任何人凡在合众国出生或归化合众国并受其管辖者，均为合众国及所居住之州的公民。"尽管这一修正案措辞宽泛，但是印第安人仍然无法获得公民身份。1884年，美国最高法院裁定，由于印第安人主要效忠于他们的部落，所以没有在出生时自动获得公民权。直到1940年，所有在美国出生的印第安人才被视为美国公民（Haney López, 1996）。

尽管与其他族群相比，印第安人在历史上遭受严重迫害并在经济上持续处于弱势地位，但是，有些印第安人也表现出了卓越的坚忍能力，在少数情况下还精明地促进了自身的经济利益。例如，在西北太平洋地区，一些印第安人部落成功地保护了他们（在有利可图水域捕鱼）的权利（F. G. Cohen, 1986）。经营赌场和酒店也使一些部落变得富有。美国女子职业篮球联盟中的康涅狄格太阳队，比赛主场就在莫希干人拥有的一个赌场。在别处，为了推动印第安人的经济发展，形成了一些组织，在其拥有的土地上富含天然气、石油、煤炭等资源的区域建立起了一些企业（Snipp, 1986）。然而，为了争夺这些资源的控制权，大型跨国企业与印第安人部落之间的激烈斗争一直持续到今天。

拉丁裔（拉丁族裔）

美国拉丁裔的历史始终是多样化的。一些族群有着相对较为正面的体验。例如，1950年代末逃离菲德尔·卡斯特罗（Fidel Castro）共产主义政治体制涌入美国的古巴移民就受到了热烈欢迎（Suarez, 1998）。许多早期古巴移民，尤其是南加州地区的古巴移民，都是富有的企业主，开有获利甚丰的公司。今天，在拉丁族裔中，古巴裔美国人家庭在经济上和教育上是最成功的。

但是,其他族群则经历了对他们的极度不满和压迫。例如,在向西南方扩张版图时,美国白人进入了墨西哥人原来居住的地方。战争从1846年持续到1848年,墨西哥的一半国土都被美国侵占,包括现今的亚利桑那州、加州、科罗拉多州、新墨西哥州、德克萨斯州、内华达州、犹他州,以及堪萨斯州、俄克拉荷马州和怀俄明州的部分地方。

理论上,生活在美国新边界内的墨西哥人都应享有美国公民权利。然而,在现实生活中,他们的财产权经常受到侵犯,相继失去了对采矿、牧场和农业等行业的控制权。在剥削墨西哥工人的同时,建立起了一种经济体系,该体系建立在需要大量廉价劳动力的采矿业、大规模的农业基础之上(J. Farley, 1982)。在从事季节性的工作时,一连好几个月,工人们经常不得不与其家人挤在没有水电的简陋小屋里。

今天,拉丁裔由不同阶级组成。他们占到近30年来美国增加的8100万人口中的40%以上,现在在美国人口中所占的比例已经超过了黑人(参见图11.1)。到2060年,每10个美国人中就有3个是拉丁裔(P. Taylor, 2014b)。如此高的人口比例,不仅意味着他们对文化有更大的影响力,还意味着他们有更大的政治影响力。2012年美国总统大选中,投票支持奥巴马的拉丁裔,与投票支持他的共和党对手罗姆尼的比例接近3∶1。在那些拉丁裔人口较多的州,如加州、佛罗里达州和科罗拉多州,他们的选票是奥巴马获胜的关键。

然而,拉丁裔在经济和教育上的情况则不太乐观。拉丁裔个体和家庭的年均收入仍大大低于其他族群(ProQuest Statistical Abstract, 2015)。此外,与白人、亚裔或非裔儿童相比,拉丁裔儿童更容易辍学,也不太可能去上大学。低水平的教育,再加上在地理分布上集中在经济陷入困境的地区,使得拉丁裔,尤其是男性,特别容易受到裁员和失业的影响(Mather & Jacobsen, 2010)。

图 11.1　美国人口中族群构成的变化

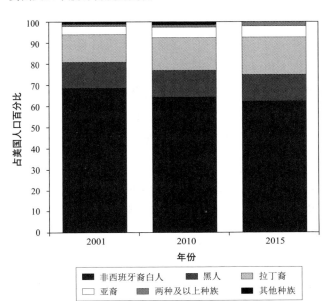

资料来源：U.S. Bureau of the Census，2002，Table 14; ProQuest Statistical Abastract，2012，Table 12; ProQuest Statistical Abastract，2015，Table 12。

非裔美国人

由于奴隶制的直接或间接影响，非裔美国人的经历比所有其他族群都要显得独特。从 1619 年第一批黑人奴隶被卖到弗吉尼亚的詹姆斯敦，到 1865 年《第十三条修正案》废除奴隶制，数百万黑人在这个国家经历了强制劳役的残酷现实。奴隶主控制奴隶生活的方方面面。他们决定谁可以结婚，谁可以解除婚约。奴隶夫妇的结婚誓言中，经常用"直到距离把我们分开"来代替"直到死亡把我们分开"——或者是"直到白人将我们分开"（Hunter, 2011）。孩子的经济价值（即未来的奴隶），使得奴隶主出于经济利益考虑，愿意让奴隶的婚姻保持完好无损。但是，就连稳定的家庭生活的可能性，也只是一种错觉。当经济问题迫使奴隶主买卖奴隶来赚钱时，奴隶主就会毫不犹豫地拆散他们曾经赞成的奴隶家庭。家庭分离的威胁，每天都在笼罩着每一个奴隶家庭。

废除奴隶制后，种族虐待仍然无处不在。南方获得解放的黑人发现，自己会因一些莫须有的罪名而被逮捕，如天黑后卖东西，或是在公共场合冲白人女性大声说话。由于流浪行为属于违法，所以无法出示就业证明的黑人就会被罚款和关进监狱。若是交不起罚金，就会被县里官员或私人公司（如美国钢铁公司）"租"去强迫劳动（有时还会被戴上脚镣），那里的工作条件实际上比他们在奴隶制中经历的还要糟糕（Blackmon，2009；Kristof，2009）。

后来，《吉姆·克劳法》（Jim Crow laws）在种族之间确立了一道严格的界限。1896年，美国最高法院裁定，公共场所的种族隔离合乎宪法。公共交通、学校、旅馆、剧院、餐馆、露营地、公共泳池、饮水机、军队——实则是社会生活中几乎每一个方面的不平等待遇，一直持续到20世纪中期。情况如此糟糕，黑人经常不得不采取额外预防措施，只为可以正常进行日常活动。例如，从1930年代到1960年代，许多黑人在开车进行长途旅行时，都会携带一本指南：《黑人司机绿皮书》（*The Negro Motorist Green Book*）。书中为黑人提供了在每个城市中他们可以开车、睡觉、吃饭、购买天然气或上商店而不会被骚扰、羞辱或攻击的地方（McGee，2010）。

尽管有所进步，但是大多数非裔美国人的生活质量仍然低于白人。在某些方面，奴隶制的影响一直持续到今天。例如，1860年奴隶人口所占比例较高的美国的县，与其他县相比，今天仍有更高水平的不平等，一个研究者群体称其为"奴隶制的持续效应"（Bertocchi & Dimico，2010）。

黑人家庭的年均收入是34598美元，相比之下，白人家庭为55257美元（ProQuest Statistical Abstract，2015）。白人家庭的平均净资产是黑人家庭的13倍，自2010年以来这一差距逐渐扩大（Kochhar & Fry，2014）。黑人的失业率是白人的两倍。就像一位作家所说："对美国黑人来说，在迎来了第一位黑人总统的这个时代，也迎来了20年来最高的失

业率和贫困率水平。"(Samuels, 2011, p.46)

不过,过去 40 年间,对黑人的公然歧视已经下降,经济、教育和政治上也出现了一些改善。例如,黑人拥有的公司,年销售额近 1360 亿美元(ProQuest Statistical Abstract, 2015)。黑人家庭年均收入 34598 美元,表明从 1980 年以来(28972 美元)出现了显著增长。

亚裔美国人

当大量的中国男子于 19 世纪下半叶来到美国,在矿山和不断扩张的铁路系统上工作时,他们受到了有敌意的对待。由于极其担心大批中国工人将会抢走稀缺的工作最终侵占本土白人的权益,遂滋生出了关于华人的"黄祸"形象。19 世纪末和 20 世纪初,一些法律,如《排华法案》(Chinese Exclusion Act)、《斯科特法案》(Scott Act)、《基瑞法案》(Geary Act),禁止中国移民入境,并剥夺了那些已经入境华人的许多合法权益。例如,法律禁止中国劳工成为永久公民,禁止他们带着自己的妻子来到这里,禁止他们娶白人女性为妻。

早期来到美国的日本人面临相似的情况。与中国人一样,日本家庭创造出紧密团结、与外界隔绝的社区,从中汇聚资金和资源,取得了相对的成功。但他们所认为的成功,却促使立法者制定法律,禁止所有日本移民进入美国。1941 年日本偷袭珍珠港之后,对日本人的敌意达到高峰。罗斯福总统签署了一项行政命令,授权对日本移民进行迁移和拘留,已是美国公民的日本人则被集中关押在难民营,四周是铁丝网、瞭望塔和武装警卫。

具有讽刺意味的是,中国人、日本人、韩国人、越南人、柬埔寨人、老挝人、印度人和其他亚洲群体,往往被视为"模范少数民族"或"美国最伟大的成功故事"(America's greatest success story,最成功的"美国梦")。例如,亚裔高中生的总 SAT 平均分数是 1656,相比之下,白人为 1576,一般族群为 1486(National Center for Fair & Open Testing,

2014)。53% 的亚裔念完大学，相比之下，白人的这一比例为 32%；他们的家庭收入中值实际上高于其作为整体的人口数。他们也比其他群体更有可能在双亲家庭中结婚和养育他们的孩子（ProQuest Statistical Abstract, 2015）。

但是，与"模范少数族群"相伴而来的期望和怨恨，就像被贴上更多负面标签所创造出的期望和怨恨一样，也会让人受到限制和压迫。下面是一位亚裔作家对它的描述：

> 我是一名亚裔美国人，但我不擅长电脑。我连自己的收支都弄不准，更不用说去搞定微积分了。我可能会在学校失败（学习不好），没有别的理由，就是无法抛开我那满脑子异想天开的极客和呆瓜的自我……我渴望成为一名艺术家、一个运动员、一个反叛者，最重要的是，一个平凡的人。
>
> （Wu, 2002, pp. 39—40）

过度强调亚裔取得的成功，会对亚裔在公共场合和私人生活中持续面对的种族歧视不当回事。此外，它会将亚裔取得的成功，视为美国给那些顺从而努力工作的人们提供了平等机会的证据，尽管许多族群仍在继续受苦。

当"模范少数民族"被等同于"亚洲人是过于用功的孤独者，不能被信任"这一看法时，这一形象也会变得丑陋起来。2007 年弗吉尼亚理工大学大屠杀（一名韩裔学生在校园里横冲直撞枪杀了 32 人）发生后，这些刻板印象立即浮出水面。虽然事后调查表明，枪手患有严重精神问题，担心（从未出现的）反韩潮流，但是，媒体上仍在继续强调他的种族和拙于社交，从而将"害羞、书生气的亚裔美国大学生可能是定时炸弹"这一看法予以持久化。

穆斯林裔美国人

尽管与其他少数族群的人数相比，穆斯林裔美国人的人数非常少，而且来到美国的时间距离现在也要更近，但却极少有哪个族群像他们那样激起较强的负面情绪或是被误解。美国人对穆斯林裔的看法，比对任何其他宗教群体（包括无神论者在内）的看法都要负面得多，尽管在现实生活中只有三分之一的非穆斯林人知道某个人是穆斯林（Pew Research Center, 2014b）。人们对穆斯林裔的态度也变得越来越消极。近来一项民意调查发现，2010—2014年间，对穆斯林裔的好感度从36%下降到27%（引自Siddiqui, 2014）。

人们往往将穆斯林人视为一个铁板一块、同质性的群体，实际上他们具有很大的文化和种族多样性。65%的穆斯林裔美国人是第一代移民。约三分之一来自中东和北非的阿拉伯语国家，另有27%来自南亚。尽管存在大量移民，但在美国，超过四分之三的穆斯林都是美国公民（Pew Research Center, 2007）。

就受教育程度和收入水平而言，穆斯林裔美国人是美国社会中其他人的写照。获得大学学位的穆斯林裔的比例与其在总人口中所占的比例一样多。此外，41%的穆斯林美国成年人报告，其家庭年收入超过50000美元，相比之下，美国成年人家庭的这一比例为44%。事实上，穆斯林裔美国人的经济状况要比生活在法国、西班牙、德国、英国的穆斯林好得多（Pew Research Center, 2007），而且比生活在其他国家的穆斯林更有可能有非穆斯林朋友（Thomson-DeVeaux, 2013）。

总的来说，穆斯林裔美国人完全融入了美国主流社会。绝大多数人都认为，他们的社区是生活的好地方，努力工作就会有回报。多数人都觉得生活在美国很快乐，并谴责伊斯兰极端主义。只有不到十分之一的穆斯林裔美国人觉得，为了捍卫伊斯兰教而针对平民实施的暴力是正当的（Pew Forum on Religion and Public Life, 2013）。一项民意调查发现，大多数穆斯林裔美国人都说他们忠于美国，对未来感到乐观，但同时也报告说他们感到自己深受歧视（Younis, 2011）。

不过，几十年来，一直有一种将穆斯林等同于暴力恐怖主义的倾向，这可以追溯到1972年慕尼黑夏季奥运会上杀害11名以色列运动员。2001年9月11日的袭击，加强了反穆斯林的偏见，继续使他们的生活变得相当困难。大多数穆斯林都认为，政府和执法机构单独针对他们增加了监视和监听（Pew Research Center, 2007）。这种看法并非毫无根据。全美范围内，"9·11"之后有762名穆斯林被捕入狱，有时一关就是好几个月。他们的被捕往往是因为邻居或熟人给执法人员打电话。一个房东向FBI举报她的几个租户是"中东人"，只因为她觉得"要是他们参与恐怖主义而她却没报警，她会感觉很可怕"（引自Neumeister, 2015, p.A5）。就在几年前，纽约警局还把电影《第三圣战》（*The Third Jihad*）用作新入职警察培训计划的一部分。这部电影描述了穆斯林恐怖分子将基督徒爆头，引爆汽车炸弹，将蒙着被单的美国儿童"斩首"；里面还有一幅被篡改的照片，展示一面伊斯兰旗帜飞过白宫（M. Powell, 2012）。

尽管对伊斯兰的情况了解得比过去更多，但却仍有近半数美国成年人相信，穆斯林要比其他宗教更加纵容暴力行为（Jost, 2006）。在伊斯兰教价值观是否符合美国的生活方式上，人们的看法同样有很大分歧（Thomson-DeVeaux, 2013）。在走向2016年总统大选的一场主要竞选中，一位共和党候选人说他永远不会支持一个穆斯林竞选总统。2012年，另一位共和党候选人暗示，时任国务卿希拉里·克林顿的参谋长，一位穆斯林女性，是埃及穆斯林兄弟会的一名秘密特工（Beinart, 2012）。

几年前，有人提议在田纳西州的莫夫里斯波洛、威斯康辛州的希博伊根、加州的蒂梅丘拉，以及在最著名的纽约世贸中心附近修建清真寺，结果遭到愤怒的抗议。一位研究伊斯兰的教授，描述了反对者那种痛苦的口吻：

> 由于交通可能会拥堵而反对建造清真寺是一回事，但当你说建造这些清真寺是要培养恐怖袭击者那就完全是另一回事，因为伊斯

兰教正在入侵，文明正在受到穆斯林人的暗中破坏。

(引自 Goodstein, 2010, pp.1, 17)

事实上，有时仅仅是说某人是穆斯林就足以贬低对方。2013 年，当尼娜·达瓦鲁丽（Nina Davulri）（实际上是印度裔而不是穆斯林）获得"美国小姐"的桂冠后，推特上涌现出大量愤怒的推文（Broderick, 2013）。

"四天前是'9·11'[周年]，她却成了美国小姐？"
"美国小姐还是基地组织小姐？"
"更像恐怖分子小姐！"

同样，在 2008 年总统大选中，关于奥巴马是穆斯林的谣言一直困扰着他，并在 2012 年的选举中继续困扰他。2012 年的一项调查发现，不到一半美国人准确地识别出奥巴马是基督徒（Bingham, 2012）。他和他的议员们都觉得必需否认这一没有证据的说法，然而，这一做法反而强化了其在文化中的负面影响。

反穆斯林情绪，要比反其他族群的情绪，表达得更加公开。10 个州的议会已经立法禁止在州法庭上使用伊斯兰教法（基于《可兰经》的实体法）。鉴于这样的恐惧和不信任，毫不奇怪，穆斯林裔美国人是当今美国社会中公开受到最强烈鄙视的族群。

种族与民族关系

美国社会中的种族紧张关系有着悠久的历史，不太可能很快就消失。不断增多的少数族群和非英语移民的大量涌入，正在加剧对社会资源（包括各种形式的财富、声望和权力）的竞争及其引发的冲突。不平等的资源分配往往出于**种族歧视**（**racism**），所谓种族歧视，即相信人类被分为不同的群体，他们的社会行为和生理及心理能力有着如此大的不同，以至于可以将其分为优等或劣等（Marger，1994）。种族歧视既可以体现在个体层面上，如个体的态度和行为；也可以体现在文化层面上，如语言和集体意识形态；还可以体现在宏观结构层面上，如社会机构的日常运作。

个人种族歧视

个人种族歧视（**personal racism**）是指个体身上表现出的带有种族主义色彩的态度或行为。这种种族主义有许多明显的形式，如个体使用贬义名称指代其他族群，或者是在与其他族群成员面对面接触时流露出明显的歧视和敌意。不过，微妙形式的个人种族歧视要更为常见，比如高中指导顾问引导少数族群学生远离"较难的"学科，从而将其引向那些日后所得报酬不高的工作。无论是明目张胆还是谨慎微妙，个人种族歧视都基于两个重要的心理建构：刻板印象和偏见。

刻板印象 1922年，时事评论员沃尔特·李普曼（Walter Lippmann）首次使用了"刻板印象"（**stereotype**）这个词。他将刻板印象定义为一种过于简单化的对世界的认知，用来满足我们的需求：将社会环境视为一个比实际上更容易理解和控制的地方（Lippmann，1922）。在将其应用到种族这个问题上时，它是指一种过于概括化的信念，认为某种特征、行为或态度，可以描述一些容易识别的群体的所有成员。

只需随意观察一下我们的四周，很容易就能找到证据，反驳那些常见的关于种族或民族刻板印象的准确性。大多数非裔美国人并没有去领取救济，大多数犹太人并不贪婪，很少有意大利人参与有组织的犯罪，并不是所有的亚裔美国人都擅长数学，等等。**以偏概全**

(**overgeneralizations**，又译"过分概化")从来都不是适用于群体中的每一个成员。尽管刻板印象明显不准确，但是它们仍然是我们日常思考中的一种常见现象。我们都知道刻板印象是什么，即使我们中的大多数人都会选择不表达或是不表现出来。

当代的观点是，刻板印象是人类思维中一个共有的面向（D. L. Hamilton，1981）。我们的大脑，倾向于把世界分成不同的类别：好和坏，强和弱，他们和我们（Rothenberg，1992）。通过允许我们把信息分成容易识别的分类，刻板印象使我们可以更有效率地去处理信息和形成印象。就像我们在第六章中看到的，如果我们不能基于性别、种族、年龄、民族等快速将人们予以分类并形成对人们的预期，我们的生活将会变得一团糟。然而，重要的是要记住，刻板印象的实际内容绝不是自然就有的，它必然是习得的。

关于种族、宗教和族群，媒体给大量听众和观众提供的形象，既有真实的，也有幻想的：野蛮的印第安人，时髦的、对抗性的、超重的黑人妇女，被宠坏的、养尊处优的、有购物癖的犹太女人，狂热的阿拉伯恐怖分子，等等。亚洲人往往被描画成爱拍照的游客、学业优等生，或邪恶的战神。拉丁美洲人历史上一直被称为"拉丁情人"、"土匪"、"外国佬"或"没用的懒鬼"（Reyes & Rubie，1994）。当代电视剧里的人物，如《破产姐妹》（*Broke Girls*）中的李翰（Han Lee）、《生活大爆炸》（*The Big Bang Theory*）中的拉杰什·库斯拉帕里（Rajesh Koothrappali）、《摩登家庭》（*Modern Family*）中的格洛丽亚·德尔加多－普里切特（Gloria Delgado-Pritchett），继续用一种刻板印象的方式来呈现中国人、印度人和拉丁美洲人。

对加州洛杉矶和橙县电视新闻节目的随机抽样分析显示，在电视新闻中，比起非裔和拉丁裔美国人，白人更有可能被描述为犯罪的受害者。相反，非裔和拉丁裔美国人则更容易在新闻节目中被描述为违法者而非犯罪受害者（Dixon & Linz，2000）。另一项研究发现，尽管有色人种经常出现在黄金时段的电视广告里，但他们扮演的大都是次要角色。此外，白人更可能出现在高档产品、美容产品和家居产品的广告中。相比之下，有色人种则更多出现在低成本、低营养的产品（如快餐食品和软饮料）广告中和运动或运动器材广告中（Henderson & Baldasty，2003）。

偏见和歧视　当刻板印象对种族或民族群体成员形成一套严格持有、不利的态度、信念和感受，它们就构成偏见（**prejudice**）（Allport，1954）。有一项研究是一个很好的例子，说明了偏见会如何影响社会互动；在这项研究中，向一群白人展示一张照片：一名白人拿着刀片与一名黑人在纽约地铁里争吵。试验者向受试者快速闪现照片，然后要求他们把看到的东西写下来。超过一半的受试者表示，他们看到一名黑人拿着刀片对着一名白人的喉咙（引自Helmreich，1992）。"所有黑人都是暴力的"这一刻板信念，具有如此强大的力量，以至于它扭曲了人们对事物的认知。

就像我们在第八章中看到的，在公民之间发生高度紧张的对峙时代，执法人员尤其可能依赖于这样的观念。甚至同事也不能免于这种偏见的影响。例如，在纽约市，卧底的黑人警察有时也会被那些误将他们视为危险罪犯的白人警员开枪击中，致使其受伤或被打死。就像一名黑人警员所说："如果你与［秘密潜伏的］有色人种警员交谈过，十有八九他们会告诉你，当他们听到警报铃声响起，他们脑海中首先浮现的是：'我希望这些警察知道我是好人。'"（引自M. Powell，2009，p.18）多年来，一直有人呼吁警局系统任命专家小组审查白人警员潜在的种族假设，为学员提供额外的培训。

得到广泛媒体曝光的手无寸铁的有色人种被警察枪杀事件（参见第八章），以及更多像它们一样但却较少得到媒体关注的事件，对人们对种族关系的认知，产生了实质性的影响。在2015年《纽约时报》进行的一次调查中，近一半受访者认为，美国的种族关系正在恶化，相比之下，半年前持有这一看法的人还只占三分之一（Sussman，2015）。然而，在这种态度上，不同种族的人们看到了两个截然不同的现实。在被问及是否相信警方会平等对待白人和黑人时，63%的白人受访者表示他们相信，相比之下，只有40%的拉丁裔和21%的黑人表示他们相信（引自Blow，2015）。52%的黑人（和34%的白人）认为，未来一年，警察与少数族群之间的关系将会变得更糟（Pew Research Center，2014e）。

就像你所看到的，只要没有导致歧视，偏见的信念也就无关宏旨。**歧视（discrimination）**是基于一些社会特征，不公平地对待一些人。1964年的《民权法案》禁止以种族、肤色、宗教或国籍为由对他人进行歧视或隔离。该法案是美国种族关系上的一个巨大进步。然而，至今种族歧视依然存在。

一提起歧视，我们通常想到的都是其最明显的形式：带有种族歧视的称呼、种族仇恨犯罪、警察过度使用武力、就业壁垒，等等。2004年，芝加哥大学两位经济学家，给芝加哥和波士顿报纸上的招聘广告，寄去一些虚构的简历。他们给其中一些简历取了一些听起来像黑人的名字（像拉吉莎或贾马尔），其余的简历则取了一些听起来像是白人的名字（如艾米丽或格雷格）。有白人名字的简历得到的回应，比有黑人名字的简历多50%（Bertrand & Mullainathan, 2004）。

不过，大多数时候，歧视都要更加微妙，表现为怀疑或规避；事实上，参与其中的人可能都没有意识到自己在这样做。我们通常不会意识到我们自己的非语言行为，如果我们无意中流露出我们不喜欢或排斥的迹象，对方因此感到不悦而有所反应时，我们往往并不明白对方何以会有如此反应。相反，我们很可能会将其视为对方天性如此。我们可能会不知不觉地将这些行为用作证据，归咎于其民族劣根性。

这种下意识的歧视（quiet discrimination，直译为"安静的歧视"），通常要比外显的偏执更难回击。如果因为你是亚裔而无法得到一份工作，或者是因为你是犹太人而被拒绝加入一个俱乐部，你可以奋力争取机会打开这些"门"。但是，即使进入之后，你仍会有许多人际障碍要克服。在2014年的一次讲话中，美国前司法部长埃里克·霍尔德（Eric Holder），着力强调了需要关注隐性歧视：

> 偏见的发生固然可悲，但却并非仍然必须发动斗争和工作仍然需要完成的真正标记——因为最大的威胁往往并不会自己跳出来成为非常可笑的头条新闻。它们的存在更微妙。它们伤人也更深。
>
> （引自 Reuters, 2014, p.1）

当这种微妙的行为在大量人群中变得很常见，偏见和歧视就会相辅相成。认定某个族群为低等进而否决其成员有资格得到良好教育和体面工作的路径，往往会变成一种自我实现预言，产生出人们相信这一群体所拥有的自卑感和低劣感。

下意识的歧视与个人种族歧视（对特定群体抱有负面看法）的传统形式相连。然而，促成它的感觉并不一定就是讨厌或敌意，而是不适、不安，有时则是恐惧，当事人往往倾向于主动规避和消极顺从，而不是直接对抗（Trepagnier, 2013）。种族主义者是这样一些人，他们认为因为一个人的种族而歧视他/她是不公平的，但却无法完全逃避产生种族主义信仰的文化力量。使得这一情况更加复杂的是，这种类型的种族歧视，往往是那些认为自己是无偏见和不偏袒的人所为。

当歧视依然存在于下意识中时，人们往往会认为它已经消失，从而忘记帮助那些一直以来是其受害者的群体（Bonilla-Silva, 2003）。近来旨在帮助少数族群的"努力消除项目"（eliminate programs）便例证了这一趋势。现在许多白人都认为，如此多的黑人都不成功的唯一原因是，他们缺乏动机和不认同"白人"持有的价值观念，如努力工作、个人主义、延迟满足等（Schuman & Krysan, 1999）。虽然这些信念比公开的偏执行为要更加隐蔽，但是它们却有着相同的效应：在刻板印象的基础上，它们促进了对个体抱有的偏见。

> **社会学家剪影**
>
> ## 乔·费金（Joe Feagin）和艾琳·奥布赖恩（Eileen O'Brien）：富有的白人男性对种族的看法
>
> 富有的白人身上那些下意识的和不那么下意识的偏见，即歧视性做法，并未得到学术界的关注，尽管他们的态度会影响很多人的生活。为了扭转这一情形，社会学家费金和奥布赖恩（Feagin & O'Brien, 2003），采访了约100位富裕的白人男性高管、经理、管理人员和专业人士对一系列种族问题的看法。理解这些人的观念很重要，因为他们中的许多人都有能力去影响涉及少数和多数族群的政策、法律和行动。
>
> 由于他们所处的社会经济地位，这些男性大都生活在种族隔离的富人区。他们在儿童和青少年时期所上的学校里，极少有（如果有的话）有色人种。只有极少数受访者报告说，他们与其他种族的人形成了长期的友谊。
>
> 因此，他们与少数族群的初次接触有时也是很重要的接触，而那些人往往是家佣和其他服务人员，通常都是女仆和男仆：
>
> > 虽然我已记不起第一次见到黑人是什么情形，但我认为［我见的第一个黑人］是……我祖父的司机，那年我5岁。所以在我的印象中，黑人就是在那里等着服侍你的人。
> >
> > 我第一次接触到的黑人是一个女仆，基本上是她把我妹妹［和我］带大的。
> >
> > 说实话，我见过的第一位黑人可能是我父母家里的一个仆人，那都是很久以前的事了。（引自 Feagin & O'brien, 2003, pp.34－35）
>
> 回想起这些初次接触的体验，往往都会让人感觉很美好。许多白人男性在谈到家仆时都充满深情，因为这些人在他们的成长过程中扮演着重要角色（一些受访者甚至称他们的黑人女佣和保姆为"第二个妈妈"）。

然而，他们很小就也被教导，他们应该与这些"帮佣"保持一定的社会距离。此外，很明显，他们并没有看到，这些个体也是在现实生活中真实的人。大多数人都没有意识到，他们的女佣和司机也有自己的家人孩子，或者是他们的[帮佣]工作使得他们很难维持与其家人的这些关系。

费金和奥布赖恩也发现，在谈及他们的刻板印象和偏见时，在许多方面，富有的白人高管与"普通"美国白人并没有什么不同。一些人对美国有色人种抱有很深的负面看法，让人不禁想起早已过去的那个年代[的种族偏见]：

> 好吧，让我们来看一下统计数据。黑人占总人口的约10%，而80%的罪行都是黑人干的，对此你有什么可说的？……这告诉了我们什么？毫无疑问，更多的坏事都是他们干的。不管他们走到哪儿，他们都是罪犯。他们在这儿[美国]是罪犯，他们在非洲一样是罪犯。（引自Feagin & O'brien, 2003, p.100）

此外，他们一直将自己享有的种族特权视为理所当然，并控制着重要的社会机构，所以他们也就将改善有色人种的状况视为是对他们的一种威胁。但是，由于他们普遍都受过高等教育，所以大多数人都意识到，他们不应该用太过明显的负面态度来表达他们对种族的看法。因此，有些人就把自己的偏见隐藏在听起来像是同情[有色人种]的话语中：

> 美国有很多很多很好的黑人家庭……不幸的是，大部分黑人人口都存在这一家庭问题。……为什么有些黑人表现得非常好而有些则表现得非常差，想要归纳出其中原因，真的很难很难；而且有些人的表现与他人无异这一事实使我相信，问题不在肤色上，而是出在他们的成长环境中。（引自Feagin & O'brien, 2003, p.104）

这是下意识种族歧视的一个典型例子。注意这个人如何将自己与过去的偏见保持距离，同时却又接受了种族不平等的现实。

并不是所有接受采访的男性都抱有偏见。他们中也有少数人对不同种族间的关系持有正面看法。这些人通常对种族和阶级不平等表示失望，认为在

> 美国的经济和政治力量的平衡上需要发生一个重大转变。看起来，将这些人与那些持有传统（负面）看法的人区分开来的因素是，他们与有色人种的关系的本质。那些与有色人种成员保持长期友谊关系，或是与其有更多接触的人，更愿意考虑拆除造成偏见和种族不平等的结构。这样的发现支持这一看法：越过种族藩篱［与其他族群成员定期］进行人际互动，可以减少［人们的］刻板印象和偏见。

肤色主义 基于肤色之上的偏见和歧视，也可能发生在特定的有色族群内部。这被称为**肤色主义**（**colorism**），一些人认为，这一现象与外来者对群体持有的种族仇恨问题一样严重。例如，从过去的奴隶制时代起，黑人之间的肤色就与社会优势有关，肤色浅的奴隶通常可以在主人屋里干活，肤色深的奴隶就要下地干活（Graham，1999）。20世纪早期到中期，许多黑人教堂、社交俱乐部、兄弟会和其他组织，仍然以肤色为标准，来确定候选人是否适合成为会员。人们用所谓的"棕色纸袋测试"（brown bag test）来筛选会员肤色，只有肤色浅过棕色纸袋者才有入会资格（Graham，1999）。

不足为奇的是，有证据表明，非裔美国男性发现，肤色浅的女性看上去更加性感撩人、更适于婚配（D. Hamilton, Goldsmith & Darity，2008）。被视为"性感者"（sex symbols）的美国黑人名流，如哈莉·贝瑞（Halle Berry）、碧昂斯、凡妮莎·威廉姆斯（Vanessa Williams）、艾丽西亚·凯斯（Alicia Keys）、克里·华盛顿（Kerry Washington），通常都比较接近白人的审美标准。借助一项全美黑人调查的数据，社会学家马克·希尔（Mark Hill，2000）发现，女性强烈偏爱浅肤色。有趣的是，女性受访者与男性受访者一样，表示自己也喜欢肤色浅的女性。

研究也发现，与肤色深的黑人相比，肤色浅的黑人受教育程度更高，所从事的职业更有声望，更有可能在办公室工作，更少接触刑事司法系统，年收入也要更高，不论其父母的社会经济地位、性别、居住地区、年龄或婚姻状况如何（Hill, 2000；Hochschild & Weaver, 2007；Keith & Herring, 1991）。近来的数据表明，在公立小学和中学，肤色深的女孩被勒令停学的可能，是肤色浅的黑人女孩的三倍（引自 Vega, 2014）。因此，肤色深的黑人有时会埋怨肤色浅的黑人，指责他们"出卖自己"，去迎合白人关于美和行为的标准（F. J. Davis, 1991）。

　　肤色主义并不局限于非裔美国人。在印度，众所周知，肤色浅就等于美（和地位）。几十年来，化妆品行业通过将美白产品卖给印度妇女，赚取了数百万美元。渴望拥有"白皙"的皮肤，与印度长期存在的等级制度交织在一起，在那里，肤色浅与更高的地位相连。就像一位作家所说，肤色浅会向"第一次见到你的人表明，你出生在一个不用做任何户外工作的家庭，由于你不用干那种活，所以你就会有更高的地位。"（引自 National Public Radio, 2009, p.2）

　　在拉丁裔美国人中，"印第安人的特质"或其肤色深浅度，一直决定着一个人的地位高低。在控制了所有其他相关因素的情况下，研究人员发现，有着印第安人外表、肤色深的墨西哥裔美国人，比起肤色浅的墨西哥裔美国人，受教育程度较低（Murguia & Telles, 1996），他们获得的工资也比较低（Telles & Murguia, 1990）。

无色人（非有色族群）的特权　　在社会上占据重要地位的族群中的成员，有时很难体会到那种在日常生活中遇到的偏见和歧视所产生的羞辱性影响。他们不必经历因种族主义而来的微小的轻蔑，如在商店中和走在路上一再被人用怀疑的眼光进行审视。因此，在美国，许多白人很少留意自己的种族身份，认为有色人种在种族和民族问题上太过较真，难以理解有色人种为何会在这个主题上倾注如此大的情感和心力（Haney López, 1996）。

　　在美国社会，白人在人数上和文化上都占据主导地位，所以极少会用肤色来界定他们的身份。白皙的肤色是如此明显和标准（规范），以至于白人的种族身份认同，无论从哪点来看，都是几乎不存在的。白人享受着奢侈的"**种族透明度**"（**racial transparency**），或者也可说是"没有颜色"（Haney López, 1996）。在说明他们的身份时，他们可以选择是否要提及他们具体的民族祖先（Waters, 2008）。从这个意义上来说，种族是可选的、自愿的，甚至是带有娱乐性的——如在圣帕特里克节（St. Patrick's Day）上，白人欣然接受他们的爱尔兰性。简而言之，白人在大多数情况下都在享受特权，不需要不断去考虑或识别他们的种族：

> 当他们［有色人种］在美国生活中行进时，几乎每一件事"他们"都要奋力争取，而白人就无须在这些事情上去刻意争取，所以白人的生活要容易得多：从找工作到得到贷款到上大学……事实上，隐秘的白人性（whiteness）提供给白人的就像是银行里存放的精神存款，我们每天都在享用这笔存款的收益，而其他人则处在不断透支的状态中。
>
> （Wise, 2002, pp.107—108）

无论是否赞成已经赋予他们的社会优势，白人都拥有这些好处。一位白人作家（McIntosh, 2001）记下了只因她是一个白人每天就可享有的特权（其中有许多都是她此前未曾留意过的）。其中包括：独自在商店购物而不会有抱有疑心的店员在身边跟随，很容易买到以白人为主题的贺卡或童书，很容易找到匹配她的肤色的绷带。换句话说，白人不需要心存偏见，或者是感觉有种族优势，抑或是觉得比他人更值得敬重，就可以享有他们的肤色带来的特权。

阶级、种族和歧视　一些社会学家认为，歧视性待遇，以及一些种族享有不平等的社会和政治地位，更多是社会阶层而非种族所致。如果这种看法完全准确，中上阶层的有色人种在生活中就会免受歧视。奥巴马连任清楚地表明，受过良好教育的高素质的少数族群成员，已不再被阻挡在社会上最高职位之外。不过，一些民权倡导者认为，奥巴马的胜利只能算是一个孤立的成功个案,并不具有普遍性,他们担心很多人会据此误认为美国的种族歧视已经消失(Swarns, 2008b)。就像美国民权委员会前主席所说的那样:"它就像是说,因为也有一些白人生活在贫困中,所以也就没有了贫困。"(引自 Cose, 2009, p.43)

事实上,即使对许多经济上取得成功的有色人种来说,缺乏尊重、明褒暗贬、低期望、直接骚扰和排挤,在他们的生活中也都是常有的事(Feagin & McKinney, 2003)。少数族群的专业人士,经常抱怨别人有一种倾向:每次与人进行互动时,对方都会从其所属族群的视角来看待他们。一位事业有成的美籍华人法学教授曾经说过:"我怀疑……在每个人的外表下面……我的听众都会继续将我视为一个亚裔的代言人。"(Wu, 2002, p.37)

社会学家乔·费金和卡恩·麦金尼(Joe Feagin & Karyn McKinney, 2003),分析了来自焦点小组和对数百名美国黑人中产阶级个体访谈的数据,以查明他们在工作中遇到的歧视的后果。这些人都受过高等教育,从事专业技术或管理工作,认为他们感受到的与工作相关的压力,并非来自工作本身的要求,而是来自带有种族敌意的工作环境,通常包括不被同事信任、不公平的职位提升做法,或者是通过使用带有种族色彩的称呼和贬义名称直接虐待。

日常生活中的情形也与此差不多。生活在高档社区的富有的黑人居民有时会抱怨说,他们在高档商店购物时,总是有人盯着他们,或者是警察用怀疑的眼光看待他们,只因他们的肤色与高档小区不般配。这样的情况令人感到不安和沮丧,不仅因为它们背后存在的种族主义态度,还因为有此经历的人们过去曾相信,他们向上的社会流动可以保护他们免受这样的待遇。费金和麦金尼(Feagin & McKinney, 2003)研究中的一位回答者这样说:

> 我总是处在这样一个过程中:试图找到一种更好、更健康的方式来应对这种情况下不可避免会出现的愤怒。这是你为你的敏感和

意识必须付出的代价……你见过一只狗真的被它的境况给激怒吗？如果你真是一头野兽，它并不会让你心烦。问题是……这种对待很是让你痛苦，因为你显然不是这个世界所认为的那个你。

(Feagin & McKinney, 2003, p.45)

总之，种族歧视在少数族群成员的生活中仍然很普遍，就连那些富有的少数族群成员也不例外。事实上，这种歧视要比低收入人群体验到的更明显，因为富裕的个体已经进入了此前无法进入的社会空间（Bonilla-Silva, 2008）。一项研究甚至发现，有大学学历的黑人，会比没有大学学历的黑人，体验到更多的歧视（Forman, Williams & Jackson, 1997）。

公共设施上悬挂"黑人禁入"和"印第安人禁入"标记的日子早已成为过去，但是，当今社会中存在的不那么明显的个人种族歧视，则在不断提醒人们：在21世纪，少数族群成员（无论其阶级地位如何）仍然每天都会受到刻板印象、偏见和歧视的对待。

文化意识形态中的种族歧视

如果我对种族歧视的讨论就此结束，你很可能会认为这是一种个体层面现象，阻止这一现象的最好方式就是改变人们的思维方式，或是鼓励个体作出善举和尊重少数族群成员。但是，从社会学角度来看种族歧视，有一件重要的事情就是，它不仅存在于个体的思想和行为中，它还存在于文化信念体系中，既为某些群体支配其他群体提供了正当性，又提供了一套社会规范，鼓励人们对其他群体实施差别对待（O'Sullivan-See & Wilson, 1988）。从冲突论视角来看，种族主义意识形态存在于我们的语言和主流文化信念中，导致种族和族群不平等。

语言中的种族歧视　当然，贬损种族的话语，反映了潜在的种族主义。但是，语言中的种族歧视往往不太明显。考虑一下"泛种族标签"

(panethnic labels)一词的使用，它是对被认为具有共同点的多个亚群体的总称（D. Newman，2012）。今天，我们使用"美国原住民"，或者是"美国印第安人"，来指美国境内560个左右的原住民，尽管它们有着不同的语言和文化。"亚裔美国人"是指来自亚洲几十个国家不同的人民，他们的民族遗产和生活方式有很大不同。同样，"西班牙裔"或"拉丁裔"则是指那些其背景包括多元文化领域的地区的人们，如墨西哥、加勒比海、中南美洲。对某些人来说，甚至是"非裔美国人"这个词，它被广泛视为一个正面的种族标签，但对有些人来说，该词却掩盖了非洲大陆上数以千计的族群、阶级利益、非洲本土宗教信仰。依赖泛种族标签，允许使用者忽视和忽略特定标签族群的内部差异，从而强化了对被贴上标签族群的刻板印象。为了应对这些问题，加州大学将其申请表上"亚裔美国人"的类别从8个扩大到23个，好让未来的学生可以有一个更加明确的民族身份。

种族识别符号经常与负面含义相连。例如，考虑一下"黑"和"白"这两个词的隐含意义。《韦伯斯特全新通用字典》（*Webster's New Universal Unabridged Dictionary*）中对"黑"的解释有"玷污和肮脏"、"极其邪恶"、"缺德"、"阴郁"、"灾难的标志"、"敌意"、"丢脸可耻"等。相比之下，"白"的定义则包括"洁白的肤色"、"纯真"、"讨人喜欢"、"幸运"、"纯粹"、"无瑕"等。无处不在的"白是善良"、"黑是险恶"的观念，在孩子们很小的时候就在潜移默化地影响着他们，并让白人孩子产生了一种错误的优越感（R. B. Moore，1992）。就连小孩子都知道"黑色谎言"（black lie）与"白色谎言"（white lie）的区别：前者是有害的、不可原谅的，后者则是善意的、微不足道的、无害的。

同样重要的是，带有种族歧视意味的词语所产生的政治影响。诸如"经济弱势"、"下层阶级"、"内城（贫民窟）"、"欠发达"等词，听似没有偏见，实则是种族歧视词语的替代（Krugman，2014）。例如，对1995年路易斯安那州州长选举进行的一项研究显示，白人候选人声明反对平权行动，以及其对"内城"社区（谁都知道是指黑人和拉丁裔社区）犯罪问题的讨论，微妙地表达了他的种族看法，吸引了许多白人选民，从而使他最终击败黑人候选人赢得胜利（Knuckey & Orey, 2000）。

语言只是美国社会中整个种族主义意识形态问题的一小部分。比起更多容易见到的种族暴力和经济歧视等问题，它显得不太严重。但是，请你记住，语言会透露我们的看法。从学会说话起，它就在影响我们的思维方式。幸运的是，今天有不少人正在努力解决种族语言这一问题，以及它在维持种族歧视和压迫上所起的关键作用。人们正在越来越清楚地意识到，词语既有赞美能力，也有诋毁能力（R. B. Moore, 1992）。

先天种族劣势迷思　　长期以来，看似科学的特定族群先天劣势理论一直都在被用来解释：为什么在有些领域，如教育成就和经济成功上，有些群体落后于其他群体。这些理论与竞争性个人主义信念（参见第十章）相结合，用来为各种形式的偏见和歧视提供正当理由。

历史上，始终有人喜欢用生物学和天性来解释，现有的分层体系是适当的和不可避免的（Gould, 1981）。你会如何看待对黑人抱有下述看法的人士？

> ［黑人］脸上和身上的毛发较少。他们的新陈代谢更多透过皮肤汗腺而非肾脏，所以他们身上老有一股浓重而讨厌的味道……他们至少称得上勇敢，更可说是喜欢冒险。但这也许是因为他们缺少深谋远虑，无法提前察觉危险……在想象力方面，他们反应迟钝、没有品位、行为异常。大家都已注意到，黑人身心上的进步，最早出现在他们与白人的混血小孩身上，这证明他们的低劣并不只是受生活条件影响。因此，我提出这一看法……黑人……的身心都要比白人低劣。

说这话的人是一个白人至上主义者？一个偏执狂？还是一个无知的狂热分子？如果你发现写这篇文章的不是别人，而是托马斯·杰斐逊（Thomas Jefferson, 1781/1955, pp.138–143），你对这个人的评价是否会有所改变？18、19世纪，没有哪个白人，甚至是致力于保护人类生命权、自由权、追求幸福权的杰斐逊也不例外，会去质疑自然的种族阶级排序：印第安人低于白人，黑人低于其他所有人。西方文化中的其他偶像，如华盛顿、林肯、达尔文，也都持有相似的信念，认为某些种族"天生低劣"；那时的人们普遍接受这种观念，但放到今天，谁要是再抱有这种观念，谁就会被看成是对种族麻木不仁。

白人科学家赞同传统的种族阶级排序，但却并非来自客观的数据和仔细的研究，而是根据一种文化信念：相信"良善"，相信种族阶层必不可免。然后，这种信念被曲解成独立的、有"科学"的支持。与其他人一样，科学家也有自己的态度和价值观，形成并影响他们的认知。这种想法并不完全就是不诚实或虚伪的产物，相反，它是人类思维的运作方式和当时普遍接受的想法相互融合的产物。

先天种族劣势的信念，并非仅仅是历史上才有的一种稀奇现象。20年前，这一信念重又出现在一本书里：《钟形曲线：美国生活中的智能和阶级结构》（*The Bell Curve: Intelligence and Class Structure in American Life*）（Herrnstein & Murray, 1994）。两位作者认为，智能上存在的种族和民族差异（用智商分数来衡量），至少部分是遗传使然。这本书引发了异常激烈的争论，而且这一争论一直持续至今（Pethokoukis, 2014）。

从冲突论视角来看，种族劣势的信念给占据主导地位的群体提供了优势。这些信念阻止受支配群体去质疑他们的劣势地位。此外，它们为维护这样一个社会（在这个社会中，一些群体的权力和特权经常被剥夺）提供了道德正当化。通过散布"某些群体在生物学上低人一等"这一信念，19世纪的白人可以将其奴役黑人正当化，20世纪的纳粹也可以将其灭绝犹太人和其他"不受欢迎的人"正当化。

尽管在过去的几个世纪里人们一直都在积极地寻找，但却并未发现"低劣"种族基因与特定的特质和能力之间有必然联系（Hacker, 1992）。首先，比方说，从智能方面比较不同族群，会忽视群体内和群体之间的差异。事实上,许多非裔美国人都比普通白人聪明,许多白人都没有一般印第安人聪明。

特定族群的基因优劣,很难解释像这样的差异。此外,将2.5亿多美国"白人"看作一个单一(和智力优越)的群体,在最好的情况下也是有问题的,在最糟的情况下则会产生误导。它无法解释不同国籍背景的白人在学术成就上所存在的广泛不同。例如,就在两位作者写作《钟形曲线》的当时,21%的爱尔兰裔白人完成大学学业,22%的意大利裔白人、33%的苏格兰裔白人、51%的俄罗斯裔白人完成大学学业(Hacker,1994)。

此外,遗传倾向也解释不了,超过一代或两代特定族群智商上的变化。心理学家詹姆斯·弗林(James Flynn,1999),研究了60年来不同国家人口的智商。他发现,所有有数据记录的国家的得分都增加了,这一现象被称为"弗林效应"(Flynn effect)(参见图11.2)。在一些国家,平均分提高了25分以上。这种程度的增加,显然不可能单从遗传学上来解释。相反,它们表明人们得到了更好的教育,以及跨代之间在像解决

图 11.2 近 60 年来不断得到提升的智商分数

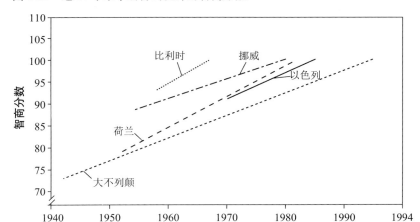

资料来源:Flynn,199,Figure 1。

抽象问题等事情上的能力得到了提升。

最后，这样的比较也忽略了我在本章前面描述的一个问题：种族本身是一个毫无意义的生物分类。我们如何能在种族本身并非起源于单种基因的情况下，将种族间的差异归因于基因？

尽管如此，"先天种族劣势"这一说法依然颇具吸引力。有人认为，如果种族间可以观察到的身体上的差异会遗传，那么，为何社会行为、智力、领导能力上的差异不会遗传呢？就像上一章讨论的竞争性个人主义信念，"先天种族劣势"这一信念，也将弱势群体的苦难和经济贫困，归咎于个体，而非个体生活其中的社会。

微观与宏观之间的联系：
种族优势与占主导地位的黑人运动员

"先天种族劣势"这一信念的另一面则是：某些种族群体在生活中的某些领域具有生理上的优势。比如，人们普遍认为，有些族群在生理上倾向于比其他群体在运动方面表现更优异。1990年以来的波士顿马拉松赛男子冠军，除了一个人外，不是肯尼亚黑人，就是埃塞俄比亚黑人；各种距离赛跑的每一位男性世界纪录保持者，都是有着非洲血统的运动员（Muscat, 2013）。今天，黑人运动员主导着最高水平的体育运动，如橄榄球、篮球和赛跑。在美国，非裔美国人约占人口的13%，但却占美国橄榄球联赛（National Football League，NFL）球员的67%多，占美国职业篮球比赛（National Basketball Association，NBA）球员的77%，占美国女子职业篮球比赛（Women's National Basketball Association，WNBA）球员的69%（Lapchick, 2015）。不足为奇的是，很多人看到这样的数字都会认为，黑人必然"天生"就比来自其他族群的运动员更强壮、动作更敏捷、身体更协调。

19世纪晚期，在职业棒球赛场，非裔美国人被允许与白人一起同场竞技；拳击也是一项种族融合的比赛项目。但到世纪之交，白人运动员威胁要退出比赛，不愿与黑人运动员同台比赛。早期的白人重量级拳击冠军约翰·苏利文（John L. Sullivan）和杰克·邓普西（Jack Dempsey）拒绝与黑人选手比赛。1888 年，棒球队老板默许，同意不再签约任何黑人球员。黑人球员受排挤的情况一直持续到 1947 年，在那一年，杰克·罗宾逊（Jackie Robinson）成为 20 世纪第一个进入棒球大联盟的黑人选手（Sage, 2001）。

排挤黑人球员的背后理由，并不是黑人球员没有竞争能力。相反，人们普遍认为，黑人在运动上的表现要优于白人。许多 18、19 世纪的学者都认为，黑人奴隶被主人养得身强体壮。近几十年来，这种观点已经得到"科学"的包装（Entine, 2000）。例如，一些生物学家认为，黑人运动员的肌肉更适应炎热的气候，因此更能迅速提供充沛的能量。有人则证明，黑人有更佳的力量 – 重量比和更长的跟腱。

黑人有运动优势，早已是体育界里一个近乎天经地义的事实。许多运动员都公开表示，他们认为黑人在运动领域取得的成功，是黑人的体能优于白人的结果。入选名人堂的篮球明星拉里·伯德（Larry Bird，白人）曾表示，他支持"白人球员无法与黑人球员匹敌"这一看法："[篮球]是黑人球员的游戏，它将永远都是黑人球员的天下。我的意思是，世界上最伟大的[篮球]运动员是非裔美国人。"（"Bird: NBA", 2004, p.1）曾于 1954 年打破 1 英里 4 分钟纪录的英国长跑运动员罗杰·班尼斯特（Roger Bannister）说过："我准备冒着政治正确性的风险指出一个再明显不过但又有压力的事实：一般来说，黑人短跑运动员和黑人运动员，似乎有一定的自然解剖优势。"（"Sports Quiz", 2007, p.6）

"黑人有运动优势"这一信念的问题是，身体力量（一个看似正面的特点）经常与所谓的社会、道德或智力上的缺陷联系到一起。有一次，一位全美知名的体育解说员，将强壮的黑人运动员（从不会是白人运动员）称为"纯种马"（thoroughbreds），该词承认黑人的体能，并将其与马联系到一起。前些日子，我曾听到一位 ESPN 评论员说，文斯·扬（Vince Young，一名黑人四分卫，当时效力于费城老鹰队）不够聪明，无法成为 NFL 的领军人物。他说，扬是一个有天赋和真正非凡的运动员，但是，球队需要他们的四分卫是一个聪明的领导者。

这样的评论会加深这一观念：黑人运动员体育表现一流，但在其他方面则有不足。

顺着这一逻辑往下推，体能上处于下风的白人运动员，必须依靠自律、心智敏锐、坚韧的工作伦理、炽热的决心、对科学训练和基本原理的坚信，来与黑人选手一较高下。通过这种方式，成功的白人运动员变得特别值得称赞，因为他们能够克服"天生的"局限。这样的态度反映在如下这些评估中，第一段话来自一位大学篮球白人运动员，第二段话来自一位入选名人堂的白人球员的前任教练：

> 我知道我在速度上拼不过他们，所以我需要确切知道他们会如何对付我……你必须仔细揣摩比赛，留意每件小事，好找出某种优势。（引自 Hutchens, 2002, p.D8）

> 他是我所见过的最有创造力的球员之一。他的身体算不上最健壮，但他通过创造性的步伐弥补了这一点，他总是能够找到办法摆脱对他的盯防出手投篮。（引自 Wells, 2011, p.C8）

注意，缺乏速度和身体不够强壮如何在这里变成一种美德，因为它为超凡的智能和职业道德表现开辟了一条通道。

相反，黑人在运动上的成功，常被认为是他们身体"天赋"的自然副产品，而不是努力工作或聪明才智的结果（S. Brooks, 2009）。在个别场合，著名网球选手小威廉姆斯表达了她对媒体上关于她比赛获胜报道的失望之情，因为它们普遍强调她用力量压倒了对手，而不是她的心理准备和比赛策略是世界上最好的。

由于这些普遍存在的刻板印象，白人公众往往会用"黑人行事傲慢不守纪律"的轻蔑看法，去冲淡大众对黑人运动表现优异的崇拜。几年前，NFL决定处罚所穿制服不符合联盟规定、乱说脏话（辱骂对手）、故意延后触地得分庆祝的球员。这些球员几乎清一色都是黑人。

尽管如此，事实却不容否认：黑人在美国几大职业运动中都占有优势地位。对此有一种社会学解释是：这种主导地位并非单单来自先天的生理优势，而是来自一组复杂的社会环境，使得数量多得不成比例的具有运动天赋的黑人成为职业运动员（Edwards，1971）。运动一直被认为是特定少数族群成员得以（向上）社会流动为数不多的几个途径之一。拉丁裔擅长棒球，黑人擅长橄榄球和篮球。一项全美调查发现，投身体育最重要的理由之一是获取经济利益，持此看法的黑人数量是白人的三倍。他们认为："如果我能在球场上闯出一片天地，我就可以赚很多钱。"（引自 Price，1997）来自其他种族的孩子被教导念好书就能出人头地，许多黑人孩子则被教导：念好书可能并不足以克服社会上存在的偏见和歧视。因此，他们更有可能被鼓励去磨炼身体技能，花更多时间去提升自身球技。高中篮球教练这么说："[白人]孩子们打篮球只为好玩。内城[黑人]孩子们则把打篮球看成生死攸关的大事。"（引自 Price，1997，p.35）

运动一直是黑人社群和拉丁裔社群一个巨大的自豪感的源泉。胜利尤其甜美，因为它代表着比运动员自身更大的东西；它象征着整个社群的价值观和志向（Rhoden，2006）。但是，强调极少数成功运动员白手起家的故事是一把双刃剑。这些知名运动员掩盖了社会现实：极少有（向上的）社会流动真是参与体育运动的结果。只有3‰的高中篮球运动员会被选入 NBA 球队，能成为高薪明星者也就可想而知（NCAA，2013）。就像一位社会学家所说："未来十年你被一颗流星砸到的机会，都要多过你成为一名职业运动员的可能。"（引自 Sage，2001，p.283）

过分强调运动员的成就、支持身体发达，也会阻碍学术和职业成就，长远来看则会伤害少数族群共同体。只有约一半的黑人男性一级运动员在6年内从大学毕业，相比之下，则有73%的黑人本科生从大学毕业（Harper，Williams & Blackman，2013）。长期来看，关注这一事实可能要更有用：黑人律师的人数是黑人运动员的12倍；黑人医生的人数是黑人运动员的15倍（Sage，2001）。

无论强调体育是否是一件好事，也无论黑人运动员是否确实有一些解剖学上的优势，我们必须永远记住，所谓的黑人运动优势，既是生物学的结果，也是一种社会产物。"天赋才能"本身并不足以解释运动员取得的成就

（D. F. Chambliss，1989）。如果我们单纯依靠"先天优势"来解释黑人在体育运动上取得的成功，我们就会忽视日常生活在其中得以展开的更广泛的社会结构背景。

制度性种族歧视：系统中固有的不公平

细细想来，其实任何人都可能是个人种族主义者，不论是公开的还是潜意识的。任何种族/民族群体的成员都可能发展出一套诋毁外人的信念和词汇。但是，有一种种族歧视，不太明显，却可能更危险，它只给在社会中掌握权力的人带来优势，即制度性种族歧视。制度性种族歧视包括既定的法律、风俗和惯例，会系统地反映并制造出社会中的种族不平等，无论维持这些惯例的个体是否抱有种族歧视意图（J. M. Jones，1986）。因此，一个社会可以是一个种族歧视社会，即使只有一小部分成员抱有个人种族主义信念。由于非裔、拉丁裔、亚裔、穆斯林裔、印第安人和其他群体，在历史上一直被排除在社会机构中有权力的关键职位之外，所以他们也就经常发现自己成为这种结构例行运作的牺牲品。

有时，制度性歧视是显而易见的，并会系统地编入法律。例如，直到 1990 年代初，南非还在实施官方系统的种族隔离：非白人群体被依法强行隔离，在政治和经济上受到歧视。在美国，19 世纪强制印第安人迁徙、20 世纪的《吉姆·克劳法》、二战期间拘留日裔美国人，都是立法通过的种族政策，目的是让本就十分弱势的群体处于不利地位。

不过，要想解理不太明显的制度性种族歧视，是对社会学想象力一个很好的考验。由于它是社会安排中固有的特点，所以制度性种族歧视往往比个体性种族歧视行为更难被人发觉。有时，它会伪装在那些表面看来很合理的主张背后。例如，美国陆军有一个"梳理政策"，称为 AR670–1，除了其他方面的规定，还规定了军事人员可以接受的发型。这一政策并未提及种族或民族，但它严令禁止玉米条发型、辫子、曲辫、脏辫（Byrd & Tharps，2014）。由于黑人最可能留这些发型，所以这项政策的后果就是，它系统地对一个族群而非其他族群的外表施加了限制，因而可能存在制度性种族歧视。

再来看一下纽约市实施的有争议的"停下接受搜身"政策，它授予警方权力，基于对某个人参与犯罪活动的"合理怀疑"，将其拦下进行盘问。虽然政策的本意是想确保街道安全，并未特别针对哪个种族，然而，许多民权组织声称，这一政策绝大多数时候都用在了年轻的黑人和拉丁裔人身上（Harris-Perry，2012）。从 2004 年到 2012 年，被拦下接受搜身的人中，83% 是黑人或拉丁裔人（Bergner，2014）。2013 年，一位联邦法官裁定，这些政策违反了宪法赋予有色人种的权利。

制度性种族歧视存在于平民生活的各个角落。在许多大城市，连锁药店 CVS 使用秘密的"市场调查人员"（market investigators，MIs）群体，来跟踪和逮捕商店行窃者。2015 年，四名前 MIs 职员起诉该公司，指控其经理指示他们故意把黑人和拉丁裔购物者设为目标，即使没有证据证明那些人偷窃。尽管有证据表明，经理使用了一些充满仇恨的语言（如"我要把这些黑人 b–h"和"这些拉丁人是毫无价值的 s–t"），但是这类说法在纽约地区几家商店都曾出现，表明它并非只是一种个人种族歧视；相反，它来自公司下达的指令（J. Saul，2015）。

送货上门业务，比如披萨店，有时会拒绝给某些社区送货。几年前，达美乐披萨在媒体上受到批评，原因是：据透露，公司把一个软件发给各家分店，让它们在电脑上给不同的地址作出标记：绿色为可以送货上门，黄色为只能送到路边，红色为不提供送货。公司辩称，这些政策是一种合理的应对举措，因为外送员带着现金进入不安全区域会有危险（"Pizza Must Go"，1996）。

考虑一项行之有效的实践：发放住房抵押贷款或房屋修缮贷款。许多银行都是用邮政编码来区分出它们认为有高风险的社区，也就是说，房地产价值较低而且容易进一步下降的地方。这些做法始于 80 年前联邦住房管理局推出的一项政策，使得这些区域的个体几乎不可能申请到贷款去购买或修缮房屋。而不幸的是，恰恰是在这些地区，有着低于平均收入的少数族群最有可能找到负担得起的房屋购买（Coates, 2014）。因此，尽管银行官员声称他们并不会因人们的种族而拒绝给其发放贷款——他们只是在执行上级的政策，然而，由此产生的歧视却是相同的。

尽管这些做法可能会被认为是"好"的商业政策，可能也不是故意的种族歧视，但其后果显然是歧视性的，因为最终受到这一政策伤害的人往往是有色人种。在这些情况下，制度性种族歧视很难解决，因为它们并不是造成种族歧视的某个特定的"坏人"，或者是一眼就能识别的偏执狂。

微观与宏观之间的联系：
居住隔离 —— 住宅歧视

近 50 年前，《公平住房法案》（*Fair Housing Act*）颁布实施，禁止基于种族、肤色、宗教或民族血统而有住房歧视行为。有证据表明，基于种族的住宅隔离现象近年来有所下降（Glaeser & Vigdor, 2012）。然而，居住隔离——尤其是涉及白人的居住隔离——仍然存在（Crowder, Pais & South, 2012）。例如，41% 的黑人生活在黑人占绝大多数的社区，43% 的拉丁裔住在拉丁裔占绝大多数的社区。然而，90% 的白人都居住在绝大多数居民也是白人的地区（Pew Research Center, 2012a）。事实上，平均而言，白人生活的社区，77% 都是白人（National Fair Housing Alliance, 2015）。

住宅隔离并非仅仅是同一种族的人们生活在一起那么简单。研究表明，对少数族群的成员来说，它与许多问题联系在一起，如低收入、健康、房屋所有权、住房、在校表现、受教育程度、较少获得健康食物；更多地接触到有害环境；更短的预期寿命（National Fair Housing Alliance, 2015）。事实上，在有着相似收入的白人家庭和黑人家庭中，白人家庭生活的社区，更可能邻近更好的学校、有更多的日托选择、更好的公园和游乐场、更多的交通出行选择（Reardon, Fox & Townsend, 2015）。种族隔离社区在日常生活中也是着辱的一种方式：垃圾清理频率更低，街道未铺砌，水电和污水服务很不可靠（Rothstein，2014）。

据全美公平住房联盟（National Fair Housing Alliance，2015）保守估计，每年单是在房屋租赁市场上，就有约400万起违反公平住房规定的案例。除了房东歧视有残疾的人外，这些案件大都涉及少数族群。有时，这样的住房歧视是个体的，是个人公然表示"我们不希望你住在这里"这种态度的结果。然而，更常见的情形是，它是公司政策造成的制度性的、礼貌的、隐蔽的种族歧视（D. Pearce，1979）。这些公司制定的歧视性政策包括：给少数族群建造更少的房屋或出租单元，限制他们获得财务援助的渠道，指引他们去特定区域居住。由于这些政策限制了有色人种可以得到的机会，与白人家庭相比，他们居住的社区，更可能缺乏重要的商业、教育、金融资源（National Fair Housing Alliance，2015）。

一项研究发现，在申请为期30年的房贷上，非裔美国人被拒绝的比例是白人的两倍，拉丁裔被拒绝的比例是白人的1.5倍（引自Kilborn，1999）。这一情况似乎还在变得更糟。2001年，非裔美国人，约占总人口的13%，申请到传统住房贷款的人仅占5%。到2012年，这一比例已经下降到2%。拉丁裔美国人，约占总人口的17%，2001年申请到传统贷款的人为8%，但到2012年，这一比例只有4.5%（National Fair Housing Alliance，2015）。

当他们确实申请到了房屋贷款，非裔和拉丁裔却又不得不比白人支付更高的"次级"房贷利率（引自Bajaj & Fessenden，2007；Mui，2012）。一些人认为，利率上有差异是合理的，因为有不良信用记录的借款人还款风险较高，或者是因为黑人和拉丁裔资产较少，因此与白人借贷者比，有更少的钱来缴纳分期付款的首次交款（Blanton，2007）。但在有着相似信用等级的少数族群和白人之间，甚至也能发现存在这一差异（Bocian, Ernst & Li，2006）。2012年，就对美国太阳信托银行（SunTrust and Bank of America）的指控——该机构对黑人贷款者收取贷款费（一些人称其为"种族附加税"），而对有着相似信用记录历史和资历的白人借款者就不收取这些费用——美国司法部与其达成了一项数百万美元的和解方案（Mui，2012）。

经济体系中的种族不平等

美国经济中的制度性种族歧视是显而易见的。不妨想一想劳动力市场上的情况。除了亚裔美国人，有色人种的工人们一直都是干着低薪水的工作（参见表11.1）。黑人占全美劳动力人口的11.2%，但却只占全美律师的4.2%、全美医生的6.4%、全美建筑师和工程师的5.5%。同样，拉丁裔占全美劳动力人口的15.6%，但在法律领域（5.1%）、医学领域（3.8%）和建筑/工程领域（7.5%）均只占很低的比例（ProQuest Statistical Abstract, 2015）。这一较低的比例，在某些高层职业中变得更加严重。例如，美国律师事务所中有17%的律师是少数族群成员，但却只有5%成为这些律所的合伙人（引自Glater, 2006）。

表 11.1 不同族群的职业集中度

黑人	拉丁裔	亚裔
家庭护理	石膏板安装工	个人形象工
理发师	混凝土浇筑工	软件开发人员
邮政邮件分类工	房顶工人	医学科学家
公交司机	场地维护工人	计算机硬件工程师
电话销售员	女仆	药剂师
领照实习护士	洗衣工	医师
私人司机	缝纫机工	裁缝/女装裁剪师

资料来源：ProQuest Statistical Abstract, 2015, Table 634。
注：美国人口统计局没有提供具体职业上白人百分比的数据。

由于少数族群从事的大都是低薪工作，他们特别容易受到经济衰退的影响。例如，近来的经济衰退，并非对所有族群都产生了相同的冲击。黑人和拉丁裔的失业率一直高于其他族群。在2015年的夏天，黑人的失业率为9.6%，相比之下，拉丁裔是6.9%，白人为4.7%，亚裔为4.4%（Bureau of Labor Statistics, 2015b）。

少数族群成员有时会发现，他们的就业机会会受到某些行业中常见的制度性做法和信念的限制或阻碍。比如，在餐饮行业。在一项研究中（Restaurant Opportunities Center of New York, 2009），研究人员雇用白人、黑人、亚裔和拉丁裔，去应聘纽约 181 家高档餐厅招聘广告中的服务员职位。应聘者两两一组：一个白人一个非白人，年龄、外貌、性别和工作经验均相当。他们事先也都接受过训练，有着相似的言谈举止和类似的回答问题方式。所以从理论上讲，区分同组两个人的唯一地方就是他们的肤色。他们交错进入餐厅，前后间隔约 30 分钟。这样餐厅经理就不会知道"应聘者"是一项研究的一部分。总的来说，与有色族群的应聘者相比，白人应聘者的工作经验明显更容易被接受而不被怀疑，更容易获得面试机会，更容易得到职位。研究人员得出结论，这一差别对待，并非带有种族歧视意图的"少数害群之马"所为的结果。相反，他们发现，全行业的趋势和惯常做法才是罪魁祸首。例如，餐饮业中存在一种普遍的"非正式文化"。尽管这样的非正式创建了一种随意的、"像家庭一样"的工作环境，但它也创造了主观的招聘和雇用惯例：依靠口头相传和朋友网络，而不是正式的程序和明确的招聘标准，可以防止对求职者产生有意识和无意识的偏见和刻板印象。

就经营自己的小型企业来说，有色人种也始终处于边缘位置。贷款公司在发放借款之前，通常都会要求出示历年来的信用记录、某种形式的担保，以及企业有可能取得成功的证据。这些都是标准惯例，并非公司本身或本质上对有色人种抱有歧视，但是它们却使得种族不平等得以继续延续下去，因为过去受到剥削的少数群体成员往往比较贫困，因此有着不良的信用评级，进而也就很难找到担保。诚然，与有经济资源的人相比，穷人有着更大的信用风险，在贫穷地区开店也必须支付较高的保险费用，因为这里发生盗窃财物受损的机会很高。可是，在贫困社区开店的成本较高，通常也会使得少数族群成员更加需要小额企业贷款。

健康医疗系统中的种族不平等

就像我在本章开头指出的那样,过去十年间少数族群在经济和教育上取得的进步,一直被健康医疗方面持续存在的差距(在有些情况下则是不断恶化的差距)所淡化(U.S. Department of Health and Human Services, 2012)。例如,在医学和精神科药物治疗的研究中,少数族群成员的人数习惯性地处于弱势(Vedantam, 2005)。少数族群成员也比白人更不可能获得健康保险。尽管自从"平价医保法"实施以来他们的数量已经出现下降,有13.5%的黑人和13.5%的拉丁裔没有医疗保险,但是相比之下,只有不到10%的白人没有保险(R. A. Cohen & Martinez, 2015)。就像美国医学协会主席所说:"没有医疗保险的人们,病情会加重,寿命会缩短。"(引自 D. Wilson, 2009a, p.16)

在谈到最严重的疾病上时,不同族群间的健康结果差异最明显:

- 对5000名黑人和白人男性和女性进行的为期20年的心力衰竭研究发现,黑人患上心力衰竭的几率是白人的20倍(Bibbins-Domingo, 2009)。
- 在2009年对19000名癌症患者进行的一项研究中,患有乳腺癌、前列腺癌、卵巢癌的非裔美国人的存活率,明显低于白人癌症患者(Albain, Unger, Crowley, Coltman & Hershman, 2009)。同为乳腺癌患者,白人妇女比黑人妇女平均可以多活3年(Silber, et al., 2013)。
- 尽管过去十年所有族群艾滋病毒/艾滋病的新发病率都下降了,但在一些群体中却是依然居高不下。非裔美国人占全美艾滋病毒携带者/艾滋病的41%(ProQuest Statistical Abstract, 2015),现在年轻黑人男同性恋者占25岁以下所有新诊断艾滋病毒/艾滋病的45%(Doucleff, 2012)。此外,艾滋病的死亡率在不同族群间也有很大差别(参见图11.3)。它现在已经超过心脏病、

图 11.3　不同族群的 HIV/AIDS 死亡率差异

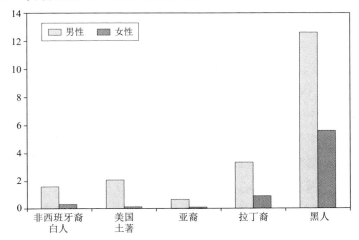

资料来源：ProQuest Statistical Abstract, 2015, Table 138。

癌症、事故和谋杀，成为 25—44 岁非裔美国人死亡的主要原因（Andriote，2005）。

有时个体种族歧视也应为健康状况负责。例如，在一项研究中，与白人病人相比，医生眼中的非裔美国病人（不论其教育和收入水平如何）不那么聪明，不太可能遵循医嘱，较少参与康复治疗，更有可能滥用酒精和毒品（Van Ryn & Burke, 2000）。另一项研究发现，医生常会对亚裔病人有一种刻板印象：过于顺从，"无问题"（引自 American Sociological Association, 2005）。在时间和医疗资源有限的情况下，这样的信念就会驱使医生作出与刻板印象相应的治疗决策。

但是，我们并不能将医疗系统中所有的种族不平衡情况，统统归咎于那些冷酷无情和心胸狭隘的个体身上。相反，是经济因素，推动医疗卫生保健系统产生出制度性种族歧视的环境。我们不妨来看一下在器官移植上存在的种族差异。根据器官供应和移植网络（Organ Procurement and Transplantation Network, 2015）上提供的信息，2015 年的全美肾移植等候列表上，包括 36.6% 的白人和 34% 的非裔美国人。（该表本身说明：非裔美国人仅占全美人口的 13%，却占需要肾移植者的三分之一。）然而，同年在接受肾移植手术者中，白人占 54.5%，而非裔美国人只占 22%。这一差异可能与医院在进行昂贵的手术之前会先确定候选人的支付能力有关。这些政策有时也被称为"绿色筛选"（green screens）或"钱包活检"（wallet biopsies）。例如，肾脏移植手术（包括术前和术后护理）的总成本约 33.4 万美元。肝移植手术的花费超过 73.9 万美元，心脏移植手术的成本超过 120 万美元（Bentley, 2014）。所以毫不奇怪，大多数医院在筛选潜在的移植手术接受者时，都会考虑到其健康保险是否足以支付相关费用这一点。由于少数族群比起白人不太可能有医疗保险，所以他们也就不太可能接受移植手术（Stolberg, 1998）。这些策略的核心是出于对经济因素的考虑，而不是明显的种族偏见。

有时，制度性种族歧视对民众健康的潜在威胁，不像无效的医疗和医疗不足或不道德的研究那样看起来比较明显。例如，生活在邻近危险废物处理厂、有毒的空地、垃圾填埋场、水力压裂测试网站和石油化工厂或其他存在工业污染来源的社区的人们，会高得不成比例地受到空气污染、水污染和杀虫剂对身体产生的有害影响。决定在何处设厂，通常都不是由当地族群组成的比例来决定，而是由土地成本、人口密度和地理环境等因素来决定。然而，由于较不适合人住的地方（换句话说就是较适合设立工厂的地方）的居民大都是有色族群的贫民，所以这些决策就会对他们产生歧视（Velázquez, 2002）。例如，美国原住民保留区，在环境管制上比其他地方较为宽松，一直是美国军方存储核生化武器，以及私人企业建造固体废物填埋场、危险废物焚化炉和核废料储存工厂的地方（Hooks & Smith, 2004）。当联邦政府下令清理受污染的地区时，与少数族群生活的社区相比，白人占据主导地位的社区，行动更快，效果更好，对污染的处罚力度也更重（Bullard, 2001）。

在整个美国（从人烟稀少的州到主要的内城），少数族群成员比白人暴露于更多的污染环境中。这种差异可能是每年约有 7000 人死于心脏病的原因（L. P. Clark, Millet & Marshall, 2014）。图森市南部主要是拉丁裔居住的社区，暴露在超出可接受水平 20 倍的致癌溶剂三氯乙烯中，使得这些社区居民的癌症、出生缺陷、基因突变的发病率，远远超过全美平均水平（Velázquez，2002）。

贫困非裔美国人社区的处境往往最糟。路易斯安那州新奥尔良与巴吞鲁日之间 100 英里长的区域（生活在这一区域的城镇居民绝大多数都是非裔美国人）被称为"癌谷"，因为这里被 150 多家石化工厂和 17 家炼油厂所污染（Flaherty，2014）。总的来说，社区里黑人居民所占的比例越大，也就越有可能在社区周围两英里的半径内出现工业空气污染（Perlin，Sexton & Wong，1999）。事实上，黑人生活在空气污染水平造成严重健康风险地区的可能，要比白人高出 79%（引自 Little，2007）。

微观与宏观之间的联系：
种族实验对象与医疗不信任

医学领域的种族主义意识形态和制度性歧视，导致一些群体不信任医疗体系，这也是可以理解的。例如，非裔美国人过去经常成为新疗法、实验程序、医疗示范的对象，而且经常都是在没有征得他们同意的情况下进行的（Washington，2006）。第二次世界大战期间，美国政府用黑人士兵作为实验对象，检查芥子气和美国军队中其他化学武器的影响。他们想看看其对黑人的影响是否有所不同。他们还把日裔美国人用作假想敌。试验中也会用到白人士兵，但他们是作为科学对照组。试验者用他们的反应来确立何为"正常"，然后将其与少数族群士兵的表现进行对比。所有的实验都是秘密进行，而且没有记录在受试者的官方军事记录中，所以也就没有他们所经历的一切的证明。他们没有得到后续的医疗保健。他们被迫宣誓对测试内容保密，并受到威胁，若敢将其告知他人，就会受到有损名誉的指控，关入军事监狱。所以他们受到的伤害也就无法得到有效的医治，因为他们不能告诉医生别人曾对他们做过什么（Dickerson，2015）。

这方面最臭名昭著的案例就是"塔斯基吉梅毒研究"（Tuskegee syphilis study）。1932年，美国公共卫生署在阿拉巴马州的塔斯基吉发起了一项研究，想要在黑人男性中确定未经治疗的梅毒各个时期的不同症状。为了换取黑人的参与，试验者用免费餐食、免费医疗检查、丧葬保险为条件，征募到400名黑人男性，这些人都是一贫如洗，且多为文盲。试验者从未告诉这些黑人男性他们身上有梅毒。相反，他们被告知体内有"坏血"并将得到免费治疗。实际上，他们并未得到治疗。当青霉素在1950年代早期成为治疗梅毒最有效的药物时，这些黑人男性仍然没有得到救治。

事实上，公共卫生署还反过来积极地阻止给这些人进行治疗。即使那些人中已经开始有人死亡或失明或发狂，本可治好他们的青霉素仍被坚决予以扣留。直到1972年这项试验被彻底曝光，事情才算终止。自那时以来，联邦政府给受害者及其家人和继承人支付了超过900万美元的赔偿金。

塔斯基吉研究并非个别医学研究人员抱有的直接偏见所为，而是那个年代的科学原理和占主导地位、被视为理所当然的医学"事实"所致。1930年代流行的医学看法是：黑人天生性欲较强，道德意识欠缺，这使他们特别容易得上性传播疾病。这一信念，加上另一个同样占据主导地位的信念：即使有法可治黑人也不会主动寻求治疗，从而使得研究人员得出结论：这部分人是他们这项研究最好的实验对象。

类似这样打着研究幌子的医学虐待例子，并非只有过去才有。例如，从1988年到2001年，纽约哥伦比亚大学医学中心的研究人员，对大学附属孤儿院里HIV阳性的非裔美国人寄养儿童，进行了具有潜在危险的艾滋病药物的测试。由于这些孩子没有父母，或者是其父母被法院裁定为不合格，这些实验没有得到法定监护人的同意就进行了（Washington, 2006）。几年前，巴尔的摩市的肯尼迪·克里格研究所（Kennedy Krieger Institute）被控故意将黑人儿童（有些只有一岁大）放入研究所一间达到高危水平铅尘的屋子里（作为试验的一部分），研究含铅油漆的危害。研究所没有对铅中毒提供治疗，只是向儿童家长保证，这些屋子的"铅含量绝对安全"（T. C. Williams, 2011）。

类似这样的事件，使得今天的许多有色人种普遍不信任医疗卫生保健系统，而这则使他们陷入更大的劣势中。许多非裔美国人（以及拉丁裔和印第安人）都避免参与医学研究（引自 Alvidrez & Arean, 2002）。此外，少数族群成员经常怀疑，参与临床研究是否会让他们自己或社区受益。整体上对医学领域的不信任，被认为是非裔美国人一直缓于进行艾滋病毒检测和医疗保健（Dervarics, 2004）、较少愿像白人那样捐献器官（Srikameswaran, 2002）、较少愿像白人那样在肺癌早期阶段就接受手术治疗（Bach, Cramer, Warren & Begg, 1999）的原因之一。

教育体系中的种族不平等

1954 年，美国最高法院就"布朗诉托皮卡教育委员会"（*Brown v. Board of Education of Topeka*）一案裁定：学校实施种族隔离违宪，因为它们从根本上来说不平等。法院要求全美学区重新划分，废止种族隔离。但在过去十年间，法院至少在全美 36 个学区都解除了对种族隔离的禁令。2007 年，最高法院推翻了自己的裁决，判定公立学校系统不能试图通过直接考虑学生的种族来达到或维持种族融合。在裁决下达的时候，全美数百个学区都有这样的促进种族融合计划（L. Greenhouse, 2007）。一些学区已经采用了基于儿童的社会经济劣势而不是其种族的融合计划，来规避这些限制（Bazelon, 2008）。

你可能会认为，法院采取这种行动，是因为基于学生种族的种族隔离计划已不再需要。然而，与 30 年前相比，今天的非裔和拉丁裔学生，实际上要更加孤立于白人学生（Orfield & Lee, 2007）。黑人和拉丁裔学生就读的学校，少数族群占比超过 90% 的比例，从 1991 年的 34%，增长到 2011 年的接近 40%（Orfield & Frankenberg, 2014）。黑人和拉丁裔学生就读的学校，平均至少有 70% 的学生不是白人。相比之下，白人学生就读的学校，接近四分之三的学生都是白人（Orfield & Frankenberg, 2014）。在纽约，半数公立学校都有超过 90% 的黑人和拉丁裔学生（Kleinfield, 2012）。

而且并非只是学生被隔离。据政府估计，82%的公立学校教师和全美范围内88%的私立学校教师都是白人（National Center for Education Statistics, 2013b）。一般来说，白人教师很少有种族多样性的经验。在他们任教的学校里，接近90%的同事和超过70%的学生也都是白人（Frankenberg, 2006）。

大多数学生不是白人的学校，很可能就是贫困集中的学校。几乎91%的学校（黑人和拉丁裔学生占比超过90%）也是那些超过一半学生来自贫困家庭的学校。白人学校的情况就不是这样，它们招收的学生大都来自中产阶级家庭。在黑人和拉丁裔学生占比不足10%的学校中，只有31%也是至少一半学生很穷的学校（Orfield & Frankenberg, 2014）。

教室内的种族混合具有重要意义，可以提高学生所受教育的质量。种族隔离则一直与更低的学业成绩相连，无法为有色人种学生毕业后进入一个不同种族的世界做好准备（Kleinfield, 2012）。贫困社区的学校，缺乏像富裕社区学校那样的资金教育资源（参见第十章）。例如，贫困学区不太可能像富裕学区那样给学生提供"大学先修课程"（Advanced Placement, AP；又译"跳级"、"高级课程"）项目。由于贫困学校往往位于少数族群社区，能有办法选修到AP课程的有色学生自然也就更少。因此，尽管非裔学生占高中毕业生的14.5%，但他们却只占参加AP考试学生的9%，能够通过这一考试的比例更是只有4.6%（College Board, 2014a）。此外，主要是少数族群学生的贫困学校，所雇用的老师很少有他们所教学科的学历证书，有更不稳定的入学率、更高的辍学率、更多的学生健康问题。尽管政府一直想法试图纠正这个问题，但是黑人和拉丁裔学生（在教育体系中的各个层级）的情况，仍然落后于白人和亚裔学生（参见图11.4）。

缺钱并不是唯一的问题。教育体系内常见的制度假设和惯常做法，也会导致不平等的结果。例如，从全美范围来看，在学校里，黑人学生比其他学生更容易受到纪律处罚。根据2012年美国教育部的数据，黑人学生占所研究学校入学人数的18%，然而，他们中却有35%的人有过一

图 11.4a　不同族群的教育水准

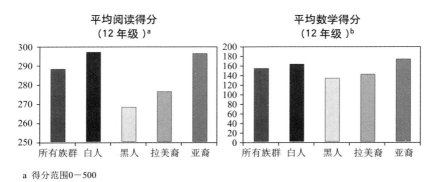

a 得分范围 0—500
b 得分范围 0—300

资料来源：National Center for Education Statistical, 2015, Table 221.10 & 222.10; ProQuest Statistical Abstract, 2015, Table 248。

图 11.4b　高中和大学毕业率

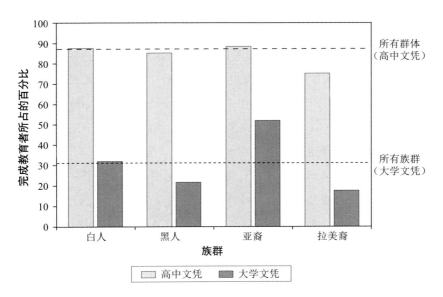

资料来源：National Center for Education Statistical, 2015, Table 221.10 & 222.10; ProQuest Statistical Abstract, 2015, Table 248。

次停学，46%的人有过多次停学，39%的人被学校开除。黑人和拉丁裔学生，尤其是身有残疾的学生，与有类似行为问题的白人学生相比，更容易受到隔离和身体限制（引自 Lewin, 2012）。由于强硬的零容忍政策日益流行，表现出行为问题的学生到头来越有可能进入刑事司法系统。在这里，种族起到了一定作用。全美因在校轻罪犯罪而被捕入狱的人中，70%都是黑人或拉丁裔学生（引自 Alvarez, 2013）。

再来看一下广泛使用的标准化测试，它是一种用来"筛选"学生的手段，就像第五章中解释的，基于学生的智力能力，将其分配到不同的教育项目中。标准化考试衡量的是先天智力。然而，许多教育专家都认为，标准化测试是一种文化束缚，它考察的是个体对特定范围内白人中产阶级经历的熟悉程度，而不是真正的先天智力（Hout & Lucas, 2001）。因此，少数族群学生在这些测试中的得分一直低于白人学生（Jencks & Phillips, 1998）。

尽管存有潜在的偏见，全美却有越来越多的州都要求高中生必须通过标准化考试才能毕业。你可能还记得第九章中提到，在《不让一个孩子掉队法》下，政府使用标准化考试成绩来确定给予学校的资助。然而，与此同时，许多大学和其他教育机构已经开始寻找替代方式来确定入学资格。例如，现在有些大学使用一个名叫"奋斗者"（strivers）的方法，即大学申请者的 SAT 分数低于许多名牌大学的临界范围，但却成功地超出有着相似背景学生的历史平均水平，就被认为是"奋斗者"，可以给予特殊考虑（Kahlenberg, 2013）。德州议会则更是向前进了一步，命令德州大学系统接受所有毕业时排在前 10% 的学生，不论他们的 SAT 成绩如何。1999 年，美国地方法院法官裁定，NCAA（全美大学体育协会）将不再使用 SAT 分数来确定运动员的资格。法院认为，这一测试是对弱势学生一种文化上的偏见和歧视。

这些变化表明，教育系统内已经作出了重要努力，去削减制度性种族歧视；而在一些社会学家看来，教育系统内的制度性种族歧视，则是美国今天种族平等的最大障碍（Jencks & Phillips, 1998）。

如何化解制度性种族歧视

即便明天一觉醒来，所有美国人都不再对其他族群抱有任何仇恨、偏见或敌意，制度性种族歧视仍将存在。由于它是社会结构的一部分，因此，它也就需要一种结构性的解决方案。

你已经了解了教育体系和法律体系如何运用有限的措施去克服某些类型的制度性种族歧视。然而，迄今最有效的化解制度性种族歧视的结构性解决方案一直是《平权法案》。《平权法案》是政府推行的一项政策，形成于1960年代早期，要求组织起草一份书面计划：如何让少数族群的成员和女性得到过去一直被排除在外的教育或职业位置。促成这一政策的一个假设是：过去的歧视使得部分民众在今天无法与他人平等竞争。另一个假设则是：组织不会主动改变歧视性政策，除非强迫它们这样去做。

与流行的看法相反，雇主和大学招生人员并未被强制实施雇员配额或招生配额，也未被强迫降低录取标准，以满足《平权法案》的目标。法案只要求他们收集所有申请者的相关信息，面试符合条件的少数族群候选人，确保弱势群体获得需要的信息。例如，与政府单位及政府有生意上往来的公司，可以基于特定领域合格候选人的可用性来设置招聘数额目标。然而，《平权法案》明确指出，这样的目标不能配额。

> 数额目标不是为特定群体而创建，也不是为了实现比例代表制或相等的结果。相反，《平权法案》设定的目标是，努力消除和防止歧视，并衡量《平权法案》的有效性。……条例……特别禁止，在《平权法案》数额目标的幌子下，实施配额和优先雇用及晋升。换句话说，禁止在选择决定上有歧视之举。
>
> （United States Department of Labor, 2011, p.1）

近半个世纪以来，《平权法案》政策帮助许多少数族群成员获得了成功（Katel, 2008）。被指控在招聘或招生中有歧视行为的企业、工会、大学和地方政府，已经依照 1964 年《民权法案》被起诉。部分是因为这种行为，超过 40% 的美国学院和大学报道，1990 年代中期，非裔和拉丁裔学生的入学率出现上升（引自 Worsnop, 1996）。现在，有色人种在管理工作、白领工作、上层蓝领工作中占有的比例，比以往任何时候都要多。就连年轻黑人男性（美国历史上在经济上最为弱势和最被孤立的群体）的就业率也出现了增长（Nasar & Mitchell, 1999）。在工资和薪金上，相对于白人，他们的情况也有了一定程度的改善（尽管就像我们所看到的，他们仍然落后不少）。

尽管收效甚大，但是《平权法案》仍然饱受争议。例如，在一次全美调查中，93% 的受访者认为，社会有义务帮助艰苦奋斗的人，这样他们就可以在生活中取得成功。然而，当被问及，与来自高收入家庭的白人大学申请者相比，来自低收入家庭的黑人大学申请者是否应该得到优先，只有 36% 的人持赞成态度（Carnevale & Rose, 2003）。

对《平权法案》的反对来自四面八方。例如，一些政治自由主义批评家认为，《平权法案》原本想要帮助的人们（最贫困最弱势的民众）的生活基本上没有太大变化。虽然黑人和白人现在的平均收入所得中值范围大致相同，但是，顶部与底部的收入水平仍有较大差距（ProQuest Statistical Abstract, 2015）。虽然当今美国大学接收的有色族群学生确实比以往任何时候都多，但这些学生往往来自中产阶级或上层社会。例如，哈佛 8% 的本科生是黑人，但其中只有极少数是来自贫困家庭、其祖父母和外祖父母都出生在美国且是美国历史上奴隶时期的后裔（Rimer & Arenson, 2004）。此外，许多学校都没有提供足够的支持，以确保历史上弱势群体的学生顺利毕业。拉丁裔学生的六年毕业率约为 50%，美国土著和非裔美国人的这一比例低于 40%。相比之下，62.1% 的白人学生和 70% 的亚裔学生会在六年内顺利毕业（National Center for Education Statistics, 2014b）。由于大学学位与日后的人生成功（有学士学位者的年薪是高中文凭者的两倍）之间有很大关系，像这种教育失望就会产生深远的社会和个人影响。

保守主义批评者认为，任何群体的优惠待遇，哪怕他们的权利在历史上受到歧视，都既贬低了其人格，也对其他人有失公平，会形成一种"反向"歧视。根据一项研究，这种看法反映了许多白人持有的一种态度，他们认为种族歧视是一种"零和游戏"，这意味着，对少数族群成员偏见的任何减少，都会增加针对白人的认知偏差（Norton & Sommers, 2011）。

一些人走得更远，认为《平权法案》已无存在的必要，因为歧视已是违法之举。其他人则认为《平权法案》并未起到什么用，因为弱势人群面临的问题更多是与经济或其自身固有的性格缺陷相关，而非与种族有关（Fish, 2000）。经过持续 40 年的这种批评，许多人都开始相信，所有形式的平权行为都应被废除。

然而，具有讽刺意味的是，其他优惠待遇方式一直存在至今，却几乎没有受到任何批评。例如，在大学招生中，最有可能获得优惠待遇的申请人是富裕白人校友的孩子。优先录取校友的子女，是几乎每所私立大学和许多公共机构中都有的一种常见做法。一些名牌大学，如哈佛和普林斯顿，与有着相同或更好学历证明的学生相比，有校友背景者的录取率是没有者的 5 倍（引自 Mandery, 2014）。一些学校还会为校友子女保留一定数量的名额。在哈佛近期某年录取的新生中，校友子女的入学人数是所有非裔、墨西哥裔、波多黎各人和印第安人入学学生的总和。

不过，全美各地的选民已经批准禁止反对种族歧视的平权行动。加利福尼亚、佛罗里达、密歇根、内布拉斯加和华盛顿这五个州，禁止在大学招生和就业上偏向历史弱势群体。加州的情况一直是其他州考虑禁止种族偏向的典范。1996 年，选民投票通过了 209 号提案，这是一次具有里程碑意义的全民公投，禁止在公共部门（包括大学招生在内）的招聘或面试中考虑种族或性别因素。禁令颁布前，在加州大学教育系统的一年级新生中，非裔、拉丁裔和印第安学生占 23.1%。禁令生效后的第一年，这一数字便下降到 10.4%（Bronner, 1998b）。在加州，黑人和拉丁裔占全州人口的42%。然而，他们却只占2006年加州大学教育系统一年级招生人数的约15%。与此同时，亚裔约占全州人口的12%，但却占到一年级招生人数的近50%（Egan，2007）。那一年，加州大学洛杉矶分校的大一新生黑人入学率，创下了30年来的最低纪录（Lewin，2007）。2013年，美国最高法院裁定，大学在招生决策上仍然可以考虑申请者的种族和民族，但必须让人信服地证明，他们采用的方法仅限定于是为了实现种族多样性。

显然，平权行动仍是一个存在争议的问题。在一个种族分层传统犹存的社会，克服制度性不平等的最好方法是什么？是该采取反向歧视"让双方扯平"，还是只需就此让双方平等以待就足矣？

这里我们可以换种方式来思考这个问题。假定有两所大学A和B，将要进行一场篮球冠军赛。比赛规则显然有利于A，因为允许A有五名球员上场，而B则只许四人上场。A每投中一球得4分，B每投中一球得2分。每次罚球得分，A得2分，B得1分。A队球员可以用身体阻止B队球员的进攻而不算犯规，等等。到中场休息时，两队比分为70∶15。中场休息时，裁判认定，当前的比赛规则完全有失公平并伤害了B的利益。他们宣布，从现在起，每个球队都有5名球员上场，投篮得分标准也一样。但有个问题是：下半场比赛继续进行时，比分还是70∶15！

换句话说，仅仅因为当前机会平等，并不意味着过去积累的弱势就已被完全克服（Shapiro，2008）。这就是我们今天面临的问题。我们可以对招聘和招生政策进行立法，废除任何群体享有的不公平的优势，但是，这一行动是否足以解决历史悠久的排斥呢？未来很长一段时间内，在传统上白人居多的职位上，某些群体成员可以得到它们的比例仍会很低。美国公民能在不迫使那些历史上受益的人放弃一些他们优势的情况下实现完全平等吗？这个问题的答案是复杂的，也是有争议的，无疑会引发各种情绪，并会对美国在可以预见的未来的族群关系产生很大的影响。

全球视角下的种族主义

鉴于到目前为止本章所谈论的重点，你可能会认为种族主义和种族不平等现象只有美国才有。当然，在美国这样的社会，其种族和民族如此多样化，不同族群间又有着如此历史悠久的激烈冲突，这些问题自然也就格外显眼。但实际上，不同种族/民族间的紧张关系，是世界范围内的惯例，而不是例外。

与美国的弱势种族/民族群体一样，在其他国家，少数民族也受到歧视，从而限制了他们走向成功的机会：

- 在欧洲各国的足球比赛中，黑人球员往往会受到部分白人球迷的歧视性语言谩骂，高声嘲笑，后者还会模仿猴子的声音，朝黑人球员投掷香蕉（Garsd, 2015）。
- 在法国巴黎的火车站，警察会拦下年轻的阿拉伯和黑人男性查验他们的身份，其比例约为年轻白人的七倍（Erlanger, 2009）。2011年，法国成为欧洲第一个禁止穆斯林妇女在公共场合戴面纱的国家（de La Baume, 2011）。
- 在以色列，在同样的工作上，阿什肯纳兹犹太人（Ashkenazic Jews，他们有欧洲血统）要比西班牙系犹太人（Sephardic Jews，他们有西亚和北非血统）更有可能被雇用并可挣得更多的工资（Rosner, 2013）。
- 在东欧国家，如斯洛伐克、罗马尼亚、匈牙利和捷克共和国，人们普遍歧视吉普赛人。几个世纪以来，人们一直视其为惯偷，认为他们不把法律放在眼里而鄙视他们，人们对他们抱有的刻板印象是说话声音太大、肮脏、下流、懒散（Erlanger, 2000）。由于这种带有敌意的态度，吉普赛人深受贫困、不同种族间的暴力、歧视、文盲和疾病之苦（N. Wood, 2005）。这样的歧视性待遇，并不局限于吉普赛人长期生活的国家。2010 年，为了大力减少犯罪和非法移民，法国强行驱逐一些吉普赛人并拆除他们居住的营地，即使这种基于种族之上的大规模驱逐违反了欧盟的相关法律（Erlanger, 2010; Sayre, 2012）。

- 在墨西哥，宪法明确规定所有公民依法平等。但在现实生活中却是不同族群之间界限分明，尤其是肤色较深有印第安人血统的民众，与肤色较浅有西班牙血统的民众之间。具有讽刺意味的是，大多数墨西哥人都是混合血统，所以几乎所有人都可以被认为是至少有部分印第安血统。但是，被认为具有印第安血统的墨西哥人，还是成为严重歧视的对象。他们在受教育程度上和职业地位上，明显低于肤色较浅的墨西哥人。此外，他们也更有可能生活在贫困中（Villarreal, 2010）。

社会学家曾经认为，工业化和现代化的全球力量将会创建出一个种族多元社会，人们的认同将会是其所在的各国社会，而不再是其自身的种族或民族社群（Deutsch, 1966）。但是，实际发生的情况却是恰恰相反。在当今这个时代，来自世界上各个地方的民众，在科技、经济和生态上紧密相连，大规模的移民将来自不同种族、宗教和文化的人们融合到一起，然而，与此同时，种族和民族间的敌意却也达到了前所未有的高度（Barber, 1992）。

人们很容易认为，种族冲突是古老的民族忠诚和文化差异被压抑的表达。然而，在世界上许多地区，冲突的起源都可以追溯到至今仍挥之不去的殖民主义的影响和政治领导人的操纵。例如，1990 年代中期卢旺达胡图族和图西族之间发生的种族暴力。媒体上呈现的冲突方式，导致许多外部观察人士认为，一定是这两个群体之间有一些根深蒂固的、古老的种族仇恨，达到了爆发的临界点所致。然而，事实证明，在德国于 19 世纪和比利时于 20 世纪早期在此殖民之前，卢旺达人并未将自己分为胡图族和图西族。他们自视为同一个族群。人们的身份认同来自他们在哪里出生或有多少财富（Bowen，1996）。是后来的殖民者规定：每个人都必须有一个"民族身份"，这一身份将会决定他们在社会中所处的位置。通过用一个群体来对抗另一个群体，殖民统治者（其人数始终很小）可以在特定种族群体中找到盟友。比利时统治者形成了一个与图西人的联盟。受到压制的胡图人便创造出一个集体胡图人的身份认同和愤怒。1950 年代，胡图人成功地反抗了图西人。最终，图西族人中的不满导致创建自己的叛军。冲突在 1994 年的内战中以血腥的屠杀告终，几十万图西族人和温和派胡图族人丧生。

不管其来源如何，当今世界上仍有如此多的种族冲突，使得我们可以得出结论：群体之间的敌意才是人类最普遍的情感（Schlesinger，1992）。现今只要浏览一下任何在线新闻报道，你就会看到关于民族、宗教或种族冲突的故事：以色列和加沙地带的犹太人与巴勒斯坦人，缅甸的佛教徒与穆斯林，苏联的车臣人与俄罗斯人，苏丹的贾贾威德与达尔富尔或 Sudanese 与 Nubans，印度的印度教徒和穆斯林或孟加拉人与廓尔喀人，刚果民主共和国的 Lendus 与 Hemas，格鲁吉亚的格鲁吉亚人与奥塞梯人，伊拉克和叙利亚的逊尼派与什叶派，肯尼亚的 Orma 与 Pokomo，阿富汗的塔吉克人与普什图族人，吉尔吉斯坦的吉尔吉斯族与乌兹别克人，尼日利亚的 Ijaw 与 Itsekiri。据联合国难民事务高级专员公署（United Nations High Commissioner on Refugees，2015）估计，世界各地有近 6000 万人，由于种族冲突而被迫流离失所和／或在本国受到迫害。

不幸的是，当人们觉得自身生存受到威胁时，他们经常会指责别人应该为他们遇到的问题负责，尤其是新来的移民，后者的外貌和行为都与他们有所不同。在英国、法国和德国，当地民众与来自非洲、东欧和中东地区的移民之间，不时会发生暴力仇恨事件。在美国，这样的仇恨则可能是针对来自拉丁美洲和亚洲的移民（详情参见第十三章）。

但是，全球力量也并非只会增加种族间的紧张和不平等；有时，它们也会帮助解决问题。例如，1990 年代早期南非终止种族隔离制度，便是国际抵制的结果。1980年代,全球媒体将南非当局残酷对待南非黑人的图片和故事公之于众。当美国和其他工业国家的消费者停止购买在南非投资的工厂生产的产品时,这些公司开始撤回它们的资金。南非白人少数政府为之头痛不已,因为国内经济问题日益恶化。在来自国内外各方的压力之下,南非的白人投票废除种族隔离。此后不久,曼德拉当选南非历史上第一位黑人总统。1996年,通过了一部新宪法,正式和平地让南非从一个白人至上的国家,转变成一个种族平等的民主国家。新宪法废除了过去的种族歧视,保证所有南非人都享有言论、迁徙、参与政治活动等广泛自由(Daley,1996)。虽然族群之间依然存在严重的不平等和对立,但是国家却是顺利地走向了团结和稳定。

最近我们看到,一个国家的政治发展如何影响到世界各地。2008年美国总统大选后不久,欧洲社会观察家开始推测,奥巴马成为美国最高领导人会如何影响他们自己国家的种族关系。就像一位法国博客的编辑所言:"他们总是说:'你认为法国的种族关系不好,看看美国吧。'但是,现在这个论点再也站不住脚了。"(引自Erlanger,2008,p.1)法国国防部长曾经考虑,如何将奥巴马的获胜,作为法国处理移民和种族融合问题的一个经验教训。然而,意大利、英国和德国的其他人则对奥巴马当选会对种族关系产生的影响,更多地抱持怀疑态度。就在我写作本章时,这已是奥巴马首次当选八年之后,全球和谐的种族关系似乎仍是遥不可及。至于未来情形如何,我想我们只能走着瞧了。

小　结

1963年4月16日,马丁·路德·金牧师因在阿拉巴马州伯明翰领导民众游行示威而被捕入狱。当时的黑人民众不仅每天生活在恐惧、暴力和羞辱中,还要不停地与金博士所说的"不断消失的存在感/沮丧失意感"(degenerating sense of nobodiness)进行对抗。在社会种族歧视的残酷现实和对未来抱有的无限希望的两相撕扯之下,金博士在牢房里写下了这样一段话:

> 让我们期盼:种族偏见的乌云很快飞走,误解的浓雾从我们担惊受怕的居民区消散;让我们期盼:在不远的明天,博爱和兄弟情谊的灿烂星辰,将会以美丽的光华照亮我们伟大的国家。
>
> (King,1991,p.158)

半个世纪后,我们的社会,就像地球上大多数社会一样,仍然要与基于种族、宗教和民族的个人及制度性歧视让人衰弱的影响进行抗争。在美国,政府支持的种族隔离和歧视,已经让位于一种新形式的种族歧视:它不是公然出现于世人面前,而是深植于我们主要社会制度的日常运作中。尽管近来形势已有改善,但是,有色人种仍然在经济、教育、政治、就业、医疗、治安等方面明显处于弱势。在教育、立法、工作仍因种族而不平等的情况下,生活的方方面面也必然是不平等的。

50年后,在美国,种族隔离被裁定违宪,然而,基本社会组织(如公立学校、政府和企业)领域的种族融合却只是部分实现。一些人质疑融合的价值。种族关系至今仍问题多多的一个原因是,对这一问题的公共辩论,混淆了个人种族歧视和制度性种族歧视。不同类型的种族歧视需要不同的解决办法。单靠说服人们不要对其他群体抱有刻板印象,并无法阻止经济弱势或大规模的住宅隔离。

我意识到,本章内容一直相当令人沮丧。读过本章,你可能很难想象会有一个没有种族或民族分层的社会,一个肤色与眼珠颜色不再影响人们生活机会的社会。就像一位专栏作家最近所说,种族是"一个永远都不会消失的问题"(Krugman,2015,p.A17)。

然而,我们必须记住,差异并不必然就意味着不平等。从差异到劣势,是一种社会建构。是每个社会的人们自行决定了:哪些差异无关紧要，哪些差异则是决定不同族群间社会和法律区隔的主要标准。好消息是，这些差异都是我们建构的，所以我们同样可以将其连根拆除。

像社会学家一样思考：隐形偏见无处不在

偏见有一个奇怪而令人不安的特点：我们并未亲自接触过那些群体的成员，就已形成了许多关于那些族群的信念和态度。媒体（主要是电视）在给公众提供诸多过于简化的经常都是错误的种族民族信息上扮演着重要角色，从而间接影响到对待特定种族的公众态度。

接下来一周，收看几档黄金时段的电视节目，观察里面的非裔、拉丁裔、亚裔或中东裔人物的主要特征。这些节目可以是喜剧，也可以是连续剧。注意每个节目中有色人种的数量。尤其注意编剧刻画他们的方式。例如，他们是大学毕业吗？找到工作了吗？幸福地结婚了吗？他们明显的社会阶层地位是什么？他们的言谈举止、外表和说话方式，是否符合对这些群体成员常见的刻板印象？他们的言行中提及他们自己种族的频次如何？电视情节是否围绕"种族"议题进行？也就是说，节目中每隔多长时间会提及种族/民族这一议题？

如果时间充裕，你还可以扩大你的分析层面，考察一下即兴喜剧里的种族和民族角色。与白人喜剧演员相比，有色喜剧演员把种族作为笑料的比例有多大？当克里斯·洛克（Chris Rock）、凯文·哈特（Kevin Hart）等脱口秀主持人在他们的节目中表现出刻板印象时，会有什么样的效果？

从社会学视角来解读你的观察。美国媒体上对少数族裔的刻画，传达出了什么样的隐含信息？幽默在强化或弱化偏见中扮演着什么角色？没有按照刻板印象呈现的人物，是否符合白人中产阶级的标准？如果是这样，这种描述最终将会如何影响公众对种族的认知？

本章要点

- 美国社会中的种族和民族历史充满矛盾。关于平等的著名言论,与大多数少数族群的经历(他们体验到的是压迫、暴力和剥削)相冲突。生存、自由和追求幸福的机会,则一直都因种族和民族不同而不同。
- 个人种族歧视的表现形式是:盲从、偏见、个体歧视行为。下意识的歧视是通过对少数族群感到焦虑或是避免与少数族群进行接触而间接表现出来的。
- 种族其实也可以在语言和规范(规定对特定群体区别对待)中发现。
- 制度性种族歧视存在于既定的制度实践和惯例中,反映、制造和维护了不同族群间的不平等。制度性种族歧视比个人种族歧视更难发现,因此也要更难阻止。由于制度性种族歧视凌驾于个人态度之上,所以单靠减少人们的偏见并不会使其消失。
- 种族/民族间的冲突并非仅仅是一种只有美国才有的现象。它存在于世界各地。

第十二章
不平等是如何建构而成的：
性与性别

- 个体层面的性别歧视
- 性别歧视意识形态：生物决定论
- 社会制度与性别不平等
- 全球对女性的贬低

在纽约塞尼卡福尔斯（Seneca Falls）举行的一次女权会议上，参与者拟定了一份修改版的《独立宣言》。他们称其为《感伤宣言与决议》（*Declaration of Sentiments and Resolutions*）。下面摘录了宣言中的一些内容：

> 我们认为下面这些真理不言而喻：男人与女人生而平等；……人类的历史是一部男人对妇女不断伤害与掠夺的历史……其直接目的是在妇女之上建立绝对专制暴政：
> 男人强迫妇女服从那些她无权参与制定的法律。
> 男人几乎垄断了全部有利可图的职业；在允许妇女从事的职业中，妇女所得到的报酬都是微不足道的。
> 男人封闭了所有能让妇女通向财富和名望的途径，他认为财富与名望是男人最体面的荣耀。
> 男人竭尽全力试图摧残妇女对自己能力的自信，贬低她的自尊，迫使她心甘情愿地过着听人摆布的凄惨生活。
> 面对上述这些不公正的法律，况且妇女确实感到了她们受到的冤屈、她们蒙受的压迫和她们最神圣的权力被人用欺骗的手段剥夺了，我们坚决要求立刻给予妇女所有属于美国公民的权利和特权。

写下这一宣言的女性是谁？是1960、1970年代的妇女解放论者？还是1990、2000年代的激进女权主义者？都不是。他们是1848年首次在美国举行的支持女权会议的参与者（*Declaration of Sentiments and Resolutions*, 2001, pp.449–450）。

我们往往认为过去的妇女不会对其所属的次等地位有什么不满，或者是没有意识到还存在其他的可能。然而，就像你从上面的宣言中看到的，将近170年前，美国女性就再也不愿成为被动的、被忽略的、歧视的受害者。

许多人往往也相信，反抗性别不平等的斗争已经胜利结束。从1960年代的民权运动和1970年代所谓的"性革命"开始，妇女解放运动给了当代美国女性与男性平等的机会。毕竟，就像许多美国女性与男性一样成为劳动力市场上的一员，今天大多数大学生都是女性，而且女性在商业、政治和娱乐界发挥着更加突出的作用。2015 年，美国国会有 104 名女性（参议院 20 人，众议院 84 人），这是迄今女性人数最多的；有六个州的州长都是女性。然而，也许你在本章会很惊奇地发现，女性在 21 世纪努力克服经济、法律和社会上的不平等，就像在 1848 年一样具有现实意义。

我们在第五章讨论了生理性别与社会性别之间的差异，以及如何在适当的社会和文化背景下学习成为男孩和女孩、男人和女人。被放置在特定的性别分类中，会影响我们所做的一切。但是，性别并不仅仅是社会期待的个人身份的一个来源；它位于分层系统中，也是大多数社会进行重要资源分配的一个主要标准。

本章我将讨论如下重要问题：什么是性别歧视主义和社会性别歧视？它们在个体层面是如何得到表达和被感知的？基于生理性别和社会性别的不平等，是如何得到文化信念和符号（文化特征）的支持的？在制度层面，不平等如何与家庭和工作角色相连？它的法律和经济后果是什么？最后，性别不平等在世界各地有多普遍？

个体层面的性别歧视

听到"性别歧视"这个词，你会想到些什么？是丈夫不让妻子出去工作？建筑工人冲着路过的女性吹口哨、喊着一些粗俗的话语？还是会想到女人嘲笑男人的人际交往能力或是其在恋爱中的笨拙举动？我们可以肯定地说，所有这些都是性别歧视的表现。但就社会而言，**性别歧视**（**sexism**）指的是一种信念体系，确信某种性别较为低下，从而来为基于性别（即基于女性阴柔或男性阳刚的角色与行为）的歧视找到正当化的理由。在个体层面，性别歧视是指在日常互动中进行沟通的态度和行为。

在世界各地男性占据主导地位的社会，或者说**父权制**（**patriarchies**）社会中，文化信念和价值观通常都会赋予男性而非女性更高的声望和重要性。在这样的社会中，不平等在每件事上都会影响到女孩和女人：从个体认知、目标志向和社会互动，到社会机构的组织方式。最重要的是，父权制社会中的性别不平等，为男性提供了有特权的路径，可以获取社会重视的资源，同时也给他们提供了影响他人作出政治、经济和个人决策的能力。女性享有特权的**母权制**（**matriarchies**）社会，在当今世界较为少见。

即使最民主的社会，往往也在某种程度上是男性主导的社会。例如，对美国人性别刻板印象的研究表明，这么多年来，他们并没有改变多少（D. L. Berger & Williams, 1991；Eagly & Karau, 2002；Fine, 2010；C. L. Martin & Ruble, 2009；Rudman & Glick, 1999）。一些研究人员已经指出，与男性相比，女性仍然被认为是被动的、情绪化、容易受到影响、较为依赖（Broverman, Vogel, Broverman, Clarkson & Rosenkrantz, 1972；Deaux & Kite, 1987；Tavris & Offir, 1984）。其他人则指出了美国社会中公开和隐蔽地通过身体统治、诋毁言论、妨碍破坏、剥削来表达个人性别歧视的多种方式（Benokraitis & Feagin, 1993）。一项研究发现，虽然某些形式个人性别歧视的动机是出于敌意，但是其他形式的则是出于善意使然，比如，男人认为女人是无助的，因此觉得有必要出手相帮（Glick & Fiske, 1996）。这种态度和行为，不仅将女性置于比男性低的地位上，还将其置于不太有利的社会机会中。

当然，并非只有男性才是个体性别歧视者。事实上，也有不少女人排斥男人，依照刻板印象对男性进行评判，对他们持有偏见，在性上将他们物化，认为他们低劣，甚至在一些社交或职业上歧视他们。但是，我们必须记住，男性性别歧视在社会中占据着与女性性别歧视非常不同的位置。历史上父权制社会中的权力平衡，已经使得男人作为一个群体在社会上（有时则是在法律上）支配着女性，以保护男性的利益和特权。由于男人仍然占有大部分有权力的职位（即仍然在主导着社会），他们的偏见和歧视也就有更多的文化正当性，也更有可能反映在社会制度中，同时也会比女性性别歧视产生更加严重的后果。

性别歧视与社会互动

日常社会生活中充满了性别失衡（女性扮演从属角色）的提醒。男人和女人每天都会有很多互动，但这些互动极少会是在双方处于平等地位的情况下发生的（Ridgeway & Smith-Lovin, 1999）。平均而言，人们经常会通过微妙的方式（有时也会是更直接的方式），提醒女性注意她们所处的从属位置。男人常常要费上很大一番脑筋，才能理解两性之间个人接触时女性的反应。就像白人享有种族透明度的优势一样（参见第十一章），占据主导性别地位的成员，也将满足其利益的社会安排视为理所当然。

例如，考虑一下下面这段出自一位女性报纸专栏作家之手的戏谑式幽默：

> 通过冲着那些有吸引力但没多少自信的年轻男性吹口哨和大声喊叫，我们女性实际上可以帮助他们获取一种更好的自我感觉，并让他们从新的角度去欣赏他们的身体。也许有人会说，女性这样做会把自己降低到与街角呆男人一样的层次，但我愿意冒这个险。如果借助这一点小小的努力我能给我的男性同伴带去快乐，我将非常乐意冲着走在街上的帅哥吹口哨。
>
> （Viets, 1992, p.5）

如果你是男性，你可能会想知道，为什么吹口哨找乐子会让这位专栏作家感到困扰。其实答案很简单，那就是，这一行为在针对男性和女性时有着不同的含义。对男性来说，不具诱惑的性注视，可能是一种有趣的、可以提升其自身尊严的经历，但这一经历并不包含沉重的贬抑传统在内，与暴力威胁也毫无关系。一名女子长跑运动员描述了当她从男人面前跑过时不可避免会听到的淫荡的猫叫，她这样说道："男人所能遇到的危险，在最坏的情况下也不过是被女人嘲笑。而女人则处于被男人杀掉的危险中。"（引自 Sagal, 2015, p.30）

更普遍的是，男人不会像女人一样被**物化**（**objectification**），即被当成物品而不是人来对待。当然，女性有时也会看着帅哥发呆和夸赞帅哥（就像有时观看重播的《欲望都市》时会有的那种情形）。但是，男人的整个价值不会被压缩成对他们外表的快速而粗糙的评价。而对那些经常必须通过奋斗才能在社交生活、私人生活和职业生涯中得到认真对待的女性来说，口哨声和粗俗的评论都在提醒她们，她们的社会价值主要仍是基于自己的外表。

沟通模式也会在无意间流露出个人性别歧视的影响。符号互动论者的研究表明，女性和男性是以不同的方式在进行交谈（Parlee, 1989; Tannen, 1990）。例如，女性比男性更有可能在一句话结尾使用问句（"她是一个很好的教授，你不觉得吗？"），并常会使用修饰词和模棱两可的话语，如"之类"、"某种"等（Lakoff, 1975）。但是，这些技巧可能会让说话者的声音听起来不那么有力，进而则会让人质疑其言语可信度及发言资格。试想一下如下情形：你的数学老师总是说些这样的话："这个问题的答案是 $3x+y$，不是吗？"或者是你的老板总是说些这样的话："我们要继续跟进高飞这位客户，是吗？"会给人留下什么样的印象。就像一位专栏作家最近指出的，人们使用"之类"、"某种"词语的日益流行，使得"话语……变得空洞无物，缺乏清晰、自信、权威"（Kurutz, 2014, p.12）。

| 社会学家剪影 | **托马斯·李纳曼（Thomas Linneman）：《危险边缘》中的性别与升调语式** |

> 为什么牛人爱用语调战术？他们论述事实时就像在提问一样？
> 成功女性比平庸女性更有可能使用升调，男性则相反。

人们在提问题时，都会包含某些特定的词（什么、何时、谁、何地、如何、为什么），并会在问句最后出现一个升调（uptalking）。过去几十年，升调已经超越了提问时的一个简单信号，成为日常交流中一个常见的组成部分，尤其是在年轻人中间。也许你就认识一些人，他们谈论事实时就像是在提问。

语言研究人员普遍认同，升调在女性说话者中要比男性说话者中更常见。但是，关于这一模式的意义，他们却有不同看法。一些研究者（如 Lakoff, 1975）认为，升调是女性顺从的风向标，表明其对所说的话语不太确定和缺乏信心。然而，其他人则认为，升调在言者与听者之间确立了共同点，或者是一种确保听者跟上一个特定故事的行为方式（参见 Linneman, 2012）。

社会学家托马斯·李纳曼（Linneman, 2012）决定对性别与升调之间的关系进行实证研究。像我一样，他也是电视游戏节目《危险边缘》（*Jeopardy*，美国一档著名智力竞赛电视节目，三个人互相对战，每个人轮流从几道不同的大题目中选一道对自己最有利的题目与对手抢答。每道大题下分别有五个小问题，每个问题都标明不同数量的钱）的粉丝。这一节目播出已有近十年时间，所以你可能很清楚比赛规则：每个题板上有六大类，每一类有五个线索。不同的线索有不同的美元价值。选手选择一个类别和美元价值（如"20世纪作者价值 600 美元"），就会出现相应的线索。第一个摁铃者可以第一个回答问题。选手必须用问题形式提供他/她的回应。一天晚上，李纳曼在观看比赛时注意到，一些参赛者老爱用升调，一些选手只是偶尔使用，还有一些选手则从不使用升调，而是使用平调。

为了了解性别是否可以解释这些不同的升调倾向，李纳曼设计了一项内容分析研究，他观察了 100 期节目，记录了 300 位参赛者的个人信息，收集了 5473 个回答的语调。他发现，事实上，升调代表着不确定性。当男性和女性参赛者给出一个不正确的回答（即他们不确定）时，他们明显要比作出正确回答时更可能使用升调。

然而，当将性别纳入分析中时，出现了一些有趣的模式。使用升调的女性是男性的将近两倍。此外，赢得比赛的女性要比她们答得不好时实际上更容易使用升调。男性的情况则与此相反。李纳曼推测，也许成功女性是将升调作为一种"补偿策略"，好使她们的性别表现符合传统的期待。直白唐突地展示自己知识的女性，通常会被视为缺少女人味，不讨人喜欢。顺便说一下，这种现象也存在于电视游戏节目之外。在不同的研究中，男性和女性受试者都认为，直抒己见的女性高管，比起她们相对内敛的同辈群体，往往会被视为明显缺少能力；不过，健谈的男性高管则被视为更有能力（Brescoll & Uhlmann, 2008）。

另一方面，男人在与其他男性竞争时，比起与女性竞争，更不太可能使用升调。这里，性别可能也起到了重要作用。男性在与其他男性竞争时，尤其讲究男子汉规范。然而，在与女性竞争时，他们使用升调可能是"一种骑士表现，以'保护'女性选手"（Linneman, 2012, p.2012）。

尽管这项研究主要针对电视游戏节目这一人工环境，但它确实说明了，不单是我们说什么，就是我们表述它们的方式，也能增强性别失衡。

这种不直接言明的、非语言的社会互动信息——肢体动作、面部表情、风格、姿态——对女性也有着比对男性更严重的影响和后果。例如，女性气质通常取决于女性使用的空间有多小；男子气概则取决于其姿态的豪爽和力道。女性的身体举止往往会受到约束和限制（Henley, 1977）。通常被视为"淑女"的动作：双腿交叠、双臂交叉放于胸前，也是一种顺从的表现。男人则可以自由活动：脚跷在桌子上、双腿叉开、跨坐椅子，从而传递出权力和处于主导地位的信息。这样的互动规范将处于权威位置的女性置于一种两难境地。一方面，如果她们迎合文化上对女性气质的界定，表现得被动、礼貌、顺从、脆弱，她们就无法满足权威的要求。另一方面，如果她们果决、自信、主导、坚毅地行使权力，她们的女性气质就会受到质疑（J. L. Mills, 1985）。

非语言的暗示，在提供关于人们的社会价值的信息上也扮演着重要角色。因此，这些暗示有时会让女性"保持在她们特定的位置上"。在纽约的地铁上，在拥挤的车厢里，极少会有女性没有被人触摸过。为这些讨人厌的遭遇做好准备，就像确保你要有恰当的表现一样，被视为理所当然：

> 女人知道接受训练……护住你的臀部……在你自己与身旁最近的匿名男士之间放一个大包保护自己。……装出一副最凶的表情，让自己做好准备去应对［男性的］触摸。
>
> （Hartocollis, 2006, p.B11）

男性可以更自由地触摸女性而非相反，也是一种提醒：女性的身体并不完全属于她们自己。在许多国家，如日本、印度、埃及、伊朗、巴西、印度尼西亚、菲律宾和马来西亚等，拥挤的火车和地铁上这种讨人厌的触摸情况变得如此糟糕，以至于交通运输企业引入了"女性专用"汽车来保护女性。墨西哥和以色列则提供"女性专用"公交车服务。

美国妇女也常会在各种各样的制度情境中（从学校到工作场所），接触到各种形式的性骚扰：不受欢迎的色眯眯的眼光，带有性意味的评论，性行为的暗示，讨人厌的身体接触。根据美国大学妇女协会（American Association of University Women, 2013）的统计，7–12 年级的女孩有 56%，在某一年受到过语言、身体或电子性骚扰，87% 的人说这对她们产生了负面影响。此外，约 31% 的十多岁女孩在学校受到霸凌，另有 11.2% 的人报告说受到网络欺凌（ProQuest Statistical Abstract, 2015）。近三分之二的女大学生在其大学生活中被人性骚扰过，但却只有不到 10%

的人告诉大学官员，正式投诉的比例就更少了（C. Hill & Silva, 2006）。

美国平等就业机会委员会（U.S. Equal Employment Opportunity Commission, 2015）在 2014 年解决了 7000 多例职场性骚扰事件，帮助受害者讨得 3500 多万美元的赔偿。但是，这些数据显然不包括从来没有上报的事件。根据一项全美民意调查，可能多达三分之一的女员工都在工作中受到过性骚扰（引自 Sexual Harassment Support, 2009）。

一些职业尤其容易受到性骚扰和性侵害。例如，来自男性客人的性冒犯，是女性酒店工作人员的日常安全隐患（S. Greenhouse, 2011）。这一现象是如此普遍，以至于在实际生活中，酒店经理通常都会给其日常客房服务人员提供一份安全措施列表，例如，别忘了在衣服口袋里始终带着恐慌按钮（或 Mace），一定要与另一名服务员结伴清理房间，清理房间时一定要让门敞开着（J. Bernstein & Ellison, 2011；McGeehan, 2012）。

从冲突论视角来看，性骚扰案件是一种试图强化主导地位和权力的表现（Uggen & Blackstone, 2004）。事实上，绝大多数性骚扰案件，都涉及男性拥有凌驾于女性之上的权力。不过，女性也并非就是唯一的受害者。有时候，过于专横、在性方面具有侵略性的女老板，也可能会性骚扰男下属；但更常见的还是，通过欺凌、戏弄、性侮辱和其他粗鲁行为创造出一种敌对环境，一些男性成为其他男性的受害者。根据平等就业机会委员会（Equal Employment Opportunity Commission, 2015）提供的统计数据，男性提出的性骚扰指控，从 1997 年占所有案件的 11.6%，增加到 2014 年占所有案件的 17.5%。

在你最想不到的地方，男人也可能会成为受害者。据五角大楼估计，2012 年，有近 1.4 万名男性军人发生过性接触，主要是与其他男人进行的（Dao, 2013）。尽管这个数字令人不安，然而，军队中的女性则面临着一种更不友好、更加危险的环境。

微观与宏观之间的联系：军队中的性虐待

历史上，在大部分时间内，美国军事人员几乎全是男性，除了女性医务员、文书和后勤人员。2013 年，五角大楼解除禁令，允许女性参加作战。但是，男性仍占军事人员的绝大多数，并占据所有最高权力职位。即使在今天，依赖于服务部门的分支，女性在活跃的军事力量中的人数也仅有很小比例的增长。2013 年，有 21.4 万多名女性服现役，另有 59 万人在预备队或国民警卫队（Statistic Brain, 2015）。女性在军队中所占的比例，比历史上任何时期（如越战期间女性占当时服役军人的 2%）都多，但是她们占美国军事人员的比例仍不足 15%。

针对女性的不当行为遍布整个军事系统。在军队服务学院，约有 6% 活跃的女军人和超过 8% 的女学员和见习船员说，在过去一年内，她们至少遭遇过一次性侵犯，或者是某种形式不受欢迎的性接触（U.S. Department of Defense, 2013, 2015）。可能有多达三分之一的女兵，在其军旅生涯中的某个时点上被性侵犯过（引自 Risen, 2012）。换句话说，从统计学上来说，与在战斗中阵亡相比，女兵要更容易受到性侵害（Ellison, 2011）。这些数字甚至不包括无数的女兵经常面临降格、敌意和孤独，而不是友情——每个士兵都要靠它来获取舒适感和度过军事生涯。许多女兵最终都要应对两场战争：一场针对敌人，一场则针对她们的男性战友（Benedict, 2009）。但据五角大楼估计，上报的性侵害案件不到 20%（引自 Cooper, 2014）。

问题已经超出了士兵的个体暴力。早在 2004 年，五角大楼就认为，问题的根源是一个持续十年的失败，在那之后指挥官才承认其严重性（引自 Shanker, 2004）。事情变得如此糟糕，以至于在 2005 年，国防部重写规则，以便女兵可以在不用启动官方调查的情况下，秘密地报告性侵犯、获得咨询和医疗服务。现如今，它鼓励受侵害者更加积极地投诉，并设立了一个"预防和应对性侵犯网站"（Sexual Assault Prevention and Response Website），为性侵犯的受害者、部队指挥官、第一举报者和处理这个敏感问题的其他人提供指导和其他信息。

但是，军队的指挥系统，以及其在调查程序中对待涉嫌受害者的方式，继续阻止后者提出正式指控。《军事审判统一法典》（*Uniform Code of Military Justice*）第三十二条允许辩护律师积极提问涉嫌受害者，但在民事法庭上就不允许这样。例如，2013 年，一名女海军见习军官指控三名海军学院足球球员强暴她，就被追问到当时她是否穿着胸罩、口交时她的嘴张得有多大、她是否会向她从中得到性满足的另一个海军军官候补生道歉（Steinhauer，2013）。《法典》第六十条规定，在性侵犯案件中，军方当局有权减轻甚至完全无视陪审团的判决。在很多情况下，被告的指挥官都会与被告站在同一条线上（Draper，2014）。

为了解决这些问题，奥巴马总统签署了成为法律的《第六十条修正案》，取消了军方当局拥有推翻陪审团裁决的权力。然而，一项允许受害者绕过军方当局指挥系统直接向军事检察官报告性侵犯的法案，却在参议院即被否决。

性别取向

个人层面的偏见表达，往往融合了性别和性取向。几十年来，男同性恋和女同性恋一直由于道德上、宗教上、犯罪学上、甚至是精神病学上的理由而遭到拒绝、嘲笑、谴责。今天，同性恋者和双性恋者（以及被认为是同性恋或被指控为双性恋者）受到歧视、人际排斥、甚至是暴力以待（参见图 12.1）。这样的性别偏见，随着男女性别差异而不同。根据一项研究（Herek，2000），与男性相比，女性往往较少表达出反同性恋的态度、信念和行为。但是，具体对待态度也与具体性别相连。异性恋男性往往对男同性恋而非女同性恋有更多的负面态度，感觉更不舒服。相比之下，女异性恋者对男同性恋者和女同性恋者则持有相似的态度。看上去，男性要比女性更关心展示一个人的异性恋身份和符合传统的性

图 12.1　美国 LGBT 者受到的对待

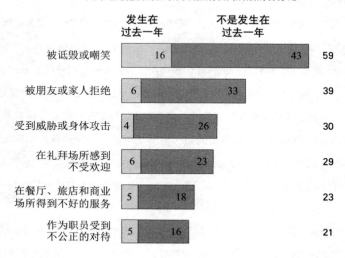

资料来源：Pew Research Center, 2013a。

别角色，这或许可以解释男性为何会提升其对男同性恋者的敌视态度。

对待这些人的态度，通常也是不加掩饰的恶毒。根据美国联邦调查局（Federal Bureau of Investigation, 2014）提供的数据，2014 年，有 1400 多起对基于性取向而实施的仇恨犯罪的罪犯的报道。几年前，在怀俄明州，同性恋大学生马修·谢泼德（Matthew Shepard），被人用手枪柄连续击打后绑在栅栏上最终死去。在他的葬礼上，抗议者在堪萨斯州托皮卡教堂外举起标语牌："上帝讨厌男同性恋者！"教会的网站上则贴出一张图片：马修在燃烧的地狱里。几年前，同样是在这家网站上，也曾出现过一幅类似的照片：一名女同性恋者被两条狗咬死。照片上则写着："上帝用两条不折不扣的狗杀死了一条具象的狗"。距今更近，9 名袭击者把一个 30 岁的男同性恋者引入一间房子，在那里，他们扒光了他的衣服，把他绑在椅子上，用烟头烧他的乳头和阴茎，用链条鞭打他，用棒球棍鸡奸他，一边冲其喊着反同性恋者的侮辱之语（M. Wilson

& Baker, 2010)。2013 年，一名男性在告诉他的一个朋友"同性恋应该被消灭"后，跑出去放火烧掉了西雅图一个同性恋夜总会（M. Carter, 2014）。

男同性恋、女同性恋、双性恋和变性人（LGBT）青年，尤其容易遭遇校园霸凌。最近的一项调查发现，82% 的 LGBT 青年因其性取向而被霸凌。由此，64% 的人表示在学校感到不安全，32% 的人表示他们每周至少会离开学校一天，因为他们觉得不安全（NoBullying.com, 2015）。据一位研究人员说，尝试过自杀的男同性恋、女同性恋、双性恋年轻人，约是异性恋的 5 倍（Hatzenbuehler, 2011）。2010 年，在新泽西州、加利福尼亚、德克萨斯和印第安纳，骚扰和欺凌同性恋和变性青少年导致出现一连串的自杀，引起全美上下对这个问题的关注。2011 年，仅在明尼苏达州的一个校区，就有 4 名同性恋青少年自杀（Erdely, 2012）。

对女性施暴

就个体层面而言，性主导（sexual domination）的缩影就是性暴力。强暴和其他形式的性侵犯存在于世界各地，不管是最民主的社会还是最极权的社会都一样。

在美国，强暴是最常发生但却最少被报道的暴力犯罪。根据疾病控制中心（CDC）的数据，约有 19.3% 的美国女性在其一生中被强暴，另有 27% 遭受过某种其他形式的不受欢迎的性接触（Breiding, 2014）。但是，这些罪行中向警局报案的只有 40%，相比之下，抢劫的报案率为 68%，受到严重攻击的报案率为 58%（Planty, Langton, Krebs, Berzofsky & Smiley-McDonald, 2013；Truman & Rand, 2010）。在大学生中，只有 20% 的这些罪行会被报案（Sinozich & Langton, 2014）。根据全美犯罪受害调查（National Crime Victimization Survey，美国司法统计局对犯罪受害进行的年度评估），30 多万 12 岁以上的女性表示，她们在 2013 年被强暴或性侵犯，但向警局报告的只有 10.4 万例。从图 12.2 中可以看到，过

图 12.2　1993—2013 年间上报的强暴/性侵害犯罪的趋势

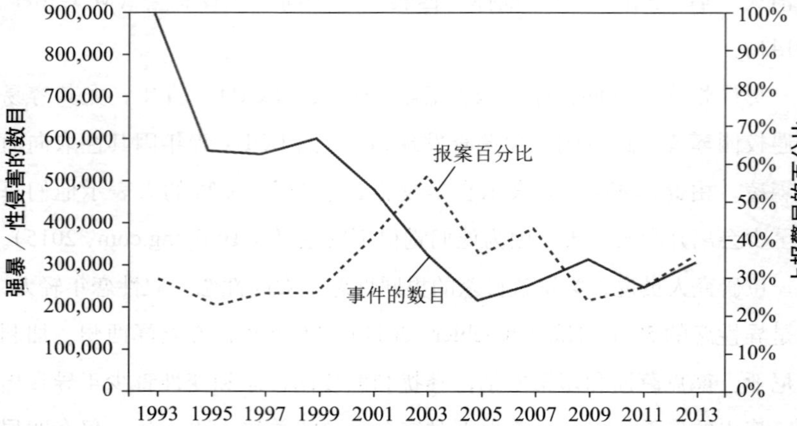

资料来源：U.S. Bureau of Justice Statistics，2015。

去 20 年间，强暴和性侵犯的发案率在下降，但向警方报案的百分比仍然较低。

强暴作为一种社会控制手段　从冲突论视角来看，生理性别和社会性别之分，长久以来一直扭曲着我们对强暴的理解。纵观历史，女人一直在社会上和法律上被视为男人的财产，不论是为人之女还是为人之妻。因此，在过去那些年代，强暴被定义为一种违抗男性的罪，或者说得更准确些，是对男性财产的侵犯（Siegel，2004）。做丈夫的对另一个男人性侵犯他的妻子的关注，可能反映了他担心自己的地位，担心失去他的男性的荣誉。

即使女人不被视为男人的财产，她们的生活也会被强暴和性侵犯所控制。女同性恋在南非有时会被人强暴，那些强暴者相信，这样做可以"治好"她们的性取向。这些暴力行为被称为"纠正强暴"（corrective rapes）。被性侵犯的女同性恋者是女异性恋者的两倍（Hunter-Gault，2012）。就像一位女性所说：

> 我们每天都在受到侮辱,如果独自一个人走路我们就会被殴打,你会不断被提醒……你会被强暴,而那些强暴者则会大喊:"我奸了你,你以后就会走上正道……你会去买裙子和开始做饭,你会学会如何成为一个真正的女人。"
>
> (引自 ActionAid, 2009, p.15)

在世界各地,在恐怖、报复和恐吓等战时策略中,强暴是一种经过时间考验的策略(Amnesty International, 2004;Enloe, 1993;Sengupta, 2004):

- 自 2014 年以来,在叙利亚和伊拉克,成千上万名年轻女孩,有些才 9 岁大,被 ISIS 恐怖分子强暴和折磨(Raven, 2015)。
- 在尼日利亚,数百名妇女和女孩被一个激进的伊斯兰教派"博科圣地"(Boko Haram)绑架后一再被强暴,那些施暴者将此作为深思熟虑战略的一部分,想要主导和恐吓当地村民(Nossiter, 2015)。
- 在索马里,激进的伊斯兰军事组织青年党(Al-Shabab),经常抓取和轮奸妇女和女孩,作为一种支持其在该国南部恐怖统治的方式(Gettleman, 2011)。
- 在刚果民主共和国,自 1980 年代起,成群的士兵一直"针对妇女发动强暴和摧毁战争"(Herbert, 2009, p.A17)。刚果所有年龄段的女孩和妇女都会被公开轮奸,她们的生殖器官会被故意毁坏,并会被用上膛的枪所侵犯(Gettleman, 2010)。

这些暴行的破坏作用,超出了心理羞辱、个人身体创伤和受害者的死亡。当丈夫被迫观看他们的妻子被人强暴,当父母被迫观看他们的女儿被人强暴,当孩子们被迫观看他们的母亲被人强暴时,整个家庭和社群都会深受创伤。

所有压迫形式都会使用暴力威胁,以确保[被压迫者]服从。尤其是女性所处的从属地位,依赖于男人在性上恐吓和惩罚她们的力度。根据一些女性主义社会学家的看法,历史上,男人一直都在用强暴和强暴的威胁来控制女性(Brownmiller, 1975)。单是强暴的存在就限制了女性在社会互动中的自由,否认了她们拥有自决的权利,让她们依赖并永远服从男性(Griffin, 1986)。

对被强暴的恐惧,不单单是会让女性的生活变得可怕和不舒服。它还会限制她们可以获取的经济机会。女性可能会避免去选择居住在一些保障性住房社区,因为那里有着潜在的危险。如果一个女人有一份需要晚上工作的职业,她可能会被迫买一辆车,避免晚上步行或坐公交车。性侵犯的威胁限制了她在哪里和什么时间工作,从而限制了她的赚钱选择,进而则让她在财务上依赖男性。

女性也受到关于强暴更大的文化意识形态的伤害。大多数人往往认为,实施强暴的男人必然有些疯狂或异常暴力。因此,为了避免被强暴,所要做的就是尽可能避开那些看上去有些奇怪/危险的家伙。然而,强奸犯作为一个整体,并没有被证明就比那些非强奸犯更不正常(Griffin, 1986; Warshaw, 1988)。事实上,大多数强奸犯都很"正常",而且依照一般社会标准来看甚至还有些"可爱"(Krakauer, 2015)。绝大多数强暴者(约80%)都是受害者认识的人:朋友、熟人、同学、同事、亲戚(Planty et al., 2013)。但当强暴通常被认为属于心理上有缺陷的陌生人所为时,它就不涉及主流文化或现行社会安排。换句话说,强暴并不被认为是社会的错,它是有缺陷的人的错,那些人不能遵守社会规则。这种假设可以解释,为什么约会或熟人强暴、婚内强暴和其他形式的性暴力(与强暴的典型形象不符),直到最近仍被忽略或被轻视。

所以,我们必须在更广泛的文化背景下去考察强奸犯罪,这种背景鼓励男女之间发生某些类型的行为(S. Jackson, 1995)。当我们这样做时,强暴就变得较少是一种偏常行为,而更多是对文化期待的过度顺从;较少是一种不正常的人的个体行动,而更多是"正常人"将文化中男性权力与自信的信息推至暴力极端的一种行为。就像 20 年前一位作者所写,强暴是"所有美国人的犯罪",涉及如下这些通常被视为理想美国男人的特征:力量、权力、支配和控制(Griffin, 1989)。

指责受害者　在全世界范围内,关于生理性别、社会性别和亲密关系的文化信念,都会影响社会和法律对强暴和强暴受害者的回应(Faleiro, 2013; R. Morgan, 1996; A. J. Rubin, 2011):

- 在阿富汗,已婚女人被强暴,会被指控通奸并被监禁;要想被释放,她必须嫁给强暴她的男人。在柬埔寨,男人强暴女人(无论是否认识),只要同意娶她,就可免去所有指控。
- 在塞内加尔,单身女性被强暴,很可能会被家人杀掉,因为她已不是处女,他们再也不能要到高价彩礼;已婚女人被强暴,则可能会被她的丈夫杀掉。
- 在伊朗,由于伊斯兰教传统禁止处死处女,所以被判死刑的处女必须首先被强暴让其失去处女之身。
- 在印度,许多政治领导人将不断升高的强暴发生率归咎于女性使用手机和晚上外出。一个人说:"仅仅因为印度实现了夜里出行的自由,并不意味着女性就可以在天黑后随意外出。"(引自 Faleiro, 2013, p.A19)

可以说,美国对强暴受害者比较有同情心。然而,这里的法律回应,仍然倾向于与男人的利益保持一致,主要关注女性的同谋、自作自受(女性自身负有责任)或者不诚实。在强暴案件中,不像其他犯罪,受害者通常必须自证清白,而不是由国家来证明被告的罪行。就像一位律师所说:"如果一个人在一条小巷被抢劫,我们会……因没有目击者而怀疑受害者的证词吗?"(引自 Krakauer, 2015, p.292)通常,在原告提出申请(诉讼)并提交体检报告后,警察会问她是否希望他们展开调查。

在许多城市，如果她不明确表示同意，就会认为她不愿合作，案子就会被撤销（Pérez-Peña & Bogdanich, 2014）。

制度害怕女人做虚假指控，经常使得当局以如下方式处理案子："几个世纪以来，一直断言并认为女性会因被强暴而哭泣，很大比例的强暴指控都是出于报复或其他动机恶意捏造。"（Lisak, Gardinier, Nicksa & Cote, 2010, p.1318）一些研究人员甚至声称，可能一半的强暴指控都是假的（如 Kanin, 1994）。但事实上，最终被证明是假的指控不足 10%（Lisak, et al., 2010）。

因而，并不奇怪，许多女性受到性侵害后都会得出结论：真要报案的话，最好的结果也不过是让人感到尴尬和于事无补，最坏的结果则是在自己心底留下一道创伤。就像一位精神病学家所说："如果说有人有意设计一个系统只为引发创伤后应激障碍，那它可能看起来非常像是法庭。"（引自 Krakauer, 2015, p.243）

考虑一下受害者报案后人们对待她们的方式。一旦报案，警方就会对其进行身体检查、拍照、探测、擦洗攻击者的 DNA。这一过程（在医院里会持续几个小时）产生出了所谓的"强暴套件"（rape kit）。"套件"然后被送到犯罪实验室，在那里经过彻底的 DNA 分析后成为物证，这是刑事诉讼的关键部分。全美研究发现，提供有强暴套件（含有 DNA 证据）的强暴案件，比没有提供的，更可能被最终定罪。

你可能会认为，这一过程（这样一个法律案件的一个重要组成部分）将会是快速的、有效的，最重要的则是会被用作物证。然而，成千上万个这些套件，都被放在全美警局存储间，而未加测试（Joyful Heart Foundation, 2015）。根据一项对洛杉矶县强暴案件的研究，有 1.2 万多个未经测试的强暴"套件"放在警局储存设施中，其中 450 个套件已经存放了超过 10 年（Human Rights Watch, 2009a）。这样的延迟是一种悲剧。加州对强暴设有 10 年诉讼时效（犯罪后被告可以起诉的最长时效），只有强暴"套件"在犯罪之日起两年内得到测试才可以解除。难怪会有这么多的女性不愿因自己受到性侵害而报案。

冲突论视角为"女人应为自己的受害负责"这种广泛存在的倾向提供了一种解释。通常，对强暴的定义都是建立在传统的性别模式上（阴茎插入阴道），而不是建立在行为发生时的暴力情境中。

主要关注犯罪中的性交部分、长期以来一直要求提供关于该行为亲密状况的信息，以及当事人之间关系的信息，所有这些都倾向于把女性强暴受害者置于犯罪过程中较为不利的境地。诸多研究结果一致表明，调查者会更多指责受害者，将犯罪的严重性最小化，尤其是在肇事者是受害者的熟人、约会对象或长期伴侣的情况下（S. T. Bell, Kuriloff & Lottes, 1994）。一项对强奸犯的研究发现，性侵害陌生人，比性侵害熟人或合作伙伴，会被判更长的徒刑，不管施暴力量大小，或者是受害者受到的身体伤害有多严重（McCormick, Maric, Seto & Barbaree, 1998）。

此外，公众对待强暴和强奸犯的态度，继续受到当事人之间关系的影响。在 31 个州，如果强暴导致最终产下婴儿，强奸犯有探视权（Kristof, 2012）。对大学生进行的一项研究发现，一些人（主要是男大学生）仍然认为，男人强迫妻子发生性关系是可接受的，而且与其他类型的暴力犯罪相比，婚内强暴被认为是严重低于对陌生人的强暴（Kirkwood & Cecil, 2001）。事实上，直到 1976 年，美国强暴法律才将强暴定义为一个男人与一个不是其配偶的女人之间非两厢情愿的性行为。虽然到 1990 年代初每个州至少都部分地废除了这一夫妻豁免，但只有 24 个州在对待婚内强暴案件上，像对待其他任何强暴案件一样（McMahon, 2007）。例如，大多数州关于婚内强暴的上诉最后期限（根据各州具体情况，从 30 天到 1 年不等），都要远远短于报案婚外强暴的三年有效期限制。其他州，在婚内强暴案件中则要求提供威胁或强迫的证明；而在其他强暴案中，只需提供缺乏同意的证据。事实上，大多数州都将婚内强暴定义为有别于陌生人强暴的单独攻击（Rape, Abuse & Incest National Network, 2009）。

即使强暴受害者没有与他们的攻击者结婚或生活在一起，人们也经常期待他们可以提供明确的证据表明他们"不愿"并有过反抗。任何缺乏坚决的、不断的反抗，仍然会让人们对受害者的动机提出质疑。事实上，研究表明，如果没有暴力的证据，警察、检察官和法官就不太可能相信对强暴的指控（McEwan, 2005）。

没有其他严重犯罪会要求受害人证明缺乏同意（lack of consent）。人们不会被问，他们是否想要让人破门而入、他们是否想引诱某人打倒他们抢走钱包。然而，如果女人不能证明她们有过反抗，或者是找不到证人来证实她们的经历，就可能会被认定是同意（甚或是潜在希望）发生这样的犯罪（Siegel, 2004）。在一项对大学生进行的研究中，约有17%的女性认为，如果女人让男人以性爱方式抚摸她，则男性有权利认为她同意与其发生关系；25%的人认为，如果女人用性爱方式触摸男人，则他有权认为她同意与其发生关系；33%的人认为，如果女人与男人口交，则他有权认为她同意与其发生性关系（B. Johnson, Kuck & Schander, 1997）。声称强暴受害者在受到攻击期间不住"呻吟"，经常是一种有效的手段，可以说服警察、律师、法官和陪审员认为性行为是经过双方同意的——即使人们也可能会因恐惧和痛苦而不仅仅是快乐发出呻吟。2014年，20岁的杰梅斯·温斯顿（Jameis Winston），当时是佛罗里达州塞米诺尔人队的四分卫、最年轻的海斯曼奖得主，同时也是佛罗里达州立大学的学生，被控强暴了自己的一位同学。当在学生行为听证会上被问及什么使他相信她同意发生关系，他声称她不断发出"呻吟"。最终他被免于指控（Krakauer, 2015）。

某些州重新考虑什么是"同意"这个问题。在大多数州，女人随时都可以撤回她对发生性关系的同意，如果男人并未随之停下，他就犯了强暴罪。然而，在北卡罗来纳，女人一旦表示"同意"就不能撤回。对"同意"的这种理解基于下面这一观点：在性爱中的某个时点上，男人无法停下来（Lee-St. John, 2007）。2014年，加州成为解决这个问题的第一州，其议会通过立法（称为"Yes表示是"法）规定：不再可以从未能说出或模糊说出"不"中推断出对方"同意"。相反，"同意"必须是有意识的、清晰的和自愿的。沉默或者缺乏抗议不再被视为"同意"

(California Legislative Information, 2014)。现在约有四分之一的州认定，没有得到对方积极认可的性行为是不合法的，尽管有些州仍然要求强迫或反抗的证据证明缺乏同意（Shulevitz, 2015）。

公众的想法改变得很慢。许多人仍然认为，强暴的女性受害者如果是自己把自己置于危险境地，例如有性挑逗行为、穿着太过暴露让人兴奋、喝酒太多或者讲下流笑话，那么至少部分应该归咎于她们自己。在一项研究中，发给高中生一个陈述列表，要求他们标出在多大程度上同意那些陈述（Kershner, 1996）。男生和女生受试者中，52%认同"大多数女性都幻想过被男人强暴"；46%的人认为女性通过她们的穿着鼓励被强暴；53%的人说他们觉得有些女人会煽动男人去强暴她们。研究认为，这种态度使得发生强暴和性侵犯的风险更高（Ching & Burke, 1999），并会增加认为"强暴受害者应为自己的受害负责"的可能性（Frese, Moya & Megías, 2004）。

关于这些研究发现，重要的社会学看法是，许多男人，甚至包括有些女性，都未将性侵犯暴力视为一种受害形式。他们认为这要么是女性自找的，要么是在特定情境下男性被期待可以做的。这些观点变得如此根深蒂固，许多女性都将这些看法内化了，以至于当她们被侵害后，就会或多或少地责备自己。除了恐惧，在对强暴的反应上，自责比愤怒还要常见（Janoff-Bulman, 1979）。当强暴受害者说出"我不该一个人走夜路"、"我应该知道最好不要跟他出去"、"我不该穿那件礼服去参加晚会"这样的话时，她们也就至少为她们没有犯的罪部分承担了过失。这种内疚和自责，会让受害者康复如初变得更加困难，并会增加出现以下问题的几率：抑郁症、创伤后压力、羞愧、焦虑，甚至是自杀念头（Kubany et al., 1995）。

作为指责受害者的结果，女性被迫担负起避免被强暴的责任。我经常在社会学入门课上提出这个问题：人们可以做些什么来阻止强暴发生？学生的回应总是那些耳熟能详的常规标准建议：不要一个人走夜路；有男人在时不要在派对上喝醉，如果确实要喝，记住你的饮料放在哪里；

如果无意发生性关系，就不要与人调情或进行"前戏"；不要错误传达你的意图；不要穿暴露的衣服。当然，这些安全措施都是一些明智的预防措施。但请注意，所有这些建议都只关注为了防止被强暴女人应该避免的事情，而丝毫没有提及男人可以做些什么事情来阻止它。将预防强暴的讨论限制在女性的行为上表明，如果女性不采取这些预防措施，她就是在"自找麻烦"。"自找麻烦"意味着男性的暴力行为是一种自然反应，或者说女性如果不采取预防措施来阻止它，这些事情就会发生。

在关于强暴的文化认知上，研究者也取得了一些进展。一些迷思已被揭穿，媒体上对女性的暴力性剥削引起了抗议，强暴审判中可以接受的证据的规则正在改变。现在全美许多警局都要求调查人员首先要认为受害者说的是真话，而不是报告强暴时说谎。一些检察官正在接受培训，为陪审团提供研究信息：受害者应对创伤有不同的（有时则是不可思议的）方式，避免假定"真正无辜的"受害者都有可以预见的相似反应（Krakauer, 2015）。此外，联邦政府最近试图将"强暴"的定义扩大到包括强行肛交、口交和用一个物体或阴茎外其他身体部位插入。2013年，美国司法部（U.S. Department of Justice, 2013）发布了新的以受害者为中心的行事协议，来改善应急人员和医院人员对待强暴受害者的方式。

然而，只要我们生活在一个将女性予以物化、将男性的魄力予以美化这样一种文化里，我们就将继续面对性暴力问题。

性别歧视意识形态：生物决定论

一个群体统治另一个群体，总是离不开一套信念的支持，这些信念可以解释和证明这一主导地位情况是合理的。在前面的章节中，你看到了种族歧视往往是由"天生种族劣势"这一信念来加以正当化。至于性别歧视，历史上，人们经常用男性与女性先天生理有别这一信念，来为两者的不平等待遇进行辩解（Fine，2010）。

对19世纪和20世纪早期的医生来说，极少有哪个"真理"能比"女性是其先天构造的产物和囚犯"这一事实更加无可争辩。一位法国科学家在一个世纪前指出，女性的大脑小于男性，这解释了她们为何会"浮躁、反复无常、缺少思想、无力进行理性思考"（引自 Angier & Chang，2005，p.A1）。即使在今天，也不缺少这样的书，声称女性倾向于自我控制、承担风险、擅长直觉、富有同情心、容易焦虑、有攻击性、情感丰富，甚至是制定决策，都可以追溯到她们大脑的结构和功能与男性不同（Baron-Cohen，2003；Brizendine，2006；Mansfield，2006）。

同样，几个世纪以来，女性的生殖系统一直都是科学关注的对象（Scull & Favreau，1986）。对男性不同于女性的所有了解：她们在社会中的从属位置、她们的爱的能力、她们对孩子的爱和抚养孩子的能力、她们对做家务活的"偏好"，都可以用她们有子宫和卵巢来解释（Ehrenreich & English，1979；Scull & Favreau，1986）。过去的学者警告说，年轻女性涉猎知识太多是在违抗自然，会严重损害她们的生殖器官，甚至会导致她们在这一过程中发疯（Fausto-Sterling，1985）。所以，出于健康原因和长远社会利益考虑，不让女性接受高等教育不仅是合理的，还是必要的。

一些结构功能论社会学家也用男女两性之间身体上的差异来解释性别不平等。"男人往往身体强壮、女人哺育孩子"这一事实，创造了许多文化上可以识别的性别区隔的社会角色，尤其是在工作和家庭中（Parsons & Bales，1955）。结构功能论者相信，这种角色专业化是维持社会稳定最有效的方法。通过生出新成员，通过对小孩子进行社会化，通过提供关爱和培养，妇女对社会作出宝贵的贡献。女性传统上在家庭之外从事的职业，如教师、护士、日托服务提供者（day care provider）、女仆、社会工作者，则是她们"自然"倾向的延伸。

同样，男性的身体特征则被认为更适合他们作为经济提供者和家庭保护者的角色。如果男人真是被"自然地赋予"力量、自信、竞争力和理性，他们也就最有资格进入工作和政治这些严肃而充满竞争性的世界

(Kokopeli & Lakey, 1992)。社会学家史蒂文·戈德堡（Steven Goldberg, 1999）认为，由于绝大多数社会都是由男性统治和男性占据主导地位，所以这一性别差异必然植根于进化生物学。

将男性气质与女性气质描述为一种自然的生物学现象，错在它混淆了生理性别与社会性别。性别歧视意识形态的基本假设是：社会性别与生理性别一样是"不变的"，它忽视了性别之间的广泛相似性，以及单一性别之内极大的差异（Carothers, 2013）。例如，男性作为一个群体往往比女性更具进攻性。但是，这些差异是一个程度问题，而非类别问题。因此，一些女性比一般男性更加具有攻击性，而一些男人则比一般女性都不具有攻击性。事实上，比起任何天生的生物性特质，社会环境可能会对攻击行为产生更大的影响。一些研究表明，当女性作出攻击性行为时给予奖励，她们最后会变得和男性一样暴力（Hyde, 1984）。

此外，对生物学的依赖，忽略了"男性气质"和"女性气质"这两个概念有着广泛的文化和历史变化。例如，尽管每个已知社会都有基于生理性别的劳动分工，但在什么被认为是"男性的工作"和"女性的工作"上则有不同。在大多数社会中都是男人捕鱼、狩猎、清理土地、建造船只和房屋，但在一些社会中，却是女人在做这些活。在大多数社会中都是妇女做饭，但在一些社会中，烹饪通常却是男性的义务（Eitzen & Baca Zinn, 1991）。

尽管女性已经成为美国劳动力市场上的主力军，但许多人仍然认为，在从事家庭之外的特定任务上，她们的能力不如男人。一些人仍旧认为，女人当医生或律师不同寻常。立法者和军方官员仍在就女兵在地面战斗中应该扮演什么样的角色这个问题争辩不休。在一些教会中人们对女性是否可以被任命为牧师和神父也是争议不断，说明人们对适合不同性别的职业追求，抱有根深蒂固的看法。

此外，社会上看重的，通常并不是我们认为的先天的女性气质，而是那些男性气质。有时，女孩子会因其举止被视为"假小子"而感到痛苦。但是，指责一个男孩像女孩，则是校园里最大的侮辱。甚至当他们长大后，很多男人还是很容易因被指为女性化而作出激烈回应，比如当教练称呼他们的男性球员为"女孩"或"娘们"时。

如今，性别不平等的生物学理由［一位心理学家称其为"神经性别歧视"（Fine, 2010）］，已很难再为性别差异提供正当化理由。技术进步，包括瓶装婴儿配方奶粉、让女性在生育上有更多选择的避孕药、减少需要纯粹身体力气的创新发明，使男人和女人可以担起许多相同的责任。然而，只要人们相信与性别相关的角色和社会贡献是先天决定的，他们就会继续接受女人和男人在机会、期待和成就上存在的不平等。如果人们认为女性扮演照护、软弱和依赖的角色是"自然的"，就会将女性限制在这些看上去似乎既没有不公平也不会受压迫的位置上。

社会制度与性别不平等

比起个体性别歧视，女性的从属地位，作为社会制度（或性别歧视制度）日常运作方式的一部分，对作为一个群体的女性有着更大的影响。当社会制度中的性别歧视成为大规模组织不断运转的一部分时，它会延续并扩大女性的劣势，使社会平等更难实现。但是，社会制度不仅可以带有性别歧视，还会对性别加以分类。换句话说，制度和组织主要基于女性的身体特征来区隔、剥削和排斥女性，然后将传统上对两性的期待吸纳进价值观和惯例中，来缓和它们的性别歧视带来的冲击（Kimmel, 2004）。

制度的男性化

制度中往往包含有男性气概的价值观这一点并不让人奇怪，因为从历史上看，男性发展、主导、解释了大多数制度。以竞技体育为例。我们大多数人都会同意，运动员要想成功，必须具有侵略性、强壮、有气势，而这些属性通常都与男性气概相连。通过颂扬这些特征，像橄榄球等运动也就象征性地向人们声明，这是一个女性不能也不应该进入的竞技场（当然，除非是作为观众、啦啦队成员或场外记者）。

但是，就连体操和花样滑冰等这些更看重"女性化"特质如优雅、美丽和平衡的运动，近年来其评判标准也开始渐趋男性化。对一个今天想要成为世界级体操运动员或花滑运动员的女性来说，除了基本功，她还必须身体强健并展示出爆发力。事实上，美国女子团体运动的流行，将传统的男性特征如身体力量，越来越多地融入了女运动员的竞争活力中。

然而，与此同时，被认为过于强壮或者太过争强好胜的个体女运动员，有时也要面对他人对自己女性特征的怀疑：

> 当男人比其他人更优秀时，这是一种对运动之美的表达。但当女性战胜别人时，人们却经常会对其资格表示怀疑，就其是否处于一种公平竞争的环境发生争辩。
>
> (Jordan-Young & Karkazis, 2012, p.D8)

在2012年奥运会上，国际奥委会颁布了一项政策，禁止自然睾酮水平高的女运动员参加比赛，声称这样的女运动员会占有不公平的优势。但实际上，这并不仅仅是事关荷尔蒙。

在大多数高中，学生文化都是围绕着体育运动展开，尤其是足球（橄榄球）。在这种环境下，成功的男运动员就会享有特权和权力。一些社会学家和教育家担心，通过强调学术严谨、高风险测试、零容忍的纪律政策，以及增加在数学、科学和技术上的努力，高中正在被迫将一种同样咄咄逼人、激烈竞争、"男性气概"的要求引入课程（Lesko, 2008）。

想要在运动和教育竞争中取胜，男性气概必不可少，这一点也可以在其他制度中看到。例如，我们很少会把宗教实践与男性化特征像侵略、力量和权力联系在一起。然而，一些福音派牧师看不起美国主流新教，认为后者在软化或将基督"女性化"。他们认为，过多关注同情和宽容，并不足以帮助人们免于被罚入地狱和得到救赎：

> 真正让人气愤的是把耶稣刻画成一个懦夫，或者更糟。画作上描绘着一个温和的男人拥抱孩子，依偎着羔羊。赞美诗歌颂他的耐心和温柔……主流教会……将耶稣变成一个"理查德·西蒙斯（Richard Simmons）、嬉皮士、酷儿基督"，一个"流行文化中深受欢迎的被阉割和缺少男子阳刚之气的天上仙女……这种文化永远不会谈论罪孽或下地狱"。
>
> （引自 Worthen, 2009, p.22）

为了抵消这种趋势，一些福音派教会开始在其宗教服务中，融入一些带有超级男子气概、锋芒毕露、具有攻击性的做法。

与其相应，像商业、政治和军事制度中的大多数官僚制，也是照着理所当然的男性气概原则运转。成功的领导和组织，通常会被刻画为具有攻击性（进取心）、目标定位、竞争力、有效率——所有这些特质都与社会中的男性气概有关。很少有哪个强大的政府、哪家繁荣的企业或哪支高效的部队，会被描述为支持、培养、合作和关怀（Acker, 1992）。当制度如此来凸显性别，日常生活中的性别不平等就会变得更加明显。

医疗中的性别不平等

在医疗机构对待男人和女人的方式上，性别不平等也创造了一些有趣的差异。例如，在 2010 年《医疗改革法案》签署成为法律之前，大多数州都有这样一道法律：保险公司在给个人承保时，面对那些雇主未给其上团体保险的人，相同的医疗保险，会对女性收取比对男性更高的保费——这种做法被称为"性别等级"（gender rating）。价钱上的差异范围从 4% 到 48% 不等，女性年均集体多花费约 10 亿美元。这种做法明显的理由是认为，由于涉及与妊娠和分娩相关的医疗程序，女性比男性更常接触医疗系统。随着医疗改革法案在 2014 年正式生效，美国卫生和人类服务部（Department of Health and Human Services, 2015）正式终止了"性别等级"这一做法。

具有讽刺意味的是，发达国家的男性，往往比女性有更多的健康问题和较短的预期寿命（Read & Gorman, 2010）。他们从事更多要求体力的工作和具有高危风险的活动。因此，历史上，他们一直有更大的风险，受到各种人身伤害，得到与压力相关的疾病。男性得上癌症（不包括乳腺癌、宫颈癌、卵巢癌）的比例也高于女性（Dorak & Karpuzoglu, 2012）。

然而，比起男性，女性历来都是医学关注的重点（B. K. Rothman, 1984）。女性比男性更有可能接受手术和诊断过程。事实上，女性接受的三个最常见的短时手术：产后会阴修补术、剖腹、子宫摘除，都是基于女性解剖学和生理学来加以处理。男性接受的三个最常见的短时手术：心脏导管插入术、冠状动脉旁路移植、骨折复位术，则没有什么特殊性（ProQuest Statistical Abstract, 2015）。不足为奇的是，医生经常将女性的卫生保健特殊化，但他们却很少会对男性这么做。妇产科专门处理女性患者的生殖和性问题。但却没有相应的专业医学分科专门负责男性生殖健康（泌尿科医师解决男性生殖问题，但他们也给女性患者看病）。

长期以来，女性生命中那些正常的生理事件，如月经、怀孕、分娩和更年期，一直被认为是有问题的状况，需要进行医疗干预。例如，美国精神病学协会（American Psychiatric Association, 2013）现在在其官方手册中正式承认"经前焦虑障碍"为一种精神疾患。毫无疑问，世界各地的许多女性都会经历与激素周期有关的易怒、喜怒无常及其他症状。然而，问题是，这些症状是否就应被贴上医疗和/或心理问题的标签（Lander, 1988）。这样做不仅促进了将药物卖给健康妇女（C. A. Bailey, 1993；Figert, 1996），还促进了这样一种看法：女性因其荷尔蒙作用而身体虚弱情绪不稳，不能工作太劳累，或者是不应让其坐在掌握大权的位置上（Fausto-Sterling，1985）。

从社会学视角来看，女性在经期前后体验到的"症状"，极有可能与月经在更大的社会背景中所占据的位置有关。我们生活在这样一种文化里，总的来说，一直忽视月经或者是认为它是可耻的。考虑这样一个事实：在社交媒体环境中充满超性别化（hypersexualized）的女性形象，Instagram 最近决定删除一幅引起争议的女性照片，只因其白裤子上似乎有月经的污点（Wortham，2015）。

事实上，只是在距离现在相当近的时间，它才公开出现在世人面面，证据就是商业广告中充斥着女性卫生用品。但是，当然了，在我们这种文化里，关于月经，仍然几乎都是负面形象，专注于克服麻烦的经前症状，或者是掩饰月经本身不雅的和让人反感的副产品。电视上的卫生巾广告，仍然描述它可以彻底吸收蓝色液体，而不是更准确的红色液体。丹碧丝超强吸收卫生棉条（Tampax Radiant）则宣称，它有一个独特的可以重复密封的包装，可以"精心消除"。一家名为 Beinggirl.com 的网站上，发文针对青春期女孩就各种话题提出了诸多建议。一个名为"保持快速和安静"的博客，更是强化了"月经是可耻的"这一观念，文中提供建议："当你把一个月经棉条塞到一个女孩子的房间时一定要小心……任何人都可以把钱包藏在厕所（一个典型的隐藏点），你可以试着将其藏在你的腰带、内衣、袜子或手机里。没有人会去怀疑。""比这些地方更好的潜在隐藏地方，可以试试紧凑的卫生棉条。"（Beinggirl.com，2010）

鉴于特别关注女性的健康问题，具有讽刺意味的是，在妇产科之外，对女性一般健康需求的研究却相当有限。20 多年前，美国公共卫生服务部门（U.S. Public Health Service）报道，缺少对女性的医学研究，限制了我们对女性健康问题的认知（B. K. Rothman & Caschetta，1999）。经常将她们排除在医学研究外的原因是，她们的月经周期会使对研究发现的解释复杂化。此外，医学研究人员一直不愿对育龄妇女进行研究，因为担心她们暴露于实验操作中有可能会伤害她们的生殖能力。事实上，在 1970 年代和 1980 年代，联邦政府的政策和指导方针，一直呼吁将具有生育潜力的女性全都排除在特定类型的药物研究之外。这意味着任何能怀孕的女性，不管她自己是否愿意，都会被排除在外。这种做法更多并非担心女性健康，而是担心接触试验药物会损伤女性的生育能力（J. A. Hamilton, 1996）。

由于将女性排除在医学研究之引发了如此多的问题，国会在 1993 年通过了一项法律规定，必须将女性纳入一定数量的临床试验中，以提供关于男性和女性对药物、手术治疗、饮食和行为变化有不同反应的证据。尽管如此，医学研究仍然要么完全排除女性，要么只包括非常有限的女性人数（P. Johnson, Fitzgerald, Salganicoff, Wood & Goldstein, 2014）。2013 年，美国国家卫生研究院（NIH）重印了一套政策指南，要求所有申请政府拨款的项目提供保证，他们的研究计划中包含有女性研究对象。2014 年，美国国家卫生研究院更进一步，呼吁所有实验室在使用非人类被试的初步药物研究中，采取措施将雌性小鼠、大鼠、猪和其他动物囊括进来（Rabin, 2014b）。同年，美国国家卫生研究院制定了一项前所未有的举措：拨给 80 多位医学研究人员 1010 万美元研究经费，只为在研究中纳入更多的女性被试（Rabin, 2014）。

媒体中的性别不平等

你在第五章看到，媒体上对男性和女性的描述促成了性别社会化。然而，媒体作为一种制度，也促成了在文化上贬低女性，并使性别不平等持续存在。

在世界范围内，男性往往控制了媒体上图片和信息的创造、生产和传播。在主流媒体中，占据关键决策职位的女性只占约 3%（The Women's Media Center, 2011）。报道新闻时，女性在镜头中出现的时间只占 32%，在报纸上的报道中只占 37%，在在线故事片中占 42%（Women's Media Centers, 2015）。

在娱乐电视中，男性作家、导演和执行制片人的数目是女性的 4 倍，男性制作人的数目是女性制作人的 8 倍。此外，在 2014 年美国最赚钱的 250 部电影中，男性占所有制作人、执行制片人、制片人、作家、摄影师和编辑的 83%（The Women's Media Center, 2015）。创造和创意控制上的这种性别失衡意味着，我们在电视上和电影院里看到的东西，很可能反映的都是男性的观点。

因此，除去偶尔出现的女强人角色，如《行尸走肉》（*The Walking Dead*）中的米琼恩（Michonne，飒爽英姿女汉子"刀女"）、《傲骨贤妻》（*The Good Wife*）中的阿丽西娅·弗洛里克（Alicia Florrick）、《丑闻》（*Scandal*）中的奥利维亚·波普（Olivia Pope），电影和黄金时段电视剧里刻画的女性仍然是相当传统的。尽管把女性描绘成全职妈妈的现象少于过去，但是男性要比女性更有可能在外工作（D. Smith, 1997）。女性表达情感比男性更容易，并更有可能用性和魅力得到她们想要的东西。对 18 个黄金时段电视情景喜剧的分析发现，女性人物的造型，明显要比男性角色更容易被人批评贬低。观众的笑声通常也会强化批评的效果（Fouts & Burggraf, 2000）。

快速浏览一下美国广告、时尚界、电视、音乐视频和电影中描绘的现代女性形象，就会看出她们进一步揭示了一个两极化的刻板印象。一方面，我们看到的是 21 世纪的成功女性：完美的妻子／母亲／职业女性，意气风发的专业人士，优雅地看着时尚杂志。她是我们在黄金时段电视中看到的能力超强的律师或医生：外向、聪明、自信。没有什么职业是她想干而得不到的。

然而，与上述形象相对应的则是刻板印象中"被展示"的女性：啤酒广告、杂志广告、肥皂剧、《体育画报》（*Sports Illustrated*）泳装专题上诱人的性对象。当著名的前十项全能选手和真人秀明星布鲁斯·詹纳（Bruce Jenner），在 2015 年变性后公开改名凯特琳·詹纳（Caitlyn Jenner）时，媒体上的反应（多数都是积极的和支持的）却是经常都只关注她那迷人的和"性感"的新外貌。就像前《每日秀》（*The Daily*

Show)节目主持人乔恩·斯图尔特(Jon Stewart, 2015)所说,当凯特琳是个男子时,"我们会谈论他的运动能力和商业头脑,但现在[她成了]一个女人,我们最关心的就是她的长相。"

更普遍的是,媒体继续展现刻板印象,将女性塑造成肤浅、虚荣和拜金,其外貌掩盖了一切。像《单身汉》(*The Bachelor*)这样的流行约会主题真人秀,更是强化了下面这一信念,即相信女人可以用性魅力和外表吸引力来虏获男人。

总之,今天的女性不仅被期望在教育和经济上达到前所未有的水平,她们还必须看起来性感。这些形象(主要是通过男人之手并为男人所创建)制造出一种幻觉:成功或失败纯属个人的自我成就,而忽略了继续在现实生活中阻止女性获得成功的复杂的社会、经济和政治力量。

微观与宏观之间的联系:
媒体形象真能伤及你的健康?

关于媒体上女性美的形象,尤其让人心烦的是,她们很大程度上都是人为的,高不可攀。美国女性平均身高1.63米、重150斤。时装模特平均身高1.78米、重97斤。约翰霍普金斯大学的研究人员,编制了1922—1999年间美国小姐选美冠军身高和体重的数据。他们发现,这些女性的体重稳步下降,重申了"以瘦为美"的文化价值观(Rubinstein & Caballero, 2000)。最近这些年获奖者的身高-体重比,依照世界卫生组织的界定标准,属于"营养不良"状况(J. B. Martin, 2010)。

尽管如此,电视、杂志、互联网上骨瘦如柴的模特和名人的图像,却是仍在吸引年轻女性,将苗条等同于受欢迎和成功。因此,并不奇怪,女孩和年轻妇女定期查看这些图片,花费大量时间和精力,试图通过极端的节食和其他饮食失调模式去模仿她们(J. L. Wilson, Peebles, Hardy & Litt, 2006)。以下统计数据来自国家饮食失调协会(National Eating Disorders Association,

2011，2015）：

- 42%的小学一至三年级女孩想要更瘦，51%的9—10岁女孩在节食时有更好的自我感觉，81%的10岁女孩害怕自己变胖。
- 91%的女大学生试图通过节食控制体重。
- 每天都有约一半美国女性在节食，尽管95%的人在1—5年内就可能会恢复她们失去的重量。
- 2000万美国女性在其生命中的某段时间会患有临床上显著的饮食失调。

虽然很多人认为这些数字具有警示意义，但其他人则认为它们是温和的，甚至是正面的。一个互联网运动，称为"支持厌食"["pro-ana"，pro-anorexia的简写，即"亲厌食"或"支持厌食"。由于减肥和瘦身蔚为风潮，有一批"享瘦"成瘾的极端主义者聚集起来，在网上提倡anorexic lifestyle（厌食的生活方式），与志同道合者分享资源并自命为pro-ana一族]或支持贪食（"pro-mia"，pro-bulimia的简写），鼓励年轻女性认为饮食失调并不是一种危险的医学状况，而是一种积极生活方式的选择。数以百计的支持厌食网站和博客，为年轻女性提供节食挑战、讨论小组、鼓舞人心的消息，或是进行"pep会谈"，谈论限制食物摄入的必要性和非常苗条的吸引力。一些网站上还包含一些宣言，如"食物是毒药"。pro-ana也在脸书、推特、Pinterest、Tumblr等社交网站上发布消息和照片，庆祝成功地变得非常苗条的人。其他网站，如YouTube，则提供"瘦之愿"（thinspiration，简写为"thinspo"）视频，庆祝那些瘦骨嶙峋的女人，包括一些名人和模特。这些视频的配乐往往包括像"瘦骨，你是我的朋友"（Skeleton, you are my friend）和"瘦骨为美"（Bones are beautiful）等这样的歌曲（Heffernan，2008）。

这一媒体运动的支持者认为，他们只是给年轻的厌食症和贪食症女性提供了一个可去之处，在那里她们可以得到支持，而不是被人评判。然而，批评人士担心，这一运动美化了危险的、潜在会威胁生命的状况。研究似乎支持这一立场。对10—22岁有进食障碍诊断的人们的研究发现，那些经常光顾"支持厌食"运动网站的人，比起那些访问支持康复网站的人，在很长时

> 间内都会病情加重。约96%的人说，他们在"支持厌食"网站上学到了很多新的清空食物和减肥的小窍门，并有三分之二的人都尝试过这些方法（J. L. Wilson et al., 2006）。另一项研究发现，84%的女大学生会在接触到"支持厌食"网站后的90分钟内减少卡路里摄入量（Jett, LaPorte & Wanchisn, 2010）。[这种举动的]潜在危害如此之大，以至于美国饮食失调协会（Academy for Eating Disorders, AED, 2006）呼吁政府官员和互联网服务提供商，需要在"支持厌食"网站上贴上警告标示，就像在香烟包装上贴出的警告标签一样。
>
> 顺便说一句，作为危险的媒体形象的结果，女孩并不是唯一可能的受害者。广为流行的男性名流清瘦而肌肉发达的身体形象，像钱宁·塔图姆（Channing Tatum, 1980— ，美国影视演员，2012年被《人物》评为"全球最性感男士"）、瑞恩·高斯林（Ryan Gosling, 1980— ，加拿大演员）、"巨石"强森（Dwayne Johnson, 1972— ，美国好莱坞演员，职业摔角手），使得越来越多的十多岁男孩沉迷于练习举重和体脂率。一项研究发现，超过40%的中学和高中男生经常锻炼增加肌肉质量，38%使用蛋白补充剂，6%用过类固醇（Eisenberg, Wall & Neumark-Sztainer, 2012）。像女孩一样，他们也有自己的社交网络，被称为"Fitspo"和"Fitspiration"（他们在上面分享自己的健美身材而广泛交友，推崇强健的体魄，而不是由于节食减肥而变得干瘪瘦弱的身材）（Quenqua, 2012b）。

家庭生活中的性别不平等

女性面临的许多不平等，都是围绕在有关她家庭角色的传统观点上：家务操持者、生产者、哺育者、孩子的社会化者。虽然在其他时空下，女性在料理家政上有不同程度的责任，但她们一直都负有生产的义务。

18、19世纪工业革命造成的一个主要后果就是，工作场所与家庭相分离。在工业化之前，大多数国家主要是农业国家。人们的生活集中在农场里，丈夫和妻子是合作伙伴，不仅组成一个家，还在一起谋生

视读社会学 | 瘦为美

节食永不忘　　　　　　　　　　瘦为美，骨感最完美

在第六章中，你看到女性美的图片随着时间流逝发生了反转。这里我们从一个稍微不同的角度来看这个问题。"支持厌食"网站、博客、脸书页面、Twitter feed 等在过去十年里蓬勃发展，随之而来的是，给那些想要变瘦的年轻女性提供了无数的"瘦之愿"（thinspirational）图片、例证、建议——就像你在此处看到的。其中一些这样的网站认为，自己是对那些过着厌食症"生活方式"的个体的支持和鼓励的来源。然而，批评人士则指责它们上面发布的信息，会推动年轻女性更深地陷入身体困扰并作出自我禁食之举，而这最终则很可能会是致命的。

这里的图片仅仅是一个很小的采样，在网上点击鼠标或在智能手机上刷屏可以看到更多。它们不可能完美地代表网上可以看到的所有帖子。然而，我们可以将其作为一个很好的起点，来思考几个重要问题。总的来说，你认为这些图像对看到它们的年轻人会产生正面还是负面影响？如果刻画的身体和传递的消息有更多的性别平衡，你的答案是否会有很大不同？这样的图片可以帮助缓解美国最严重的公共卫生问题厌食症吗？如果这样的图像[对人]具有潜在的危险，社交网站有义务拒绝刊登它们吗？或者说这仅仅是一个言论自由问题？

(Vanek, 1980)。农场夫妻相互依存，每个人都需要另一个人来维持生计。女性和男性一起为家庭出力天经地义（J. Bernard, 1981）。虽然夫妻之间的关系在农场里从未完全平等，但是完整的男性主导则有赖于女性对家庭经济不可或缺的贡献（Vanek, 1980）。

随着工业化的出现，事情开始发生变化。新的技术形式、新的致富机会和过上好日子的承诺，吸引人们（主要是男性）离开农场，进入城市和工厂。历史上第一次，在某些社会，家庭经济是建立在家庭之外领域的基础上。女性发现自己不再局限于像过去那样日复一日的家庭事务管理上。相反，她们被赋予了在工业经济中唯一的家庭责任：照顾、培养孩子和持家。由于这是无薪工作，由于家里不再生产什么可见的商品，女性很快就发现，在更大的社会中，她们的劳动贬值了（Hareven, 1992）。

然而，就像我们在第七章中看到的，男性并非唯一每天离家去工厂上班的人。在世纪之交，还有成千上万的孩子在矿山、磨坊、工厂工作（Coontz, 1992）。与流行的看法相反，1900 年时有五分之一的美国妇女外出工作，其中尤以有色人种女性居多（Staggenborg, 1998）。

今天，"女人的工作"贬值，是公共领域与私人领域分离的结果（Sidel, 1990）。只要男人主宰公共领域（市场和政府），他们就会在社会上获得更大的经济和政治力量，并可以将这种力量转化为权威。"女人的工作"在家庭这一相对没有权力的私人领域内则会继续被掩盖和低估。

从冲突论视角来看，问题不是家庭主妇不工作，而是她们在主流经济外免费工作，在主流经济中工作被严格定义为"支付薪水而做的事"（Ciancanelli & Berch, 1987; Voyandoff, 1990）。然而，具有讽刺意味的是，家庭工作对整个经济体系来说实际上是无价的。

如果一个女人被支付最低工资，作为母亲和管家，她所有的劳动包括照顾孩子、交通、整理家务、洗衣、做饭、付账单、购买日常生活用品等，她的年薪将比得上全职工作的女性。一项研究发现，如果我们把每天平均小时工资率适用于典型的照顾 12 岁以下孩子的母亲，这项工作

图 12.3　做家务活

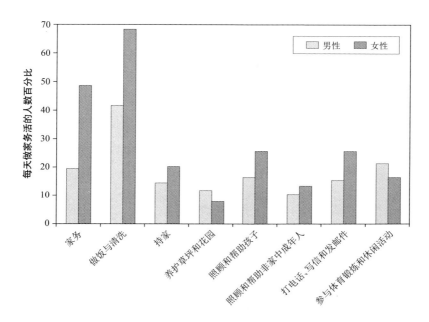

资料来源：U.S. Bureau of Labor Statisticals, 2014a, Table A 1。

最低的货币价值约合年薪 3.3 万美元（Folbre & Yoon, 2006）。但是，由于社会和家庭的权力是由谁把钱带回家来衡量，所以这样的无薪工作并不能让女性享有如果它是有酬劳动本可享有的声望。

尽管过去几十年来美国人对性别角色的态度发生了重大变化、女性加速进入支付劳动力市场，但是家务仍以女性为主。据美国劳工统计局（U.S. Bureau of Labor Statistics, 2014）公布的数据，女性每天做家务和准备食物的时间是男人的三倍，照顾孩子的时间是男人的两倍（参见图 12.3）。丈夫在抚养孩子方面比 20 年前发挥着更重要的作用，在做家务上也增加了他们的贡献（Bianchi, Robinson & Milkie, 2006），尤其是与其他工业化国家中的男性相比（Fuwa, 2004）。但是，丈夫做的家庭工作，通常完全不同于妻子做的。女人的任务往往是维持家庭日常运转必不可少的（Fuwa, 2004），男人所干的家务则通常是罕见的、不规律的或可以选择的：

> 他们会去倒垃圾，剪草坪，陪孩子玩，偶尔也会去趟超市或商店买点家庭耐用品，他们还会油漆阁楼或修理水龙头，但总的来说，他们不会去洗衣服、打扫卫生或做饭，也不会去喂孩子、给孩子穿衣洗澡或带孩子出门。这些……最耗时的活动……都是女人的专有劳动。
>
> （Cowan, 1991, p.207）

从结构功能论视角来看，传统的性别家庭责任，实际上反映了一个公平的、实用的、相互依存的分工。即丈夫作为领薪劳动力，支撑家庭财务状况；妻子则操持家务，照顾孩子。每个人都提供必要的服务，以换取对方提供的服务。但是，这一领域的研究表明，家务责任上的性别差异，并未因女人做全职工作而消失。职业女性平均每周花约 19 小时做家务，而男性只花大约 10 小时（Bianchi et al., 2006）。女性花在家庭劳动上的时间已从 1960 年代中期的 35 小时有所下降，男性则每周增加了 4 小时，但是男性贡献的时间仍然不到女性持家所花时间的一半。

由于职业女性继续主要负责家务，她们经常相当于干两份全职工作。即使失业在家，丈夫做家务的时间也会比妻子每周少上 40 小时。事实上，近来失业的男性，往往比失业前干的家务更少。相比之下，下岗妇女在照顾孩子和做家务上所花的时间则是先前的两倍（Dokoupil, 2009）。

有趣的是，声称支持平等主义、无性别歧视的夫妇，也在家庭劳动分工上存在差异（Blumstein & Schwartz, 1983）。认为所有家务都应分担的丈夫，在家务上所花的时间仍然明显少于他们的妻子（Institute for Policy Research, 2002）。家务仍然主要是女性的工作这一事实让我们看到，我们的性别歧视意识形态是如何无处不在，有着如何强大的影响力。

教育领域中的性别不平等

性别不平等持续存在的另一个制度情境是教育领域。在小学及其后的教育中,老师可能会以不同的方式对待男生和女生(M. Sadker, Sadker, Fox & Salata, 2004):

- 与男孩相比,女孩较少得到老师关注,老师也较少会对她们作出有用的回应。
- 女孩课上发言的情形显著低于男孩,当她们发言时,比起男生,老师更可能提醒她们发言前要先举手。
- 在校期间,女孩比男孩更有可能成为不受欢迎的性关注的焦点。

由于这些举动有时很微妙,所以大多数人都没有意识到其中隐藏的性别歧视经验及其悄然产生的危害(D. Sadker, Sadker & Zittleman, 2009)。然而,随着升入一个年级又一个年级,这样的差别对待终将会给女孩造成损害。

危害并不会马上看到。在小学和中学,几乎在每门课的测试上,女孩都要优于男孩(Legewie & DiPrete, 2012;Tyre, 2006)。男孩比女孩更有可能留级、退学、编入特殊教育班,或被诊断为有情绪问题、学习障碍或注意力缺陷障碍(Lewin, 1998)。然而,男孩比女孩对自己有更高的期望,自尊心也高于女孩,这一差距会随着受教育时间的延长而逐年扩大(Freiberg, 1991)。当女孩从童年过渡到青春期,她们便要面对自己如何看待自己和别人(尤其是老师)如何看待自己之间的冲突(Gilligan, 1990)。

这些性别类型模式遍布高中。十多岁男孩往往认为自己的男子气概源于他们的成就,如参与有组织的体育运动(Messner, 2002)。男孩也可能会被鼓励与辅导员和教师进行面谈,制定出他们梦想的事业目标。相比之下,十多岁少女的声望和人气,仍然主要来自她们的外表。因而,毫不奇怪，到高中结束，男孩要比女孩在学业上表现得更好。例如，尽管参加 SAT 考试者中女生占大多数，但男生的平均总分却要高于女生（1510∶1486）（National Center for Fair and Open Testing, 2014）。

学业成绩上的性别差异，通常是一种文化的副产品，而不是一些先天的智力差异。比如，人们普遍认为，男孩比女孩天生擅长科学和数学。考大学的男孩比女孩的数学成绩平均多出 30 分（阅读和写作成绩上则不存在性别差异；College Board, 2014b）。然而，有证据显示，美国女孩今天通常都有很强的数学能力，正在逐步追上男孩。例如，1980 年代早期，被视为在数学上"有很高天赋"（highly gifted）的男生，即那些在 SAT 数学部分测试中得分排在 90% 以上的人（虽因年龄小而无法参加真正的考试），与女孩的比例是 13∶1。而到 2005 年，这一比例已降至不到 3∶1（Andreescu, Gallian, Kane & Mertz, 2008）。但是，这些女孩继续生活其中的这个社会，却并不看重、乃至主动阻止甚或惩罚数学优秀的女孩。

此外，跨文化研究的证据表明，许多亚洲和东欧国家持续产生具有很强数学能力的女孩，而其他国家（主要是美国）则不是这样（Andreescu et al., 2008）。事实上，发展中国家的女孩比工业化国家的女孩更有可能表示她们喜欢数学和科学，日后愿在这些领域工作（Charles, 2011）。在美国，在全美和国际数学竞赛中表现优异的女孩，很可能是移民的女儿。

高等教育中的性别不平等也是显而易见——但却并不总是像你所想的那样。一方面，过去三四十年，大多数大学生都是女性（参见图 12.4）。获得学士学位的学生中，女性占 57.2%；获得硕士学位的学生中，女性占 60%；获得博士学位的学生中，女性占 51%（National Center for Education Statistics, 2014a）。此外，女大学生学习比男大学生刻苦，并有着比男大学生更高的平均成绩。她们也更有可能在四年或五年内就拿下学士学位（引自 Lewin, 2006）。

然而，男性更有可能选修评分严格的课程，如数学和科学专业，并会比女生在这些课程上获得更高的分数（The College Board, 1998）。许

图 12.4　1947—2023 年间女大学生所占百分比

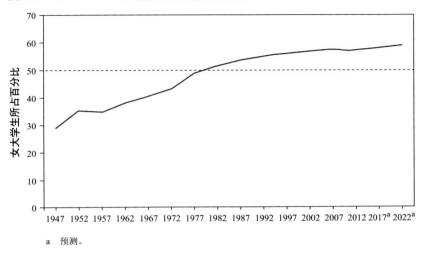

a　预测。

资料来源：National Center for Education Statisticals, 2014a, Table 303.10。

多日后可以得到高薪或占据优势的学科，如工程、经济学、数学、地球科学等，仍由男性主导，而女性则集中在护理、教育和社会服务等领域（Dey & Hill, 2007）。例如，在美国，参加计算机科学 AP 考试的高中生只有 18.5% 是女生，在该领域只有 12% 的女大学生获得大学学位。在像苹果、谷歌和脸书这样的科技公司，女性技术员工占比不到 20%（引自 C. C Miller, 2015）。但是，这一趋势并非只有美国才有。在全球发达国家，只有 14% 的女生报考大学时的第一专业选择是科学或技术相关领域；而这样做的男生则有近 40%（Organization for Economic Cooperation and Development, 2015a）。

一些证据表明，至少部分是由于教师的偏见，导致女生缺乏学习数学和科学课程的渴望，进而影响到她们进入社会后可以得到的工作和工资收入。例如，一项研究发现，在匿名评分时，六年级女生的数学能力测试成绩高于男生。然而，在知道学生名字（进而也就知道他们的性别）的情况下，男孩的成绩则高于女孩。等到他们进入高中后，一直受到小学老师劝阻的女孩，已经不太可能在数学和科学课程上超过男生

(Lavy & Sand, 2015)。在大学里,科学教授继续认为男生要比女生更有能力、更可用、更值得辅导(Moss-Racusin, Dovidio, Brescoll, Graham & Handelsman, 2012)。

为了在学生进入大学前克服这类差别对待的影响,一些教育改革者主张设立男女性别分开的私立学校,提倡在男女合校的公立学校设立单一性别的班级(Rich, 2014)。他们认为,在单一性别学校就读的女生,会比男女合校里的女生变得更加自信,更有把握,也更有可能想要学习数学、计算机科学、物理。她们也会比男女合校的女孩有更高的职业理想(Watson, Quatman & Edler, 2002)。男孩在单一性别环境中也较少会惹麻烦,更有可能比男女合校的男生对艺术、音乐和戏剧感兴趣(National Association for Single Sex Public Education, 2013)。

据美国教育部估计,全美约有 750 所公立学校提供至少一个单一性别班级,并有 850 所完全单一性别的公立学校(引自 Rich, 2014)。此外,一些私立学校现在提供混合性别和单一性别课程的教育;男孩女孩在小学到高中都一起学习,在最麻烦的学龄中期则分开进行教育。就像一位著名教育家所说:"11 岁最自信 16 岁最困惑的女孩,如果在中学时与男孩分开,很有可能会在成年后成为一个有创造性的思想家和有冒险精神的成人。"(引自 J. Gross, 2004b, p.A16)

然而,也不是每个人都认为男女分开进行教育就是最佳答案(Fine, 2010)。美国男女合校学校教育委员会(American Council for CoEducational Schooling, 2011)发布的一份最新报告显示,女孩在单一性别学校的教育环境中,并未比在男女同校的环境中学得更好或更快。此外,批评者指出,将男孩和女孩分开进行教育基于下述假设:女孩在男孩在场的环境下无法有效地学习,这一假设会促进而不是减少性别刻板印象。

目前的大学入学趋势和教育政策创新使我们有理由相信,在未来的日子里,生理性别和社会性别在人们受教育的过程中可能会变成不那么重要的因素。

经济领域中的性别不平等

由于难以将教育成就转化为高收入,女性在历史上一直没有办法像大多数男人那样可以相对自由地从职业机会和优势中获益。今天,在劳动力市场上,女性赚钱的能力仍然远不如男性。

女性不平等的经济地位,不仅仅是源于潜在雇主的个人性别歧视,而更是与更大的经济结构和制度力量有关。推动典型工作场所(职场)的标准假设,经常既在工作上也在家庭中与女性对立。例如,在最近的这次经济衰退期间,许多抵押贷款者对向准父母批准房屋贷款忧心忡忡。他们担心,如果准母亲因怀孕而临时离开工作(或者若是她决定彻底辞职不干就会永远失去收入),这些夫妇将会不可避免地经历一段时期的临时收入下降,因而也就无法及时偿还抵押贷款(T. S. Bernard, 2010)。

更广泛地说,想一想员工要怎么做才能成为老板眼里的好员工:加班加点,去很远的地方出差开会,参加专业研讨会,参加培训项目,愿意调往冷门部门工作,或者是能够取悦远道而来的客户。这些活动都假设员工有时间和自由,不用去尽其家庭义务。在许多行业,如法律和金融,超长时间工作的人会得到更高的工资(Goldin, 2014)。由于女性,尤其是为人母者,往往对家庭负有大部分责任,所以她们无法像男同事一样向老板"证明"她们都是很好的、忠诚的员工。即使女性真可以在额外时间去工作,雇主也常会假设,因为她们是妇女所以她们不会那样做。一个著名的对冲基金亿万富翁最近表示,在全球贸易的世界里,对女性的职业生涯来说,婴儿是一个"杀手":"只要宝宝柔嫩的嘴唇触碰到女性的乳房,她们就会把什么事情都抛到脑后。"(引自 J. Johnson, 2013, p.1)实际上,有工作的母亲的收入,继续明显低于其他雇佣女性(Porter, 2012)。

此外,即使公司提供"家庭友好型"工作场所政策,如灵活的工作时间,或是临时减少工作时间,但女性真要这样做很可能会受到惩罚。利用这些政策的女性会面临一种风险,即被主管认为缺少工作能力、对工作不够尽力。在制定有慷慨的"家庭友好型"工作政策的国家，女性有时最终得到的工资越来越少，发现她们极难有机会得到管理工作和其他高权力职位（Goldin, 2014）。在美国，在 1993 年《家庭医疗休假法案》（参见第七章）成为法律之前，女性员工实际上更有可能得到提升（K. Thomas, 2015）。顺便说一下，不单是女性会受到这样的影响。寻找弹性工作时间的男性可能会比女性更多地被污名化，因为雇主往往会将他们视为偏离了传统的男性养家糊口的期待。事实上，因孩子出生而休产假的男性，比不这样做的男性，更不容易得到晋升或加薪（J. C. Williams, Blair-Joy & Berdahl, 2013）。

但就总体而言，女性仍要继续面临经济障碍，而男性就不用面对这样的障碍。例如，尽管 15 人以上的公司歧视怀孕的求职者违反了联邦法律，但是女性求职者若是让未来的老板知道她有孕在身就会很难被雇用。因此，许多怀孕的申请人都会在面试中保留这些信息，或者穿上比较宽松的衣服来加以掩饰。她们的担心并非毫无根据。每年都有成千上万名孕妇，被列入无薪休假行列或是直接被辞退，从而退出自己的工作岗位（引自 Liptak, 2014）。

这样的假设也出现在专业的学术环境中。在评估科学和工程学位置上的女性代表名额不足时，美国国家科学院（National Academy of Sciences, 2007）认为，传统的科学或工程学职业取决于这一假设：教员必须能够将其全部精力和时间都投入本职工作上。它发现，关注其他义务，如家庭，通常会被解释为对事业缺乏奉献精神。由于家庭和家庭护理的负担通常在更大程度上仍然落在女性而非男性身上（因为女人很少会得到配偶实质性的支持），女科学家和女工程师自然也就会体验到更多的家庭与职业角色之间的冲突。

因此，并不奇怪，这些领域的女性会体验到普遍的偏见。这不仅仅是因为在研究生项目、在学术位置、在专业组织中的领导位置上，她们人数甚少。事实上，她们也常被专业导师视为没有男性称职和忠诚（Moss-Racusin, Dovidio, Brescoll, Graham & Handelsman, 2012）。2015

年诺贝尔奖得主、生化学家蒂姆·亨特（Tim Hunt），在世界科学记者大会上这样说道：

> 让我告诉你们我觉得女孩子的麻烦处。她们出现在实验室里会发生三件事：你爱上她们，她们爱上你，当你批评她们时她们会哭个不停。
>
> （引自 Bilefsky, 2015, p.A4）

由于普遍存在这种态度，女性通常也就会比男性得到较少的资源和制度支持（National Academy of Sciences, 2007）。

工作场所的性别隔离 尽管如此，一般说来，美国妇女在克服传统的就业障碍上还是取得了显著的进展。1950年，略高于30%的成年妇女受雇成为领薪劳动力；今天，这一比例接近60%，已婚母亲增加到68.1%，单身母亲增加到71.3%，丧偶、分居和离婚的母亲增加到79.7%（ProQuest Statistical Abstract, 2015）。今天的美国劳工中，超过一半都是女性。有18岁以下孩子的家庭，包括母亲是唯一或主要经济支柱的家庭，参加工作的比例，已从1960年的11%，增加到现今创纪录的40%（W. Wang, Parker & Taylor, 2013）。

在一些传统上男性占据主导地位的领域，如医学和法学，女性劳动力的增加尤为引人注目。例如，1983年，美国15%的律师和16%的医生是女性；到2013年，这一比例已经增加了一倍多（U.S. Bureau of the Census, 2004；ProQuest Statistical Abstract, 2015）。

虽然这种趋势令人鼓舞，但在工作场所，性别隔离仍然是规则。女性占所有秘书的94.4%、注册护士的90.1%、保姆的94.8%、牙科保健师的98.3%，以及所有学前班和幼儿园教师的97.8%（ProQuest Statistical Abstract, 2015）。尽管她们在传统男性职业中的人数已有所增加，但在牙医（30.8%）、医生（35.5%）、工程师和建筑师（14.1%）、律师（33.1%）、警察（13.4%）和消防队员（3.5%）等中所占的比例还是比较低。

换句话说，不同职业中性别分布上出现的大多数改变，都是女性进入男性工作行列的结果，而不是相反。尽管自1980年代以来，女性开始稳步进入传统的男性职业，但是进入以女性为主的职业的男性却并没有明显增加。男护士、男幼儿园老师、男秘书的数量只增加了很少一点，如果说有的话（ProQuest Statistical Abstract, 2015）。男性追求人们刻板印象中认定是女性的职业，仍会被视为一种有辱男性身份之举［你可能还记得一部受欢迎电影中的一个笑话：《满足父母》（*Meet the Parents*）的男主人公格雷格·福克（Greg Focker）是一名护士］。因此，我们不应该奇怪，绝大多数男性都会选择避免去从事那些"女性工作"（Cohen, 2013）。一项研究甚至发现，一些人宁可失业在家，也不肯接受"女性工作"，哪怕是付给其高薪，只因觉得从事那一职业会潜在地损害他们的男子气概（Epstein, 1989）。

长远来看，这种"单向"职业转变很可能会引发问题。历史上，当大量女性进入一个此前对她们封闭的特定职业，那一职业中的男性数量就会减少。考虑到通常都是赋予男性从事的工作更高的价值，当男性辞职离开这一职业后，这一职业的声望也会逐渐下滑。事实上，女性员工在那一职业中所占的比例越高，那一职业中男性和女性工人的收入都会变得较少（Padavic & Reskin, 2002）。

更多女性进入传统上属于男性的工作，并不必然就意味着性别平等。例如，性别隔离常常发生在某一职业内特定的工作上。在医学职业上，家庭医学科、儿科、妇产科的女医生人数大幅过多，而在有名望和收入更高的领域（如手术和心脏病），女医生人数则较少。正如我提到的，女性约占执业医师的三分之一。但她们却占儿科医生的60%多，占儿童精神病医师、老年医生、产科/妇科医生和新生儿医师的50%。相比之下，神经、血管、骨科、胸心、外科医生中的女医师占比不到10%（Association of American Medical Colleges, 2014）。

同样，在律师这一职业中，女性的晋升率也要远低于男性，而且在个人诉讼案、律师事务所合作人,以及高薪职位如联邦法院、地方法院、上诉法院法官中所占的比例仍然很少(Hull & Nelson, 2000))。

总之,虽然有比以往更多的女性从事领薪劳动,但我们仍有一些工作几乎只雇用女性,而另有一些工作则几乎只雇用男性。当人们依照生理性别而非工作能力来分配工作,自我实现的机会就会比较有限(Reskin & Hartmann, 1986)。社会也会遭受损失,因为不管是男人还是女人,都不能自由地选择去做他们最适合的工作。然而,职业隔离对个体女性伤害最大,因为她们主要从事的职业本就不具优势,而且与男性占主导地位的工作相比,工资更是差上一大截儿。

工资差距　《利未记》第 27 章中写道:

> 耶和华对摩西说:"人还特许的愿,被许的人要按你所估的价值归给耶和华。你估定的从 20 岁到 60 岁的男人,要按圣所的平,估定价银五十舍客勒;若是女人,你要估定三十舍客勒。"

你不用回到《圣经》中那个时代就能在现实生活中找到女性工资少于男性的事实。尽管 1963 年的《同工同酬法案》保证美国同工同酬,1964 年的《民权法案》第七条禁止基于性别、种族、宗教、国籍之上的就业歧视,但是两性之间的收入差距依然存在。2013 年,美国全职工作男性的年均收入为 50033 美元。所有全职工作女性的年均收入为 39197 美元(DeNavas-Walt & Proctor, 2014)。换句话说,美国男性每挣 1 美元,女性只挣 78 美分。尽管过去几十年来,女性已经缩小了与男性之间的工资差距,但却是进展很慢。依照现在的速度,她们要到 2058 年才会在全美范围内获得与男性相同的工资。在其中一些州,如怀俄明州、路易斯安那州、北达科他州、犹他州和西弗吉尼亚州,男女同酬则要到 22 世纪的某个时候才会出现(Institute for Women's Policy Research, 2015b)。

今天的工资差距,实际上在随着年龄增长而扩大。25—34 岁全职工作的女性,全年收入约为她们男性同伴的91%。但当她们快要退休时(年龄在55—64岁),她们的收入只有她们男性同伴的73%(Coontz, 2012)。50岁以上的女性因为要照顾上了年纪的父母而永久离开劳动力市场,会失去额外32.5万美元的工资和福利(引自Searcey, 2014)。此外,由于女性工作时挣得少,她们的退休养老金也明显少于男性(National Women's Law Center, 2006)。

对有色人种女性来说,工资差距尤为明显。非裔美国女性的收入仅占男性的65%,拉丁裔女性占54%。亚裔女性比较成功,占男性工资的88%(Institute for Women's Policy Research, 2015b)。

应该指出的是,[两性间的]工资差距是一个全球性现象。在世界上每一个国家,男性都比女性挣得更多。日韩两国的性别工资差距大于美国,女性收入比男性少30%—40%左右。然而,在其他国家,如比利时、希腊、匈牙利、意大利、新西兰、挪威,两性之间的工资差距很小,女性收入占男性收入的90%或更多(Organization for Economic Cooperation and Development, 2015b)。

为什么美国的两性工资差距依然存在?当然,其中一个原因是职业隔离和女性最有可能从事的工作类型。前五大"最女性"的工作(即女性占比约95%的职业):幼儿园老师、秘书、管家、儿童看护、牙科助理,总体平均周薪502美元。前五大"最男性"的工作(即男性占比约95%的职业):飞行员、消防队员、飞机引擎机械师、水管工、建筑工人,总体平均周薪1117美元(Bureau of Labor Statistics, 2015c)。但是,隔离并不是故事的全部。即使在相同的职业中,男性和女性的收入也仍有差异(参见图12.5)。

一些经济学家和政策制定者认为,工资差距实质上是制度的副产品,因为男人总体上每年工作时间更长,更有可能比女性从事全职工作,有更多的工作经验,受过更长时间的教育培训(Dey & Hill, 2007)。现在,你可以回想一下第十章,由于最近这次经济衰退的持续影响,大量的男性和女性被迫去做兼职工作(因为工作被削减)。但是,女性尤

图 12.5 "男性"职业和"女性"职业中男性和女性收入所得

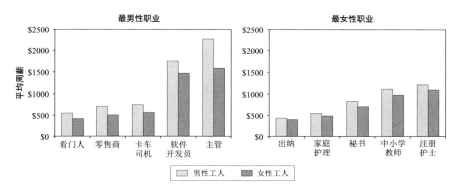

资料来源：Institute for Women's Policy Research, 2015a, Table 1 & 2。

其容易受到这种趋势的影响。据美国劳工统计局（U.S. Bureau of Labor Statistics, 2015e）公布的数据，14%的雇用男性从事的是兼职工作，相比之下，34%的雇用女性从事的是兼职工作。做兼职工不仅挣得少，而且在经济困难时期，她们通常也会最先被裁员，而这并不是因为她们是女人，而是因为她们的工作最容易被舍弃。

甚至是在控制了经验、年龄、教育这些可被用来证明工资差异正当化的因素上的不同之后，两性之间的工资差距依然存在（Weinberg, 2007）。例如，在美国，女性工人的平均收入，显著低于有着相同教育成就的男性。有学士学位的女性收入，平均为有学士学位男性的 65%。事实上，有学士学位的女性，会比只有两年大专文凭的男性都挣得少（他们的平均年收入分别为 47209 美元和 50059 美元）。同样，拥有博士学位的女性（年均收入 80501 美元）要比只有硕士学位的男性（年均收入 97365 美元）少得多（ProQuest Statistical Abstract, 2015）。

应对工资差距一种可能的补救措施是，让更多女性进入传统上不对她们开放的职业。就像我前面提到的，某种程度上这已发生，虽然性别隔离仍是规则。此外，妇女和她们的家庭需要加强努力，推动制定非歧视性的招聘和薪酬制度，得到更好的培训和职业咨询，得到改善的工作－家庭支持。更广泛的公共政策，如提高最低工资，可能会增加低收入工作的工资，这对女性来说尤为重要，尤其是对有色人种妇女来说（Institute for Women's Policy Research, 2015a）。五个州（爱荷华州、明尼苏达州、蒙大拿、华盛顿和西弗吉尼亚州）现在制定有专门的法律，来解决性别工资差距：如果工作需要类似的技能水平、努力和责任，用人单位就必须支付从事不同工作的劳动者相同的工资。

但到目前为止，在国家层面，我们极少看到采取什么行动来改变这一情况。2007年，美国参议院提出了一项法案：《公平薪酬法案》(Fair Pay Act)。它试图通过为等效工作制定同工同酬指南，终止针对那些在女性为主的职业中工作者的工资歧视。例如，在个体公司，雇主不能为女性占主导地位的工作支付少于男性占主导地位工作的工资，如果这些工作对雇主同样重要的话（National Committee on Pay Equity, 2007）。然而，该法案却被否决。2009年，奥巴马总统签署了这一法案的删减版本成为法律，这使得女性更容易提起同工同酬的法律诉讼，但却并没有直接解决同工同酬问题。最初的法案于2013年再次提出，但到目前为止，尚未在国会进行投票表决。

全球对女性的贬低

乍一看，世界各地的女性似乎取得了巨大的进步：她们受到了比以往更好的教育，获得了更多的经济独立性。例如，全世界许多小学年龄的女孩不上学的人数，已从2000年的5800万，下降到2012年的3100万（UNICEF, 2014c）。过去几十年间，世界上大部分地区的女性，在大多数领薪工作职位上的就业率都有所增加。

然而，在世界上大多数社会，女性仍在身体上和经济上处于劣势地位。在撒哈拉以南非洲地区，妇女占艾滋病毒感染成年人的比例接近57%（Avert, 2014）。全球死于分娩并发症的妇女，有86%都是来自撒哈拉以南非洲地区和南亚的发展中国家（UN Women, 2015）。女性也占跨国公司全球工厂工人的绝大多数，经常要在不安全和不健康的环境下工作，并只能得到极低的工资。虽然全球女性在获得教育机会上取得了重大进展，但在高层政治和制定决策的角色上，她们仍然落后于男性（Hausmann, Tyson & Zahidi, 2008）。

许多国家的女性都缺少男性享有的法律、婚姻和身体保护：

- 在吉尔吉斯坦，据估计，超过一半的已婚妇女都是被她们的未婚夫以及几个世纪的合法习俗 *ala kachuu*（字面意思是"抓和逃"）诱拐来的。如果女人在男人家过夜，她的处女之身就会受到怀疑，她的名誉就会蒙羞，她未来的婚姻机会就会被毁。所以，大多数女性（据估计约有80%）经常都是在其家人的催促下最终妥协，嫁给她们的诱拐者（C. S. Smith, 2005）。

- 在斯里兰卡，约有60万名妇女被迫因经济需求而离开自己家人，迁往富裕的海湾国家，在那里给富人家当女仆。沙特阿拉伯人将斯里兰卡称为"帮佣之国"（Waldman, 2005）。这些女性因对自家作出经济贡献而成为英雄，但是她们自身则经常要承受其外国雇主严厉的殴打和虐待。

- 在世界上一些地区，有一种常见的做法，就是"荣誉谋杀"给家庭带来耻辱的女性。阿富汗的妻子们有时会因婚外通奸和没生儿子而被丈夫杀害（Bowley, 2012）。阿富汗的女儿们如果私奔后又跑回家中，很可能会被家人处死（A. J. Rubin, 2015）。在叙利亚，有婚前性行为的女孩会给家人带来耻辱，有时会被亲人处死。根据叙利亚法律，这些杀戮，称为 ghasalat al arr（"洗掉耻辱"），不算谋杀（Zoepf, 2007）。2013年，超过8000名印度女人（平均每天有22人）被她们的丈夫杀死，只因没有从娘家带来足够的彩礼（National Crime Records Bureau, 2014）。尽管印度官方在 1961 年就禁止收取彩礼（女人从其父母那里收到的婚姻礼物），但它仍是婚前谈判的重要组成部分，现在包含新娘的家人支付给新郎的财富。

世界经济的全球化，也有助于创建一个剥削女性的国际市场。在许多贫困国家，一个增长最快的犯罪集团，正在迫使无知和极度贫困的女性在其他国家做妓女。在其中一些国家，卖淫是合法的；在其他国家则可能是非法的，但执法不一，处罚较轻。由于得不到任何其他方式的支持，又不会说当地语言，这些女性只好依赖那些剥削利用她们的男人。

然而，在对女性的公开贬抑背后，有时也会隐藏着一个非常不同的私人现实。例如，中东地区的伊斯兰妇女，决定在有男性在场时戴 hijabs（一种包裹脖子和胸部的面纱）。在外部观察人士看来，这种行为似乎是无能为力和从属地位的象征。但是，很多这样做的女性则认为，自己是政治活动家，正在帮助创建一个新的社会，从内部改变日常生活（Lurnmann, 2015）。

同样，历史上，日本女性曾在社会和家庭中占有明显有利的地位。尽管法律规定机会均等，但是职业女性在招聘、工资和升迁上却受到歧视。目前日本只有约 49% 的女性在外工作（World Bank, 2015a）。社会对她们的通常期望是打扫卫生、做饭、满足丈夫在家里的需要。然而，许多日本妻子都能主宰她们的丈夫。她们控制家庭财政，给丈夫每月津贴，花在她们认为合适的地方。如果男人想要从家庭账户取钱，储蓄银行通常都会打电话给他们的妻子，得到她们的准许。日本男性甚至开始承担一些家务责任，这在 20 年前完全是不可想象的。

在世界上其他传统上女性受苦的地区，女性正在取得一些重大进步。在乌干达、布隆迪和突尼斯，女性占民选官员的约 30%。对卢旺达女性来说，这一比例更是从 2000 年的 17% 升至 56%（全世界最高）（Population Reference Bureau, 2011）。在伊朗、阿富汗、索马里和利比里亚，女性开始出现在地方和国家改革运动的前沿（Foroohar, 2010）。在阿尔及利亚,女性占大学生的 60%、律师的 70%、法官的 60%。她们给家里提供的收入也多于男性(Slackman,2007)。

某种程度上,世界上一些地区女性生活的改善可以归因于全球化力量带来的变化,后者有时会向人们传播民主价值观和人道主义原则(Giddens,2005)。例如,在媒体报道过在沙特阿拉伯、印度尼西亚、斯里兰卡和其他地方女性家政工人被她们的雇主殴打、烧死和斩首之后,国际劳工组织(International Labor Organization)通过了一项条约,保护女性免受这样的虐待。据观察人士估计,这样的协议可以保护这里的 5000 万到 1 亿家政女工,她们之前不说没有也是极少享有什么权利(Human Rights Watch,2011)。

1979 年,联合国大会通过了一项条约,称为《消除对妇女一切形式歧视公约》(*Convention on the Elimination of All Forms of Discrimination Against Women*)(Division for the Advancement of Women,2009)。接受条约的各个国家一致同意采取措施,结束所有歧视妇女的形式:

- 将男女平等原则纳入法律体系,废除歧视性法律,制定适当的法律禁止歧视妇女,
- 建立法庭和其他公共机构,确保有效地保护妇女反对歧视,
- 确保消除一切来自个体、组织或企业中针对妇女的歧视行为。

联合国 189 个会员国,除了两个国家,一致通过本协议,使其得以合法地推行其保护女性措施(United Nations Treaty Collection,2015)。唯一的两个反对者就是帕劳——和美国。

小　结

　　基于生理性别和社会性别而来的不平等，超出了媒体和文化中对女性形象的侮辱、在面对面互动中得到强化的对女性的贬低，以及个体对女性抱有的刻板主义信念。它已融入全球社会的制度和文化结构中。在21世纪的美国，它就像棒球、苹果派、独立日焰火，是社会景观的一部分。每个女人都会在一定程度上感受到性别歧视，无论是个人的暴力、讨厌的骚扰、色眯眯的媚眼、带有性暗示的评论、晚上害怕出去、就业歧视、法律障碍，还是微妙地鼓励其在运动、爱好或职业上有"合适的"追求。

　　语言、身份、亲密关系、历史、文化和社会制度都建立在性别区隔之上，生活在这样的社会中，男性无疑受益良多，即便男性个体本身并不支持这样的不平等。就像受益于这套系统的大多数男人一样，男性大都没有意识到社会结构给他们提供的大大小小的利益（W. J. Goode, 1981）。因此，大多数男性都并不认为生理性别和社会性别不平等是他们的问题，而是将其视为"女性问题"——他们较少会像女性那样看到有必要进行大规模的社会变革。

　　因而，性别平等的第一步便是，男性必须理解他们在这个过程中扮演的角色，即使其自身并未公开流露出性别歧视。实际上，每当男性笑着讲一些带有性别歧视的笑话、误把女医生看成女护士、将女性视为纯粹的身体、对职场和学校中的女性抱有更少的期待、对女性的家庭角色抱有更多的期望，他们就已暗中参与了对女性的压迫。

　　下一步就是改变制度模式和文化价值观的基础。这种解决方案听起来似乎宏大得不大可能。但是今天我们正在看到这一转向的一些迹象：家庭角色观念在改变，参与劳动力市场的女性在增多（尽管仍不平等），不断增长（但不平等）的政治权力，对全球性别剥削及暴力有更多的意识。不过这些变化未来会将我们引领到什么地方，仍有待观察。

像社会学家一样思考：两个人的家一个人的家务

为了了解信念如何转化为行动，不妨考察一下性别歧视如何影响人们的活动。一个再好不过的检验地方就是家庭。找出以下几种类型的家庭，夫妻双方都在外面做全职工作：

- 新婚未育夫妇（结婚不到一年）
- 已婚未育夫妇（结婚十年以上）
- 家中至少有一个孩子的已婚夫妇（不论年长或年轻）
- 同居夫妇（异性恋或同性恋）
- 再婚夫妇

要求夫妇两人分别列出一周内要做的所有家务。要求每个人都要写得尽可能具体详尽（如"擦窗户"，而不是笼统的"打扫房子"）。列完表后，要求两个人分别指出这些任务中哪些是她或他主要负责、哪些是他们共同负责。要求参与者估计一下每周花在所有这些家务上时间的总和。最后，要求他们估算一下，他们通常每周花在做家务上的时间有多少。（注意：为了确保你得到的是每个人的看法，一定要对夫妇双方分别采访。）比较一下人们的反应，看看你是否可以在做家务的时间与每个人负责的家务数量上找出什么不同。

- 同一对伴侣中的两个人
- 男人和女人
- 年轻夫妇和年长夫妇
- 已婚夫妇和同居伴侣
- 家里有孩子的夫妇和家里没孩子的夫妇
- 已婚夫妇和再婚夫妇
- 异性恋夫妇和同性恋夫妇

在外工作的女性是否回到家还要做大多数家务？在某些伴侣中是否看不到传统的性别分工？孩子的存在如何影响家务劳动分工？如果两个人在家务责任上有不同想法，你认为这是什么原因所致？描述一下在试图平衡工作和家庭责任上，男性和女性体验到的紧张关系。

本章要点

- 在日常互动过程中，个人性别歧视会在沟通模式和手势上明显流露出来。当它以性侵害和性暴力的形式出现时，情况特别危险。
- 性别分层持续存在于主流文化意识形态中，它基于男女之间所谓的生理差异而贬抑女性。这种意识形态忽略了社会力量在决定男性和女性的行为上扮演着同样重要的角色。
- 制度性性别歧视存在于媒体、法律、家庭、教育系统和经济当中。女性以前所未有的数量进入领薪劳动力市场，但她们所做的仍然倾向于通常被认为是"女性"的工作，而且工资所得仍然明显低于男性。
- 社会制度中的性别歧视，不仅会系统地隔离、剥削和排斥女性，还会将"社会性别化"。制度本身就是沿着性别分界建立起来的，所以与成功相连的特质通常都是男性特征，如坚韧豁达、理性、果敢、具有竞争力等。
- 尽管近些年来在世界范围内已有所进步，但是大多数社会中的女性仍在身体、心理、经济和政治上受苦。

第十三章
人口统计动力学是什么：
人口发展趋势

- 出生世代的影响
- 人口统计动力学
- 美国的人口趋势

我承认，我曾发过誓，这辈子都不会说那七个字［七个英文单词］。当我说出那七个字时，就像我身上被贴了一张标签，我的人生开始走下坡路了。不，它不是"嘿，你们听说过微博吗？"（Hey, have you guys heard of Twitter?），而是"我真是看不懂你们现在这些孩子！"（*I just don't understand you kids today!*）

这一切都要从十年前说起，当时我正和我的两个儿子，当时他们一个16岁，一个13岁，在电视机前争论看什么节目。我想看重播的1975年世界大赛系列的第六场比赛。我告诉他们，我选的是美国体育史上最珍贵的部分、迄今最好的世界大赛。他们则想看X游戏。我觉得我有了道德制高点。经典时刻总是会战胜一些新时尚。除此之外，我不明白X游戏有什么好玩的，会对那些小屁孩有那么大的诱惑力。当然，我知道它是一年一度的另类体育节，有着一些听起来让人觉得不可思议的极限运动，像空中滑板（Skateboard Big Air）、极限摩托速度和花样（Moto X Speed & Style）、自行车越野之土坡腾跃（BMX dirt jump）、单板滑雪大半管（Snowboard Super Pipe，大半管特指高约6米的半管）、雪地越野摩托（Snowmobile SnoCross）等。但我并不想去了解noseslide和backside disaster之间的区别。对我来说，"grinding"（直译为"磨"）是指你早上起来对咖啡豆所做的事情，"getting clean air"（直译为"呼吸新鲜空气"）则意味着搬离洛杉矶。

他们说我是一只恐龙，我最好快快醒来呼吸一下21世纪的新鲜空气。他们宣称，X游戏就是未来。你知道吗？事实证明，他们说的一点没错。极限运动早已成为青年亚文化中有影响力的一部分，有自己锋芒毕露的语言、流行时尚和音乐。事实上，"极限"现在已经成了一个修饰形容词，任何超出大众所能接受范围的活动都会用到它。就像一位记者所说："任何事情的极限版本，现在都被广泛认为是在原有基础上的一个进步，而不是对它的一种有悖常理的故意放大。"（Havrilesky, 2014, p.12）只需上网一搜，你就可以找到无数与"极限"有关的信息，如极限野营、极限花式调酒、极限健身、极限蹦床、极限南瓜雕刻、极限国际象棋、极限日光浴、极限优惠券,甚至还有极限分娩。

极限运动是有意识地设计成刺激的、危险的、带有颠覆性的和难以驾驭的。它们所追求的不是优雅性、策略性或正面的比拼较量,而是受到灾难性打击的机会。2000—2011年间,极限运动参与者有400万人受伤,其中11%是头部和颈部受伤(Sharma, Rango, Connaughton & Sebasan, 2014)。极限运动的一位崇拜者说:"它们被称为'极限'运动这一事实就表明,一旦出错,你就死定了。"(引自 Clemmitt, 2009, p.301)在2013年冬季极限运动会上,一名自由式雪地摩托车手,确实在急速迫降中撞得失去知觉后死去。

在大多数情况下,极限运动员与更加传统的体育运动员之间极少有什么相似之处。他们往往鄙视定规、准则和标准的竞争精神理念。事实上,很多极限运动都没有关于成功的客观评判标准,如第一个到达终点或是得分超过对手,而是由其风险和危险程度来作出评判。他们不希望只是为了提升别人过去做过的(如打出更多本垒打、踢进更多球,或是在高尔夫比赛中打出更低杆),他们想要做一些从未有人做过的事情。

极限运动的魅力一直都很强大。一项调查发现,喜欢看电视上极限运动节目的青少年和孩子们的人数,超过了喜欢看大学篮球、大学足球、赛车、曲棍球、网球、高尔夫的人数(G. Bennett, Henson & Zhang, 2003)。事实上,虽然许多传统体育的参与者人数都在下降,但自1999年以来,滑板爱好者却猛增49%,滑雪爱好者更是增长了51%(Sharma et al., 2014)。参与障碍赛跑(必须越过泥浆、铁丝网、火圈和其他令人畏惧的挑战)的人数,超过参加马拉松和三项全能运动的人数。一旦这些运动变得过时,极限运动员就会想出新点子增加限制提高难度(和刺激性),比如低空翼装飞行(wingsuit BASE jumping)、动力伞(paramotoring)、瀑布激流划艇(waterfall kayaking)、悬崖野营(cliff face camping)、风筝滑水(kiteboarding)、峡谷秋千式蹦极(canyon swinglining)等活动。

具有讽刺意味的是,虽然极限运动坚决反对既定制度,但它们显然已经成为一个有着数十亿美元商机的主流商业（J. Longman & Higgins, 2005）。媒体公司 Nitro Circus 开发了一档极限运动旅游节目："令人极度兴奋的跳跃和惊险的特技"，已在全球 40 个城市巡演，电视节目在 NBC 体育播出并被拍成 3D 电影。公司年收入 5000 万美元，《福布斯》（2015）最近将其列入"美国最有前途公司"（America's Most Promising Companies）榜单。事实上，美国企业争相吸收极限运动的语言、形象和文化，为的是在这个蓬勃发展的市场上分得一杯羹。单板滑雪冠军肖恩·怀特（Shaun White），绰号"飞翔的番茄"，每年单为卡夫（Kraft）、伯顿（Burton）、塔吉特（Target）、奥克利（Oakley）、育碧（Ubisoft）这样的公司代言就可获得数千万美元代言费。几年前，澳大利亚高空跳伞运动员（做空中造型动作的跳伞运动员）菲利克斯·保加那（Felix Baumgartner），在离地面 38 公里的高度，从特制的热气球上一跃而下，用时 4 分 22 秒，打开降落伞回到地球，在其太空服上有一个红牛能量饮料（其赞助商）的商标。极限运动也明显得到了更多的社会认可。像自由式滑雪、滑板滑雪、山地自行车、BMX 自行车，现在都成了奥运会比赛项目。然而，许多老年人仍然无法理解这些运动的吸引力。

我的儿子们没有意识到，他们已经确认了一个在当今社会最重要的分界线。他们和我是同一个家庭的成员。我们有着相同的基因、种族、社会阶层和政治观点。但我们也是两个非常不同有时甚至是敌对的社会群体成员，区隔这两个群体的则是一个谁也无法改变的事实：我们的年龄。

* * *

前面几章里，我研究了社会分层多种相互关联的资源：阶级、种族和民族、生理性别和社会性别。你已经看到，由于获得重要文化、经济和政治资源的水平不同，富人与穷人之间的差距持续扩大（无论本地还是全球的情况都是如此）。但在美国内部，以及其他多数社会之内，不同年龄组间的失衡，也将会是未来几十年间社会生活中的一个显著特征。本章探讨了广泛的人口趋势（既包括不断变化的年龄结构，也包括人口增长及迁徙）与日常生活之间的关系。这些变化会如何影响人们过上舒适生活所需资源的供应能力？随着人口变化，重要的社会制度又会如何运作和发挥功能？

出生世代的影响

如果你像大多数大学生一样，毫无疑问，你肯定会问自己这样一些问题：毕业后上哪儿找份工作？住在哪里？我能买得起房子吗？我能找到一个配偶或终身伴侣吗？我会要孩子吗？我将如何为退休打算？这些问题的答案显然会受到个人欲念、特质、价值观、志向和能力的影响。由于你已从本书开头读到这里，你应该很清楚，你的社会阶级、性别、种族、宗教、族群都会影响你的答案。

但是，它们也会受到特定时间点你在人口结构中所处位置的影响。**出生世代（birth cohorts）**是指在同一时期出生的人们，面临着其在人口年龄结构中所处位置带来的相似社会环境。出生世代会在两个基本方面影响人们的日常生活（Riley, 1971）。

- 约在同一时期出生的人，往往会在大致相同的时间去体验人生过程中的生活事件或**社会过渡仪式（social rites of passage）**，如青春期、婚姻、生育、毕业、进入职场、死亡。社会学家称这些经验为**世代效应（cohort effects）**。你的出生世代的人口多少，相对于其他人群，会对你的生活经历产生重大影响：它可以决定你能否买得起房、得到高薪工作、娶到有吸引力的潜在配偶，也可以影响你对自己生活的满意度。一项研究发现，在发达国家，人口较多的世代往往比人口较少的世代有更高的自杀率，因为在同一年龄段大量的人争夺有限资源的情况下，人们往往会面临更多的经济劣势、更难融入他们的社群（Stockard & O'Brien, 2002）。

- 同一出生世代的成员有着相同的历史记忆。一个世代在时间序列上所处的位置，会告诉我们许多其成员遇到的机遇和束缚。意想不到的历史事件（战争、传染病、自然灾害、经济萧条等）、改变的政治状况和主要文化趋势，称为**周期效应（period effects）**，构成每个出生世代的独特面貌和形势。例如，许多历史学家都相信，近千年前一段时间的干旱和饥荒，导致玛雅文明的人们放弃其伟大的城市。当时那一时期的那些成年人过着舒适的生活，陶醉在玛雅人的高雅文化中，对未来有无限憧憬。但对他们的孩子来说，出生仅隔一代人之后，饥饿、死亡和社会混乱就成了基本生活状况（Clausen, 1986）。

世代效应和周期效应相结合，给予每个出生世代独有的属性，如民族组成、平均预期寿命、不同年龄组的生育率。例如，恰好在1930年代大萧条期间经历了其生育高峰时间的女性（即20、30岁多一点的女性），在20世纪的任何世代中，出生率最低。因此，1900—1910年间出生的女性，在她们老的时候（约1970—1980年间），往往没有太多家人可以依靠。她们这一经历，与仅仅十年后出生的女性，形成了鲜明对比；10年后出生的女性，在大萧条时期岁数还小要不了孩子，并在二战后的繁荣时期进入成年期。她们往往拥有大家庭，因此，在她们老的时候，也就会有更多的支持来源（Soldo & Agree, 1988）。

世代效应和周期效应也会影响你的世界观和自我概念。试想一下，如果你的童年是在相对富裕时期如1990年代后期，而不是在严重的经济不确定性时期如2000年代末度过，你的目标和志向会有何不同？一个世代视为理所当然的权利和特权，在另一个世代那里很可能会被认为是一个无法企及的梦想。

随着我们年龄增长，社会在不断发展和变化，我们也在社会中不断发展和改变。我们在一个有着独特社会规范的历史时期开始我们的生活，并在另一个历史时期结束我们的生活。例如，20世纪早期，大多数人在学校都只待有六七年时间，而这也就足以让他们从事与其父母和年长的兄弟姐妹相同类型的工作。今天，88.2%的美国居民至少会在学校待上12年（ProQuest Statistical Abstract, 2015）。因此，较年长的世代总体上倾向于在标准化智力测试得分上显著低于较年轻的世代。由于这样的测试结果，社会科学家一直认为，智力会随着年龄增长而衰退。但我们现在知道，这些差异并非年龄老化的结果，而是关于教育的社会价值观发生改变的结果（Clausen, 1986）。

甚至人们亲身体验成长历程的方式，也会受到其出生世代在人生中所处的社会、文化和环境变化的影响。由于营养、教育、卫生、医疗、工作条件、交通安全、环境质量的发展，年轻的世代有望比年长的世代活得更长更健康。

就像你所看到的，出生世代不仅仅是大约在同一时间出生的个体的集合，他们是被历史环境、人口趋势和社会变迁联系在一起的独特的世代。然而，我们也必须意识到，在同一世代的许多人以相似的方式受到社会事件影响的同时，他们集体生活的改变也会引发社会改变。每个承前启后的世代，都在流行文化中留下了自己的印记。换句话说，世代不仅受社会变迁影响，也会促成社会变迁的发生（Riley, Foner & Waring, 1988）。

婴儿潮

毫无疑问，在当今美国社会，得到最多关注的世代就是"婴儿潮"（Baby Boomers）一代，也就是1946—1964年间出生的约7600万人。他们占整个美国人口的25%左右（Pollard & Scommegna, 2014）。

这个庞大世代的生命历程，一直被比喻为"大蟒盘卷下的猪"。如果你看过电视上动物世界节目中巨蛇吞噬和消化小动物的场景，你就会明白这一比喻有多么恰当。1980年，美国最庞大的年龄层是15—24岁之间的人。1990年，美国最庞大的年龄层是25—34岁之间的人。2000

年是 35—44 岁之间的人。2015 年则是 50—60 岁之间的人（Colby & Ortman, 2015）。所以你看，当一个人数激增的世代经过自己的生命历程时，就会扩大每个阶段相关社会制度的参数。婴儿潮一代人，作为婴儿挤满医院育婴室，作为孩子挤满学校教室，然后作为年轻的成年人挤满大学校园、就业市场、住房市场（Light, 1988）。进入中年，他们则成为旅游探险、随性合身的时尚打扮、节食、营养食品、健康产品等诸多新兴市场的主要推动者。

这一趋势将会一直持续到未来。到 2030 年，将会有近 7300 万婴儿潮一代人退休，而当下的退休者则约为 4800 万（ProQuest Statistical Abstract, 2015）。当他们达到他们的人生黄金期，涉及晚年生活的规划，如养老金计划、社会保险、医疗和私人护理等，也会得到相应的扩展。例如，未来 20 年内，美国医保覆盖的老年人数量将会增加 3000 万（Greenblatt, 2011）。到 21 世纪中期，随着这一代人的集体生命周期走向尾声，殡葬行业的业务很可能会出现激增（Schodolski, 1993）。

婴儿潮一代给家庭制度留下了一个特别有影响力的标记。他们这代人率先重新定义家庭包括各种各样的生活安排，如同居、家务合伙关系、不婚女性抚养孩子（Wattenberg, 1986）。他们也率先承认从事领薪工作是女性生活的一个重要特征。他们还率先经历了有效的避孕措施、延缓生育、自愿不要孩子和低出生率。

因此，随着婴儿潮时期出生的人进入老年，他们可以求助的孩子也会较少，很难像他们帮助其祖父母和父母那样得到照顾（Butler, 1989）。因而，与前几代人相比，他们更可能转向借助社会服务和卫生保健组织来照顾自己。毫不奇怪，大多数婴儿潮一代人都对未来维持其生活质量的能力不抱太大希望（Pew Research Center, 2010）。

X 世代

尽管数十年来婴儿潮一代一直在文化热点关注中占据主导地位，但是美国社会也注意到紧随他们之后的世代，媒体上称其为"X一代"（Generation X）。美国现今有超过 6100 万人出生在 1965—1979 年间（ProQuest Statistical Abstract, 2015）。1970 年代的生育率（正是大多数这一世代中人出生的时候），是二战后那些年的生育率（婴儿潮那一世代出生时期）的一半。

与先前世代相比，多数 X 一代（接近 40%）都经历了父母离婚。因此，他们往往对婚姻有种矛盾的感情。与老一辈比，他们较少愿意走进婚姻殿堂，即便愿意也更可能推迟结婚和生育（Carlson, 2009）。此外，与先前世代比，他们更可能是单身（不管有没有孩子）（Sayer, Casper & Cohen, 2004）。

甚至有更多 X 一代人都是作为所谓的"挂钥匙的孩子"长大的，他们是第一代有过双职工父母影响经历的儿童。对这些孩子中的许多人来说，他们都会依赖次级关系：老师、朋友、保姆和托儿所工作者。

在许多社会问题上，如大麻合法化、同性婚姻、移民政策、堕胎权、公民自由权上，X 一代都比年长世代抱持更加自由的态度。但是，他们的政治倾向却是分裂的。在里根和老布什当政期间走向成年的人，往往支持共和党；而在克林顿和小布什当政期间走向成年的人，则明显支持民主党（Taylor, 2014）。

千禧一代

1980—2000 年间出生的约 8500 万人，构成下一个引人注目的群体，被称为"千禧一代"（The Millennium Generation）。这个世代的人口规模堪比婴儿潮世代，但在其他几乎每个方面两者都有所不同。例如，这一世代比此前世代在种族上更加多样化，40% 不是白人（P. Taylor, 2014a）。

图 13.1　不同世代的技术使用情况

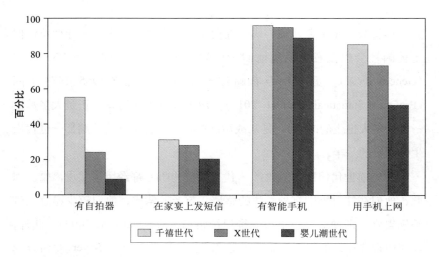

资料来源：Duggan & Smith, 2013, p.6; Pew Research Center, 2010, pp.25, 35; Pew Research Center, 2014c, pp.47, 48。

他们也更可能比此前世代在一个非传统家庭长大。四分之一的孩子生活在单亲家庭，四分之三有参加工作的母亲，40%的母亲在家庭中是主要或唯一养家糊口的人。此外，与年长的世代相比，他们的宗教虔诚度更低，更少参军，更可能认为自己属于政治独立人士，并有望成为美国历史上受教育程度最高的世代（Pew Research Center, 2014c）。

最值得注意的是，千禧一代是与数字化联系最紧密的一个世代。他们是将无线技术视为与生俱来的权利的第一代（参见图 13.1）。千禧一代月均发送或接收 3700 条短信（引自 Dokoupil, 2012）。他或她有约 250 个脸书好友，相比之下，婴儿潮一代平均只有 50 个（Pew Research Center, 2014c）。一名千禧一代的记者这样说："有智能手机是一回事，就像我们中许多人都有一样。而 10 岁就能熟练掌握和运用它，那就完全是另一回事。"（Tanenhaus, 2014, p.7）

尽管这种对技术的迷恋，可能会创造出一个比过去世代更不善于社交的世代，但是接触到互联网上提供的其他文化，将会使这些人比历史上其他任何一代人都更善于处世。随着千禧一代进入和离开大学，他们将会带着前所未有的技术智识加入职场，迫使雇主更加创造性地思考如何满足他们的需求（Trunk，2007）。事实上，一些人认为，这群人经常参与社交网络、在线游戏、视频分享及其对平板电脑和智能手机永恒的依恋，实际上给了他们在当代世界取得成功所需要的技术能力。他们也变得在一个 24 小时"永远开启的"技术共同体中，善于维护和发展亲密的联系（Ito et al.，2008）。

在一些问题上，千禧一代成员似乎比先前世代有着更低的风险。一方面，今天抽烟喝酒、吸食大麻的高中生要少于其 1980 年的同龄人（Parker-Pope，2012a）。此外，高中生里有过性经历者所占的比例，也从 1991 年的 54.1% 下降到 2013 年的 46.8%。发生过关系的人中，在最近一次性交时使用安全套的比例，则从 1991 年的 46.2% 增加到 2013 年的 59.1%（Centers for Disease Control and Prevention，2015c）。事实上，15—19 岁少女怀孕、堕胎、生子的比例，自 1990 年以来都在下降（ProQuest Statistical Abstract，2015）。

与此同时，千禧一代似乎要比 X 一代和婴儿潮一代更渴望在 20 出头结婚。48% 的婴儿潮一代是在 18–32 岁之间结婚，相比之下，在这个年龄段结婚的人，X 一代占 36%，千禧一代占 26%（引自 Shim，2014）。此外，与年长的世代相比，他们对单身女性生孩子、未婚同居、孩子的母亲在外工作、跨种族婚姻、同性恋伴侣合法结婚和抚养孩子，更倾向于持宽容态度。

考虑到他们的人口规模和消费趋势（到 2020 年他们年均花费约 1.4 万亿美元），千禧一代是最令企业营销人员垂涎的一代。整个零售行业，从食物和衣服到娱乐和数字技术，都在设计与他们这个有利可图的世代有关的产品（Stout，2015b）。

微观与宏观之间的联系：
不同世代之战？

随着千禧一代逐渐长大和开始控制重要的社会制度，就像美国社会中其他世代一样，他们的态度和行为，也将会塑造出属于他们这代人的社会现实。但是，现在，老一代人，尤其是婴儿潮时期出生的人，仍在主导着文化和经济景观，以至于在千禧一代中引发了大量的怨恨。婴儿潮一代与年青一代美国人之间的贫富差距更是创下了纪录。典型的65岁以上家庭的净资产，是35岁以下家庭净资产的25倍（P. Taylor, 2014a）。

近来的经济衰退对千禧一代的影响尤为严重。他们的失业率显著高于较老的世代，背负学生债务的千禧一代的人数，比之前任何一代的年轻人都多（Pew Research Center, 2014c）。2008—2014年间，千禧一代中认为自己是中产阶级的比例从53%下降到42%，而认为自己是底层或中下阶级的比例则从25%上升到46%（Pew Research Center, 2014c）。因此，18—32岁间有40%的男性和32%的女性现在都和他们的父母生活在一起，这一比例是现代历史上最高的（P. Taylor, 2014a）；60%依靠父母得到经济上的支持（Davidson, 2014）。就像一位作家所说，金融危机"重创了就业前景，成百上千的人进入学校或父母的庇护下，成千上万的人持续就业不足"（Lowrey, 2013b, p.12）。

更糟的是，年轻美国人将不得不为婴儿潮一代造成的大量国债买单。一位作家甚至公开指责婴儿潮一代"贪婪、短视和盲目的党派之争"，将会使"全球经济陷于瘫痪"（引自 Kotkin, 2012, p.42）。

不足为奇的是，约有60%的美国人怀疑，下一代是否有机会比他们的父母活得更好（Saad, 2012）。这一情况已经导致一些人称千禧一代为"遭挤压的一代"（Generation Squeezed; Samuelson, 2012）、"不愿离开家门的一代"（The Go-Nowhere Generation）、"何苦一代"（Generation Why Bother）（Buchholz & Buchholz, 2012）或"完蛋的一代"（Generation Screwed）（Kotkin, 2012）。难怪今天许多年轻人都蔑视老一辈。一位报刊辛迪加专栏作家（syndicated columnist，其稿件可以在多家报刊上同时发表的专栏作家）描述了代际间存在的敌意：

> 我们在婴儿潮一代的阴影下长大，他们仍然成功地在他们［那么大的岁数］霸占着不成比例的关注。每次他们走到生命周期中的一个里程碑，就会登上十家杂志封面。当他们退休时，国家的社会保障体系将会破产！当他们死去时，将会感受到更多的孤独。(A. O. Scott, 2010, p.4)

甚至还有一个名叫"婴儿潮死亡守望"（Boomer Deathwatch）的博客，它提供了一个正在接近其预期寿命终点的那些婴儿潮名人清单。该网址还提供了一个它所称的婴儿潮一代"讨厌的网址"清单。

然而，也不是所有的事情都是坏消息。千禧一代仍比他们的长辈更乐观。一项民意调查发现，18-34岁之间的人们中，只有9%认为他们无法得到自己想要的生活。相比之下，35岁及其以上的人中，28%认为他们不期待未来能赚到足够的钱（Pew Research Center, 2012c）。

人口统计动力学

我们个人生活的许多方面都受到我们出生世代的影响，但是我们的生活也会受到本国社会和全球范围广泛的人口趋势的影响。研究人口波动特征的社会学家被称为**人口统计学家**（**demographers**）。人口统计学家通过研究三个互相关联的重要人口过程：出生或生育率、死亡或死亡率、人口迁徙模式，来解释当前存在的社会问题，或预测未来可能会出现的社会问题。这三个过程影响到人口增长、总体年龄结构和地理分布。

人口增长

当然，最基本的人口特点就是规模大小。人口规模趋势主要是出生率和死亡率的函数。只要人们的死亡率和出生率大体相同，人口规模就会保持稳定（除非是人口迁移造成巨大变化）。但当出生率增加、死亡率下降，人口就会增长。

从地球上出现人类的身影，到19世纪早期地球上的人口达到10亿，人类花去了几十万年的时间。但是，之后的速度则是越来越快，只用了100年时间就达到20亿。然后，到30亿用了30年；到40亿用了16年；到50亿用了10多年。今天的世界人口是73亿，到2050年很可能会超过93亿（Haub & Gribble, 2011; United Nations, 2011; U.S. Bureau of the Census, 2015b）。

人们对这种增长的后果看法不一。过去，大量的人力被视为一种珍贵的资源。《圣经》中敦促人类"要生养众多，遍满地面"。18世纪一位英国学者指出，人口众多在策略上具有重要性，并称高出生率为"永不战败舰队和军队的孕育所"（引自Mann, 1993, p.49）。

虽然今天很少还会有人为巨大的人口增长高唱赞歌，但是一些人认为，它并不是一个特别棘手的问题。更多的人口创造了更大规模的劳动分工和更大的市场，可以提供高度专业化的服务。更多的人也可以投入各种需要的商品和服务的生产中。

然而，其他人就没这么乐观了。当特定的人口过于庞大，人们难免就要被迫争夺有限的食物、生存空间和工作。根据一些当代人口统计学家的看法，人口增长可以复合、放大，甚至创造出广泛的社会问题，如污染、环境恶化、住房短缺、高通货膨胀、能源短缺、文盲、个人自由的丧失（Weeks, 1995）。

人口增长的全球失衡　　在全球范围内，人口增长扩大了富国与穷国之间的差距，使得国家内部的社会和经济不平等持续存在，产生了种族和民族分裂主义，并使本就严重的世界饥饿和失业状况达到新高水平（Ehrlich & Ehrlich, 1993）。环境威胁也越来越大。人类对一度丰裕的自然资源（如化石燃料、肥沃的土壤、某些动植物物种）的利用，已经超出了地球的生物生产力（biologically productive capacity，即维持一个人、地区、国家的生存所需要的或者指能够容纳人类所排放的废物的、具有生物生产力的地域面积）的 50%。到 2030 年，我们需要两个以上的地球才能支撑所有人类的消费（World Wildlife Fund, 2012）。

然而，问题不仅在于整体人口增长过快，也在于不同国家有着截然不同的增长率。贫困的欠发达国家的人口往往迅速扩张，而那些富裕的发达国家则保持稳定或下降。世界人口的年增长率约为 1.2%（Population Reference Bureau, 2014）。但是，这一数字掩盖了将会持续几十年的巨大地区差异（参见图 13.2）。我们不妨来看一下以下事实：

- 当今世界人口，约有 17.2% 居住在发达国家。到 2050 年，将会只有 13.5% 的人居住在这些国家（Population Reference Bureau, 2014c）。
- 非洲的人口自然增长率（也就是说，不考虑迁移）是每年约 2.5%；相比之下，欧洲的增长率为 0。过去 50 年间，撒哈拉以南非洲人口增加了 3 倍（引自 E. Rosenthal, 2012b）。如果目前的趋势继续下去，到 21 世纪中叶，德国的人口将会减少 10%，克罗地亚减少 20%，乌克兰减少 30%。相比之下，马里的人口则会增加 190%，赞比亚增加 230%，尼日尔增加 270%（Population Reference Bureau, 2014c）。
- 1950 年，十个人口最多的国家，有一半都是工业化国家。2014 年，人口最多的前十个国家中，只有两个工业化国家：日本和美国。到 2050 年，人口统计学家预测，世界上人口最多的前十个国家中，美国将是唯一一个发达国家。其余的都将是亚洲、非洲和南美洲的欠发达国家（Crossette, 2001；Population Reference Bureau, 2014c）。

这些失衡会影响人们如何看待对方，影响国际和国内政策，并决定着食物、能源和适宜生活空间的可及性（P. Kennedy, 1993）。当工业化程度和经济生产力水平最高的国家开始经历人口萎缩，其作为全球主要

图 13.2 世界上不同地区的人口增长

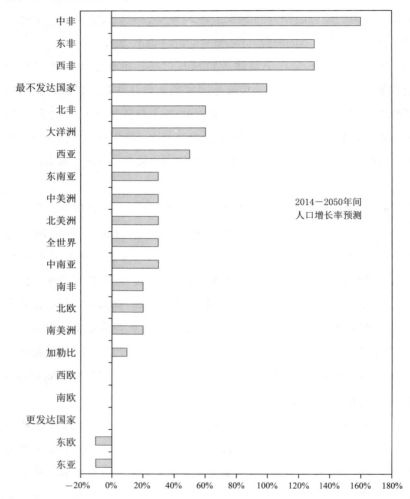

资料来源：Population Reference Bureau, 2014c。

生产者和消费者的角色就被打上了问号。当其他国家争取全球优势时，就可能会出现经济和政治动荡。

为什么欠发达国家的生存压力如此之大，竟然还会有如此高的人口增长率？当社会开始工业化时，人们的生活条件会得到改善。新技术往往意味着更好的粮食供应、关于疾病的知识增加。社会会学习如何保持水源清洁,以及如何处理垃圾和污水。所以人们开始活得更长。1990年,全世界33%的死亡发生在70岁以上者中;2010年,这一比例增加到43%;这表明,年轻人成为感染性和传染性疾病受害者的几率正在不断减少(引自Tavernise,2012)。

但在死亡率出现下降较长一段时间后,出生率仍然很高,就会导致人口规模大幅增加。例如,在撒哈拉以南非洲地区,女性平均有5.1个孩子。相比之下,美国妇女平均生育1.9个孩子。加拿大的这一数字是1.6,欧洲南部国家的这一数字则小到1.3(Population Reference Bureau,2014c)。2000年代中期,发达世界中一些低出生率国家的婴儿出生数量开始增加。但是,最近的全球经济衰退,减缓或逆转了大多数这些国家的这一趋势(Haub,2012b)。

欠发达国家出生率如此之高的原因之一是,缺乏有效的避孕方式。在这些地区,只有46%的女性使用某种形式的现代避孕,而发达国家的这一比例则为63%(Population Reference Bureau,2014c)。撒哈拉以南非洲地区的这一比例是23%。相比之下,68%的美国妇女和78%的北欧女性使用现代避孕措施。此外,既有法律、风俗、宗教规范,往往会继续对人们的生育行为施加强有力的影响。在欠发达国家,孩子常被视为生产性资产和老年人的"社会保障"(Mann,1993)。

政治、文化与人口增长 你可能会有这样一种印象:人口增长是一个"自然"过程,无情而不可避免地作用于人们身上。然而,人类的干预(说更准确点就是政府介入)有时也会出于政治或经济原因考虑,有目的地改变人口规模甚至构造人口。

以中国为例。因其庞大人口超过13.6亿且其资源有限,几十年来,中国领导人一直都在努力限制家庭规模。今天世界上五分之一的人都是中国人,但是中国却只拥有地球上7%的农田,其中多数土质都较贫瘠。为了解决这一问题,1970年代早期,政府制定了严格的计划生育政策,大多数家庭都只能要一个孩子。必须过了 25 岁才能结婚。各个省市每年都有出生配额。居委会决定哪对已婚夫妇可以生孩子、哪对将被强制做绝育手术（Ignatius, 1988）。他们还绘制了本地区育龄妇女的月经周期和骨盆检查结果（Jian, 2013）。未经批准怀孕的妇女经常会被强制堕胎（Kahn, 2007）。根据中国卫生部公布的数据，计划生育政策实施以来，中国医生做了 3.36 亿堕胎手术和 1.96 亿绝育手术（Rabinovitch, 2013）。

中国计划生育政策的有效性，让人口学专家惊奇不已。平均每个妇女的生育数量从 1960 年代的超过 7 个减少到今天的 1.6 个（Population Reference Bureau, 2014c）。相比之下，在有着类似人口压力的印度，每个妇女生育的平均数量是 2.4 个。中国政府估计，如果没有这一政策，其总人口将会比 13.6 亿再多出 30%（Rabinovitch, 2013）。

但是，这一政策所取得的成功，也引发了一些严重的社会问题。现在很少有婴儿出生，却有更多的老年人活得更长，以至于人口的总体平均年龄稳步增长。中国官员开始担心中国可能会遇到有时所称的"四二一问题"（four-two-one problem），即独生子女夫妇不得不寻找资源来照顾四个年迈的父母和一个儿女（"One Child Left Behind", 2009）。今天，六名中国成年人工作支撑一个退休者；到 2040 年，将会只有两名成年人工作来支撑一个退休者（French, 2007）。到 2040 年，据估计，中国的老年人口将会超过美国，但其人均收入却只为美国的四分之一（Kahn, 2004）。退休金和养老金计划比较稀缺。只有 40% 的老年男性和 13% 的老年女性得到某种形式的养老金支持。曾经支持老年人的社会网络已不再有。迁居城市和日益工业化经济带来的工作压力，使得家庭关系破裂（Population Reference Bureau, 2010a）。这一问题变得如此严重，以至于在 2015 年，中国政府修订政策，一对夫妻现在可以要两个孩子（Levin, 2014）。

与中国的情况相像，许多其他国家的官员现在也开始担心他们国家的人口增长不足。例如，在丹麦，"性与社会"（Sex and Society）组织，它提供了丹麦国民大部分的性教育，最近改变了其课程，从侧重如何预防意外怀孕，变为指导如何怀孕（Hakim, 2015a）。在当代俄罗斯，专家估计，从现在起到 2050 年，人口将会下降 9%（Population Reference Bureau, 2014c），政客们提出多种政策来扭转这一趋势，比如在全国范围内禁止堕胎，对有孩子的夫妻给予财务激励，在产前护理和产假上增加资金投入，对无子女家庭征税（"Fearing Demographic Abyss", 2006；Karush, 2001）。在俄罗斯中部乌里扬诺夫斯克州，州长下令 9 月 12 日为"怀孕日"（Day of Conception），那天夫妇放假一天……嗯……回家生孩子。有孩子的家庭，在孩子出生九个月后会收到金钱、汽车和其他奖励（"Baby, and a Car", 2011）。其他国家也在尝试进行经济刺激［一些人称其为"赏金宝贝"（baby bounties）］，鼓励人们多生孩子：

- 为了遏制人口下降，2013 年，智利总统宣布了一项提案，将会给要第三个孩子的夫妇奖励 200 美元，给要第四个孩子的夫妇奖励 300 美元，给要第五个孩子的夫妇奖励 400 美元（Catholic News Agency, 2013）。
- 在伊朗，2010 年出生的每个孩子，都会在一个政府银行账户上收到 950 美元，此后直到孩子 18 岁前，每年账户上都能增加 95 美元（"Iran's Leader Introduces", 2010）。
- 有几年时间，西班牙政府每年为每个孩子支付 3300 美元，但他们在 2011 年终止了这一项目，作为削减预算计划的一部分（Haub, 2011）。
- 2010 年，中国台湾地区宣布举办全台"激励夫妻生育最具创意口号"大赛，奖金约 3.2 万美元。但因 2010 年是虎年，根据十二生肖是不利于生育的一年，所以该计划的结果适得其反（Haub, 2010）。

文化传统也在人们对生育的决定上继续发挥着强大的作用。一些父权制文化有着根深蒂固的重男轻女习俗，因为只有男性才能延续家族血脉。就像一位中国母亲所说："如果你只有女孩，你心里就会觉得有什么地方不对。你会觉得你的地位低于其他人。"（引自 Jacobs, 2009, p.8）

生活在这种文化里的父母，有时会为了要儿子不要女儿而采取极端措施。在农村地区（独生子女政策加上重男轻女传统让很多家长担心他们老的时候不得不自己照顾自己），拐卖男婴已经成为一项繁荣的商业（Jacobs, 2009）。在其他地方，女婴会被流产、出生时被弄死、被抛弃、被忽视，或是被外国夫妇收养（Kristof, 1993）。虽然做 B 超确定胎儿性别属于非法行为，但是夫妻经常会去这么做；如果结果显示是一个女孩，他们就会选择堕胎。例如，在韩国，12 个女性胎儿中就有 1 个会被打掉（每年被打掉的女性胎儿有 3 万个），即使告知胎儿性别和堕胎是违法的（WuDunn, 1997）。在印度，过去 30 年间，家庭为了确保香火绵延不断，有多达 1200 万个女性胎儿被堕胎（J. Yardley, 2011）。

这种做法导致许多欠发达国家中的女性明显缺失。正常情况下，在每个社会中，每出生 100 名女婴，男婴出生数应该介于 102—107 之间；但是较高的男婴死亡率甚至影响到男孩女孩比例的分布。印度的男女两性出生比例为 109∶100，这是它于 1947 年赢取独立以来最低的性别比例（Jha, 2011）。在中国的一些地区，男女两性出生比高达 120∶100。中国 20 岁以下的男性比女性多出 3200 万，仅 2005 年一年，男孩就比女孩多出生 110 万（Zhu, Lu & Hesketh, 2009）。人口统计学家在韩国、巴基斯坦、孟加拉国、尼泊尔和巴布亚新几内亚发现了类似的女性缺失现象，一些学者估计，约有 1.63 亿亚洲女性"失踪"（Hvistendahl, 2011）。

顺便说一下，这种性别偏见并不局限于国外。在美国，类似的偏见也可以在华裔、韩裔、印度裔移民在美国生的孩子中看到。人口普查数据显示，来自这些族群的夫妇会尽力要一个儿子；如果前面两个都是女儿，他们就会利用性别选择程序（sex-selection procedures）。在第一胎孩子中，男孩女孩比例相对均等。但若第一个孩子是女孩，则第二个孩子是男孩与第二个孩子是女孩之比就会是 117∶100。在前两个孩子都是女孩的情况下，第三个孩子是男孩与女孩的性别比会高达 151∶100。其他种族或民族群体中则不存在这样的性别失衡（Almond & Edlund, 2008）。

年龄结构

除了人口增长，人口统计学家还研究社会的**年龄结构**（**age structure**），即老年人与年轻人之间的平衡。与人口规模一样，年龄结构主要也是取决于出生率和预期寿命。

几十年来，全世界老年人的比例一直都在稳步增长。目前，65岁以上者占全世界人口的8%（Population Reference Bureau, 2014c）。据估测，到2050年，这一数字将会上升到17%（Scommegna, 2012）。在同一时期，"高龄老人"（80岁以上者）的比例则会增加5倍多（United Nations Population Division, 2003）。

但是，随着总体上的人口增长，全世界老年人口的增长并非平均分布在各个国家。在欠发达国家，那里出生率高、预期寿命仍然相对较低，像东南亚、拉美、印度次大陆、中东，尤其是非洲，年龄结构趋向于以年轻人为主。撒哈拉以南非洲地区43%的人口是15岁以下（Population Reference Bureau, 2014c）。世界上人口年龄中位数最小的三个国家：乌干达、索马里、尼日尔，约为16岁（United Nations, 2013）。相比之下，正在经历低出生率和预期寿命增加的发达国家，则有着非常不同的年龄结构，如图13.3所示。越来越多的老年人健在，出生的人则越来越少。欧洲15岁以下者只占总人口的16%（Population Reference Bureau, 2014c）。世界上年龄中位数最大的三个国家：意大利、日本和德国，约为44岁（United Nations, 2013）。据估计，接下来25年，日本老年人口的比例将会从25%增加到33.3%（Harney, 2012）。

这些不同年龄结构的全球影响不可低估。在德国、奥地利、法国和其他欧洲国家，与日俱减的年轻人正在负担养老金系统，必须支持数量越来越多的老年人（R. Bernstein, 2003）。政府对人口老化的回应是减少社会服务，包括数以百万计退休人员早就指望的养老金。老年人越来

图 13.3 欠发达地区和发达地区的年龄分布变化图

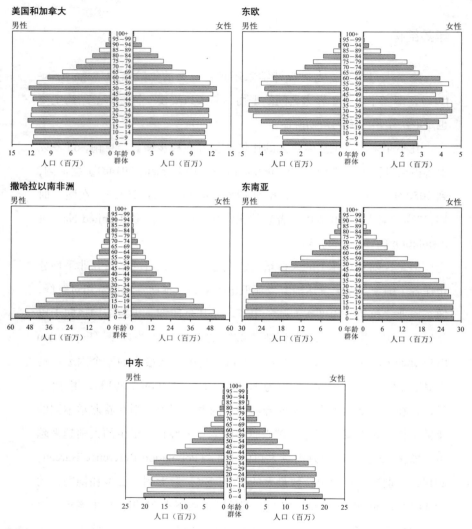

资料来源：U. S. Census Bureau International Database。

越多，还会以其他方式限制经济发展。例如，据世界卫生组织（World Health Organization, 2012）估计，在 21 世纪，全球患有老年性痴呆的人数将会增加两倍多至 1.15 亿。照顾这些人的成本将会接近 2 万亿美元。

相反，当某个国家的年轻人比老年人多，他们很可能会淹没劳动力市场和教育系统（K. Davis, 1976）。结果就是生活水平稳步下降。此时再与倾斜的性别比率相结合（缺少年轻女性、男性数量过多），出现不稳定和暴力的政治动荡的可能性就会增加（Hvistendahl, 2011）。2011年春天，在中东许多地方，我们见证了愤怒的大型示威活动，如今，这些活动仍然可以在叙利亚和埃及看到。不足为奇的是，这些国家都是超过60%的人口处在30岁以下（U.S. Bureau of the Census, 2011a）。失业率上升使得越来越多的年轻人为之愤怒和不满。一些作者甚至预测得更远：如果这些年轻人无法找到配偶或工作，他们将会威胁这些国家内部的稳定，他们的政府可能会决定它们必须与其他国家开战，只为消耗这些过剩的男性（Hudson & den Boer, 2004）。

今天，这一趋势显而易见的后果是，欠发达国家需要想法满足年轻人占主导的人口需求，而发达国家则要想法支撑65岁以上数以百万计的老年人的需求。

地理分布

许多人寻求通过**移民**（**migration**），即搬到另一个地方，那里有着可以过上舒适生活的光明前景，来回避这些问题。在人类历史上，移民发挥了至关重要的作用，由此来满足人们对领土和资源的需求（"Workers of the World", 1998）。今天，全球媒体让人们以同步更快的速度接触到其他地方吸引人的生活方式。大规模的迁徙既包括国内迁徙，也包括跨境迁徙。

国内迁徙 一国之内的迁徙趋势会对社会生活产生相当大的影响。在美国，这种内部迁徙通常包括从寒冷地带迁入温暖地带，或从大城市迁到远郊（Lalasz, 2006）。但在当今的欠发达国家，国内移民更有可能反映了**城市化**（**urbanization**，人们离开农村集中到大城市的过程）。例如，今天 54% 的世界人口生活在城市，到 2050 年，这一比例将会达到 66%（Population Reference Bureau, 2015）。在亚洲和非洲，居住在城市的人是 1950 年的 4 倍多。据估计，仅在印度，到 2050 年就将会有 4.04 亿人从乡村迁入城市（United Nations, 2014b）。

这种转变已经改变了全球城市生活意味着什么的假设。过去，城市是商业和文化的发源地，往往比农村有着更高的生活水平和健康状况。即使在今天，一些国家的立法者仍然认为，城市化将会刺激经济增长，为人们提供更好的医疗、教育和其他服务。例如，2013 年，中国政府宣布了一项大规模、为期 12 年的把 2.5 亿农村居民迁入新城的计划（I. Johnson, 2013）。

但当城市快速发展，就像目前欠发达国家那样，它们的经济和基础设施往往很难跟上。结果就会出现污染、环境恶化、不可持续的生产和消费模式（United Nations, 2014b）。在撒哈拉以南非洲，只有约 43% 的城市居民获得足够的卫生设施；相比之下，发达国家的这一比例为 99%（Population Reference Bureau, 2010b）。此外，城市通常有着比农村地区更高比例的贫穷、犯罪、暴力和性传播疾病。

从一个国家迁徙到另一个国家　从一个国家到另一个国家的人口迁徙同样重要。据估计，2.32 亿人（占世界人口的 3.2%）居住在他们出生国家以外的地方（United Nations Population Fund, 2014）。国际迁徙受到国与国之间不相称的机会的鼓励。贫困、政治动荡、战争、饥荒、环境恶化、高失业率和富国高工资的诱惑，继续推动世界上最贫困的人们放弃他们的生活储蓄，冒着死亡风险，前往更繁荣的国家，找寻一种更好的生活。

你可能会认为，当人们从欠发达、人口拥挤的国家进入更发达、技术先进的国家，每个人都会受益。毕竟，迁移降低了本国的人口压力和失业状况，同时抵消了富国劳动力人口负增长和老龄化问题造成的负面影响。事实上，日本和多数欧洲国家未来能够维持稳定人口的唯一途径，就是通过移民。

然而，从社会学视角来看，国际性的人口迁徙经常会引发冲突。在国外寻求机会的人，再也不能搬到未知地域，而是必须进入已有人居住的地方。已经在此生活的人们往往看不到移民对整体经济的贡献，而是认为移民是稀缺资源的直接竞争对手和一种切身的威胁。移民需要工作、住房、教育和医疗照护，所有这些资源的供应都很有限。他们还会带来外来的令人眼花缭乱的习惯、传统和规范。

移民创造了多种文化恐惧：担心一个国家不能控制自己的边界，担心这个民族单一的人口会通过通婚被改变，害怕涌入"奇怪"的生活方式，恐惧新来者会侵占财产、堵塞教育系统、制造犯罪浪潮，吸光"本地人"享有且主要由本地人支撑的社会权益（P. Kennedy, 1993）。许多人也认为移民应为爆发的疾病，如艾滋病、肺结核、麻疹、霍乱等负责，它们限制了医疗系统资源从而引发更多不满。最重要的是，他们担心移民及其后代终有一天会成为统计数字上的多数，从而使得他们这些自己国家的"本地人"变为弱势群体。

尽管大多数国家都明令禁止歧视移民，但是排外的怨恨和偏见却是一种全球性现象。例如，法国和意大利的立法者继续寻找方法来加强他们的边界，这样他们就可以限制自由流动的移民（主要是来自北非）。在2015年的选举中，丹麦人民党（Danish People's Party，一个抱持极端反移民政策的政党）得到有史以来最高比例的民众支持。在英国，反感通常都是针对来自印度和巴基斯坦的移民，虽然2013年通过的一项改革则是限制给予罗马尼亚和保加利亚移民好处（Erlanger, 2013）。在澳大利亚，政治家们谈论澳大利亚被南亚和东亚人淹没。在美国，来自拉美的移民首当其冲承载了公众的反移民敌意。在日本，怨恨几乎针对每一个非日本人。尽管严重的劳动力短缺可能会削弱其经济，但是日本却是一直都没有放松对移民的严格限制。事实上，日本政府积极鼓励外国工人和大学毕业的外国学生尽快回到自己的国家（Tabuchi, 2011）。

不过，需要注意的是，这种敌意并非不可避免。与新移民在职场、学校或社区的和平交往，可以减少迁入国的受威胁感及其驱逐合法移民的意愿（McLaren, 2003）。不论在任何情况下，只要通讯和运输技术继续缩小世界之间的距离、国家之间的经济差距继续存在，更大的移民趋势也就不太可能减缓。

美国的人口发展趋势

在美国，有两个重要的人口趋势，将会对其未来的人口产生深远影响：越来越多的非白人、非英语移民和他们的孩子，以及人口年龄结构的变化，其标志分别是越来越多的老年人和越来越少的年轻人。这两个趋势将会在未来几年中共同扭曲社会结构，在社会资源的公平分配上引发问题。

移民与变化的美国面貌

由于美国人口目前仍在以一种可控的速度增长，美国人可能很难理解其他国家人口爆炸对他们日常生活的影响。不过，随着其他地方出现人口爆炸，其中许多人最终都会到美国寻找更好的机会。新来的移民认为，在这里获得成功、保护妇女权利、善待穷人和进入学校的机会，都要好过在其原籍国（Rieff, 2005）。一些人乘坐飞机、轮船或火车合法到达。其他人则靠步行或躲在卡车或货船里非法偷渡而入。

移民激增　1980年代中期，美国人口统计局预测，到2050年美国将会有3亿人口（Pear, 1992）。但到2007年，这一数字提前40年就被超过了。随后，美国人口普查局修订了其预测，认为到2050年美国人口将会达到3.98亿（ProQuest Statistical Abstract, 2015）。

这一预测必须调整的部分原因是，20世纪末和21世纪初的移民增长超出了预期，而且此后的移民增长速度仍然相当高。2013年有4100多万移民居住在美国，其中约有1130万人属于非法居住（ProQuest Statistical Abstract, 2015）。出生在外国的美国人口的比例，从1967年的5%，上升到2014年的13.3%，预计到2050年，这一比例将会超过18%（Colby & Ortman, 2015）。

当然，这并非移民第一次使得美国人口急剧增加。早在20世纪的第一个十年，就有近900万移民进入美国。1915年，外国出生的居民占到美国人口的15%（U.S. Bureau of the Census, 2006）。然而，当代移民与其不同之处在于，欧洲血统的新移民越来越少（参见图13.4）。

因此，在过去的一个世纪，美国的种族和民族构成发生了巨变。1900年，每八个美国人中就有一个是非白人种族；2014年，这一比例为每三个里面有一个；到2060年，预计每两个人中就会有一个（Colby &

图13.4　美国合法移民变动的来源

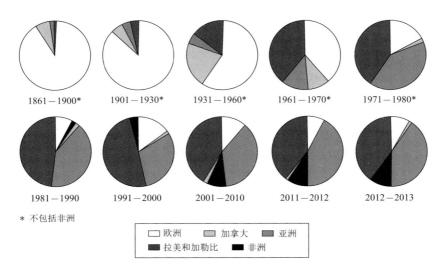

* 不包括非洲

资料来源：Daniels, 1990; U.S. Bureau of the Census, 2000; ProQuest Statistical Abstract, 2013, Table 50; U.S. Department of Homeland Security, 2014, Table 3。

Ortman, 2015）。就像图 13.4 中所示，90% 的移民都是来自亚洲、非洲和拉丁美洲。现在出生的美国婴儿的母亲，大多数都是拉丁裔、黑人和亚裔。与此同时，现在每年白人死亡的数量则超过了每年出生的白人婴儿的数量（引自 S. Roberts, 2013）。在可以预见的未来，这样的趋势将会继续改变美国人口的外观。

非欧洲移民人口从未在全美均匀分布。移民往往会在纽约、洛杉矶、休斯顿和迈阿密等大型港口城市定居。外国出生的居民超过一半都居住在加州、纽约州、德州和佛罗里达州（Grieco, et al., 2012）。

但是，新移民也可以在美国各个城市乡镇找到。就像其他人一样，只要有地方可以提供工作，他们就有动力去往那里。过去十年，县镇的移民人口增长一直都是最大的，而在 2000 年时，这里的移民人口占比还不到 5%。事实上，现在有更多的移民都选择了定居在郊区和小镇，而非大城市中心（引自 Tavernise & Gebeloff, 2010）。因此，在这些地区的学区，对教英语（针对那些第二语言为英语的移民学生）的人的需求增长最快。1993—2002 年间，爱达荷州、内布拉斯加、田纳西州和佐治亚州几乎不会说英语的学生人数增加了两倍。在北卡罗来纳州，这样的学生的数量增加了六倍（Zhao, 2002）。不会英语的学生，成为全美进步最快的学生群体（G. Thompson, 2009）。如何更好地整合移民和他们的孩子这一问题，正在美国各地进行讨论。

社会对移民的回应　美国居民对移民总是又爱又恨。在好年景，移民作为经济贡献者很受欢迎。20 世纪早期，移民的劳动帮助修建了美国公路和铁路系统。只要经济形势大好，移民就会填补没人愿干的工作、开放的企业（open businesses），充当廉价管家、洗碗工和园丁，改善许多美国居民的生活。

然而，当形势不好，或者当政治风向发生转变时，许多美国居民都会对移民关紧大门，指责移民给国家造成许多经济和社会问题。在此期间，人们常会形容移民的涌入是"洪水"，从而巧妙地将他们的到来视为一场灾难。就像在欧洲一样，来到美国的移民经常发现，他们也会成为各种社会焦虑的靶子，从经济紧张到公开的敌意（Sontag, 1992）。

微观与宏观之间的联系：
移民政治的特殊性

移民是我们这个时代一个敏感的政治问题。但它却并不是一个自由派和保守派站在对立面上互唱反调的问题。

如你所料，一些保守派政治家将数百万移民视为美国的侵略者，危及国家安全，抢夺美国公民的工作岗位，改变文化，拒绝同化（Katel, 2005）。事实上，一些国会议员现在质疑《宪法第十四条修正案》的有效性：它规定，任何在美国出生的婴儿，无论其父母的国籍，自动成为美国公民。2015年，亿万富翁唐纳德·特朗普（Donald Trump），在宣布参加2016年总统选举的一次演讲中，公开表达了对移民的这种敌意：

> 当墨西哥送出它的人民时，他们没有送出最好的。他们送出了有很多问题的人，他们正在把这些问题带给我们。他们带来了毒品。他们带来了犯罪。他们是强奸犯。（引自 Benen, 2015, p.1）

保守派议员通常都会支持提供资金来加强边境安全的法规。分配给美国墨西哥边境巡逻队的数目，自1990年代初以来稳步增长。1992年分配给这个地区的边境巡逻队有3555支，到2000年，这一数字已经增加到8580支。自2000年以来，西南地区巡逻队的数量翻了一番，达到18156支（Customs and Border Protection, 2014）。

2010年，亚利桑那州吸引了全美的注意力，它成为制定下面这项法律的第一个州：未携带移民文件者被视为犯罪，警方享有广泛的权力，可以拘留任何非法"出现"在本州的人。当时进行的民意调查显示，大多数美国人都支持这样的措施，尽管他们认为这样做可能会导致歧视性种族评判（Archibold & Thee-Brenan, 2010）。第二年，阿拉巴马州、佐治亚州、印第安纳州、南卡罗来纳州和犹他州也都相继通过了类似的法律。事实上，在两年时间里，全美通过了164个反移民法案（I. Gordon & Raja, 2012）。阿拉巴马州制定的法律非常严格。它切断了非法移民可以享有的所有州和地方服务，使得雇用、租房、"隐藏"非法移民全都成为违法之举，如果遇到有人涉嫌非法居留，当地警方可以启动驱逐出境程序（Symmes, 2012）。

但是，解决非法移民这一问题并非封锁边界、拘留"看似"非法人员、将人驱逐出境这么简单。事实上，这样的态度可能与其他保守理念相冲突，如完整家庭的重要性。将近一半非法移民是父母（Pew Hispanic Center, 2013），每年非法移民所生的孩子约为35万（J. S. Passel & Cohn, 2011）。由于在美国出生的人自动成为美国公民，所以将其驱逐出境的政治诉求，会给这些家庭带来严重问题。据估计，2013年有7.2万名非法移民被驱逐出境，他们是在美国出生的孩子的父母（Foley, 2014）。留下的这些孩子会遭遇什么境况？如果孩子和他们的父母是被一起驱逐出境的，那么严格来说政府就是在驱逐一名美国公民。另一方面，如果父母可以留在美国，在一些人看来他们就被给予了一些特殊利益（Falcone, 2009）。

一些自由派政治家也呼吁政府通过封锁边界来限制移民。他们主要担心的是，外国移民，不论是合法移民还是非法移民，会通过直接与美国居民争夺低级工作，而伤害那些美国穷人（Danziger & Gottschalk, 2004）。由于他们通常愿为有份工作而少要工钱，一些经济学家指出，无证工人会压低低技能本土工人的工资（Broder, 2006; T. A. Frank, 2013; Lowenstein, 2006）。

2011年，奥巴马政府开始打击那些雇用非法移民的雇主，同时为逮捕工人本身清除了障碍（Preston, 2011）。2013年，国会在民主党的一致支持下通过了一项移民改革法案，要求边防警察人数翻番，要求在边境线额外建设700英里长的围墙，要求雇主使用e-verify系统核查所有求职者的国籍，要求提供资金出动无人机巡逻边境（O'Keefe, 2013）。

但是，在政治光谱的两端，我们也可以找到欢迎移民的情绪。一些财政保守派认为，移民对美国经济作出了重要贡献（Fairlie, 2012）。例如，移民比本土美国人开创新业务的可能要超出30%，在科技领域每雇用100个外籍工人，就会新增 262 个就业岗位（引自 D. Brooks, 2013）。15% 的美国工人都出生在美国以外（P. Martin & Midgley, 2010）。一项研究发现，在美国，每增加 1% 的就业，因移民而产生的收入就会增长 0.5%（Peri, 2009）。中西部那些苦苦挣扎的城市，像代顿市、芝加哥、克利夫兰、印第安纳波利斯、圣路易斯，都采取多项举措，试图吸引移民（既要高度熟练工人也要低工资劳动力），希望他们可以刺激当地疲软的经济（Preston, 2013）。

此外，非法移民占全美劳动力的 5.1%，并主要集中在低技能工作上，大多数市民都不愿去干那些工作。事实上，在酒店、餐饮服务、建筑、交通、开采和农业方面的工作中，非法移民的数量都超过了美国工人（J. S. Passel & Cohn, 2015）。就像一位记者所说，没有非法移民，

> 水果和蔬菜会烂在地里。曼哈顿的幼儿会没有保姆。佛罗里达州、德克萨斯州和加利福尼亚州的酒店毛巾会没人干洗。乘客从迈阿密到纽瓦克机场乘坐的出租车会无人驾驶。美国南部各州（Sun Belt）的"住房改善计划"（home improvement projects）将会停止。芝加哥、纽约、休斯顿和洛杉矶养老院里的便盆和午餐托盘将会无人收拾。(D. E. Murphy, 2004, p.1)

此外，一些保守派经济学家认为，没有无证工人每年支付的 70 亿美元，社保将会破产，与流行看法相反，他们中的许多人都缴纳了收入所得税（D.E. Murphy, 2004; Porter, 2005）。

对于许多思想较为开明的民权组织和为少数族群倡言的人来说，移民是一个人权问题，对移民的敌意应被视为本质上是一种种族主义（S. A. Holmes, 1995）。他们指出，一般来说，移民要比本土美国居民有着较低的教育成就、较高的贫困率，没有医疗保险的移民家庭、需要依赖公共援助的移民家庭都要比美国家庭多上很多（Camarota, 2004）。2014 年，奥巴马总统宣布了一项计划，已是美国公民的孩子的父母或者是已经在美国生活了五年以上的人，只要他们前往政府注册登记、接受背景调查和纳税，就可免于被逐出境。目前国会还没有通过相关法案，该法案将会使这一改革永久化。

另一方面,公众也对移民有着复杂的感情。就像人口资料局两位研究人员所说:"我们是一个对移民感到不放心的移民国家。"(P. Martin & Midgley, 2010, p.6)例如,在最近的一次民意调查中,72%的受访者表示,目前生活在美国的非法移民,只要满足特定的要求,就应该被允许合法地留在美国。尽管有一半多一点点的人(51%)表示,移民的努力和天赋加强了美国的力量;但也有41%的人认为移民是一种负担,因为他们需要工作、住房和医疗。此外,认为应该减少合法移民数量的人(31%),也要多于认为应该增加合法移民数量的人(24%)(Pew Research Center, 2015b)。

只是目前尚不清楚的是,多么广泛的经济条件会影响公众态度和政治行动。对削减的工作的加剧竞争,可能会导致对移民增加敌意,和强烈呼吁制定更严格的法律,或者是更加严格地执行现有法律。政府限制移民入境的数量,可以提高受教育程度较低的本地穷人的就业前景,他们是经济衰退中受灾最严重的人群。

但是,这样的政治行动可能是不必要的。拉美流入美国的非法移民近年来已经放缓。2007年达到最高的1220万人后,随着经济衰退,非法移民的数量出现下降,并稳定在一年1130万人左右(J. S. Passel, Cohn, Krogstad & Gonzalez-Barrera, 2014)。墨西哥流入美国的非法移民数量减少得尤为显著(J. S. Passel, Cohn & Gonzalez-Barrera, 2012)。2000—2004年,每年有50多万人非法越境;到2010年,这一数字下降至10万人(引自Cave, 2011)。专家将这一减少归因于美国经济放缓和对非法移民的严厉打击,同时也是因为墨西哥国内的经济和教育机会得到扩大且其出生率下降。

你可以看到,移民问题说明了政治与经济力量的相互冲撞。对所有的政治家来说,移民都是一个至关重要有时则是一个不稳定的问题。但是,只要强大的商业利益看到需要具有流动性的便宜劳动力愿意在外地工作并接受规范约束,试图打击非法移民就将是无效的。只要可以在这里找到工作,贫困的外国人就会继续前来寻求更好的生活。

视读社会学 | 世界上没有任何地方比得上自己的家

多年来，移民问题一直是民选官员和总统大选候选人都要面对的最具争议性的政治议题之一。虽然很大程度上我们是一个移民国家，但却始终有一部分人想要限制移民，有时甚至不惜借用强力。然而，移民很可能永远都是一个开放和充满活力的社会的组成部分。这里我们看到了一系列蒙太奇路牌，它们出现在美国最受移民欢迎的地方之一：洛杉矶。

在美国历史上的大部分时间里，个人移民的最终目标是摆脱本国的文化束缚（语言、服装等）融入美国社会。然而，大多数大城市都会有非正式但可以识别的族群社区（如"唐人街"、"日耳曼敦"、"小意大利"、"小东京"等）。从这些迹象来看，当前的趋势是走向更大的族群或国族认同。你认为这样的民族飞地的开发和维护，是有助于还是偏离了"美国文化"？生活和工作在这种同质性社区的移民会得到什么（和失去什么）？他们彻底融入和整合进更大的文化是否更为可取？

美国的人口老龄化

在应对人口中不断变化的民族和种族构成的同时，美国还必须想法解决其年龄结构转变。或许美国今天最重要也是最成问题的人口统计学趋势就是人口的平均年龄不断增加。1910 年，18 岁以下者占美国人口的 38%，今天这一比例是 22.9%，到 2050 年这一比例将会低于 20%（U.S. Bureau of the Census，2014）。200 年前美国居民的平均年龄中位数是 16 岁，1980 年是 30 岁，现今是 37.8 岁。预计到本世纪中叶将会超过 42 岁（ProQuest Statistical Abstract，2015）。

过去几十年里的两个发展，共同改变了美国的年龄结构。第一个发展是出生率下降。1960 年，新生儿的出生率是 24‰。到 2014 年，这一比例已经降到 13‰（Population Reference Bureau，2014c）。越来越多的美国女性选择不要孩子（Dye，2008）。像许多发达国家一样，美国的生育率仅仅是勉强维持人口更替水平。助长低生育率的大部分条件，如女性受教育程度提高、就业机会增加、更有效的避孕措施，在未来都不可能发生逆转。

第二个发展是老年人口数量不断增长。过去 40 年，65 岁以上美国人的数量几乎翻了一番（Greenblatt，2011）。医学和营养学上的技术进步，使无数美国居民的寿命得以延长，而其历史上的同龄者就不会活得像他们这样长。1970 年出生的男性的平均寿命是 67.1、女性的平均寿命是 74.7；2013 年出生的男性预期寿命为 76.4、女性预期寿命为 81.2（ProQuest Statistical Abstract，2015）。到 2040 年，在美国人口中，老年人所占的比例将会超过儿童（U.S. Bureau of the Census，2014）。85 岁以上人口（医疗护理成本相当高的一个年龄层）是所有年龄层中增长最快的，它会从 2010 年的占总人口的 1.8%，增加到 2050 年的略低于 5%（Colby & Ortman，2014）。一些人口统计学家预计，到 2050 年，百岁老人的数量将会是我们今天的 10 倍（引自 Dominus，2004）。

你为什么应该担心美国人口的老龄化？答案是，一个社会的人口老龄化，将会不可避免地要求给老年人增加养老金、医疗保健和其他社会服务。虽然美国的老年人要比过去更健康，但也有很大一部分患有慢性疾病和健康问题，需要某种长期护理（National Institute on Aging, 2006）。社会（尤其是劳动人口）是否有能力和意愿去承担额外负担照顾越来越多的老年人，是一个有待研究的问题。

今天的政治争论主要都集中在社会保障体系（是否或）应该如何改变，才能更好地应对越来越多的将会在未来几年年满 65 岁的人。一项调查发现，只有 14% 的人认为，在他们退休后，社会保障体系有足够的资金给他们提供当前的福利水平；39% 的人认为，到时候将会有足够的钱来弥补减少的福利；43% 的人认为，到他们退休时，社会保障体系无法给其提供任何好处（Pew Research Center, 2014c）。他们的担心并非毫无道理。你可能知道，支付退休人员的社会保障金，来自扣除目前就业者的工资。1945 年，每 100 名工作年龄的成年人要支撑 12 个年龄较大的成年人。今天要支撑 21 个，到 2030 年当所有的婴儿潮一代退休，将要支撑 35 个（Colby & Ortman, 2014）。除非美国老年人未来能比现在更好地享有经济自立，否则政府将不得不在提供医疗和其他服务上发挥更大的作用。要做到这一点，它将不得不投入更多的税金，考虑到当前力主减少而非增加政府开支的政治氛围，这一前景似乎不太可能实现。

美国的老龄化正在挑战企业和服务提供商向老年人客户提供产品和设施的能力。比如，现在一些医院提供有专为老年人设计的应急房间。这些房间的屋内装饰可以让人情绪舒缓，里面不会有太多医疗器械，志愿者会给老年人提供老花镜、助听器，陪其进行愉快的谈话（Hartocollis, 2012a）。雇主可能也不得不重组工作。毕竟可以取代退休工人的年轻人将会越来越少。一些雇主将会被迫支付更高的工资或者是提供额外的福利来吸引新工人，或者是被迫去更多关注员工的生产力，甚或是用机器人来替代工人。

然而，从积极的一面来看，雇主将不得不寻找创新方法来让老员工对这份工作感兴趣。企业主们开始意识到，老员工要比年轻员工更加稳定,更值得信赖。一项研究发现,54% 的千禧一代愿意受雇去别的地方工作,而岁数较大的婴儿潮一代(即那些 1946—1955 年间出生的)则只有 21% 的人愿意(引自 Moeller, 2012)。事实上,30 岁以下工人的流动率是 50 岁以上工人的 6 倍(The Silver Lining at Borders, 2011)。所以,雇主正在找寻一些新策略来招聘年长员工。例如,家得宝(Home Depot)为老员工提供"雪鸟工作":冬天上气候温暖的地方像佛罗里达工作,夏天去寒冷的地方如缅因州工作。雇主也可能会通过提供大量红利奖金,或者是通过创建有声望的高薪兼职职位,让老员工继续对工作感兴趣。

小　结

　　在讨论当前和未来的人口发展趋势时,我不禁想到我的两个孩子。他们这一千禧世代群是第一个在 21 世纪进入青春期的一代。我很好奇:出生在 1980 年代末和成长在 1990 年代末 2000 年代初,会对他们的生活产生什么样的影响?世界人口会达到预测中的灾难性比例吗?还是我们会想办法控制人口增长,使所有人都过上有品质的生活?美国社会日益增长的族群多样性,是否会继续创造张力和冲突?还是美国人最终将学会如何成为一个真正多元文化的国家?对我儿子们这一世代来说,什么是单一的、具有指标意义的事件:战争、暗杀、严重的经济萧条、恐怖袭击、自然灾害、政治丑闻、一些环境灾难?或者是世界和平、不再有饥饿和无家可归的人们、一种可持续发展的环境,以及治愈癌症?

　　我也想知道,社会制度将会如何很好地支持我的孩子们这一代。当他们准备好安定下来时,会有工作等着他们吗?他们需要分担的国家债务份额是多少?他们将会如何看待家庭生活?到他们中年时,婚姻会成为一种过时的亲密关系模式吗?可取的家庭规模又会是多大?

当然，作为家长，我非常好奇如何回答这些问题。但是，作为一位社会学家，我意识到，答案只会从我的孩子们及其同龄者在其人生历程中的体验和互动中找到。这里面存在着独特和基本的社会学视角信息。人口和世代的力量强大而无情，正在决定着我的孩子们的人生机会，在21世纪塑造和改变这个社会的责任最终掌握在他们手中。这一主题：个体改变和重建他们所处社会的能力，就是本书最后一章的主题。

像社会学家一样思考：我们是否真的老无所依

人口统计学家经常使用人口金字塔（参见图13.5），借助图形方式来展现人口的年龄和性别分布。这些图片通常用来对人口中最紧迫的经济、教育和社会需求得出结论。想要看到不同国家的这些金字塔，可以访问美国人口统计局网站（www.census.gov/population/international/data/idb/informationGateway.php）。进入里面后，你可以随意选择一个国家试试，然后单击"人口金字塔"选项，网上就会显示出其年龄和性别分布。

使用最新的美国人口普查信息（可在你们学校图书馆的政府文件部分或在www.census.gov上查到），建构几个不同类型美国城市的人口金字塔：

- 一个大学城（如密歇根州的安阿伯市；新泽西州的普林斯顿）
- 一个军事城（如弗吉尼亚州的诺福克、马里兰州的安纳波利斯）
- 一个大都市（如纽约、芝加哥、洛杉矶）
- 一个乡村小镇
- 一个富裕郊区
- 一个有着很大的老年人退休社区的城市（如佛罗里达州的圣彼得堡、亚利桑那州的太阳城）

图 13.5 人口金字塔

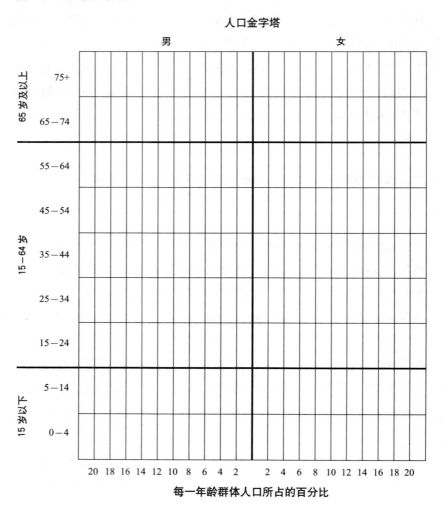

你可以复制图 13.5，然后来建构你的人口金字塔。

建构好人口金字塔后，描述一下这些城市的年龄和性别数据有何不同。你认为这些城市还有哪些特征是其人口模型的结果？考虑以下因素：

- 教育体系的性质
- 其商业模型是会成功还是会失败
- 当地的娱乐休闲项目
- 重要的政治问题和公民参与政治活动的程度
- 重要的健康医疗问题

本章要点

- 我们在寻求识别塑造我们日常经验的结构性因素时，经常会忽视我们的出生世代的影响。出生世代不仅仅是在几年内出生的个体的集合；他们是被历史事件、国家和全球人口趋势、大规模的社会变迁联系在一起的独特的一代。
- 世界人口正在以前所未有的速度增长。但是，不同的国家有着不同的增长率。贫困的欠发达国家的人口正在迅速扩张，而富裕的发达国家的人口则保持稳定，在其中某些国家甚至还出现了下降。
- 当一国人口迅速增长，其年龄结构就会日益以年轻人为主。在有着低出生率和高预期寿命的人口增长缓慢的国家，平均而言，其人口将会变得越来越老。
- 随着欠发达国家的状况变得更糟，迁徙的压力不断增加，在有着很高移民率的国家，往往会创造出各种各样的文化、政治和经济担忧。
- 美国人口改变的年龄结构：更多的老年人和更少的年轻人，表明必须在就业政策和社会项目上作出一些适当的调整。

第十四章
变革是如何建构而成的：
重构社会

- 社会变迁
- 社会运动
- 再论社会学的想象力

17岁的高中生乔纳森·希姆斯（Jonathan Simms），来自北爱尔兰贝尔法斯特一个工人阶级家庭，是一个有天赋的足球队员，自认为有机会成为一名职业球员。然而，2001年9月，事情突然开始出现转折。他似乎失去了对足球的兴趣，球场上的表现也明显有失昔日水准。他窝在家里，变得笨拙，意志消沉，掉东西，说话含糊不清。他的父母怀疑他可能是喝酒或吸毒了。

几周后，乔纳森的身体变得如此虚弱，家人将其紧急送入医院进行抢救。他被确诊患上了"克雅二氏病"，俗称疯牛病。这种病会让人身体衰弱，原因是吃了受到病毒感染的牛肉。在病毒侵袭人的大脑前，它在人体内的潜伏期可以达到数年甚至几十年之久（Belkin, 2003）。到了2002年中期，乔纳森再也不能走路或说话。他的父母给他洗澡。很快他就完全失去了反应，躺在床上，处于植物人状态。

医生告诉乔纳森的父母，他们的儿子也就还有一年时间可活。但是，他的父亲唐（Don）拒绝接受医生的宣判。所以他开始一门心思想法拯救儿子的性命。他辞去了工作，在网上花了好多天时间，想要找到可以救治自己儿子的医生、研究人员或其他任何人。

唐最终找到了一位研究员史蒂文·迪勒（Steven Dealler），后者一直在研究一种药效强大有时甚至会致命的新药物，称为戊聚糖多磺胺（PPS）。PPS的情况表明，它在治疗患有类似疾病（称为痒病）的动物身上有疗效，但却从未在人类身上测试过。PPS的问题是，它必须直接注入大脑，才能获得预期效果。大多数医生都认为，将这种药物直接注射进入人的大脑会有致命危险。

所以唐开始了另一项任务：找到一个愿意使用这种技术给他儿子治病的人。他找到了尼古拉·赖诺夫（Nikolai Rainov）博士，后者是一位神经外科医生专家，擅长将抗癌药物直接注入人的大脑。赖诺夫博士同意治疗乔纳森，但他所在医院的神经外科部门却拒绝批准治疗计划，称这样做太危险（Belkin, 2003）。此时英国的药品安全委员也介入其中，说这一处方药物没有合理依据（"Family of VCJD Victim Claim Untried

Treatment Is a Success", 2003)。

唐并没有放弃,最终他找到了一家德国医院可以进行 PPS 治疗。他自己包下一架医疗运输机,打算带着儿子前去治疗。但就在出发前几天,事情再次发生变化,德国卫生部门阻止了他们。德国没有出现疯牛病病例,不希望有这种病的人进入其国境。

唐再次拒绝放弃。他雇了一名律师,在英国将此事诉诸法庭。诸多法律诉讼随之而来。2002 年 12 月,此时距离医生的最初诊断已经过去了 15 个月,高等法院法官裁定,唐老爸一家可以继续治疗。

2003 年 2 月,乔纳森开始接受 PPS 治疗。几个月后,医生发现他的心脏节律有所改善,可以重新吞咽东西,对光线和疼痛也有了更多反应。而且并未出现此前批评人士预测的任何副作用。据说,这种疾病已经得到了控制。2008 年,他的身体状况从"高危"降为"没有生命危险"。遗憾的是,奇迹并未出现,2011 年,乔纳森·希姆斯还是离开了这个世界。然而,他带着疾病又活了十年,比任何人(除了他老爸)认为可能存活的时间还要长了 12 年。到目前为止,他是世界上已知活得最长的疯牛病幸存者(Yurkiewicz, 2012)。

*　　*　　*

乔纳森·希姆斯这一个案,从社会学上来看很是引人注目:一个人能够克服国际医疗机构的制度阻碍,为一个看似无解的问题找到答案。就像我们在书中看到的,制度必须以一种高度结构化、标准化和客观的方式运作,处在高于它们为之服务的个体利益和个性的层面上。想象一下,如果系统的设置使得任何身患绝症孩子的父母都可以迫使研究人员、医生和医院为其孩子进行特殊的和高风险的治疗,随之而来将会出现什么样的混乱局面。不用说,整个医疗系统将会迅速崩溃。但是,这并未阻止一些病人支持者群体去游说法律允许已无药可救的重症患者"富有同情心地使用"或"扩展使用"未经批准的试验药物(Harmon, 2009)。美国食品和药物管理局(FDA, 2015)的网站上有一整节专门解释其

"扩展使用"政策。例如，FDA现在允许在极端紧急情况下且有许多安全保障和限制的条件下，使用一些实验性药物。

但从制度的角度来看，必须对新药进行认真（有时还会比较缓慢）的测试，以确认其有效性，并在上市前识别所有潜在危险的副作用。在必须满足完善的科学方法准则与帮助受苦者的希望之间，必须划出一道清晰的界限（D. J. Rothman & Edgar, 1992）。保险公司通常不会为还没有经过严格科学测试的药物买单（Harmon, 2009）。事实上，作为对市场上不安全药物报告的回应，FDA已经放缓了其药物审批过程（G. Harris, 2005）。但是，乔纳森的故事表明，个体还是可以克服官僚制的缓慢效率和改变部分社会结构。由于唐老爸的行动，治疗疯牛病感染者的标准医疗方法发生了改变。

过去，只有像唐老爸这样最坚持不懈的个体，才能深度参与医疗决策。然而，今天，这样的参与几乎是例行公事。首次出现一种症状，甚至早于医生作出诊断或开具药物之前，人们便可以上网查阅成千上万的医疗APPs、网站、Twitterfeed或博客，上面都会提供许多相关信息（其中一些比其他的更值得信赖），从普通感冒到各种外来疾病。当他们去看病时，患者通常都会掌握他们从网上收集到的一定信息。

通过一起努力共同合作，患有同样疾病或关注同样医疗问题的人，也可以成功地伸张自己的权益。例如，1990年代早期，艾滋病死亡人数越来越多，而政府的药物审批过程则相当缓慢，以至于耽误了许多需要它们的人们拿到药物。艾滋病活动人士发起行动，要求FDA放松临床试验规则，加快审批流程（L. K. Altman, 2011）。他们取得了成功，从而改变了艾滋病药物的开发和控管方式。有效的治疗（抗逆转录病毒药物，ARVs）现在比以往更快地制造出来，正在对患者产生积极的正面影响（McNeil, 2011）。对许多HIV阳性的人来说，艾滋病现在仅仅是一种慢性疾病，而不再是曾经不可避免的死刑（D. Brown, 2011）。

艾滋病活动人士也成功地迫使制药公司允许撒哈拉以南非洲和其他地区的欠发达国家进口便宜的抗逆转录病毒药物（Swarns, 2001）。因此，过去几年，抗逆转录病毒药物在全球的销量急剧扩大，2009—2015年间增长了三倍。2015 年，低中等收入国家超过 1500 万人（单在非洲就有 900 万）接受了这种治疗，这一数字超过了可以得到但缺乏获取途径的人数（World Health Organization, 2014）。在撒哈拉以南一些高艾滋病毒感染率的非洲国家（如博茨瓦纳、斯威士兰、赞比亚、纳米比亚、南部非洲），现在有需要的人中 80% 都可以买到抗逆转录病毒药物（Avert, 2013）。积极分子一起努力放大了群体的影响，没有人能凭单独行动产生这么大的影响。他们取得的成就超越了病人个体的力量，引起了国际组织和全球性的关注。

这一主题：个体聚合起来集体行动的力量可以改变他们所在社会的结构，将会贯穿本书最后一章。我花了 13 章的篇幅讨论我们的社会和社会中的所有事态是如何建构起来的，这些社会建构物又是如何反过来影响个体的。一想到文化、官僚制、机构和社会分层系统对我们的生活的控制程度，你很可能会感到有点无助。那么，本书以一种更振奋人心的口吻，通过讨论社会变迁和个体可以重建社会来收尾，也就显得再合适不过。

社会变迁

变迁是现代人类社会最显著的特点，无论它是发生在人际关系、文化规范和价值观、分层系统，还是发生在制度中。无论你往哪儿看：你的学校、你的工作、你的家庭、你的政府和你生活的方方面面，你都能看到：制度和文化变迁是规则，而非例外。

由于实质性变迁会同时影响许多社会制度，美国和其他技术先进社会已经成为社会学家所说的"后工业社会"（**postindustrial societies**）。经济过去主要集中在农场和农业或工厂和物质产品生产上，现在则集中在信息和服务行业，包括通讯服务、大众媒介、研发、旅游、保险、银行和金融、技术。这些社会中普通人的日常生活,与农业社会或工业社会中人们的生活,有着本质上的不同。

当我们观察具体制度时,变迁会格外明显。考虑一下过去半个世纪教育的性质发生了怎样的改变。如果你在 50 年前学社会学,你的老师可能只需以下几样工具即可:某一主题的相关书籍,手动打字机,一些铅笔,一台复印机,一叠复写纸,幻灯机和对社会学的热爱。好的老师在今天仍然需要对这门学科的热爱,但是要想让教学变得有趣、有效、高效,若无高端技术帮忙,如课堂高速上网;数据库、视频和网上课程材料;可以快速回应与课程相关主题的社交网站;在线测试题库,就会变得很难。教师现在可以使用软件程序即时进行年级考试(Markoff, 2013),或让它们监督学生是否跟得上他们的在线阅读作业(Streitfeld, 2013)。事实上,在未来一些年中,慕课(MOOCs,大规模网络公开课)的不断增加,很可能会重塑一个人的大学经历。

再想想过去 50 年来美国的家庭生活发生了怎样的改变。离婚率在 1950 年代很低,在 1960 年代和 1970 年代开始飙升,在 1980 年代和 1990 年代趋于稳定,进入 2000 年代略微下降了一点。进入职场的女性人数前所未有。人们会等待更长时间才结婚,一旦结婚他们也会少要孩子。对性别平等的文化担忧,已经改变了男人和女人在家庭内外对待彼此的方式。过去被视为永久的和自然的社会及两性规则走向解体:同性伴侣可以合法结婚。未婚夫妇可以公开生活在一起,未婚女性可以生养孩子而不受社会谴责,保持单身和不要孩子也是一种可以接受的生活方式选择。简而言之,今天的家庭与 1950 年代文化理想中的家庭相去甚远。

反过来,家庭生活中的这些变迁也影响了其他制度。由于今天有如此多的家庭都是双职工家庭,孩子们与父母在一起的时间远少于过去,迫使家庭依赖他人来照顾孩子:收费家庭护理员、朋友、邻居和/或教师。父母比以往任何时候都更依赖于专业托儿所照看他们的学龄前儿童。许多这些中心都要求孩子入托之前要学会自己上厕所,迫使父母给孩子施加压力让其遵守。因此,有许多儿科医生都报告说,有如厕训练问题的儿童不断增加，如白天和夜间尿液控制失调（Erica Goode。1999）。

社会也在呼吁学校解决许多过去都是由家庭自行处理的问题。学校现在经常为学生培养道德观念，进行科技和钱财观念"扫盲"，提供足够的营养，实际指导帮助他们避免吸毒和酗酒、青少年怀孕和性传播疾病。

不足为奇，童年的本质也在发生变化。当代社会评论家认为，在现代世界，童年几乎消失了。在美国，孩子们随处可以接触一些事件、设备、图像和想法，在婴儿潮一代或 X 一代父母年轻时这都是不可思议的。例如，现在有些家长会在孩子刚出生几个小时后就将其照片发到电子邮箱、Instagramfeeds、Twitter handles 和其他社交网站上（M. Wood, 2014）。更常见的是，童年日益激烈的竞争本质，使得有些家长觉得自己有义务给孩子提供每一种可以想象得到的优势，以帮助他们走向成功。

微观与宏观之间的联系：
儿童运动上的父母压力

过去，儿童运动只是一种娱乐和休闲。然而，如今的儿童运动却是一项价值数十亿美元的产业（Greene, 2004）。有利可图的职业生涯的诱惑越来越大，父母经常鼓励展示出一些技能的年轻孩子很小就开始锻炼他们的技能。例如，体操和花样滑冰选手，如果日后想要取得成功，就必须从小接受正规训练。像 athleticBaby、Baby Goes Pro 这样的公司，现在都在向想让孩子（有的甚至还未学会走路）走运动员这条路的父母销售运动 DVDs。全美各地的健身房都为孩子们（最小的只有 4 个月）提供健身课程。

在全美各地的社区，父母鼓励（有时则是强迫）自己的孩子专门从事一项运动和整年练习，让曾经无忧无虑的活动，无论从哪点来看，都变得更像是一种工作。一支 9 岁孩子棒球队的教练在被问到他的球队棒球赛季有多长时答道："从劳动节到劳动节。"（引自 Pennington, 2003, p.C16）具有讽刺意味的是，这么早就培养孩子的体育专长，反而会让孩子较少能够全面发展，并且更容易在运动中受伤。

此外，目前有种相当普遍的做法，就是把孩子交给专业人士进行培训，以确保他们日后在体育事业上取得成功。富裕的城镇经常有少年足球俱乐部，由领薪水的董事运营，由专业人员而非家长志愿者进行指导。有些父母甚至走得更远。例如，在佛罗里达州的 IMG 体育学院，未来潜在的体育明星们，不论他们从事的是团队运动项目如棒球、篮球、足球，还是个体运动项目如网球，从九月到来年五月，他们每周都要练习五天，每天则要练习四个小时以上。此外，他们每周还要接受密集的体能和心智训练。根据运动项目不同，从一年级到五年级，每年的学费加上食宿花费超过 7 万美元，而这还不包括额外的像豪华餐计划、语言教师和私人教练课程，还要多花上几千美元（IMG Academy, 2015）。最后，一些父母最终花费数十万美元培养孩子的体育明星梦，希望他们能够成为下一个小威廉姆斯（网球）、罗里·麦克罗伊（Rory McIlroy，高尔夫）或勒布朗·詹姆斯（LeBron James，NBA 篮球）。

给孩子施压想要其在体育项目上出人头地的父母，往往会引述一些研究来为自己的行为进行辩解；他们声称，研究表明，比起不参与体育运动的青少年，参与体育运动的青少年更不可能吸毒，更有可能在学校取得好成绩。他们相信，运动队过度有组织的模型，是一种有价值的教育方式，可以教给孩子们一些他们成长道路上必须具备的品质，如团队合作、责任感和自力更生。

但是，并非所有人都赞成让孩子们有这种专门化、压力大的体育经历。近年来，基层组织如雨后春笋般涌现，帮助家长和孩子在生活中找回放松的感觉，去做游戏、从事实践和其他活动（Tugend, 2006）。美国少年足球组织在其网站上提出建议，指导社区如何开展"沉默的周六"活动，这一天，教练不再指导球员，家长也不再指挥孩子为其加油。没有大喊大叫、没人喊脏话、没人冲裁判叫喊，这一活动的支持者宣称，孩子们毫无压力，尽情地自由玩耍。

就像我们在第九章中看到的，孩子从小起就要什么都好这一压力，反映了社会越来越关心年轻人在全球经济市场上的竞争能力。在当代儿童体育这个充满压力的世界，我们看到了大规模的社会变迁与日常生活之间的相互联系。

更严重的是，今天的孩子们在适应社会上，有着比过去的孩子们似乎更多的麻烦。骚扰、霸凌、辱骂、不尊重老师和帮派活动，成为很多孩子学校经历的常规元素。2011 年，17—18 岁的在校生中，有 120 万非致命的受害者，包括 64.9 万起盗窃和 59.7 万起暴力事件。全美老师约有 7% 受到学生的伤害或身体攻击。大多数公立学校现在都严格控制陌生人进入校园，要求教职员工佩戴有照片的身份证，限制学生访问社交网络，禁止学生在校使用手机，或是起用校园监控摄像头（National Center for Education Statistics, 2013c）。根据美国国家教育统计中心（NCES, 2012）公布的数据，每年有 24.5% 的公立学校高中生被暂时停学，另有 3.2% 被开除。而且被开除的还不只是十几岁的学生。一项全美研究发现，每年每 1000 名 3—4 岁大的学前班孩子中，就会有 7 名因品行不端而被开除，这一比例是 K—12 年级学生的三倍多（Gilliam, 2005）。

1990 年，美国约有 6.8 万名青少年因毒品犯罪而被捕；2011 年，这一人数增加到 15.3 万多（ProQuest Statistical Abstract, 2015）。根据全美学校心理学家协会（National Association of School Psychologists, 2013）的统计，5% 的高中生在校带枪，另有 7% 在校受到武器（如枪、刀或棍棒）威胁或受伤。难怪自 1980 年代末以来，44 个州都采用了新的法律，使法院尝试将更多的孩子视为成年人。1990—2008 年间，被关入成人看守所和监狱的青少年人数增加了三倍多（Minton & Sabol, 2009）。事实上，85% 的年轻罪犯都被关在成人监狱而不是少年拘留中心（Minton, 2013）。

世界上其他地区儿童的情况甚至更加危险：

- 据联合国儿童基金会（UNICEF, 2010）估计，全世界每年有 5 亿—15 亿儿童遭受暴力。每年有多达 2.75 亿儿童目睹家庭暴力。
- 1990—2013 年，全世界有 2.23 亿孩子没能活过 5 岁（UNICEF, 2014b）。
- 据联合国估计，全球约有 110 万儿童被剥夺自由，关押在监狱、军事设施、移民拘留中心、福利中心、教育设施（管教所）（C.

Hamilton, Anderson, Barnes & Dorling, 2011)。
- 超过 1.5 亿 14 岁以下的儿童在做童工,许多人都身处危险环境中,如矿山、农药和杀虫剂厂、重型机械厂。在世界上最贫困的国家,近四分之一的孩子们在从事具有潜在危险性的工作(UNICEF, 2015)。
- 在像中非共和国、乍得、刚果民主共和国、索马里和苏丹这些地方,超过 25 万儿童(有的只有 9 岁)一直受到剥削,充当儿童兵和参与武装冲突。其中 40% 是女孩(War Child, 2015)。

显然,社会变迁并不总是会让孩子们的生活像我们希望的那样无忧无虑。

社会变迁的速度

在遥远的过去,社会变迁往往极其缓慢,在一个人的一生中几乎察觉不到。家庭及社区传统,通常会横跨许多代。虽然今天存在的传统社会依然变化相对缓慢,但是后工业化社会中的变迁却是特别快速。甚至就在我写这本书的过程中,我都不得不在最后收尾时刻修改许多例子,因为事情突然发生了变化。2000 年代早期没有脸书、推特、Instagram 的那个时期,看起来已经像是一个怀旧的、逝去的时代。

由于我们生活的这个世界处于一种不断变化的技术状态,我们经常以为社会变迁是一个当代才有的问题。不过,请记住,社会学家和其他学者长期以来,对于社会变迁对人们的影响深表担忧。19 世纪社会学家涂尔干(Émile Durkheim, 1897/1951)认为,快速的社会变迁创造了一个规范的真空,他称之为"**失范**"(**anomie**),此时旧的文化规则不再适用。当事情变化太快:突如其来的经济变化、战争、自然灾害、人口爆炸,或者是迅速从传统社会进入现代社会,人们会迷失方向和体验到"失范",进而就会寻找新的规范来指导他们的生活。

普遍的失范会影响更大的社会。涂尔干认为，一旦变迁扰乱了社会规范，就会释放出我们的自然贪婪的冲动。没有规矩来约束我们无限的渴望，以及只有太少的资源来满足无限的欲望，使得在某种意义上我们注定要过一种令人沮丧的生活，因为我们在追求无法实现的目标（Durkheim, 1897/1951）。涂尔干认为，结果便是自杀率升高和犯罪活动增多，以及家庭、邻里、朋友关系被削弱。

但是，变迁也并不总是坏事。有时必须要有快速变迁，才能有效地应对变动的社会环境。例如，2000年代初那几年，全美学区大幅修改他们的课程，以应对互联网在学生日常生活中的突然崛起，从而彻底改变了美国教育的面貌。现在有70%的公立学校的老师，至少会在课上某些时间使用电脑（National Center for Education Statistics, 2010）。

今天的变迁速度也影响了社会学家做研究的方式。过去，美国社会被认为是一个相对稳定的社会，进行社会学研究相当简单。1950年代的大多数社会科学家都认为，可以对一些社会制度，如家庭或高等教育，进行5或10年的长时段研究；他们认为，到研究结束时，该制度仍然不会有多少变化（Wolfe, 1991）。今天若是再对制度的持续力量抱有这种看法，则其最后所得研究结果的真实性就很值得怀疑。

没有所谓永久的社会制度。因此，社会学家和当今社会里的其他人一样，不得不调整他们的思维和方法，以适应社会的快速变迁。

社会变迁的原因

变迁如此之快，很难确定社会的各个层面，使得社会学家也开始研究起变迁本身。他们追随涂尔干，追问是什么原因导致这些科技、文化和制度变迁？有时，大规模的变迁（从个体私人生活到整个社会制度），可能源自一个突发事件，比如2011年9月11日的恐怖袭击、2005年的卡特里娜飓风、2008年的全球经济衰退、2011年的日本地震和海啸，或者是2015年大规模的干旱（加州）和洪水（德州）。值得我们庆幸的是，这些重大事件比较少见。关注变迁的社会学家告诉我们，制度转型更有可能是随着时间推移各种社会力量合力所为，其中包括环境和人口压力、文化创新、技术和文化传播。

环境和人口压力 就像你在上一章中看到的，（本地和全球）人口的迁徙规模和形态本身就足以引发变迁。随着人口增长，越来越多的人或者进入城市，那里更容易找到工作；或者进入以往少有人住的地区，那里的自然资源比较丰富。

环境社会学家注意到，当人们前往未开发地区定居时，人类与社会结构、自然资源之间复杂的相互作用。例如，一位知名社会科学家认为，历史上的许多文明，如复活节岛民创立的文明、玛雅人创立的文明、格陵兰岛上挪威殖民者创立的文明，之所以会突然崩溃，是因为森林砍伐导致水土流失，最终导致食品短缺和政治及社会崩溃（Diamond，2005）。

即使开发新地区是为了进行粮食生产，也常会出现环境破坏问题。当然，改善食品供应会给世界各地的社会带来明显的好处。当今死于饥荒和营养不良的人数，比以往任何时候都少。但是，日益增长的全球粮食供应的积极作用，已被新式生产技术造成的严重环境危害所削弱。例如，过去几十年，杀虫剂的使用增长了 17 倍，严重威胁到用水安全。有些昆虫进化出抗药性，导致农药使用量增加。新作物品种往往要比老品种需要更多的灌溉，伴随而来的问题就是土壤侵蚀增多、水资源流失。随着对肉类产品的需求增加，牧场不断扩张，破坏了自然栖息地，取代了原生物种，污染了水资源。现代工厂化养殖的做法，使得疯牛病在英国到处扩散（Cowley，2003），影响到我们本章开篇提到的乔纳森·希姆斯等人们。

更广泛地说，砍伐森林和燃烧化石燃料（如煤炭、石油和天然气），一直是**全球气候变化**（**global climate change**，越来越多的二氧化碳排入大气，致使地球平均温度升高）的主要原因。我们已经看到气候变化的后果：极地的冰盖和冰川正在融化，海平面正在上升，动植物被迫迁出它们的栖息地，某些疾病（如疟疾）蔓延到高纬度地区。许多科学家认为，全球气候变化的长期影响，可能不仅会导致环境和自然栖息地出现前所未有的灾难性退化，还会导致21世纪最大的全球公共卫生威胁。例如，一项研究估计，在下一个世纪，世界各地的人们遭遇极端降雨和洪水的次数将会翻两番，遭受极端干旱的次数将会增长两倍，老年人的数量将会增加12倍（N. Watts et al., 2015）。

文化和技术创新　但是，面对人口和环境压力，人们也有可能以文化和技术创新（cultural and technological innovation）的形式，创造出更加正面的社会变迁。例如，自然灾害，如地震、飓风、龙卷风，经常促使人们想办法去改进应急响应技术、家庭安全产品、建筑设计，以改善每个人的生活。同样，对污染和全球气候变化的担忧，促使人们在行为上作出革新（如，回收利用和节约能源），发展可持续农业，建立环保、"绿色"产品和服务（节能灯泡、节水莲蓬头、可生物降解的洗涤剂），发展混合动力节能汽车，开发无污染能源如太阳能和风能。结果不仅可以在个人层面上感受到，还可以在社会层面上感受到，比如围绕这些创新出现的生态-效能环境可持续商业发展，就吸引了不少投资者。例如，美国劳工及环境保护非政府组织蓝绿联盟（BlueGreen Alliance, 2015），预计将会在清洁能源（风能和太阳能）、节能建筑、绿色制造、混合动力和电动汽车、改造升级全美公路和铁路上投资5000亿美元，从而可以在未来十年间创造出数以百万计的工作岗位。

有时，这些科学发现和技术发明会进一步促进社会创新。机动车安全性能上的改善，如安全气囊、安全带、儿童安全座椅和摩托车头盔，大幅降低了机动车死亡人数，并从根本上改变了我们开车出行的方式。氟化水使得成年人的牙齿脱落现象减少了40%—60%。在美国，更加安全而健康的食物，消除了营养不良疾病，如佝偻病、甲状腺肿、糙皮病（Centers for Disease Control and Prevention, 1999）。

通常，革命性的创新一开始看上去似乎都是微不足道。想象一下，要是没有矫正眼镜的发明，生活会是什么样子——它大大扩展了近视者和远视者的活动范围，培养了一种信念：只需一点聪明才智，就能克服身体限制。抽水马桶、内燃机、电视、电话、微芯片、核聚变、有效避孕工具的发明，一直都在扮演着决定人类历史进程的角色。有时候，最小的创新会产生最大的影响：据一位作者所说，没有机械制造的精密螺钉，这是将两个物件连接到一起最耐久的方式，整个科学领域都会停滞不前，常规的海上贸易也不复可能，也不会有机床，因而也就不会有工业产品和工业革命（Rybczynski，1999）。

但是，社会制度有时也会放慢速度去适应科技创新。例如，不孕症的治疗。人工授精、试管授精、代孕母亲和其他医学进步，使得许多不孕不育者都有了后代。越来越多的同性伴侣接受不孕治疗有了孩子。根据全美最大的精子银行之一提供的数据，约三分之一的客户是同性恋夫妇（Holson，2011b）。然而，这些技术的发展正在改变为人父母的面貌，社会必须应对这些技术引发的伦理、道德和法律问题。例如，近50万通过试管授精的胚胎，继续冻结在全美生育诊所。它们所属的许多夫妻都不再需要它们，因为他们已经有了孩子。但是，目前尚不清楚的是，应该如何处理这些胚胎。有些夫妻出于道德或宗教原因反对破坏它们。大多数夫妻并不想将其捐赠给其他夫妇，因为它们在基因上与自己的孩子相连。（事实上，州和联邦法规使得很难将其捐赠给其他夫妇，因为法规要求捐助者回到诊所接受传染病测试。）还有人愿意捐献它们用于研究，但这一选择并不总是可行（Grady，2008）。

当技术在生育过程中发挥作用时，家庭和生育的定义也变得越来越复杂。代孕母亲（一种安排：一个女人愿意怀孕生出孩子交给别人抚养）的出现，将母亲分成三个不同角色，由三个不同的人来扮演。基因母亲（提供胚胎生长的卵子的人）、妊娠期母亲（怀孕生子的人）、社会性母亲（抚养孩子的人）。如果我们再往里面加入一个基因父亲和社会性父亲，你就会看到，有时要确定法定监护权会有多难。在是否承认和许可执行代孕协议上，州与州之间几乎没有统一的规范。一些州认可代孕合同，另一些州则认为生孩子的女人是母亲，只有在签署合法收养孩子的文件后才能改变这一决定（Shapo, 2006）。

此外，一些技术创新，原本是为了改善我们的生活，结果却以一种出人意料的、有时则是危险的方式，改变了人们的行为。考虑下面这些例子：

- 毫无疑问，在治疗传染病上，抗生素的出现是一个革命性进步。但是，医生很快就开始出于安全起见，为小病开抗生素处方。由于滥用抗生素，一些传染病和非常危险的微生物对药物产生了耐药性。据美国疾病控制和预防中心（Centers for Disease Control and Prevention, 2014a）保守估计，每年至少有 200 万人发生严重的耐药性感染，直接导致至少 2.3 万人因此死亡。死于耐药性感染并发症引起的其他状况的人则更多。
- 低焦油、低尼古丁含量的香烟减少了危险物质的数量，但是这样做也是在变相鼓励人们继续吸烟。
- 根据美国国家公路交通安全管理局（National Highway Traffic Safety Administration, 2014）的统计数据，2013 年，在因司机分心而造成的机动车事故中，有 3154 人死亡，42.4 万人受伤。在白天的任一时间，都会有约 66 万名美国司机在驾驶时使用手机或操作电子设备。司机开车发短信引发事故的风险是其不这样做时的 23 倍（引自 Federal Communication Commission, 2013）。
- 混合动力汽车不仅减少了空气污染和对化石燃料的依赖，也减少了噪音污染。然而，行人和骑车人有时很难听到这些车开过来，从而增加了被撞或被碾压的风险。在十字路口、停车场和其他汽车行驶缓慢的地方，行人和骑车人被混合动力车撞到的机会是后者正常行驶速度的两倍。为了解决这一问题，制造商开始销售仿造汽车噪声，好让粗心的行人和骑车人听到车来了（Mihm, 2009）。
- 我们中的许多人都很享受用智能手机支付商品和服务的那种便捷

性。但是,现在一些商家(从咖啡馆到美容院)增加了一个"来点小费"的触屏,上面列有一系列选项,让客户感觉就像是在强迫他们付出比其认为适当的更多的小费(Stout, 2015a)。

- 无人机改变了感知和记录我们生活的这个世界的方式,为灾后重建、监管非法偷猎和重新造林作出了重要贡献。但是,当它们变得更受欢迎时,它们却也开始对公共安全构成极其严重的威胁,因为它们飞行的高度接近直升机和商用客机。

技术及其对隐私的侵犯 计算机彻底改变了我们的生活,使采购、沟通和信息收集变得简单和高效。尤其是无线通信技术,几乎消除了时间和地点对我们的约束,无论我们是在与朋友交谈、为完成社会学作业而研究一个感兴趣的主题、寻求指导作出一个重要决定、在一个新社区找到一家好的泰国餐厅,或者只是正常开展日常业务。

在某些方面,互联网的匿名性,使得人们敢于去做或说如果被人认出他们就不会做的事或说的话。例如,匿名允许持不同政见者和告密者对强大的个人和组织发表批评言论,如果他们的身份为人所知,他们是不愿发布的。但是,有时也会有人在线发布一些煽动性和威胁性的信息(Bazelon, 2011)。过去几年,追思网站深受欢迎,距离遥远的哀悼者可以把对死者的记忆,从简单的文本信息做成多媒体演示放在网上(Holson, 2011a)。但是,这些网站的匿名性和即时性,也直接导致一些人说死者的坏话(换作不是匿名状态他们是不会说的)。愤怒的长篇大论、琐碎的侮辱、乱伦或犯罪活动的指控、披露通奸的帖子是如此常见,以至于一些网站不得不雇用全职安检人员,过滤对亡者的人身攻击和不当评论(Urbina, 2006)。

我们对无线通信的依赖,也使我们的隐私更容易受到侵犯,从而创造出一位社会学家所说的"监视文化"(**culture of surveillance**; Staples, 2014)。今天,我们的生活都被公共机构和私人公司追踪,其中有些时候会征得我们同意,但绝大多数时候都不会。每次我们上网、使用我们的手机、注册我们的汽车，或用信用卡购物，我们的私人信息就会被公开，从宗教信仰、政治信仰、年收入、受教育程度，到我们的休闲娱乐喜好及购物习惯。有着数十亿美元商机的数据挖掘行业中的公司，会收集相关的个人数据和行为数据，并将其出售给有意购买的客户。

2013年，美国安全局的一个前承包商，泄露了关于政府监控程序的大量细节，包括监听公民电话、查看电子邮件和短信。此外，美国政府一直在与各种私人公司和大学研究团队开发一种自动化数据采集系统（所谓的"天眼"数据），专注于收集人们的通信、消费和运动模式。它监控公开可得的数据，包括"网络搜索查询、博客、互联网流量、金融市场指标、交通网络摄像头和维基百科条目变化"（Markoff, 2011, p.1）。2014年，美国最高法院试图扭转这一趋势，裁定警察必须获得许可方能搜查被他们抓捕者的手机。

尽管大多数人都意识到，在当今这个无线连接的世界，想要确保完全的隐私是一种幻觉——近来一项调查发现，91%的受访者认为，我们已经失去了对企业如何收集和使用个人信息的控制（Madden, 2014）——但是，我们的生活仍对电子图书保持开放心态。一方面，我们很容易忽视这样一个事实：互联网从来不会遗忘；它会保留你发布的每一点信息，使得一个人想要忘记自己的过去都不可能。就像一位专栏作家所说：

> 每一天，我们中那些生活在数字世界中的人都会失去一点有关自己的信息。可能是在社交网络脸书和 LinkedIn 上。也可能是在存储我们的电子邮件、谷歌搜索、网上银行和购物记录的服务器中。
>
> （Friedman, 2012, p.5）

如果你在过去几年申请过工作，你就会清楚地知道，雇主通常都会在网上搜索有关求职者的信息。在医学领域，美国卫生和人类服务部用一个名为"国家执业医生数据银行"的网站来帮助潜在的雇主。在这一网站上，全美医师认证委员会、医院和其他卫生保健机构，可以查询医生的执照是否已在另一个州被吊销，或者医生是否受过处罚。

在互联网出现之前的时代，人们在进入成年后，基本上都会把"孩子气"和年轻时的越轨之举忘在脑后。没有人会知道你年轻时吸烟很多、在商店里有过一些小的顺手牵羊举动、说过一些很蠢的话、跟着全美巡演的即兴表演乐队 Phish 一跑就是一年半，或者是睡觉时跑错屋和不认识的人睡在了一起。然而，今天，这些经历都会被永久地保存下来，让人想忘都忘不掉。

网上可以找到这么多私人材料，以至于虚假或误导性信息的发布会迅速损及他们的名誉。所以这只是一个时间问题，人们终会想出办法来对付互联网监视，或者使其对电子邮件内容的分析变得更加困难（K. Murphy, 2012）。你现在可以从数百个"在线信誉经理"（online reputation managers）中进行选择，他们会帮你删除负面帖子，清掉谷歌、脸书或推特上不受欢迎的搜索结果，广泛监控客户的数字图像。

而且不只是互联网会侵犯我们的隐私：

- Nordstrom、Cabela's、Family Dollar 等大型零售商店，会使用视频监控和手机信号追踪顾客在店内的行为，包括他们在店里都浏览了什么商品、在购买商品前在考虑商品上花了多少时间（Clifford & Hardy, 2013）。
- 由于数字存储的日益小型化和变得越来越便宜，微型摄像机可以记录和监测我们生活中的几乎每个方面："从保姆和熟睡的婴儿，到停车场里的恶意破坏行为，再到在壁炉前等待圣诞老人"（Hardy, 2014, p.A1）。
- 有近四分之三的美国雇主都对其员工使用了某种形式的电子监控，全美四分之三的学区都给学生佩戴有射频识别腕带，这样就可监视他们在校内的行动。然而，在有些州，这些设备只有囚犯才会被迫佩戴（Staples, 2014）。

- 超过一半的美国大学都在使用某种类型的反学术剽窃工具,去监控学生和他们的学习,这样就可确定学生有无作弊行为。佛罗里达中央大学的监考老师,在看到学生疑似在作弊时,会用头顶的摄像机放大作弊学生的照片,将其图像传输到光盘上留作证据(Gabriel, 2010)。

正如你可以看到的,技术创新是一把双刃剑。它能够使我们的日常生活变得更加高效、方便。但是,它也会削弱我们最喜欢的东西:我们的个人隐私。

技术和文化实践的传播 社会变迁的另一个原因是文化传播(**cultural diffusion**):文化传播是一个过程,它可以将信仰、技术、习俗和其他文化项目,从一个群体或社会传播到另一个地方。你可能没有意识到,我们日常生活中大部分认为理所当然的方面,最初都是来自其他地方。例如:睡衣、时钟、马桶、玻璃、硬币、报纸、肥皂,最初都是从别的地方传入西方文化(Linton, 1937)。甚至有不少英语单词也是传来的,就像下面所举的这些例子:

- 代数(algebra,来自阿拉伯文化)
- 解剖学(anatomy,来自希腊文化)
- 面包圈(bagel,来自犹太文化)
- 烤肉(barbeque,来自泰诺文化即印第安文化)
- 偏僻地区(boondocks,来自菲律宾塔加拉族文化)
- 双体船(catamaran,来自泰米尔文化)
- 不法掮客(coyote poncho,来自西班牙文化)
- 炸药(dynamite,来自瑞典文化)
- 医学(medicine,来自拉丁文化)
- 狩猎旅行(safari,来自斯瓦西里文化)

- 大亨（tycoon，来自中国文化）
- 时尚（vogue，来自法国文化）
- 酸乳酪（yogurt，来自土耳其文化）

文化传播的发生，经常是因为一个社会认为另一个社会的文化或技术对其有用。然而，文化传播过程并不总是友好的，你可能还记得第十章中讨论的殖民化。当一个社会的领土被另一个社会占领，土著居民就要被迫适应入侵者的习俗和信仰。当欧洲人征服了新大陆后，印第安人被迫放弃他们的传统生活方式和变得更加"文明"。成千上万的印第安人都死在这一过程中，不仅是因为暴力冲突，还因为营养不良和征服者无意中带来的新疾病。文化传播不论是请来的还是强加的，效果都一样：一连串的社会变迁，影响到个体和更大的社会结构。

社会运动

谈论社会变迁的来源或其文化、环境和制度后果时，有一个危险，即我们往往会把变迁视为一种纯属宏观层面的结构现象，当成一种发生在我们身上的事物，而不是我们创造的事物。而事实上，社会变迁并非天堂里伸出的一双隐形巨掌，可以任意改变我们的日常生活方式。说到了，它还是人类行为促成的一种现象。

大量个体促成的集体行动，一直是社会变迁的主要代理人，不管其采用的形式是母亲们在华盛顿特区游行要求立法管制枪支，还是人们在国会大厦外示威集会要求立法者通过一项"道德"预算，或者是学生们在哈佛大学校长办公室前静坐，要求学校支付蓝领工人更高的工资。当人们组织起来将他们的行动扩展到超出其原有群体，他们就可能会成为**社会运动**（social movement）的核心，有能力改变社会：

> 伟大的运动改变了历史的进程……迫使精英进行改革（否则他们是不会这么做的）……就像在美国内战中，《第十三条修正案》的通过，终结了奴隶制。或者像在 1930 年代，国家政府最终授予工人组织起来的权利，并开始执行第一个政府收入补助计划。或者像作为对民权运动的回应，废除了南部［的种族隔离］制度。或者像反战运动，帮助迫使美军撤出了东南亚。
>
> (Piven, 2013, p.12)

潜藏在所有社会运动背后的是对社会变迁的关注，也可说是一种欲望，一种激发它或是在它开始出现前阻止或逆转它的欲望。这一欲望有多种表达方式，从签署请愿书、参与公民示威活动、捐款、选举期间进行的竞选活动等和平活动，到骚乱和推翻政府等暴力活动。

社会运动的类型

根据社会运动目标的性质，可以将其分为改革运动、反向运动和革命运动。**改革运动**（**reform movement**）试图改变社会中的受限之处，但不寻求改变或取代主要的社会制度。以美国 1960 年代的民权运动为例。它并没有呼吁全面改革美国的经济体系（资本主义）或政治体系（两党民主）。相反，它提倡进行带有更多限制的改变：开放现有制度，让少数族群成员全面而平等地参与其中 (DeFronzo, 1991)。同样，反越战运动质疑政府政策（在此过程中导致约翰逊和尼克松两位总统下台），但它并未试图改变政府本身的形式 (Fendrich, 2003)。其他改革运动的例子包括妇女运动、核冻结运动、工会运动、学校祷告运动和环保运动。茶党运动（Tea Party movement）也是一个改革运动，它出现在 2009 年，支持个人自由和有限政府的价值观。2010 年，他们的主张引起了足够多选民的共鸣，一些茶党候选人还赢得了国会选举（但他们在随后的选举中没能取得成功）。尽管茶党表达了渴望废除联邦政府的想法，认为联邦政府是失控的开支、债务和赤字的根源所在，但是他们帮助推举上位的政治家们，还是必须将变革限定在政府的现行制度内。

由于改革运动寻求改变现有社会制度的某些方面，所以它们通常都会遭到一些人和群体的反对。**反向运动**（**countermovements**）旨在预防或逆转早前运动所要求或者完成的变革。当改革运动不断壮大、其目标眼看就要实现因此被视为是对个人和社会利益的一个威胁时，反向运动最有可能在此时出现（Chafetz & Dworkin, 1987; Mottl, 1980）。

例如，1980、1990年代出现的一个保守的社会反向运动，通常被称为"宗教右翼"或"基督教右翼"，它是由其成员越来越多地感知到美国社会中发生的巨大社会动荡所激起的：传统角色和价值观崩溃，共同挑战现有制度如教育、宗教和家庭。尽管"宗教右翼"成员将这些变化归咎于1960、1970年代的民权、反战、学生运动和女权运动（Klatch, 1991），但是他们认为女权运动尤其危险。事实上，"宗教右翼"的领导人（在现今时代）第一个表达了这样的观念：推动女性平等，导致许多个体女性的不快乐和美国家庭的弱化（Faludi, 1991）。堕胎合法化、高离婚率、与职业母亲一起长大的儿童的人数增加，往往被视为证据，表明家庭生活的道德基础正在受到侵蚀（Klatch, 1991）。时至今日，由于早些时候改革运动的发展，"基督教右翼"对改变性别定义的恐惧，促使他们采取行动：

> 在一个性解放充斥美国文化的时代，当女性在企业晋升阶梯上攀爬和养更少的孩子、主流教会授予女性和同性恋者圣职时，保守的福音派则在抓紧时间进行反攻。许多人自称"男女互补论者"（complementarians），这表明他们认同上帝给男女两性安排了互补（而非相同或灵活可变的）角色这一信念。
>
> （Worthen, 2010, p.54）

过去几十年，"宗教右翼"在转变国家和社会的情绪上取得了一些成绩。它于 1980 年首次获得合法性，当时它所支持的总统候选人和几位参议院候选人赢得了选举。1994 年保守的共和党人接管国会后，再次确认了它的影响。随着小布什获得连任（他支持"宗教右翼"提出的许多主题），它甚至获得了更多的权力和可见性。今天，它仍然是共和党内一个强大的和有影响力的组成部分。

近来，"宗教右翼"将其注意力转向反对同性恋群体日益增多的可见性及其政治利益上。通过国家组织，如鹰论坛（Eagle Forum）、基督教联盟（Christian Coalition）、基督教的声音（美国）[Christian Voice (USA)]、家庭研究理事会（Family Research Council）、传统价值联盟（Traditional Values Coalition）、关注美国妇女组织（Concerned Women for America）、关注家庭（Focus on the Family），以及美国许多较小的区域组织，它已经在州府和地方层面取得了一些显著的胜利。它成功地影响了公立学校设立的课程，促进了反对同性恋权利立法。甚至是在 2015 年最高法院在全美范围推翻了同性婚姻禁令后，各种保守的宗教和政治组织纷纷发起战略反击，包括呼吁加强法律保护那些因其宗教信仰而想要避免参与同性婚姻的人，四处游说提议修改宪法推翻最高法院判决（Eckholm, 2015）。

多年来，"宗教右翼"在限制堕胎上一直做得卓有成效。尽管大部分美国公民仍然支持合法堕胎权（Lipka, 2015），但在过去二十多年里，几乎每个州都颁布了新的限制措施，如强制性的等待时间、妊娠期限制、州强制规定的咨询、配偶同意、父母知情（Alan Guttmacher Institute, 2013）。近年来，堪萨斯、德克萨斯、俄克拉荷马和印第安纳等州立法机构，成功地通过严格的法律，让女性更难进行堕胎，或是对堕胎感到更不舒服，比如要求医生给女性看胎儿的照片，或者规范诊所可用设备的数量和类型及药物。极少有医学院或妇产科实习项目会提供堕胎技术训练，尽管来自医科学生倡议群体的压力已经使得一些项目重新将堕胎技术纳入课程（Bazelon, 2010）。

鉴于这样的外在环境，并不奇怪，堕胎服务变得越来越少。美国所有的县约有89%（南部和中西部地区的县约有94%）都没有可以做堕胎手术的地方。这些县里的女性人数占全美女性的38%。在全美范围内，堕胎提供者的数量在1982—2011年间下降了约44%（Alan Guttmacher Institute，2014；Henshaw & Finer，2003；Kaiser Family Foundation，2008）。此外，过去20年里，合法堕胎的比例也在稳步下降。1990年，15—44岁的女性每1000人中约有27人堕胎；今天，这一人数是17.7（ProQuest Statistical Abstract，2015）。

时至今日，女权运动、同性恋权利运动和"宗教右翼"运动都仍相当活跃，从而在美国的政治舞台上制造出大量冲突。然而，重要的是要记住，所有这些活动都是在现行社会制度下追求自己的利益。相反，**革命运动**（**revolutionary movements**）则试图推翻整个系统，无论是政府还是现行社会结构，用一个新的来代替（Skocpol，1979）。1776年的美国革命、1789年的法国大革命、1917年的俄国革命、1979年的伊朗革命和1996年的阿富汗革命运动，都是推翻现有政府创立新社会秩序的例子。

基本社会制度方面的革命性变迁，可以通过非暴力手段，如和平罢工、民主选举和公民抗命等方式发生。然而，大多数成功的革命都会涉及某种程度的暴力，这些暴力既来自革命的运动参与者，也来自反对革命的群体（DeFronzo，1991）。

社会运动的组成

无论属于哪种类型，社会运动的发生都是因为人们对自己所处的状态不满意，认为社会无法满足他们的需求。运动的发展通常是在人口中特定部分人群认为，社会资源（如政治权力、高等教育、最低生活工资、法律正义、医疗卫生、干净卫生的环境等）分配不均不公之时（R.Brown，1986）。人们相信他们有道德权利去满足他们未满足的期望，而若没有他们这一努力，就可能永远无法得到这一满足感。这种看法往往是基于过去在体制内行事时遇到的失败经历。

当个体和群体都产生出这种挫败感并经历了不公平的互动，现有系统就会开始失去其合法性（Piven & Cloward, 1977）。人们过去经常认为自己是无助的，现在则开始相信，作为一种社会运动，他们有能力改变现有状况，进而极大地改进他们的生活和别人的生活：

- 2006年，一家名为MomsRising.org的网站宣告成立，目的是让母亲们在一起谈论改变公共政策的方法。在全美的"家庭聚会"（house parties）上，小群体的母亲定期会面，讨论如何在家庭休假、支付股权、健康保险、儿童保健、课外活动等问题上游说立法者（St. George, 2007）。现在，它们在全美拥有超过100万会员，有一个读者超过300万的博客/社交媒体，而且已经改变了几个州的带薪产假政策（MomsRising.org, 2015）。
- 在全美几十个城市，日劳动力（通常都是移民聚集在众所周知的地方，像街角或停车场，等待建筑承包商和园艺工、水管工或其他潜在工作的雇主为其提供一天的工作）组织起来，设定自己的最低工资（S. Greenhouse, 2006）。
- 全美农场移民工人组织起来寻求改善他们的工作条件：在佛蒙特州，他们在乳制品行业举行抗议，赢得假期并改善了住房条件；在加州，他们通过告诉消费者：产品是在非剥削性条件下种植出来的，来解决消费者的担忧；在佛罗里达，他们说服大公司，像汉堡王、麦当劳和沃尔玛，给其提高工资（S. Greenhouse, 2015）。
- 在芝加哥，公立学校的教师动员家长，击败市长赢得了合同，不仅给他们提供了更多的工作保障，还提高了学校的教育质量（Piven, 2013）。

意识形态　任何成功的社会运动都必然会有一种意识形态（**ideology**）：一个可以证明其存在合理性的信念、价值观和想法的连贯系统（R. W. Turner & Killian，1987；Zurcher & Snow，1981）。意识形态可以实现几个功能。第一，它有助于用道德术语形塑议题。一旦人们感知到自身立场具有道德正义，他们就会变得愿意冒被捕的风险、不计个人在金钱上的成本，或是有更多的好理由。第二，意识形态界定了群体利益，有助于识别人们是支持者还是反对者，进而创建出可以识别的"好人"和"坏人"。第三，意识形态通过为参与者提供运动的具体目标是什么或应该是什么，为参与者提供了一种集体感。

考虑一下反堕胎运动（或称"支持生命优先运动"）。它的意识形态取决于几个关于孩子与母亲本质的假设（Luker，1984）。例如，它假设每次怀孕都是神的旨意，所以堕胎违反了上帝的旨意。这一意识形态也指出，生命始于怀孕，所以胎儿是一个人，拥有宪法赋予的生命权，而每个人的生命都应受到重视（Michener, DeLamater & Schwartz，1986）。这一意识形态强化了拥护者的看法：堕胎是不道德的、邪恶的，是一种不负责任的自我纵容。

意识形态动员支持社会运动的力量大小，往往取决于其所置身其中的更广泛的文化和历史背景中。例如，2003年美国逐步侵略伊拉克时，积极的反战分子可以通过这样一种意识形态："美国是带有敌意的侵略者"，形成有利论据去阻止战争。毕竟，我们入侵的伊拉克，既没有直接威胁到美国，也没有进行大规模的军事动员，更没有参与策划或实施"9·11"袭击促成我们的军事行动，同样也没有窝藏参与其中的人。在国际上，"9·11"后我们曾收到短暂的同情之声，但是很快形势就发生了逆转，越来越多的人都认为美国是一个全球恶霸，无视其他国家人民的利益。绝大多数国家，这里面既有我们的宿敌，也有我们的盟友，都强烈反对这一入侵行动。

然而，美国"9·11"后的文化背景混杂了愤怒、恐惧、挥之不去的震撼、高涨的爱国主义，使得许多美国人无法忍受放弃军事行动的意识形态。有关1960年代末和1970年代初反战抗议者对从越南战场归来士兵的敌意的长久记忆，更使这一反对运动复杂化。反战活动家不得不在反对美国侵略和支持那些响应国家号召入侵他国的年轻男性和女性这一夹缝间小心行事。在这样的背景下，2003年反战运动的意识形态（主张采用外交的、反思的、有所节制的方法）听起来也就显得不够爱国、疲弱和不恰当，更不用说不忠于在"9·11"袭击中丧生的成千上万的人们。不足为奇的是，这一反战运动并未能阻止战争爆发。

虽然意识形态可能会吸引人们加入运动，但它必须通过人际网络（朋友、家人、同事和其他联系人）进行传播（Zurcher & Snow, 1981）。事实上，对一些人来说，运动的意识形态是次要的，重要的是对其他社会因素的考量。若非熟人介绍，潜在的参与者不可能加入进来（Gladwell, 2010）。社会运动的意识形态领导人可能想要相信，参与者的加入是被运动的"起因"吸引而来，但事实上，参与者多是因为有朋友或熟人说服他们才加入进来（Gerlach & Hine, 1970；Stark & Bainbridge, 1980）。

有时需要采取的促进或维持特定运动的活动，会与运动自身的意识形态目标背道而驰。例如，成功的政治革命的领导人很快就会意识到，要想管好他们现在控制的国家，必须创建高度结构化的官僚体系（不像那些已被他们推翻的）。在帮助推翻连着统治30年的独裁政权两年后，埃及民主运动的领导人发出最后通牒，要求新上任的民选总统穆罕默德·穆尔西（Mohammed Morsi）下台，最终穆尔西在埃及军方的施压下宣布辞职。

此外，一个界定不明、表达不清的意识形态（或者是一个定义太过宽泛的意识形态），可能最后反而会抑制运动有任何进展（而原本则是可以有所作为的）。例如，"占领华尔街"运动（Occupy Wall Street movement）在2011年引起巨大关注。"我们是99%"（"We are the 99%"）成为一个受欢迎的呼吁全美经济正义的口号。在2012年的总统竞选中，奥巴马总统站出来支持它，众议院少数党领袖南希·佩洛希（Nancy Pelosi）也是如此。但是，这一运动却从未能维持相同级别的兴趣或有效性。尽管其总体目标是减少经济上的不平等，但它倡导的一系列具体目标则包括：减少企业在政治中的影响，收入分配更加平衡，创造就业机会，银行改革，减免学生负债，住房改革，等等。此外，它还扩大了自身目标，包括保护孟加拉国工人和团结土耳其、巴西、希腊的抗议者。一些批评人士和运动自身成员认为，其意识形态范围太过宽泛无力，以致无法有效地影响政策的制定。

改革运动和反向运动的参与者，也可能会作出与运动的意识形态的信念相冲突的行为。"宗教右翼"运动支持家庭、支持母亲的立场，本意显然是为了扭转女权主义议程。但在运动早期，很明显，要想成功，就必须争取知名女性反对女权主义政策。支持"宗教右翼"的女性经常不得不离开她们的家人，进行全国巡回演讲，并展示其自主能力，而这样的个性与她们公开提倡的传统女性模式恰好相反。注意以下对"基督教右翼"运动中一位受欢迎的女部长的描述，这些描述完全可以适用于任何一位现代职业女性：

> ［夏勒·］普里西拉（Shirer Priscilla）现在每年接受 300 场演讲邀请中的约 20 场，她出版有一系列《圣经》研究手册和相应的 DVDs……平日里都由杰里［Jerry，她的丈夫］做家务和照顾孩子，这样普里西拉就可以进行研究和写作。杰里和他的妻子到处旅行。只要有可能，他们就会在她的演讲旅行中带上他们的儿子，但他们更常做的则是将他放在杰里母亲那儿。
>
> （Worthen，2010，p.54）

具有讽刺意味的是，社会运动有时也会需要群体外部的个体参与进来，而他们所享有的利益则正是运动想要争取的。例如，在 1950 年代和 1960 年代的民权运动中，在阿拉巴马州和密西西比州成功地支持黑人投票权的运动参与者中，有很多都是来自北方的中产阶级白人大学生。同样，直到主流宗教组织、劳工组织、大学生纷纷介入"生活工资运动"（living wage movement，一场要求市县支付低薪工人的工资数目高于联邦最低工资的运动），这一运动才最终取得成功。现在，约有 75% 的美国人支持将联邦最低小时工资标准从 7.25 美元提高到 12 美元（National Employment Law Project, 2015）。迄今为止，已有 29 个州和哥伦比亚特区，以及 21 个市县，设定的最低小时工资都高于联邦标准。"争取 15 美元"运动（Fight for $15 campaign），鼓励全美工人向他们的雇主要求一小时 15 美元的最低生活工资。因此，如西雅图、洛杉矶和旧金山等城市，都将其最低小时工资上调到 15 美元。

当其利益与运动目标相反的人们也发声支持运动，社会运动的意识形态就会获得更多的认同。2000 年代中期反对伊拉克战争运动开始兴起，不是因为人们反思了原初的反战意识形态，或是他们突然注意到了街头示威和集会。相反，它的兴起是因为许多在伊拉克打仗知道一手消息的美国士兵，经常在可能受到纪律处分的威胁下开始公开反对战争（Houppert, 2005）。战士们了解战争实情的方式是平民抗议者所无法知晓的（Utne, 2006）。在前线，有些人甚至公开发言，每日写博客批评军事装备设施和资源、我们对伊拉克叛乱分子缺乏了解但却最终陷入战争（Finer, 2005）。在战争的早期阶段，像 Operation Truth、Gold Star Families for Peace、Iraq and Afghanistan Veterans of America 等组织的成员，都出现了增长（N. Banerjee, 2005）。

此外，那些受特定社会条件所限处于弱势地位的群体，可能不会像其他人一样积极有效地宣传运动的起因，因为他们缺少成功运动所必需的金钱、时间、技能和联系。例如，历史上，从环境改善中受益最大的人（又穷又脏社区的人们），从未参与环保运动。这些社区的居民，往往把环保主义者视为中产阶级和中上层阶级中人，其社区相对未受污染、不会理解他们社区的担忧（Bullard, 1993）。没有人希望垃圾场、垃圾填埋、焚化炉或污染企业出现在他们的后院。但是，如果它们是地方上唯一的企业，可以为当地居民提供稳定的就业，那么贫困社区除了支持它们，自是别无选择。因此，他们经常担心外来的环保主义者会带走他们的就业和经济生计。然而，最近许多贫困社区的成员都加入了环保运动，动力不是来自"拯救地球"这样的意识形态，而是一个与其自身更直接相关的意识形态：强调他们接触这些污染环境是一种不公平和歧视之举。就像当地一位成功的活动家所说："这里的人们不会在屋顶上安装太阳能电池板或驾驶混合动力汽车普锐斯（Prius），但是他们可以要求制度变迁，以及良好的商业行为。"（引自 Breslau，2007，p.69）在一些欠发达国家，贫困社区动员居民反对商业树种种植、石油开采、采矿或大坝建设，这些项目被认为会危及人民的生计（Martinez-Alier，2003）。

不断升高的期望　你也许会认为，重大的社会运动，特别是革命，最有可能发生在许多人的生活都快过不下去、最绝望的时候。当然，看到事情难有好转、认为政府不愿或无法满足他们需求的大量弱势群体成员，是任何大规模变迁运动都必不可少的一个因素（Tilly，1978）。

但是，一些社会学家认为，当社会环境开始改善而非它们最糟糕的时候，社会运动实际上更有可能出现（Brinton，1965；Davies，1962）。不断被剥夺不一定会让人想要反抗。相反，他们更有可能忙于想法维持生存，而非走上街头去示威抗议。然而，生活条件有所改善，使得人们的期望不断升高，被剥夺者就会发现，他们完全可以生活在一个不同的社会，从而引发大规模变迁的期望。就像一位历史学家所说："具有讽刺意味的是，革命发生的时候，事情似乎正在变得越来越好——此时人们意识到他们可以更多地控制自己的生活。"（引自 Dokoupil，2011，p.7）当这些新的期望得不到满足，被剥夺的人们就会变得愤怒。他们期望的与他们现有的之间的差距，让人感觉无法忍受。尽管他们的实际情况可能比过去更好，但他们的处境与他们的预期相比，现在却似乎要更糟（Davies，1962）。这种挫败感会让参与抗议或革命活动的可能性变得更大。

资源动员　任何时候社会中都会有许多问题需要解决，民众的不满情绪也是年复一年地或多或少。然而，如果维持社会运动只需要不满足和沮丧感就足矣，那么"大众就总是会起来造反"（Trotsky，1930/1959）。对社会运动来说，从开始、获得支持到实现目标，还需要什么？

根据**资源动员理论**（**resource mobilization theory**）的看法，关键因素是有效的组织。任何社会运动要想发生，都必须有一个有组织的系统，可以获取所需的资源：资金、劳工、参与者、法律援助、媒体宣传，等等（J. D. McCarthy & Zald, 1977）。运动在实现其目标上能走多远，取决于其扩大队伍的能力、得到大规模公众支持的能力，及其将那些加入者转变成忠诚的参与者的能力（Zurcher & Snow, 1981）。

大多数大规模和长时间的社会运动，都会有一个国家性乃至国际性的联盟组织。这样广泛分布的组织，通过高效的人员和资金招募，使运动变得更加强大和有影响力。历史上持续时间最长的运动，如女权运动、反堕胎运动、民权运动、环保运动等，都曾得到大型组织的支持。全美妇女组织（National Organization for Women）、基督教联盟（Christian Coalition）、全美有色人种促进协会（NAACP）、塞拉俱乐部（Sierra Club）等，都在华盛顿有全职说客或政治行动委员会将它们与国家政治体系连接到一起。极少有哪项运动能在没有这样联系的情况下取得成功，因为实现社会变迁通常都会需要改变法律，或者是说服法院以特定方式去解释法律。

高度有组织的社会运动，会使用一个稳固的通讯网络（J.D. McCarthy & Zald, 1977）。运动需要一个有效率的系统，既可以为所有参与者提供信息，也可以进行招募和筹款（Tarrow, 1994）。能够迅速动员起大量人员，比如说"快闪族"（flash mob），去首都游行，取决于有能力告诉他们将会发生什么、它将在何时何地发生。现代社会运动必须使用网站、脸书、推特、直邮战略、网络电话和计算机系统才能成功。

在 2011 年发生的所谓"阿拉伯之春"（Arab Spring）中，反政府抗议者在埃及、突尼斯、也门、摩洛哥、利比亚、叙利亚、巴林、沙特阿拉伯、约旦和其他地方，使用推特、脸书、YouTube，动员集体行动，并将他们的困境拍成图片发布到全世界。手机代替传统媒体中的记者，成为世界各地抗议活动的"眼睛和耳朵"（Preston & Stelter, 2011）。媒体采用各种不同的方式，称呼这一运动为"脸书革命"、"推特革命"、

"Keystroke 革命"。

今天，运动的组织者在不用脸书、推特、Instagram、YouTube 的情况下想要动员人们获得支持，将是不可思议的。考虑一下最近发生的一场运动：人们抗议白人警察对有色族群成员过度使用致命武力，有些人称其为"21 世纪的第一个民权运动"。它始于 2014 年网上流传的一张图片：在密苏里州弗格森市，手无寸铁的黑人小伙迈克尔·布朗，被一名协警当街开枪打死，鲜血从布朗的头部往下流出。类似这样的事件几十年来一直屡有发生，但是直到最近出现的这一运动，才成功地借助社会媒体传达出一种信息：这类事件代表一种国家传染病：

> 它们的创新一直将社会媒体的优势：通过主题标签可以快速创建道德共识、一个有魅力的在线角色可以与追随者进行个人连接、广泛的网络便于上传纪实照片和视频，与迅速动员每个有警察枪击有色族群成员事件的新城市的人们进行抗议活动结合在一起。
>
> （J. C. Kang, 2015, p.36）

社会媒体（更不用说传统媒体如电视、报纸和广播）在社会运动的成功中扮演着同样重要的角色，它们可以帮助确证运动的起因，扩大运动的范围。换句话说，这些媒体起着关键作用：通过向外传递信息：运动的诉求是有效的、运动是社会上一股重要力量，它们可以帮着建构起一个对运动很有用的特定社会现实。一小群人扰乱市政厅会议（讨论移民改革），在没有媒体报道或证人发微博的情况下，无论怎么说都是一个无效的事件。在让那些有影响力的重要人士对运动的主张与声明作出回应之前，媒体上对运动的认可，通常都是一个必要条件（Gamson & Wolfsfeld, 1993）。

总之，成功推动重大社会变迁的运动，不一定是有着最引人注目的意识形态立场或最强烈情感诉求的运动（Ferree, 1992）。相反，它们是这样一些运动：有着必要的高度组织化和通讯网络来动员支持者，以及必要的媒体和技术知识将对手予以中立，将公众转化为运动的同情者。

官僚化 "最成功的社会运动是那些组织得最好的"这句话是有道理的。然而，事与愿违的是，高度组织化也可能会导致僵化和地盘之争，这在任何官僚制下都是再常见不过的事情。当运动的组织内部出现不同的理念和策略时，看似有着相同目标的组织中，就会爆发激烈的内斗和争吵。

例如，1950年代和1960年代的美国民权运动，就包括许多不同的、看上去不相容的组织。NAACP规模大，倡导种族融合，守法，比较官僚；学生非暴力协调委员会（Student Non-violent Coordinating Committee，SNCC）的成员更年轻，战术更激进，一段时间后排除白人参与；南方基督教领袖会议（Southern Christian Leadership Conference，SCLC）高度结构化，具有宗教意识形态，并由男性神职人员率领；黑人穆斯林（Black Muslims）和黑豹党人（Black Panthers）则主张通过暴力手段实现公民权利。这些民权群体不同的意识形态和方法经常相互矛盾，从而减缓了非裔美国人扩大其公民权利的步伐。

不管它们的形式、大小或动机如何，社会运动都需要长时间持续活动（R. W. Turner & Killian, 1987）。因此，与骚乱（只持续很短时间）不同，社会运动可能会成为政治和社会环境中一种持久存在的固定活动。具有讽刺意味的是，社会运动的目标是对社会中的某些方面进行大规模改变，然而随着时间推移，运动本身变得如此之大和官僚化，以至于最后需要对其自身进行变革。例如，成立于1905年的新芬党掀起了一场运动，目标是中止英国对爱尔兰的统治。多年来，其分支爱尔兰共和军，在北爱尔兰和英国进行了多次爆炸和恐怖活动。近年来，大部分暴力活动都已停止，爱尔兰人民也赢得了一些自主权。在爱尔兰，新芬党现在是第三大政党，拥有自己的新闻组织、高度结构化的地方分支机构网络，在爱尔兰议会和欧洲议会均有自己的代表。

此外，全身心投入运动的人们，为了生计，也会逐渐依赖上运动

视读社会学 | 为改变而游行

过去几十年间,我们一直能够确信的一件事就是:当一群人感觉受到虐待、委屈、压迫、逼迫时,他们就会走上街头示威游行。尽管我们的生活变得越来越技术化和虚拟化,但是一群人带着独特的低技术含量的标志和标语牌上街游行,仍是抗议的一种标志性形象。可能需要推特或脸书去动员人民,但是示威游行本身总是要"亲自出场"。就像你在这里看到的图片,抗议的主题和目标,就像参与其中的人一样多种多样。

思考一下这里展现的各种问题,你相信街头抗议是推动社会变迁最强大的手段吗?你参加过这样的抗议吗?原因是什么?结果是什么?我们是否已经达到了"饱和":这种策略已经变得陈旧,失去了其有效性?你能想出一个更好的方法,来改变你认为社会中需要改变的某些方面吗?

本身。因此，为了推动社会变迁而组织起来的社会运动，实际上也给其成员提供了生活架构和秩序，成为这些人拥有机会、职业和报酬的来源（Hewitt，1988）。

政治机会结构　社会运动也取决于它们控制之外的条件。其中一个条件是，现行政治制度的结构。在不同时期，政治体系或多或少都会有脆弱之时，或多或少也都会有接受挑战之时（McAdam, McCarthy & Zald, 1988）。这些如同潮水般起伏的政治机会，创造出周期性的抗议活动和社会运动。当政治系统看上去显得稳固、不屈和牢靠时，人们必须独自解决他们面临的问题，或是通过现有渠道发泄他们的不满。但是，当系统处于开放状态，人们意识到它很脆弱，以至于他们确实可以作出改变时，就会爆发运动。

有时，这些机会的出现会出人意料，与运动成员的行动毫无关系。例如，1970年代德国（当时还叫西德）和法国各自出现了一个反核运动。这两个运动有着相似的意识形态，并采用了相似的动员方式。然而，德国的反核运动蓬勃发展，至今仍对国家政治有着深远影响。法国的反核运动却是萎靡不振，很快就夭折了。为什么这两个运动会有如此不同的结果？在德国，政府审查核电设施的程序，给那些反核分子提供了合法介入的机会。反观法国政府，既不对外公布其采用的程序，也不理会公众的情绪（Nelkin & Pollak, 1981）。同样，1970年代在美国出现的当代环境运动之所以得以成功进行，也是因为政府机构对环境问题持认同态度（Gale, 1986）。

"无意间出现的政治机会可以鼓励旨在改革的社会运动"这一观点，得到东欧1989年民主运动的支持。1980年代中期，苏联政府在戈尔巴乔夫的带领下开始实施大规模的经济和结构改革计划，并解除了对言论自由的限制。这一自由鼓励人们公开批评政治秩序，为政治活动创造了新的机会（Tarrow, 1994）。抗议运动利用这些机会，为了建立单一民族共和国而有时会爆发暴力斗争，就像我们在1990年代看到的，而且今天在为数不多的地区仍能看到这样的场景。换句话说，只有当政治结构变得不那么专制（减少对人民的压制），这些巨大的变化才有可能发生。

政治局势不稳，有时会产生不那么引人注目的改革运动。命运动荡不定的政府，会使其支持者感到不安，并鼓励挑战（政权）者借机利用这一情势。再来看一下20世纪中叶的美国民权运动。在1950年代，随着种族平等的呼声传播开去，南方许多保守民主党人纷纷转向共和党，他们的种族隔离主义倾向只有在那里才会得到认同。南方白人对民主党的支持率迅速下降，再加上非裔美国人在北方大城市的运动（在那里他们才更有可能去投票），在1960年的总统大选中，民主党不得不谋求黑人的支持。人们普遍认为，当年约翰·肯尼迪在总统大选中险胜（McAdam，1982），黑人选票起了大用。因此，肯尼迪政府（及后来的约翰逊政府）也就感到不得不为民权运动出力（Tarrow，1994）。反过来，民主党上升的政治势力，也增强了公民权利群体讨价还价的地位，进而促成了两个具有里程碑意义的立法：1964年的《民权法案》和1965年的《投票权法案》。

在其他时候，现行政治体制会故意创建或积极支持这些旨在变革的结构性机会。例如，美国反酒驾运动在今天有着强大的影响力，因为它得到了各方的大力支持：联邦、州和地方政府，州和联邦高速公路机构，国家和地方警察部门（J. D. McCarthy & Wolfson，1992）。1980年代该运动呼吁将21岁定为可以饮酒的年龄，当时许多州的立法机关都犹豫不决，担心会遭到权势强大的酒类生产商、分销商和零售商的反对。然而，联邦政府颁布立法，威胁那些不将21岁定为饮酒年龄的州要扣留其大笔联邦公路基金，这也是各州最终通过这条法律的一个重要因素。

政治机会为社会运动提供了可以在其中运行的制度性框架。当普通公民对机会结构中的变革（可以降低参与成本，揭示权力脆弱的一面）作出回应时，运动就会形成。与金钱和权力不同，这些条件都是处于运动之外。如果存在政治机会，即使只有轻度不满的群体或少许资源，也可以发展出一个成功的运动（参见J. C. Jenkins & Perrow，1977）。相反，群体有着强烈的不满和充足的资源，但却一点政治机会都没有，那么，他们的行动可能也就永远也无法落实（Tarrow，1994）。

再论社会学的想象力

　　1981 年夏天，拿到学士学位后，我有幸去了一趟欧洲。在意大利佛罗伦萨，我特意去参观了学院美术馆（Galleria dell'Accademia），这家博物馆里藏有我最喜欢的艺术品：米开朗基罗的雕塑《大卫》。在我看来，它确实是一个雕塑杰作，细部几近完美。我站在这部神奇的作品面前，欣赏了近两个小时。在我转身想要离开时，我注意到旁边还有一些雕塑，它们在我刚进来时逃脱了我的注意。很快我就发现，它们也是米开朗基罗创造的。使它们显得特别有趣的是，它们都是些未完成的作品。其中有一些显然已经快要接近完成，但其余的在我看来不过是一些未经雕琢的花岗岩。经过仔细观察，我可以看到伟大雕塑家留下的凿痕。我想象着米开朗基罗一边工作一边构思的样子。恍似看到他无比辛劳地把巨石变成雕塑的过程。

　　这些不完美的石块所呈现出的人类创造的证据，是已经完工的完美之作《大卫》永远不可能呈现的。在那一刻，我看到米开朗基罗作为一个真正的人，从虚无中塑造出一种艺术之美。我开始佩服这位创造者的天才，而不仅仅是其创造出的艺术品。我拐回去再看《大卫》，忽然有了一种新的感受。

　　社会并不像米开朗基罗的《大卫》那么完美，但我们仍会掉入这样一个陷阱：将社会结构视为一个独立存在的产物，而不是人们共同创造的产物。有时我们会忘记，我们生活中许多被视为理所当然的现实，其实都是历史上某个时点某些个体亲手创造的结果。一代人的激进变革，往往成为另一代人日常生活中的一部分。你不用被迫每周工作 70 或 80

个小时、不用无知地在危险的环境中工作并且每年都有带薪休假,这都是早期劳工工会运动中人们真实行动的结果。

由于我们往往将我们享有的如此多的自由、权利、需求视为理所当然,我们不仅会忽略我们前人的奋斗,也会淡化过去存在的不公平和不公正的程度。例如,今天的许多年轻女性都没有意识到,早在一两代人之前,她们可能会被禁止上大学或找工作,她们可能要放弃自己的梦想和抱负,去支持其丈夫取得成功,或者她们可能不得不独自做家务和照顾孩子,而她们的丈夫则可以专注于事业和外面的世界。几年前的一项调查表明,大多数年轻女性都不知道堕胎曾属非法(Zernike, 2003)。就像过去运动的大多数受益者一样,今天的年轻女性也是想当然地认为她们拥有的自由和机会理当如此,有时甚至还会流露出对女权主义者的蔑视,殊不知正是那些女权主义者帮助她们赢得如今享有的权利(Stacey, 1991)。近来网上有消息说,女演员谢琳·伍德蕾(Shailene Woodley)认为自己不是女权主义者,一位评论家说:"她工作勤奋有天分,事实上她会去拍电影,就是女权主义的表现。"另一位评论家说:"亲爱的年轻女演员,在你说你不是女权主义者之前,请先告诉我们什么是女权主义。"(引自 Meltzer, 2014, p.E1)一位英国专栏作家这样写道:

> 当我跟女孩子们讨论时,她们会说:"我不是女权主义者。"我说:"什么?难道你不想投票?难道你想属于你的丈夫所有吗?难道你想让你的工资进入他的银行账户吗?难道如果你被强暴你会认为这不是犯罪?恭喜你,你是一个女权主义者。"
>
> (引自 Lyall, 2012, p.40)

因此,在社会运动上具有讽刺意味的一点就在于,它们取得的成就愈大影响愈远,我们就越有可能最终忘记最初的不公平现象,以及前人为纠正它们所付出的不懈努力。

从根本上来说,社会能够保持稳定,是因为有足够多的个体对现状感到满意；而社会之所以会发生变迁，则是因为有足够多的个体将过去尚可容忍的情势视为问题，必须承认和解决。

一些有影响力的个体行为，乍一看可能都会觉得太过微不足道。早在 1960 年，在位于格林斯博罗的北卡农业技术州立大学，四名黑人学生在宿舍里进行了一系列有关民权运动形势的讨论。他们得出的结论是，在种族隔离依然存在的南方，事情并没有取得多大进展，是时候该采取一些行动了。所以他们决定去当地伍尔沃斯商店的午餐柜台点咖啡和甜甜圈。这听起来可能并没什么大不了的。但你要知道，在 1960 年代早期，公共饮食设施不为黑人而设，法律也禁止为黑人提供服务。在当时的格林斯博罗，任何违背种族隔离的行为都会遭到暴力回击（Gladwell，2010）。

在店里其他地方买过一些学习用品后，这四名学生坐在午餐柜台前开始点餐。就像预期的那样，店员回答道："对不起，我们这里不为你们提供服务。"（McCain，1991，p.115）他们仍然坚持坐了 45 分钟，并引用［在店里买东西的］事实，说他们已经在店里其他地方得到了服务，所以也应在这里得到服务。他们受到身边白人的言语奚落、带有种族歧视的辱骂，甚至还遭到正在店内吃饭的一些白人的拳打脚踢。

他们的行为引起了地区宗教领袖、社会活动家和其他地方高校学生（既有黑人也有白人）的注意。尽管明知等待他们的是辱骂和伤害，但当这四个年轻人回到伍尔沃斯几天后，也出现了更多的示威者。他们一度与抗议者一起占据了午餐柜台 65 个位子中的 63 个。这也是第一个得到电视报道的社会运动，所以有关他们行动的消息迅速扩散。他们得到了来自宗教组织（像北卡罗来纳州教会议会）的支持。在数周内，年轻的非裔美国人就与同情他们的白人支持者一道，在南方九个州的 54 个城市及北方一些地区那些有警戒的商店里，作出了类似的举动。经过几个月的抗议，伍尔沃斯宣布取消它的午餐柜台中的种族隔离政策。

一些历史学家认为，1960 年代横空出世的许多旨在改革的政治运动，包括女权运动、反战运动和学生言论自由运动，其哲学与策略根源都可以追溯到这四名学生小小的举动（Cluster, 1979）。诚然，即使1960年这四名学生在伍尔沃斯喝到了咖啡吃到了甜甜圈，所有这些运动的参与者也可能会发展出自己的静坐策略。但关键是，源自1960年这些看似微不足道的个体行为的集体运动，对之后五十多年乃至更长时间里发生的巨大变化产生了重大影响。

我们不仅可以通过抗议行为和有组织的社会运动再造社会，也可以通过我们的日常互动做到这一点。贯串本书的主题一直是，社会和其组成元素，既是人类创造的产物，又是独立存在的现象，会影响和控制我们在每个人生转折点上的私人经验。

组织和制度存在并蓬勃发展，因为它们会间接或直接阻止个体挑战赋予其意义的规则和模式。试想一下：如果你和他人一起挑战你们学校的权威，高等教育系统将会发生什么改变？你可以建立一个新秩序：学生们可以决定课程内容并控制课堂，废除评分制度或任何其他评估学生表现的机制，取消学费，等等。但是，由于你可以从这一制度中得到种种好处：接受教育进而有一个好的职业生涯，你不大可能去做一些危害它的事情。

这是否意味着，我们都像在风中飘荡的树叶，只能听任体制内持续存在的强大力量（相形之下我们就像是小矮人）的摆布？某种程度上，答案是肯定的。我赞同社会学的想象力并坚信，要想完全理解我们的生活，就必须了解这些超出我们控制的机制，因为是它们决定了我们的一些个体经验。然而，在此过程中，我们有时却会忘记"我们是社会的塑造者"这一重要角色。尽管社会面貌很大程度上是不变的，但是美国文化至少有一部分是建立在"**我能行**"（**I can do**）的态度之上。现在我还记得，1969年，那时我还是个11岁的孩子，7月里一个温暖的傍晚，天色渐黑，我和我的父母坐在客厅里。房间里唯一的亮光来自我家那台小黑白电视机发出的灰蓝色光线。我惊奇地盯着模糊得几乎看不清人影的画面，看着宇航员阿姆斯特朗（Neil Armstrong）在月球上迈出试探性的第一步说："这只是一个人的一小步，但却是人类的一大步。"那时的我还意识不到,这句话的力量远远超出了太空计划。但从那时起,我已逐渐意识到:人们确实会在他们生活的这个世界上留下自己的脚印。

小结与告别

社会学不是一门从长期的科学事实和法则定律中得出推论的学科。我们确实能对"为什么某些重要社会现象会发生"作出一些有用的解释,我们也能对未来的发展作出合理的预测。但从本质上来说,社会学并非一门提供答案的学科。相反,它是一门质疑的学科、提问题的学科,它可以给你提供一种独特而实用的方法,帮助你去解读在生活中和社会上遇到的难题。

社会学会审查、分析、仔细研究制度秩序及其对我们思想的影响。它同时揭露了客观现实和官方现实的脆弱之处,并通过这样做促使我们看清我们自身和我们的私人世界——这并非一件容易做到的事情。社会学会把我们生活的这个世界变成一个很不安全的地方。我的意思并不是说它会让人们变得暴力或危险,而是说它会使得对社会稳定的认知变得不再稳定,或者至少也是应对这一认知进行客观公正的分析。要让人们承认现实可能是人类集体意识的一个虚构并且只不过是许多可能的现实之一,并不容易。我们生活在这样一种信念体系中,它告诉我们,我们未经挑战的假设就是事情的真相。

因而,社会学可以给我们提供一种"解放"(liberating)视角,让我们获得自由(Liazos, 1985)。它逼着我们去正视影响我们思想、观念和行为的社会过程,帮助我们看到社会变迁的发生、我们能对他人产生的影响。在这样做的过程中,社会学也指出了"解放"所受到的限制。我们可以意识到限制我们"运动"的枷锁何在。但是,社会学也给了我们拆解枷锁的工具。社会学的想象力,既让我们看到世界的现在,也让我们看到世界可能会有的未来。要成为一个有着一双慧眼的社会学观察者，你必须能够消除谬误和幻想，看到事物背后相互连接的系统。只有这样，你才能充分发挥你的"社会创造者"角色的能量。

我的最后一个看法是：如果你现在可以从不同角度去看待你的生活和你身边人的生活，如果你现在会对以前从不怀疑的事物提出问题，如果你现在可以看到你在更大的社会图景中所处的位置，如果你现在可以在你先前认为是混乱的地方看出有秩序的模式，或者是在你以前认为是有序的地方看出混乱之处，那么恭喜你，你已经学会了用你自己的方式去理解社会学的意义和愿景。

像社会学家一样思考：我们可以改变这个世界

从书上或网上阅读人们积极重塑他们的个人生活或社会生活是一回事，亲眼看到这样的人在行动则是另一回事。大多数社区里都会有这样一些人，他们曾在追求社会变迁的主要运动中扮演过活跃角色，如劳工运动、反战运动、女权运动、民权运动、反堕胎运动、"占领华尔街"运动，等等。找几个参加过这些运动的活跃分子。请他们讲述一下自己的经历。他们加入该运动的动机是什么？他们参加了什么样的活动？他们想要实现的目标是什么？回首过去，他们觉得运动实现了目标没有？如果没有，问题出在什么地方？哪些方面需要作出改进？

为了进行历史对比，看看你能否在你所在的社区里找到一个正在开展的运动。它可能是为了支持广泛的社会关注，如环保意识或平等医疗权；也可能是为了解决事关地方利益的政治议题，如禁烟条例；还可能是为了阻止会损害当地居民利益的事情，如在当地建造工厂或开展特定类型的商业活动。

可以找机会去参加一次这些运动举行的集会。它有可能是组织会议、市政会议、公开的市政厅集会、抗议、筹集资金或示威游行。

会上发生了什么事情？整体活动氛围如何？是欢乐的、庄严的、愤怒的，还是商业化的？有反对者在场吗？

采访一些参与者。就用你提问过去运动参与者的那些问题，看看他们又是如何回答的。人们参与社会运动的原因与过去是否一样？

大多数社会运动组织现在都有自己的专门网站。登陆其中一些网站，了解一下这些组织提供的各种信息。它们是主要提供信息，关注问题的历史和现状，还是主要是招募工具，旨在吸引新的参与者和财务捐助？这些网站上是如何呈现内容的？是动之以情？还是晓之以理？这些网站是否与其他有着相似意识形态的组织有链接？

将你从访谈和上网中观察到的，与本章对社会运动的讨论结合起来。最有效的战术和策略是什么？资源是如何调动的？为什么有些运动成功了有些却失败了？

本章要点

- 无论是在个体层面、文化层面还是制度层面，现代社会的主要特征都是变迁。
- 社会变迁并不是一些巨大的、无关个人的力量在随意破坏我们的日常生活方式，它是人类的创造物。
- 社会变迁有多种原因：适应环境压力，内部人口变化，技术发明和创新，以及外来文化习俗的传播。
- 社会运动是长时间的集体行动，旨在解决大量的人所关心的问题。
- 社会保持稳定，是因为有足够多的人对现状感到满意；社会发生变迁，是因为有足够多的人认为现状有问题，必须采取措施予以解决。

参考文献

8 Osaka teachers to be punished for refusal to sing national anthem. (2012, February 25). *Japan Today.* www.japantoday.com/category/national/view/8-osaka-teachers-face-punishment-over-refusal- to-sing-national-anthem. Accessed January 8, 2015.

Abelson, R. (2011a, May 14). Health insurers profit as many postpone care. *The New York Times.*

Abelson, R. (2011b, November 17). The smokers' surcharge. *New York Times.*

Abrams, K. K., Allen, L., & Gray, J. J. (1993). Disordered eating attitudes and behaviors, psychological adjustment and ethnic identity: A comparison of black and white female college students. *Journal of Eating Disorders, 14,* 49–57.

Academy for Eating Disorders. (2006). *Academy for Eating Disorders calls for warning labels on "pro-ana" Web sites.* www.aedweb.org/public/proana.cfm. Accessed July 10, 2007.

Accord Alliance. (2014). *FAQs—What are major recent changes in terms of "standard of care" for various DSD?* www.accordalliance.org/learn-about-dsd/faqs/. Accessed July 16, 2014.

Achenbach, J. (2015, March). Why do many reasonable people doubt science? *National Geographic Online.* ngm.nationalgeographic.com/2015/03/science-doubters/achenbach-text. Accessed May 19, 2015.

Acitelli, L. (1988). When spouses talk to each other about their relationship. *Journal of Social and Personal Relationships, 5,* 185–199.

Acker, J. (1992). From sex roles to gendered institutions. *Contemporary Sociology, 21,* 565–569.

ActionAid. (2009). *Hate crimes: The rise of "corrective" rape in South Africa.* www.actionaid.org/assets/pdf/CorrectiveRapeRep_final.pdf. Accessed June 3, 2009.

Aday, D. P. (1990). *Social control at the margins.* Belmont, CA: Wadsworth.

Adderall Statistics. (2012). Statistic brain. www.statisticbrain.com/adderall-statistics/. Accessed January 22, 2013.

Adler, P. (1985). *Wheeling and dealing.* New York, NY: Columbia University Press.

The Advisory Board Company. (2013). *Leapfrog's new safety grades: 800-plus hospitals get an A, but a few still get Fs.* www.advisory.com/daily-briefing/2013/10/23/new-leapfrog-safety-grades-nearly-all-hospitals-stay-the-same. Accessed May 21, 2015.

"Affluenza": When the wealthy escape justice. (2014, December 27). *The Week.*

AFL-CIO. (2015). *Executive pay watch.* www.aflcio.org/Corporate-Watch/Paywatch-2015. Accessed May 28, 2015.

Ahrons, C. R., & Rodgers, R. H. (1987). *Divorced families: A multidisciplinary developmental view.* New York, NY: Norton.

Ainlay, S. C., Becker, G., & Coleman, L. M. (1986). *The dilemma of difference.* New York, NY: Plenum Press.

Alan Guttmacher Institute. (2013). *State policies in brief: An overview of abortion laws.* www.guttmacher.org/statecenter/spibs/spib_OAL.pdf. Accessed July 1, 2013.

Alan Guttmacher Institute. (2014). *Induced abortion in the United States.* www.guttmacher.org/pubs/fb_induced_abortion.html. Accessed June 24 2015.

Albain, K. S., Unger, J. M., Crowley, J. J., Coltman, C. A., & Hershman, D. L. (2009). Racial disparities in cancer survival among randomized clinical trials patients of the Southwest Oncology Group. *Journal of the National Cancer Institute, 101,* 984-992.

Alexander, M. (2012, March 11). Go to trial: Crash the justice system. *The New York Times.*

Allen, E. (2010). *Testimony for the Victims' Rights Caucus, U.S. House of Representatives, July 19.* www.missingkids.com/missingkids/servlet/NewsEventServlet?LanguageCountry=en_US&PageId=4312. Accessed February 15, 2013.

Allport, G. (1954). *The nature of prejudice.* Reading, MA: Addison-Wesley.

Almond, D., & Edlund, L. (2008). Son-biased sex ratios in the 2000 United States Census. *Proceedings of the National Academy of Sciences, 105,* 5681–5682.

Altman, D. (2003, April 26). Does a dollar a day keep poverty away? *The New York Times.*

Altman, L. K. (2011, May 31). 30 years in, we are still learning from AIDS. *The New York Times.*

Alvarez, L. (2013, December 2). Seeing the toll, schools revisit zero tolerance. *The New York Times.*

Alvarez, L. (2014, November 10). States listen as parents give rampant testing an F. *The New York Times.*

Alvidrez, J., & Areán, P. A. (2002). Psychosocial treatment research with ethnic minority populations: Ethical considerations in conducting clinical trials. *Ethics and Behavior, 12,* 103–116.

Amato, P. R. (2000). The consequences of divorce for adults and children. *Journal of Marriage and the Family, 62,* 126–288.

Amato, P. R., & Sobolewski, J. M. (2001). The effects of divorce and marital discord on adult children's well-being. *American Sociological Review, 66,* 900–921.

Amazon.com. (2014). *Annual reports and proxies.* www.phx.corporate-ir.net/phoenix_zhtml?c=97664&p=irolreportsAnnual. Accessed January 7, 2015.

American Academy of Pediatrics. (2014). *Let them sleep: AAP recommends delaying start times of middle and high schools to combat teen sleep deprivation.* www.aap.org/en-us/about-the-aap/aap-press-room/Pages/Let-Them-Sleep- AAP-Recommends-Delaying-Start-Times-of-Middle-and-High-Schools-to- Combat-Teen-Sleep-Deprivation.aspx. Accessed January 5, 2015.

American Association of University Women. (2013). *Crossing the line: Sexual harassment at school.* www.aauw.org/files/2013/02/crossing-the-line-sexual-harassment-at-school-executive-summary.pdf.Accessed June 19, 2013.

American Civil Liberties Union. (2013). *The war on marijuana in black and white.* www.aclu.org/sites/default/files/field_document/1114413-mj-report-rfs-rel1.pdf. Accessed July 3, 2015.

American Civil Liberties Union. (2014). *War comes home: The excessive militarization of American policing.* www.aclu.org/sites/default/files/assets/jus14-warcomeshome-report-web-rel1.pdf. Accessed January 6, 2015.

American College Health Association. (2014). *National College Health Assessment: Undergraduate students –Spring 2014.* www.acha-ncha.org/reports_ACHA-NCHAII.html. Accessed June 3, 2015.

American Council for CoEducational Schooling. (2011). *Evidence-based answers.* lives.clas.asu.edu/access/faq-schoolachievement.html. Accessed June 21, 2013.

American Hospital Association. (2009). *The economic crisis: The toll on the patients and communities hospitals serve.* www.aha.org/content/00-10/090427econcrisisreport.pdf. Accessed May 29, 2013.

American Nonsmokers' Rights Foundation. (2015). *U.S. state and local laws regulating use of electronic cigarettes.* www.no-smoke.org/pdf/eciglaws.pdf. Accessed January 9, 2015.

American Psychiatric Association. (2013). *Diagnostic and statistical manual of mental disorders* (5th ed.).Washington, DC: Author.

American Society of Plastic Surgeons. (2014). *2013 plastic surgery statistics report.* www.plasticsurgery.org/Documents/news-resources/statistics/2013-statistics/plastic-surgery-full-report-2013.pdf. Accessed January 13, 2015.

American Sociological Association. (2002). Statement of the American Sociological Association on the importance of collecting data and doing social scientific research on race. www.asanet.org/governance/racestmt.htm. Accessed June 18, 2003.

American Sociological Association. (2005, July). *Race, ethnicity, and the health of Americans* (ASA Series on How Race and Ethnicity Matter). Washington, DC: Author.

Ammerman, N. T. (1987). *Bible believers: Fundamentalists in the modern world.* New Brunswick, NJ: Rutgers University Press.

Amnesty International. (2004). *Rape as a tool of war: A fact sheet.* www.amnestyusa.org/women/pdf/rapeinwartime.pdf. Accessed September 4, 2009.

Amnesty International. (2013). *The death penalty and deterrence.* www.amnestyusa.org/our-work/issues/death-penalty/us-death-penalty-facts/the-death-penalty-and-deterrence. Accessed January 23, 2013.

Anderson, D. J. (2003). The impact on subsequent violence of returning to an abusive partner. *Journal of Comparative Family Studies, 34,* 93–112.

Anderson, E. (1990). *Streetwise: Race, class and change in an urban community.* Chicago: University of Chicago Press.

Anderson, S. (2015). *Off the deep end: The Wall Street bonus pool and low-wage workers.* Institute for Policy Studies. www.ips-dc.org/wp-content/uploads/2015/03/IPS-Wall-St-Bonuses-Min-Wage-2015.pdf. Accessed May 26, 2015.

Andreescu, T., Gallian, J. A., Kane, J. M., & Mertz, J. E. (2008). Cross-cultural analysis of students with exceptional talent in mathematical problem solving. *Notices of the American Mathematical Society, 55,* 1248–1260.

Andriote, J. M. (2005, March). *HIV/AIDS and African Americans: A "state of emergency"* (PRB Report). Washington, DC: Population Reference Bureau. www.prb.org. Accessed March 16, 2005.

Angier, N. (1997, May 13). New debate over surgery on genitals. *The New York Times.*

Angier, N., & Chang, K. (2005, January 24). Gray matter and the sexes: Still a scientific gray area. *The New York Times.*

Antill, J. K., Goodnow, J. J., Russell, G., & Cotton, S. (1996). The influence of parents and family context on children's involvement in household tasks. *Sex Roles, 34,* 215–236.

Appelbaum, E., Berg, P., Frost, A., & Preuss, G. (2003). The effects of work restructuring on low-wage, low-skilled workers in U.S. hospitals. In E. Appelbaum, A. Bernhardt, & R. J. Murname (Eds.), *Low-wage America.* New York, NY: Russell Sage.

Appiah, K. A. (2007, March 18). A slow emancipation. *The New York Times Magazine.*

Archer, D. (1985). Social deviance. In G. Lindzey & E. Aronson (Eds.), *Handbook of social psychology* (3rd ed., Vol. 2). New York, NY: Random House.

Archibold, R. C., & Thee-Brenan, M. (2010, May 4). Poll finds serious concern among Americans about immigration. *The New York Times.*

Arendell, T. (1995). *Fathers and divorce.* Thousand Oaks, CA: Sage.

Ariès, P. (1962). Centuries of childhood: A social history of family life. New York, NY: Vintage Books.

Armstrong, P. J., Goodman, J. F. B., & Hyman, J. D. (1981). *Ideology and shop-floor industrial relations.* London, UK: Croom Helm.

Asoni, A., & Sanandaji, T. (2013). *Rich man's war, poor man's fight? Socioeconomic representativeness in the modern military.* Research Institute of Industrial Economics, FN Working paper f#965. www.ifn.se/wfiles/wp/wp965.pdf. Accessed May 29, 2015.

Association of American Medical Colleges. (2014). *2012 physician specialty data book.* www.members.aamc.org/eweb/upload/Physician_Specialty_Databook_2014. Accessed June 12, 2015.

Astbury, J. (1996). *Crazy for you: The making of women's madness.* Melbourne, Victoria, Australia: Oxford University Press.

Auletta, K. (1982). *The underclass.* New York, NY: Random House.

Austen, I. (2012, November 23). Crackdown in Quebec: "Le Gap." *New York Times.*

Austin, P. K. (2008). *One thousand languages: Living, endangered, and lost.* Berkeley: Univesity of California Press.

Averett, S., & Korenman, S. (1999). Black and white differences in social and economic consequences of obesity. *International Journal of Obesity, 23,* 166–173.

Avert. (2013). *Universal access to HIV/AIDS treatment.* www.avert.org/universal-access.htm#contentTable2. Accessed July 2, 2013.

Avert. (2014). *Women and HIV/AIDS.* www.avert.org/women-and-hiv-aids. Accessed June 14, 2015.

Babbie, E. (1986). *Observing ourselves: Essays in social research.* Belmont, CA: Wadsworth.

Babbie, E. (1992). *The practice of social research.* Belmont, CA: Wadsworth.

Babbie, E. (2007). *The practice of social research* (11th ed.). Belmont, CA: Wadsworth.

Baby, and a car! Russians hold Conception Day. (2011, September 11). MSNBC Online. www.msnbc.msn.com/id/20730526/ns/world_news-europe/t/baby-car-russians-hold-conception-day/#.Tm4l8k_b8xk. Accessed September 12, 2011.

Baca Zinn, M., & Eitzen, D. S. (1996). *Diversity in families* (4th ed.). New York, NY: Harper-Collins.

Bach, P. B., Cramer, L. D., Warren, J. L., & Begg, C. B. (1999). Racial differences in the treatment of early-stage lung cancer. *The New England Journal of Medicine, 341,* 119–205.

Bagdikian, B. H. (1991). Missing from the news. In J. H. Skolnick & E. Currie (Eds.), *Crisis in American institutions.* New York, NY: HarperCollins.

Bailey, B. L. (1988). *From front porch to back seat: Courtship in 20th century America.* Baltimore, MD: Johns Hopkins University Press.

Bailey, C. A. (1993). Equality with difference: On androcentrism and menstruation. *Teaching Sociology, 21,* 121–129.

Bailey, J. (2007, March 18). Airlines learn to fly on a wing and an apology. *The New York Times.*

Bailey, W. C. (1990). Murder, capital punishment, and television: Execution publicity and homicide rates. *American Sociological Review, 55,* 628–633.

Bainbridge, W. L. (2005, February 5). Longer school year would benefit students. *Columbus Dispatch.*

Baird, J. (2013, July 6). In Australia, misogyny lives on. *The New York Times.*

Bajaj, V., & Fessenden, F. (2007, November 4). What's behind the race gap? *The New York Times.*

Baker, A. (2013, January 5). Ergonomic seats? Most pupils squirm in a classroom classic. *The New York Times.*

Baker, P., & Herszenhorn, D. M. (2010, April 23). Obama chastises Wall St. in call to stiffen rules. *The New York Times.*

Baker, P. L. (1997). And I went back: Battered women's negotiation of choice. *Journal of Contemporary Ethnography, 26,* 55–74.

Bald, M. (2000, December). Disputed dams. *World Press Review.*

Baldas, T. (2010). *Jurors may be swayed by a pretty face, study finds.* www.law.com/jsp/article.jsp?id=1202458388657&Jurors_May_Be_Swayed_by_a_Pretty_Face_Study_Finds&slreturn=1&hbxlogin=1. Accessed May 19, 2010.

Ball, J. (2014, May 16). More than 2.7 billion people live in countries where being gay is a crime. *The Guardian.*

Ballard, C. (1987). A humanist sociology approach to teaching social research. *Teaching Sociology, 15,* 7–14.

Bandura, A., & Walters, R. H. (1963). *Social learning and personality development.* New York, NY: Holt, Rinehart & Winston.

Banerjee, A. V., & Duflo, E. (2006). *The economic lives of the poor.* MIT Department of Economics Working Paper Series, #06-29. Cambridge, MA.

Banerjee, N. (2005, January 23). Aided by elders and Web, Iraq veterans turn critics. *The New York Times.*

Banfield, E. (1970). *The unheavenly city.* Boston, MA: Little, Brown.

Banks, J., Marmot, M., Oldfield, Z., & Smith, J. P. (2006). Disease and disadvantage in the United States and in England. *Journal of the American Medical Association, 295,* 2037–2045.

Barber, B. (1992, March). Jihad vs. McWorld. *Atlantic Monthly,* pp. 53–65.

The Barna Group. (2007). *Barna's annual tracking study shows Americans stay spiritually active, but biblical views wane.* www.barna.org/barna-update/article/18-congregations/103-barnas-annual-trackingstudy-shows-americans-stay-spirituallyactive-but-biblical-views-wane.

Accessed September 4, 2009.

Baron-Cohen, S. (2003). *The essential difference: Men, women, and the extreme male brain.* London, UK: Allen Lane.

Barone, E. (2014, September 8-15). Who we are. *Time.*

Barrett, G. (2013, December 21). A wordnado of words in 2013. *The New York Times.*

Barrett, G. (2014, December 19). Top buzzwords and phrases of 2014. *Dallas Morning News.*

Barro, R. J., & McCleary, R. M. (2003). Religion and economic growth across countries. *American Sociological Review, 68,* 760–781.

Barron, J. (2012, January 24). Connecticut police officers accused of mistreating Latinos. *The New York Times.*

Barry, D. (2000, February 27). What to do if you're stopped by the police. *The New York Times.*

Barstow, D. (2003, December 22). U.S. rarely seeks charges for deaths in workplace. *The New York Times.*

Baruchin, A. (2011, August 30). Stigma is toughest foe in an epilepsy fight. *The New York Times.*

Baxter, V., & Kroll-Smith, S. (2005). Normalizing the workplace nap: Blurring the boundaries between public and private space and time. *Current Sociology, 53,* 33-55.

Bazelon, E. (2008, July 20). The next kind of integration. *The New York Times Magazine.*

Bazelon, E. (2010, July 18). The new abortion providers. *The New York Times Magazine.*

Bazelon, E. (2011, April 24). Trolls, the bell tolls for thee. *The New York Times Magazine.*

Beaman, A. L., Klentz, B., Diener, E., & Svanum, S. (1979). Objective self-awareness and transgression in children: A field study. *Journal of Personality and Social Psychology, 37,* 1835–1846.

Bearak, B. (2010, September 6). Dead join the living in a family celebration. *The New York Times.*

Beauboeuf-Lafontant, T. (2009). *Behind the mask of the strong black woman: Voice and the embodiment of a costly performance.* Philadelphia, PA: Temple University Press.

Becker, H. S. (1963). *Outsiders: Studies in the sociology of deviance.* New York, NY: Free Press.

Becker, H. S. (2008). *Art worlds.* Berkeley: University of California Press.

Becker, H. S., & Geer, B. (1958). The fate of idealism in medical school. *American Sociological Review, 23,* 50–56.

Begley, S. (2011, January 31). Why almost everything you hear about medicine is wrong. *Newsweek.*

Beinart, P. (2012, August 27). The violence we don't see. *Newsweek.*

Beinggirl.com. (2010). *Keeping it quick and quiet.* www.beinggirl.com/en_US/articledetail.jsp?ContentId=ART11906. Accessed June 25, 2010.

Belkin, L. (2003, May 11). Why is Jonathan Simms still alive? *The New York Times Magazine.*

Bell, I., & McGrane, B. (1999). *This book is not required.* Thousand Oaks, CA: Pine Forge Press.

Bell, S. T., Kuriloff, P. J., & Lottes, I. (1994). Understanding attributions of blame in stranger rape and date rape situations: An examination of gender, race, identification, and students' social perceptions of rape victims. *Journal of Applied Social Psychology, 24,* 1719–1734.

Bellah, R., Madsen, R., Sullivan, W. M., Swidler, A., & Tipton, S. M. (1985). *Habits of the heart*. New York, NY: Harper & Row.

Belluck, P. (1998, March 20). Black youths' rate of suicide rising sharply. *The New York Times*.

Belluck, P. (2001, January 20). A nation's voices: Concern and solace, resentment and redemption. *The New York Times*.

Belluck, P. (2002, January 15). Doctors' new practices offer deluxe service for deluxe fee. *The New York Times*.

Belluck, P. (2004, November 14). To avoid divorce, move to Massachusetts. *The New York Times*.

Belluck, P. (2014, October 12). A promising pill, not so hard to swallow. *The New York Times*.

Belson, K. (2004, June 27). I want to be alone. Please call me. *The New York Times*.

Belson, K. (2014, September 12). Brain trauma to affect one in three players, N.F.L. agrees. *The New York Times*.

Benedict, H. (2009). The lonely soldier: The private war of women serving in Iraq. Boston, MA: Beacon Press.

Benen, S. (2015, June 17). RNC: Trump's immigration rhetoric "not helpful." *MSNBC Online*. www.msnbc.com/rachel-maddow-show/rnc-trumps-immigration-rhetoric-not-helpful. Accessed June 18, 2015.

Benko, J. (2015, June 7). Cloud atlas. *New York Times Sunday Magazine*.

Bennett, G., Henson, R. K., & Zhang, J. (2003). Generation Y's perceptions of the action sports industry segment. *Journal of Sports Management, 17*, 95–115.

Bennett, J. (2010, July 28). The beauty advantage. *Newsweek*.

Benokraitis, N. V., & Feagin, J. R. (1993). Sex discrimination: Subtle and covert. In J. Henslin (Ed.), *Down-to-earth sociology* (7th ed.). New York, NY: Free Press.

Bentley, T. S. (2014, December). 2014 U.S. organ and tissue transplant cost estimates and discussion. *Milliman Research Report*. www.milliman.com/uploadedFiles/Insight/Research/health-rr/1938HDP_20141230.pdf. Accessed June 3, 2015.

Ben-Yehuda, N. (1990). *The politics and morality of deviance*. Albany: State University of New York Press.

Berenson, A. (2005, May 31). Despite vow, drug makers still withhold data. *The New York Times*.

Berenson, A. (2008, December 8). Weak patchwork of oversight lets bad hospitals stay open. *The New York Times*.

Berg, B. (1992). The guilt that drives working mothers crazy. In J. Henslin (Ed.), *Marriage and family in a changing society*. New York, NY: Free Press.

Berger, D. L., & Williams, J. E. (1991). Sex stereotypes in the United States revisited: 1972–1988. *Sex Roles, 24*, 413–423.

Berger, J. (2004, October 24). Pressure to live by an outmoded tradition is still felt among Indian immigrants. *The New York Times*.

Berger, P. L. (1963). *Invitation to sociology*. Garden City, NY: Anchor Books.

Berger, P. L., & Kellner, H. (1964). Marriage and the construction of reality: An exercise in the micro-sociology of knowledge. *Diogenes, 46*, 1–23.

Berger, P. L., & Luckmann, T. (1966). *The social construction of reality*. Garden City, NY: Anchor Books.

Bergner, D. (2014, March 19). Is stop-and-frisk worth it? *The Atlantic*.

Bernard, J. (1972). *The future of marriage.* New York, NY: Bantam Books.
Bernard, J. (1981). The good provider role: Its rise and fall. *American Psychologist, 36,* 1–12.
Bernard, T. S. (2010, July 19). Need a mortgage? Don't get pregnant. *The New York Times.*
Bernard, T. S. (2013, February 22). In paid family leave, U.S. trails most of the globe. *The New York Times.*
Bernard, T. S. (2015, June 29). Fate of domestic partner benefits in question after marriage ruling. *The New York Times.*
Berndt, T. J., & Heller, K. A. (1986). Gender stereotypes and social inferences. *Journal of Social and Personality Psychology, 50,* 889–898.
Bernstein, J., & Ellison, J. (2011, June 5). Hotel confidential. *Newsweek.*
Bernstein, N. (2012, November 22). Chefs, butlers, and marble baths: Not your average hospital room. *The New York Times.*
Bernstein, R. (2003, June 29). Aging Europe finds its pension is running out. *The New York Times.*
Bertelsmann Stiftung. (2011). *Social justice in the OECD—How do the member states compare.* www.sqinetwork.org/pdf/SGI-11_Social_Justice_OECD.pdf. Accessed June 3, 2013.
Bertenthal, B. I., & Fischer, K. W. (1978). Development of self-recognition in the infant. *Developmental Psychology, 14,* 44–50.
Bertocchi, G., & Dimico, A. (2010, November). *Slavery, education, and inequality.* Institute for the Study of Labor (IZA). Discussion Paper #5329.
Bertrand, M., & Mullainathan, S. (2004). Are Emily and Greg more employable than Lakisha and Jamal? A field experiment on labor market discrimination. *American Economic Review, 94,* 991–1013.
Bhattacharya, J., DeLeire, T., Haider, S., & Currie, J. (2003). Heat or eat? Cold-weather shocks and nutrition in poor American families. *American Journal of Public Health, 93,* 1149–1154.
Bianchi, S. M., Robinson, J. P., & Milkie, M. A. (2006). *Changing rhythms of American family life.* New York, NY: Russell Sage.
Bibbins-Domingo, K. (2009). Racial differences in incident heart failure among young adults. *The New England Journal of Medicine, 360,* 1179–1190.
Bidgood, J. (2013, December 31). Daunting calculus for Maine shrimpers as entire season is lost. *The New York Times.*
Bilefsky, D. (2015, June 11). Comments on women in the lab spur outcry. *The New York Times.*
Billings, A. C., Angelini, J. R., & Eastman, S. T. (2005). Diverging discourses: Gender differences in televised golf announcing. *Mass Communication and Society, 8,* 155–171.
Bingham, A. (2012). Half of Americans do not know the President's religion. *ABC News Online.* abcnews.go.com/blogs/politics/2012/07/half-of-americans-do-not-know-the- presidents-religion. Accessed June 13, 2013.
Bird: NBA "a black man's game." (2004). *ESPN Online.* http://sports.espn.go.com/nba/news/story?id=1818396. Accessed June 10, 2004.
Birenbaum, A., & Sagarin, E. (1976). *Norms and human behavior.* New York, NY: Praeger.
Black, M. C., Basile, K. C., Breiding, M. J., Smith, S. G., Walters, M. L., Merrick, M. T., Chen, J., & Stevens, M. R. (2011). *The national intimate partner and sexual violence survey.* National Center for Injury Prevention and Control, Centers for Disease Control and Prevention. www.cdc.gov/violenceprevention/pdf/nisvs_report2010-a.pdf. Accessed January 16, 2013.

Blackhealthcare.com. (2003). *Sickle-cell anemia: Description.* www.blackhealthcare.com/BHC/SickleCell/Description.asp. Accessed June 17, 2003.

Blackmon, D. A. (2009). *Slavery by another name: The re-enslavement of black Americans from the Civil War to World War II.* New York, NY: Anchor.

Blakeslee, S. (1998, October 13). Placebos prove so powerful even experts are surprised. *The New York Times.*

Blakeslee, S. (2012, April 3). Mind games: Sometimes a white coat isn't just a white coat. *The New York Times.*

Blanton, K. (2007, March 16). A "smoking gun" on race, subprime loans. *The Boston Globe.*

Blass, T. (2004). *The man who shocked the world: The life and legacy of Stanley Milgram.* New York, NY: Basic Books.

Blau, F. D., & Kahn, L. M. (2013). Female labor supply: Why is the United States falling behind? *American Economic Review, 103,* 251-256.

Blau, P. M., & Meyer, M. W. (1987). The concept of bureaucracy. In R. T. Schaeffer & R. P. Lamm (Eds.), *Introducing sociology.* New York, NY: McGraw-Hill.

Bleyer, A., & Welch, G. (2012). Effect of three decades of screening mammography on breast cancer incidence. *New England Journal of Medicine, 367,* 1998–2005.

Block, F., Korteweg, A. C., & Woodward, K. (2013). The compassion gap in American poverty policy. In D. Newman & J. O'Brien (Eds.), *Sociology: Exploring the architecture of everyday life (Readings).* Thousand Oaks, CA: Sage.

Blow, C. M. (2010, June 12). Friends, neighbors, and Facebook. *The New York Times.*

Blow, C. M. (2013, April 27). The morose middle class. *New York Times.*

Blow, C. M. (2015, January 5). Privilege of "arrest without incident." *The New York Times.*

The Blue Green Alliance. (2015). *Jobs 21! Good jobs for the 21st century.* www.bluegreenalliance.org/news/publications/image/Platform-vFINAL.pdf. Accessed June 23, 2015.

Blum, S. D. (2009). *My word! Plagiarism and college culture.* Ithaca, NY: Cornell University Press.

Blumstein, P., & Schwartz, P. (1983). *American couples.* New York, NY: Morrow.

Blustein, P. (2005, June 12). Debt cut is set for poorest nations. *The Washington Post.*

Bocian, D. G., Ernst, K. S., & Li, W. (2006). *Unfair lending: The effect of race and ethnicity on the price of subprime mortgages.* Durham, NC: Center for Responsible Lending. www.responsiblelending.org. Accessed October 10, 2007.

Bollen, J., Gonçalves, B., Ruan, G., & Mao, H. (2012). Happiness is assertive in online social networks. *Artificial Life, 17,* 237–251.

Bonilla-Silva, E. (2003). *Racism without racists: Color-blind racism and the persistence of racial inequality in the United States.* Lanham, MD: Rowman & Littlefield.

Bonilla-Silva, E. (2008). "New racism," color-blind racism, and the future of whiteness in America. In S. J. Ferguson (Ed.), *Mapping the social landscape.* New York, NY: McGraw-Hill.

Bonnie, R. J., & Whitebread, C. H. (1974). *The marijuana conviction.* Charlottesville: University of Virginia Press.

Booth, A., Johnson, D. R., Branaman, A., & Sica, A. (1995). Belief and behavior: Does religion matter in today's marriage? *Journal of Marriage and the Family, 57,* 661–671.

Bowen, J. R. (1996). The myth of global ethnic conflict. *Journal of Democracy, 7,* 3–14.

Bowker, L. H. (1993). A battered woman's problems are social, not psychological. In R. J. Gelles & D. R. Loeske (Eds.), *Current controversies on family violence.* Newbury Park, CA: Sage.

Bowley, G. (2012, January 30). Afghan kin are accused of killing woman for not bearing a son. *New York Times.*

Bradshaw, C. P., Waasdorp, T. E., O'Brennan, L. M., & Gulemetova, M. (2011). *Findings from the National Education Association's Nationwide Study of Bullying.* National Education Association. www.nea.org/assets/docs/Nationwide_Bullying_Research_Findings.pdf. Accessed July 15, 2015.

Bradsher, K. (1993, July 22). Mark Twain would understand the water crisis that's corrupting Iowans. *The New York Times.*

Bragg, R. (1998, January 4). Proposal to ban sofas from porches creates culture clash. *The Indianapolis Star.*

Bramlett, M. D., & Mosher, W. D. (2002). *Cohabitation, marriage, divorce, and remarriage in the United States.* Hyattsville, MD: National Center for Health Statistics. www.cdc.gov/nchs/data/series/sr_23/sr23_022.pdf. Accessed August 11, 2006.

Braun, D. (1997). *The rich get richer: The rise of income inequality in the United States and the world.* Chicago, IL: Nelson-Hall.

Breiding, M. J. (2014). Prevalence and characteristics of sexual violence, stalking, and intimate partner victimization—National Intimate Partner and Sexual Violence Survey, United States, 2011. *Morbidity and Mortality Weekly Report, 63,* 1-18.

Brescoll, V. L., & Uhlmann, E. L. (2008). Can an angry woman get ahead? Status conferral, gender, and expression of emotion in the workplace. *Psychological Science, 19,* 268-275.

Breslau, K. (2007, December 25). Majora Carter. *Newsweek.*

Brewis, A. A., Wutich, A., Falletta-Cowden, A., & Rodriguez-Soto, I. (2011). Body norms and fat stigma in global perspective. *Current Anthropology, 52,* 269–276.

Bricker, J., Kennickell, A. B., Moore, K. B., & Sabelhaus, J. (2012). Changes in U.S. family finances from 2007 to 2010: Evidence from the survey of consumer finances. *Federal Reserve Bulletin, 98,* 1–80. www.federalreserve.gov/Pubs/Bulletin/2012/articles/scf/scf.htm. Accessed May 31, 2013.

Brint, S. (1998). *Schools and societies.* Thousand Oaks, CA: Pine Forge Press.

Brinton, C. (1965). *The anatomy of revolution.* New York, NY: Vintage Books.

Brizendine, L. (2006). *The female brain.* New York, NY: Broadway.

Broder, J. M. (2006, April 2). Immigrants and the economics of hard work. *The New York Times.*

Broderick, R. (2013, September 16). A lot of people are very upset that an Indian-American woman won the Miss America Pageant. *Buzzfeed.* www.buzzfeed.com/ryanhatesthis/a-lot-of-people-are-very-upsetthat-an-Indian-American-woman. Accessed May 31, 2014.

Brodesser-Akner, T. (2014, April 6). It's time to get back in the pool. *The New York Times.*

Brodey, D. (2005, September 20). Blacks join the eating-disorder mainstream. *The New York Times.*

Bronner, E. (1998a, January 10). Inventing the notion of race. *The New York Times.*

Bronner, E. (1998b, April 1). U of California reports big drop in black admission. *The New York Times.*

Bronner, E. (2012, July 3). Poor land in jail as companies add huge fees for probation. *The New*

York Times.

Bronner, E. (2013, March 16). Right to lawyer can be empty promise for poor. *The New York Times*.

Bronson, P., & Merryman, A. (2010, July 19). The creativity crisis. *Newsweek*.

Brookings Institution. (2006). *From poverty, opportunity: Putting the market to work for lower income families*. www.brookings.edu/metro/pubs/20060718_PovOp.pdf. Accessed July 18, 2006.

Brooks, D. (2012, January 31). The great divorce. *The New York Times*.

Brooks, D. (2013, February 1). The easy problem. *The New York Times*.

Brooks, S. (2009). *Black men can't shoot*. Chicago: University of Chicago Press.

Broverman, I., Vogel, S., Broverman, D., Clarkson, F., & Rosenkrantz, P. (1972). Sex role stereotypes: A current appraisal. *Journal of Social Issues, 28,* 59–78.

Brown, D. (2011, July 13). Two studies show that drugs used to treat AIDS can be used to prevent HIV infection too. *The Washington Post*.

Brown, P. (1998). Biology and the social construction of the "race" concept. In J. Ferrante & P. Brown (Eds.), *The social construction of race and ethnicity in the United States*. New York, NY: Longman.

Brown, P. L. (2011, March 6). Bill to ban Chinese delicacy has some fuming. *The New York Times*.

Brown, R. (1986). *Social psychology*. New York, NY: Free Press.

Brown, T. (2010, September 7). Learning to talk the talk in a hospital. *The New York Times*.

Browne, B. A. (1998). Gender stereotypes in advertising on children's television in the 1990s: A cross-national analysis. *Journal of Advertising, 27,* 83–96.

Brownmiller, S. (1975). *Against our will: Men, women, and rape*. New York, NY: Simon & Schuster..

Bruni, F. (2012, January 15). Running from millions. *The New York Times*.

Bruni, F. (2015, February 8). Do gays unsettle you? *The New York Times*.

Brutally Honest. (2004). *Jimmy Swaggart. Just. Shut. Up*. www.brutallyhonest.org/brutally_honest/2004/09/jimmy_swaggart_html. Accessed June 2, 2005.

Brutus, D. (1999). Africa 2000 in the new global context. In T. J. Gallagher (Ed.), *Perspectives: Introductory sociology*. St. Paul, MN: Coursewise.

Bryc, K., Durand, E. Y., Macpherson, J. M., Reich, D., & Mountain, J. L. (2015). The genetic ancestry of African Americans, Latinos, and European Americans across the United States. *American Journal of Human Genetics, 96,* 37-53.

Buchholz, T. G., & Buchholz, V. (2012, March 10). The go-nowhere generation. *The New York Times*.

Buckley, C. (2009, February 18). For uninsured young adults, do-it-yourself medical care. *The New York Times*.

Buckley, C. (2010, December 9). To test housing program, some are denied aid. *The New York Times*.

Bullard, R. D. (1993). Anatomy of environmental racism and the environmental justice movement. In R. D. Bullard (Ed.), *Confronting environmental racism*. Boston, MA: South End Press.

Bullard, R. D. (2001). Decision making. In L. Westra & B. E. Lawson (Eds.), *Faces of environmental racism: Confronting issues of global justice. Lanham, MD: Rowman & Littlefield.

Bullington, B. (1993). All about Eve: The many faces of United States drug policy. In F. Pearce & M. Woodiwiss (Eds.), *Global crime connections*. Toronto, Ontario, Canada: University of Toronto Press.

Bunk busters unravel the art of spin. (2007). *National Public Radio*. www.npr.org/templates/story/story.php?storyId=10416827. Accessed September 5, 2009.

Bureau of Transportation Statistics. (2012). *Number of U.S. aircraft, vehicles, vessels, and other conveyances*. www.rita.dot.gov/bts/sites/rita.dot.gov.bts/publications/national_transportation_statistics/html/table_01_11.html. Accessed December 31, 2012.

Burger, J. M. (2009). Replicating Milgram: Would people still obey today? *American Psychologist, 64*, 1–11.

Burke, T. W., & Owen, S. S. (2006, January/February). Same-sex domestic violence: Is anyone listening? *Gay & Lesbian Review, 8* (1), 6–7.

Bush, M. (2009). *International benchmarking—time*. Education Commission of the States. www.ecs.org/clearinghouse/80/66/8066.pdf. Accessed June 12, 2011.

Butler, R. (1989). A generation at risk: When the baby boomers reach Golden Pond. In W. Feigelman (Ed.), *Sociology full circle*. New York, NY: Holt, Rinehart & Winston.

Butterfield, F. (2000, April 26). Racial disparities seen as pervasive in juvenile justice. *The New York Times*.

Butterfield, F. (2005, February 13). In rural America, guns and a "culture of suicide." *The New York Times*.

Byrd, A., & Tharps, L. L. (2014, May 1). When black hair is against the rules. *The New York Times*.

Cahill, S. (1999). Emotional capital and professional socialization: The case of mortuary science students (and me). *Social Psychology Quarterly, 62*, 101–116.

Caldwell, C. (2005, January 23). The triumph of gesture politics. *The New York Times*.

California Legislative Information. (2014). *Senate Bill No. 967*. leginfo.legislature.ca.gov/faces/billNavClient.xhtml?bill_id=201320140SB967. Accessed September 7, 2014.

Camarota, S. A. (2004). *Economy slowed, but immigration didn't: The foreign-born population, 2000–2004*. Washington, DC: Center for Immigration Studies. www.cis.org. Accessed June 9, 2005.

Cameron, D. (2000). Styling the worker: Gender and the commodification of language in the globalized service economy. *Journal of Sociolinguistics, 4/3*, 323–347.

Campbell, A. (1987). Self-definition by rejection: The case of gang girls. *Social Problems, 34*, 451–466.

Campbell, A., Converse, P. E., & Rodgers, W. L. (1976). *The quality of American life*. New York, NY: Russell Sage.

Caplan, B. (2011). *Selfish reasons to have more kids: Why being a great parent is less work and more fun than you think*. New York, NY: Basic Books.

Caplan, P. J. (1995). *They say you're crazy: How the world's most powerful psychiatrists decide who's normal*. Reading, MA: Addison-Wesley.

Caramenico, A. (2012, May 7). *Hospitals lose millions from cancelled surgeries*. Fierce Healthcare. www.fiercehealthcare.com/story/hospitals-lose-millions-cancelled-surgeries/2012-05-07. Accessed May 22, 2015.

Carey, B. (2007, January 14). Can Johnny come out and (be taught) to play? *The New York Times.*

Carey, B. (2012, January 19). New autism rule will trim many, a study suggests. *The New York Times.*

Carlson, E. (2009). 20th-century U.S. generations. *Population Bulletin, 64,* 1–17.

Carmichael, M. (2008, December 1). Katrina kids: Sickest ever. *Newsweek.*

Carnevale, A. P., & Rose, S. J. (2003). *Socioeconomic status, race/ethnicity, and selective college admissions.* Washington, DC: Century Foundation. www.tcf.org/Publications/Education/carnevale_rose.pdf. Accessed September 4, 2009.

Carothers, B. (2013, April 21). The tangle of the sexes. *The New York Times.*

Carr, D. (2011, April 17). Keep your thumbs still when I'm talking to you. *The New York Times.*

Carr, D., & Friedman, M. A. (2006). Body weight and the quality of interpersonal relationships. *Social Psychology Quarterly, 69,* 127–149.

Carson, E. A., & Sabol, W. J. (2012). *Prisoners in 2011.* U.S. Bureau of Justice Statistics. NCJ239808. bjs.ojp. usdoj.gov/content/pub/pdf/p11.pdf. Accessed January 21, 2013.

Carter, B. D., et al. (2015). Smoking and mortality—Beyond established causes. *New England Journal of Medicine, 372,* 631-640.

Carter, H., & Glick, P. C. (1976). *Marriage and divorce: A social and economic study.* Cambridge, MA: Harvard University Press.

Carter, M. (2014, July 31). Man who set fire in Capitol Hill nightclub sentenced to 10 years. *Seattle Times.*

Cashdan, E. (2008). Waist-to-hip ratio across cultures: Trade-offs between androgen- and estrogen-dependent traits. *Current Anthropology, 49,* 1099–1107.

Cast, A. D. (2004). Role taking and interaction. *Social Psychology Quarterly, 67,* 296–309.

Catalano, S. (2012). *Intimate partner violence, 1993–2010.* U.S. Bureau of Justice Statistics, NCJ239203. bjs.ojp.usdoj.gov/content/pub/pdf/ipv9310.pdf. Accessed January 16, 2013.

Catalyst. (2015). *Women CEOs of the S&P 500.* www.catalyst.org/knowledge/women-ceos-sp-500. Accessed May 21, 2015.

Catholic News Agency. (2013, June 10). *Chile proposes financial incentives for childbearing.* www.catholicnewsagency.com/news/chile-proposes-financial-incentives-for-childbearing/. Accessed June 27, 2013.

Cave, D. (2011, July 6). Better lives for Mexicans cut allure of going north. *The New York Times.*

Cawley, J., & Meyerhoefer, C. (2012). The medical care costs of obesity: An instrumental variables approach. *Journal of Health Economics, 31,* 219-230.

Center for American Progress. (2013). *Global wage trends for apparel workers, 2001-2011.* www.americanprogress.org/wp-content/uploads/2013/07/RealWageStudy-3.pdf. Accessed May 31, 2015.

Center for Effective Discipline. (2012). *Discipline at schools.* www.stophitting.com/index.php?page=statesbanning. Accessed January 8, 2013.

Center for Public Integrity. (2008). *Iraq: The war card.* www.publicintegrity.org/projects/entry/276. Accessed May 3, 2009.

Centers for Disease Control and Prevention. (1999). Ten great public health achievements in the

United States, 1900–1999. *Mortality and Morbidity Weekly Report, 48*, 241–243.

Centers for Disease Control and Prevention. (2011a). *Highlights in minority health & health disparities*. www.cdc.gov/omhd/Highlights/Highlight.htm#DISPARITIES0. Accessed June 17, 2011.

Centers for Disease Control and Prevention. (2011b). *The national intimate partner and sexual violence survey*. www.cdc.gov/violenceprevention/pdf/nisvs_report2010-a.pdf. Accessed June 26, 2014.

Centers for Disease Control and Prevention. (2012a). Comprehensive smoke-free laws—50 largest cities, 2000 to 2012. *Morbidity and Mortality Weekly Report, 61*, 914–917.

Centers for Disease Control and Prevention. (2012b). *Occupational cancer*. www.cdc.gov/niosh/topics/cancer/. Accessed January 21, 2015.

Centers for Disease Control and Prevention. (2012c). *Suicide: Facts at a glance*. www.cdc.gov/violenceprevention/pdf/Suicide-DataSheet-a.pdf. Accessed January 2, 2015.

Centers for Disease Control and Prevention. (2012d). *Suicide prevention*. www.cdc.gov/violenceprevention/pub/youth_suicide.html. Accessed December 21, 2012.

Centers for Disease Control and Prevention. (2013). Suicide among adults aged 35–64 years—United States, 1999–2010. *Morbidity and Mortality Weekly Report, 62*, 321–325.

Centers for Disease Control and Prevention. (2014a). *Antibiotic resistance threats in the United States, 2013*. www.cdc.gov/drugresistance/threat-report-2013/pdf/ar-threats-2013-508.pdf#page=6. Accessed June 28, 2015.

Centers for Disease Control and Prevention. (2014b). *Deaths, percent of total deaths, and death rates for the 15 leading causes of death: United States and each state, 2012*. www.cdc.gov/nchs/data/dvs/LCWK9_2012.pdf. Accessed January 2, 2015.

Centers for Disease Control and Prevention. (2014c). *Measles cases and outbreaks, January 1, 2014 to November 29, 2014*. www.cdc.gov/measles/cases-outbreaks.html. Accessed January 6, 2015.

Centers for Disease Control and Prevention. (2014d). *Tobacco-related mortality*. www.cdc.gov/tobacco/data_statistics/fact_sheets/health_effects/tobacco_related_mortality/index.htm#cigs. Accessed June 24, 2014.

Centers for Disease Control and Prevention. (2015a). *2014 Ebola outbreak in West Africa—Case counts*. www.cdc.gov/vhf/ebola/outbreaks/2014-west-africa/case-counts.html. Accessed January 4, 2015.

Centers for Disease Control and Prevention. (2015b). *Preventing healthcare-associated infections*. CDC at Work. www.cdc.gov/washington/~cdcatWork/pdf/infections.pdf. Accessed January 21, 2015.

Centers for Disease Control and Prevention. (2015c). *Trends in the prevalence of sexual behaviors and HIV testing—National YRBS: 1991-2013*. www.cdc.gov/healthyyouth/yrbs/pdf/trends/us_sexual_trend_yrbs.pdf. Accessed June 17, 2015.

Chafetz, J. S. (1978). *A primer on the construction and testing of theories in sociology*. Itasca, IL: Peacock.

Chafetz, J. S., & Dworkin, A. G. (1987). In the face of threat: Organized anti-feminism in comparative perspective. *Gender & Society, 1*, 33–60.

Chambliss, D. F. (1989). The mundanity of excellence: An ethnographic report on stratification and Olympic swimmers. *Sociological Theory, 7*, 70–86.

Chambliss, W. (1964). A sociological analysis of the law of vagrancy. *Social Problems, 12,* 66–77.

Chapkis, W. (2010). Patients, "potheads," and dying to get high. In D. M. Newman & J. O'Brien (Eds.), *Sociology: Exploring the architecture of everyday life: Readings.* Thousand Oaks, CA: Pine Forge Press.

Charles, M. (2011, Spring). What gender is science? *Contexts.* http://contexts.org/articles/spring2011/whatgender-is-science/. Accessed June 21, 2011.

Charon, J. (1992). *Ten questions: A sociological perspective.* Belmont, CA: Wadsworth.

Charon, J. (1998). *Symbolic interactionism.* Upper Saddle River, NJ: Prentice Hall.

Chase-Dunn, C., & Rubinson, R. (1977). Toward a structural perspective on the world system. *Politics and Society, 7,* 453–476.

Chaudhry, L. (2006, April 7). Acting your race. *In These Times.*

Chen, E., Matthews, K. A., & Boyce, W. T. (2002). Socioeconomic differences in children's health: How and why do these relationships change with age? *Psychological Bulletin, 128,* 295–329.

Cherlin, A. J. (1992). *Marriage, divorce, remarriage.* Cambridge, MA: Harvard University Press.

Cherlin, A. J., Furstenberg, F. F., Jr., Chase-Lansdale, P. L., Kiernan, K. E., Robins, P. K., Morrison, D. R., & Teitler, J. O. (1991). Longitudinal studies of effects of divorce on children in Great Britain and the United States. *Science, 252,* 1386–1389.

Cherney, I. D., & London, K. (2006). Gender-linked differences in the toys, television shows, computer games, and outdoor activities of 5- to 13-year-old children. *Sex Roles, 54,* 717–726.

CHILD, Inc. (2014). *Religious exemptions from health care for children.* www.childrenshealthcare.org/?page_id=24. Accessed January 5, 2015..

Child Rights International Network. (2014). *Child sexual abuse and the Holy See: the need for justice, accountability, and reform.* www.tbinternet.ohchr.org/Treaties/CAT/Shared Documents/VAT/INT_CAT_CSS_VAT_17113_E.pdf. Accessed January 20, 2015.

Child Welfare Information Gateway. (2014). *Child abuse and neglect fatalities 2012: Statistics and interventions.* www.childwelfare.gov/pubPDFs/fatality.pdf. Accessed January 18, 2015.

Children's Advocacy Institute. (2015). *Shame on U.S.: Failings by all three branches of government leave abused and neglected children vulnerable to further harm.* www.caichildlaw.org/Misc/Shame on U.S._ExecSumm.pdf. Accessed January 27, 2015.

Children's Health Watch. (2013). *Punishing hard work: The unintended consequences of cutting SNAP benefits.* Policy report. www.childrenshealthwatch.org/publication/punishing-hard-work-unintended-consequences-cutting-snap-benefits/. Accessed July 3, 2014.

China changes death penalty law. (2006, October 31). *The New York Times.*

Ching, C. L., & Burke, S. (1999). An assessment of college students' attitudes and empathy toward rape. *College Student Journal, 33,* 573–584.

Choma, R. (2015). *One member of Congress=18 American households: Lawmakers' personal finances far from average.* Center for Responsive Politics. www.opensecrets.org. Accessed May 26, 2015.

Chotiner, I. (2010, May 31). Globish for beginners. *The New Yorker.*

Christakis, N. A., & Fowler, J. H. (2007). The spread of obesity in a large social network over

32 years. *The New England Journal of Medicine, 357,* 370–379.
Chua, A. (2011). *Battle hymn of the Tiger Mother.* New York, NY: Penguin.
Ciancanelli, P., & Berch, B. (1987). Gender and the GNP. In B. B. Hess & M. M. Ferree (Eds.), *Analyzing gender: A handbook of social science research.* Newbury Park, CA: Sage.
Clarity, J. F. (1999, March 14). Lost youth in Ireland: Suicide rate is climbing. *The New York Times.*
Clark, B. (1960). The "cooling out" function in higher education. *American Journal of Sociology, 65,* 569–576.
Clark, C. (1997). *Misery and company: Sympathy in everyday life.* Chicago, IL: University of Chicago Press.
Clark, L. P., Millet, D. B., & Marshall, J. D. (2014). National patterns in environmental injustice and inequality outdoor NO2 air pollution in the United States. *PLoS ONE, 9(4):* e94431. www.journals.plos.org/plosone/article?id=10.1371/journal.pone.0094431. Accessed June 4, 2015.
Clausen, J. A. (1986). *The life course: A sociological perspective.* Englewood Cliffs, NJ: Prentice Hall.
Clear Channel Communications. (2014). *Investor FAQ.* www.clearchannel.com/investors/Pages/FAQ.aspx. Accessed January 7, 2015.
Clemmitt, M. (2009). Extreme sports. *CQ Researcher, 19,* 297–320.
Clifford, S. (2011, April 24). One size fits nobody: Seeking a steady 4 or a 10. *The New York Times.*
Clifford, S. (2013, September 20). Textile plants humming, but not with workers. *The New York Times.*
Clifford, S., & Hardy, Q. (2013, July 15). Attention shoppers: Stores are tracking your cell. *The New York Times.*
Cluster, D. (1979). *They should have served that cup of coffee.* Boston, MA: South End Press.
CNN.com. (2009). *Most blacks say MLK's vision fulfilled, poll finds.* http://edition.cnn.com/2009/POLITICS/01/19/king.poll/. Accessed August 13, 2009.
Coates, T-N. (2014, June). The case for reparations. *The Atlantic.* www.theatlantic.com/features/2014/05/thecase-for-reparations/361631/. Accessed June 7, 2015.
Cohen, A. K. (1955). *Delinquent boys: The culture of the gang.* New York, NY: Free Press.
Cohen, A. K. (1966). *Deviance and control.* Englewood Cliffs, NJ: Prentice Hall.
Cohen, F. G. (1986). *Treaties on trial: The continuing controversy over Northwest Indian fishing rights.* Seattle: University of Washington Press.
Cohen, P. (2013, November 24). Jump-starting the struggle for equality. *The New York Times.*
Cohen, P. (2015, April 11). Middle class, or so they think. *The New York Times.*
Cohen, R. A., & Martinez, M. E. (2015). *Health insurance coverage: Early release of estimates from the National Health Interview Survey, 2014.* Centers for Disease Control and Prevention. www.cdc.gov/nchs/data/nhis/earlyrelease/insur201506.pdf. Accessed June 24, 2015.
Cohn, N. (2013, June 27). As a long-term political issue, gay marriage will be more like abortion than integration. *New Republic.*
Cohn, N. (2015, May 23). Lack of transparency a problem for pollsters. *The New York Times.*
Colby, S. L., & Ortman, J. M. (2014). The baby boom cohort in the United States: 2012 to 2060. *Current Population Reports.* P25-1141. www.census.gov/prod/2014pubs/p25-1141.pdf.

Accessed June 16, 2015.

Colby, S. L., & Ortman, J. M. (2015). Projections of the size and composition of the U.S. population: 2014 to 2060. *Current Population Reports*. P25-1143. www.census.gov/content/dam/Census/library/publications/2015/demo/p25-1143.pdf. Accessed June 18, 2015.

The College Board. (1998). *SAT and gender differences* (Research Summary RS-04). http://professionals.collegeboard.com/profdownload/pdf/rs04_3960.pdf. Accessed August 13, 2009.

The College Board. (2014a). *The 10th annual AP report to the nation*. www.media.collegeboard.com/digitalServices/pdf/ap/rtn/10th-annual/10th-annual-ap-report-to-the-nation.single-page.pdf. Accessed June 4, 2015.

The College Board. (2014). *SAT© percentile ranks for 2014 college-bound seniors*. https://secure-media.collegeboard.org/digitalServices/pdf/sat/sat-percentile-ranks-gender-ethnicity-2014.pdf. Accessed June 16, 2015.

Collegiate Employment Research Institute. (2014). *Rapid growth in job opportunities for college graduates in 2014-15*. www.ceri.msu.edu/wp-content/uploads/2014/10/press-release-1-10-7-14.pdf. Accessed January 2, 2015.

Collins, G. (2011, April 7). Medicine on the move. *The New York Times*.

Collins, R. (1971). Functional and conflict theories of educational stratification. *American Sociological Review, 36,* 1002–1019.

Collins, R. (1981). On the microfoundations of macro-sociology. *American Journal of Sociology, 86,* 984–1014.

Common Sense Media. (2013). *Zero to eight: Children's media use in America 2013*. www.commonsensemedia.org/research/zero-to-eight-childrens-media-use-in-america-2013. Accessed January 12, 2015.

Congeni, J. (2009). Management of the adolescent concussion victim. *Adolescent Medicine: State of the Art Reviews, 20,* 41–56.

Congressional Budget Office. (2014). *The distribution of household income and federal taxes, 2011*. www.cbo.gov/sites/default/files/cbofiles/attachments/49440-Distribution-of-Income-and-Taxes.pdf. Accessed May 28, 2015.

Conrad, P. (1975). The discovery of hyperkinesis: Notes on the medicalization of deviant behavior. *Social Problems, 23,* 12–21.

Conrad, P. (2005). The shifting engines of medicalization. *Journal of Health and Social Behavior, 46,* 3–14.

Conrad, P., & Leiter, V. (2004). Medicalization, markets, and consumers. *Journal of Health and Social Behavior, 45,* 158–176.

Conrad, P., & Schneider, J. W. (1992). *Deviance and medicalization: From badness to sickness*. Philadelphia, PA: Temple University Press.

A continuing abomination. (2008, November 1). *The Economist*.

Conway, L. (2013). *How many of us are there? An investigative report*. Gender Centre. www.gendercentre.org/au/resources/polare-archive/archived-articles/how-many-of-us-are-there.htm. Accessed January 9, 2015.

Cook, B. (2013, August 22). Youth sports complex scores millions in Pepsi "pouring rights" deal. *Forbes*.

Cookson, P., & Persell, C. (1985). *Preparing for power*. New York, NY: Basic Books.

Cooley, C. H. (1902). *Human nature and social order*. New York, NY: Scribner.
Coolidge, S. (2005, August 20). Parents must pay $7M. *The Cincinnati Enquirer*.
Coontz, S. (1992). *The way we never were*. New York, NY: Basic Books.
Coontz, S. (2005). *Marriage, a history: From obedience to intimacy, or how love conquered marriage*. New York, NY: Viking.
Coontz, S. (2012, September 30). The myth of male decline. *The New York Times*.
Coontz, S. (2013a, June 23). The disestablishment of marriage. *The New York Times*.
Coontz, S. (2013b, February 17). Why gender equality stalled. *The New York Times*.
Cooper, H. (2014, May 2). Pentagon study finds 50% increase in reports of military sexual assaults. *The New York Times*.
Cose, E. (2009, February 2). Revisiting "The rage of the privileged class." *Newsweek*.
Cose, E. (2011, May 23 & 30). Meet the new optimists. *Newsweek*.
Coser, R. L. (1960). Laughter among colleagues: A study of the social functions among staff of a mental hospital. *Psychiatry, 23,* 81–95.
Cosgrove, L., Bursztaja, H., & Krimsky, S. (2009). Developing unbiased diagnostic and treatment guidelines in psychiatry. *New England Journal of Medicine, 360,* 2035–2036.
Coulson, M. A., & Riddell, C. (1980). *Approaching sociology*. London, UK: Routledge & Kegan Paul.
Counterterrorism Communications Center. (2008, March 14). *Words that work and words that don't: A guide for counterterrorism communication*. www.investigativeproject.org/documents/misc/id/127. Accessed May 22, 2011.
Cowan, R. (1991). More work for mother: The postwar years. In L. Kramer (Ed.), *The sociology of gender*. New York, NY: St. Martin's Press.
Cowell, A. (2007, March 8). Commons moves again to erode nobles' power in Britain. *The New York Times*.
Cowley, G. (2003, May 5). How progress makes us sick. *Newsweek*.
Coyle, M. (2003). *Race and class penalties in crack cocaine sentencing* (Sentencing Project Report No. 5077). www.sentencingproject.org/doc/publications/5077.pdf. Accessed September 4, 2009.
Crandall, M., Nathens, A. B., Kernic, M. A., Holt, V. L., & Rivara, F. P. (2004). Predicting future injury among women in abusive relationships. *Journal of Trauma: Injury, Infection, and Critical Care, 56,* 906–912.
Cranz, G. (1998). *The chair: Rethinking culture, body, and design*. New York, NY: Norton.
Crary, D. (2007, June 3). TB case raises ethical questions. *The Indianapolis Star*.
Crawford, S. P. (2011, December 4). The new digital divide. *The New York Times*.
Cross, G. (1997). *Kids' stuff: Toys and the changing world of American childhood*. Cambridge, MA: Harvard University Press.
Cross, J., & Guyer, M. (1980). *Social traps*. Ann Arbor: University of Michigan Press.
Crossette, B. (2001, February 28). Against a trend, U.S. population will bloom, UN says. *The New York Times*.
Croteau, D., & Hoynes, W. (2000). *Media/society: Industries, images, and audiences*. Thousand Oaks, CA: Pine Forge Press.
Crowder, K., Pais, J., & South, S. J. (2012). Neighborhood diversity, metropolitan constraints, and household migration. *American Sociological Review, 77,* 325–353.

Crystal, D. (2003). *English as a global language.* Cambridge, UK: Cambridge University Press.
CTIA-The Wireless Association. (2014). *Annual wireless industry "survey."* www.ctia.org/your-wireless-life/how-wireless-works/annual-wireless-industry-survey. Accessed January 8, 2015.
Cumulus Media. (2014). *Cumulus media networks.* www.cumulus.com/cumulus-media-network/. Accessed January 7, 2015.
Curra, J. (2000). *The relativity of deviance.* Thousand Oaks, CA: Sage.
Currie, J., DellaVigna, S., Moretti, E., & Pathania, V. (2009). *The effect of fast food restaurants on obesity* (Working Paper No. 14721). Cambridge, MA: National Bureau of Economic Research. www.nber.org/papers/w14721.pdf. Accessed May 15, 2009.
Currier, C. (2012). *The 24 states that have sweeping self-defense laws just like Florida's.* ProPublica. www.propublica.org/article/the-23-states-that-have-sweeping-self-defense-laws-just-like-floridas. Accessed January 21, 2013.
Curtin, J. S. (2004). Suicide also rises in land of rising sun. *Asia Times Online.* www.atimes.com/atimes/Japan/FG28Dh01.html. Accessed November 19, 2004.
Cushing, R., & Bishop, B. (2005, July 20). The rural war. *The New York Times.*
Customs and Border Protection. (2014). *US border patrol fiscal year staffing statistics (FY1992-FY2014).* www.cbp.gov/sites/default/files/documents/BP Staffing FY1992-FY2014_0.pdf. Accessed June 17, 2015.

Dahrendorf, R. (1959). *Class and class conflict in industrial society.* Stanford, CA: Stanford University Press.
Daily Mail. (2012). South Korean girls' obsession with double eyelid surgery as they strive to look like "pretty western celebrities." www.dailymail.co.uk/femail/article-2222481/South-Korean-girls-obsession-doubleeyelid-surgery-strive-look-like-pretty-western-celebrities.html?printingPage=true. Accessed January 11, 2013.
Daley, S. (1996, May 9). A new charter wins adoption in South Africa. *The New York Times.*
Daley, S. (2000, April 9). More and more, Europeans find fault with U.S. *The New York Times.*
Daniels, R. (1990). *Coming to America.* New York, NY: HarperCollins.
Dansky, K. (2014). *An MRAP is not a blanket.* American Civil Liberties Union. www.aclu.org/blog/criminallaw-reform-immigrants-rights-technology-and-liberty/mrap-not-blanket. Accessed January 6, 2015.
Danziger, S., & Gottschalk, P. (2004, December). *Diverging fortunes: Trends in poverty and inequality* (PRB Report). Washington, DC: Population Reference Bureau. www.prb.org. Accessed January 19, 2005.
Dao, J. (2010a, February 12). Single mother is spared court-martial. *The New York Times.*
Dao, J. (2010b, July 8). V.A. is easing rules to cover stress disorder. *The New York Times.*
Dao, J. (2011, May 14). Unfounded suspicions wreak havoc on lives of two Muslim soldiers. *The New York Times.*
Dao, J. (2013, June 24). When victims of military sex assaults are men. *The New York Times.*
Dargis, M. (2011, May 25). 3 men and a monkey-baby. *The New York Times.*
Davey, M. (2011, September 7). Families feel sharp edge of state budget cuts. *The New York Times.*
Davidson, A. (2011, November 27). When did the rules change? *The New York Times Magazine.*

Davidson, A. (2013, January 13). A tax on annoying behavior? *The New York Times Magazine.*
Davidson, A. (2014, June 20). Hi mom, I'm home. *New York Times Sunday Magazine.*
Davies, J. C. (1962). Toward a theory of revolution. *American Sociological Review, 27,* 5–19.
Davis, D. B. (2006). *Inhuman bondage: The rise and fall of slavery in the New World.* New York, NY: Oxford University Press.
Davis, F. J. (1991). *Who is black?* University Park: Pennsylvania State University Press.
Davis, K. (1937). The sociology of prostitution. *American Sociological Review, 2,* 744–755.
Davis, K. (1976). The world's population crisis. In R. K. Merton & R. Nisbett (Eds.), *Contemporary social problems.* New York, NY: Harcourt Brace Jovanovich.
Davis, K., & Moore, W. (1945). Some principles of stratification. *American Sociological Review, 10,* 242–247.
Davis, S. (2003). Sex stereotypes in commercials targeted toward children: A content analysis. *Sociological Spectrum, 23,* 407–424.
Dawes, R. M., & Messick, D. M. (2000). Social dilemmas. *International Journal of Psychology, 35,* 111–116.
Deane, D. (2007, July 4). Justice is unequal for parents who host teen drinking parties. *The New York Times.*
Death Penalty Information Center. (2013a). *Death penalty representation.* www.deathpenaltyinfo.org/death-penalty-representation. Accessed January 23, 2013.
Death Penalty Information Center. (2013b). *Murder rates nationally and by state.* www.deathpenaltyinfo.org/murder-rates-nationally-and-state. Accessed January 23, 2013.
Death Penalty Information Center. (2014). *National statistics on the death penalty and race.* www.deathpenaltyinfo.org/race-death-row-inmates-executed-1976. Accessed June 25, 2014.
Deaux, K., & Kite, M. E. (1987). Thinking about gender. In B. B. Hess & M. M. Ferree (Eds.), *Analyzing gender: A handbook of social science research.* Newbury Park, CA: Sage.
DeCastro, J. M. (1994). Family and friends produce greater social facilitation of food-intake than other companions. *Physiology and Behavior, 56,* 445–455.
DeCastro, J. M. (2000). Eating behaviors: Lessons from the real world of humans. *Ingestive Behavior and Obesity, 16,* 800–813.
Decker, G. (2011, July 4). More Hispanics are identifying themselves as Indians. *The New York Times.*
Declaration of sentiments and resolutions, Seneca Falls Convention, 1848. (2001). In P. S. Rothenberg (Ed.), *Race, class, and gender in the United States.* New York, NY: Worth.
DeFronzo, J. (1991). *Revolutions and revolutionary movements.* Boulder, CO: Westview Press.
de la Baume, M. (2011, May 12). Enforcing veil ban, the French have stopped 46 violators. *The New York Times.*
de la Baume, M. (2013, May 24). Bid in France to add courses in English raises fear for language. *New York Times.*
DeLeire, T. (2000). The unintended consequences of the Americans with Disabilities Act. *Regulation, 23,* 21–24.
Deming, D., & Dynarski, S. (2008). *The lengthening of childhood* (Working Paper No. 14124). Cambridge, MA: National Bureau of Economic Research. www.nber.org/papers/w14124.pdf?new_window=1. Accessed May 14, 2009.
DeNavas-Walt, C., Proctor, B. D., & Lee, C. H. (2006). *Income, poverty, and health insurance:*

Coverage in the United States: 2005 (U.S. Census Bureau, Current Population Reports, P60-231). Washington, DC: Government Printing Office.

DeNavas-Walt, C., Proctor, B. D., & Smith, J. C. (2008). *Income, poverty, and health insurance coverage in the United States: 2007* (U.S. Census Bureau, Current Population Reports, P60-235). www.census.gov/prod/2008pubs/p60-235.pdf. Accessed September 4, 2009.

DeNavas-Walt, C., Proctor, B. D., & Smith, J. C. (2010). *Income, poverty, and health insurance coverage in the United States: 2009* (U.S. Census Bureau, Current Population Reports, P60-238). www.census.gov/prod/2010pubs/p60.238.pdf. Accessed September 16, 2010.

DeNavas-Walt, C., Proctor, B. D., & Smith, J. C. (2011). *Income, poverty, and health insurance coverage in the United States: 2010.* (U.S. Census Bureau, Current Population Reports, P60-239). www.census.gov/prod/2011pubs/p60-239.pdf. Accessed September 13, 2011.

DeNavas-Walt, C., & Proctor, B. D. (2014). *Income, poverty, and health insurance coverage in the United States: 2013.* (U.S. Census Bureau, Current Population Reports, P60-249). www.census.gov/content/dam/Census/library/publications/2014/demo/p60-249.pdf. Accessed July 3, 2015.

Denzin, N. (1977). *Childhood socialization: Studies in the development of language, social behavior, and identity.* San Francisco, CA: Jossey-Bass.

Denzin, N. (1989). The research act: A theoretical introduction to sociological methods. Englewood Cliffs, NJ: Prentice Hall.

DePaulo, B. (2007). *Singled out: How singles are stereotyped, stigmatized, and ignored, and still live happily ever after.* New York: St. Martin's Press.

DeParle, J. (2012, April 8). Welfare limits left poor adrift as recession hit. *The New York Times.*

DeParle, J., Gebeloff, R., & Tavernise, S. (2011, November 18). Meet the near poor: Older, married, suburban, & struggling. *The New York Times.*

Derber, C. (1979). *The pursuit of attention.* New York, NY: Oxford University Press.

Deresiewicz, W. (2011). The end of solitude. In M. Bauerline (ed.), *The digital divide: Arguments for and against Facebook, Google, texting, and the age of social networking.* New York: Tarcher/Penguin.

Dervarics, C. (2004, March). *Conspiracy beliefs may be hindering HIV prevention among African Americans* (PRB Report). Washington, DC: Population Reference Bureau. www.prb.org. Accessed March 16, 2005.

DeSouza, R.-M. (2004, October). *In harm's way: Hurricanes, population trends, and environmental change* (PRB Report). Washington, DC: Population Reference Bureau. www.prb.org. Accessed December 30, 2004.

Deutsch, K. W. (1966). *Nationalism and social communication.* Cambridge, MA: MIT Press.

Deutscher, G. (2010, August 29). You are what you speak. *The New York Times Magazine.*

Dewan, S. (2015, June 11). Poor, accused and punished by bail system. *The New York Times.*

Dey, J. G., & Hill, C. (2007). *Behind the pay gap.* Washington, DC: American Association of University Women Educational Foundation. www.aauw.org. Accessed April 1, 2007.

Diamond, J. (2005). *How societies choose to succeed or fail.* New York, NY: Viking.

Dickerson, C. (2015, June 22). Secret World War II chemical experiments tested troops by race. National Public Radio. www.npr.org/2015/6/22/415194765/u-x-troop-tested-by-race-in-secret-world-war-ii-chemicalexperiments. Accessed June 23, 2015.

Diekman, A. B., & Murnen, S. K. (2004). Learning to be little women and little men: The inequitable gender equality of nonsexist children's literature. *Sex Roles, 50,* 373–385.

Diekmann, A., & Engelhardt, H. (1999). The social inheritance of divorce: Effects of parent's family type in postwar Germany. *American Sociological Review, 64,* 78–93.

Digital Insights. (2014). *Social media 2014 statistics—An interactive infographic you've been waiting for!* blog. digitalinsights.in/social-media-users-2014-stats-numbers/05205287.html. Accessed January 15, 2015.

Diller, L. H. (1998). *Running on Ritalin.* New York, NY: Bantam Books.

Dillon, S. (2011, July 6). Saving money means less time for school. *The New York Times.*

DiMaggio, P. J., & Powell, W. W. (1983). The iron cage revisited: Institutional isomorphism and collective rationality in organizational fields. *American Sociological Review, 48,* 147–160.

DiMaggio, P. J., & Powell, W. W. (1991). Introduction. In W. W. Powell & P. J. DiMaggio (Eds.), *The new institutionalism in organizational analysis.* Chicago, IL: University of Chicago Press.

Dion, K., Berscheid, E., & Walster, E. (1972). What is beautiful is good. *Journal of Personality and Social Psychology, 24,* 285–290.

Division for the Advancement of Women. (2009). *Convention on the elimination of all forms of discrimination against women: Overview of the convention.* New York, NY: Author. www.un.org/womenwatch/daw/cedaw/. Accessed June 4, 2009.

Dixon, T. L., & Linz, D. (2000). Race and the misrepresentation of victimization on local television news. *Communication Research, 27,* 547–573.

Dobash, R. E., & Dobash, R. P. (1979). *Violence against wives: A case against the patriarchy.* New York, NY: Free Press.

Do fines ever make corporations change? (2010, September 13). *Newsweek.*

Dokoupil, T. (2009, March 2). Men will be men. *Newsweek.*

Dokoupil, T. (2011, June 6). Mad as hell. *Newsweek.*

Dokoupil, T. (2012, July 16). Is the onslaught making us crazy? *Newsweek.*

Domhoff, G. W. (1983). *Who rules America now? A view from the eighties.* Englewood Cliffs, NJ: Prentice Hall.

Domhoff, G. W. (1998). *Who rules America? Power and politics in the year 2000.* Mountain View, CA: Mayfield.

Domino's. (2015). *Domino's 101: Basic facts.* www.dominosbiz.com/Biz-Public-EN/Site+Content/Secondary/About+Dominos/Fun+Facts/. Accessed January 7, 2015.

Dominus, S. (2004, February 22). Life in the age of old, old age. *The New York Times Magazine.*

Donadio, R. (2010a, April 5). Comments by cardinal on sexuality create a stir. *The New York Times.*

Donadio, R. (2010b, April 30). In abuse crisis, a church is pitted against society and itself. *The New York Times.*

Dorak, M. T., & Karpuzoglu, E. (2012, November 28). Gender differences in cancer susceptibility: An inadequately addressed issue. *Frontiers in Genetics.* www.ncbi.nim.nih.gov/pmc/articles/PMC3508426/. Accessed June 10, 2015.

Doucleff, M. (2012). *HIV infections rise among young black men in U.S.* National Public Radio. www.npr.org/blogs/health/2012/11/27/166012216/hiv-infections-rise-among-young-black-men?sc=17&f=1001. Accessed November 28, 2012.

Dougherty, C. (2015, July 12). Put down the phone. *The New York Times.*

Doyle, J. M., & Kao, G. (2007). Are racial identities of multiracials stable? Changing self-identification among single and multiple race individuals. *Social Psychology Quarterly, 70,* 405–423.

Draper, R. (2014, November 30). In the company of men. *New York Times Sunday Magazine.*

Drucker, S. (1996, March 10). Who is the best restaurateur in America? *The New York Times Magazine.*

Drug Enforcement Administration. (2015). *Federal trafficking penalties for Schedules I, II, III, IV, and V (except marijuana).* www.dea.gov/druginfo/ftp_chart1.pdf. Accessed January 25, 2015.

Dube, A. (2013, November 30). The minimum we can do. *The New York Times.*

Duggan, M., & Smith, A. (2013). *Cell internet use 2013.* Pew Research Center. www.pewinternet.org/files/admedia/Files/Reports/2013/PIP_CellInternetUse2013.pdf. Accessed June 17, 2015.

Dugger, C. W. (1996, February 29). Immigrant cultures raising issues of child punishment. *The New York Times.*

Dugger, C. W. (1999, April 25). India's poorest are becoming its loudest. *The New York Times.*

Dugger, C. W. (2004, December 28). Supermarket giants crush Central American farmers. *The New York Times.*

Duncan, G. J. (2007). School readiness and later achievement. *Developmental Psychology, 43,* 1428–1446.

Duncan, G. J., & Chase-Lansdale, P. L. (2001). For better and for worse: Welfare reform and the well-being of children and families. In G. J. Duncan & P. L. Chase-Lansdale (Eds.), *For better and for worse.* New York, NY: Russell Sage.

Durkheim, é. (1947). *The division of labor in society* (G. Simpson, Trans.). Glencoe, IL: Free Press. (Original work published 1893)

Durkheim, é. (1951). *Suicide.* New York, NY: Free Press. (Original work published 1897)

Durkheim, é. (1954). *The elementary forms of religious life* (J. Swain, Trans.). New York, NY: Free Press. (Original work published 1915)

Durkheim, é. (1958). *Rules of sociological method* (G. E. G. Catlin, Ed.; A. Solovay & J. H. Mueller, Trans.). Glencoe, IL: Free Press. (Original work published 1895)

Durose, M. R., Cooper, A. D., & Snyder, H. N. (2014). *Recidivism of prisoners released in 30 states in 2005: Patterns from 2005 to 2010.* NCJ244205. U.S. Bureau of Justice Statistics. www.bjs.gov/content/pub/pdf/rprts05p5010.pdf. Accessed January 21, 2015.

Dye, J. L. (2008). *Fertility of American women: 2006* (U.S. Census Bureau, Current Population Reports, P20-558). www.census.gov/prod/2008pubs/p20-558.pdf. Accessed September 4, 2009.

Dynarski, S. (2015, June 2). For poor, getting to college is only half the battle. *The New York Times.*

Eagly, A. H., & Karau, S. J. (2002). Role congruity theory of prejudice toward female leaders. *Psychology Review, 109,* 573–598.

Eappen, S. (2013). Relationship between occurrence of surgical complications and hospital finances. *Journal of the American Medical Association, 309,* 1599–1606.

Ebaugh, H. R. F. (1988). *Becoming an ex.* Chicago, IL: University of Chicago Press.

Eckholm, E. (2011a, December 27). Battling anew over the place of religion in public schools. *The New York Times.*

Eckholm, E. (2011b, November 7). Preaching virtue of spanking, even as deaths fuel debate. *The New York Times.*

Eckholm, E. (2011c, March 22). With few jobs, a single pastor points to a bias. *The New York Times.*

Eckholm, E. (2014, November 6). A.C.L.U. in $150 million push to reduce jail sentences. *The New York Times.*

Eckholm, E. (2015a, June 27). Conservative lawmakers and religious groups seek exemptions after ruling. *The New York Times.*

Eckholm, E. (2015b, June 26). In a first, New Jersey jury says group selling gay cure committed fraud. *The New York Times.*

Eckholm, E. (2015c, January 14). With crime down, U.S. faces legacy of a violent age. *The New York Times.*

Eddy, M. (2013, January 19). German priests carried out sexual abuse for years. *The New York Times.*

Edidin, P. (2005, March 6). How to shake hands or share a meal with an Iraqi. *The New York Times.*

Edney, J. J. (1979, August). Free riders en route to disaster. *Psychology Today,* pp. 80–102.

Edney, J. J., & Harper, C. S. (1978). The commons dilemma: A review of contributions from psychology. *Environmental Management, 2,* 491–507.

Edwards, H. (1971, November). The sources of black athletic superiority. *The Black Scholar, 3,* 32–41.

Egan, T. (2007, January 7). Little Asia on the hill. *The New York Times.*

Ehrenreich, B. (2002, June 30). Two-tiered morality. *The New York Times.*

Ehrenreich, B., & English, D. (1979). *For her own good: 150 years of the experts' advice to women.* Garden City, NY: Anchor Books.

Ehrlich, P. R., & Ehrlich, A. H. (1993). World population crisis. In K. Finsterbusch & J. S. Schwartz (Eds.), *Sources: Notable selections in sociology.* Guilford, CT: Dushkin.

Einhorn, C. (2007, November). Nun pleads no contest in sex abuse. *The New York Times.*

Eisenberg, M. E., Wall, M., & Neumark-Sztainer, D. (2012). Muscle-enhancing behaviors among adolescent girls and boys. *Pediatrics, 130,* 1019–1026.

Eitzen, D. S., & Baca Zinn, M. (1991). *In conflict and order: Understanding society.* Boston, MA: Allyn & Bacon.

Elder, G. H., & Liker, J. K. (1982). Hard times in women's lives: Historical influences across 40 years. *American Journal of Sociology, 88,* 241–269.

Eldridge, R. I., & Sutton, P. D. (2007, May). *Births, marriages, divorces, and deaths: Provisional data for October 2006* (National Vital Statistics Reports, Vol. 55, pp. 1–6). Hyattsville, MD: National Center for Health Statistics.

Elias, P. (2006, February 18). Execution reignites medical debate. *The Indianapolis Star.*

Eligon, J. (2013, July 17). Florida case spurs painful talks between black parents and children. *The New York Times.*

Eliot, L. (2010). *Pink brain, blue brain: How small differences grow into troublesome gaps and what we can do about it.* New York, NY: Mariner Books.

Elliott, C. (2003, June). American bioscience meets the American dream. *The American Prospect.*

Elliott, D., & Simmons, T. (2011). *Marital events of Americans: 2009.* (U.S. Bureau of the Census, American Community Survey Report ACS-13). www.census.gov/prod/2011pubs/acs-13.pdf. Accessed September 4, 2011.

Ellison, J. (2011, April 11). The military's secret shame. *Newsweek.*

Emanuel, E. J. (2011, October 30). How much does health cost? *The New York Times.*

Enck, P., & Häuser, W. (2012, August 12). Beware the nocebo effect. *The New York Times.*

England, P., & Thomas, R. J. (2007). The decline of the date and the rise of the college hook-up. In A. S. Skolnick & J. H. Skolnick (Eds.), *Family in transition.* Boston, MA: Allyn & Bacon.

Enloe, C. (1993). *The morning after: Sexual politics at the end of the cold war.* Berkeley: University of California Press.

Entine, J. (2000). *Taboo: Why black athletes dominate sports and why we're afraid to talk about it.* New York, NY: PublicAffairs.

Epstein, C. F. (1989). Workplace boundaries: Conceptions and creations. *Social Research, 56,* 571–590.

Erdely, S. R. (2012, February 4). One town's war on gay teens. *Reader Supported News.* readersupportednews.org/news-section2/328-121/9792-one-towns-war-on-gay-teens. Accessed February 5, 2012.

Erikson, K. (1966). *Wayward Puritans.* New York, NY: Wiley.

Erlanger, S. (2000, April 2). Across a new Europe, a people deemed unfit for tolerance. *The New York Times.*

Erlanger, S. (2008, November 12). After U.S. breakthrough, Europe looks in mirror. *The New York Times.*

Erlanger, S. (2009, June 30). Study says Blacks and Arabs face bias from Paris police. *The New York Times.*

Erlanger, S. (2010, August 19). France intensifies effort to expel Roma, raising questions. *The New York Times.*

Erlanger, S. (2013, November 28). Britain plans to toughen restrictions on migrants. *The New York Times.*

Evans, L., & Davies, K. (2000). No sissy boys here: A content analysis of the representation of masculinity in elementary school reading textbooks. *Sex Roles, 42,* 255–270.

Evans, T., & Nichols, M. (2009, March 22). Waiting for help in Indy. *The Indianapolis Star.*

Evans-Pritchard, E. E. (1937). *Witchcraft, oracles and magic among the Azande.* Oxford, UK: Oxford University Press.

Evered, R. (1983). The language of organizations: The case of the Navy. In L. R. Pondy, P. J. Frost, G. Morgan, & T. C. Dandridge (Eds.), *Organizational symbolism.* Greenwich, CT: JAI Press.

Fackler, M. (2011, March 24). Severed from the world, villagers survive on tight bonds and to-do lists. *The New York Times.*

Fairlie, R. W. (2012). *Immigrant entrepreneurs and small business owners, and their access to financial capital.* Small Business Administration. www.sba.gov/sites/default/files/rs396tot.

pdf. Accessed July 3, 2013.

Falcone, M. (2009, February 13). 100,000 parents of citizens were deported over 10 years. *The New York Times*.

Faleiro, S. (2013, January 2). The unspeakable truth about rape in India. *The New York Times*.

Faludi, S. (1991). *Backlash: The undeclared war against women*. New York, NY: Crown.

Family of VCJD victim claim untried treatment is a success. (2003). *Vegsource Newsletter*. www.vegsource.com/talk/madcow/messages/422.html. Accessed June 30, 2003.

Farb, P. (1983). *Word play: What happens when people talk*. New York, NY: Bantam Books.

Farley, J. (1982). *Majority-minority relations*. Englewood Cliffs, NJ: Prentice Hall.

Farley, R. (2002). *Identifying with multiple races: A social movement that succeeded but failed?* (Population Studies Center Research Report No. 01-491). Ann Arbor: University of Michigan, Institute for Social Research.

Farmer, R. (2002, Spring). Same sex couples face post–September 11 discrimination. *National NOW Times*.

Farrar, L. (2010). Chinese companies "rent" white foreigners. *CNN Online*. www.cnn.com/2010/BUSINESS/06/29/china.rent.white.people/index.html. Accessed June 1, 2011.

Fausset, R. (2015, January 8). Two Mississippi men plead guilty in hate-crimes string. *The New York Times*.

Fausset, R., & Blinder, A. (2015, March 6). States weigh legislation to let businesses refuse to serve gay couples. *The New York Times*.

Fausto-Sterling, A. (1985). *Myths of gender: Biological theories about women and men*. New York, NY: Basic Books.

Fausto-Sterling, A. (2000). *Sexing the body: Gender politics and the construction of sexuality*. New York, NY: Basic Books.

Feagin, J. R. (1975). *Subordinating the poor*. Englewood Cliffs, NJ: Prentice Hall.

Feagin, J. R., & McKinney, K. D. (2003). *The many costs of racism*. New York, NY: Rowman & Littlefield.

Feagin, J. R., & O'Brien, E. (2003). *White men on race: Power, privilege, and the shaping of cultural consciousness*. Boston, MA: Beacon Press.

Fearing demographic abyss, Putin promises mums more money. (2006, May 10). *Agence France Presse—English*.

Fears, D., & Deane, C. (2001, July 5). Biracial couples report tolerance. *The Washington Post*.

Federal Bureau of Investigation. (2014). *Latest hate crime statistics report released*. www.fbi.gov/news/stories/2014/december/latest-hate-crime-statistics-report-released. Accessed June 9, 2015.

Federal Communication Commission. (2013). *The dangers of texting while driving*. www.fcc.gov/guides/texting-while-driving. Accessed June 30, 2013.

Federal Highway Administration. (2014). *Traffic volume trends*. www.fhwa.dot.gov/policyinformation/travel_monitoring/14octvt/14octvt.pdf. Accessed January 7, 2015.

Federal Reserve. (2015). *Report on the economic well-being of U.S. households in 2014*. www.federalreserve.gov/econresdata/2014-report-economic-well-being-us-households-201505.pdf. Accessed May 30, 2015.

Fee, D. (2013). Covenant marriage: Reflexivity and retrenchment in the politics of intimacy. In D. Newman & J. O'Brien (Eds.), *Sociology: Exploring the architecture of everyday life*

(Readings). Thousand Oaks, CA: Sage.

Feldmann, L., Marlantes, L., & Bowers, F. (2003, March 14). The impact of Bush linking 9/11 and Iraq. *Christian Science Monitor.*

Felmlee, D., Sprecher, S., & Bassin, E. (1990). The dissolution of intimate relationships: A hazard model. *Social Psychology Quarterly, 53,* 13–30.

Fendrich, J. M. (2003). The forgotten movement: The Vietnam antiwar movement. *Sociological Inquiry, 73,* 338–358.

Ferguson, N. (2004, April 4). Eurabia? *The New York Times Magazine.*

Ferree, M. M. (1992). The political context of rationality. In A. D. Morris & C. M. Mueller (Eds.), *Frontiers in social movement theory.* New Haven, CT: Yale University Press.

Festinger, L., Riecken, H., & Schacter, S. (1956). *When prophecy fails.* New York, NY: Harper & Row.

Fiese, B. H., & Skillman, G. (2000). Gender differences in family stories: Moderating influence of parent gender role and child gender. *Sex Roles, 43* (5/6), 267–283.

Figert, A. (1996). *Women and the ownership of PMS.* New York, NY: Aldine de Gruyter.

Fincham, F., & Bradbury, T. N. (1987). The impact of attributions in marriage: A longitudinal analysis. *Journal of Personality and Social Psychology, 53,* 510–517.

Fine, C. (2010). *Delusions of gender: How our minds, society, and neurosexism create difference.* New York: Norton.

Finer, J. (2005, August 12). The new Ernie Pyles: Sgtlizzie and 67shdocs. *The Washington Post.*

Finkelstein, E. A., Trogdon, J. G., Cohen, J. W., & Dietz, W. (2009). Annual medical spending attributable to obesity: Payer- and service-specific estimates. *Health Affairs, 28,* w822-w831.

Finn, P. J. (2012). Preparing for power in elite boarding schools and in working-class schools. *Theory into Practice, 51,* 57-63.

First, A. (2011). 14 most outdated pieces of baby advice. *Parenting.* Shine.yahoo.com/channel/parenting/14-most-outdated-pieces-of-baby-advice-2554194. Accessed September 27, 2011.

Fish, S. (2000). The nifty nine arguments against affirmative action in higher education. *Journal of Blacks in Higher Education, 27,* 79–81.

Flaherty, J. (2014). In Louisiana's "cancer alley," growing sinkhole creates more concerns. *Al-Jazeera America.* January 15. america.aljazeera.com/watch/shows/america-to-night-blog/2013/9/12/in-Louisiana-scanceralley/hugesinkholecreatesmoreconcerns.html. Accessed July 6, 2014.

Flamini, R. (2011). Crisis in the Catholic church. *CQ Global Researcher, 5,* 1-26.

Flores, A.R., & Barclay, S. (2013). *Public support for marriage for same-sex couples by state.* The Williams Institute. www.williamsinstitute.law.ucla.edu/research/marriage-and-couples-rights/public-supportfor-marriage-for-same-sex-couples-by-state. Accessed June 25, 2014.

Floyd, I., & Schott, L. (2013). *TANF cash benefits continued to lose value in 2013.* Center on Budget Policy and Priorities. www.cbpp.org/research/family-income-support/tanf-cash-benefits-continued-to-lose-value-in-2013. Accessed May 29, 2015.

Flynn, J. (1999). Searching for justice: The discovery of IQ gains over time. *American Psychologist, 54,* 5–20.

Folbre, N., & Yoon, J. (2006, January 5). *The value of unpaid child care in the U.S. in 2003.* Paper presented at the meeting of the Allied Social Science Association, Boston, MA. (Cited with permission of author)

Foley, E. (2014, June 25). Deportation separated thousands of U.S.-born children from parents in 2013. *Huffington Post Politics*. www.huffingtonpost.com/2014/06/25/parents-deportation_n_5531552.html. Accessed June 22, 2015.

Food and Drug Administration. (2015). *Expanded access (compassionate use)*. www.fda.gov/NewsEvents/PublicHealthFocus/ExpandedAccessCompassionateUse/default.html. Accessed June 28, 2015.

Forbes Magazine. (2015a). America's most promising companies--#22 Nitro Circus. www.forbes.com/companies/nitro-circus/. Accessed June 22, 2015.

Forbes Magazine. (2015b). The world's most powerful celebrities. www.forbes.com/celebrities/list/#tab:overall_header:earnings_sortreverse:true. Accessed May 26, 2015.

Forman, T. A., Williams, D., & Jackson, J. (1997). Race, place, and discrimination. *Perspectives on Social Problems, 9,* 231–261.

Foroohar, R. (2010, April 26). The Burqa revolution. *Newsweek*.

Fortune. (2015). *Global 500 2014*. www.fortune.com/global500/. Accessed May 29, 2015.

Fountain, H. (2005, June). Unloved, but not unbuilt. *The New York Times*.

Fouts, G., & Burggraf, K. (2000). Television situation comedies: Female weight, male negative comments, and audience reactions. *Sex Roles, 42,* 925–932.

Fowler, J. H., & Christakis, N. A. (2008). Dynamic spread of happiness in a large social network: Longitudinal analysis over 20 years in the Framingham Heart Study. *British Medical Journal, 338,* 23–31.

Fox, J. A. (2012). *Intimate partner violence: Down but far from out*. Boston College. boston.com/community/blogs/crime_punishment/2012/11/intimate_partner_violence_down.html. Accessed January 16, 2013.

Fox, J. A., & Zawitz, M. W. (2010). *Homicide trends in the U.S.* U.S. Bureau of Justice Statistics. http://bjs.ojp.usdoj.gov/content/homicide/homtrnd.cfm. Accessed June 30, 2010.

Frank, A. G. (1969). *Capitalism and under-development in Latin America*. New York, NY: Monthly Review Press.

Frank, T. A. (2013, June 27). Why liberals should oppose the immigration bill. *The New Republic*. www.newrepublic.com/article/113651/liberal-opposes-immigration-reform. Accessed June 21, 2015.

Franke-Ruta, G. (2013, July 16). Listening in on "the talk": What Eric Holder told his son about Trayvon. *The Atlantic*.

Frankenberg, E. (2006). *The segregation of American teachers*. Cambridge, MA: Civil Rights Project at Harvard University.

Franklin, D. (2006, August 15). Patient power: Making sure your doctor really hears you. *The New York Times*.

Franklin, J. (2010, September 9). Chilean miners: A typical day in the life of a subterranean miner. *The Guardian*.

Freedom to Marry. (2014). *The freedom to marry internationally*. www.freedomtomarry.org/landscape/entry/c/international. Accessed June 24, 2014.

Freiberg, P. (1991). Self-esteem gender gap widens in adolescence. *APA Monitor, 22,* 29.

French, H. W. (1999, November 15). "Japanese only" policy takes body blow in court. *The New York Times*.

French, H. W. (2000, May 3). Japan unsettles returnees, who yearn to leave again. *The New York*

Times.

French, H. W. (2007, March 22). China scrambles for stability as its workers age. *The New York Times.*

Frese, B., Moya, M., & Megias, J. L. (2004). Social perception of rape: How rape myth acceptance modulates the influence of situational factors. *Journal of Interpersonal Violence, 19,* 143–161.

Freund, P. E. S., & McGuire, M. B. (1991). *Health, illness, and the social body: A cultural sociology.* Englewood Cliffs, NJ: Prentice Hall.

Friedman, B. (2012, January 28). Privacy, technology and law. *The New York Times.*

Fry, R. (2013). *A rising share of young adults live in their parents' home.* Pew Research Social and Demographic Trneds. www.pewsocialtrends.org/2013/08/01/a-rising-share-of-young-adults-life-in-their-parents-home. Accessed January 2, 2015.

Fryer, R. G. (2006, Winter). "Acting white": The social price paid by the best and brightest minority students. *Education Next,* pp. 53–59.

Furstenberg, F. F. (2011). Diverging development: The not-so-invisible hand of social class in the United States. In S. Ferguson (Ed.), *Shifting the center.* New York: McGraw-Hill.

Furstenberg, F. F., & Harris, K. M. (1992). The disappearing American father? Divorce and the waning significance of biological parenthood. In S. J. South & S. E. Tolnay (Eds.), *The changing American family: Sociological and demographic perspectives.* Boulder, CO: Westview Press.

Fustos, K. (2010a, June). *Marriage and partnership turnover for American families.* Population Reference Bureau. http://www.prb.org/Articles/2010/usmarriagepolicyseminar.aspx. Accessed August 28, 2011.

Fustos, K. (2010b). *Marriage benefits men's health.* Population Reference Bureau. www.prb.org/Articles/2010/usmarriagemenshealth.aspx? p=1. Accessed June 5, 2011.

Fuwa, M. (2004). Macro-level gender inequality and the division of household labor in 22 countries. *American Sociological Review, 69,* 751–767.

Gabriel, T. (2010a, July 6). To stop cheats, colleges learn their trickery. *The New York Times.*

Gabriel, T. (2010b, June 10). Under pressure, teachers tamper with tests. *The New York Times.*

Gale, R. P. (1986). Social movements and the state: The environmental movement, counter-movement and governmental agencies. *Sociological Perspectives, 29,* 202–240.

Galles, G. M. (1989, June 8). What colleges really teach. *The New York Times.*

Galliher, J. M., & Galliher, J. F. (2002). A "commonsense" theory of deterrence and the "ideology" of science: The New York State death penalty debate. *Journal of Criminal Law and Criminology, 92,* 307–333.

Gallup. (2014). *One-fifth of Americans worry about getting Ebola.* www.gallup.com/poll/178097/one-fifthamericans-worry-getting-ebola.aspx?version=print. Accessed January 4, 2015.

Gamson, W. A., Fireman, B., & Rytina, S. (1982). *Encounters with unjust authority.* Homewood, IL: Dorsey Press.

Gamson, W. A., & Wolfsfeld, G. (1993). Movements and media as interactive systems. *Annals of the American Academy of Political and Social Science, 528,* 114–125.

Gans, H. (1971, July/August). The uses of poverty: The poor pay for all. *Social Policy,* pp.

20–24.

Gans, H. (1996). Positive functions of the undeserving poor: Uses of the underclass in America. In J. Levin & A. Arluke (Eds.), *Snapshots and portraits of society.* Thousand Oaks, CA: Pine Forge Press.

Gans, H. (2005). Race as class. *Contexts, 4,* 17–21.

Garcia, M. (2014, April 30). Brunei phasing in antigay law; will soon allow death by stoning. *The Advocate.*

Garcia-Moreno, C., Jansen, H., Ellsberg, M., Heise, L., & Watts, C. H. (2006). Prevalence of intimate partner violence: Findings from the WHO multi-country study on women's health and domestic violence. *Lancet, 368,* 1260–1269.

Gardner, G. (2005, March/April). Yours, mine, ours—or nobody's? *World Watch.*

Garfinkel, J. (2003, February 24). Boutique medical practices face legal, legislative foes. *Cincinnati Business Courier.* www.bizjournals.com/cincinnati/stories/2003/02/24/focus2.html. Accessed July 12, 2004.

Garner, B. A. (2010, February 28). Webinar: What makes for a successful mash-up neologism. *The New York Times Magazine.*

Garsd, J. (2015, March 4). *Is fighting racism in soccer "a lost cause?" FIFA president says no.* National Public Radio. www.npr.org/sections/the two-way/2015/03/04/390707630/is-fighting-racism-in-soccer-a-lostcause-fifa-president-says-no. Accessed June 6, 2015.

Garson, B. (1988). *The electronic sweatshop.* New York, NY: Penguin Books.

Gates, H. L. (2007, November 18). Forty acres and a gap in wealth. *The New York Times.*

Geena Davis Institute on Gender in Media. (2012). *Research facts.* www.seejane.org/research. Accessed January 9, 2013.

Geena Davis Institute on Gender in Media. (2014). *Gender bias without borders.* www.seejane.org/wpcontent/uploads/gender-bias-without-borders-executive-summary.pdf. Accessed January 12, 2015.

Gelles, R. J., & Straus, M. A. (1988). *Intimate violence.* Newbury Park, CA: Sage.

Gentleman, A. (2007, June 3). Indian shepherds stoop to conquer caste system. *The New York Times.*

Gergen, K. J. (1991). *The saturated self.* New York, NY: Basic Books.

Gerlach, P., & Hine, V. H. (1970). *People, power, change: Movements of social transformation.* Indianapolis, IN: Bobbs-Merrill.

Getahun, D., Jacobsen, S. J., Fassett, M. J., Chen, W., Demissie, K., & Rhoads, G. G. (2013). Recent trends in childhood Attention-Deficit/Hyperactivity Disorder. *JAMA Pediatrics, January 21,* E1–E7.

Getlin, J., & Wilkinson, T. (2003, April 3). "Embedded" reporters are mixed blessing for the military. *The Seattle Times.*

Gettleman, J. (2010, October 4). 4-day frenzy of rape in Congo reveals U.N. troops' weakness. *The New York Times.*

Gettleman, J. (2011, December 28). For Somali women, pain of being a spoil of war. *The New York Times.*

Giddens, A. (1984). *The construction of society: Outline of the theory of structuration.* Berkeley: University of California Press.

Giddens, A. (2005). The global revolution in family and personal life. In A. S. Skolnick & J. H.

Skolnick (Eds.), *Family in transition*. Boston, MA: Allyn & Bacon.
Gilbert, D. L. (2015). *The American Class Structure in an Age of Growing Inequality,* 9th ed. Thousand Oaks, CA: Sage.
Gillen, B. (1981). Physical attractiveness: A determinant of two types of goodness. *Personality and Social Psychology Bulletin, 7,* 277–281.
Gilliam, W. S. (2005). *Prekindergarteners left behind: Expulsion rates in state prekindergarten systems.* New York, NY: Foundation for Child Development. www.fcd-us.org/PDFs/National PreKExpulsionPaper03.02_new.pdf. Accessed May 17, 2005.
Gilligan, C. (1990). Teaching Shakespeare's sister: Notes from the underground of female adolescence. In C. Gilligan, N. P. Lyons, & T. J. Hanmer (Eds.), *Making connections.* Cambridge, MA: Harvard University Press.
Gilman, S. (2004). *Fat boys.* Lincoln: University of Nebraska Press.
Ginzel, L. E., Kramer, R. M., & Sutton, R. I. (2004). Organizational impression management as a reciprocal influence process: The neglected role of the organizational audience. In M. J. Hatch & M. Schultz (Eds.), *Organizational identity.* New York, NY: Oxford University Press.
Giridharadas, A. (2010a, August 8). Getting in (and out of) line. *The New York Times.*
Giridharadas, A. (2010b, April 11). Where a cellphone is still cutting edge. *The New York Times.*
Gitlin, T. (1979). Prime time ideology: The hegemonic process in television entertainment. *Social Problems, 26,* 251–266.
GiveDirectly. (2014). *Evidence.* www.givedirectly.org/evidence.php. Accessed June 18, 2014.
Gladwell, M. (2010, October 4). Small change. *The New Yorker.*
Glaeser, E., & Vigdor, J. (2012). *The end of the segregated century: Racial separation in America's neighborhoods, 1890–2010.* Manhattan Institute for Policy Research. Civic Report #66. www.manhattan-institute.org/html/cr_66.htm. Accessed June 14, 2013.
Glater, J. D. (2006, December 3). Straight "A" students? Good luck making partner. *The New York Times.*
Glaze, L. E., & Kaeble, D. (2014). *Correctional populations in the United States, 2013.* NCJ248479. U.S. Bureau of Justice Statistics. www.bjs.gov/content/pub/pdf/cpus13.pdf. Accessed January 21, 2015.
Glazer, S. (2013). Plagiarism and cheating. *CQ Researcher, 23,* 1–28.
Glick, P., & Fiske, S. T. (1996). The ambivalent sexism inventory: Differentiating hostile and benevolent sexism. *Journal of Personality and Social Psychology, 70,* 491–512.
Glynn, S. J. (2012). *The new breadwinners: 2010.* Center for American Progress. www.americanprogress.org/wp-content/uploads/issues/2012/04/pdf/breadwinners.pdf. Accessed January 16, 2013.
Godson, R., & Olson, W. J. (1995). International organized crime. *Society, 32,* 18–29.
Goffman, A. (2009). On the run: Wanted men in a Philadelphia ghetto. *American Sociological Review, 74,* 339–357.
Goffman, E. (1952). On cooling the mark out: Some aspects of adaptation to failure. *Psychiatry, 15,* 451–463.
Goffman, E. (1959). *The presentation of self in everyday life.* Garden City, NY: Doubleday.
Goffman, E. (1961). *Asylums.* Garden City, NY: Doubleday.
Goffman, E. (1963). *Stigma: Notes on the management of spoiled identity.* Englewood Cliffs,

NJ: Prentice Hall.
Goffman, E. (1967). *Interaction ritual.* Chicago, IL: Aldine-Atherton.
Goldberg, S. (1999). The logic of patriarchy. *Gender Issues, 17,* 53–69.
Goldin, C. (2014). A grand gender convergence: Its last chapter. *American Economic Review, 104,* 1091–1119.
Goldstein, J. (2013, August 18). The crazy cash-giveaway experiment. *New York Times Sunday Magazine.*
Goleman, D. (1989, October 10). Sensing silent cues emerges as key skill. *The New York Times.*
Goleman, D. (1990, December 25). The group and the self: New focus on a cultural rift. *The New York Times.*
Goleman, D. (1993, May 4). Therapists find some patients are just hateful. *The New York Times.*
Goleman, D. (2013, October 5). Rich people just care less. *The New York Times.*
Golway, T. (2004, August 2–9). Redrafting America. *America.*
Goode, Erica. (1999, January 12). Pediatricians renew battle over toilet training. *The New York Times.*
Goode, Erica. (2011, May 21). States seeking new registries for criminals. *The New York Times.*
Goode, Erich. (1989). *Drugs in American society.* New York, NY: McGraw-Hill.
Goode, Erich. (1994). *Deviant behavior.* Englewood Cliffs, NJ: Prentice Hall.
Goode, W. J. (1971). World revolution and family patterns. *Journal of Marriage and the Family, 33,* 624–635.
Goode, W. J. (1981). Why men resist. In B. Thorne & M. Yalom (Eds.), *Rethinking the family: Some feminist questions.* New York, NY: Longman.
Goodman, J. C. (2005). *Aid to Katrina victims: A right/left consensus.* Dallas, TX: National Center for Policy Analysis. www.ncpa.org/pub/ba529. Accessed May 23, 2009.
Goodstein, L. (2003, September 11). Survey finds slight rise in Jews' intermarrying. *The New York Times.*
Goodstein, L. (2009, April 3). Early alarm for church on abusers in the clergy. *The New York Times.*
Goodstein, L. (2010, August 8). Around nation, heated debates on new mosques. *The New York Times.*
Goodstein, L. (2013, October 1). Poll shows major shift in identity of U.S. Jews. *The New York Times.*
Goodstein, L. (2014a, December 7). In seven states, atheists push to end largely forgotten ban. *The New York Times.*
Goodstein, L. (2014b, June 20). Presbyterians vote to allow same-sex marriages. *The New York Times.*
Goodstein, L., & Eckholm, E. (2012, June 14). Church battles efforts to ease sex abuse suits. *New York Times.*
Gootman, E. (2006, October 19). Those preschoolers are looking older. *The New York Times.*
Gorbis, E., & Kholodenko, Y. (2005, September 1). Plastic surgery addiction in patients with body dysmorphic disorder. *Psychiatric Times.*
Gordon, I., & Raja, T. (2012, March/April). 164 anti-immigration laws passed since 2010? A MoJo analysis. *Mother Jones.* www.motherjones.com/politics/2012/03/anti-immigration-law-database#database. Accessed June 19, 2015.

Gordon, M. M. (1964). *Assimilation in American life.* New York, NY: Oxford University Press.

Gordon, R. G. (2005). *Ethnologue: Languages of the world* (15th ed.). Dallas, TX: SIL International.

Gould, S. J. (1981). *The mismeasure of man.* New York, NY: Norton.

Gould, S. J. (1997, June). Dolly's fashion and Louis's passion. *Natural History.*

Gove, W., Hughes, M., & Geerkin, M. R. (1980). Playing dumb: A form of impression management with undesirable effects. *Social Psychology Quarterly, 43,* 89–102.

Gove, W., Style, C. B., & Hughes, M. (1990). The effect of marriage on the well-being of adults. *Journal of Family Issues, 11,* 34–35.

Governors Highway Safety Association. (2015). .*Distracted driving laws.* www.ghsa.org/html/stateinfo/laws/cellphone_laws.html. Accessed January 8, 2015.

Gracey, H. L. (1991). Learning the student role: Kindergarten as academic boot camp. In J. Henslin (Ed.), *Down-to-earth sociology.* New York, NY: Free Press.

Grady, D. (2008, December 4). Parents torn over extra frozen embryos from fertility procedures. *The New York Times.*

Grady, D. (2009, May 24). Where life's start is a deadly risk. *The New York Times.*

Grady, D. (2013, January 16). When pills fail, this, er, option provides a cure. *The New York Times.*

Graham, L. O. (1999). Our kind of people: Inside America's black upper class. New York, NY: HarperCollins.

Greenblatt, A. (2011). Aging population. *CQ Researcher, 21,* 577–600.

Greencastle Banner Graphic. (1992, March 7). [Letter to the editor].

Greene, M. F. (2004, November 28). Sandlot summer: Hyperscheduled, overachieving children learn how to play. *The New York Times Magazine.*

Greenhouse, L. (2007, June 29). Justices, 5–4, limit use of race for school integration plans. *The New York Times.*

Greenhouse, S. (2004, November 19). Forced to work off the clock, some fight back. *The New York Times.*

Greenhouse, S. (2006, July 14). On dusty corner, laborers band together for more pay. *The New York Times.*

Greenhouse, S. (2009, May 16). Bill would guarantee up to 7 paid sick days. *The New York Times.*

Greenhouse, S. (2011, May 21). Sexual affronts a known hotel hazard. *The New York Times.*

Greenhouse, S. (2015, July 4). Protests and progress on farmworker wages. *The New York Times.*

Greywolfe359. (2011, March 9). The must see chart (This is what class war looks like) [Web log post]. www.dailykos.com/story/2011/03/09/ 954301/-The-Must-See-Chart-(This-is-What-Class-War-Looks-Like). Accessed June 14, 2011.

Grieco, E. M., Acosta, Y. D., de la Cruz, G. P., Gambino, C., Gryn, T., Larsen, L. J., Trevelyan, E. N., & Walters, N. P. (2012). *The foreign-born population in the United States: 2010.* ACS-19. U.S. Bureau of the Census. www.census.gov/prod/2012pubs/acs-19.pdf. Accessed June 17, 2015.

Griffin, S. (1986). *Rape: The power of consciousness.* New York, NY: Harper & Row.

Griffin, S. (1989). Rape: The all-American crime. In L. Richardson & V. Taylor (Eds.), *Feminist frontiers II*. New York, NY: Random House.

Griswold, W. (1994). *Cultures and societies in a changing world*. Thousand Oaks, CA: Pine Forge Press.

Gross, E., & Etzioni, A. (1985). *Organizations and society*. Englewood Cliffs, NJ: Prentice Hall.

Gross, E., & Stone, G. P. (1964). Embarrassment and the analysis of role requirements. *American Journal of Sociology, 70,* 1–15.

Gross, J. (2004a, February 24). Older women team up to face future together. *The New York Times*.

Gross, J. (2004b, May 31). Splitting up boys and girls, just for the tough years. *The New York Times*.

Gross, J. (2006, July 16). Checklist for camp: Bug spray. Sunscreen. Pills. *The New York Times*.

Gross National Happiness (2015). *Bhutan GNH Index*. www.grossnationalhappiness.com/articles/. Accessed January 7, 2015.

Grossbard, L. (2011, June 5). Does Twitter make you stupid? *The New York Times*.

Gunnell, J. J., & Ceci, S. J. (2010). When emotionality trumps reason: A study of individual processing style and juror bias. *Behavioral Sciences and the Law, 28,* 850–877.

Hacker, A. (1992). Two nations: Black and white, separate, hostile, unequal. New York, NY: Scribner.

Hacker, A. (1994, October 31). White on white. *The New Republic*.

Hafferty, F. W. (1991). *Into the valley: Death and socialization of medical students*. New Haven, CT: Yale University Press.

Hagan, J. (1985). *Modern criminology: Crime, criminal behavior and its control*. New York, NY: McGraw-Hill.

Hagan, J. (2000). The poverty of a classless criminology: The American Society of Criminology 1991 presidential address. In R. D. Crutchfield, G. S. Bridges, J. G. Weis, & C. Kubrin (Eds.), *Crime readings*. Thousand Oaks, CA: Pine Forge Press.

Hagerty, B. B. (2011, May 23). Doomsday believers cope with an intact world. *NPR Online*. www.npr.org/2011/05/23/136560695/doomsday-believers-cope-with-an-intact-world. Accessed May 23, 2011.

Hakim, D. (2015a, April 9). New topic in Europe's sex-ed classrooms: Making more babies. *The New York Times*.

Hakim, D. (2015b, July 1). U.S. chamber travels the world, fighting curbs on smoking. *The New York Times*.

Hall, P. (1990). The presidency and impression management. In J. W. Heeren & M. Mason (Eds.), *Sociology: Windows on society*. Los Angeles, CA: Roxbury.

Hall, W. (1986). Social class and survival on the *S.S. Titanic. Social Science and Medicine, 22,* 687–690.

Hallin, D. C. (1986). We keep America on top of the world. In T. Gitlin (Ed.), *Watching television*. New York, NY: Pantheon Books.

Halpern, M. T., Ward, E. M., Pavluck, A. L., Schrag, N. M., Bian, J., & Chen, A. Y. (2008). Association of insurance status and ethnicity with cancer stage diagnosis for 12 cancer sites: A retrospective analysis. *Lancet Oncology, 9,* 222–231.

Hamilton, C., Anderson, K., Barnes, R., & Dorling, K. (2011). *Administrative detention of children: A global report.* UNICEF. www.unicef.org/protection/files/Administrative_detention_discussion_paper_April2011.pdf. Accessed June 29, 2011.

Hamilton, D. L. (1981). *Cognitive processes in stereotyping and intergroup behavior.* Hillsdale, NJ: Erlbaum.

Hamilton, J. A. (1996). Women and health policy: On the inclusion of women in clinical trials. In C. F. Sargent & C. B. Brettell (Eds.), *Gender and health: An international perspective.* Upper Saddle River, NJ: Prentice Hall.

Hamilton, V. L., & Sanders, J. (1995). Crimes of obedience and conformity in the workplace: Surveys of Americans, Russians, and Japanese. *Journal of Social Issues, 51,* 67–88.

Hamilton, D., Goldsmith, A. H., & Darity, W. (2008). *Shedding "light" on marriage: The influence of skin shade on marriage for black females.* Globalisation and Development Centre Working Paper #16. epublications.bond.edu.au/cgi/viewcontent.cgi?artivle=1015&-context=gdc. Accessed June 10, 2014.

Hampton, K., Sessions, L., Her, E. J., & Rainie, L. (2009). *Social isolation and new technology.* Pew Internet and American Life Project. www.pewinternet.org/~/media//Files/Reports/2009/PIP_Tech_and_Social_Isolation.pdf. Accessed June 3, 2011.

Haney López, I. E. (1996). *White by law: The legal construction of race.* New York, NY: New York University Press.

Hankiss, E. (2001). *Symbols of destruction: After September 11.* Brooklyn, NY: Social Science Research Council. http://essays.ssrc.org/sept11/essays/hankiss.htm. Accessed September 4, 2009.

Harbeck, J. (2013, April 10). How foreign languages mutate English words. *The Week.* www.theweek.com/article/index/242413/how-foreign-languages-mutate-english-words. Accessed January 7, 2015.

Harden, B. (2000, April 6). Africa's gems: Warfare's best friend. *The New York Times.*

Hardin, G., & Baden, J. (1977). *Managing the commons.* New York, NY: Freeman.

Hardy, Q. (2014, January 7). Webcams see all (tortoise, watch your back). *The New York Times.*

Hareven, T. K. (1978). Transitions: The family and the life course in historical perspective. New York, NY: Academic Press.

Hareven, T. K. (1992). American families in transition: Historical perspectives on change. In A. S. Skolnick & J. H. Skolnick (Eds.), *Family in transition* (7th ed.). New York, NY: HarperCollins.

Harjani, A. (2013, November 24). Domestic violence results in huge costs for economy. *CNBC Online.* www.cnbc.com/id/101224173#. Accessed June 26, 2014.

Harmon, A. (2009, May 17). Fighting for a last chance at life. *The New York Times.*

Harney, A. (2012, December 16). Without babies, can Japan survive? *The New York Times.*

Harper, S. R., Williams, C. D., & Blackman, H. W. (2013). *Black male student-athletes and racial inequalities in NCAA Division I college sports.* Center for the Study of Race and Equity in Education. Philadelphia: University of Pennsylvania.

Harrington, B., Van Deusen, F., & Ladge, J. (2010). *The new dad: Exploring fatherhood within a career context.* Boston College Center for Work & Family. http://www.bc.edu/content/dam/files/centers/cwf/pdf/ BCCWF_Fatherhood_Study_The_New_Dad1.pdf. Accessed August 28, 2011.

Harris, D. R., & Sim, J. J. (2002). Who is multiracial? Assessing the complexity of lived race.

American Sociological Review, 67, 614–627.

Harris, G. (2005, August 6). F.D.A. responds to criticism with new caution. *The New York Times.*

Harris, G. (2006, September 30). F.D.A. says Bayer failed to reveal drug risk study. *The New York Times.*

Harris, G. (2009, January 12). F.D.A. is lax on oversight during trials, inquiry finds. *The New York Times.*

Harris, G. (2011a, October 2). Calling the nurse "doctor," a title physicians oppose. *The New York Times.*

Harris, G. (2011b, December 31). F.D.A. finds short supply of attention deficit drugs. *The New York Times.*

Harris, G. (2011c, March 6). Talk doesn't pay, so psychiatry turns instead to drug therapy. *The New York Times.*

Harris, G. (2011d, October 7). U.S. panel says no to prostate test for healthy men. *The New York Times.*

Harris, G. (2012, November 30). Giving new life to vultures to restore a human ritual of death. *The New York Times.*

Harris, G. (2015, May 4). Nepal's bureaucracy blamed as quake relief supplies pile up. *The New York Times.*

Harris, M. C. (1996). Doctors implicated in Tutsi genocide. *Lancet, 347,* 684.

Harris, T. W. (2015, June 17). Black like who? *The New York Times.*

Harris Interactive. (2011). *Massive 6-to-1 majority favors tougher regulations of Wall Street.* www.harrisinteractive.com/vault/HI-Harris-Poll-Wall-Street-2011-05-20.pdf. Accessed June 2, 2013.

Harris-Perry, M. (2012, April 16). What it's like to be a problem. *The Nation.*

Hart, B., & Risley, T. R. (1995). *Meaningful differences in the everyday experience of young American children.* Baltimore: Paul H. Brookes.

Hartmann, H., Kraut, R. E., & Tilly, L. A. (1989). Job content: Job fragmentation and the deskilling debate. In D. S. Eitzen & M. Baca Zinn (Eds.), *The reshaping of America.* Englewood Cliffs, NJ: Prentice Hall.

Hartocollis, A. (2006, June 24). Women have seen it all on subway, unwillingly. *The New York Times.*

Hartocollis, A. (2012a, April 10). For elderly, E.R.'s of their own. *The New York Times.*

Hartocollis, A. (2012b, January 8). Young, obese, and drawn to surgery. *The New York Times.*

Hartocollis, A. (2015, June 17). New girl in school: Transgender surgery at 18. *The New York Times.*

Hartzband, P., & Groopman, J. (2011). The new language of medicine. *New England Journal of Medicine, 365,* 1372–1373.

Hass, N. (1995, September 10). Margaret Kelly Michaels wants her innocence back. *The New York Times Magazine.*

Hatzenbuehler, M. L. (2011). The social environment and suicide attempts in lesbian, gay, and bisexual youth. *Pediatrics, 127,* 896–903.

Haub, C. (2010). *Recession putting brakes on increases in birth rates.* Population Reference Bureau. www.prb.org/Articles/2010/lowfertilitytfr.aspx?p=1. Accessed August 26, 2010.

Haub, C. (2011). *Birth rate trends in low-fertility countries.* Population Reference Bureau. www.prb.org/Articles/2011/low-fertility-countries-tfr.aspx?p=1. Accessed March 28, 2011.

Haub, C. (2012a). *Changing the way U.S. Hispanics are counted.* Population Reference Bureau. www.prb.org/Articles/2012/us-census-and-hispanics.aspx?p=1. Accessed November 9, 2012.

Haub, C. (2012b). *Fertility rates in low birth-rate countries, 1996–2011.* Population Reference Bureau. www.prb.org/Articles/2012/low-fertility-countries-tfr.aspx. Accessed April 4, 2012.

Haub, C. (2013). *Rising trend of births outside marriage.* Population Reference Bureau. www.prb.org/Articles/2013/nonmarital-births.aspx?p=1. Accessed May 20, 2013.

Haub, C., & Gribble, J. (2011). The world at 7 billion. *Population Bulletin, 66,* 1–12.

Hausmann, R., Tyson, L. D., & Zahidi, S. (2008). *The global gender gap report: 2008.* Geneva, Switzerland: World Economic Forum. www.weforum.org/pdf/gendergap/report2008.pdf. Accessed June 3, 2009.

Havrilesky, H. (2014, October 19). Never quit. *New York Times Sunday Magazine.*

Health Grades. (2011). *Health Grades Patient Safety in American Hospitals Study.* www.cpmhealthgrades.com/CPM/assets/File/HealthGrades PatientSafetyInAmericanHospitals-Study2011.pdf. Accessed May 28, 2013.

Healy, J. (2014, December 14). Montana dress code has female legislators sporting new look: Clenched jaws. *The New York Times.*

Heffernan, V. (2008, May 25). Narrow minded. *The New York Times Magazine.*

Helmreich, W. B. (1992). The things they say behind your back: Stereotypes and the myths behind them. In H. E. Lena, W. B. Helmreich, & W. McCord (Eds.), *Contemporary issues in sociology.* New York, NY: McGraw-Hill.

Henderson, J. J., & Baldasty, G. J. (2003). Race, advertising, and prime-time television. *Howard Journal of Communication, 14,* 97–112.

Henley, N. (1977). *Body politics.* Englewood Cliffs, NJ: Prentice Hall.

Henning, P. J. (2012, September 17). Deferred prosecution agreements and cookie-cutter justice. *Dealbook/ New York Times.* dealbook.nytimes.com/2012/09/17/deferred-prosecution-agreements-and-cookiecutter-justice/. Accessed January 22, 2013.

Henrich, J., Heine, S. J., & Norenzayan, A. (2010). The WEIRDEST people in the world? *Behavioral and Brain Sciences, 33,* 61–135.

Henriques, D. B. (1999, August 24). New take on perpetual calendar. *The New York Times.*

Henriques, D. B. (2009, June 30). Madoff, apologizing, is given 150 years. *The New York Times.*

Henshaw, S. K., & Finer, L. B. (2003). The accessibility of abortion services in the United States, 2001. *Perspectives on Sexual and Reproductive Health, 35,* 16–24.

Henslin, J. (1991). *Down-to-earth sociology.* New York, NY: Free Press.

Herbert, B. (2009, February 21). The invisible war. *The New York Times.*

Herek, G. M. (2000a). The psychology of sexual prejudice. *Current Directions in Psychological Science, 9,* 19–22.

Herek, G. M. (2000). Sexual prejudice and gender: Do heterosexuals' attitudes toward lesbians and gay men differ? *Journal of Social Issues, 56,* 251–266.

Herman, N. J. (1993). Return to sender: Reintegrative stigma-management strategies of ex-psychiatric patients. *Journal of Contemporary Ethnography, 22,* 295–330.

Herrnstein, R. J., & Murray, C. (1994). *The bell curve: Intelligence and class structure in American life.* New York, NY: Free Press.

Hertz, F. (2014). *Housing discrimination against unmarried couples.* NOLO. www.nolo.com/legal-encyclopedia/free-books/living-together-book/chapter5-2.html. Accessed January 16, 2015.

Hewitt, J. P. (1988). *Self and society: A symbolic interactionist social psychology.* Boston, MA: Allyn & Bacon.

Hewitt, J. P., & Hewitt, M. L. (1986). *Introducing sociology: A symbolic interactionist perspective.* Englewood Cliffs, NJ: Prentice Hall.

Hewitt, J. P., & Stokes, R. (1975). Disclaimers. *American Sociological Review, 40,* 1–11.

Heymann, J. (2013). *Children's chances: How countries can move from surviving to thriving.* Cambridge, MA: Harvard University Press.

Hibbler, D. K., & Shinew, K. J. (2005). The social life of interracial couples. In R. H. Lauer & J. C. Lauer (Eds.), *Sociology: Windows on society.* Los Angeles, CA: Roxbury.

Higginbotham, E., & Weber, L. (1992). Moving up with kin and community: Upward social mobility for black and white women. *Gender & Society, 6,* 416–440.

Hill, C., & Silva, E. (2006). *Drawing the line: Sexual harassment on campus.* Washington, DC: American Association of University Women. www.aauw.org/research/upload/DTLFinal.pdf. Accessed September 5, 2009.

Hill, M. E. (2000). Color differences in the socioeconomic status of African American men: Results from a longitudinal study. *Social Forces, 78,* 1437–1460.

Hill, N. E. (1997). Does parenting differ based on social class? African American women's perceived socialization for achievement. *American Journal of Community Psychology, 25,* 67–97.

Hills, S. (1980). *Demystifying social deviance.* New York, NY: McGraw-Hill.

Hirschfeld Davis, J. (2015, May 22). Slurs hurled at president via Twitter. *The New York Times.*

Hirschi, T. (1969). *Causes of delinquency.* Berkeley: University of California Press.

Hitt, J. (2005, August 21). The new Indians. *The New York Times Magazine.*

Hochschild, A. R. (1983). *The managed heart.* Berkeley: University of California Press.

Hochschild, A. R. (1997). *The time bind: When work becomes home and home becomes work.* New York, NY: Metropolitan Books.

Hochschild, J. L., & Weaver, V. (2007). The skin color paradox and the American racial order. *Social Forces, 86,* 643-670.

Hodson, R. (1991). The active worker: Compliance and autonomy at the workplace. *Journal of Contemporary Ethnography, 20,* 47–78.

Hodson, R. (1996). Dignity in the workplace under participative management: Alienation and freedom revisited. *American Sociological Review, 61,* 719–738.

Hodson, R. (2001). *Dignity at work.* New York, NY: Cambridge University Press.

Hoffman, J. (1997, January 16). Crime and punishment: Shame gains popularity. *The New York Times.*

Hoffman, J. (2005, January 25). Sorting out ambivalence over alcohol and pregnancy. *The New York Times.*

Hollander, J. A., Renfrow, D. G., & Howard, J. A. (2011). *Gendered situations, gendered selves.* Lanham, MD: Rowman & Littlefield.

Holmes, A. (2015, July 5). Background checks. *New York Times Sunday Magazine.*

Holmes, S. A. (1995, December 31). The strange politics of immigration. *The New York Times.*

Holson, L. M. (2011a, January 25). For the funeral too distant, mourners gather on the Web. *The New York Times.*

Holson, L. M. (2011b, July 5). Who's on the family tree? Now it's complicated. *The New York Times.*

Holtzworth-Munroe, A., & Jacobson, N. S. (1985). Causal attributions of married couples: When do they search for causes? What do they conclude when they do? *Journal of Personality and Social Psychology, 48,* 1398–1412.

Hooks, G., & Smith, C. L. (2004). The treadmill of destruction: National sacrifice areas and Native Americans. *American Sociological Review, 69,* 558–575.

Horon, I. L., & Cheng, D. (2001). Enhanced surveillance for pregnancy-associated mortality—Maryland, 1993–1998. *Journal of the American Medical Association, 285,* 1455–1459.

Horowitz, A. (2012, December 16). Walk like a fish. *New York Times.*

Horwitz, A. V. (2002). *Creating mental illness.* Chicago, IL: University of Chicago Press.

Hotez, P. J. (2012, August 19). Tropical diseases: The new plague of poverty. *The New York Times.*

Houppert, K. (2005, March 28). The new face of protest? *The Nation.*

House, J. (1981). Social structure and personality. In M. Rosenberg & R. H. Turner (Eds.), *Social psychology: Sociological perspectives.* New York: Basic Books.

Hout, M., & Lucas, S. R. (2001). Narrowing the income gap between rich and poor. In P. Rothenberg (Ed.), *Race, class, and gender in the United States.* New York, NY: Worth.

How many people in the world speak English 2013? (2013). Exploredia Team. www.exploredia.com/how-manypeople-in-the-world-speak-english-2013/. Accessed January 9, 2015.

Hu, W. (2011, June 16). Anti-homework rebels gain a new recruit: The principal. *The New York Times.*

Huber, J., & Form, W. H. (1973). *Income and ideology.* New York, NY: Free Press.

Hudson, V. M., & den Boer, A. (2004). *Bare branches: The security implications of Asia's surplus male population.* Cambridge, MA: MIT Press.

Huff, R., Desilets, C, & Kane, J. (2010). *The 2010 National Public Survey on White Collar Crime.* National White Collar Crime Center. Crimesurvey.nw3c.org/docs/nw3c2010survey.pdf. Accessed January 22, 2013.

Hughes, D., & Chen, L. (1997). When and what parents tell children about race: An examination of race-related socialization among African American families. *Applied Developmental Science, 1,* 200–214.

Hull, K. E., & Nelson, R. L. (2000). Assimilation, choice, or constraint? Testing theories of gender differences in the careers of lawyers. *Social Forces, 79,* 229–264.

Human Rights Campaign. (2014a). *Corporate equality index 2014: Rating American workplaces on lesbian, gay, bisexual, and transgender equality.* www.hrc.org/campaigns/corporate-equality-index. Accessed June 18, 2014.

Human Rights Campaign. (2014b). *The cost of the closet and the rewards of inclusion.* www.hrc.org/resources/entry/the-cost-of-the-closet-and-the-rewards-of-inclusion. Accessed June 18, 2014.

Human Rights Watch. (2009a). *Testing justice: The rape kit backlog in Los Angeles City and County.* www.hrw.org/sites/default/files/reports/rape kit0309.pdf. Accessed May 4, 2009.

Human Rights Watch. (2009b). *Time to tear down the wall of caste.* www.hrw.org/en/

news/2009/10/09/timetear-down-wall-caste. Accessed June 15, 2011.
Human Rights Watch. (2011). *ILO: New landmark treaty to protect domestic workers.* www.hrw.org/mews/2011/06/16/ilo-new-landmark-treaty-protect-domestic-workers. Accessed June 23, 2013.
Human Rights Watch. (2012). *India: UN members should act to end caste discrimination.* www.hrw.org/news/2012/05/14/india-un-members-should-act-end-caste-discrimination. Accessed June 4, 2013.
Human Rights Watch. (2014). *Cleaning human waste.* www.hrw.org/reports/2014/08/25/cleaning-humanwaste-0. Accessed May 30, 2015.
Humes, K. R., Jones, N. A., & Ramirez, R. R. (2010). *Overview of race and Hispanic origin: 2010* (2010 Census Briefs, C2010BR-02). www.census.gov/prod/cen2010/briefs/c2010br-02.pdf. Accessed April 1, 2011.
Humphreys, L. (1970). *The tearoom trade: Impersonal sex in public places.* Chicago, IL: Aldine-Atherton.
Hunsinger, D. (2009, March 15). New college grads scramble for jobs. *The Indianapolis Star.*
Hunt, J. (1985). Police accounts of normal force. *Urban Life, 13,* 315–341.
Hunter, T. W. (2011, August 2). Putting an antebellum myth to rest. *The New York Times.*
Hunter-Gault, C. (2012, May 28). Violated hopes. *The New Yorker.*
Hutchens, T. (2002, December 21). Coverdale gives IU its heart and soul. *The Indianapolis Star.*
Hvistendahl, M. (2011). *Unnatural selection: Choosing boys over girls, and the consequences of a world full of men.* New York, NY: PublicAffairs.
Hyde, J. S. (1984). How large are gender differences in aggression? A developmental meta-analysis. *Developmental Psychology, 20,* 722–736.

Ignatieff, M. (2005, June 26). Who are Americans to think that freedom is theirs to spread? *The New York Times Magazine.*
Ignatius, A. (1988, July 14). China's birthrate is out of control again as one-child policy fails in rural areas. *The Wall Street Journal.*
IMG Academy. (2015). *Tuition.* www.imgacademy.com/private-school/admissions/tuition. Accessed June 23, 2015.
IMS Health. (2012). Trends in attention deficit hyperactivity disorder ambulatory diagnosis and medical treatment in the United States, 2000–2010. www.imshealth.com/portal/site/ims. Accessed January 22, 2013.
Inciardi, J. A. (1992). *The war on drugs II.* Mountain View, CA: Mayfield.
Institute for Policy Research. (2002). Housework in double-income marriages still divides unevenly. *Institute for Policy Research News, 24,* 1–2. www.northwestern.edu/ipr/publications/newsletter/iprn0212/housework.html. Accessed September 5, 2009.
Institute for Women's Policy Research. (2015a). *The gender wage gap by occupation 2014.* IWPR#c431. www.iwpr.org/publications/pubs/the-gender-wage-by-occupation-2014-and-by-race-and-ethnicity/at_download/file. Accessed June 14, 2015.
Institute for Women's Policy Research. (2015b). *The status of women in the United States: 2015—Employment and earnings.* www.statusofwomendata.org/app/uploads/2015/02/EE-CHAPTER-FINAL.pdf. Accessed June 15, 2015.
Institute of Medicine. (1999). *To err is human: Building a safer health care system.* Washington,

DC: Committee on Quality of Health Care in America, National Academy Press.

Institute of Medicine. (2003). *Preparing for the psychological consequences of terrorism: A public health strategy.* Washington, DC: National Academies Press. www.nap.edu. Accessed June 10, 2003.

Institute of Medicine. (2013). *U.S. health in international perspective: Shorter lives, poorer health.* Report Brief. www.iom.edu/~/Media/Files/Report%20files/2013/US-Health-International-Perspective/USHealth_Intl_PerspectiveRB.pdf. Accessed February 14, 2013.

Institute on Taxation and Economic Policy. (2015). *Who pays? 5th edition.* www.itep.org/whopays/full-report.php#ExecutiveSummary. Accessed May 29, 2015.

International Society of Aesthetic Plastic Surgery. (2014). *ISAPS International survey on aesthetic/cosmetic procedures performed in 2013.* www.isaps.org/Media/Default/global-statistics/2014 ISAPS Results (3).pdf. Accessed January 13, 2015.

Internet World Stats. (2014). *Internet world users by language.* www.internetworldstats.com/stats7.htm. Accessed January 9, 2015.

Internet World Stats. (2015). *World Internet usage and population statistics.* www.internetworldstats.com/stats.htm. Accessed July 15, 2015.

Intersex Society of North America. (2008). How common is intersex? www.isna.org/faq/frequency. Accessed May 27, 2014.

Ioannidis, J. P. A. (2005). Contradicted and initially stronger effects in highly cited clinical research. *Journal of the American Medical Association, 294,* 218–228.

Iran's leader introduces plan to encourage population growth by paying families. (2010, July 27). *The New York Times.*

Irving, S. K. (2014). *Public assistance receipt: 2000-2012.* U.S. Bureau of the Census. ACS-BR/13-13. www.census.gov/content/dam/Census/library/publications/2014/acs/acsbr13-13.pdf. Accessed May 29, 2015.

Issenberg, S. (2007). *The sushi economy.* New York, NY: Gotham Books.

Is there a Santa Claus? (1897, September 21). *The New York Sun.*

Ito, M., Horst, H., Bittanti, M., Boyd, D., Herr-Stephenson, B., Lange, P. G.,... Robinson, L. (2008). *Living and learning with new media: Summary of findings from the Digital Youth Project* (Reports on Digital Media and Learning). Chicago, IL: MacArthur Foundation. http://digitalyouth.ischool.berkeley.edu/files/report/digitalyouth-WhitePaper.pdf. Accessed June 7, 2009.

Jackall, R. (1988). *Moral mazes: The world of corporate managers.* New York, NY: Oxford University Press.

Jackson, D. (2011, February 15). Obama's citizenship questioned by GOP voters, polling firm says. *USA Today.* http://content.usatoday.com/communities/theoval/post/2011/02 /obamas-citizenship-questioned-bygop-voters-polling-firm-says/1. Accessed May 24, 2011.

Jackson, S. (1995). The social context of rape: Sexual scripts and motivation. In P. Searles & R. J. Berger (Eds.), *Rape and society.* Boulder, CO: Westview Press.

Jacobs, A. (2009, April 5). Rural China's hunger for sons fuels traffic in abducted boys. *The New York Times.*

Jacobs, A. (2011, April 15). For many bachelors in China, no property means no dates. *The New York Times.*

Jacobs, A., & Century, A. (2012, September 6). As China ages, Beijing turns to morality tales to spur filial devotion. *The New York Times.*

Jamail, D. (2007). *Another casualty: Coverage of the Iraq war.* New York, NY: Global Policy Forum. http://globalpolicy.org/component/content/article/168-general/36698.html. Accessed September 5, 2009.

James, J. T. (2013). A new, evidence-based estimate of patient harms associated with hospital care. *Journal of Patient Safety, 9,* 122-128.

Jamrisko, M., & Kolet, I. (2012). Cost of college degree in U.S. soars 12-fold: Chart of the day. *Bloomberg News.* www.bloomberg.com/news/2012-08-15/cost-fo-college-degree-in-u-s-soars-12-fold-chart-ofthe-day.html. Accessed January 16, 2013.

Janoff-Bulman, R. (1979). Characterological versus behavioral self-blame: Inquiries into depression and rape. *Journal of Personality and Social Psychology, 37,* 1798–1809.

Jantti, M. (2006). American exceptionalism in a new light: A comparison of intergenerational earnings mobility in the Nordic countries, the United Kingdom, and the United States. Discussion Paper #1938. Institute for the Study of Labor. ftp.iza.org/dp1938.pdf. Accessed June 2, 2013.

Japanese railways hope soothing lights will curb suicides. (2009, November 5). *The New York Times.*

Jefferson, T. (1955). *Notes on the State of Virginia.* Chapel Hill: University of North Carolina Press. (Original work published 1781)

Jencks, C., & Phillips, M. (1998). *The black-white test score gap.* Washington, DC: Brookings Institute.

Jenkins, H. (1999, July). Professor Jenkins goes to Washington. *Harper's Magazine.*

Jenkins, J. C., & Perrow, C. (1977). Insurgency of the powerless: Farm worker movements (1946–1972). *American Sociological Review, 42,* 249–268.

Jennings, D. (2010, March 16). With cancer, let's face it: Words are inadequate. *The New York Times.*

Jett, S., LaPorte, D. J., & Wanchisn, J. (2010). Impact of exposure to pro-eating disorder websites on eating behavior in college women. *European Eating Disorders Review, 18,* 410-416.

Jha, M. (2011). Trends in selective abortions of girls in India: Analysis of nationally representative birth histories from 1990–2005 and census data from 1991–2011. *The Lancet, 377,* 1921–1928.

Jian, M. (2013, May 22). China's brutal one-child policy. *New York Times.*

Johnson, B. E., Kuck, D. L., & Schander, P. R. (1997). Rape myth acceptance and sociodemographic characteristics: A multidimentional analysis. *Sex Roles, 36,* 693-707.

Johnson, D. (2009, January 21). Trials loom for parents who embraced faith over medicine. *The New York Times.*

Johnson, I. (2013, June 16). China embarking on vast program of urbanization. *The New York Times.*

Johnson, J. (2013, May 23). Paul Tudor Jones: In macro trading, babies are a "killer" to a woman's focus. *The Washington Post.*

Johnson, K., Pérez-Pena, R., & Eligon, J. (2015, June 17). At center of storm, a defiant "identify as black." *The New York Times.*

Johnson, P. A., Fitzgerald, T., Salganicoff, A., Wood, S. F., & Goldstein, J. M. (2014). *Sex-specific medical research: Why women's health can't wait*. Report of Brigham & Women's Hospital. www.brighamandwomens.org/Departments_and_Services/womenshealth/ConnorsCenter/Policy/ConnorgReportFINAL.pdf. Accessed June 15, 2015.

Johnson, R. (1987). *Hard time: Understanding and reforming the prison*. Pacific Grove, CA: Brooks/Cole.

Johnston, D. (2002, April 7). Affluent avoid scrutiny on taxes even as I.R.S. warns of cheating. *The New York Times*.

Jones, A. (2010). Your guide to dormcest: Avoiding the pitfalls, scoring the perks. *Her campus: A collegiate guide to life*. www.hercampus.com/love/your-guide-dormcest-avoiding-pitfalls-scoring-perks. Accessed June 6, 2011.

Jones, E. E., Farina, A., Hastorf, A. H., Markus, H., Miller, D. T., & Scott, R. A. (1984). *Social stigma: The psychology of marked relationships*. New York, NY: Freeman.

Jones, E. E., & Pittman, T. S. (1982). Toward a general theory of strategic self-presentation. In J. Suls (Ed.), *Psychological perspectives on the self* (Vol. 1). Hillsdale, NJ: Lawrence Erlbaum.

Jones, J. M. (1986). The concept of racism and its changing reality. In B. P. Bowser & R. G. Hunt (Eds.), *Impacts of racism on white Americans*. Beverly Hills, CA: Sage.

Jordan, M. (2009, May 20). Pupils abused for decades in Irish schools; panel finds misconduct by priests, nuns until 1990. *The Washington Post*.

Jordan-Young, R., & Karkazis, K. (2012, June 18). You say you're a woman? That should be enough. *The New York Times*.

Joshi, N. (2015, January 5). Doctor, shut up and listen. *The New York Times*.

Jost, K. (2002). Sexual abuse and the clergy. *CQ Researcher, 12,* 393–416.

Jost, K. (2006). Understanding Islam. *CQ Researcher, 16,* 913–936.

Joyful Heart Foundation. (2015). *The accountability project*. www.endthebacklog.org/backlog-where-it/accountability-project. Accessed June 10, 2015.

Juergensmeyer, M. (1996, November). Religious nationalism: A global threat? *Current History*.

Kahlenberg, R. (2013, March 19). The untapped pool of low-income strivers. *Chronicle of Higher Education*.

Kahn, J. (2004, May 30). The most populous nation faces a population crisis. *The New York Times*.

Kahn, J. (2007, May 22). Harsh birth control steps fuel violence in China. *The New York Times*.

Kahn, J. (2012, May 11). Trouble, age 9. *The New York Times*.

Kahneman, D., Krueger, A. B., Schkade, D., Schwarz, N., & Stone, A. A. (2006). Would you be happier if you were richer? A focusing illusion. *Science, 312,* 1908–1910.

Kain, E. (1990). *The myth of family decline*. Lexington, MA: Lexington Books.

Kaiser Family Foundation. (2008). *Abortion in the U.S.: Utilization, financing, and access*. www.kff.org/womenshealth/upload/3269-02.pdf. Accessed September 5, 2009.

Kalb, C. (2010, March 14). Culture of corpulence. *Newsweek*.

Kalmijn, M. (1994). Assortive mating by cultural and economic occupational status. *American Journal of Sociology, 100,* 422–452.

Kalmijn, M., & Flap, H. (2001). Assortive meeting and mating: Unintended consequences of organized settings for partner choices. *Social Forces, 79,* 1289–1312.

Kane, E. (2006). We put it down in front of him, and he just instinctively knew what to do: Biological determinism in parents' beliefs about the origin of gendered childhoods. Paper presented at Annual Meeting of American Sociological Association. Montreal.

Kane, E. (2009). I wanted a soul mate: Gendered anticipation and frameworks of accountability in parents' preferences for sons and daughters. *Symbolic Interaction, 34,* 372-389.

Kang, C. (2013, February 27). Survey finds gap in Internet access between rich, poor students. *The Washington Post.*

Kang, J. C. (2015, May 10). The witnesses. *New York Times Sunday Magazine.*

Kanin, E. J. (1994). False rape allegations. *Archives of Sexual Behavior, 23,* 81-87.

Kanter, R. M. (1977). *Men and women of the corporation.* New York, NY: Basic Books.

Kanter, R. M., & Stein, B. A. (1979). *Life in organizations: Workplaces as people experience them.* New York, NY: Basic Books.

Kaptchuk, T. J., Friedlander, E., Kelley, J. M., Sanchez, M. N., Kokkotou, E., Singer, J. P.,... Lembo, A. J. (2010). Placebos without deception: A randomized control trial in irritable bowel syndrome. *PLoS ONE, 5,* 1–14.

Karabel, J. (1972). Community colleges and social stratification. *Harvard Educational Review, 42,* 521–559.

Karp, D. A., & Yoels, W. C. (1976). The college classroom: Some observations on the meanings of student participation. *Sociology and Social Research, 60,* 421–439.

Karraker, K. H., Vogel, D. A., & Lake, M. A. (1995). Parents' gender stereotyped perceptions of newborns: The eye of the beholder revisited. *Sex Roles, 33,* 687–701.

Karush, S. (2001, May 6). Russia's population drain could open a floodgate of consequences. *Los Angeles Times.*

Katbamna, M. (2009, October 27). Half a good man is better than none at all. *The Guardian.*

Katel, P. (2005). Illegal immigration. *CQ Researcher, 15,* 393–420.

Katel, P. (2006). War on drugs. *CQ Researcher, 16,* 649–672.

Katel, P. (2008). Affirmative action. *CQ Researcher, 18,* 841–864.

Katz, J. (1975). Essences as moral identities: Verifiability and responsibility in imputations of deviance and charisma. *American Journal of Sociology, 80,* 1369–1390.

Kaufman, D. (2011, June 5). Does Twitter make you stupid? [Letter to the editor]. *The New York Times.*

Kearl, M. C. (1980). Time, identity and the spiritual needs of the elderly. *Sociological Analysis, 41,* 172–180.

Kearl, M. C., & Gordon, C. (1992). *Social psychology.* Boston, MA: Allyn & Bacon.

Keck, Z. (2014). Indian Supreme Court creates "third gender" category for transgenders. *The Diplomat.* April. thediplomat.com/2014/04/indian-supreme-court-creates-third-gender-category-for-transgenders/. Accessed May 23, 2014.

Keith, V. M., & Herring, C. (1991). Skin tone and stratification in the black community. *American Journal of Sociology, 97,* 760–778.

Kelley, R. (2008, November 17). A letter to my son on election night. *Newsweek.*

Kelley, R. (2009, February 2). Beyond just black and white. *Newsweek.*

Kelty, R., Kleykamp, M., & Segal, D. R. (2010). The military and the transition to adulthood. *The Future of Children, 20,* 181-207.

Kennedy, P. (1993). *Preparing for the 21st century.* New York, NY: Random House.

Kennedy, S., & Ruggles, S. (2014). Breaking up is hard to count: The rise of divorce in the United States, 1980–2010. *Demography, 51,* 587-598.

Kent, M., & Lalasz, R. (2006, June). *In the news: Speaking English in the United States.* Washington, DC: Population Reference Bureau. www.prb.org. Accessed July 20, 2006.

Kerbo, H. R. (1991). *Social stratification and inequality.* New York, NY: McGraw-Hill.

Kershaw, S. (2005, January 26). Old law shielding a woman's virtue faces an updating. *The New York Times.*

Kershaw, S. (2008, October 30). Move over, my pretty, ugly is here. *The New York Times.*

Kershner, R. (1996). Adolescent attitudes about rape. *Adolescence, 31,* 29–33.

Kessler, S. J., & McKenna, W. (1978). *Gender: An ethnomethodological approach.* Chicago, IL: University of Chicago Press.

Kessler-Harris, A. (1982). *Out to work: A history of wage-earning women in the United States.* New York, NY: Oxford University Press.

Kiefer, H. M. (2004). *Public on justice system: Fair, but still too soft.* Gallup. www.gallup.com/poll/10474/Public-Justice-System-Fair-Still-Too-Soft.aspx. Accessed January 21, 2015.

Kilborn, P. T. (1999, September 16). Bias worsens for minorities buying homes. *The New York Times.*

Kim, D., & Leigh, J. P. (2010). Estimating the effects of wages on obesity. *Journal of Occupational and Environmental Medicine, 52,* 495–500.

Kim, K. H., & Van Tassel-Baska, J. (2010). The relationship between creativity and behavior problems among underachieving elementary and high school students. *Creativity Research Journal, 22,* 185–193.

Kimmel, M. S. (2004). *The gendered society.* New York, NY: Oxford University Press.

King, M. L., Jr. (1991). Letter from Birmingham City jail. In C. Carson, D. J. Garrow, G. Gill, V. Harding, & D. Clark Hine (Eds.), *The eyes on the prize civil rights reader.* New York, NY: Penguin Books.

Kirkwood, M. K., & Cecil, B. K. (2001). Marital rape: A student assessment of rape laws and the marital exemption. *Violence Against Women, 7,* 1234–1253.

Kirn, W. (2009, May 10). More than a numbers game. *The New York Times Magazine.*

Kirp, D. L. (2006, July 23). After The Bell Curve. *The New York Times Magazine.*

Klatch, R. (1991). Complexities of conservatism: How conservatives understand the world. In A. Wolfe (Ed.), *America at century's end.* Berkeley: University of California Press.

Kleck, R. (1968). Physical stigma and nonverbal cues emitted in face-to-face interaction. *Human Relations, 21,* 19–28.

Kleck, R., Ono, H., & Hastorf, A. (1966). The effects of physical deviance and face-to-face interaction. *Human Relations, 19,* 425–436.

Kleinfield, N. R. (2012, May 13). Why don't we have any white kids? *The New York Times.*

Kluger, J. (2012, August 16). We never talk anymore: The problem with text messaging. *Time.* www.techland.time.com/2012/08/16/we-never-talk-anymore-the-problem-with-text-messaging/. Accessed January 8, 2015.

Knight, D. (2006, May 21). Hiring frenzy. *The Indianapolis Star.*

Knuckey, J., & Orey, B. D. (2000). Symbolic racism in the 1995 Louisiana gubernatorial election. *Social Science Quarterly, 81,* 1027–1035.

Kobrin, F. E. (1976). The fall in household size and the rise of the primary individual in the

United States. *Demography, 31,* 127–138.

Koch, K. (1999, October 22). Rethinking Ritalin. *CQ Researcher* [Special issue].

Kochhar, R., & Fry, R. (2014). *Wealth inequality has widened along racial, ethnic lines since the Great Recession.* Pew Research Center. www.pewresearch.org/fact-tank/2014/12/12/racial-wealth-gaps-great-recession/. Accessed June 1, 2015.

Kocieniewski, D. (2006, October 10). A history of sex with students, unchallenged over the years. *The New York Times.*

Koenig, S. (2011, August 26). Gossip. *This American Life.* www.thisamericanlife.org/radio-archives/episode/444/gossip. Accessed January 14, 2013.

Koerth-Baker, M. (2013, October 15). The not-so-hidden cause behind the A.D.H.D. epidemic. *The New York Times.*

Kohn, D. (2015, May 17). Let the kids learn through play. *The New York Times.*

Kohn, M. L. (1979). The effects of social class on parental values and practices. In D. Reiss & H. A. Hoffman (Eds.), *The American family: Dying or developing.* New York, NY: Plenum Press.

Kohut, A. (2012, January 27). Don't mind the gap. *The New York Times.*

Kokopeli, B., & Lakey, G. (1992). More power than we want: Masculine sexuality and violence. In M. L. Anderson & P. H. Collins (Eds.), *Race, class and gender: An anthology.* Belmont, CA: Wadsworth.

Kolata, G. (2011, February 6). Mysterious maladies. *The New York Times.*

Kolata, G. (2013, December 19). Hypertension guidelines can be eased, panel says. *The New York Times.*

Kolbe, T., Partridge, M., & O'Reilly, F. (2015). *Time and learning in schools: A national profile.* National Center on Time & Learning. www.timeandlearning.org/publications/time-and-learning-schools-national-profile. Accessed May 22, 2015.

Kolbert, E. (2013, March 11). Up all night. *The New Yorker.*

Kole, W. J. (2006, August 24). Pluto is no longer a planet, astronomers say. *The Washington Post.*

Korean girls take poison to aid kin. (1989, March 3). *Hartford Courant.*

Kosmin, B. A., & Keysar, A. (2009). *American religious identification survey (ARIS 2008).* Hartford, CT: Trinity College. www.livinginliminality.files.word press.com/2009/03/aris_report_2008.pdf. Accessed May 6, 2009.

Kotkin, J. (2012, July 23 & July 30). Generation screwed. *Newsweek.*

Kovel, L. (1980). The American mental health industry. In D. Ingleby (Ed.), *Critical psychiatry.* New York, NY: Pantheon Books.

Krakauer, J. (2015). *Missoula: Rape and the justice system in a college town.* New York: Random House.

Kramer, P. (1997). *Listening to Prozac.* New York, NY: Penguin Books.

Kraska, P. B. (2007). Militarization and policing—its relevance to 21st century police. *Policing, 1,* 501-513.

Kraus, M. W., Côte, S., & Keltner, D. (2010). Social class, contextualism, and empathetic accuracy. *Psychological Science, 21,* 1716–1723.

Kreider, R. M., & Ellis, R. (2011). *Number, timing, and duration of marriages and divorces: 2009* (U.S. Census Bureau, Current Population Reports, P70-125). www.census.gov/

prod/2011pubs/p70-125.pdf. Accessed June 3, 2011.
Kress, M. (2005, April 20). Mormonism is booming in the U.S. and overseas. *The News-Sentinel.*
Kristof, N. D. (1993, July 21). Peasants of China discover new way to weed out girls. *The New York Times.*
Kristof, N. D. (2010, May 22). Moonshine or the kids? *The New York Times.*
Kristof, N. D. (2012, October 28). Want a real reason to be outraged? *The New York Times.*
Kristof, N. D. (2014, November 16). When whites just don't get it, Part 4. *The New York Times.*
Krueger, A. B. (2002, November 14). The apple falls close to the tree, even in the land of opportunity. *The New York Times.*
Krugman, P. (2008, February 18). Poverty is poison. *The New York Times.*
Krugman, P. (2012, January 8). America's unlevel field. *The New York Times.*
Krugman, P. (2014, March 17). That old-time whistle. *New York Times.*
Krugman, P. (2015, June 22). Slavery's long shadow. *The New York Times.*
Kubany, E. S., Abueg, F. R., Owens, J. A., Brennan, J. M., Kaplan, A. S., & Watson, S. B. (1995). Initial examination of a multidimensional model of trauma-related guilt: Applications to combat veterans and battered women. *Journal of Psychopathology and Behavioral Assessment, 17,* 353–376.
Kulick, D., & Machado-Borges, T. (2005). Leaky. In D. Kulick & A. Meneley (Eds.), *Fat: The anthropology of an obsession.* New York, NY: Tarcher/Penguin.
Kulikowski, L. (2014, November 14). The 23 countries with the most extreme income inequality. *The Street.* www.thestreet.com/story/12916499/13/23-countries-where-income-inequality-has-become-the-worstever.html. Accessed May 29, 2015.
Kuperinsky, A. (2012, January 27). Trending. McDonald's Twitter fiasco. *The Star-Ledger.* www.nj.com/entertainment/index.ssf/2012/01/mcdonalds_twitter_jan_brewer_s.html. Accessed January 14, 2013.
Kurtz, L. R. (1995). *Gods in the global village.* Thousand Oaks, CA: Pine Forge Press.
Kurutz, S. (2008, December 14). Fast food zoning. *The New York Times.*
Kurutz, S. (2014, November 2). The "kind of, sort of" era. *The New York Times.*

Lacey, M. (2006, December 14). Rwandan priest sentenced to 15 years for allowing deaths of Tutsi in church. *The New York Times.*
Lacey, M. (2011, September 25). In Arizona, complaints that an accent can hinder a teacher's career. *New York Times.*
LaCoste-Caputo, J. (2007, June 21). Academic ratings, teacher pay tied. *San Antonio Express-News.*
LaFraniere, S. (2007, July 4). Seeking to end an overfed ideal. *The New York Times.*
LaFraniere, S. (2011, April 24). For many Chinese, new wealth and a fresh face. *The New York Times.*
LaFraniere, S., & Levin, D. (2010, November 12). Assertive Chinese marooned in mental wards. *The New York Times.*
Lakoff, R. (1975). *Language and woman's place.* New York, NY: Harper & Row.
Lakshmi, R. (2005, February 27). India call centers suffer storm of 4-letter words. *The Washington Post.*

Lalasz, R. (2006). *Americans flocking to outer suburbs in record numbers*. Washington, DC: Population Reference Bureau. www.prb.org. Accessed May 9, 2006.

Lamont, M. (1992). *Money, morals and manners: The culture of the French and American upper middle class*. Chicago, IL: University of Chicago Press.

Lander, L. (1988). *Images of bleeding: Menstruation as ideology*. New York, NY: Orlando.

Landesman, P. (2004, January 25). The girls next door. *The New York Times*.

Landler, M. (2002, December 1). For Austrians, HoHoHo is no laughing matter. *The New York Times*.

Landrigan, C. P., Parry, G. J., Bones, C. B., Hackbarth, A. D., Goldmann, D. A., & Sharek, P. J. (2010). Temporal trends in rates of patient harm resulting from medical care. *New England Journal of Medicine, 363,* 2124–2134.

Lang, S. (1998). *Men as women, women as men: Changing gender in Native American cultures*. Austin: University of Texas Press.

Langman, L. (1988). Social stratification. In M. B. Sussman & S. K. Steinmetz (Eds.), *Handbook of marriage and the family*. New York, NY: Plenum Press.

Langston, D. (1992). Tired of playing monopoly? In M. L. Anderson & P. H. Collins (Eds.), *Race, class and gender: An anthology*. Belmont, CA: Wadsworth.

Lanvers, U. (2004). Gender in discourse behaviour in parent-child dyads: A literature review. *Child: Care, Health, and Development, 30,* 481–493.

Lapchick, R. (2015). *The racial and gender report card*. The Institute for Diversity and Ethics in Sport. www.tidesport.org/racialgenderreportcard.html. Accessed June 1, 2015.

Lapierre, M. A., Piotrowski, J. T., & Linebarger, D. L. (2012). Background television in the homes of US children. *Pediatrics, 130,* 839-846.

Lareau, A. (2003). *Unequal childhoods: Class, race, and family life*. Berkeley: University of California Press.

Larmer, B. (2015, January 4). Cram city. *The New York Times Sunday Magazine*.

Larson, L. E., & Goltz, J. W. (1989). Religious participation and marital commitment. *Review of Religious Research, 30,* 387–400.

Lasch, C. (1977). *Haven in a heartless world*. New York, NY: Basic Books.

Lauer, R., & Handel, W. (1977). *Social psychology: The theory and application of symbolic interactionism*. Boston, MA: Houghton Mifflin.

Lavy, V., & Sand, E. (2015). *On the origins of gender human capital gaps: Short and long term consequences of teachers' stereotypical biases*. National Bureau of Economic Research Working Paper #20909. www.nber.org/papers/w20909.pdf. Accessed June 12, 2015.

Lawson, C. (1993, February 11). Stereotypes unravel, but not too quickly, in new toys for 1993. *The New York Times*.

Leape, L. L., & Bates, D. W. (1995). Systems analysis of adverse drug events. *Journal of the American Medical Association, 274,* 35–43.

LeBesco, K. (2004). *Revolting bodies? The struggle to redefine fat identity*. Amherst: University of Massachusetts Press.

Lee, M. (2006). *The neglected link between food marketing and childhood obesity in poor neighborhoods*. Washington, DC: Population Reference Bureau. www.prb.org. Accessed July 12, 2006.

Lee, S. M. (1993). Racial classifications in the U.S. Census: 1890–1990. *Ethnic and Racial*

Studies, 16, 75–94.

Lee-St. John, J. (2007, February 12). A time limit on rape. *Time.*

Legewie, J., & DiPrete, T. A. (2012). School context and the gender gap in educational achievement. *American Sociological Review, 77,* 463–485.

Lehrer, J. (2012). The fragile teenage brain. *Grantland,* ESPN.com. www.grantland.com/story/_/id/7443714/jonah-lehrer-concussions-adolscents-future-football. Accessed, December 22, 2012.

Leibovich, M. (2014, April 13). Did anyone wash dishes in this family? *The New York Times Sunday Magazine.*

Leinberger, P., & Tucker, B. (1991). *The new individualists: The generation after the organization man.* New York, NY: HarperCollins.

Lemert, E. (1972). *Human deviance, social problems, and social control.* Englewood Cliffs, NJ: Prentice Hall.

Leonhardt, D. (2011, June 26). Even for cashiers, college pays off. *The New York Times.*

Leonhardt, D. (2013, July 22). In climbing income ladder, location matters. *The New York Times.*

Leonhardt, D. (2014, May 27). Is college worth it? *The New York Times.*

Leonhardt, D., & Quealy, K. (2014, April 23). U.S. middle class no longer world's richest. *The New York Times.*

Lerner, M. (1970). The desire for justice and reactions to victims. In J. Macauley & L. Berkowitz (Eds.), *Altruism and helping behavior.* New York, NY: Academic Press.

Lesane-Brown, C. L. (2006). A review of race socialization within black families. *Developmental Review, 26,* 400-426.

Lesko, N. (2008). Our guys/good guys: Playing with high school privilege and power. In S. J. Ferguson (Ed.), *Mapping the social landscape.* New York, NY: McGraw-Hill.

Lester, W. (2005, January 8). Poll: 29% in U.S. give tsunami aid. *The Indianapolis Star.*

Leu, D. J., Forzani, E., Rhoads, C., Maykel, C., Kennedy, C., & Timbrell, N. (2015). The new literacies on online research and comprehension: Rethinking the reading achievement gap. *Reading Research Quarterly, 50,* 37-59.

Levine, H. G. (1992). Temperance cultures: Concern about alcohol problems in Nordic and English-speaking cultures. In M. Lader, G. Edwards, & D. C. Drummond (Eds.), *The nature of alcohol and drug-related problems.* New York, NY: Oxford University Press.

Levitt, S. D., & Dubner, S. J. (2009). *Freakonomics: A rogue economist explores the hidden side of everything.* New York, NY: Harper Perennial.

Levy, A. (2006, May 29). Dirty old women. *The New York Magazine.* http://nymag.com/news/features/17064/index1.html. Accessed September 5, 2009.

Lewin, T. (1998, December 13). How boys lost out to girl power. *The New York Times.*

Lewin, T. (2000, April 11). Disabled student is suing over test-score labeling. *The New York Times.*

Lewin, T. (2001, October 21). Shelters have empty beds: Abused women stay home. *The New York Times.*

Lewin, T. (2006, July 9). At colleges, women are leaving men in the dust. *The New York Times.*

Lewin, T. (2007, January 26). Colleges regroup after voters ban race preferences. *The New York Times.*

Lewin, T. (2009, December 10). College dropouts cite low money and high stress. *The New York Times.*

Lewin, T. (2012, March 6). Black students punished more, data suggests. *The New York Times.*

Lewis, M. (1978). *The culture of inequality.* New York, NY: New American Library.

Lewis, M. M. (1948). *Language in society.* New York, NY: Social Science Research Council.

Lewis, O. (1968). The culture of poverty. In D. P. Moynihan (Ed.), *On understanding poverty: Perspectives from the social sciences.* New York, NY: Basic Books.

Lewis, P. H. (1998, August 15). Too late to say "extinct" in Ubykh, Eyak or Ona. *The New York Times.*

Lewis, R., & Yancey, G. (1997). Racial and nonracial factors that influence spouse choice in black/white marriages. *Journal of Black Studies, 28,* 60–78.

Liazos, A. (1985). *Sociology: A liberating perspective.* Boston, MA: Allyn & Bacon.

Liben, L. S., & Bigler, B. R. (2002). The developmental course of gender differentiation: Conceptualizing, measuring, and evaluating constructs and pathways. *Monographs of the Society for Research in Child Development, 67,* 1–112.

Lichtblau, E. (2008, April 9). In justice shift, corporate deals replace trials. *The New York Times.*

Light, P. (1988). *Baby boomers.* New York, NY: Norton.

Lindesmith, A. R., Strauss, A. L., & Denzin, N. K. (1991). *Social psychology.* Englewood Cliffs, NJ: Prentice Hall.

Link, B. G., Mirotznik, J., & Cullen, F. T. (1991). The effectiveness of stigma-coping orientations: Can negative consequences of mental illness labeling be avoided? *Journal of Health and Social Behavior, 32,* 302–320.

Link, B. G., & Phelan, J. C. (2001). Conceptualizing stigma. *Annual Review of Sociology, 27,* 363–385.

Linneman, T. J. (2012). Gender in *Jeopardy!* Intonation variation on a television game show. *Gender & Society, 27,* 82-105.

Lino, M. (2014). *Expenditures on children by families, 2013.* U.S. Department of Agriculture. Publication #1528-2013. www.cnpp.usda.gov/sites/default/files/expenditures_on_children_by_families/crc2013.pdf. Accessed January 16, 2015.

Linton, R. (1937). One hundred percent American. *American Mercury, 40,* 427–429.

Lipka, M. (2014). *Young U.S. Catholics overwhelmingly accepting of homosexuality.* Pew Research Center. www.pewresearch.org/fact-tank/2014/10/16/ypung-u-s-catholics-over-whelmingly-accepting-of-homosexuality/. Accessed January 16, 2015.

Lipka, M. (2015). *5 facts about abortion.* Pew Research Center. www.pewresearch.org/fact-tank/2015/06/11/5-facts-about-abortion/. Accessed June 25, 2015.

Lippmann, L. W. (1922). *Public opinion.* New York, NY: Harcourt Brace Jovanovich.

Lips, H. M. (1993). *Sex and gender: An introduction.* Mountain View, CA: Mayfield.

Lipson, C. (2004). *Doing honest work in college.* Chicago: University of Chicago Press.

Liptak, A. (2003, June 3). For jailed immigrants, a presumption of guilt. *The New York Times.*

Liptak, A. (2004, March 17). Bans on interracial unions offer perspective on gay ones. *The New York Times.*

Liptak, A. (2014, December 1). Case seeking job protections for pregnant women heads to Supreme Court. *The New York Times.*

Lisak, D., Gardinier, L., Nicksa, S. C., & Cote, A. M. (2010). False allegations of sexual assault:

An analysis of ten years of reported cases. *Violence Against Women, 16,* 1318-1334.

Little, A. G. (2007, September 2). Not in whose backyard? *The New York Times Magazine.*

Livingston, G. (2014). *Four-in-ten couples are saying "I do," again.* Pew Research Social & Demographic Trends. www.pewsocialtrends.org/2014/11/14/four-in-ten-couples-are-saying-i-do-again/. Accessed January 7, 2015.

Lofland, L. H. (1973). *A world of strangers: Order and action in urban public space.* New York, NY: Basic Books.

Lohr, S. (2012, March 2). For impatient web users, an eye blink is just too long to wait. *The New York Times.*

Longman, J. (2011, May 26). Badminton dress code for women criticized as sexist. *The New York Times.*

Longman, J., & Higgins, M. (2005, August 3). Rad dudes of the world, unite. *The New York Times.*

Longman, T. (2009). *Christianity and genocide in Rwanda.* Cambridge, UK: Cambridge University Press.

Lorber, J. (1989). Dismantling Noah's Ark. In B. J. Risman & P. Schwartz (Eds.), *Gender in intimate relationships: A microstructural approach.* Belmont, CA: Wadsworth.

Lorber, J. (2000). *Gender and the social construction of illness.* Walnut Creek, CA: AltaMira Press.

Lovett, I. (2013a, May 7). Changing sex, and changing teams. *The New York Times.*

Lovett, I. (2013b, March 10). Neighborhoods seek to banish sex offenders by building parks. *The New York Times.*

Lowenstein, R. (2006, July 9). The immigration equation. *The New York Times.*

Lowrey, A. (2013a, May 5). Movin' on up. *The New York Times Magazine.*

Lowrey, A. (2013b, March 31). When problems start getting real. *The New York Times Magazine.*

Luhrmann, T. M. (2015, July 5). The appeal of piety. *The New York Times.*

Luker, K. (1984). *Abortion and the politics of motherhood.* Berkeley: University of California Press.

Luo, F., Florence, C., Quispe-Agnoli, M., Ouyang, L., & Crosby, A. (2011). Impact of business cycles on US suicide rates, 1928–2007. *American Journal of Public Health, 101,* 1139–1146.

Luo, M. (2011, July 3). Mixing guns and mental illness. *The New York Times.*

Lutz, A. (2012, June 14). These 6 corporations control 90% of the media in America. *Business Insider.* www.businessinsider.com/these-6-corporations-control-90-of-the-media-in-america-2012-6. Accessed January 7, 2015.

Lyall, S. (2000, July 8). Irish now face the other side of immigration. *The New York Times.*

Lyall, S. (2012, July 12). Caitlin Moran has her sights set on blowing up feminism. *The New York Times Magazine.*

Lytton, H., & Romney, D. M. (1991). Parents' differential socialization of boys and girls: A metaanalysis. *Psychology Bulletin, 109,* 267–296.

Lytton, T. D. (2007, February 4). Legal legacy. *The Boston Globe.*

MacAndrew, C., & Edgerton, R. B. (1969). *Drunken comportment: A social explanation.* Chicago, IL: Aldine-Atherton.

MacDonald, K., & Parke, R. D. (1986). Parent-child physical play: The effects of sex and age on children and parents. *Sex Roles, 15,* 367–378.

Macgillivray, I. K. (2000). Educational equity for gay, lesbian, bisexual, transgendered, and queer/questioning students: The demands of democracy and social justice for America's schools. *Education and Urban Society, 32,* 303–323.

Madden, M. (2014). *Public perceptions of privacy and security in the post-Snowden era.* Pew Research Internet Project. www.pewinternet.org/2014/11/12/public-privacy-perceptions/. Accessed June 24, 2015.

The Malala Fund. (2015). *What we do.* www.malala.org/malala-fund/. Accessed June 28, 2015.

Mandery, E. J. (2014, April 25). End college legacy preferences. *The New York Times.*

Mann, C. C. (1993, February). How many is too many? *Atlantic Monthly.*

Manning, L. (2007). Nightmare at the day care: The Wee Care case. *Crime Magazine.* www.crimemagazine.com/nightmare-day-care-wee-care-case. Accessed June 7, 2011.

Manning, W. D., & Smock, P. J. (1999). New families and nonresident father-child visits. *Social Forces, 78,* 87–117.

Mannon, J. (1997). *Measuring up.* Boulder, CO: Westview Press.

Mansfield, H. (2006). *Manliness.* New Haven, CT: Yale University Press.

Marger, M. N. (1994). *Race and ethnic relations: American and global perspectives.* Belmont, CA: Wadsworth.

Marger, M. N. (2005). The mass media as a power institution. In S. J. Ferguson (Ed.), *Mapping the social landscape.* New York, NY: McGraw-Hill.

Markoff, J. (2011, October 11). Government aims to build a "data eye in the sky." *The New York Times.*

Markoff, J. (2013, April 4). Software subs for professors on essay test. *The New York Times.*

Marla Olmstead. (2004). *About Marla.* www.marlaolmstead.com. Accessed November 23, 2004.

Marmot, M. (2004). *The status syndrome: How social standing affects our health and longevity.* New York, NY: Times Books.

Marsh, B. (2005, January 2). The vulnerable become more vulnerable. *The New York Times.*

Martin, C. L., & Ruble, D. (2004). Children's search for gender cues. *Current Directions in Psychological Science, 13,* 67–70.

Martin, C. L., & Ruble, D. (2009). Patterns of gender development. *Annual Review of Psychology, 61,* 353-381.

Martin, J. B. (2010). The development of ideal body image perceptions in the United States. *Nutrition Today, 45,* 98-100.

Martin, P., & Midgley, E. (2010). *Immigration in America 2010* (Population Bulletin Update). www.prb.org/pdf10/immigration-update2010.pdf. Accessed July 6, 2010.

Martinez-Alier, J. (2003). *The environmentalism of the poor.* Cheltenham, UK: Edward Elgar.

Marx, K. (1963). *The 18th Brumaire of Louis Bonaparte.* New York, NY: International. (Original work published 1869)

Marx, K., & Engels, F. (1982). *The communist manifesto.* New York, NY: International. (Original work published 1848)

Mather, M., & Adams, D. (2006). *The risk of negative child outcomes in low-income families.* Washington, DC: Population Reference Bureau. www.prb.org/pdf06/RiskNegOut_Families.

pdf. Accessed July 27, 2006.
Mather, M., & Dupuis, G. (2012). *Rising share of U.S. children living in high-poverty neighborhoods*. Population Reference Bureau. www.prb.org/Articles/2012/us-high-poverty-neighborhoods.aspx?p=1. Accessed June 1, 2013.
Mather, M., & Feldman-Jacobs, C. (2015). *Women and girls at risk of female genital mutilation/cutting in the United States*. Population Reference Bureau. www.prb.org/Publications/Articles/2015/us-fgmc.aspx. Accessed February 5, 2015.
Mather, M., & Jacobsen, L. A. (2010). *Hard times for Latino men in U.S.* Population Reference Bureau. www.prb.org/Articles/2010/latinomen.aspx. Accessed June 16, 2011.
Mather, M., & Jarosz, B. (2014). *The demography of inequality in the United States*. Population Reference Bureau. www.prb.org/pdf14/united-states-inequality.pdf. Accessed May 30, 2015.
Mathews, L. (1996, July 6). More than identity rides on a new racial category. *The New York Times*.
Matthews, J. (2012, December 12). Cash incentives for students. *The Washington Post*.
McAdam, D. (1982). *Political process and the development of black insurgency, 1930–1970*. Chicago, IL: University of Chicago Press.
McAdam, D., McCarthy, J. D., & Zald, M. N. (1988). Social movements. In N. J. Smelser (Ed.), *Handbook of sociology*. Newbury Park, CA: Sage.
McAuliff, M. (2012, March 20). Paul Ryan wants "welfare reform round 2." *Huffington Post*. www.huffingtonpost.com/2012/03/20/paul-ryan-welfare-reform_n_1368277.html. Accessed June 17, 2014.
McCain, F. (1991). Interview with Franklin McCain. In C. Carson, D. J. Garrow, G. Gill, V. Harding, & D. Clark Hine (Eds.), *The eyes on the prize civil rights reader*. New York, NY: Penguin Books.
McCall, G. J., & Simmons, J. L. (1978). *Identities and interactions*. New York, NY: Free Press.
McCarthy, J. (2014, May 21). *Same-sex marriage support reaches new high at 55%*. Gallup. www.gallup.com/poll/169640/sex-marriage-support-reaches-new-high.aspx. Accessed July 17, 2015.
McCarthy, J. D., & Wolfson, M. (1992). Consensus movements, conflict movements, and the cooptation of civic and state infrastructures. In A. D. Morris & C. M. Mueller (Eds.), *Frontiers in social movement theory*. New Haven, CT: Yale University Press.
McCarthy, J. D., & Zald, M. N. (1977). Resource mobilization and social movements: A partial theory. *American Journal of Sociology, 82*, 1212–1241.
McCarthy, T. (2001, May 14). He makes a village. *Time*.
McCormick, J. S., Maric, A., Seto, M. C., & Barbaree, H. E. (1998). Relationship to victim predicts sentence length in sexual assault cases. *Journal of Interpersonal Violence, 13*, 413–420.
McDonaldization. (2015). *What is McDonaldization?* www.mcdonaldization.com/whatisit.shtml. Accessed May 20, 2015.
McDonald's Corporation. (2015). *2014 annual report*. www.aboutmcdonalds.com/content/dam/About McDonalds/Investors/McDonald's 2014 Annual Report.PDF. Accessed May 20, 2015.
McElroy, S. (2014, June 1). Homework to find a sense of comfort. *The New York Times*.
McEwan, J. (2005). Proving consent in sexual cases: Legislative change and cultural evolution.

International Journal of Evidence and Proof, 9, 1–28.
McGee, C. (2010, August 23). The open road wasn't quite open to all. *The New York Times.*
McGeehan, P. (2012, February 8). For hotel staff, panic buttons and big raises. *New York Times.*
McHale, S. M., Crouter, A. C., & Whiteman, S. D. (2003). The family contexts of gender development in childhood and adolescence. *Social Development, 12,* 125–148.
McHugh, P. (1968). *Defining the situation.* Indianapolis, IN: Bobbs-Merrill.
McIntosh, P. (2001). White privilege: Unpacking the invisible knapsack. In P. Rothenberg (Ed.), *Race, class, and gender in the United States.* New York, NY: Worth.
McKenry, P. C., & Price, S. J. (1995). Divorce: A comparative perspective. In B. B. Ingoldsby & S. Smith (Eds.), *Families in multicultural perspective.* New York, NY: Guilford Press.
McKinley, J. (2010, March 13). Conservatives on Texas panel carry the day on curricular change. *The New York Times.*
McKinley, J. (2011, February 17). "Non-English" tip policy raises eyebrows, then fades. *The New York Times.*
McLaren, L. M. (2003). Anti-immigrant prejudice in Europe: Contact, threat perception, and preferences for the exclusion of migrants. *Social Forces, 81,* 909–936.
McLean, R. (2005, January 12). Spaniards dare to question the way the day is ordered. *The New York Times.*
McLean, R. (2006, January 21). In the new year, a novel idea for Spanish government workers: A literal lunch hour. *The New York Times.*
McLoyd, V. C., Cauce, A. M., Takeuchi, D., & Wilson, L. (2000). Marital processes and parental socialization in families of color: A decade review of research. *Journal of Marriage and the Family, 62,* 1070–1094.
McMahon, J. (2007, August 11). *Marital rape laws, 1976–2002: From exemptions to prohibitions.* Paper presented at the annual meeting of the American Sociological Association, New York, NY.
McNeil, D. G. (2000, May 21). Drug companies and the third world: A case study of neglect. *The New York Times.*
McNeil, D. G. (2010, June 20). The curse of plenty. *The New York Times.*
McNeil, D. G. (2011, May 23). AIDS: A price break for antiretroviral drugs in 70 of the world's poorest countries. *New York Times.*
McPherson, M., Smith-Lovin, L., & Brashears, M. E. (2006). Social isolation in America: Changes in core discussion networks over two decades. *American Sociological Review, 71,* 353–375.
Mead, G. H. (1934). *Mind, self and society.* Chicago, IL: University of Chicago Press.
Mehan, H., & Wood, H. (1975). *The reality of ethnomethodology.* New York, NY: Wiley.
Meier, B. (2004, June 15). Group is said to seek full drug-trial disclosure. *The New York Times.*
Meltzer, M. (2014, May 22). Who is a feminist now? *The New York Times.*
Mental Health Channel. (2007). *"General anxiety disorder" and "social phobias."* Northampton, MA: Author. www.mentalhealthchannel.net. Accessed June 18, 2007.
Merton, R. (1948). The self-fulfilling prophecy. *Antioch Review, 8,* 193–210.
Merton, R. (1957). *Social theory and social structure.* New York, NY: Free Press.
Messick, D. M., & Brewer, M. B. (1983). Solving social dilemmas: A review. In L. Wheeler & P. Shaver (Eds.), *Review of personality and social psychology.* Beverly Hills, CA: Sage.

Messner, M. (2002). Boyhood, organized sports, and the construction of masculinities. In D. M. Newman & J. O'Brien (Eds.), *Sociology: Exploring the architecture of everyday life (Readings)*. Thousand Oaks, CA: Pine Forge Press.

Meyer, J. W., & Rowan, B. (1977). Institutionalized organizations: Formal structure as myth and ceremony. *American Journal of Sociology, 83,* 340–363.

Miall, C. E. (1989). The stigma of involuntary childlessness. In A. S. Skolnick & J. H. Skolnick (Eds.), *Family in transition*. Boston, MA: Little, Brown.

Michaels, K. (1993). Eight years in Kafkaland. *National Review, 45,* 36–38.

Michels, R. (1949). *Political parties*. Glencoe, IL: Free Press. (Original work published 1911)

Michener, H. A., DeLamater, J. D., & Schwartz, S. H. (1986). *Social psychology*. San Diego, CA: Harcourt Brace Jovanovich.

Mihm, S. (2009, December 13). Artificial car noise. *The New York Times Magazine*.

Milbank, D., & Deane, C. (2003, September 6). Hussein link to 9/11 lingers in many minds. *The Washington Post*.

Milgram, S. (1974). *Obedience to authority*. New York, NY: Harper & Row.

Miller, C. C. (2015, February 7). How teacher biases can sway girls from math and science. *The New York Times*.

Miller, C. L. (1987). Qualitative differences among gender-stereotyped toys: Implications for cognitive and social development. *Sex Roles, 16,* 473–488.

Miller, E., & Almon, J. (2009). *Crisis in the kindergarten: Why children need to play in school*. College Park, MD: Alliance for Childhood.

Miller, L. (2011, July 25). How to raise a global kid. *Newsweek*.

Miller, M. V. (1985). Poverty and its definition. In R. C. Barnes & E. W. Mills (Eds.), *Techniques for teaching sociological concepts*. Washington, DC: American Sociological Association.

Millman, M. (1980). *Such a pretty face*. New York, NY: Norton.

Mills, C. W. (1940). Situated actions and vocabularies of motive. *American Sociological Review, 5,* 904–913.

Mills, C. W. (1956). *The power elite*. New York, NY: Oxford University Press.

Mills, C. W. (1959). *The sociological imagination*. New York, NY: Oxford University Press.

Mills, J. L. (1985, February). Body language speaks louder than words. *Horizons*.

Minton, T. D. (2013). *Jail inmates at midyear 2012: Statistical tables*. NCJ241264. U.S. Bureau of Justice Statistics. www.bjs.gov/content/pub/pdf/jim12st.pdf. Accessed June 30, 2013.

Minton, T. D., & Sabol, W. J. (2009). *Jail inmates at midyear 2008: Statistical tables* (NCJ 225709). Washington, DC: Bureau of Justice Statistics. http://www.ojp.usdoj.gov/bjs/pub/pdf/jim08st.pdf. Accessed June 10, 2009.

Mishel, L., Bernstein, J., & Allegretto, S. (2007). *The state of working America: 2006/2007*. Washington, DC: Economic Policy Institute.

Mishel, L., Bivens, J., Gould, E., & Shierholz, H. (2013). *The state of working America*. Economic Policy Institute. stateofworkingAmerica.org/subjects/overview/?reader. Accessed May 31, 2013.

Mitchell, J. (2013). *Who are the long-term unemployed?* Urbnan Institute. www.urban.org/uploadedpdf/412885-who-are-the-long-term-unemployed.pdf. Accessed January 2, 2015.

Mobius, M. M., & Rosenblat, T. S. (2006). Why beauty matters. *American Economic Review,*

96, 222–235.
Moeller, P. (2012, March 26). Top 10 reasons to hire older people. *US News & World Report.* money.usnews.com/money/blogs/the-best-life/2012/03/26/top-10-reasons-to-hire-older-people. Accessed June 28, 2013.
Mokhiber, R. (1999, July/August). Crime wave! The top 100 corporate criminals of the 1990s. *Multinational Monitor,* pp. 1–9.
Mokhiber, R., & Weissman, R. (2004, December). The ten worst corporations of 2004. *Multinational Monitor,* pp. 8–21.
Molloy, B. L., & Herzberger, S. D. (1998). Body image and self-esteem: A comparison of African-American and Caucasian women. *Sex Roles, 38,* 631–643.
Molotch, H., & Lester, M. (1974). News as purposive behavior: On the strategic use of routine events, accidents, and scandals. *American Sociological Review, 39,* 101–112.
Molotch, H., & Lester, M. (1975). Accidental news: The great oil spill as local occurrence and national event. *American Journal of Sociology, 81,* 235–260.
MomsRising.org. (2015). *About MomsRising.* www.momsrising.org/page/moms/aboutmomsrising. Accessed June 25, 2015.
Monk-Turner, E., Kouts, T., Parris, K., & Webb, C. (2007). Gender role stereotyping in advertisements for three radio stations: Does musical genre make a difference? *Journal of Gender Studies, 16,* 173–182.
Moore, E. A. (2015, May 18). Droughtshaming: California's new class warfare. *USA Today.*
Moore, R. B. (1992). Racist stereotyping in the English language. In M. L. Anderson & P. H. Collins (Eds.), *Race, class and gender: An anthology.* Belmont, CA: Wadsworth.
Moore, S. A. D. (2003). Understanding the connection between domestic violence, crime, and poverty: How welfare reform may keep battered women from leaving abusive relationships. *Texas Journal of Women and the Law, 12,* 451–484.
Morgan, B. L. (1998). A three-generational study of tomboy behavior. *Sex Roles, 39,* 787–800.
Morgan, G. (1986). *Images of organizations.* Newbury Park, CA: Sage.
Morgan, M. (1982). Television and adolescents' sex role stereotypes: A longitudinal study. *Journal of Personality and Social Psychology, 48,* 1173–1190.
Morgan, M. (1987). Television sex role attitudes and sex role behavior. *Journal of Early Adolescence, 7,* 269–282.
Morgan, R. (1996). *Sisterhood is global.* New York, NY: Feminist Press at the City University of New York.
Morrongiello, B. A., & Hogg, K. (2004). Mothers' reactions to children misbehaving in ways that can lead to injury: Implications for gender differences in children's risk taking and injuries. *Sex Roles, 50,* 103–118.
Moss-Racusin, A., Dovidio, J. F., Brescoll, V. L., Graham, M. J., & Handelsman, J. (2012). Science faculty's subtle gender biases favor male students. *Proceedings of the National Academy of Sciences.* www.pnas.org/cgi/doi/10.1073/pnas.1211286109. Accessed June 21, 2013.
Mottl, T. L. (1980). The analysis of countermovements. *Social Problems, 27,* 620–635.
Mouawad, J. (2011, November 21). Taking first-class coddling above and beyond. *The New York Times.*
Mouawad, J., & White, M. C. (2013, December 23). On jammed jets, sardines turn on one

another. *The New York Times.*

Mui, Y. Q. (2012, July 8). For black Americans, financial damage from subprime implosion is likely to last. *The Washington Post.*

Mulrine, A. (2003, May 5). Echoes of a scandal. *U.S. News & World Report.*

Murdock, G. P. (1949). *Social structure.* New York, NY: Macmillan.

Murdock, G. P. (1957). World ethnography sample. *American Anthropologist, 59,* 664–687.

Murguia, E., & Telles, E. E. (1996). Phenotype and schooling among Mexican Americans. *Sociology of Education, 69,* 276–289.

Murphy, D. E. (2004, January 11). Imagining life without illegal immigrants. *The New York Times.*

Murphy, K. (2008, May 31). Job climate for the class of 2008 is a bit warmer than expected. *The New York Times.*

Murphy, K. (2012, May 3). How to muddy your tracks on the Internet. *The New York Times.*

Murray, C. J. L., & Ng, M. (2014). *Nearly one-third of the world's population is obese or overweight, new data show.* Institute for Health Metrics and Evaluation. www.healthdata.org/news-release/nearly-one-thirdworld's-population-obese-or-overweight-new-data-show. Accessed June 11, 2015.

Muscat, K. K. (2013). Black athletic superiority: Fact or fiction? *The Triple Helix,* Easter. www.camtriplehelix.com. Accessed June 14, 2013.

Mydans, S. (1995, February 12). A shooter as vigilante, and avenging angel. *The New York Times.*

Mydans, S. (2007, April 9). Across cultures, English is the word. *International Herald Tribune.*

Nanda, S. (1994). *Cultural anthropology.* Belmont, CA: Wadsworth.

Nasar, S., & Mitchell, K. B. (1999, May 23). Booming job market draws young black men into the fold. *The New York Times.*

National Academy of Sciences. (2007). *Beyond bias and barriers: Fulfilling the potential of women in academic science and engineering.* Washington, DC: National Academies Press.

National Alliance on Mental Illness. (2013). *Mental Illness: Facts and numbers.* www2.nami.org/factsheets/mentalillness_factsheet.pdf. Accessed July 13, 2015.

National Alliance to End Homelessness. (2015). *State of homelessness in America 2015.* www.endhomelessness.org/library/entry/the-state-of-homelessness-in-america-2015. Accessed June 2, 2015.

National Association for Single Sex Public Education. (2013). *Single-sex schools/schools with single-sex classrooms/What's the difference?* www.singlesexschools.org/schools-schools.htm. Accessed June 23, 2013.

National Association of School Psychologists. (2013). *Youth gun violence fact sheet.* www.nasponline.org/resources/crisis_safety/youth_gun_violence_fact_sheet.pdf. Accessed June 28, 2015.

National Association to Advance Fat Acceptance. (2013). The Biggest Loser *promotes the bullying cycle.* www.naafaonline.com/dev2/. Accessed January 14, 2013.

National Center for Education Statistics. (2010). *Teachers' use of educational technology in U.S. public schools: 2009.* NCES 2010-040. nces.ed.gov/pubsearch/pubsinfo.asp?pubid=2010040. Accessed July 2, 2013.

National Center for Education Statistics. (2012). *America's youth: Transitions to adulthood, Table 14.* nces.ed.gov/pubs2012/2012026/tables/table_14.asp. Accessed June 30, 2013.

National Center for Education Statistics. (2013a). *Adult skills in an international context.* www.nces.ed.gov/fastfacts/display.asp?id=683. Accessed May 22, 2015.

National Center for Education Statistics. (2013b). *Characteristics of public and private elementary and secondary school teachers in the United States: Results from the 2011-12 schools and staffing survey.* www.nces.ed.gov/pubs2013/2013314.pdf. Accessed June 6, 2015.

National Center for Education Statistics. (2013c). *Indicators of school crime and safety: 2012.* nces.ed.gov/pubs2013/2013036.pdf. Accessed June 30, 2013.

National Center for Education Statistics. (2014a). *Digest of education statistics.* www.nces.ed.gov/programs/digest/d13/. Accessed June 12, 2015.

National Center for Education Statistics. (2014b). *Fast facts: Graduation rates, Table 326.10.* www.nces.ed.gov/programs/digest/d13/tables/dt13_326.10.asp. Accessed June 6, 2015.

National Center for Education Statistics. (2014c). *Performance of U.S. 15-year-old students in mathematics, science, and reading literacy in an international context.* www.nces.ed.gov/pubs2014/2014024rev.pdf. Accessed May 22, 2015.

National Center for Education Statistics. (2015). *Digest of education statistics.* www.nces.ed.gov/programs/digest/current_tables.asp. Accessed June 4, 2015.

National Center for Fair and Open Testing. (2014). *SAT score trend remains flat; test-fixated school policies have not improved college readiness even as measured by other standardized exams.* www.fairtest.org/sites/default/files/SATScores2014Release.pdf. Accessed May 27, 2015.

National Center for Health Statistics. (2014). *Health: United States: 2013.* www.cdc.gov/nchs/data/hus/hus13.pdf. Accessed January 2, 2015.

National Center for Missing and Exploited Children. (2014). *Child sex trafficking.* www.missisngkids.com/1in6. Accessed May 26, 2015.

National Center on Time and Learning. (2013). *Mapping the field: A report on expanded time schools in America.* www.timeandlearning.org/mapping. Accessed May 28, 2013.

National Committee on Pay Equity. (2007). *Current legislation.* Washington, DC: Author. www.pay-equity.org/info-leg.html. Accessed July 11, 2007.

National Conference of State Legislatures. (2009). *State laws regarding marriage between first cousins.* Washington, DC: Author. www.ncsl.org/programs/cyf/cousins.htm. Accessed April 28, 2009.

National Crime Records Bureau. (2014). *Crime in India: 2013.* ncrb.nic.in/CD-CII-2013/Home.asp. Accessed June 14, 2015.

National Digestive Diseases Information Clearinghouse. (2011). *Hemochromatosis.* http://digestive.niddk.nih.gov/ddiseases/pubs/hemochromatosis. Accessed April 1, 2011.

National Eating Disorders Association. (2011). *Statistics: Eating disorders and their precursors.* www.nationaleatingdisorders.org/informationresources/general-information.php#factsstatistics. Accessed June 20, 2011.

National Eating Disorders Association. (2015). *Get the facts on eating disorders.* www.nationaleatingdisorders.org/get-facts-eating-disorders. Accessed June 11, 2015.

National Employment Law Project. (2015). *It's time to raise the minimum wage.* www.nelp.org/publication/time-raise-minimum-wage/. Accessed June 25, 2015.

National Fair Housing Alliance. (2015). *Where you live matters: 2015 Fair Housing Trends Report.* www.nationalfairhousing.org/LinkClick.aspx?fileticket=SYWmBgw-pazA%3d&tabid=3917&mid=5321. Accessed June 3, 2015.

National Highway Traffic Safety Administration. (2014). *Distracted driving—Facts and statistics.* www.distraction.gov/stats-research-laws/facts-and-statistics.html. Accessed June 24, 2015. www.nimh.nih.gov/health/topics/statistics/index.shtml. Accessed September 5, 2009.

National Institute of Mental Health. (2010). *Statistics.* www.nimh.nih.gov/statistics/index.shtml. Accessed June 9, 2011.

National Institute on Aging. (2006). *Dramatic changes in U.S. aging highlighted in new Census* (NIH report). Bethesda, MD: Author. www.nia.nih.gov/NewsAndEvents/PressReleases/PR2006030965PLusReport.htm. Accessed July 31, 2006.

National Institute on Alcohol Abuse and Alcoholism. (2013). *College drinking.* www.pubs.niaaa.nih.gov/publications/CollegeFactSheet/CollegeFact.htm. Accessed January 22, 2015.

National Low Income Housing Coalition. (2015). *Out of reach 2015.* www.nlihc.org/sites/default/files/oor/OOR_2015_FULL.pdf. Accessed May 28, 2015.

The National Marriage Project. (2010). *When marriage disappears: The new middle America.* www.virginia.edu/marriageproject/pdfs/Union_11_12_10.pdf. Accessed September 4, 2011.

National Partnership for Women and Families. (2005). *Expecting better: A state-by-state analysis of parental leave programs.* Washington, DC: Author. www.nationalpartnership.org/site/DocServer/ParentalLeaveReportMay05.pdf?doc ID=1052. Accessed September 5, 2009.

National Partnership for Women and Families. (2014). *Paid family and medical leave: Good for business.* Fact Sheet. www.nationalpartnership.org/research-library/work-family/paid-leave/paid-leave-good-for-business.pdf. Accessed January 16, 2015.

National Public Radio. (2009). *In India, skin-whitening creams reflect old bia*ses. www.npr.org/templates/story/story.php?storyId=120340646. Accessed June 18, 2010.

National Public Radio. (2014). *Planet Money makes a t-shirt.* apps.npr.org/tshirt/#/title. Accessed May 21, 2015.

National Science Foundation. (2014). *Chapter 7. Science and technology: Public attitudes and understanding.* www.nsf.gov/statistics/seind14/iindexz.cfm/chapter-7/c7h.htm. Accessed January 13, 2015.

National Sleep Foundation. (2008). *2008 sleep in America poll.* www.sleepfoundation.org/sites/default/files/2008 POLL SOF.pdf. Accessed January 5, 2015.

National Women's Law Center. (2006). *The Paycheck Fairness Act: Helping to close the wage gap for women.* Washington, DC: Author. www.pay-equity.org/PDFs/PaycheckFairnessAct-Apr06.pdf. Accessed September 5, 2009.

Navarro, M. (2014, November 11). Homeless because they are abused at home. *The New York Times.*

NCAA. (2013). *Estimated probability of competing in athletics beyond the high school interscholastic level.* www.ncaa.org/sites/default/files/Probability-of-going-pro-methodology_Update2013.pdf. Accessed June 2, 2015.

Nelkin, D., & Pollak, M. (1981). *The atom besieged.* Cambridge, MA: MIT Press.

Nestle, M. (2002). *Food politics.* Berkeley: University of California Press.

Neubeck, K. (1986). *Social problems: A critical approach.* New York, NY: Random House.

Neuman, W. L. (1994). *Social research methods: Qualitative and quantitative approaches.* Boston, MA: Allyn & Bacon.

Neumeister, L. (2015, June 22). Suit targets bias of post-9/11 US. *Lewiston Sun Journal.*

Newcomb, A. (2012). Oregon faith healer parents get probation in son's death. *Yahoo News.* gma.yahoo.com/oregon/-faith-healer-parents-probation-sons-death-193833596-abc-news-topstories-html. Accessed January 9, 2013.

Newman, D. (2009). *Families: A sociological perspective.* New York: McGraw-Hill.

Newman, D. (2012). Identities and inequalities: Exploring the intersections of race, class, gender, and sexuality (2nd ed.). New York, NY: McGraw-Hill.

Newman, K. (2005). Family values against the odds. In A. S. Skolnick & J. H. Skolnick (Eds.), *Family in transition* (13th ed.). Boston, MA: Allyn & Bacon.

Newport, F. (2011). *Americans prefer boys to girls, just as they did in 1941.* Gallup.www.gallup.com/poll/148187/americans-prefer-boys-girls-1941.aspx. Accessed July 17, 2015.

Newport, F. (2013). *In U.S. 87% approve of black-white marriage, vs. 4% in 1958.* Gallup. www.gallup.com/poll/163697/approve-marriage-blacks-whites.aspx. Accessed January 1, 2015.

Newswise. (2011). New research finds obesity negatively impacts income, especially for women. The George Washington University. www.newswise.com/articles/view/583521?print-article. Accessed January 14, 2013.

Niebuhr, G. (1998, April 12). Makeup of American religion is looking more like a mosaic, data say. *The New York Times.*

Nippon.com. (2014). *Suicide in Japan.* www.nippon.com/en/features/n00075/. Accessed January 3, 2015.

Nixon, R. (2013, February 2). U.S. releases new rules for school snack foods. *The New York Times.* No Bullying.com (2015). *LGBT bullying statistics.* www.nobullying.com/lgbt-bullying-statistics/. Accessed June 9, 2015.

The nocebo response. (2005, March). *Harvard Mental Health Letter,* pp. 6–7.

Norton, M. I., & Sommers, S. R. (2011). Whites see racism as a zero-sum game that they are now losing. *Perspectives in Psychological Science, 6,* 215-218.

Nossiter, A. (2014, February 9). Nigeria uses law and whip to "sanitize" gays. *The New York Times.*

Nossiter, A. (2015, May 19). Former captives in Nigeria tell of mass rapes. *The New York Times.*

O'Connell Davidson, J. (2002). The practice of social research. In D. M. Newman & J. O'Brien (Eds.), *Sociology: Exploring the architecture of everyday life (Readings).* Thousand Oaks, CA: Pine Forge Press.

Ody, E. (2012, March 16). Wealthy families skip waiting rooms with concierge medial plans. *Bloomberg Business.* www.bloomberg.com/news/articles/2012-03-16/wealthy-families-skip-waiting-rooms-withconcierge-medical-plans. Accessed May 27, 2015.

Office of the High Commissioner for Human Rights. (2014). *Report on the protection of civilians in armed conflict in Iraq: 6 July-10 September, 2014.* www.ohchr.org/Documents/Countries/IQ/UNAMI_OHCHR_POC_Report_FINAL_6July_10September2014.pdf. Accessed January 7, 2015.

Office of National Drug Control Policy. (2013). *The national drug control budget: FY2014 funding highlights.* The White House. www.whitehouse.gov/sites/default/files/ondcp/policy-and-research/fy_2014_drug_control_budget_highlights_3.pdf. Accessed January 21, 2015.

Office of Presidential Advance. (2002). *Presidential advance manual.* www.aclu.org/pdfs/freespeech/presidential_advance_manual.pdf. Accessed June 1, 2011.

Ohgami, H., Terao, T., Shiotsuki, I., Ishii, N., & Iwata, N. (2009). Lithium levels in drinking water and risk of suicide. *British Journal of Psychiatry, 194,* 464–465.

O'Keefe, E. (2013, June 27). Senate approves comprehensive immigration bill. *Washington Post.*

Oldenburg, R., & Brissett, D. (1982). The third place. *Qualitative Sociology, 5,* 265–284.

Olsen, M. (1965). *The logic of collective action.* Cambridge, MA: Harvard University Press.

Olsen-Phillips, P., Choma, R., Bryner, S., & Weber, D. (2015). *The political one percent of the one percent in 2014: Mega donors fuel rising cost of elections.* Center for Responsive Politics. www.opensecrets.org. Accessed May 26, 2015.

Omi, M., & Winant, H. (1992). Racial formations. In P. S. Rothenberg (Ed.), *Race, class and gender in the United States.* New York, NY: St. Martin's Press.

One child left behind. (2009, March/April). *UTNE Reader.*

Onishi, N. (2004, March 30). On U.S. fast food, more Okinawans grow super-sized. *The New York Times.*

Oppel, R. A. (2011, September 26). Sentencing shift gives new clout to prosecutors. *The New York Times.*

Orenstein, P. (2008, February 10). Girls will be girls. *The New York Times Magazine.*

Orfield, G., & Frankenberg, E. (2014). *Brown at 60: Great progress, a long retreat, and an uncertain future.* The Civil Rights Project. UCLA. www.civilrightsproject.ucla.edu/research/k-12-education/integration-anddiversity/brown-at-60-great-progress-a-long-retreat-and-an-uncertain-future/Brown-at-60-051814.pdf. Accessed June 4, 2015.

Orfield, G., & Lee, C. (2007). *Historical reversals, accelerating resegregation, and the need for new integration strategies.* The Civil Rights Project. www.civilrightsproject.ucla.edu/research/deseg/reversals_reseg_need.pdf. Accessed September 5, 2009.

Organ Procurement and Transplantion Network. (2015). *National data.* optn.transplant.hrsa.gov/converge/latestData/step2.asp. Accessed June 3, 2015.

Organization for Economic Cooperation and Development. (2014). *CO2.2: Child poverty.* www.oecd.org/els/soc/CO2_2_ChildPoverty_jan2014.pdf. Accessed May 31, 2015.

Organization for Economic Cooperation and Development. (2015a). *The ABC of gender equality in education: Aptitiude, behaviour, confidence.* www.oecd.org/pisa/keyfindings/pisa-2012-results-gender-eng.pdf. Accessed March 11, 2015.

Organization for Economic Cooperation and Development. (2015b). *Gender wage gap.* www.data.oecd.org/earnwage/gender-wage-gap.htm. Accessed June 14, 2015.

O'Sullivan-See, K., & Wilson, W. J. (1988). Race and ethnicity. In N. Smelser (Ed.), *Handbook of sociology.* Newbury Park, CA: Sage.

Padavic, I., & Reskin, B. (2002). *Women and men at work* (2nd ed.). Thousand Oaks, CA: Sage.

Padawer, R. (2012, August 8). What's so bad about a boy who wants to wear a dress? *The New York Times Magazine.*

Padawer, R. (2014, October 15). Sisterhood is complicated. *New York Times Magazine*.
Palmer, B. (2012, November 15). Can we bring back the stockades? *Slate*. www.slate.com. Accessed July 3, 2013.
Pappas, A. (2013, May 22). Another lawmaker says Oklahoma disaster relief must be offset with spending cuts. *The Daily Caller*. dailycaller.com/2013/05/22/lawmaker-disaster-relief-must-be-offset-with-spendingcuts/. Accessed May 31, 2013.
Parenti, M. (1986). *Inventing reality*. New York, NY: St. Martin's Press.
Parenti, M. (1995). *Democracy for the few*. New York, NY: St. Martin's Press.
Parenti, M. (2006). Mass media: For the many, by the few. In P. S. Rothenberg (Ed.), *Beyond borders: Thinking critically about global issues*. New York, NY: Worth.
Parker, A. (2014, June 20). Gay G.O.P. candidates feature partners in ads. *The New York Times*.
Parker, K., Wang, W., & Rohal, M. (2014). *Record share of Americans have never married*. Pew Research Center. www.pewsocialtrends.org/files/2014/09/2014-09-24_Never_Married_Americans.pdf. Accessed January 15, 2015.
Parker, S., Nichter, M., Nichter, M., Vuckovic, N., Sims, C., & Ritenbaugh, C. (1995). Body image and weight concerns among African American and white adolescent females: Differences that make a difference. *Human Organization, 54,* 103–114.
Parker-Pope, T. (2011, March 31). Fat stigma is fast spreading around the globe. *The New York Times*.
Parker-Pope, T. (2012a, February 5). The kids are more than all right. *The New York Times*.
Parker-Pope, T. (2012b, August 28). Overtreatment is taking a harmful toll. *The New York Times*.
Parker-Pope, T. (2013, April 30). Overweight patients face bias. *The New York Times*.
Parlee, M. B. (1989). Conversational politics. In L. Richardson & V. Taylor (Eds.), *Feminist frontiers II*. New York, NY: Random House.
Parsons, T. (1951). *The social system*. New York, NY: Free Press.
Parsons, T. (1971). Kinship and the associational aspect of social structure. In F. L. K. Hsu (Ed.), *Kinship and culture*. Chicago, IL: Aldine-Atherton.
Parsons, T., & Bales, R. F. (1955). *Family, socialization and interaction process*. Glencoe, IL: Free Press.
Parsons, T., & Smelser, N. (1956). *Economy and society*. New York, NY: Free Press.
Pascoe, C. J. (2010). Dude, you're a fag? In S. Ferguson (Ed.), *Mapping the social landscape*. New York, NY: McGraw-Hill.
Passel, J., Cohn, D., & Gonzalez-Barrera, A. (2012). *Net migration from Mexico falls to zero—and perhaps less*. Pew Hispanic Center. www.pewhispanic.org/2012/04/23/net-migration-from-mexico-falls-to-zero-andperhaps-less/. Accessed June 28, 2013.
Passel, J. S., & Cohn, D. (2011). *Unauthorized immigrant population: National and state trends, 2010*. http://pewhispanic.org/files/reports/133.pdf. Accessed June 24, 2011.
Passel, J. S., & Cohn, D. (2015). *Share of unauthorized immigrant workers in production, construction jobs falls since 2007*. Pew Research Center. www.pewhispanic.org/2015/03/26/share-of-unauthorizedimmigrant-workers-in-production-construction-jobs-falls-since-2007/. Accessed June 19, 2015.
Passel, J. S., Cohn, D., Krogstad, J. M., & Gonzalez-Barrera, A. (2014. *As growth stalls, unauthorized immigrant population becomes more settled*. Pew Research Center. www.

pewhispanic.org/files/2014/09/2014-09-03_Unauthorized-Final.pdf. Accessed June 21, 2015.

Pattillo-McCoy, M. (1999). *Black picket fences: Privilege and peril among the black middle class*. Chicago, IL: University of Chicago Press.

Paul, R. (2010, July 26). Perspectives. *Newsweek*.

Payer, L. (1988). *Medicine and culture*. New York, NY: Penguin Books.

Pear, R. (1992, December 4). New look at U.S. in 2050: Bigger, older and less white. *The New York Times*.

Pear, R. (2012, January 6). Report finds most errors at hospitals go unreported. *The New York Times*.

Pearce, D. (1979). Gatekeepers and homeseekers: Institutional patterns in racial steering. *Social Problems, 26,* 325–342.

Pearce, D. (2014, January). Competing poverty measures: An analysis. *ASA Footnotes*.

Pearce, L. D., & Axinn, W. G. (1998). The impact of family religious life on the quality of mother child relations. *American Sociological Review, 63,* 810–828.

Peck, B. M., & Conner, S. (2011). Talking with me or talking at me? The impact of status characteristics on doctor–patient interaction. *Sociological Perspectives, 54,* 547–567.

Pedrique, B., Strub-Weurgraft, Some, C., Olliaro, P., Trouiller, P., Ford, N., Pecoul, B., & Bradol, J-H. (2013, October 24). The drug and vaccine landscape for neglected diseases (2000-11): A systematic assessment. *The Lancet,* 1-9.

Pennington, B. (2003, November 12). As team sports conflict, some parents rebel. *The New York Times*.

Pérez-Pena, R. (2003, April 19). Study finds asthma in 25% of children in central Harlem. *The New York Times*.

Pérez-Pena, R. (2012a, August 20). More Hispanics are in college, report finds. *The New York Times*.

Pérez-Pena, R. (2012b, September 8). Studies find more students cheating, with high achievers no exception. *The New York Times*.

Pérez-Pena, R. (2013, May 31). Limited success as colleges seek to attract poor. *The New York Times*.

Pérez-Pena, R. (2014, August 26). Generation later, poor still rare at elite colleges. *The New York Times*.

Pérez-Pena, R., & Bogdanich, W. (2014). In Florida, student assaults, an added burden on accusers. *The New York Times*.

Pérez-Pena, R. (2015, June 13). The odd case of the woman playing black. *The New York Times*.

Peri, G. (2009). *The effect of immigration on productivity: Evidence from U.S. states* (National Bureau of Economic Research Working Paper 15507). www.nber.org/papers/w15507.pdf?new_window=1. Accessed July 5, 2010.

Perlez, J. (1991, August 31). Madagascar, where the dead return, bringing joy. *The New York Times*.

Perlin, S. A., Sexton, K., & Wong, D. W. S. (1999). An examination of race and poverty for populations living near industrial sources of air pollution. *Journal of Exposure Analysis and Environmental Epidemiology, 9,* 29–48.

Perlman, D., & Fehr, B. (1987). The development of intimate relationships. In D. Perlman &

S. Duck (Eds.),*Intimate relationships: Development, dynamics and deterioration*. Newbury Park, CA: Sage.

Pescosolido, B. A. (1986). Migration, medical care and the lay referral system: A network theory of role assimilation. *American Sociological Review, 51,* 523–540.

Pescosolido, B. A., Grauerholz, E., & Milkie, M. A. (1997). Culture and conflict: The portrayal of Blacks in U.S. children's picture books through the mid- and late-twentieth century. *American Sociological Review, 62,* 443–464.

Peterson, I. (2005, March 14). Casino with weight policy finds boon in controversy. *The New York Times.*

Peterson, P. (1991). The urban underclass and the poverty paradox. In C. Jencks & P. Peterson (Eds.), *The urban underclass*. Washington, DC: Brookings Institution.

Peterson, R. D., & Bailey, W. C. (1991). Felony murder and capital punishment: An examination of the deterrence question. *Criminology, 29,* 367–395.

Peterson, S. B., & Lach, M. A. (1990). Gender stereotypes in children's books: Their prevalence and influence in cognitive and affective development. *Gender and Education, 2,* 185–197.

Pethokoukis, J. (2014). *"The Bell Curve" 20 years later: Q&A with Charles Murray*. American Enterprise Institute. www.aei.org/publication/bell-curve-20-years-later-qa-charles-murray/. Accessed June 7, 2015.

Pettit, B. (2012). *Invisible men: Mass incarceration and the myth of black progress*. New York: Russell Sage.

Petts, R. J. (2014). Family, religious attendance, and trajectories of psychological well-being among youth. *Journal of Family Issues, 28,* 759-768.

Pew Charitable Trusts. (2013). *How much protection does a college degree afford?* www.pewstates.org/uploadedFiles/PCS_Assets/2013/Pew_college_grads_recession_report.pdf. Accessed January 10, 2013.

Pew Forum on Religion and Public Life. (2004). *The American religious landscape and politics, 2004*. Washington, DC: Pew Research Center. www.pewforum.org/publications/surveys/green.pdf. Accessed December 31, 2004.

Pew Forum on Religion and Public Life. (2008). *U.S. religious landscape survey: Religious affiliation, diverse and dynamic*. http://religions.pewforum.org/pdf/report-religious-landscape-study-full.pdf. Accessed May 30, 2011.

Pew Forum on Religion and Public Life. (2010a). *Religion among the millennials*. http://pewforum.org/Age/Religion-Among-the-Millennials.aspx. Accessed May 30, 2011.

Pew Forum on Religion and Public Life. (2010b). *U.S. religious knowledge survey*. http://pewforum.org/Other-Beliefs-and Practices/U-S-ReligiousKnowledge-Survey.aspx. Accessed May 30, 2011.

Pew Forum on Religion and Public Life. (2011). *The future of the global Muslim population.* http://pewforum.org/The-Future-of-the-Global-Muslim-Population.aspx. Accessed June 10, 2011.

Pew Forum on Religion and Public Life. (2012a). *The global religious landscape: A report on the size and distribution of the world's major religious groups as of 2010*. www.pewforum.org/global-religiouslandscape-exec.aspx. Accessed May 28, 2013.

Pew Forum on Religion and Public Life. (2012b). *"Nones" on the rise: Executive summary*. www.pewforum.org/Unaffiliated/nones-on-the-rise.aspx. Accessed January 8, 2013.

Pew Forum on Religion and Public Life. (2013). *The world's Muslims: Religion, politics, and society.* www.pewforum.org/Muslim/the-worlds-muslims-religion-politics-society-exec. aspx. Accessed June 13, 2013.

Pew Forum on Religion and Public Life. (2014a). *Most say religious holiday displays on public property are OK.* www.pewforum.org/2014/12/15/most-say-religious-displays-should-be allowed-on-public-property/. Accessed January 12, 2015.

Pew Forum on Religion and Public Life. (2014b). *Public sees religion's influence waning.* www. pewforum.org/2014/09/22-public-sees-religions-influence-waning-2/. Accessed January 12, 2015.

Pew Forum on Religion and Public Life. (2014c). *Shrinking majority of Americans support death penalty.* www.pewforum.org/2014/03/28/shrinking-majority-of-americans-support-death-penalty/. Accessed January 21, 2015.

Pew Global Attitudes Project. (2012). *Chapter 2. Attitudes toward American culture and ideas.* www.pewglobal.org/2012/06/13/chapter-2-attitudes-toward-american-culture-and-ideas/. Accessed January 7, 2015.

Pew Hispanic Center. (2013). *A nation of immigrants.* www.pewhispanic.org/files/2013/01/statistical_portrait_final_jan_29.pdf. Accessed June 28, 2013.

Pew Research Center. (2006). *Less opposition to gay marriage, adoption, and military service.* Washington, DC: Author. http://people-press.org/report/273/less-opposition-to-gay-marriage-adoption-and-militaryservice. Accessed May 20, 2009.

Pew Research Center. (2007). *Muslim Americans: Middle class and mostly mainstream.* Washington, DC: Author. http://pewresearch.org/assets/pdf/muslim-americans.pdf. Accessed September 5, 2009.

Pew Research Center. (2010). *Millennials: A portrait of generation next.* http://pewsocialtrends. org/2010/12/20/files/2010/10/millennials-confident-connected-open-to-change.pdf. Accessed June 23, 2011.

Pew Research Center. (2011). *Pessimism about national economy rises, personal financial views hold steady.* http://people-press.org/2011/06/23/section-2-views-of-personal-finances/. Accessed June 27, 2011.

Pew Research Center. (2012a). *The rise of Asian Americans.* www.pewsocialtrends. org/2012/06/19/the-riseof-asian-americans/. Accessed July 6, 2013.

Pew Research Center. (2012b). *The rise of intermarriage.* www.pewsocialtrends.org/files/2012/02/SDTIntermarriage-II.pdf. Accessed January 14, 2013.

Pew Research Center. (2012c). *Young, underemployed, and optimistic.* www.pewsocialtrends. org/2012/02/09/young-underemployed-and-optimistic/. Accessed June 26, 2013.

Pew Research Center. (2013a). *A survey of LGBT Americans: Attitudes, experiences, and values in changing times.* www.pewsocialtrends.org/2013/06/13/a-survey-of-lgbt-americans. Accessed June 14, 2013.

Pew Research Center. (2013b). *Teens and technology 2013.* www.pewinternet.org/Reports/2013/Teen-andtech. aspx. Accessed January 12, 2015.

Pew Research Center. (2014a). *Beyond red vs. blue: The political typology.* www.people-press. org/files/2014/06/6-26-14-Political-Typology-release1.pdf. Accessed May 30, 2015.

Pew Research Center. (2014b). *How Americans feel about religious groups.* www.pewforum. org/2014/07/16/how-americans-feel-about-religious-groups/. Accessed June 2, 2015.

Pew Research Center. (2014c). *Millennials in adulthood: Detached from institutions, networked with friends.* www.pewsocialtrends.org/files/2014/03/2014-03-07_generations-report-version-for-web.pdf. Accessed June 17, 2015.

Pew Research Center. (2014d). *Political polarization in the American public.* www.people-press.org/files/2014/06/6-12-2014-Political-Polarization-Release.pdf. Accessed June 22, 2015.

Pew Research Center. (2014e). *Sharp racial divisions in reactions to Brown, Garner decisions.* www.people-press.org/2014/12/08/sharp-racial-divisions-in-reactions-to-brown-garner-decisions. Accessed June 2, 2015.

Pew Research Center. (2015a). *America's changing religious landscape.* www.pewforum.org/2015/05/12/americas-changing-religious-landscape/. Accessed May 18, 2015.

Pew Research Center. (2015b). *Broad public support for legal status for undocumented immigrants.* www.people-press.org/files/2015/06/6-4-15-immigration-release.pdf. Accessed June 19, 2015.

Pew Research Center. (2015c). *Multiracial in America: Proud, diverse, and growing in numbers.* www.pewsocialtrends.org/files/2015/06/2015-06-11_multiracial_in_america_final-updated.pdf. Accessed June 11, 2015.

Pew Research Center. (2015d). *Support for same-sex marriage at record high, but key segments remain opposed.* www.people-press.org/files/2015/06/6-8-15-Same-sex-marriage-release1.pdf. Accessed June 26, 2015.

Pew Research Social & Demographic Trends (2014). *Mapping the marriage market for young adults.* www.pewsocialtrends.org/interactives/marriage-market/. Accessed January 2, 2015.

Pfohl, S. J. (1994). *Images of deviance and social control.* New York, NY: McGraw-Hill.

Phillips, K. (2002). *Wealth and democracy.* New York, NY: Broadway Books.

Philpott, T. (2012, August 15). 80 percent of public schools have contracts with Coke or Pepsi. *Mother Jones.*

Piff, P. K., Stancato, D. M., Côté, S., Mendoza-Denton, R., & Keltner, D. (2012). Higher social class predicts increased unethical behavior. *Proceedings of the National Academy of Sciences, 109,* 4086–4091.

Piper, A. (1992). Passing for white, passing for black. *Transition, 58,* 4–32.

Piven, F. F. (2013, February 18). Movements making noise. *The Nation.*

Piven, F. F., & Cloward, R. A. (1977). *Poor people's movements: Why they succeed, how they fail.* New York, NY: Vintage Books.

Pizza must go through: It's the law in San Francisco. (1996, July 14). *The New York Times.*

Planty, M., Langton, L., Krebs, C., Berzofsky, M., & Smiley-McDonald, H. (2013). *Female victims of sexual violence 1994–2010.* U.S. Bureau of Justice Statistics. NCJ240655. www.bjs.gov/content/pub/pdf/fvsv9410.pdf. Accessed June 18, 2013.

Polgreen, L. (2005, December 27). Ghana's uneasy embrace of slavery's diaspora. *The New York Times.*

Polgreen, L. (2010, March 31). Suicides, some for separatist cause, jolt India. *The New York Times.*

Pollan, M. (2007, January 28). Unhappy meals. *The New York Times Magazine.*

Pollan, M. (2013, May 19). Some of my best friends are bacteria. *The New York Times Magazine.*

Pollard, K., & Scommegna, P. (2014). *Just how many baby boomers are there?* Population Reference Bureau. www.prb.org/Publications/Articles/2002/JustHowManyBabyBoomersAreThere.aspx. Accessed June 16, 2015.

Popenoe, D. (1993). American family decline, 1960–1990: A review and appraisal. *Journal of Marriage and the Family, 55,* 527–555.

Popenoe, R. (2005). Ideal. In D. Kulick & A. Meneley (Eds.), *Fat: The anthropology of an obsession.* New York, NY: Tarcher/Penguin.

Population Reference Bureau. (2010a). China's rapidly aging population. *Today's Research on Aging, 20,* 1–5.

Population Reference Bureau. (2010b). *2010 world population data sheet.* www.prb.org/pdf10/10wpds_eng.pdf. Accessed June 14, 2011.

Population Reference Bureau. (2011). *The world's women and girls.* www.prb.org/pdf11/world-women-girls-2011-data-sheet.pdf. Accessed June 21, 2011.

Population Reference Bureau. (2012). *Status report: Adolescents and young people in sub-Saharan Africa.* www.prb.org/pdf12/status-report-youth-subsaharan-Africa.pdf. Accessed May 31, 2015.

Population Reference Bureau. (2013). *Ending female genital mutilation/cutting: Lessons from a decade of progress.* www.prb.org/pdf14/progress-ending-fgm.pdf. Accessed January 8, 2015.

Population Reference Bureau. (2014a). *As life expectancy rises in the United States, gaps between Whites and Blacks are decreasing.* www.prb.org/Publications/Articles/2014/wpds-2014-us-life-expectancy.aspx. Accessed June 1, 2015.

Population Reference Bureau. (2014b). *Female genital mutilation/cutting infographic.* www.prb.org/pdf14/fgmc-infographic.pdf. Accessed January 8, 2015.

Population Reference Bureau. (2014c). *World population data sheet: 2014.* www.prb.org/pdf14/2014-worldpopulation-data-sheet_eng.pdf. Accessed May 29, 2015.

Population Reference Bureau. (2015). *The urban-rural divide in health and development.* www.prb.org/pdf15/urban-rural-datasheet.pdf. Accessed July 15, 2015.

Porter, E. (2005, April 5). Illegal immigrants are bolstering Social Security with billions. *The New York Times.*

Porter, E. (2006, October 17). Law on overseas brides is keeping couples apart. *The New York Times.*

Porter, E. (2012, June 13). Motherhood still a cause of pay inequity. *New York Times.*

Povoledo, E., & Carvajal, D. (2012, April 14). Increasingly, suicide "by economic crisis" is a symptom of the downturn in Europe. *New York Times.*

Powell, B., Bolzendahl, C., Geist, C., & Steelman, L. C. (2010). *Counted out: Same-sex relations and Americans' definitions of family.* New York, NY: Russell Sage.

Powell, M. (2009, May 31). On diverse force, blacks still face special peril. *The New York Times.*

Powell, M. (2012, January 24). In police training, a dark film on U.S. Muslims. *New York Times.*

Prah, P. M. (2006). Domestic violence. *CQ Researcher, 16,* 1–24.

President's Council on Bioethics. (2003). *Beyond therapy: Biotechnology and the pursuit of happiness.* Washington, DC: Government Printing Office.

Preston, J. (2011, May 30). A crackdown on employing illegal workers. *The New York Times.*

Preston, J. (2013, October 7). Ailing cities extend hand to immigrants. *The New York Times.*

Preston, J., & Stelter, B. (2011, February 18). Cellphone cameras become the world's eyes and ears on protests across the Middle East. *The New York Times*.

Price, S. L. (1997, December 8). Whatever happened to the white athlete? *Sports Illustrated*.

Price paid in military lives equal to 9/11 toll. (2006, September 23). *Banner Graphic*.

Proctor, B. D., & Dalaker, J. (2002). *Poverty in the United States: 2001* (U.S. Census Bureau, Current Population Reports, P60–219). Washington, DC: Government Printing Office.

Project for Excellence in Journalism. (2005). *Embedded reporters: What are Americans getting?* Washington, DC: Pew Research Center. www.journalism.org/sites/journalism.org/files/pejembedreport.pdf. Accessed September 5, 2009.

The Project on Student Debt. (2014). *Student debt and the class of 2013*. www.projectonstudentdebt.org/files/pub/classof2013.pdf. Accessed January 2, 2015.

ProQuest Statistical Abstract. (2013). *Statistical abstract of the United States: 2013 Online edition*. si. conquestsystems.com/sa/index.html?id=5d40ca75-82e1=4194-b9dc-44cd63428eaa#. Accessed January 16, 2013.

ProQuest Statistical Abstract. (2015). *Statistical abstract of the United States: 2015 Online edition*. http://statabs.proquest.com.ezproxy.depauw.edu/sa/index.html. Accessed July 2, 2015.

Protestant church insurers' data give look at sexual abuse. (2007, June 16). *The Indianapolis Star*.

Prothero, S. (2007). *Religious literacy*. San Francisco, CA: Harper.

Provine, R. R. (2000). *Laughter: A scientific investigation*. New York, NY: Penguin Books.

Provine, R. (2012). *Curious behavior*. Cambridge, MA: Belknap Press.

Pugliesi, K. (1987). Deviation in emotion and the labeling of mental illness. *Deviant Behavior, 8,* 79–102.

Puhl, R., & Brownell, K. D. (2001). Bias, discrimination, and obesity. *Obesity Research, 9,* 788–805.

Pullella, P. (2014, July 7). Pope Francis calls clergy sex abuse "a leprosy," says 2 percent of priests are pedophiles in Eugenio Scalfari interview. *Huffington Post*. www.huffingtonpost.com/2014/07/13/pope-francis-priestspedophiles-two-percent_n_5582157.html. Accessed January 20, 2015.

Putnam, R. D. (1995). Bowling alone: America's declining social capital. *Journal of Democracy, 6,* 65–78.

Quenqua, D. (2012a, October 2). In business, nondrinking can be a costly expense. *The New York Times*.

Quenqua, D. (2012b, November 19). Muscular body image lures boys into gym, and obsession. *The New York Times*.

Quinney, R. (1970). *The social reality of crime*. Boston, MA: Little, Brown.

Rabin, R. C. (2008, December 16). Living with in-laws linked to heart risks in Japanese women. *The New York Times*.

Rabin, R. C. (2014a, September 23). Health researchers will get $10.1 million to counter gender bias in studies. *The New York Times*.

Rabin, R. C. (2014b, May 15). Labs are told to start including a neglected variable: females. *The*

New York Times.

Rabinovitch, S. (2013, March 15). Data reveal scale of Chinese abortions. *Financial Times.*

Raley, S., & Bianchi, S. (2006). Sons, daughters, and family processes: Does gender of children matter? *Annual Review of Sociology, 32,* 401–421.

Rampell, C. (2011, June 10). Companies spend on equipment, not workers. *The New York Times.*

Rampell, C. (2012, October 5). When job-creation engines stop at just one. *The New York Times.*

Rampell, C. (2013, April 7). Lean in, dad. *The New York Times Magazine.*

Rank, M. (2013, November 3). Poverty in America is mainstream. *The New York Times.*

Rank, M. (2014, April 20). From rags to riches to rags. *The New York Times.*

Rape, Abuse & Incest National Network. (2009). *Marital rape.* www.rainn.org/public-policy/sexual-assaultissues/marital-rape. Accessed July 8, 2013.

Rattner, S. (2014, June 22). Fear not the coming of the robots. *The New York Times.*

Raven, D. (2015, April 26). ISIS: Pregnant girls aged 9 having secret abortions after being raped by twisted Islamic State militants. *The Mirror.* www.mirror.co.uk/news/world-news/isis-pregnant-girlsaged-9-5587288. Accessed June 10, 2015.

Ray, R. T., Gornick, J. C., & Schmitt, J. (2009). *Parental leave policies in 21 countries: Assessing generosity and gender equality.* Center for Economic and Policy Research. www.cepr.net/documents/publications/parental_2008_09.pdf. Accessed June 5, 2011.

Read, J. G., & Gorman, B. K. (2010). Gender and health inequality. *Annual Review of Sociology, 36,* 371–386.

Reardon, S. F. (2011). The widening academic achievement gap between the rich and the poor: New evidence and possible explanations. In R. Murname & G. Duncan (Eds.), *Whither opportunity? Rising inequality and the uncertain life chances of low-income children.* New York: Russell Sage.

Reardon, S. F. (2013, April 28). No rich child left behind. *New York Times.*

Reardon, S. F., Fox, L., & Townsend, J. (2015). Neighborhood income composition by household race and income, 1990-2009. *The Annals of the American Academy of Political and Social Science, 660,* 78-97.

Reddy, G. (2005). *With respect to sex: Negotiating Hijra identity in South Asia.* Chicago, IL: University of Chicago Press.

Redstone, J. (2003). *The language of war.* Worldwatch. www.omegastar.org/worldwatch/America/Language_of_War.html. Accessed May 23, 2003.

Reich, L. (2014, August 17). Playing the numbers in digital dating. *The New York Times.*

Reiman, J., & Leighton, P. (2013). *The rich get richer and the poor get prison.* Boston, MA: Allyn & Bacon.

Reinharz, S. (1992). *Feminist methods in social research.* New York, NY: Oxford University Press.

Reitzel, L. R., Regan, S. D., Nguyen, N., Cromley, E. K., Strong, L. L., Wetter, D. W., & McNeill, L. H. (2013). Density and proximity of fast food restaurants and body mass index among African Americans. *American Journal of Public Health, forthcoming.*

Rennison, C. M., & Welchans, S. (2000). *Intimate partner violence* (Special Report No. NCJ 178247). Washington, DC: United States Bureau of Justice Statistics.

Renzetti, C. M., & Curran, D. J. (2003). *Women, men and society: The sociology of gender.*

Boston, MA: Allyn & Bacon.

Reskin, B., & Hartmann, H. (1986). *Women's work, men's work: Sex segregation on the job.* Washington, DC: National Academy Press.

Restaurant Opportunities Center of New York. (2009). *The great service divide: Occupational segregation & inequality in the New York City restaurant industry.* www.rocunited.org/files/GREATSERVICEDIVIDE.pdf. Accessed June 17, 2011.

Reuters. (2014, May 17). Attorney General Eric Holder: Persistent, subtle racism poses bigger threat than "outbursts of bigotry." *Newsweek.* www.newsweek.com/attorney-general-eric-holder-persistentsubtle-racism-poses-bigger-threat-outbursts-2513450. Accessed June 12, 2014.

Reyes, L., & Rubie, P. (1994). *Hispanics in Hollywood: An encyclopedia of film and television.* New York, NY: Garland Press.

Rhoden, W. C. (2006). *Forty million dollar slaves: The rise, fall, and redemption of the black athlete.* New York, NY: Crown.

Ribando, C. M. (2007). *Trafficking in persons: U.S. policy and issues for Congress.* Congressional Research Service. www.humantrafficking.org/uploads/publications/20070806_120229_RL30545.pdf. Accessed August 6, 2007.

Rice, A. (2009, April 12). Mission from Africa. *The New York Times Magazine.*

Rich, M. (2010, December 20). Weighing costs, companies favor temporary help. *The New York Times.*

Rich, M. (2013, September 29). Creationists on Texas panel for biology textbooks. *The New York Times.*

Rich, M. (2014, December 1). Old tactic gets new use: Schools segregate boys and girls. *The New York Times.*

Rich, M. (2015, June 10). Kindergartens ringing the bell for play inside the classroom. *The New York Times.*

Richards, K. (2014, December 13). The 5 most embarrassing revelations from Sony's sprawling hack. *ADWeek.* www.adweek.com/news/advertising-branding/5-most-embarrassing-revelations-sonys-sprawlinghack-161937. Accessed January 13, 2015.

Richtel, M. (2011, December 14). Ban on cell use by drivers urged. *The New York Times.*

Rideout, V. J., Foehr, U. G., & Roberts, D. F. (2010). *Generation M2: Media in the lives of 8- to 18-year olds.* A Kaiser Family Foundation Study. www.kaiserfamilyfoundation.files.wordpress.com/2013/04/8010.pdf. Accessed January 12, 2015.

Ridgeway, C. L., & Smith-Lovin, L. (1999). The gender system and interaction. *Annual Review of Sociology, 25,* 191–216.

Rieff, D. (2005, November 6). Migrant worry. *The New York Times Magazine.*

Rieff, D. (2006, July 2). America the untethered. *The New York Times Magazine.*

Riesman, D. (1950). *The lonely crowd.* New Haven, CT: Yale University Press.

Riley, M. W. (1971). Social gerontology and the age stratification of society. *Gerontologist, 11,* 79–87.

Riley, M. W., Foner, A., & Waring, J. (1988). Sociology of age. In N. J. Smelser (Ed.), *Handbook of sociology.* Newbury Park, CA: Sage.

Rimer, S., & Arenson, K. W. (2004, June 24). Top colleges take more blacks, but which ones? *The New York Times.*

Risen, J. (2012, November 2). Military has not solved problem of sexual assault, women say. *New York Times.*

Risman, B., & Seale, E. (2010). Betwixt and be tween: Gender contradictions among middle schoolers. In B. Risman (Ed.), *Families as they really are.* New York: Norton.

Rittner, C. (2004). Genocide in Rwanda: Complicity of the churches. St. Paul, MN: Paragon House.

Ritzer, G. (2008). *The McDonaldization of society.* Thousand Oaks, CA: Pine Forge Press.

Rivera, L. A. (2015, May 31). Guess who doesn't fit in at work. *The New York Times.*

Roach, M. (2013). *Gulp: Adventures on the alimentary canal* (Kindle version). New York: Norton.

Robbins, A. (2004). *Pledged: The secret life of sororities.* New York, NY: Hyperion.

Robbins, A. (2015, May 28). We need more nurses. *The New York Times.*

Robert Wood Johnson Foundation. (2012). *F as in fat: How obesity threatens America's future.* www.healthyamericans.org/assets/files/TFAH2012 FasinFatFnlRv.pdf. Accessed January 11, 2013.

Roberts, E. F. S. (2012). *God's laboratory: Assisted reproduction in the Andes.* Berkeley: University of California Press.

Roberts, S. (2008, August 17). A nation of none and all of the above. *The New York Times.*

Roberts, S. (2010, January 21). Census figures challenge views of race and ethnicity. *The New York Times.*

Roberts, S. (2011, May 19). A judicial rite: Suspects on parade (bring a raincoat). *The New York Times.*

Roberts, S. (2013, June 13). For whites, more deaths than births, data show. *The New York Times.*

Robinson, B. A. (1999). *Facts about inter-faith marriages.* www.religioustolerance.org/ifm_fact.htm. Accessed July 6, 2003.

Robinson, R. V., & Bell, W. (1978). Equality, success and social justice in England and the United States. *American Sociological Review, 43,* 125–143.

Robinson, R. V., & Kelley, J. (1979). Class as conceived by Marx and Dahrendorf: Effects on income inequality and politics in the United States and Great Britain. *American Sociological Review, 44,* 38–58.

Robles, F. (2015, May 16). Racist police emails put Florida cases in doubt. *The New York Times.*

Rodriguez, C. E., & Cordero-Guzman, H. (2004). Placing race in context. In C. A. Gallagher (Ed.), *Rethinking the color line: Readings in race and ethnicity.* New York, NY: Mc-Graw-Hill.

Rodriguez, M. N., & Emsellem, M. (2011). *65 million "need not apply."* The National Employment Law Project. www.nelp.org/page/-/65_Million_Need_Not_Apply.pdf?nocdn=1. Accessed March 31, 2011.

Roehling, M. V. (1999). Weight-based discrimination in employment: Psychological and legal aspects. *Personnel Psychology, 52,* 969–1017.

Roethlisberger, E. J., & Dickson, W. J. (1939). *Management and the worker.* Cambridge, MA: Harvard University Press.

Rohter, L. (2004, December 29). Learn English, says Chile, thinking upwardly global. *The New York Times.*

Roland, A. (1988). *In search of self in India and Japan.* Princeton, NJ: Princeton University Press.

Rosato, D. (2004, August). Flights of fancy: Part 2. Airlines' class warfare. *Money.*

Roscigno, V. J., & Hodson, R. (2004). The organizational and social foundations of worker resistance. *American Sociological Review, 69,* 14–39.

Rose, M. (2004). *The mind at work.* New York, NY: Viking.

Rosenbaum, J. E., Deil-Amen, R., & Person, A. (2006). *After admission: From college access to college success.* New York: Russell Sage.

Rosenbloom, S. (2014, June 1). In pursuit of the "pink dollar." *The New York Times.*

Rosenfeld, M. J. (2005). A critique of exchange theory in mate selection. *American Journal of Sociology, 110,* 1284–1325.

Rosenthal, E. (2002, November). Study links rural suicides in China to stress and ready poisons. *The New York Times.*

Rosenthal, E. (2012a, June 3). Let's (not) get physical. *The New York Times.*

Rosenthal, E. (2012b, April 15). Nigeria tested by rapid rise in population. *The New York Times.*

Rosenthal, R., & Jacobson, L. (1968). *Pygmalion in the classroom.* New York, NY: Holt, Rinehart & Winston.

Rosner, S. (2013, May 5). New bills, similar faces. *New York Times.*

Ross, C. E., Mirowsky, J., & Goldstein, K. (1990). The impact of family on health: The decade in review. *Journal of Marriage and the Family, 52,* 1059–1078.

Rossi, A. (1968). Transition to parenthood. *Journal of Marriage and the Family, 30,* 26–39.

Rossi, P., Waite, E., Bose, C. E., & Berk, R. E. (1974). The seriousness of crimes: Normative structure and individual differences. *American Sociological Review, 39,* 224–237.

Rothenberg, P. S. (Ed.). (1992). *Race, class and gender in the United States.* New York, NY: St. Martin's Press.

Rothman, B. K. (1984). Women, health and medicine. In J. Freeman (Ed.), *Women: A feminist perspective.* Palo Alto, CA: Mayfield.

Rothman, B. K. (1988). *The tentative pregnancy: Prenatal diagnosis and the future of motherhood.* London: Pandora.

Rothman, B. K., & Caschetta, M. B. (1999). Treating health: Women and medicine. In S. J. Ferguson (Ed.), *Mapping the social landscape: Readings in sociology.* Mountain View, CA: Mayfield.

Rothman, D. J., & Edgar, H. (1992). Scientific rigor and medical realities: Placebo trials in cancer and AIDS research. In E. Fee & D. M. Fox (Eds.), *AIDS: The making of a chronic disease.* Berkeley: University of California Press.

Rothstein, R. (2001, December 12). An economic recovery will tell in the classroom. *The New York Times.*

Rothstein, R. (2014). *The racial achievement gap, segregated schools, and segregated neighborhoods—A constitutional insult.* Economic Policy Institute. www.epi.org/publication/the-racial-achievementgap-segregated-schools-and-segregated-neighborhoods-a-constitutional-insult/. Accessed June 4, 2015.

Rubin, A. J. (2011, December 2). For Afghan women, justice runs into the static wall of custom. *The New York Times.*

Rubin, A. J. (2015, March 3). A thin line of defense against "honor killings." *The New York*

Times.

Rubin, J. Z., Provenzano, F. J., & Luria, Z. (1974). The eye of the beholder: Parents' views on sex of newborns. *American Journal of Orthopsychiatry, 44,* 512–519.

Rubin, L. (1994). *Families on the fault line.* New York, NY: HarperCollins.

Rubinstein, S., & Caballero, B. (2000). Is Miss America an undernourished role model? *Journal of the American Medical Association, 283,* 1569.

Rucker, P. (2009, April 8). Some link economy with spate of killings. *The New York Times.*

Rudman, L. A., & Glick, P. (1999). Feminized management and backlash toward agentic women: The hidden costs to women of a kinder, gentler image of middle managers. *Journal of Personality and Social Psychology, 77,* 1004–1010.

Rusbult, C. E., Zembrodt, I. M., & Iwaniszek, J. (1986). The impact of gender and sex-role orientation on responses to dissatisfaction in close relationships. *Sex Roles, 15,* 1–20.

Rwandan Stories. (2011). *With me, he behaved nicely.* www.rwandanstories.org/genocide/strangness_of_mind.html. Accessed May 19, 2011.

Rybczynski, W. (1999, April 18). One good turn. *The New York Times Magazine.*

Saad, L. (2012). *Majority in U.S. dissatisfied with next generation's prospects.* Gallup Politics. www.gallup.com/poll/155021/majority-dissatisfied-next-generations-prospects.aspx. Accessed June 26, 2013.

Saad, L. (2014). *The "40-hour" workweek is actually longer—by seven hours.* Gallup. www.gallup.com/poll/175286/hour-workweek-actually-longer-seven-hours.aspx. Accessed January 18, 2015.

Sack, K. (2009, March 14). Bad economy leads patients to put off surgery, or rush it. *The New York Times.*

Sack, K. (2011, September 15). Report finds improved performance by hospitals. *The New York Times.*

Sadker, D., Sadker, M., & Zittleman, K. R. (2009). *Still failing at fairness: How gender bias cheats girls and boys in school and what we can do about it.* New York: Scribner.

Sadker, M., Sadker, D., Fox, L., & Salata, M. (2004). Gender equity in the classroom: The unfinished agenda. In M. S. Kimmel (Ed.), *The gendered society reader.* New York, NY: Oxford University Press.

Safer, D. J., Zito, J. M., & dosReis, S. (2003). Concomitant psychotropic medication for youths. *American Journal of Psychiatry, 160,* 438–449.

Safire, W. (2006, January 15). Mideastisms. *The New York Times Magazine.*

Sagal, P. (2015, June). The fear factor. *Runner's World.*

Sage, G. H. (2001). Racial equality and sport. In D. S. Eitzen (Ed.), *Sport in contemporary society.* New York, NY: Worth.

Saint Louis, C. (2010, July 4). What big eyes you have, dear, but are those contacts risky? *The New York Times.*

Saint Louis, C. (2011, May 15). Dessert, laid-back and legal. *The New York Times.*

Salganik, M. J., Dodds, P. S., & Watts, D. J. (2006). Experimental study of inequality and unpredictability in an artificial cultural market. *Science, 311,* 854–856.

Samuels, A. (2011, September 5). Reliving MLK's last hours. *Newsweek.*

Samuelson, R. J. (2012, August 5). The social and economic reasons for Generation Squeezed.

Washington Post.

Sanders, B. (2011). Focus: Is poverty a death sentence? *Reader Supported News.* www.reader-supportednews.org/opinion2/277-75/7429-focus-is-poverty-a-death-sentence. Accessed June 1, 2013.

Sanger-Katz, M. (2014, October 27). Number of Americans without health insurance is down by about 25 percent. *The New York Times.*

Sanger-Katz, M. (2015, March 31). How income inequality can be bad for your health. *The New York Times.*

Saperstein, A., Penner, A. M., & Light, R. (2013). Racial formation in perspective: Connecting individuals, institutions and power relations. *Annual Review of Sociology, 39,* 359-378.

Sapir, E. (1929). The status of linguistics as a science. *Language, 5,* 207–214.

Sapir, E. (1949). *Selected writings* (D. G. Mandelbaum, Ed.). Berkeley: University of California Press.

Saul, J. (2015, June 3). Racist CVS managers profiled minorities for shoplifting: suit. *The New York Post.*

Saul, L. (1972). Personal and social psychopathology and the primary prevention of violence. *American Journal of Psychiatry, 128,* 1578–1581.

Saulny, S. (2009a, November 8). Overweight Americans push back with vigor in the health care debate. *The New York Times.*

Saulny, S. (2009b, February 25). They stand when called upon, and when not. *The New York Times.*

Saulny, S. (2011, March 20). Black and white and married in the deep south: A shifting image. *The New York Times.*

Saulny, S., & Richtel, M. (2011, January 26). States' lawmakers turn attention to the dangers of distracted pedestrians. *The New York Times.*

Saunders, J. M. (1991). Relating social structural abstractions to sociological research. *Teaching Sociology, 19,* 270–271.

Savacool, J. (2009). *The world has curves: The global quest for the perfect body.* New York: Rodale.

Savage, D. (2008, November 12). Anti-gay, anti-family. *The New York Times.*

Sayer, L., Casper, L., & Cohen, P. (2004, October). *Women, men, and work* (PRB Report). Washington, DC: Population Reference Bureau. www.prb.org. Accessed December 30, 2004.

Sayre, S. (2012, August 31). Hopes raised, Roma in France still face a date with the bulldozer. *The New York Times.*

Schlesinger, A. (1992). *The disuniting of America.* New York, NY: Norton.

Schlosser, E. (2001). *Fast food nation.* New York, NY: Houghton Mifflin.

Schmitt, E., & Shanker, T. (2005, July 25). New name for "War on Terror" reflects wider U.S. campaign. *The New York Times.*

Schodolski, V. J. (1993, December 26). Funeral industry, pitching videos, 2-for-1 specials to baby boomers. *The Indianapolis Star.*

Schoenborn, C. A. (2004). Marital status and health: United States, 1999–2002. Centers for Disease Control and Prevention. *Vital and Health Statistics, 351.* http://www.cdc.gov/nchs/data/ad/ad351.pdf. Accessed September 5, 2009.

Schooler, C. (1996). Cultural and social structural explanations of cross-national psychological differences. *Annual Review of Sociology, 22,* 323–349.

Schreiber, N., Bellah, L. D., Martinez, Y., McLaurin, K. A., Strok, R., Garven, S., & Wood, J. M. (2006). Suggestive interviewing in the McMartin Preschool and Kelly Michaels day care abuse cases: A case study. *Social Influence, 1,* 16–47.

Schulman, M. (2014, January 6). Hands down. *The New Yorker.*

Schuman, H., & Krysan, M. (1999). A historical note on Whites' beliefs about racial inequality. *American Sociological Review, 64,* 847–855.

Schutt, R. K. (2012). *Investigating the social world.* Thousand Oaks, CA: Pine Forge Press.

Schwartz, C. R., & Mare, R. D. (2005). Trends in educational assertive marriage from 1940 to 2003. *Demography, 42,* 621–646.

Schwartz, J. (2013, December 15). A Utah law prohibiting polygamy is weakened. *The New York Times.*

Schwartz, J., Revkin, A. C., & Wald, M. L. (2005, September 12). In reviving New Orleans, a challenge of many tiers. *The New York Times.*

Schwartz, N. D. (2013, July 2). Big companies paid a fraction of corporate tax rate. *The New York Times.*

Schwartzman, L. F. (2007). Does money whiten? Intergenerational changes in racial classification. *American Sociological Review, 72,* 940–963.

Schwarz, A. (2012a, October 9). Attention disorder or not, pills to help in school. *The New York Times.*

Schwarz, A. (2012b, June 10). Risky rise of the good grade pill. *The New York Times.*

Schwarz, A. (2013, December 15). The selling of attention deficit disorder. *The New York Times.*

Schwarz, A. (2014, May 17). Among experts, scrutiny of attention deficit diagnoses in 2- and 3-year olds. *The New York Times.*

Schwarz, A. (2015, April 19). Abuse of attention deficit pills graduates into the workplace. *The New York Times.*

Scommegna, P. (2012). *Dementia cases expected to triple by 2050 as world population ages.* Population Reference Bureau. www.prb.org/Articles/2012/global-dementia.aspx?p=1. Accessed June 27, 2013.

Scott, A. O. (2010, May 9). Gen X has a midlife crisis. *The New York Times.*

Scott, J., & Leonhardt, D. (2005, May 15). Class in America: Shadowy lines that still divide us. *The New York Times.*

Scott, L. D. (2003). The relation of racial identity and racial socialization to coping with discrimination among African American adolescents. *Journal of Black Studies, 33,* 520–538.

Scott, M., & Lyman, S. (1968). Accounts. *American Sociological Review, 33,* 46–62.

Scott, R. (1981). *The making of blind men: A study of adult socialization.* New Brunswick, NJ: Transaction Books.

Scull, A., & Favreau, D. (1986). A chance to cut is a chance to cure: Sexual surgery for psychosis in three nineteenth- century societies. In S. Spitzer & A. T. Scull (Eds.), *Research in law, deviance and social control* (Vol. 8). Greenwich, CT: JAI Press.

Searcey, D. (2014, June 24). For women in midlife, decades of work force gains slip away. *The New York Times.*

Searcey, D., & Gebeloff, R. (2015, January 26). More fall out as middle class shrinks further. *The New York Times.*

Seelye, K. Q. (2009, August 15). Competing ads on health care plan swamp the airwaves. *The New York Times.*

Segal, D. (2009, March 12). Financial fraud rises as target for prosecutors. *The New York Times.*

Sen, S. (2007, July 16). The newest parent trap. *Newsweek.*

Sengupta, S. (2004, October 26). Relentless attacks on women in West Sudan draw an outcry. *The New York Times.*

Sengupta, S. (2012, May 18). Reticent rich: Preferred style in Silicon Valley. *The New York Times.*

Sennett, R. (1984). *Families against the city: Middle-class homes in industrial Chicago.* Cambridge, MA: Harvard University Press.

Sennett, R., & Cobb, J. (1972). *Hidden injuries of class.* New York, NY: Vintage Books.

The Sentencing Project. (2014). *Facts about prison and people in prison.* sentencingproject.org/doc/publications/inc_Facts About Prisons.pdf. Accessed June 25, 2014.

Serrano, R. A. (2011, June 30). Federal panel OKs shorter sentences for crack offenders. *The Seattle Times.*

Severson, K. (2011, July 6). Systematic cheating is found in Atlanta's school system. *The New York Times.*

Severson, K., & Hu, W. (2013, November 8). Cut in food stamps forces hard choices on poor. *The New York Times.*

Sex offender's case denied in court. (2001, January 16). *Associated Press Online.* www.highbeam.com/doc/1P1-39751038.html. Accessed October 2, 2011.

Sexton, T. (2009). America's only winnable war: Invasion of the culture snatchers. *Yahoo voices.* Voices.yahoo.com/Americas-only-winnable-war-invasion-culture-2504076.html. Accessed December 31, 2012.

Sexual Harassment Support. (2009). *Sexual harassment in the workplace.* www.sexualharassmentsupport.org/SHworkplace.html. Accessed July 2, 2010.

Shah, A. (2009). Poverty facts and statistics. *Global Issues.* www.globalissues.org/article/26/poverty-factsand-stats#src1. Accessed May 28, 2009.

Shah, A. (2013a). Poverty facts and statistics. *Global Issues.* www.globalissues.org/article/26/poverty-factsand-stats. Accessed May 29, 2015.

Shah, A. (2013b). Structural adjustments: A major cause of poverty. *Global Issues.* www.globalissues.org/article/3/structural-adjustment- a-major-cause-of-poverty. Accessed June 3, 2013.

Shakin, M., Shakin, D., & Sternglanz, S. H. (1985). Infant clothing: Sex labeling for strangers. *Sex Roles, 12,* 955–964.

Shanker, T. (2004, December 8). Inquiry faults commanders in assaults on cadets. *The New York Times.*

Shapiro, T. M. (2008). The hidden cost of being African American. In S. J. Ferguson (Ed.), *Mapping the social landscape.* New York, NY: McGraw-Hill.

Shapo, H. S. (2006). Assisted reproduction and the law: Disharmony on a divisive social issue. *Northwestern University Law Review, 100,* 465–479.

Sharkey, J. (2014, October 20). For travel pros, Ebola fears create teaching moments. *The New York Times.*

Sharma, V. K., Rango, J. N., Connaughton, A., & Sabesan, V. J. (2014, March 14). *Incidence of head and neck injuries in extreme sports.* Paper #766 American Academy of Orthopedic Surgeons 2014 Annual Meeting.

Shenk, D. (2010, May/June). Are you a genius? *Brown Alumni Magazine.*

Shibutani, T. (1961). *Society and personality: An interactionist approach to social psychology.* Englewood Cliffs, NJ: Prentice Hall.

Shierholz, H., Davis, A., & Kimball, W. (2014). The class of 2014: The weak economy is idling too many young graduates. *Economic Policy Institute Briefing Paper #377.* www.epi.org/publication/class-of-2014/. Accessed January 2, 2015.

Shim, E. (2014, June 27). *The median age of marriage in every state in the U.S., in two maps.* News.mic. www.mic.com/articles/92361/the-median-age-of-marriage-in-every-state-in-the-u-s-in-two-maps. Accessed June 17, 2015.

Shipler, D. K. (2004). *The working poor: Invisible in America.* New York, NY: Knopf.

Short, K. (2013). The research SUPPLEMENTAL POVERTY MEASURE: 2012. *Current Population Reports, P60-247.* www.census.gov/prod/2013pubs/p60-247.pdf. Accessed May 31, 2015.

Shorto, R. (2010, February 14). Founding father? *The New York Times Magazine.*

Shugart, H. A. (2003). She shoots, she scores: Mediated construction of contemporary female athletes in coverage of the 1999 U.S. Women's soccer team. *Western Journal of Communication, 67,* 1–31.

Shulevitz, J. (2012, September 9). Why fathers really matter. *New York Times Magazine.*

Shulevitz, J. (2015, June 28). Regulating sex. *The New York Times.*

Shweder, R. A. (1997, March 9). It's called poor health for a reason. *The New York Times.*

Siddiqui, S. (2014, July 29). American's attitudes toward Muslims and Arabs are getting worse, poll finds. *Huffington Post Religion.* www.huffingtonpost.com/2014/07/29/arab-muslim-poll_n_5628919.html. Accessed June 7, 2015.

Sidel, R. (1986). *Women and children last.* New York, NY: Penguin Books.

Sidel, R. (1990). *On her own: Growing up in the shadow of the American dream.* New York, NY: Penguin Books.

Siegel, R. B. (2004). A short history of sexual harassment. In C. A. MacKinnon & R. B. Siegel (Eds.), *Directions in sexual harassment law.* New Haven, CT: Yale University Press.

Signorielli, N. (1990). Children, television, and gender roles. *Journal of Adolescent Health Care, 11,* 50–58.

Silber, J. H., et al. (2013). Characteristics associated with differences in survival among black and white women with breast cancer. *JAMA, 310,* 389-397.

The silver lining at Borders. (2011, October 2). *HR Management.* www.hrmreport.com/article/The-silver-liningat-Borders/. Accessed October 2, 2011.

Silverman, D. (1982). *Secondary analysis in social research: A guide to data sources and methods with examples.* Boston, MA: Allen & Unwin.

Simmel, G. (1950). *The sociology of Georg Simmel* (K. Wolff, Ed.). New York, NY: Free Press. (Original work published 1902)

Simon, S. (2009, April 13). Education board in Texas faces curbs. *The Wall Street Journal.*

Simons, M. (2001, April 30). An awful task: Assessing 4 roles in death of thousands in Rwanda. *The New York Times.*

Simons, M. (2011, June 25). Official gets life sentence for genocide in Rwanda. *The New York Times.*

Simpson, I. H. (1979). *From student to nurse: A longitudinal study of socialization.* Cambridge, UK: Cambridge University Press.

Sinclair Broadcast Group. (2014). *Home page.* www.sbgi.net. Accessed January 7, 2015.

Singer, N. (2009, August 5). Medical papers by ghostwriters pushed therapy. *The New York Times.*

Singer, N. (2010, August 13). Eat an apple (doctor's orders). *The New York Times.*

Sinha, P. (2014, September 5). Why do doctors commit suicide? *The New York Times.*

Sinozich, S., & Langton, L. (2014). *Rape and sexual assault victimization among college-age females, 1995–2013.* U.S. Bureau of Justice Statistics, NCJ248421. www.bjs.gov/content/pub/pdf/rsavcaf9513.pdf. Accessed January 6, 2015.

Skocpol, T. (1979). *States and social revolutions: A comparative analysis of France, Russia and China.* New York, NY: Cambridge University Press.

Skolnick, A. S. (1991). *Embattled paradise.* New York, NY: Basic Books.

Slackman, M. (2006, August 6). The fine art of hiding what you mean to say. *The New York Times.*

Slackman, M. (2007, May 26). A quiet revolution in Algeria: Gains by women. *The New York Times.*

Slaves of New York. (2007, May 20). *The New York Times.*

Smith, A. (2010). *Neighbors online.* Pew Research Center. www.pewinternet.org/2010/08/09/neighborsonline. Accessed January 15, 2015.

Smith, C. S. (2002, May 5). Risking limbs for height and success in China. *The New York Times.*

Smith, C. S. (2005, April 30). Abduction, often violent, a Kyrgyz wedding rite. *The New York Times.*

Smith, D. (1997, May 1). Study looks at portrayal of women in media. *The New York Times.*

Smith, E. (2010, April 26). The Texas curriculum massacre. *Newsweek.*

Smith, S. L., Choueiti, M., Prescott, A., & Pieper, K. (2012). *Gender roles and occupations: A look at character attributes and job-related aspirations in film and television.* Geena Davis Institute on Gender in Media. www.seejane.org/downloads/KeyFindings_GenderROles.pdf. Accessed January 9, 2013.

Snell, T. L. (2014). *Capital punishment, 2013—Statistical tables* (NCJ248448). U.S. Bureau of Justice Statistics. www.bjs.gov/content/pub/pdf/cp13st.pdf. Accessed January 20, 2015.

Snipp, C. M. (1986). American Indians and natural resource development. *American Journal of Economics and Sociology, 45,* 457–474.

Sokolove, M. (2005, February 13). Clang! *The New York Times Magazine.*

Soldo, B. J., & Agree, E. M. (1988). America's elderly. *Population Bulletin, 43,* 1–45.

Sommers, B. D., Long, S. K., & Baicker, K. (2014). Changes in mortality after Massachusetts health care reform: a quasi-experimental study. *Annals of Internal Medicine, 160,* 585-593.

Sontag, D. (1992, December 11). Across the U.S., immigrants find the land of resentment. *The New York Times.*

Sorkin, A. R., & Thee-Brenan, M. (2014, December 11). Many feel American dream is out of reach. *The New York Times.*

South, S. J., & Lloyd, K. M. (1995). Spousal alternatives and marital dissolution. *American*

Sociological Review, 60, 21–35.

Spada, M. M. (2014). An overview of problematic internet use. *Addictive Behavior, 39,* 3-6.

Sports quiz: White men can't jump and other assumptions about sports and race (Assumption 6). (2007). Arlington, VA: American Anthropological Association. www.understandingrace.org/lived/sports/index.html. Accessed May 30, 2009.

Springen, K. (2006, February 27). States: Time to stub out smoking. *Newsweek.*

Srikameswaran, A. (2002, July 23). Minorities lag in receiving transplants and heart surgeries. *Pittsburgh Post-Gazette.*

Sroufe, L. A. (2012, January 29). Ritalin gone wrong. *The New York Times.*

Stacey, J. (1991). Backward toward the postmodern family. In A. Wolfe (Ed.), *America at century's end.* Berkeley: University of California Press.

Staggenborg, S. (1998). *Gender, family, and social movements.* Thousand Oaks, CA: Pine Forge Press.

Stagnitti, M. N. (2005). *Antidepressant use in the U.S. civilian noninstitutionalized population, 2002* (Brief No. 77). Rockville, MD: Medical Expenditure Panel Survey. www.meps.ahrq.gov. Accessed June 3, 2005.

Stainbrook, K. (2014, June 18). All about hikikomori: Japan's missing million. *Tofugu.* www.tofugu.com/2014/06/18/all-about-hikikomori-japans-missing-million/. Accessed January 9, 2015.

Staples, W. G. (2014). *Everyday surveillance: Vigilance and visibility in postmodern life.* Lanham, MD: Rowman & Littlefield.

Starbucks. (2014). *Starbucks company profile.* www.globalassets.starbucks.com/assets/233b9b746b384f-8ca57882614f6cebdb.pdf. Accessed January 7, 2015.

Stark, R., & Bainbridge, W. S. (1980). Networks of faith: Interpersonal bonds and recruitment in cults and sects. *American Journal of Sociology, 85,* 1376–1395.

Starr, P. (1982). The social transformation of American medicine. New York, NY: Basic Books.

The State of Obesity. (2014). *Special report: Racial and ethnic disparities in obesity.* www.stateofobesity.org/disparities/. Accessed January 13, 2015.

Statista. (2014). *Number of people per household in the United States from 1960 to 2013.* www.statista.com/statistics/183648/average-size-of-households-in-the-us/. Accessed January 18, 2015.

Statista. (2015). *Distribution of computer and video gamers in the United States from 2006 to 2015 by gender.* www.statista.com/statistics/232383/gender-split-of-us-computer-and-video-gamers/. Accessed May 19, 2015.

Statistic Brain. (2014). *Online dating statistics.* www.statisticbrain.com/online-dating-statistics/. Accessed January 15, 2015.

Statistic Brain. (2015). *Women in the military statistics.* www.statisticbrain.com/women-in-the-military-statistics. Accessed June 9, 2015.

Stein, R. (2007, May 27). Critical care without consent. *The Washington Post.*

Steinhauer, J. (2005, May 29). When the Joneses wear jeans. *The New York Times.*

Steinhauer, J. (2013, June 18). Elite units in military to admit women. *The New York Times.*

Steinmetz, S. K., Clavan, R., & Stein, K. F. (1990). *Marriage and family realities: Historical and contemporary perspectives.* New York, NY: Harper & Row.

Stephan, C. W., & Stephan, W. G. (1989). After intermarriage: Ethnic identity among mixed heritage Japanese-Americans and Hispanics. *Journal of Marriage and the Family, 51,* 507–519.

Stephens, W. N. (1963). *The family in cross-cultural perspective.* New York, NY: University Press of America.

Stephens-Davidowitz, S. (2014, January 18). Google, tell me. Is my son a genius? *The New York Times.*

Steuerle, C. E. (2007). *Crumbs for children?* Washington, DC: Urban Institute. www.urban.org/publications/901068.html. Accessed June 24, 2007.

Stevenson, B., & Wolfers, J. (2007). *Marriage and divorce: Changes and their driving forces* (Working Paper No. 12944). Cambridge, MA: National Bureau of Economic Research. http://bpp.wharton.upenn.edu/jwolfers/Papers/MarriageandDivorce(JEP).pdf. Accessed May 12, 2007.

Stewart, A. J., Copeland, A. P., Chester, A. L., Malley, J. E., & Barenbaum, N. B. (1997). *Separating together: How divorce transforms families.* New York, NY: Guilford Press.

Stewart, J. (2015, June 3). Brave New Girl, *The Daily Show.* Comedy Central.

St. George, D. (2007, May 13). Pushing the motherhood cause. *The Washington Post.*

Stiles-Shields, C., & Carroll, R. A. (2014). Same-sex domestic violence: Prevalence, unique aspects, and clinical implications. *Journal of Sex and Marital Therapy, 4,* 1-13.

Stille, A. (2001, December 15). Grounded by an income gap. *The New York Times.*

Stille, A. (2002, June 29). Textbook publishers learn to avoid messing with Texas. *The New York Times.*

Stinnett, N., & DeFrain, J. (1985). *Secrets of strong families.* Boston, MA: Little, Brown.

Stockard, J., & O'Brien, R. M. (2002). Cohort effects on suicide rates: International variation. *American Sociological Review, 67,* 854–872.

Stokes, R., & Hewitt, J. P. (1976). Aligning actions. *American Sociological Review, 41,* 837–849.

Stolberg, S. G. (1998, April 5). Live and let die over transplants. *The New York Times.*

Stolberg, S. G. (2004, March 21). When spin spins out of control. *The New York Times.*

Stolberg, S. G. (2014, December 5). Rights bill sought for lesbian, gay, bisexual and transgender Americans. *The New York Times.*

Stone, D., & Colarusso, L. (2011, November 21). Welfare for millionaires. *Newsweek.*

Stone, G. P. (1981). Appearance and the self: A slightly revised version. In G. P. Stone & H. A. Farberman (Eds.), *Social psychology through symbolic interaction.* New York, NY: Wiley.

Stonington, J., & McIntyre, A. (2011, November 10). The best and worst states for getting divorced. *Bloomberg News.* www.bloomberg.com/money-gallery/2011-11-10/best-and-worst-states-for-getting-divorced.html#slide1. Accessed January 16, 2013.

Stover, L. (2014, April 22). Make them fit, please! *The New York Times.*

Stout, H. (2015a, February 1). $3 tip on $4 cup of coffee? *The New York Times.*

Stout, H. (2015b, June 21). Oh, to be young, millennial, and so wanted by marketers. *The New York Times.*

Straus, M. A. (1977). A sociological perspective on the prevention and treatment of wife beating. In M. Roy (Ed.), *Battered women.* New York, NY: Van Nostrand Reinhold.

Straus, M. A., & Gelles, R. J. (1990). How violent are American families? Estimates from the National Family Violence Resurvey and other studies. In M. A. Straus & R. J. Gelles (Eds.),

Physical violence in American families. New Brunswick, NJ: Transaction.
Streitfeld, D. (2013, April 8). Teacher knows if you've done the e-reading. *The New York Times.*
Strom, S. (2005, January 13). U.S. charity overwhelmed by disaster aid. *The New York Times.*
Strube, M. J., & Barbour, L. S. (1983). The decision to leave an abusive relationship: Economic dependence and psychological commitment. *Journal of Marriage and the Family, 45,* 785–793.
Stryker, J. (1980). *Symbolic interactionism.* Menlo Park, CA: Benjamin/Cummings.
Stryker, J. (1997, July 13). The age of innocence isn't what it once was. *The New York Times.*
Suarez, Z. (1998). The Cuban-American family. In C. H. Mindel, R. W. Habenstein, & R. Wright (Eds.), *Ethnic families in America: Patterns and variations.* Upper Saddle River, NJ: Prentice Hall.
Sudarkasa, N. (2001). Interpreting the African heritage in Afro-American family organization. In S. Ferguson (Ed.), *Shifting the center: Understanding contemporary families.* Mountain View, CA: Mayfield.
Sudnow, D. (1965). Normal crimes: Sociological features of the penal code in a public defender's office. *Social Problems, 12,* 255–264.
Sullivan, R. (2006, June 25). A slow-road movement. *The New York Times Magazine.*
Sullivan, T. A., Warren, E., & Westbrook, J. L. (2000). *The fragile middle class: Americans in debt.* New Haven, CT: Yale University Press.
Sulzberger, A. G. (2011, February 11). Hospitals shift smoking bans to smoker bans. *The New York Times.*
Sulzberger, A. G., & Goodstein, L. (2011, October 14). Bishop indicted; charge is failing to report abuse. *New York Times.*
Sussman, D. (2010, February 28). A question of what to ask. *The New York Times.*
Sussman, D. (2015, May 5). Views on race relations worsen, poll finds. *The New York Times.*
Sutherland, E., & Cressey, D. (1955). *Criminology.* Philadelphia, PA: Lippincott.
Swanson, A. (2015, February 11). Big pharmaceutical companies are spending far more on marketing than research. *Washington Post.*
Swanson, G. (1992). Doing things together: On some basic forms of agency and structuring in collective action and on some explanations for them. *Social Psychology Quarterly, 55,* 94–117.
Swarns, R. L. (2001, April 20). Drug makers drop South Africa suit over AIDS medicines. *The New York Times.*
Swarns, R. L. (2008a, September 2). Bipartisan calls for new federal poverty measure. *The New York Times.*
Swarns, R. L. (2008b, August 25). Blacks debate civil rights risk in Obama's rise. *The New York Times.*
Swartz, M. (2007, June 10). Shop stewards on Fantasy Island? *The New York Times Magazine.*
Swinburn, B. A., Sacks, G., Hall, K. D., McPherson, K., Finegood, D. T., Moodie, M. L., & Gortmaker, S. L.(2011). The global obesity pandemic: Shaped by global drivers and local environments. *The Lancet, 378,* 804–814.
Sykes, G., & Matza, D. (1957). Techniques of neutralization: A theory of delinquency. *American Sociological Review, 22,* 664–670.
Symmes, P. (2012, February 23). Hunted in Alabama. *Newsweek.*

Szoldra, P. (2014, August 12). This is the terrifying result of the militarization of police. *Business Insider.* www.businessinsider.com/police-militarization-ferguson-2014-8. Accessed January 6, 2015.

Tabuchi, H. (2011, January 3). Despite shortage, Japan keeps a high wall for foreign labor. *The New York Times.*

Tabuchi, H. (2012, July 5). Japan Fukushima nuclear crisis called "man made." *The New York Times.*

Tabuchi, H. (2014, March 16). Unskilled and destitute are hiring targets for Fukushima cleanup. *The New York Times.*

Takayama, H. (2003, January 13). The Okinawa way. *Newsweek.*

Talbot, M. (2000, January 9). The placebo prescription. *The New York Times Magazine.*

Talbot, M. (2010, October 25). Pride and prejudice. *The New Yorker.*

Tannen, D. (1990). *You just don't understand: Women and men in conversation.* New York, NY: Ballantine.

Tanenhaus, S. (2014, August 17). Generation nice. *The New York Times.*

Tapia, A. T. (1995, December). Christian faith in the age of Prozac. *Harper's Magazine.*

Tarrow, S. (1994). *Power in movement.* New York, NY: Cambridge University Press.

Tatlow. D. K. (2014, May 9). Cautious Chinese gain comfort with hugs. *The New York Times.*

Tauber, M. A. (1979). Parental socialization techniques and sex differences in children's play. *Child Development, 50,* 225–234.

Taubes, G. (2012, May 14). The new obesity campaigns have it all wrong. *Newsweek.*

Tavernise, S. (2011a, August 16). Parents skip marriage for cohabitation, report finds. *The New York Times.*

Tavernise, S. (2011b, September 19). Poor young families soared in '10, data show. *The New York Times.*

Tavernise, S. (2012, December 14). Life expectancy rises around world, study finds. *The New York Times.*

Tavernise, S. (2015, April 17). Teenagers pick up e-cigarettes, as old-school smoking declines. *The New York Times.*

Tavernise, S., & Gebeloff, R. (2010, December 15). Immigrants make paths to suburbia, not cities. *The New York Times.*

Tavris, C., & Offir, C. (1984). *The longest war: Sex differences in perspective.* New York, NY: Harcourt Brace Jovanovich. Tax Foundation. (2015). *2015 tax brackets.* www.taxfoundation.org/article/2015-tax-brackets. Accessed May 29, 2015.

Taylor, P. (2014a). *The next America: Boomers, millennials, and the looming generational showdown.* New York: Public Affairs.

Taylor, P. (2014b). *The next America: Two dramas in slow motion.* Pew Research Center. www.pewresearch.org/next-america/#Two-Dramas-in-Slow-Motion. Accessed June 1, 2015.

Taylor, S. J., & Bogdan, R. (1980). Defending illusions: The institution's struggle for survival. *Human Organization, 39,* 209–218.

Teachman, J. D. (1991). Contributions to children by divorced fathers. *Social Problems, 38,* 358–371.

Tejada-Vera, B., & Sutton, P. D. (2009). Births, marriages, divorces, and deaths: Provisional data for July 2008. *National Vital Statistics Reports, 57,* 13. www.cdc.gov/nchs/data/nvsr/nvsr57/nvsr57_13.htm. Accessed May 18, 2009.

Telles, E. E., & Murguia, E. (1990). Phenotypic discrimination and income differences among Mexican Americans. *Social Science Quarterly, 71,* 682–696.

Terry, K. (2004). *The nature and scope of the problems of sexual abuse of minors by priests and deacons.* New York, NY: John Jay College of Criminal Justice. www.bishop-accountability.org/reports/2004_02_27_JohnJay/index.html#credits. Accessed May 21, 2009. This American Life. (2011). *The psychopath test.* www.thisamericanlife.org/radio-archives/episode/436/thepsychopath-test. Accessed June 8, 2011.

Thoits, P. (1985). Self-labeling process in mental illness: The role of emotional deviance. *American Journal of Sociology, 91,* 221–249.

Thomas, J. L. (2014, March 13). Settlements and legal fees escalate for the Kansas City-St. Joseph diocese. *Kansas City Star.*

Thomas, K. (2015, February 25). Maker of drug to treat binge-eating first marketed the disease. *The New York Times.*

Thomas, K., & Schmidt, M. S. (2012, July 3). Drug firm guilty in criminal case. *The New York Times.*

Thomas, M. (2015). *The impact of mandated benefits on the gender differential in promotions.* Unpublished Manuscript, Cornell University. www.economics.cornell.edu/sites/default/files/files/events/Thomas_paper.pdf. Accessed June 12, 2015.

Thompson, D. (2013, September 16). Where Americans—rich and poor—spent every dollar in 2012. *The Atlantic.* www.theatlantic.com/business/archive/2013/09/where-americans-spent-rich-and-poor-spentevery-dollar-in-2012/279727/. Accessed May 27, 2015.

Thompson, G. (2009, March 15). Where education and assimilation collide. *The New York Times.*

Thomson, D. S. (2000). The Sapir-Whorf hypothesis: Worlds shaped by words. In J. Spradley & D. W. McCurdy (Eds.), *Conformity and conflict.* Boston, MA: Allyn & Bacon.

Thomson-DeVeaux, A. (2013). *New survey illuminates differences among the world's Muslims.* Public Religion Research Institute. publicreligion.org/2013/05/new-survey-illuminates-differences-amongthe-worlds-muslims/. Accessed June 17, 2013.

Thornton, M. (1997). Strategies of racial socialization among black parents: Mainstreaming, minority, and cultural messages. In R. Taylor, J. Jackson, & L. Chatters (Eds.), *Family life in black America.* Thousand Oaks, CA: Sage.

Thurn, S. (2012, April 27). U.S. firms add jobs, but mostly overseas. *Wall St. Journal.*

Tibet Society. (2015, January 9). *Police shoot into crowd of Tibetans following self-immolation.* www.tibetsociety.com/content/View/518. Accessed May 22, 2015.

Tietz, J. (2006, April 20). The killing factory. *Rolling Stone.*

Tilly, C. (1978). *From mobilization to revolution.* Reading, MA: Addison-Wesley.

Timms, E., & McGonigle, S. (1992, April 5). Psychological warfare. *The Indianapolis Star.*

Tobin, J. J., Wu, D. Y. H., & Davidson, D. H. (1989). *Preschool in three cultures: Japan, China and the United States.* New Haven, CT: Yale University Press.

Tonnies, F. (1957). *Community and society* [Gemeinschaft und Gesellschaft] (C. P. Loomis, Ed.). East Lansing: Michigan State University Press. (Original work published 1887)

Top antidepressant drugs in the United States based on revenue in 2011-2012(in million US dollars). 2015. Statista. www.statista.com/statistics/242644/revenues-of-top-depression-drugs-in-the-us-2011-2012/. Accessed January 22, 2015.

Towell, L. (2007, November 18). Patients without borders. *The New York Times Magazine.*

Trautner, H. M., Ruble, D. N., Cyphers, L., Kirsten, B., Behrendt, R., & Hartmann, P. (2005). Rigidity and flexibility of gender stereotypes in childhood: Developmental or differential? *Infant and Child Development, 14,* 365–381.

Trepagnier, B. (2013). Silent racism: Passivity in well-meaning white people. In D. M. Newman & J, O'Brien (Eds.), *Sociology: Exploring the architecture of everyday life (Readings).* Thousand Oaks, CA: Sage.

Triandis, H. C., McCusker, C., & Hui, C. H. (1990). Multimethod probes of individualism and collectivism. *Journal of Personality and Social Psychology, 59,* 1006–1020.

Trotsky, L. (1959). *The history of the Russian Revolution* (F. W. Dupee, Ed.). Garden City, NY: Doubleday. (Original work published 1930)

Trotter, R. T., & Chavira, J. A. (1997). *Curanderismo: Mexican American folk healing.* Athens: University of Georgia Press.

Trunk, P. (2007, July 16). What Gen Y really wants. *Time.*

Tsai, T. (2012a). *China has too many bachelors.* Population Reference Bureau. www.prb.org/Articles/2012/china-census-excess-males.aspx?p=1. Accessed December 21, 2012.

Tsai, T. (2012b). *Working mothers with college degrees see gains in paid maternity leave.* Population Reference Bureau. www.prb.org/Articles/2012/working-mothers-paid-leave.aspx?p=1. Accessed January 16, 2013.

Tugend, A. (2006, April 15). Pining for the kick-back weekend. *The New York Times.*

Tumin, M. (1953). Some principles of stratification: A critical analysis. *American Sociological Review, 18,* 387–393.

Turkheimer, E., Haley, A., Waldron, M., D'Onofrio, B., & Gottesman, I. I. (2003). Socioeconomic status modifies heritability of IQ in young children. *Psychological Science, 14,* 623–628.

Turkle, S. (2011). *Alone together: Why we expect more from technology and less from each other.* New York, NY: Basic Books.

Turkle, S. (2012, April 21). The flight from conversation. *The New York Times.*

Turner, E. H., Matthews, A. M., Linardatos, E., Tell, R. A., & Rosenthal, R. (2008). Selective publication of antidepressant trials and its influence on apparent efficacy. *The New England Journal of Medicine, 358,* 252–260.

Turner, J. H. (1972). *Patterns of social organization.* New York, NY: McGraw-Hill.

Turner, R. W., & Killian, L. M. (1987). *Collective behavior.* Englewood Cliffs, NJ: Prentice Hall.

Twenge, J. M., Campbell, W. K., & Gentile, B. (2012). Increases in individualistic words and phrases in American books, 1960–2009. *PLoSONE, 7(7):* e40181. www.plosone.org/article/info%Adoi%2F10.1371%Fjournal.pone.0040181. Accessed May 28, 2013.

Tyre, P. (2006, January 30). The trouble with boys. *Newsweek.*

Ubel, P., Zell, M. M., Miller, D. L., Fischer, G. S., Peters-Stefani, D., & Arnold, R. M. (1995). Elevator talk: Observational study of inappropriate comments in a public space. *American Journal of Medicine, 99,* 190–194.

Ubinas, L. A., & Gabrieli, C. (2011, August 23). Shortchanged by the bell. *The New York Times.*
Uggen, C., & Blackstone, A. (2004). Sexual harassment as a gendered expression of power. *American Sociological Review, 69,* 64–92.
Ukraine bill proposes prison for positive gay depictions. (2012, July 24). *New York Times.*
UNAIDS (2014). *The gap report.* www.unaids.org/sites/default/files/media_asset/UNAIDS_Gap_report-en.pdf. Accessed May 29, 2015.
Undersecretary of Defense. (2013). *Memorandum for secretaries of the military departments.* www.defense.gov/home/features/2013/docs/Further-Guidance-on-Extending-Benefits-to-Same-Sex-Spouses-of-Military-M.pdf. Accessed June 24, 2014.
UNICEF. (2009). *The state of the world's children 2009.* Geneva, Switzerland: Author. www.unicef.org/sowc09/docs/SOWC09-FullReport-EN.pdf. Accessed September 5, 2009.
UNICEF. (2010). *Child protection from violence, exploitation, and abuse.* www.unicef.org/media/media_45451.html. Accessed July 1, 2013.
UNICEF. (2012). *Committing to child survival: A promise renewed.* www.unicef.org/videoaudio/PDFs/APR_Progress_Report_2012_final.pdf. Accessed June 3, 2013.
UNICEF. (2014a). *Children of the recession: The impact of the economic crisis on child well-being in rich countries.* Innocenti Report Card 12. www.unicef-irc.org/publications/pdf/rc12-eng-web.pdf. Accessed May 31, 2015.
UNICEF. (2014b). *Committing to child survival: A promise renewed.* data.unicef.org/corecode/uploads/document6/uploaded_pdfs/corecode/APR-2014-17Oct14-web_194.pdf. Accessed June 24, 2015.
UNICEF. (2014c). *Rapid acceleration of progress is needed to achieve universal primary education by 2015.* data.unicef.org/education/primary. Accessed June 14, 2015.
UNICEF. (2015). *An estimated 150 million children worldwide are engaged in child labour.* data.unicef.org/child-protection/child-labour. Accessed June 24, 2015.
United Nations. (2011). *World population prospects.* Department of Economic and Social Affairs. http://esa.un.org/unpd/wpp/index.htm. Accessed June 23, 2011.
United Nations. (2013). *World population prospects: The 2012 revision—median age of population.* http://esa.un.org/unpd/wpp/Excel-Data/population.htm. Accessed June 17, 2015.
United Nations. (2014a). *Demographic yearbook.* www.unstats.un.org/unsd/demographic/products/dyb/dyb2013.htm. Accessed January 18, 2015.
United Nations. (2014b). *World urbanization prospects: 2014 revision.* http://esa.un.org/unpd/wup/Highlights/WUP2014-Highlights.pdf. Accessed June 17, 2015.
United Nations High Commissioner for Refugees. (2015). *Worldwide displacement hits all-time high as war and persecution increase.* www.unhcr.org/558193896.html. Accessed June 22, 2015.
United Nations Population Division. (2003). *World population prospects: The 2002 revision.* Geneva, Switzerland: Author. www.un.org/esa/population/publications/wpp2002/wpp2002-highlightsrev1.pdf. Accessed June 26, 2003.
United Nations Population Fund. (2014). *Migration.* www.unfpa.org/migration. Accessed June 22, 2015.
United Nations Treaty Collection. (2015). *8. Convention on the Elimination of All Forms of Discrimination Against Women.* https://treaties.un.org/Pages/ViewDetails.aspx?src=TREATY&mtdsg_no=IV-8&chapter=4&lang=en. Accessed June 15, 2015.

United States Department of Homeland Security. (2014). *2013 yearbook of immigration statistics*. www.dhs.gov/sites/default/files/publications/ols_yb_2013_0.pdf. Accessed June 18, 2015.

United States Department of Justice. (2013). *A national protocol for sexual assault medical forensic examinations—2nd edition*. NCJ241903. www.safeta.org/associations/8563/files/SAFE_PROTOCOL_2012-508.pdf. Accessed April 27, 2013.

United States Department of Justice. (2014). *Re: Toyota Motor Corporation—Deferred prosecution agreement*. www.justice.gov/sites/default/diles/opa/legacy/2014/03/19/toyota-def-pros-agr.pdf. Accessed January 23, 2015.

United States Department of Labor. (2004). *The Americans with Disabilities Act of 1990*. Washington, DC: Author. www.dol.gov. Accessed December 14, 2004.

United States Department of Labor. (2011). *Facts on Executive Order 11246—Affirmative action*. Office of Federal Contract Compliance Programs. www.dol.gov/OFCCP/regs/compliance/aa.htm. Accessed June 17, 2011.

United States Department of Labor. (2014). *FMLA is working*. www.dol.gov/whd/fmla/survey/FMLA_Survey_factsheet.pdf. Accessed January 18, 2015.

United States Department of State. (2012). *Trafficking in persons report*. www.state.gov/documents/organization/192587.pdf. Accessed May 30, 2013.

United States Equal Employment Opportunity Commission. (2015). *Charges alleging sexual harassment FY2010-FY2014*. www.eeoc.gov/eeoc/statistics/enforcement/sexual_harassment_new.cfm. Accessed June 9, 2015.

United States Network for Global Economic Justice. (2000). *False profits: Who wins, who loses when the IMF, World Bank, and WTO come to town*. Washington, DC: Author. www.50years.org/april16/booklet.html. Accessed June 22, 2000.

United States Sentencing Commission. (2013). *Annual report 2013*. www.ussc.gov/research-and-publications/annual-reports-sourcebooks/2013/annual-report-2013. Accessed January 23, 2015.

United States Sentencing Commission. (2014a). *Quick facts: Crack cocaine trafficking offenses*. www.ussc.gov/sites/default/files/pdf/research-and-publications/quick-facts/Quick_Facts_Crack_Cocaine.pdf. Accessed January 22, 2015.

United States Sentencing Commission. (2014b). *Quick facts: Powder cocaine trafficking offenses*. www.ussc.gov/sites/default/files/pdf/research-and-publications/quick-facts/Quick_Facts_Powder_Cocaine.pdf. Accessed January 22, 2015.

United States Surgeon General. (2014). *The health consequences of smoking-50 years of progress: A report of the Surgeon General, 2014*. www.surgeongeneral.gov/library/reports/50-years-of-progress/. Accessed June 23, 2014.

UN Women (2015). *The Beijing Declaration and Platform for Action turns 20*. www.unwomen.org/~/media/headquarters/attachments/sections/library/publications/2015/sg report_synthesis-en_web.pdf. Accessed March 10, 2015.

Upton, R. L. (2010). "Fat eggs": Gender and fertility as important factors in HIV/AIDS prevention in Botswana. *Gender & Development, 18,* 515–524.

Urbina, I. (2006, November 5). Sites invite online mourning, but don't speak ill of the dead. *The New York Times.*

Urbina, I. (2009, February 25). In push to end death penalty, some states cite cost-cutting. *The*

New York Times.
Urbina, I. (2013a, June 4). Blacks are singled out for marijuana arrests, federal data suggests. *The New York Times.*
Urbina, I. (2013b, December 23). In buying cheap clothes, U.S. flouts own counsel. *The New York Times.*
USGovernmentSpending.com. (2013). *Government spending details.* www.usgovernmentspending.com/classic. Accessed June 3, 2013.
U.S. English. (2015). *States with official English laws.* www.us-english.org/userdata/file/StateswithOELawsMap.pdf. Accessed January 7, 2015..
Ushomirsky, N., & Williams, D. (2015). *Too many states still spend less on educating students who need the most.* The Education Trust. www.edtrust.org/wp-content/uploads/2014/09/FundingGaps2015_TheEducationTrust.pdf. Accessed May 28, 2015.
U.S. PIRG Education Fund. (2012). *Transportation and the new generation.* www.pirg.org/sites/pirg/files/reports/Transportation%20%26%20the%20New%20Generation%20vUS_0.pdf. Accessed December 31, 2012.
Utne, L. (2006, March/April). Soldiers for peace. *Utne Reader.*

Van Ausdale, D., & Feagin, J. R. (2001). *The first R: How children learn race and racism.* Lanham, MD: Rowman & Littlefield.
van den Haag, E. (1975). *Punishing criminals: Concerning a very old and painful question.* New York, NY: Basic Books.
Vanek, J. (1980). Work, leisure and family roles: Farm households in the United States: 1920–1955. *Journal of Family History, 5,* 422–431.
van Nood, E. (2013). Duodenal infusion of donor feces for recurrent *Clostridium difficile. New England Journal of Medicine, 368,* 407–415.
Van Ryn, M., & Burke, J. (2000). The effect of patient race and socio-economic status on physicians' perceptions of patients. *Social Science and Medicine, 50,* 813–820.
Vaughan, D. (1986). *Uncoupling.* New York, NY: Vintage Books.
Vedantam, S. (2005, June 26). Patients' diversity is often discounted. *The Washington Post.*
Vega, T. (2014, December 11). Discipline to girls differs between and within races. *The New York Times.*
Velázquez, N. (2002). In search of justice. In J. B. Schor & B. Taylor (Eds.). *Sustainable planet: Solutions for the Twenty-First century.* Boston: Beacon Press.
Viets, E. (1992, November 29). Give a whistle, he'll love it. *St. Louis Post-Dispatch.*
Villarreal, A. (2010). Stratification by skin color in contemporary Mexico. *American Sociological Review, 75,* 652–678.
Voyandoff, P. (1990). Economic distress and family relations: A review of the eighties. *Journal of Marriage and Family, 52,* 1099–1115.

Wahl, O. (1999). *Telling is risky business.* New Brunswick, NJ: Rutgers University Press.
Waite, L. J., & Gallagher, M. (2000). *The case for marriage: Why married people are happier, healthier, and better off financially.* New York, NY: Doubleday.
Waldman, A. (2003, March 28). Broken taboos doom lovers in an Indian village. *The New York Times.*

Waldman, A. (2005, May 8). Sri Lankan maids' high price for foreign jobs. *The New York Times*.

Waldrop, J. (2013, March 13). State medical boards trying to limit who can be called "Doctor." *Clinical Advisor*.

The Walk Free Foundation. (2014). *The 2014 Global Slavery Index*. www.globalslaveryindex.org. Accessed May 26, 2015.

Wal-Mart. (2015). *Our story*. www.corporate.walmart.com/our-story/. Accessed January 7, 2015.

Walmsley, R. (2013). *World prison population list*. International Centre for Prison Studies. www.prisonstudies.org/sites/prisonstudies.org/files/resources/downloads/wppl_10.pdf. Accessed January 21, 2015.

Wang, S., & Aamodt, S. (2011, September 25). Delay kindergarten at your child's peril. *The New York Times*.

Wang, W., & Morin, R. (2009). *Home for the holidays... and every other day*. Pew Research Center. http://pewsocialtrends.org/2009/11/24/home-for-the-holidays-and-every-other-day/. Accessed June 6, 2011.

Wang, W., Parker, K., & Taylor, P. (2013). *Breadwinner moms*. Pew Research Center. www.pewsocialtrends.org/2013/05/29/breadwinner-moms/. Accessed June 18, 2013.

Wansink, B. (2006). *Mindless eating: Why we eat more than we think*. New York, NY: Bantam.

War Child. (2015). *Child soldiers*. www.warchild.org.uk/issues/child-soldiers. Accessed June 23, 2015.

Ward, L. M., & Friedman, K. (2006). Using TV as a guide: Associations between television viewing and adolescents' sexual attitudes and behavior. *Journal of Research on Adolescence, 16*, 133–156.

Warner, J. (2010, June 20). Dysregulation nation. *The New York Times*.

Warshaw, R. (1988). *I never called it rape*. New York, NY: Harper & Row.

Washington, H. A. (2006). *Medical apartheid: The dark history of medical experimentation on black Americans from Colonial times to the present*. New York, NY: Doubleday.

Washuk, B. (2015, June 16j). Ride calls attention to senior-driving problem. *Lewiston Sun Journal*.

Waters, M. C. (2008). Optional ethnicities: For Whites only? In D. Newman & J. O'Brien (Eds.), *Sociology: Exploring the architecture of everyday life (Readings)*. Thousand Oaks, CA: Pine Forge Press.

Watson, C. M., Quatman, T., & Edler, E. (2002). Career aspirations of adolescent girls: Effects of achievement level, grade, and single-sex school environment. *Sex Roles, 46,* 323–335.

Wattenberg, E. (1986). The fate of baby boomers and their children. *Social Work, 31,* 20–28.

Watts, D. J. (2007, April 15). Is Justin Timberlake a product of cumulative advantage? *The New York Times Magazine*.

Watts, N., et al. (2015, June 22). Health and climate change: Policy responses to protect public health. *The Lancet Online*. www.thelancet.com/pdfs/journals/lancet/PIIS0140-6736(15)60854-6.pdf. Accessed June 24, 2015.

Watzlawick, P. (1976). *How real is real?* Garden City, NY: Doubleday.

Watzlawick, P. (1984). Self-fulfilling prophecies. In P. Watzlawick (Ed.), *The invented reality: How do we know what we believe we know? Contributions to constructivism*. New York,

NY: Norton.

Weber, M. (1946). Bureaucracy. In H. H. Gerth & C. W. Mills (Eds.), *From Max Weber: Essays in sociology*. New York, NY: Oxford University Press.

Weber, M. (1947). *The theory of social and economic organization*. New York, NY: Free Press.

Weber, M. (1970). *From Max Weber: Essays in sociology* (H. H. Gerth & C. W. Mills, Eds.). New York, NY: Oxford University Press.

Weber, M. (1977). *The Protestant ethic and the spirit of capitalism*. New York, NY: Macmillan. (Original work published 1904)

Weber, M. (1978). *Economy and society* (G. Roth & C. Wittich, Trans.). Berkeley: University of California Press.(Original work published 1921)

Weeks, J. (1995). *Population: An introduction to concepts and issues* (Rev. 5th ed.). Belmont, CA: Wadsworth.

Wehrfritz, G., & Cochrane, J. (2005, January 17). Charity and chaos. *Newsweek*.

Weil, A. (2011, November 7 & 14). Don't let chaos get you down. *Newsweek*.

Weil, E. (2006, September 24). What if it's (sort of) a boy and (sort of) a girl? *The New York Times Magazine*.

Weil, E. (2007, June 3). When should a kid start kindergarten? *The New York Times Magazine*.

Weinberg, D. H. (2007, July/August). Earnings by gender: Evidence from Census 2000. *Monthly Labor Review*, pp. 26–34.

Weiner, E. (2011, December 11). Americans: Undecided about God? *The New York Times*.

Weiser, M. (2014, July 15). California adopts $500 criminal penalty for water waste. *Sacramento Bee*.

Weitzman, L., Eifler, D., Hodada, E., & Ross, C. (1972). Sex-role socialization in picture books for preschool children. *American Journal of Sociology, 77,* 1125–1150.

Welch, H. G., Schwartz, L., & Woloshin, S. (2007, January 2). What's making us sick is an epidemic of diagnoses. *The New York Times*.

Wells, M. (2011, August 11). Mullin left indelible mark on Pacers over 3 seasons. *The Indianapolis Star.*

Whalen, C. K., & Henker, B. (1977). The pitfalls of politicization: A response to Conrad's "The discovery of hyperkinesis: Notes on the medicalization of deviance." *Social Problems, 24,* 590–595.

What is coltan? (2002, January 21). *ABCNews.com*. http://abcnews.go.com/Nightline/story?id=128631&page=1. Accessed September 5, 2009.

White, J. E. (1997, May 5). Multiracialism: The melding of America. *Time.*

White, L., & Brinkerhoff, D. (1981). The sexual division of labor: Evidence from childhood. *Social Forces, 60,* 170–181.

White, R. (2014). Strict belief-based diet contributed to Calgary infant's death, parents face charges. CTV Calgary. www.calgary.ctvnews.ca/strict-belief-based-diet-contributed-to-calgary-infant-s-death-parentsface-charges-1.2146526#ixzz3M6NRtpws. Accessed January 5, 2015.

The White House Blog. (2010). *A look behind the scenes of presidential advance.* www.whitehouse.gov/blog/2010/ 01/21/ a-look-behindscenes-presidential-advance. Accessed June 1, 2011.

Whorf, B. (1956). *Language, thought and reality.* Cambridge, MA: MIT Press.

Whyte, M. K. (1990). *Dating, mating and marriage*. New York, NY: Aldine de Gruyter.
Whyte, W. H. (1956). *The organization man*. Garden City, NY: Doubleday.
Wiecha, J. L., Finkelstein, D., Troped, P. J., Fragala, M., & Peterson, K. E. (2006). School vending machine use and fast-food restaurant use are associated with sugar-sweetened beverage intake in youth. *Journal of the Academy of Nutrition and Dietetics, 10,* 1624-1630.
Wike, R. (2012). *Anti-Americanism down in Europe, but a values gap persists*. Pew Global Attitudes Project. www.pewglobal.org/2012/12/04/anti-americanism-down-in-europe-but-a-values-gap-persists/. Accessed January 9, 2015.
Wilcox, W. B. (2000). Conservative Protestant child discipline: The case of parental yelling. *Social Forces, 79,* 856–891.
Wildman, S. M., & Davis, A. D. (2002). Making systems of privilege visible. In P. S. Rothenberg (Ed.), *White privilege: Essential readings on the other side of racism*. New York, NY: Worth.
Wilkinson, L. C., & Marrett, C. B. (1985). *Gender influences in classroom interaction*. Orlando, FL: Academic Press.
Williams, A. (2009, June 22). At meetings, it's mind your BlackBerry or mind your manners. *The New York Times*.
Williams, C. L. (2006). *Inside toyland: Working, shopping, and social inequality*. Berkeley: University of California Press.
Williams, J. C., Blair-Joy, M., & Berdahl, J. L. (2013). Cultural schemas, social class and the flexibility of stigma. *Journal of Social Issues, 69,* 209–234.
Williams, S.J. (2011). Our hard days' nights. *Contexts, 10,* 26-31.
Williams, T. C. (2011, September 16). Racial bias seen in study of lead dust and children. *New York Times*.
Williams, T. C. (2012, March 18). As black as we wish to be. *New York Times*.
Williamson, R. C. (1984). A partial replication of the Kohn-Gecas-Nye thesis in a German sample. *Journal of Marriage and the Family, 46,* 971–979.
Wilmer, F. (2002). *The social construction of man, the state, and war: Identity, conflict, and violence in former Yugoslavia*. New York, NY: Routledge.
Wilson, C. (2012, April 7). Courtesy charter outlaws rude behavior. *Abacus News*.
Wilson, D. (2009a, August 30). Race, ethnicity, and care. *The New York Times*.
Wilson, D. (2009b, June 12). Senate approves tight regulation over cigarettes. *The New York Times*.
Wilson, D. (2010, November 14). Cigarette giants in a global fight on tighter rules. *The New York Times*.
Wilson, J. L., Peebles, R., Hardy, K. K., & Litt, I. F. (2006). Surfing for thinness: A pilot study of pro-eating disorder website usage in adolescents with eating disorders. *Pediatrics, 118,* 1635–1643.
Wilson, M., & Baker, A. (2010, October 8). Lured into a trap, then tortured for being gay. *The New York Times*.
Wilson, W. J. (1980). *The declining significance of race*. Chicago, IL: University of Chicago Press.
Winerip, M. (2011, August 1). Pennsylvania joins the list of states facing a school cheating scandal. *The New York Times*.

Wingfield, N. (2011, December 3). Thinking aloud, endlessly. *The New York Times.*
Winter, G. (2002, May 19). Workers say Coke sold old soda. *The New York Times.*
Wise, T. (2002). Membership has its privileges: Thoughts on acknowledging and challenging whiteness. In P. S. Rothenberg (Ed.), *White privilege: Essential readings on the other side of racism.* New York, NY: Worth.
Witt, S. (2005). How television shapes children's gender roles. In R. H. Lauer & J. C. Lauer (Eds.), *Sociology: Windows on society.* Los Angeles, CA: Roxbury.
Wolf-Meyer, M. J. (2012). *The slumbering masses: Sleep, medicine, and modern American life.* Minneapolis: University of Minnesota Press.
Wolfe, A. (1991). *America at century's end.* Berkeley: University of California Press.
Wolfers, J., Quealy, K., & Leonhardt, D. (2015, April 21). 1.5 million black men, missing from daily life. *The New York Times.*
The Women's Media Center. (2011). *Statistics summary.* http://womensmediacenter.com/index.php?option=com_contents&view=article& id=157&Itemid=167. Accessed April 12, 2011.
The Women's Media Center. (2015). *The status of women in the U.S. media 2015.* www.wmc.3cdn.net/83bf6082a319460eb1_hsrm680x2.pdf. Accessed June 11, 2015.
Wood, M. (2014, May 15). How young is too young for a digital presence? *The New York Times.*
Wood, M. (2015, February 5). Led by Tinder, the mobile dating game surges. *The New York Times.*
Wood, N. (2005, February 6). Eight nations agree on plan to lift status of Gypsies. *The New York Times.*
Woolf, S. H., & Aron, L. (2013). *U.S. health in international perspective: Shorter lives, poorer health.* Washington, DC: National Academy Press.
Workers of the world. (1998, January 30). *Economist.*
World Bank. (2012). *Projects and lending.* www.worldbank.org. Accessed June 3, 2013.
World Bank. (2015a). *Labor force participation rate, female (% of female population ages 15+) (modeled ILO estimate).* www.data.worldbank.org/indicator/SL.TLF.CACT.FE.ZS. Accessed June 15, 2015.
World Bank. (2015b). *World development indicators: Size of the economy. Table 1.1.* www.worldbank.org/table/1.1. Accessed May 29, 2015.
World Health Organization. (2012). *Dementia: A public health priority.* apps.who.int/iris/bitstream/10665/75263/1/9789241564458_eng.pdf. Accessed June 27, 2013.
World Health Organization. (2013a). *Global and regional estimates of violence against women: Prevalence and health effects of intimate partner violence and non-partner sexual violence.* apps.who.int/iris/bitstream/10665/85239/1/9789241564625_eng.pdf. Accessed January 20, 2015.
World Health Organization. (2013b). *WHO report on the global tobacco epidemic 2013.* apps.who.int/iris/bistream/10665/85380/1/9789241505871_eng.pdf.
World Health Organization. (2014). *Global update on the health sector response to HIV, 2014.* www.who.int/hiv/pub/global-update.pdf. Accessed June 23, 2015.
World Health Organization. (2015). *Tobacco control.* www.who.int/gho/tobacco/en/. Accessed January 22, 2015.
World Hunger Education Service. (2015). *2015 world hunger and poverty facts and statistics.* www.worldhunger.org/articles/Learn/world hunger facts 2002.htm. Accessed May 29, 2015.

World Wildlife Fund. (2012). *2012 Living planet report.* wwf.panda.org/about_our-earth/all_publications/living_planet_report/2012_lpr/. Accessed June 28, 2013.

Worsnop, R. (1996). Getting into college. *CQ Researcher, 6,* 169–192.

Wortham, J. (2010, May 14). Everyone is using cellphones, but not so many are talking. *The New York Times.*

Wortham, J. (2011, December 14). The Facebook resisters. *The New York Times.*

Wortham, J. (2015, June 21). Our bodies, our feeds. *The New York Times.*

Worthen, M. (2009, January 11). Who would Jesus smack down? *The New York Times Magazine.*

Worthen, M. (2010, November 14). Housewives of God. *The New York Times Magazine.*

Wright, E. O. (1976). Class boundaries in advanced capitalist societies. *New Left Review, 98,* 3–41.

Wright, E. O., Costello, C., Hachen, D., & Sprague, J. (1982). The American class structure. *American Sociological Review, 47,* 709–726.

Wright, E. O., & Perrone, L. (1977). Marxist class categories and income inequality. *American Sociological Review, 42,* 32–55.

Wright, J. D., & Wright, S. R. (1976). Social class and parental values for children: A partial replication and extension of the Kohn thesis. *American Sociological Review, 41,* 527–537.

Wrong, D. (1988). *Power: Its forms, bases, and uses.* Chicago, IL: University of Chicago Press.

Wu, F. H. (2002). *Yellow: Race in America beyond black and white.* New York, NY: Basic Books.

WuDunn, S. (1996, September 11). A taboo creates a land of Romeos and Juliets. *The New York Times.*

WuDunn, S. (1997, January 14). Korean women still feel demands to bear a son. *The New York Times.*

Wuthnow, R. (1994). *Sharing the journey.* New York, NY: Free Press.

Wynia, M. K., VanGeest, J. B., Cummins, D. S., & Wilson, I. B. (2003). Do physicians not offer useful services because of coverage restrictions? *Health Affairs, 22,* 190–198.

Yardley, J. (2000, March 25). Unmarried and living together, till the sheriff do us part. *The New York Times.*

Yardley, J. (2011, May 25). As wealth and literacy rise in India, report says, so do sex-selective abortions. *The New York Times.*

Yardley, W. (2007, August 28). When wildfires threaten, wealthy get extra shield. *The New York Times.*

Yi, C.-C., Chang, C.-E., & Chang, Y.-H. (2004). The intergenerational transmission of family values: A comparison between teenagers and parents in Taiwan. *Journal of Comparative Family Studies, 35,* 523–545.

Yong, W. (2010, December 7). Divorce soars in Iran as women say no, and work the system. *The New York Times.*

Yoshino, K. (2006). *Covering: The hidden assault on our civil rights.* New York, NY: Random House.

Young, J. Q., Ranji, S. R., Wachter, R. M., Lee, C. M., Niehaus, B., & Auerbach, A. D. (2011). "July effect": Impact of the academic year-end changeover on patient outcomes: A systematic review. *Annals of Internal Medicine, 155,* 309–315.

Young, L. M., & Powell, B. (1985). The effects of obesity on the clinical judgments of mental health professionals. *Journal of Health and Social Behavior, 26,* 233–246.

Younis, M. (2011). *Muslim Americans identify with God and country.* Abu Dhabi Gallup Center. www.gallup.com/poll/148799/Muslim-Americans-Identify-God-Country.aspx. Accessed September 8, 2011.

Yurkiewicz, I. (2012, June 12). Three bizarre tales of medical survivors, and what they can (and cannot) teach us about medicine. *Scientific American.*

Zernike, K. (2003, January 20). 30 years after *Roe v. Wade,* new trends but the old debate. *The New York Times.*

Zernike, K. (2004, December 19). Does Christmas need to be saved? *The New York Times.*

Zhao, Y. (2002, August 5). Wave of pupils lacking English strains schools. *The New York Times.*

Zhu, W. X., Lu, L., & Hesketh, T. (2009). China's excess males, sex selective abortion, and one child policy: Analysis of data from 2005 national intercensus survey. *British Medical Journal, 338,* 1211–1213.

Zimbardo, P. (2007). *The Lucifer effect: Understanding how good people turn evil.* New York, NY: Random House.

Zoepf, K. (2007, September 23). A dishonorable affair. *The New York Times Magazine.*

Zola, I. (1986). Medicine as an institution of social control. In P. Conrad & R. Kern (Eds.), *The sociology of health and illness.* New York, NY: St. Martin's Press.

Zoll, R. (2005, June 7). Poll reveals U.S. leads in religious devotion. *The Indianapolis Star.*

Zuckoff, M. (2000, June 8). Lawsuit accuses drug maker Eli Lilly of concealing Prozac data from trial. *The Boston Globe.*

Zuger, A. (1999, April 30). Take some strychnine and call me in the morning. *The New York Times.*

Zuger, A. (2005, October 30). For a retainer, lavish care by "boutique doctors." *The New York Times.*

Zurcher, L. A., & Snow, D. A. (1981). Collective behavior: Social movements. In M. Rosenberg & R. H. Turner (Eds.), *Social psychology: Sociological perspectives.* New York, NY: Basic Books.

Zweigenhaft, R. L. (1987). Minorities and women of the corporation. In G. W. Domhoff & T. R. Dye (Eds.), *Power elites and organizations.* Newbury Park, CA: Sage.

Zwerdling, D. (2004). U.S. military whistle blowers face retribution. *National Public Radio.* www.npr.org/templates/story/story.php?storyId =1905858. Accessed June 19, 2007.